Ernst Findeis, Claus Kühlewein, Gerhard Kühn, Werner Sauter, Elfriede Weiss

Spezielle Wirtschaftslehre für Büroberufe

W0281897

Bürokauffrau/mann und

Kauffrau/Kaufmann für Bürokommunikation

10. Auflage

Bestellnummer 7742

Bildungsverlag EINS
a Wolters Kluwer business

Pra Lehr

www.bildungsverlag1.de

Unter dem Dach des Bildungsverlages EINS sind die Verlage Gehlen, Kieser, Stam, Dähmlow, Dümmler, Wolf, Dürr + Kessler, Konkordia und Fortis zusammengeführt.

Bildungsverlag EINS
Sieglarer Straße 2, 53842 Troisdorf

ISBN 3-8242-**7742**-5

© Copyright 2006: Bildungsverlag EINS GmbH, Troisdorf
Das Werk und seine Teile sind urheberrechtlich geschützt. Jede Nutzung in anderen als den gesetzlich zugelassenen Fällen bedarf der vorherigen schriftlichen Einwilligung des Verlages.
Hinweis zu § 52a UrhG: Weder das Werk noch seine Teile dürfen ohne eine solche Einwilligung eingescannt und in ein Netzwerk eingestellt werden. Dies gilt auch für Intranets von Schulen und sonstigen Bildungseinrichtungen.

Vorwort zur 10. Auflage

Mit diesem Buch halten Sie das neue grundlegend überarbeitete **Basiswerk** für die Büroberufe in Ihren Händen. Es integriert alle Themeninhalte der **Speziellen Wirtschaftslehre** nach dem **Rahmenlehrplan für die beiden Büroberufe**. Im Inhaltsverzeichnis ist durch verschiedenfarbige Rasterfelder besonders gekennzeichnet, welche Themen für das jeweilige Berufsfeld verpflichtend sind. Das Buch kann in allen Bundesländern eingesetzt werden, die sich stark am neuen Bundesrahmenlehrplan orientieren. Dies gilt unabhängig von etwaigen Abweichungen in den Fächerbezeichnungen.

Methodischer Schwerpunkt ist eine **praxis- und fallorientierte Darstellung,** die durchgehend von **zwei Beispielunternehmen** ausgeht:

> **Weber OHG**
> Großhandelsunternehmen (150 Mitarbeiter),
>
> mit den zwei Unternehmensbereichen Autobedarf und Industriebedarf (vgl. Seite 9). Ein neues Bürogebäude soll erstellt werden. In diesem Zusammenhang muss darüber entschieden werden, wie die Arbeitsräume, die Arbeitsplätze, die Arbeitszeit usw. neu gestaltet werden.

Die Weber OHG ist deshalb Kunde bei der

> **Laupheimer Büromöbel AG**
> Industrieunternehmen (520 Mitarbeiter)
>
> Die Entwicklung und der Aufbau der Laupheimer Büromöbel AG werden insbesondere auf den Seiten 89 und 103 genauer beschrieben. Das Unternehmen produziert moderne Büromöbel („Electronic Office System") und wird dadurch zum Lieferanten der Weber OHG.
> Die Laupheimer Büromöbel AG besitzt zwei Produktionsstätten; einen Hauptsitz in Laupheim und ein Teilwerk in Friedrichshafen (180 Mitarbeiter). In Leipzig wird ein neues Verkaufsbüro eingerichtet (Seite 108).

Mit der Rubrik **Aktion** sind den Kapiteln handlungsorientierte Aufgabenstellungen hinzugefügt, die den Anforderungen an einen modernen Unterricht entsprechen. Daneben wurde ein Layout gewählt, das durch seine Mehrfarbigkeit die Aufname des Unterrichtsstoffes erleichtern soll. Wir hoffen, dass das moderne und schülergerechte Konzept Lehrende und Lernende so anspricht, dass das Buch im Unterricht breit eingesetzt und auch zu Hause häufig genutzt wird.

Anregungen und Verbesserungsvorschläge nehmen wir gerne entgegen.

Das Autorenteam: Ernst Findeis, Claus Kühlewein, Gerhard Kühn, Werner Sauter und Elfriede Weiss.

Inhaltsverzeichnis Bürokauffrau/mann Kaufmann/Kauffrau für Bürokommunikation

Grundlagen der Betriebsorganisation

Aufbauorganisation

Personalwirtschaft

Ablauforganisation

Anfrage- und Auftragsbearbeitung

Gestaltung von Arbeitszeit und Arbeitsraum

1 Die Bedeutung von Umwelt- und Gesundheitsfaktoren für die Arbeitsleistung

Ein Unternehmen stellt sich vor

Die Weber OHG ist ein Großhandelsunternehmen mit zwei Unternehmensbereichen:
Der **„Bereich Auto"** *umfasst alles, was für das Auto benötigt wird (Autoelektrik, Autoradios und Zubehör, Autolacke, Ersatzteile, Karosserieteile, Werkzeuge und Maschinen). Im* **„Bereich Industriebedarf"** *werden technische Produkte und technische Dienstleistungen angeboten (Platten, Matten, Stanzteile, Keilriemen, Kugellager, Antriebstechnik, Schläuche, Arbeitsschutzartikel, Dichtelemente und Gussteile).*

Die Weber OHG baut ein neues Verwaltungsgebäude

Arbeitsräume, Arbeitsplätze und Arbeitsabläufe sollen neu organisiert werden

Weil in den letzten Jahren das Auftragsvolumen erheblich angestiegen ist, haben sich die beiden Geschäftsführer Georg Weber und Manfred Hummel entschieden, jetzt endlich mit dem Bau eines neuen Bürogebäudes zu beginnen. Das an das Firmengelände angrenzende Grundstück wurde schon vor Jahren für diesen Zweck gekauft. Die Planung des neuen Bürogebäudes soll der einzige Tagesordnungspunkt der nächsten Abteilungsleitersitzung werden. Frau Dauner, die Organisationsleiterin des Unternehmens, will in dieser Sitzung die Geschäftsleitung davon überzeugen, dass es notwendig ist, neben dem architektonischen Neubeginn auch die Arbeitsraum- und Arbeitsplatzgestaltung sowie die gesamte Organisation zu überdenken. Um ihre Argumente zu unterstützen, hat Frau Dauner folgenden Artikel kopiert:

Mitarbeiter nicht „vergammeln“ lassen

Mit erhobenem Zeigefinger definiert die Weltgesundheitsorganisation (WHO): Gesundheit ist das mögliche Wohlbefinden in physischer, psychischer und sozialer Hinsicht. Daraus folgt aber sofort: ein Zustand der „Nicht-Motivation“ oder der „stillen Kündigung“ ist nicht „Wohlbefinden”. Schon aus Eigennutz müssten daher Unternehmer mehr engagiertes Interesse an der Gesundheit der Mitarbeiter zeigen. Doch da ist wenig zu sehen. Trotz Vorschriften oder Erkenntnissen der Arbeitsmedizin werden schlechte, überaltete oder unschöne Arbeitstische oder Arbeitsstühle weiter verwandt. Mitarbeiter werden wie Schachfiguren umgesetzt, wo echte Sorge um sie und die Arbeitsplatzsituation angebracht wären. Solche hängen gelassenen Mitarbeiter „vergammeln”, ja sie werden uneffektiv. Frust statt Lust ist angesagt. Über 60 % aller Bürotätigen klagen über Kopf-, Schulter-, Nacken- und Rückenbeschwerden.

Aus: Erfolg

Arbeitseffektivität
Leistungsfähigkeit der Mitarbeiter, messbar z. B. durch die Arbeitsproduktivität

Arbeitsproduktivität

$$= \frac{\text{Ausbringungsmenge}}{\text{Arbeitseinsatz}}$$

- **Von welchen Bedingungen wird in diesem Text die Arbeitseffektivität abhängig gemacht?**
- **Diskutieren Sie den Text unter Berücksichtigung Ihrer eigenen Erfahrungen.**
- **Von welchen Faktoren hängt Ihre eigene Leistungsbereitschaft ab?**

Human-Relations-Bewegung
„Entdeckung" des arbeitenden Menschen als ein soziales Wesen in den 30er-Jahren

Die meisten Unternehmen arbeiten heute mehr denn je an der Frage, wie sie ihre Mitarbeiter noch effizienter einsetzen können. Dass sich die Arbeitseffizienz und die Bedürfnisse, Interessen und Erwartungen der Mitarbeiter nicht gegenseitig ausschließen, gilt heute als gesichert. Spätestens seit der „Human-Relations-Bewegung" ist bekannt, dass zufriedene Mitarbeiter leistungsfähiger und leistungsbereiter und damit effizienter sind.

Bestimmungsfaktoren der menschlichen Arbeitsfähigkeit und Arbeitsbereitschaft

Umweltbedingungen

- **die räumliche Ausstattung** (z. B. Licht, Luft, Farbe, Akustik)
- **die technische Ausstattung** (z. B. moderne Kommunikationssysteme)
- **die Gestaltung der Arbeitsmittel** (z. B. Computerbildschirm)
- **die organisatorischen Strukturen** (z. B. klare Kompetenzregelungen)
- **die sozialen Bedingungen** (z. B. das Betriebsklima)
- **die rechtlichen Rahmenbedingungen** (z. B. Unfallverhütungsvorschriften)
- **die Entlohnung**

Individuelle Bedingungen

- **das Lebensalter**
- **das Geschlecht**
- **die Konstitution**
- **der psychische Gesundheitszustand**
- **der physische Gesundheitszustand**
- **die Qualifikation**

Psychische Gesundheit *= seelische Gesundheit*

Physische Gesundheit *= körperliche Gesundheit*

1.1 Wann kann von einem optimalen Büroraumklima gesprochen werden?

Das Raumklima wird bestimmt durch:
– die Raumtemperatur
– die Luftfeuchtigkeit
– die Luftbewegung

Ob sich jemand klimatisch wohl fühlt, hängt von vielen subjektiven und objektiven Faktoren ab. Zu den objektiven Faktoren gehört alles, was das Raumklima ausmacht: **die Lufttemperatur, die Luftfeuchtigkeit und die Luftbewegung**. Das Raumklima wird jedoch je nach Alter, Konstitution, Gesundheitszustand, Geschlecht, Arbeitsverrichtung und Jahreszeit von jedem Menschen anders empfunden. Ein für alle Mitarbeiter als gleich angenehm empfundenes Raumklima wird es deshalb nicht geben (Wie oft gibt es Streit zwischen Mitarbeitern, ob ein Fenster geöffnet werden soll oder nicht). Als gesichert gilt andererseits aber auch, dass zu große Klimaschwankungen leistungshemmend sind und nicht selten zu gesundheitlichen Schäden (Erkältungen, nervöse Störungen) führen. Bei der Büroraumgestaltung ist deshalb darauf zu achten, dass die klimatischen Bedingungen in möglichst verträglichen Grenzen gehalten werden. Wo aber liegen die verträglichen Grenzen?

In der **Arbeitsstättenverordnung** heißt es zunächst nur ganz allgemein, dass Arbeitsstätten vom Arbeitgeber so eingerichtet werden müssen, dass von ihnen keine Gefährdungen für die Sicherheit und die Gesundheit der Beschäftigten ausgehen (§ 3 Abs. 1 ArbStättV). Auch der rechtsverbindliche Anhang zur Arbeitsstättenverordnung macht keine konkreten Angaben zum Raumklima: In Arbeitsräumen muss während der Arbeitszeit eine gesundheitlich zuträgliche Raumtemperatur bestehen (siehe Anhang zur ArbStättV 3.5).

Auch die Bildschirmarbeitsverordnung bleibt in ihrem verbindlichen Anhang sehr allgemein. Dort heißt es zum Arbeitsklima: Die Arbeitsmittel dürfen nicht zu einer erhöhten Wärmebelastung am Bildschirmarbeitsplatz führen, die unzuträglich ist. Es ist für eine ausreichende Luftfeuchtigkeit zu sorgen (Nr. 18; Anhang zur BildscharbV).

Konkretisiert werden die klimatischen Arbeitsbedingungen für Büroarbeitsplätze durch die Vorschriften, Regeln und Informationen des Bundesverbandes der Unfallkassen und durch die Vorschriften (BGV), Regeln (BGR) und Informationsschriften (BGI) der Einzelberufsgenossenschaften.
In der neuen GUV-I 8566 (früher: GUV 50.12) „Sichere und gesundheitsgerechte Gestaltung von Bildschirmarbeitsplätzen" des Bundesverbandes der Unfallkassen werden für das Raumklima zunächst allgemeine Anforderungen und dann konkrete Vorgaben definiert:

In Arbeitsräumen
- muss ausreichend gesundheitlich zuträgliche **Atemluft** und eine gesundheitlich zuträgliche **Raumtemperatur** vorhanden sein;
- muss für eine ausreichende **Luftfeuchtigkeit** gesorgt werden,
- dürfen die Arbeitnehmer keiner **Zugluft** ausgesetzt werden;
- sind Vorkehrungen zu treffen, damit die Arbeitnehmer keinen unvermeidbaren **Wärmestrahlungen** ausgesetzt sind.

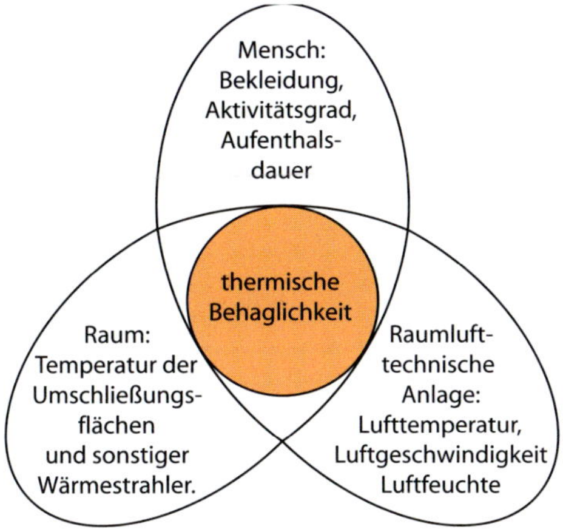

Abb.: Einflüsse auf thermische Behaglichkeit (GUV-I 8566, S. 31)

Übermäßig hohen **Bestrahlungstemperaturen** ist durch Blenden, Jalousien oder ähnlichen Einrichtungen entgegenzuwirken. Die Schutzvorrichtungen sind nur dann voll wirksam, wenn sie an der Fensteraußenseite angebracht sind. Als Bestrahlungstemperatur wird die Temperatur bezeichnet, die an Gegenständen infolge von Sonneneinstrahlung gemessen wird.

Vorgaben zum Raumklima nach GUV-I 8566

Raumtemperatur
20 °C bis 22 °C. bei sehr hoher Außentemperatur 27 °C.

Luftfeuchtigkeit
50 % bis 65 % bei sehr hoher Außentemperatur 50 %.

Luftgeschwindigkeit
0,1 m/s bis 0,15 m/s

Weitere Quellen, in denen das Raumklima konkretisiert wird:			
BGR 121 (bisher ZH 1/140)	Regeln für Sicherheit und Gesundheitsschutz an Arbeitsplätzen mit Arbeitsplatzlüftung	DIN 1946	„Raumlufttechnik"
		DIN 33 403	„Klima am Arbeitsplatz und in der Arbeitsumgebung"
		VDI 3804	„Raumlufttechnische Anlagen für Bürogebäude"
ASR 5	„Lüftung"		
ASR 6	„Raumtemperaturen"	VDI 6022-1	„Hygenische Anforderungen an Raumlufttechnische Anlagen – Büro- und Versammlungsräume"

Aus: GUV-I 8566, S. 32

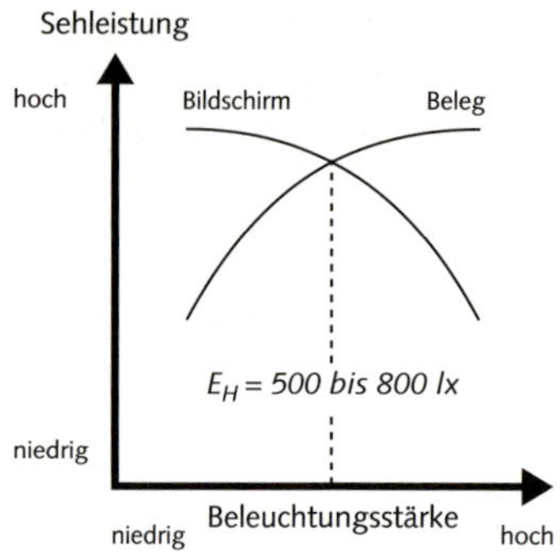

Änderung der Sehleistung mit der Beleuchtungsstärke (aus: GUV – I 8566)

Art des Innenraumes bzw. der Tätigkeit	Nennbeleuchtungsstärke En
Büroräume, Räume für Datenverarbeitung	500 lx
Großraumbüros	
• mit hohen Reflexionsgraden	750 lx
• mittleren Reflexionsgraden	1000 lx

Erforderliche Nennbeleuchtungsstärke im Bürobereich (aus: GUV – I 8566)

Die Temperatur: *Jeder empfindet sie anders*

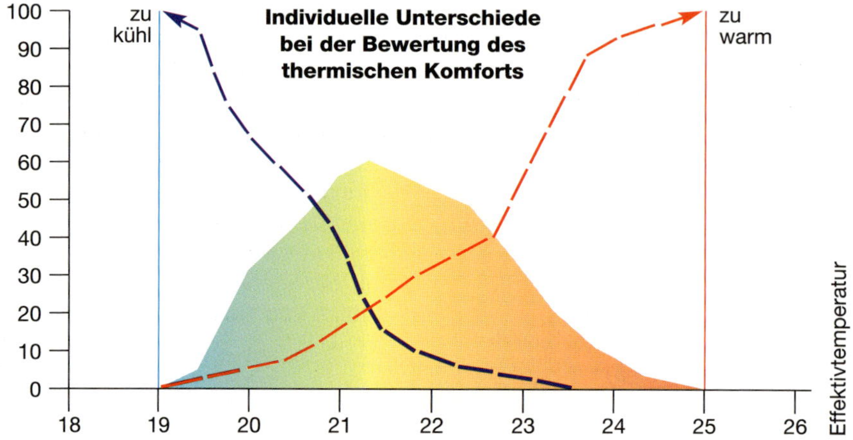

Beleuchtungssysteme

Deckenleuchte

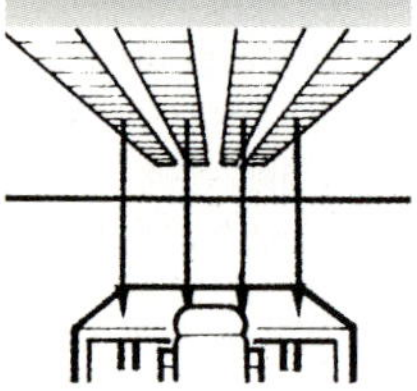

direkt

Steh- + Schreibtischleuchte

indirekt

Lux *Maßeinheit für die Lichtstärke; vorstellbar etwa mit dem Licht, das eine Kerze abgibt, die 1 m entfernt steht.*

1.2 Wie hell sollte es am Arbeitsplatz sein?

- Ca. 80 % der täglichen Informationen werden über das Auge aufgenommen.
- 60 – 70 % der arbeitsbedingten Ermüdungserscheinungen resultieren aus einer Überbeanspruchung der Augen. (Deutsche Gesellschaft für Arbeitsschutz)
- Eine Versuchsreihe hat ergeben, dass die Fehlerhäufigkeit bei Maschinenschreibarbeiten mit zunehmender Beleuchtungsintensität erheblich abgenommen hat. (Deutsches Lichtinstitut)

Schon diese wenigen Untersuchungsergebnisse zeigen, dass die Mitarbeiter bei guten Lichtverhältnissen nicht nur gesünder leben, sondern auch effizienter arbeiten. Was gute Lichtverhältnisse sind, hängt von der jeweiligen Tätigkeit und vom Alter ab. So wurde beispielsweise festgestellt, dass 60-Jährige ca. 8-mal so viel Licht benötigen wie 20-Jährige, um die gleiche Tätigkeit zu verrichten.

Die Arbeitsstättenverordnung gibt auch in Bezug auf Beleuchtung am Arbeitsplatz nur allgemeine Regeln aus. Danach müssen Arbeitsstätten möglichst ausreichend Tageslicht erhalten und mit einer angemessenen künstlichen Beleuchtung ausgestattet sein. Die Beleuchtungsanlagen sind so auszuwählen, dass sich durch sie keine Unfall- und Gesundheitsgefahren ergeben (Anhang zur ArbStättV Nr. 3.4).
Sehr vage bleibt auch der verbindliche Anhang der Bildschirmarbeitsverordnung, in dem lediglich steht, dass die Beleuchtung der Art der Sehaufgabe entsprechen und an das

Sehvermögen des Benutzers angepasst sein muss. Dabei soll ein angemessener Kontrast zwischen Bildschirm und Arbeitsumgebung gewährleistet werden. Bei der Anordnung der Beleuchtung sind störende Blendwirkungen, Reflexionen oder Spiegelungen auf dem Bildschirm und den sonstigen Arbeitsmitteln zu vermeiden. Die Fenster müssen mit einer verstellbaren Lichtschutzvorrichtung versehen sein.

Luxwerte
nach DIN 5035:
300 Lux = *Büroräume mit tageslichtorientierten Arbeitsplätzen*
500 Lux = *Büroräume*
750 Lux = *Großraumbüros*
300 Lux = *Sitzungs- und Besprechungszimmer*

Konkrete Mindestvorgaben für die Beleuchtungsstärke machen die gesetzlichen Unfallversicherer. Dabei ergibt sich bei Bildschirmarbeitsplätzen, was die Beleuchtungsstärke betrifft, ein grundsätzlicher Konflikt: Mit zunehmender Lichtstärke steigt die Lesbarkeit von Zeichen auf den Belegen und der Tastatur, während die Erkennbarkeit der selbstleuchtenden Zeichen auf dem Bildschirm abnimmt. Auf Grund dieser Erkenntnis haben die Unfallversicherer in ihrem Regelwerk Nennbeleuchtungsstärken (En) entwickelt, die als Mindestrichtwerte zu verstehen sind. Wobei sich die Angaben immer auf einen mittleren Alterszustand der Beleuchtungsanlage beziehen und deshalb bei Neuanlagen mit einem Faktor En x 1,25 gerechnet werden sollte.
Einzelne Leitsätze über die „Innenraumbeleuchtung mit Tageslicht" und die „Innenraumbeleuchtung mit Kunstlicht" finden sich in den DIN-Normen 5034 und 5035.
Zusätzlich zur allgemeinen Raumbeleuchtung können **Arbeitsplatzleuchten** sinnvoll sein. *(Wenn nicht immer alle Arbeitsplätze besetzt sind, kann mit diesem Zweiphasensystem zusätzlich Energie gespart werden: Die allgemeine Raumbeleuchtung wird relativ niedrig gehalten, die Arbeitsplatzleuchten sind nur eingeschaltet, wenn der Arbeitsplatz auch tatsächlich besetzt ist. Besteht nur eine allgemeine Raumbeleuchtung, muss der Raum auch dann voll ausgeleuchtet werden, wenn nur wenige Arbeitsplätze belegt sind).*
Die Beleuchtungskörper sind so auszuwählen und anzubringen, dass sie den Mitarbeiter **nicht blenden.** Die Beleuchtung soll nicht zu schattenarm sein, wobei jedoch scharfe und lange Schatten zu vermeiden sind. Das Licht soll am Arbeitsplatz möglichst schräg seitlich, **in der Regel von links oben**, einfallen. *(Arbeitsplatzleuchten nur dann rechts anbringen, wenn es sich um Linkshänder handelt).*

1.3 Wie viel Lärm ist am Büroarbeitsplatz erträglich?

Wer kennt nicht die Wut, die in einem aufsteigt, wenn eine wichtige Arbeit bereits zum dritten Mal begonnen werden muss, weil sich Kollegen im Raum laut unterhalten, das Telefon klingelt, eine Tür zufliegt oder der Drucker zu rattern beginnt? Kein Zweifel, schon die „ganz normalen" Bürogeräusche können die Leistung beeinträchtigen, die Nerven überlasten und im schlimmsten Fall gesundheitliche Schäden verursachen.

Die Folgen des Lärms

Der Lärm wirkt auf unseren Gehörsinn. Er kann ihn direkt schädigen, kann zu Schwerhörigkeit, ja sogar zu Taubheit führen. Er wirkt über den Gehörsinn auch auf das zentrale Nervensystem ein und kann die vielfältigsten physischen (z. B. Herzklopfen, Blutdruckerhöhung) und psychischen (z. B. Konzentrationsschwäche, erhöhte Nervosität) Reaktionen auslösen. Bis vor kurzem nahm man an, dass erst bei Lautstärken von 65 bis 90 dB(A) Auswirkungen auf das unwillkürliche (vegetative) Nervensystem auftreten. Neuere Untersuchungen zeigen jedoch, dass vegetative Wirkungen auch schon unterhalb 65 dB(A) eintreten können.

OFFICE DESIGN

Hier einige dB(A)-Werte von Alltagsgeräuschen:

- *Blätterrauschen 10 – 40 dB(A)*
- *Flüstersprache um 30 dB(A)*
- *Ticken eines Weckers in 1 m Entfernung 25 – 35 dB(A)*
- *Atemgeräusche eines Schlafenden um 25 dB(A)*
- *Unterhaltungssprache 50 – 60 dB(A)*
- *lautes Gespräch um 75 dB(A)*
- *Pkw-Geräusch am Fahrbahnrand bei 50 km/h 70 – 80 dB(A)*
- *Pkw-Geräusch am Fahrbahnrand bei 100 km/h 80 – 90 dB(A)*
- *Presslufthammer etwa 105 dB(A)*
- *Düsenmotor eines Flugzeuges auf dem Prüfstand mehr als 110 dB(A)*

ArbStättV § 15

In Arbeitsstätten ist der Lärm so niedrig zu halten, wie es der Betrieb ermöglicht. Der Beurteilungspegel darf am Arbeitsplatz in Arbeitsräumen höchstens 85 dB(A) betragen. Soweit dies aus betrieblichen Gründen nicht eingehalten werden kann, darf der Geräuschpegel bis zu 5 dB(A) überschritten werden (Anhang zur ArbStättV Nr. 3.7).
In der Bildschirmarbeitsverordnung heißt es ganz allgemein: „Bei der Gestaltung des Bildschirmarbeitsplatzes ist dem Lärm, der durch die zum Bildschirmarbeitsplatz gehörenden Arbeitsmittel verursacht wird, Rechnung zu tragen, insbesondere um eine Beeinträchtigung der Konzentration und der Sprachverständigung zu vermeiden." (Anhang zur BildscharbV Nr. 17).

In der GUV-I 8566 der gesetzlichen Unfallversicherung sind verschiedene Höchstwerte festgeschrieben worden:

- bei überwiegend geistiger Tätigkeit 55 dB(A),
- bei einfachen oder überwiegend mechanisierten Bürotätigkeiten und vergleichbaren Tätigkeiten 70 dB(A).

Lärm kann durch verschiedene technische Maßnahmen reduziert werden (lärmarme Maschinen, Abdeckhauben, Erschütterungsschutz). Weitere Hinweise dazu geben vor allem:

- die DIN 4109 „Schallschutz im Hochbau"
- die VDI 2569 „Schallschutz und akustische Gestaltung im Büro"
- DIN EN ISO 9241-6.

1.4 Wie muss das Büro gestaltet sein, damit sich die Mitarbeiter wohl fühlen?

Das erste Beispiel eines Büros: Ca. 2200 v. Chr. fand man im ägyptischen Grab von Meket-Ré in Theben ein Modell. Es zeigt eine Gruppe Schreiber, die Buch führen über die Menge des Korns, das in der Kornkammer von Arbeitern gespeichert wird.

Die **Büroraumgestaltung** ist zunächst rein zweckbestimmt. Als Arbeitsräume sind Büroräume mit Gegenständen (Möbel, Büromaschinen) ausgestattet, die zur Erledigung einer bestimmten Aufgabe notwendig sind (z. B. eine Poststraße in der Postbearbeitung). Der Arbeitsprozess gibt darüber hinaus häufig vor, wie die Gegenstände anzuordnen sind. Eine zweckmäßige Raumgestaltung muss aber nicht zwangsläufig die Bedürfnisse der in den Räumen tätigen Menschen ausschließen.

Es gibt genügend gestalterische Freiräume, um menschengerechte, individuelle Arbeitsräume schaffen zu können. Der Raumschmuck (Bilder, Poster, Pflanzen) gehört ebenso dazu wie die persönlichen Gegenstände der Mitarbeiter (das Stofftierchen auf dem Schreibtisch, die Pinnwand mit den Urlaubskarten der Kollegen, das persönliche Bild, der eigene Wandkalender).

Ob sich Mitarbeiter wohl fühlen, ob sie leistungswillig sind, hängt auch von der farblichen Gestaltung des Arbeitsraumes, den Einrichtungsgegenständen und den Büromaschinen ab. Natürlich werden Farben von Person zu Person verschieden empfunden und erlebt, als gesichert gilt jedoch, dass Farben bestimmte psychologische Wirkungen hervorrufen. Sie können Freude und Trauer ausdrücken, kalt oder warm, aggressiv oder beruhigend, nah oder fern, schwer oder leicht wirken.

Farbwirkungen

Farbe	Temperaturwirkung	Psychologische Wirkung
Blau	kalt	beruhigend
Grün	sehr kalt	sehr beruhigend
Rot	warm	sehr anregend
Gelb	sehr warm	anregend
Orange	sehr warm	anregend
Braun	neutral	anregend

Die Farbe hat die Eigenschaft, überall, wo sie richtig angewendet wird, Probleme zu lindern, wo sie falsch angewendet wird, einige Unzufriedenheit zu fördern.
Gottfried Th. Prölß, Grafiker und freier Innenarchitekt
OFFICE DESIGN

Anregende Farben erhöhen den Blutdruck und den Puls. Sie sollten deshalb im Büro nur sehr sparsam verwendet werden (z. B. für Bedienungselemente). Beruhigende Farben erzeugen dagegen eine gleichbleibende und anhaltende Arbeitsbereitschaft. Helle Farben lassen kleine Räume optisch größer erscheinen.
Unternehmern ist zu raten, dass sie ihre Mitarbeiter frühzeitig in die Raumplanung miteinbeziehen. Gleichzeitig sind Mitarbeiter gefordert, die bereit sind, ihre Arbeitsumwelt aktiv mitzugestalten. Je mehr sich die Mitarbeiter mit ihrem Arbeitsraum identifizieren, umso wohler werden sie sich fühlen und umso effizienter arbeiten sie.

Neben der psychologischen und räumlichen Wirkung beeinflusst die Farbe den Reflexionsgrad von Flächen und ist damit für die Helligkeitswirkung des Raumes und die Beleuchtung bedeutsam. Beispiele für den Reflexionsgrad von Farbe:
Weiß 85 %, Hellgrün 65 %, Dunkelgrün 7 %, Hellblau 55 %, Dunkelblau 8 %, Dunkelrot 13 %.

1.5 Arbeitsräume für Bürotätigkeiten – wie groß sollen sie sein?

Büroangestellte verbringen etwa 80 000 Stunden ihres Lebens in Bürogebäuden. Grund genug, darüber nachzudenken, wie durch sinnvolle Büroarchitektur menschengerechte Arbeitsbedingungen, Arbeitsräume und Arbeitsplätze geschaffen werden können.
Auch bei der Weber OHG hat sich eine Arbeitsgruppe unter der Leitung von Frau Dauner gebildet, die zusammen mit dem Architekten Lösungsalternativen über die sinnvollste Größe der Büroeinheiten erarbeiten soll.

- **Gehen Sie der Frage nach, welche Bedeutung die Größe der Büroeinheiten für die Kommunikations- und Kooperationsmöglichkeiten hat.**
- **Diskutieren Sie darüber, ob Sie lieber alleine, mit mehreren Personen in einem Raum oder gar in einem Großraumbüro arbeiten würden.**

Büro
(frz.: zu lat. „burra", „zottiges Gewand",) ursprünglich ein grober Wollstoff, mit dem Schreib- und Arbeitstische überzogen wurden. Später nannte man so die Schreibstube und das Amtszimmer; ferner die Arbeits-, Dienst- und Geschäftsstelle; auch die Gesamtheit der in einer Geschäftsstelle tätigen Personen.

Das Einzelbüro – ungestört, aber einsam

Im Einzelbüro arbeitet nur eine einzige Person. Es bietet sich für Mitarbeiter an, die ungestört arbeiten und/oder häufig wichtige und vertrauliche Gespräche führen müssen. Sinnvoll sind Einzelbüros auch dann, wenn die darin ausgeübte Tätigkeit einen sehr hohen Geräuschpegel verursacht.

Häufig wird jedoch kritisiert, dass beim Einzelbüro die **Kommunikations- und Kooperationsmöglichkeiten** erheblich eingeschränkt sind. Die Mitarbeiter müssen zu lange Wege in Kauf nehmen, um Informationen untereinander austauschen zu können. Gerade im Büro steht und fällt die Produktivität jedoch mit der Kommunikation.

Das Großraumbüro

Gegenstück des traditionellen Einzelbüros ist das Großraumbüro. Es ist dadurch gekennzeichnet, dass in sehr großen Räumen (400 – 10 000 m^2) sehr viele Mitarbeiter tätig sind.
Diese Architektur versprach eine bessere Kommunikation, schnellere Informationen, ein besseres Betriebsklima durch bessere Kooperation und nicht zuletzt eine höhere Produktivität. Die Folgen waren jedoch Reizüberflutungen, Stressreaktionen, Vermassungsgefühle und eine fehlende individuelle Arbeitsplatzgestaltung.
Als Reaktion darauf und aufgrund des wachsenden Widerstands der Mitarbeiter entstanden die Bürolandschaften. Es wurde versucht, Großraumflächen mit Pflanzenarrangements, Stellwänden und Sitzgruppen aufzulockern.

Büroarchitektur heute: Das Gruppenbüro

Durch die Diskussion, welche Raumteilung vorteilhafter ist, das Einzelbüro oder das Großraumbüro, ist das Gruppenbüro als Alternativlösung wieder entdeckt worden.

In Gruppenbüros werden zusammenarbeitende Teams von vier bis zwölf Personen räumlich zusammengefasst.

Es ist die zurzeit bevorzugte organisatorische Bürostruktur, vor allem, nachdem festgestellt wurde, dass etwa 80 % der notwendigen Kommunikation innerhalb der Arbeitsgruppen (z. B. der Werbeabteilung) abläuft.

Beispiel eines Gruppenbüros.

Weitere Vorteile des Gruppenbüros sind unübersehbar:

- kurze und damit schnelle Informationswege,
- der nicht selten zu beobachtende Teamgeist verbessert das Betriebsklima,
- die Mitarbeiter sind leistungsmotivierter und kooperationsbereiter, weil sie sich mit dem Team und auch mit dem Teamergebnis identifizieren,
- die individuelle Arbeitsplatzgestaltung wird erleichtert, was dazu führt, dass sich die Mitarbeiter an ihrem Arbeitsplatz wohl fühlen,
- teure Betriebsmittel können gemeinsam genutzt werden.

Auszug aus dem Protokoll der Abteilungsleitersitzung der Weber OHG:

> Herr Weber fasst die Diskussion über die gewünschte Raumeinteilung des neuen Verwaltungsgebäudes noch einmal zusammen: Die meisten Diskussionsteilnehmer haben sich gegen eine Großraumvariante und für eine flexible Gestaltung mit Einzel- und Gruppenbüros ausgesprochen. Da das Projekt die Kooperationsbereitschaft, das Engagement und das konstruktive Zusammenwirken aller Mitarbeiter erfordert, schlägt Frau Dauner (Organisation/DV) vor, weitere Mitarbeiter in den Planungsprozess einzubeziehen. Die Abteilungsleiter werden von Herrn Weber gebeten, alle Gruppenleiter und einige weitere Mitarbeiter über das Vorhaben zu informieren und sie nach ihrer Meinung zu befragen. Die Ergebnisse sollen auf der nächsten Sitzung vorgetragen werden.

Auszug aus dem Protokoll der Abteilungsleitersitzung der Weber OHG

1.6 Weshalb die eigene Leistungsfähigkeit beobachtet werden sollte

Der Auszubildende Klaus Geis von der Laupheimer Büromöbel AG redet fast täglich darüber, wie er sich seine Karriere vorstellt.
Seiner Kollegin, der Auszubildenden Karin Risse, geht das bereits auf die Nerven. Sie entgegnet immer, dass die Arbeitszufriedenheit wichtiger ist als die Karriere.
Klaus Geis meint, er ist nur zufrieden, wenn er Karriere macht.

- **Diskutieren Sie die beiden Einstellungen.**
- **Welche Erwartungen haben Sie an Ihren eigenen beruflichen Werdegang?**
- **Welchen Zusammenhang sehen Sie zwischen Ihrem eigenen Verhalten und Ihren beruflichen Zielen?**

Erhöhung bzw. Senkung des eigenen Leistungsniveaus

Eigenes Anspruchsniveau (Zielformulierung) evtl. Einfluss fremder Erwartungen

↓ ①

Anstrengungen, das Ziel zu erreichen oder die Aufgabe zu lösen

↓

Ziel erreicht? Aufgabe gelöst? **Falls nein Zurück zu ①,** da Unzufriedenheit, Senkung des Anspruchsniveaus. **Falls ja:**

↓

Belohnung

↓

Zufriedenheit

↓

Erhöhung des Anspruchsniveaus

↓

zurück zu ①

Leistungsmaßstab für jeden Mitarbeiter des Unternehmens ist das quantitative und qualitative Ergebnis seiner Arbeit. Das **Leistungsniveau** wird bestimmt durch die Erwartungen der betrieblichen Umwelt, also der Geschäftsleitung, der direkten Vorgesetzten, der Mitarbeiter usw. (der Arbeitgeber bezahlt ein bestimmtes Gehalt und erwartet dafür, dass der Arbeitnehmer dem Gehalt entsprechend einfachere oder schwierigere Aufgaben löst). Das Leistungsniveau hängt aber auch sehr stark von den eigenen Erwartungen des Mitarbeiters über den Erfolg seiner Anstrengungen ab („Nur wenn es sich lohnt, bin ich auch bereit, eine höhere Leistung zu erbringen").

Hat ein Mitarbeiter seine eigenen und die Erwartungen der Umwelt erfüllt und ist er für sein erfolgreiches Handeln belohnt worden (z. B. durch ein höheres Gehalt, Lob, Anerkennung, bessere Arbeitsbedingungen, Aufstieg usw.), erhöht sich sein Anspruchsniveau. Er wird zukünftig die eigenen Leistungsziele höher ansetzen, weil schwerer erreichbare Ziele erfahrungsgemäß größere Erfolgserlebnisse vermitteln. Wer dauernde Misserfolgserlebnisse hat, wird dagegen leichter erreichbare Ziele formulieren.

Grundsätzlich kann davon ausgegangen werden, dass der Mensch umso zufriedener und ausgeglichener ist, je häufiger und je treffsicherer die Erwartungen und die eigenen Zielsetzungen mit der Realität, also dem tatsächlich Erreichten, übereinstimmen.

Dieses Gleichgewicht ist nur bei einer realistischen Zielsetzung möglich (nicht jeder kann Geschäftsführer werden). Untersuchungen haben ergeben, dass die eigenen Zielsetzungen, aber auch die Ursachenzuschreibungen bei Erfolg oder Misserfolg unmittelbar davon abhängen, welches Konzept ein Mensch von sich selbst hat. Das **Selbstkonzept** umfasst nicht nur, wie man sich selbst sieht, sondern auch, wie man gerne sein möchte. Dabei wird unterschieden zwischen Menschen mit einem positiven (erfolgsorientierten) und einem negativen (misserfolgsorientierten) Selbstkonzept. Je nach Selbstkonzept ergeben sich unterschiedliche Verhaltensweisen:

Menschen mit

positivem Selbstkonzept	negativem Selbstkonzept
• setzen sich realistische Ziele,	• setzen sich unrealistische Ziele,
• bevorzugen mittelschwere Aufgaben, die jedoch persönliche Initiative und Kreativität verlangen,	• wählen oft Aufgaben, die sie über- oder unterfordern; Misserfolge bestätigen das eigene Selbstbild *(„Ich wusste gleich, dass ich das nicht schaffe"),* • leichte Aufgaben werden bewältigt, vermitteln aber kein Erfolgserlebnis *(„Das schafft ja jeder"),*
• bevorzugen selbstbestimmte Arbeit, die sie konzentriert und schnell erledigen,	• bevorzugen fremdbestimmte Arbeit, das Arbeitstempo ist eher langsam, bei Schwierigkeiten wird schnell resigniert,
• sind aktiv, kritisch und insgesamt sehr selbstsicher,	• sind eher passiv, unkritisch und insgesamt eher unsicher *(„Ich habe immer Angst, etwas falsch zu machen"),*
• schreiben Erfolge den eigenen Fähigkeiten zu, Misserfolge den widrigen Umständen *(Pech).*	• Erfolge werden dem Glück zugeschrieben, Misserfolge dem eigenen Unvermögen.

Schwierigkeiten treten immer auf, wenn das Selbstkonzept und die eigene Zielsetzung zu stark von der tatsächlichen Leistungsfähigkeit abweichen. Solche Fehleinschätzungen führen dazu, dass Mitarbeiter unzufrieden sind, resignieren oder im schlimmsten Fall krank werden. Um dies zu verhindern, ist grundsätzlich jeder Mitarbeiter aus eigenem Interesse angehalten, seine Leistungsfähigkeit ständig zu beobachten und wenn nötig, das eigene Anspruchsniveau oder Verhalten zu ändern.

Aufgaben

1 Nennen Sie fünf Bestimmungsfaktoren für die menschliche Arbeitsfähigkeit.

2 Beschreiben Sie, was beachtet werden muss, um ein optimales Raumklima für die Mitarbeiter zu schaffen.

3 Begründen Sie, weshalb Klimaanlagen immer wieder kritisiert werden.

4 Erläutern Sie, weshalb es sinnvoll sein kann, neben der allgemeinen Raumbeleuchtung zusätzlich Arbeitsplatzleuchten anzubringen.

5 Welche Gefahren gehen von zu großem Lärm am Arbeitsplatz aus, welche Grenzwerte nennt die Arbeitsstättenverordnung hinsichtlich des Lärms am Arbeitsplatz?

6 Beschreiben Sie einen Arbeitsraum, in dem Sie sich wohl fühlen würden.

7 Diskutieren Sie den Zusammenhang zwischen Büroarchitektur und -produktivität.

8 Beschreiben Sie, welche neuen Herausforderungen die moderne Technik an die Büroarchitektur stellt.

9 Erläutern Sie die Kommunikations- und Kooperationsmöglichkeiten beim Einzel-, Gruppen- und Großraumbüro.

10 Begründen Sie an Beispielen, weshalb es unwahrscheinlich ist, dass die zukünftige Kommunikationstechnik das direkte persönliche Gespräch unnötig macht.

11 Nehmen Sie zu folgender Aussage Stellung: *Das Gruppenbüro entspricht am ehesten den heutigen Organisationsbedingungen.*

12 Prüfen Sie anhand unterschiedlicher Persönlichkeitsmerkmale, ob Sie eher ein positives oder eher ein negatives Selbstkonzept haben.

2 Anforderungen an die Arbeitsplatz- und Arbeitsraumgestaltung

Wie es früher einmal war

■ **Diskutieren Sie anhand der Abbildung, wie sich der Büroarbeitsplatz verändert hat.**

Schätzungen gehen davon aus, dass heute bereits zehn Millionen und damit über 80 Prozent der Büroarbeitsplätze in Deutschland mit Bildschirmen ausgestattet sind. Mit den neuen Technologien haben sich aber auch die Anforderungen, die Belastungen und die Gefahren für die in Büro und Verwaltung tätigen Arbeitnehmer verändert. Es scheint deshalb sinnvoll, bei Fragen über die Anforderungen an Arbeitsplatz- und Arbeitsraumgestaltung den Bildschirmarbeitsplatz in den Vordergrund der Diskussion zu stellen.

Ausgangspunkt für umfassende Änderungen im nationalen Recht war diesbezüglich die **EU-Rahmenrichtlinie** 89/391/EWG zur Verbesserung der Sicherheit und des Gesundheitsschutzes der Arbeitnehmer bei der Arbeit und die daraus abgeleitete 5. Einzelrichtlinie (Bildschirm-Richtlinie) 90/270/EWG. Die EU-Bildschirmrichtlinie enthält zwei Forderungen: Erstens die Pflicht, die Richtlinie bis 31.12.1992 in nationales Recht umzusetzen und zweitens, die Verpflichtung an die Arbeitgeber, eine Arbeitsplatzanalyse mit dem Ziel durchzuführen, die Sicherheits- und Gesundheitsbedingungen im Büro zu beurteilen und Maßnahmen zur Ausschaltung festgestellter Gefahren zu treffen.

Obwohl bereits seit 1993 alle neu eingerichteten Bildschirmarbeitsplätze der EU-Rahmenrichtlinie entsprechen müssten, gelang die Umsetzung der Richtlinie in nationales Recht erst mit dem Inkrafttreten des **Arbeitsschutzgesetzes (ArbSchG)** am 07.08.1996 und dessen umfassenden Änderungen vom 12.08.2004. Außerdem wurde mit der „Verordnung über Sicherheit und Gesundheitsschutz bei der Arbeit an Bildschirmgeräten", der so genannten Bildschirmarbeitsverordnung (BildscharbV) vom 4. Dezember 1996, die Richtlinie 90/270/EWG im deutschen Arbeitsschutzrecht integriert und verlor damit ihre Bedeutung.

Bei der im Arbeitsschutzgesetz geforderten Arbeitsplatzanalyse sind die vielfältigen Ursachen (Belastungen), denen der Arbeitnehmer ausgesetzt ist, und die Wirkungen (Beanspruchungen) zu berücksichtigen. Damit war klar, dass eine systematische Arbeitsplatzanalyse nicht mehr, wie in der Vergangenheit, nur die Einzelelemente eines Büros untersucht, sondern vielmehr das gesamte **„Arbeitssystem"**. Eine Definition des Arbeitssystems liefert die europäische Vornorm DIN V ENV 263885:

„Das Arbeitssystem beinhaltet das Zusammenwirken von Mensch und Arbeitsmitteln im Arbeitsablauf, um die Arbeitsaufgabe am Arbeitsplatz in der Arbeitsumgebung unter den durch die Arbeitsaufgabe gesetzten Bedingungen zu erfüllen."

Herzstück des Arbeitssystems und Auslöser für die Gestaltung der Bürowelt ist der Arbeitnehmer. Bei der Gestaltung des Arbeitsplatzes geht es darum, die Leistungsfähigkeit und Leistungsbereitschaft des Arbeitnehmers zu fördern und seine Gesundheit zu schützen.

Die Bundesanstalt für Arbeitsschutz hat im Sinne des Arbeitssystems ein Modell für die Arbeitsplatzanalyse entwickelt, das heute gängige Praxis geworden ist. Dieses Modell geht von sieben Teilsystemen aus, die zur Beurteilung des Arbeitssystems „Bildschirmarbeitsplatz" herangezogen werden. Die wichtigsten Beanspruchungselemente sind dabei die Augen, der Rücken und die Psyche.

Quelle: Schriftreihe der Bundesanwaltschaft für Arbeitsschutz Fa 31, Arbeitssystem Bildschirmarbeit

Anforderungen an Büroräume

System	Inhalt
Teilsystem 1: Fläche	Flächenbedarf Anordnung der Fläche im Raum
Teilsystem 2: Sitzen und Bewegen	Anordnung der Arbeitsmittel auf der Tischfläche Anpassung der Arbeitshöhe Haltungswechsel
Teilsystem 3: Sehen und Wahrnehmen	Beleuchtungsart Lesbarkeit Blendungen und Spiegelungen Visuelle Belastungswechsel
Teilsystem 4: Geistige Konzentration	Akustik Klima
Teilsystem 5: Täglicher Arbeitsablauf	Arbeitspausen Aufgabenwechsel Handlungsspielräume Persönlicher Freiraum
Teilsystem 6: Unfallschutz	Hygiene Bildschirmgerät Elektroinstallationen Fußboden Büromöbel
Teilsystem 7: Mensch-Maschine-Interaktion	Bedienerfreundlichkeit der Software

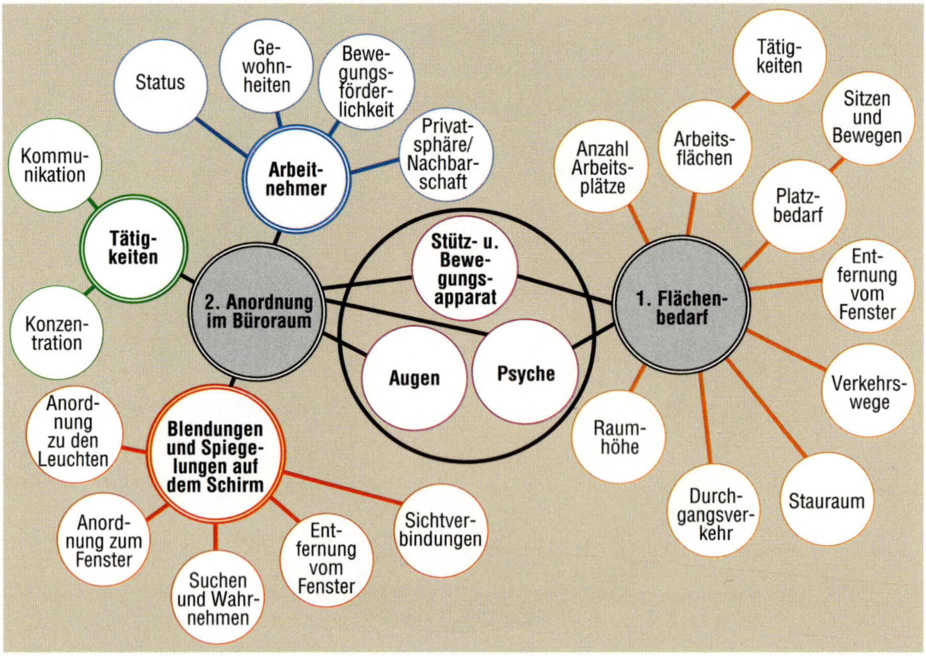

Quelle: Bundesanstalt für Arbeitsschutz Fa 31 (siehe oben)

EU-RECHT	
Richtlinien	**Normen**
z. B. **Einheitliche Europäische Akte (1986)** **(Rahmenrichtlinie 89/391/EWG)** Art. 118 a: Verbesserung der Arbeitsumwelt, Mindestvorschriften **Einzelrichtlinien:** **Richtlinie 89/391/EWG (1989)** Durchführung von Maßnahmen zur Verbesserung der Sicherheit und des Gesundheitsschutzes der Arbeitnehmer bei der Arbeit **Richtlinie 89/654/EWG (1989)** Sicherheit und Gesundheitsschutz in Arbeitsstätten **Richtlinie 89/655/EWG (1989)** Sicherheit und Gesundheitsschutz bei Benutzung von Arbeitsmitteln durch Arbeitnehmer bei der Arbeit **Richtlinie 90/270/EWG (1990)** Sicherheit und Gesundheitsschutz bei der Arbeit an Bildschirmgeräten **Richtlinie 92/58/EWG (1992)** Mindestvorschriften für die Sicherheits- und/oder Gesundheitsschutzkennzeichnung am Arbeitsplatz	Als wichtigste Normentwicklung im Bürobereich der letzten Jahre gilt die international geltende **ISO 9241** (International Standards Organisation): **Ergonomische Anforderungen für Bürotätigkeiten mit Bildschirmgeräten.** Die ISO 9241 wurde von der Europäischen Normungsorganisation (CEN) übernommen und wird in Deutschland geführt unter **DIN/EN/ISO 29241.** Sie hat neben anderen auch die nationale Bildschirmnorm DIN-Norm 66 234 ersetzt. Beispiele für EU-Normen, die die ISO-Norm 9241 „Ergonomische Anforderungen für Bürotätigkeiten mit Bildschirmgeräten" konkretisieren: **DIN EN ISO 9241-1 1997** Teil 1: Allgemeine Einführung **DIN EN 9241-2 1993** Norm Teil 2: Anforderungen an die Arbeitsaufgaben **DIN EN 9241-6 1998** Entwurf Teil 6: Leitsätze für die Arbeitsumgebung: Beleuchtung, Einwirkung von Geräuschen, Raumnutzung und Arbeitsplatzgestaltung. **DIN EN ISO 9241-8 1998** Norm Teil 8: Anforderungen an Farbdarstellungen

Wichtige nationale Gesetze, Verordnungen und Empfehlungen für die Gestaltung des Büroarbeitsplatzes

Staatliche Regelungen

z. B.

- Arbeitsschutzgesetz
- Arbeitszeitgesetz
- Gerätesicherheitsgesetz
- Sozialgesetzbuch
- Unfallverhütungsvorschriften
- Unfallverhütungseinordnungsgesetz
- Arbeitsstättenverordnung
- Bildschirmarbeitsverordnung

DIN-Normen

z. B.

- DIN 4545 Kartei- und Registraturschränke
- DIN 4549 Büromaschinentische und Bildschirmarbeitstische
- DIN 4551 und 4552 Bürodrehstuhl
- DIN 33412 Ergonomische Gestaltung von Büroarbeitsplätzen
- DIN 5034 und 5035 Innenraumbeleuchtung

Empfehlungen der Verwaltungsberufsgenossenschaft

z. B.

- Sicherheitsregeln für Büroarbeitsplätze
- Sicherheitsregeln für Bildschirm-Arbeitsplätze
- Richtlinien für Lagereinrichtungen und -geräte

2.1 Was die Arbeitsstättenverordnung regelt

Auf Grund des § 18 des Arbeitsschutzgesetzes von 1996 und dessen Änderung von 2003 erhielt die **Verordnung über Arbeitsstätten (Arbeitsstättenverordnung – ArbStättV)** 2004 eine grundlegende Neuordnung. Die Arbeitsstättenverordnung dient der Sicherheit und dem Gesundheitsschutz der Beschäftigten beim Betreiben und Einrichten von Arbeitsstätten (§ 1 ArbStättV). Dabei hat der Arbeitgeber dafür zu sorgen, „dass Arbeitsstätten den Vorschriften dieser Verordnung einschließlich ihres Anhanges entsprechend so eingerichtet und betrieben werden, dass von ihnen keine Gefährdungen für die Sicherheit und die Gesundheit der Beschäftigten ausgehen (§ 3 ArbStättV). Der Anhang ist ausdrücklich verbindlich. Die ArbStättV enthält

- **allgemeine Anforderungen an die Arbeitstätten** (z. B. Fußböden, Fenster, Treppen, Türen, Laderampen)
- **Schutzmaßnahmen vor besonderen Gefahren** (z. B. Brandschutz, Fluchtwege),
- **Arbeitsbedingungen** (Bewegungsflächen, Anordnung der Arbeitsplätze, Ausstattung, Beleuchtung, Raumtemperatur, Lüftung, Lärm),
- Angaben zu **Sonderunterkünften** (z. B. Sanitätsräume, Pausenräume).

Anders als die alte ArbStättV enthält die neue keine konkreten Mindest- oder Grenzwerte zu einzelnen Kriterien, wie beispielsweise der Raumtemperatur. Diese zu regeln überlässt die Verordnung den Trägern der gesetzlichen Unfallversicherung. Einen wichtigen Platz in der neuen Verordnung erhielt dagegen der Nichtraucherschutz. In § 5 heißt es dazu: „Der Arbeitgeber hat die erforderlichen Maßnahmen zu treffen, damit die nicht rauchenden Beschäftigten in Arbeitsstätten wirksam vor den Gesundheitsgefahren durch Tabakrauch geschützt sind."

2.2 Welche Unfallverhütungsvorschriften beeinflussen die Arbeitsplatzgestaltung?

Das Deutsche Institut für Normung e. V. ist ein gemeinnütziger Zweckverband (gegr. 1926) für alle Normungsaufgaben in Deutschland.

Neben den gesetzlichen Regelungen, den DIN-Normen und den Empfehlungen der Berufsgenossenschaften gibt es Empfehlungen des Vereins Deutscher Ingenieure (VDI) und des Verbandes Deutscher Elektrotechniker (VDE)

Unfallversicherungsträger sind nach dem **Sozialgesetzbuch** die **Berufsgenossenschaften** (§ 114 SGB). Sie erlassen als autonomes Recht Unfallverhütungsvorschriften (§ 15 SGB) über z. B. „Einrichtungen, Anordnungen und Maßnahmen, welche die Unternehmer zur Verhütung von Arbeitsunfällen, Berufskrankheiten und arbeitsbedingten Gesundheitsgefahren zu treffen haben" (§ 22 SGB). Die Unternehmer sind durch das Sozialgesetzbuch für die Durchführung der Maßnahmen zur Verhütung von Arbeitsunfällen und Berufskrankheiten, für die Verhütung von arbeitsbedingten Gesundheitsgefahren sowie für eine wirksame erste Hilfe verantwortlich.

Im Rahmen ihres gesetzlichen Auftrags haben die Berufsgenossenschaften 1999 begonnen, eine neue Systematik für BG-Vorschriften zu entwickeln. Die bisherigen „VBG" für Unfallverhütungsvorschriften und die „ZH 1" für Regeln und Merkblätter sind weitgehend abgeschafft. Die jetzt geltende BGVR-Systematik weist drei Ebenen auf:

- **BG-Vorschriften (BGV)**: Die Unfallverhütungsvorschriften sind wie früher rechtsverbindlich und werden von den Vertreterversammlungen der einzelnen Berufsgenossenschaften beschlossen.
- **BG-Regel (BGR)**: Sie sind vor allem dazu da, staatliche Arbeitsschutzbestimmungen (Gesetze und Verordnungen) oder Unfallverhütungsvorschriften zu konkretisieren oder zu erläutern; andererseits bieten sie im Einzelfall auch spezielle Lösungen zur Verbesserung von Sicherheit und Gesundheit am Arbeitsplatz an.
- **BG-Informationen (BGI)**: Dies sind spezielle Veröffentlichungen zu ganz bestimmten Schwerpunktthemen (z. B. bestimmten Branchen, Tätigkeiten, Arbeitsmitteln). Für die Erstellung der BG-Informationen sind die Einzelberufsgenossenschaften zuständig.

2.3 Ergonomische Anforderungen an Arbeitsplätze

Ergonomie heißt, die Bedürfnisse der Mitarbeiter erkennen

Erkrankungen des Bewegungsapparates (z. B. Rücken- und Halswirbelerkrankungen) zählen zu den häufigsten Krankschreibungsursachen. Arbeitsmediziner haben festgestellt, dass diese Beschwerden eindeutig mit der sitzenden Arbeitweise unter mangelhaften Bedingungen zu tun haben. Ernste wissenschaftliche Bemühungen, die Arbeitsmittel und Arbeitsbedingungen dem menschlichen Organismus anzupassen, setzten jedoch erst Ende der 60er-Jahre mit der massenhaften Einführung von Bildschirmarbeitsplätzen ein.

Heute wird im Zusammenhang mit der Gestaltung von Büromöbeln, Computertastaturen und -bildschirmen und anderen Büroarbeitsgeräten verhältnismäßig häufig der Begriff **„Ergonomie"** gebraucht. Was sich dahinter verbirgt, lässt sich vereinfacht am Werbeslogan eines Bürostuhlherstellers verdeutlichen, in dem es heißt, „Am Menschen nehmen wir Maß".

Ergonomie ist die Wissenschaft, die darauf abzielt, die Arbeitsmittel und Arbeitsbedingungen den physiologischen und psychologischen Gegebenheiten des arbeitenden Menschen anzupassen.

Die Erkenntnisse der Ergonomie flossen in der Bundesrepublik in gesetzliche Maßnahmen, Richtlinien und Empfehlungen der Berufsgenossenschaften ein. An den Büroarbeitsstühlen und Büroschreibtischen soll dies beispielhaft verdeutlicht werden.

Krankschreibungen nach Häufigkeit in Prozent:

1 = *Rückenerkrankungen 10,34 %*
2 = *Grippe 9,87 %*
3 = *Bronchitis 5,19 %*
4 = *Gastroenteritis und Kolitis 3,04 %*
5 = *Gastritis und Duodenitis 2,96 %*
6 = *Halswirbelsäulenerkrankungen 2,55 %*
7 = *Infektionen der oberen Luftwege 2,54 %*
8 = *unbekannte Ursachen von Krankheit und Tod 2,31 %*
9 = *Infektionen des Verdauungssystems 2,30 %*
10 = *Mandelentzündungen 2,20 %*

Auszug aus dem Prospekt eines Bürostuhlherstellers

Der ergonomische Büroarbeitsstuhl – „Nur wer gut sitzt, arbeitet auch gut!"

Falsche Sitzhaltung

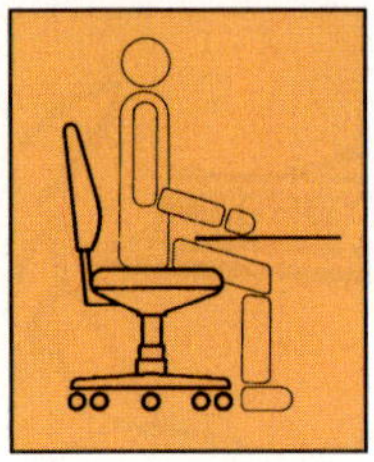

- Sitzfläche wird nicht ständig besessen
- Sitzhöhe ist zu hoch eingestellt
- Keine Abstützung der Lendenwirbel durch die Rückenlehne

Falsche Sitzhaltung

- Sitzfläche wird nicht ständig besessen
- keinen Kontakt zur Rückenlehne
- Lehnenhöhe ist zu hoch eingestellt
- ungleichmäßige Bandscheibenbelastung

Richtige Sitzhaltung

① Rückenlehne stützt den Lendenwirbelbereich
② Dynamische Rückenlehne – passt sich Sitzhaltung an
③ Anatomisch geformte Sitzfläche ganz ausnutzen
④ Sitzhöhe: Kniekehle 90°, Unterarme parallel auf Sitzfläche

- **Stellen Sie fest, ob Ihr Büroarbeitsstuhl entsprechend den obigen Anweisungen eingestellt ist, wenn nicht, stellen Sie ihn richtig ein.**
- **Beobachten Sie in nächster Zeit einmal bewusst Ihre eigene Sitzhaltung und korrigieren Sie diese nötigenfalls entsprechend den obigen Hinweisen.**

Ergonomisch gestaltete Büroarbeitsstühle sollen helfen, Unfälle zu verhindern, berufsbedingte Erkrankungen zu mindern und die Arbeitsbedingungen zu verbessern. Die wichtigsten Anforderungen an den Büroarbeitsstuhl sind in den DIN-Normen 4551 und 4552 und in den „Sicherheitsregeln für Büro-Arbeitsplätze" der Verwaltungs-Berufsgenossenschaft festgelegt.

Wie ein ergonomischer Arbeitsstuhl aussehen sollte

Anforderungen an einen ergonomischen Büroarbeitsstuhl

Das Untergestell

- beweglich durch Rollen oder Gleiter
- seit 1985-01-01 mindestens 5 Rollen erforderlich
- kippsicher
- wegrollsicher
- stolpersicher
- sich nicht unbeabsichtigt vom Oberteil lösen

Der Sitz

- Sitzhöhe verstellbar (42 – 54 cm)
- Sitztiefe verstellbar (38 – 42 cm)
- Verstelleinrichtungen im Sitzen bedienbar
- vorderer Teil des Sitzes abgerundet und weich
- der Stoß beim Hinsetzen soll aufgefangen werden

Die Rückenlehne

- unblockiert, dynamisch
- verstellbar
- Stützung des Lendenwirbelbereichs
- bis Schulterblattmitte reichen
- Kippsicherheit bei belasteter Rückenlehne

Ein ergonomisch gestalteter Büroarbeitsstuhl alleine reicht noch nicht aus, um Erkrankungen des Bewegungsapparates zu verhindern. Die Mitarbeiter müssen auch lernen, richtig zu sitzen. Dabei ist zu beachten, dass die Sitzhaltung häufig verändert, die Sitzfläche ganz besessen, die Rückenlehne unblockiert benutzt und die Sitzhöhe so eingestellt wird, dass die Oberschenkel etwa waagrecht verlaufen.

Der ergonomische Büroschreibtisch – „Wo nichts zusammenpasst, kann nichts geleistet werden"

Die Weber OHG bestellt neue Büromöbel

Die Weber OHG hat sich entschieden, die Büromöbel für das neue Bürogebäude bei der Laupheimer Büromöbel AG zu bestellen. Die Laupheimer Büromöbel AG ist ein Industrieunternehmen mit 520 Mitarbeitern. Es werden schwerpunktmäßig Schreibtische und Registraturmöbel produziert. Für das neue Schreibtischprogramm „Zukunft" soll ein Prospekt entworfen werden, der neben der üblichen bildlichen Programmvorstellung mindestens 5 funktionale Verkaufsargumente (siehe Beispiel Büroarbeitsstuhl) enthält.

■ **Skizzieren Sie einen solchen Prospekt und formulieren Sie die Verkaufsargumente.**

Die Büroschreibtischlandschaft ist vielfältig und reicht vom Standard-Schreibtisch über Schreibmaschinentische, Winkelkombinationen aus Schreib- und Schreibmaschinentischen, halbkreisförmigen und sternförmig verketteten Schreibtischen bis zum voll kombinierbaren Organisationsschreibtisch. Die ergonomischen Anforderungen an Schreibtische sind vorrangig in den „Sicherheitsregeln für Büro-Arbeitsplätze" und in der häufig geänderten DIN-Norm 4549 formuliert.

Danach sollen Schreibtische grundsätzlich
- standsicher sein,
- gerundete Ecken und Kanten haben,
- Anschlussmöglichkeiten für elektronische Bürogeräte besitzen,
- so beschichtet sein, dass sie nicht blenden,
- leicht zu reinigen sein und
- eine geringe Wärmeleitfähigkeit aufweisen.

Bisheriger Schreibtisch

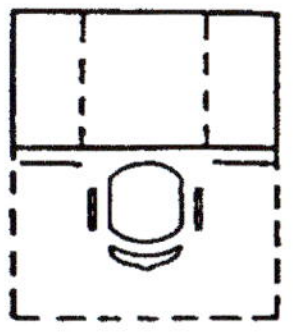

Neuer Schreibtisch

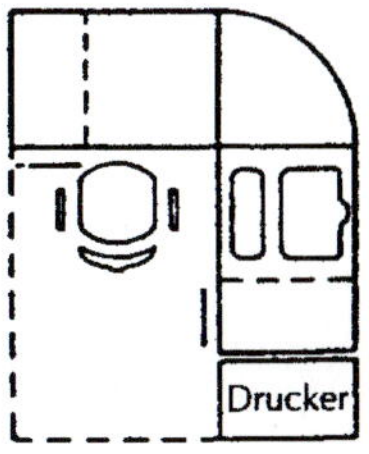

Flächenmehrbedarf 1,9 m^2

Wenn eine unnatürliche Körperhaltung vermieden werden soll, ist die Arbeitshöhe besonders zu beachten. Deshalb wird über die richtige **Höhe des Büroarbeitstisches** auch immer wieder gestritten, was sich in einer zweimaligen Änderung der DIN-Norm 4549 niedergeschlagen hat. Heute wird verlangt, dass ein **nichtverstellbarer Büroschreibtisch** 720 mm (auch 780 und 750 mm) hoch ist. **Höhenverstellbare Schreibtische** sollen zwischen 650 und 750 mm und **Schreibmaschinentische** zwischen 580 und 680 mm stufenlos verstellbar sein.

Normen, VDI-Regeln und gesetzliche Grundlagen am Beispiel Beleuchtung

BildscharbV, Anhang Nr.15, 16

ArbStättV, Anhang 3.4

GuV-I 8566

DIN 5034 Innenraumbeleuchtung mit Tageslicht

DIN 5035 Innenraumbeleuchtung mit künstlichem Licht

DIN 5040 Leuchten für Beleuchtungszwecke

DIN 66234 Bildschirmarbeitsplätze Teil 7: Beleuchtung und Anordnung

Entsprechend den zukünftigen Bedürfnissen nach mehr Fläche für technische Bürogeräte wurde die Schreibtischplatte auf 1 600 x 800 mm vergrößert. Die Arbeitsplatte bei Schreibmaschinentischen mit ein oder zwei Unterschränken ist auf 1 600 x 600 mm festgelegt worden.

2.4 Berufsgenossenschaftliche Sicherheitsregeln für Büro-Arbeitsplätze

Die Berufsgenossenschaften sind gesetzlich verpflichtet, mit allen geeigneten Mitteln dafür zu sorgen, dass Arbeitsunfälle und Berufskrankheiten vermieden werden. Die Unfallverhütungsvorschriften bieten hierzu die Rechtsgrundlage. Diese werden kommentiert, konkretisiert und erweitert durch Richtlinien, Sicherheitsregeln, Grundsätze und Informationsschriften.
Für den Bürobereich sind hier beispielhaft die **„Sicherheitsregeln für Büro-Arbeitsplätze"** und die **„Sicherheitsregeln für Bildschirm-Arbeitsplätze im Bürobereich"** zu nennen, die von der Verwaltungs-Berufsgenossenschaft herausgegeben werden.

Berufsgenossenschaftliche Sicherheitsregeln für

Büro-Arbeitsplätze

Sie regeln die **Ausstattung** und **Gestaltung** von
- Schreibtischen, Schreibmaschinentischen und sonstigen Arbeitstischen,
- Bürostühlen und Bürosesseln,
- Fußstützen,
- Konzepthaltern,
- Büroschränken, Büroregalen und Beistellmöbeln,
- Aufstiegen (Leitern, Tritte),
- Büromaschinen und Bürogeräten,
- Anschlüssen elektrisch betriebener Maschinen und Geräte.

Sie enthalten außerdem verbindliche **Hinweise** über
- die Sicherheit von Fußböden,
- den Flächenbedarf für Büroarbeitsplätze,
- die Arbeitsbeleuchtung,
- das Raumklima,

und sie geben bestimmte **Verhaltensregeln** vor, wie beispielsweise über
- die Sitzhaltung an Arbeitstischen,
- die Einstellung der Arbeitsmittel,
- das Verhalten bei Schäden und
- das Freihalten von Verkehrswegen.

Bildschirm-Arbeitsplätze im Bürobereich

Sie ergänzen die „Sicherheitsregeln für Büro-Arbeitsplätze" und regeln die **Ausstattung** und **Gestaltung** von
- Bildschirmgeräten (zur veränderlichen Anzeige von Zeichen und graphischen Bildern; Fernsehgeräte und Überwachungsmonitore gehören also beispielsweise nicht dazu),
- Mikrofilm-Lesegeräten,
- Tastaturen,
- Arbeitsvorlagen und Arbeitsvorlagenhaltern,
- Bildschirmarbeitstischen,
- Bürostühlen, Bürosesseln u. Fußstützen

Außerdem geben Sie **Hinweise** über
- die Anordnung von Arbeitsmitteln,
- den Flächenbedarf von Bildschirmarbeitsplätzen (siehe Flächenbedarf Büro-Arbeitsplätze),
- die Beleuchtung an Bildschirm-Arbeitsplätzen (es ist zu beachten, dass Spiegelungen auf dem Bildschirm vermieden werden) und
- das Raumklima (siehe Raumklima Büro-Arbeitsplätze)

Die Sicherheitsregeln schreiben vor, dass das **Sehvermögen von Beschäftigten an Bildschirm-Arbeitsplätzen** vor Aufnahme der Tätigkeit und dann alle 5 Jahre (bei Mitarbeitern über 45 Jahren alle 3 Jahre) von einem Arzt überprüft wird.

Auf die „Sicherheitsregeln für Büro-Arbeitsplätze" wurde bereits mehrfach (siehe Schreibtisch- und Bürostuhlgestaltung, Arbeitsplatzbeleuchtung und Raumklima) inhaltlich eingegangen. Was die „Sicherheitsregeln für Bildschirm-Arbeitsplätze im Bürobereich" konkret festlegen, sei hier beispielhaft an einem ergonomisch gestalteten Bildschirm-Arbeitsplatz gezeigt:

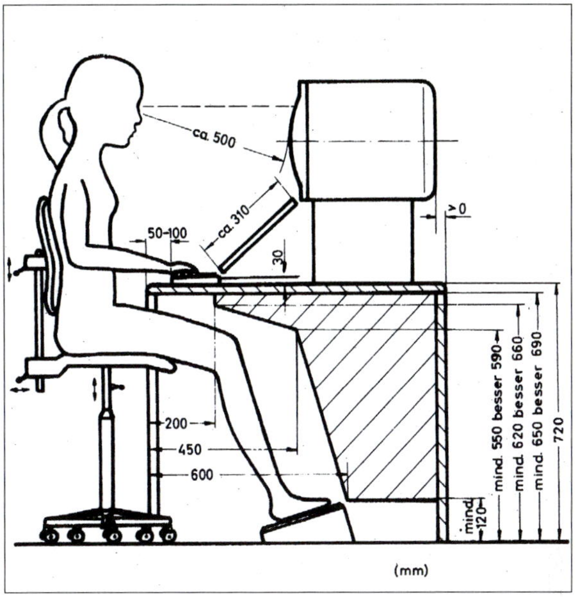

Beispiel eines ergonomisch gestalteten Bildschirm-Arbeitsplatzes mit einem nicht höhenverstellbaren Tisch, wenn die Arbeitsmittel hintereinander angeordnet sind.

Grundsatz:
der Abstand zwischen Auge und Bildschirm, Auge und Tastatur, Auge und Schriftvorlage soll annähernd gleich groß sein (zwischen 45 und 70 cm)

2.5 Welche Möglichkeiten haben die Mitarbeiter über die Gestaltung ihres Arbeitsplatzes mitzubestimmen?

Unsichtbare Gefahren am Bildschirm

Unsichtbare Gefahr am Bildschirm?

Das Für und Wider von Bildschirmarbeitsplätzen wird immer wieder diskutiert. Waren ehemals nur ergonomische Fragen wie Sitzhaltung und Sehvermögen im Brennpunkt des Interesses, so ist es jetzt die Strahlung.

Eine jüngst von Mitarbeitern des Forschungs- und Informationsbüros Bremen vorgelegte Untersuchung ergab: Schwangere Frauen an Bildschirmarbeitsplätzen können missgebildete Kinder zur Welt bringen. Die „Bösewichte" , die dies zustande bringen, sind nach Ergebnissen der Bremer Forscher energiearme gepulste Felder, die die Zellentwicklung und Informationsprozesse im Körper beeinflussen.

In der Bundesrepublik erfassten technische Untersuchungen an Datensichtgeräten bisher nur die schwache Röntgenstrahlung, die jedoch ohnehin größtenteils vom Glas des Bildschirms absorbiert wird. Andere weichere Strahlungen wurden weder ernstlich als Schadfaktoren in Erwägung gezogen noch messtechnisch erfasst. Die in der Bundesrepublik festgelegten Werte sind also – so die Forschergruppe – nicht geeignet, eine Gesundheitsgefährdung am Bildschirm wirkungsvoll auszuschließen.

Offizielle Stellen jedoch zweifeln an der Gültigkeit solcher Untersuchungen. Das Bundesministerium für Arbeit und Soziales hat beispielsweise festgestellt: „Nach wie vor gilt, dass keine der bisher weltweit abgeschlossenen wissenschaftlichen Untersuchungen gesundheitsschädigende Auswirkungen der Bildschirmarbeit nachgewiesen hat.

Quelle: ERFOLG-Magazin

- **Diskutieren Sie anhand des Textes die Problematik von Bildschirm-Arbeitsplätzen.**
- **Prüfen Sie anhand des Betriebsverfassungsgesetzes, wie einzelne Mitarbeiter und der Betriebsrat auf die Arbeitsplatzgestaltung einwirken können.**

Mitwirkungsrechte des Betriebsrates:

– Unterrichtungsrechte
(u. a. bei wirtschaftlichen Angelegenheiten)

– Mitwirkungsrechte
– Widerspruchsrechte
(u. a. bei personellen Angelegenheiten)

– Mitbestimmungsrechte
(u. a. bei sozialen Angelegenheiten)

Mitarbeiter, die rechtzeitig darüber informiert werden, dass sich an ihrem Arbeitsplatz etwas verändert, werden die Veränderung eher akzeptieren und sind auch motivierter, sich den neuen Bedingungen anzupassen. Die zunehmende Technisierung der Bürolandschaft und die damit verbundene Flexibiliät der Büroorganisation verlangt mehr denn je, dass alle Beteiligten kooperationsbereit, engagiert und konstruktiv zusammenwirken. Die meisten Unternehmen sind deshalb heute schon allein aus wirtschaftlichen Überlegungen heraus eher bereit, die Mitarbeiter in den Planungs-, Entscheidungs- und Durchführungsprozess einzubeziehen.

Darüber hinaus ist der Arbeitgeber rechtlich verpflichtet, den Arbeitnehmer zu unterrichten, wenn sich geplante technische Anlagen, Arbeitsverfahren oder Arbeitsabläufe auf seinen Arbeitsplatz, die Arbeitsumgebung sowie auf Inhalt und Art der Tätigkeit auswirken (BetrVG § 81 Abs. 3). Der Arbeitnehmer ist berechtigt, zu Maßnahmen des Arbeitgebers, die ihn betreffen, Stellung zu nehmen und Vorschläge für die Gestaltung des Arbeitsplatzes und des Arbeitsablaufes zu machen (BetrVG § 82 Abs.1).

Neben den genannten Individualrechten des Arbeitnehmers bietet das Betriebsverfassungsgesetz dem **Betriebsrat** verschiedene Möglichkeiten, um auf die Arbeitsplatz- und Arbeitsablaufgestaltung einzuwirken. Der Arbeitgeber hat den Betriebsrat z. B. über geplante Verwaltungsneubauten, technische Anlagen, Arbeitsverfahren, Arbeitsabläufe und Arbeitsplätze zu unterrichten (BetrVG § 90 Abs. 1).

Arbeitgeber und Betriebsrat sollen dabei auch die gesicherten arbeitswissenschaftlichen Erkenntnisse über die menschengerechte Gestaltung der Arbeit berücksichtigen (BetrVG § 90 Abs. 2). Wird den gesicherten arbeitswissenschaftlichen Erkenntnissen über die menschengerechte Gestaltung der Arbeit offensichtlich widersprochen, so kann der Betriebsrat verlangen, dass geeignete Maßnahmen getroffen werden, die diesen Zustand abwenden oder mildern (BetrVG § 91).

Kommt eine Einigung nicht zustande, entscheidet die Einigungsstelle. Ein zwingendes Mitbestimmungsrecht besitzt der Betriebsrat bezüglich der Arbeitsplatzgestaltung nur bei Regelungen über die Verhütung von Arbeitsunfällen und Berufskrankheiten sowie über den Gesundheitsschutz im Rahmen der gesetzlichen Vorschriften oder der Unfallverhütungsvorschriften (BetrVG § 87 Abs. 1 S. 7). Der Arbeitgeber kann hier Maßnahmen grundsätzlich nur mit Zustimmung des Betriebsrates treffen.

Betriebsvereinbarungen sind schriftliche Absprachen zwischen Arbeitgeber und Betriebsrat. Sie erfassen das Arbeitsverhältnis aller Arbeitnehmer, unabhängig davon, ob sie Gewerkschaftsmitglied sind oder nicht.

Heute sind viele Arbeitgeber bereit, Fragen der Arbeitsgestaltung durch **freiwillige Betriebsvereinbarungen** mit dem Betriebsrat zu regeln. Nach BetrVG § 88 können durch Betriebsvereinbarung insbesondere zusätzliche Maßnahmen zur Verhütung von Arbeitsunfällen und Gesundheitsschädigungen geregelt werden. Der Arbeitsschutz gehört entsprechend BetrVG § 89 zu den wichtigsten Aufgaben des Betriebsrats.

Arbeitsbedingungen, die durch Tarifvertrag geregelt sind oder üblicherweise geregelt werden, können nicht Gegenstand einer Betriebsvereinbarung sein (BetrVG § 77 Abs. 3). Wegen der weit reichenden Bedeutung des technischen Wandels werden **tarifvertragliche Regelungen** über die Arbeitsplatzgestaltung aber immer bedeutsamer.

Tarifvertragliche Regelungen sind Vereinbarungen zwischen Arbeitgeberverbänden oder Arbeitgebern und den Gewerkschaften.

Ein für alle Angestellten des öffentlichen Dienstes des Landes Baden-Württemberg abgeschlossener Tarifvertrag bestimmt beispielsweise, dass alle Bildschirmarbeitsplätze
- den allgemein anerkannten Regeln der Technik,
- den gesicherten arbeitsmedizinischen und ergonomischen Erkenntnissen und
- den „Sicherheitsregeln für Bildschirm-Arbeitsplätze"

entsprechen müssen. Dort, wo es organisatorisch sinnvoll ist, sollen Mischarbeitsplätze so gestaltet werden, dass sich Bildschirmarbeit mit anderer Arbeit abwechselt.

Aufgaben

1 Nennen Sie je zwei gesetzliche Regelungen, DIN-Normen und berufsgenossenschaftliche Empfehlungen, die für die Arbeitsplatzgestaltung bedeutsam sind.

2 Die Klopfer KG, Heilbronn, ist dabei, durch EDV-Vernetzung mehrere Aufgabenbereiche zu verbinden. Gleichzeitig sollen neue Räume für die Buchhaltung eingerichtet werden.

a) Da Sie für die betriebliche Organisation mitverantwortlich sind, werden Sie von der Geschäftsleitung gebeten, eine Liste zusammenzustellen, die die wichtigsten Mindestbestimmungen der Arbeitsstättenverordnung über Lüftung, Raumtemperatur, Beleuchtung, Lärmschutz, Raumabmessung und Bewegungsfläche enthält.

b) Um die Arbeitssicherheit zukünftig noch mehr zu verbessern, sollen Sie außerdem Vorschläge erarbeiten, wie die Mitarbeiter für dieses Thema motiviert werden können.

c) Zusammen mit einem Kollegen haben Sie bereits mehrere Messestände von Bürostuhlherstellern besucht, als dieser Sie fragt: „Die werben alle damit, dass sie den ergonomischen Anforderungen entsprechen. Was ist denn genau darunter zu verstehen?". Beantworten Sie ihm die Frage.

d) Ihr Kollege will außerdem wissen, wo diese Anforderungen niedergeschrieben sind, damit er sich auch einmal genauer kundig machen kann.

e) Zählen Sie die wichtigsten ergonomischen Anforderungen an den Büroarbeitsstuhl und an den Büroschreibtisch auf.

f) Durch die Umstellungen auf EDV wird sich einiges für die Mitarbeiter ändern. Umsetzungen werden vorgenommen, die Aufgabenbereiche und -inhalte sind neu zu definieren und die Arbeitsbedingungen ändern sich sicherlich auch. Prüfen Sie anhand des Betriebsverfassungsgesetzes, wie der einzelne Mitarbeiter und der Betriebsrat die Veränderungen beeinflussen können.

3 a) Nehmen Sie Stellung zu der Aussage: „Bildschirm-Arbeitsplätze haben die Arbeitsbedingungen für die Mitarbeiter erschwert."

b) Zeigen Sie auf, durch welche Maßnahmen sich die Arbeitswissenschaftler bemühen, die Bildschirmarbeit erträglicher zu gestalten.

3 Betriebliche Arbeitszeit- und Pausenregelung

Die Laupheimer Büromöbel AG führt die gleitende Arbeitszeit ein:

Auszug aus der Betriebsvereinbarung

BETRIEBSVEREINBARUNG

Zwischen der Laupheimer Büromöbel AG, vertreten durch den Vorstand einerseits und dem Betriebsrat der Firma andererseits wird aus Anlass der tariflich geänderten wöchentlichen Arbeitszeit folgende Betriebsvereinbarung geschlossen:

Präambel:
Diese Betriebsvereinbarung tritt an die Stelle der bisherigen Betriebsvereinbarung über die gleitende Arbeitszeit. Die Unternehmensleitung geht davon aus, dass die Mitarbeiter mit den getroffenen Regelungen verantwortungsbewusst umgehen.

Geltungsbereich:
Diese Betriebsvereinbarung gilt für alle Arbeitnehmer, die nicht im Schichtdienst beschäftigt sind, einschließlich der Auszubildenden.

Regelungen:
1. Ab 20..-07-01 dürfen die Arbeitnehmer Beginn und Ende ihrer Arbeitszeit innerhalb folgender Gleitzeiten täglich selbst festlegen:
   Arbeitsbeginn 07:00 Uhr bis 08:30 Uhr
   Arbeitsende 15:30 Uhr bis 17:00 Uhr
2. Als Kernzeit gilt die Zeit zwischen 08:30 Uhr und 15:30 Uhr
3. Innerhalb der Kernzeit werden folgende Pausen eingeräumt:
   Frühstückspause 09:15 Uhr bis 09:30 Uhr
   Mittagspause 12:00 Uhr bis 13:00 Uhr
4. Die Regelarbeitszeit beträgt 7 Std. 30 Min. täglich.
5. Die Arbeitnehmer sind angehalten, ihre monatliche Sollarbeitszeit einzuhalten. Werden die Sollarbeitszeiten ausnahmsweise über- oder unterschritten, können bis zu 12 Differenzstunden im kommenden Monat verrechnet werden. Die Personalabteilung informiert den Betriebsrat bei Abweichungen von der Sollarbeitszeit.

Schlussbestimmung:
Diese Betriebsvereinbarung tritt am 20..-07-01 in Kraft

Unterschriften Ort Datum

- **Diskutieren Sie, weshalb die getroffenen Regelungen gegenüber einer starren Arbeitszeitregelung für alle Beteiligten vorteilhaft sein können.**
- **Bei der Laupheimer Büromöbel AG wird außerdem diskutiert, ob es nicht sinnvoll wäre, im Produktionsbereich Schichtarbeit einzuführen.
  Prüfen Sie anhand des Betriebsverfassungsgesetzes, welche Einflussmöglichkeiten der Betriebsrat in diesem Fall hätte.**

3.1 Die Arbeitszeit im Spannungsfeld der Interessen

Die Tatsache, dass in den Betrieben mit immer teureren technischen Anlagen gearbeitet wird, hat dazu geführt, dass die Unternehmer mehr denn je daran interessiert sind, ihre Betriebsmittel voll auszulasten. Dies ist jedoch aus Unternehmersicht nur dann möglich, wenn die Arbeitszeit nicht noch mehr reduziert wird.

Gleichzeitig hat sich mit dem gestiegenen Lebensstandard aber auch das Freizeitinteresse der Arbeitnehmer geändert, das nicht selten mit den zu starren traditionellen Arbeitszeitregelungen kollidiert. Neben diesen nicht zu unterschätzenden Interessengegensätzen sind bei der Arbeitszeitgestaltung verschiedene andere Rahmenbedingungen zu beachten.

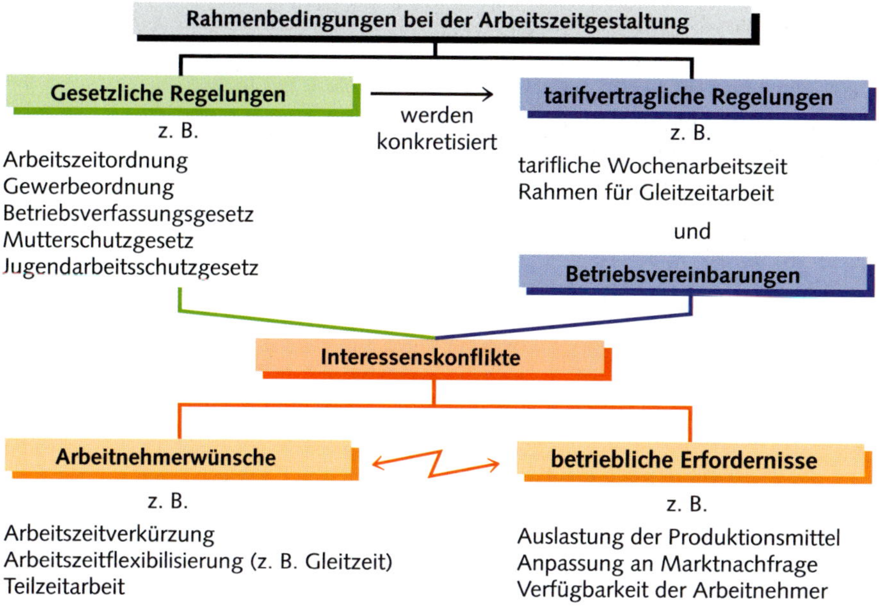

Interessenkonflikte zwischen der Arbeitnehmer- und Arbeitgeberseite bei der Arbeitszeitgestaltung

ArbZG § 3

Die Arbeitszeit ist die Zeit vom Beginn bis zum Ende der Arbeit ohne die Ruhepausen. Die werktägliche Arbeit darf acht Stunden nicht überschreiten. Sie kann auf bis zu zehn Stunden verlängert werden, wenn innerhalb von 6 Kalendermonaten oder innerhalb von 24 Wochen im Durchschnitt acht Stunden nicht überschritten werden.

ArbZG § 5

Die Arbeitnehmer müssen nach Beendigung der täglichen Arbeitszeit eine ununterbrochene Ruhezeit von mindestens elf Stunden haben. Ausnahmen gibt es dazu beispielsweise für Krankenhäuser, Gaststätten, Hotels, Verkehrsbetriebe und anderen sozialen Einrichtungen, wobei auch für diese Arbeitnehmer Ausgleichsbestimmungen gelten.

ArbZG § 7

In den meisten Fällen wird heute die Arbeitszeit durch Tarifvertrag geregelt und durch Betriebsvereinbarung präzisiert. Abweichend von den in § 3 ArbZG geltenden Arbeitszeitvorgaben kann durch Tarifvertrag oder Betriebsvereinbarung

a) die Arbeitszeit über zehn Stunden verlängert werden, wenn in die Arbeitszeit Arbeitsbereitschaft fällt,
b) ein anderer Ausgleichszeitraum vereinbart werden,
c) ohne Ausgleich die Arbeitszeit bis auf zehn Stunden täglich an 60 Tagen im Jahr erhöht werden.

Betriebsvereinbarungen beinhalten insbesondere Regelungen über gestaffelte Arbeitszeiten, Gleitzeiten, Pausen, Kurzarbeit, Teilzeitbeschäftigung, Überstunden und Schichtarbeit. Besteht keine gesetzliche oder tarifvertragliche Regelung, hat der Betriebsrat über

- Beginn und Ende der täglichen Arbeitszeit,
- die Arbeitszeitverteilung auf die einzelnen Wochentage und
- vorübergehende Verkürzungen oder Verlängerungen der betriebsüblichen Arbeitszeit

mitzubestimmen (BetrVG § 87). In den letzten Jahren wurde vor allem über eine Flexibilisierung der Arbeitszeit nachgedacht, diskutiert und in vielen Fällen bereits tarifvertraglich oder durch Betriebsvereinbarung festgeschrieben. Die Arbeitszeitflexibilität zielt darauf ab, die Arbeitszeit entsprechend den Arbeitnehmerwünschen bzw. den betrieblichen Erfordernissen individuell anzupassen.

3.2 Gleitzeit – eine Form, die Arbeitszeit flexibel zu gestalten

Die gleitende Arbeitszeit ist eine Möglichkeit, die Arbeitszeit flexibel zu gestalten, ohne ihren zeitlichen Umfang zu verändern. Innerhalb der Gleitzeit kann der Arbeitnehmer über Arbeitsbeginn und -ende selbst frei entscheiden. Die Kernzeit bestimmt dagegen den Zeitraum, in dem die Mitarbeiter grundsätzlich an ihrem Arbeitsplatz anwesend sein müssen.

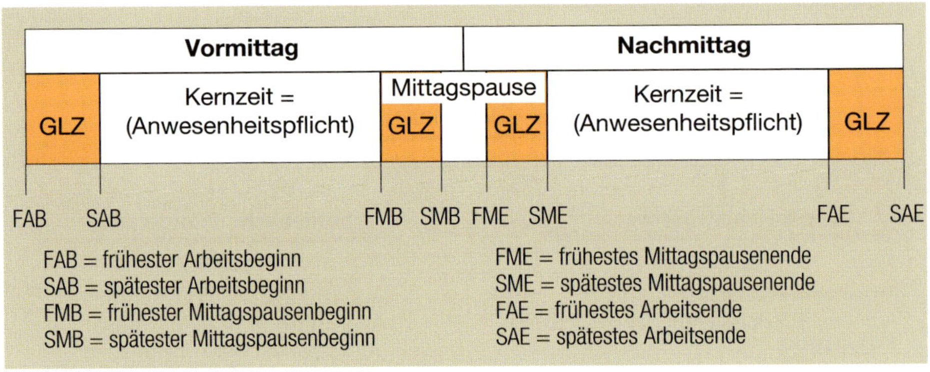

Die gleitende Arbeitszeit lässt sich vor allem dort einsetzen, wo die einzelnen Mitarbeiter weitgehend unabhängig voneinander arbeiten (Verwaltung, Forschung, Entwicklung, Einzelfertigung).

Vorteile der gleitenden Arbeitszeit

für die Arbeitnehmer

- bessere Anpassung an den individuellen Lebensrhythmus (nicht alle sind Frühaufsteher)
- der morgendliche Stress kann vermieden werden (nur nicht zu spät kommen)
- kürzere Wegzeiten (verkehrsschwache Zeiten können genutzt werden)
- bessere Möglichkeiten, auf unvorhergesehene Fälle zu reagieren (Arztbesuch, Besuch zum Bahnhof bringen usw.)

für die Arbeitgeber

- Leistungsanreiz (weil der Mitarbeiter zufriedener ist, wenn er seinen Arbeitsbeginn selbst bestimmen kann)
- das Pünktlichkeitsproblem entfällt weitgehend
- die Fehlzeiten werden reduziert (keine privaten Besorgungen mehr während der Arbeitszeit)

Die wichtigsten Grundformen flexibler Arbeitszeitgestaltung

<u>*Gestaffelte Arbeitszeit*</u>
Für einzelne Betriebe, Abteilungen oder Gruppen eines Unternehmens werden verschiedene Arbeitszeiten vorgegeben

<u>*Gleitzeit*</u>
Jeder Mitarbeiter kann den täglichen Arbeitsbeginn und das Arbeitsende in einer bestimmten Gleitspanne individuell bestimmen

<u>*Flexible Arbeitszeit*</u>
Oberbegriff für alle freizügigen Arbeitszeitformen, die vom konventionellen starren System abweichen

<u>*Variable Arbeitszeit*</u>
Weitgehender Verzicht auf Vorgaben zur zeitlichen Ableistung einer vorgegebenen Arbeitszeitmenge in einem bestimmten Zeitraum z. B. 160 Std. pro Monat

<u>*KAPOVAZ*</u>
(Kapazitätsorientierte variable Arbeitszeit) Die monatliche Normalarbeitszeit ist nach Arbeitsanfall variabel einsetzbar

<u>*Teilarbeitszeit*</u>
Zwischen Arbeitgeber und Arbeitnehmer besteht ein unbefristetes Arbeitsverhältnis, das unter sonst gleichen Bedingungen eine kürzere als die betriebliche bzw. tarifliche Arbeitszeit vorsieht

<u>*Job-Sharing*</u>
Mindestens zwei Arbeitskräfte teilen sich Pflichten und Rechte eines Vollzeitarbeitsplatzes

3.3 Schichtarbeit – ein notwendiges Übel?

Die Schichtarbeit ist im industriellen Fertigungsbereich nicht mehr wegzudenken. Zu teuer sind die modernen Produktionsanlagen geworden, um sie nur 8 Stunden oder gar weniger einzusetzen. Hinzu kommt, dass bei vielen Fertigungsverfahren eine Produktionsunterbrechung wirtschaftlich nicht vertretbar ist.

Die **Schichtarbeit** ist dadurch gekennzeichnet, dass die betriebliche Gesamtarbeitszeit in verschiedene Abschnitte (Schichtzeiten) aufgeteilt und die Arbeitnehmer auf diese Schichten aufgegliedert werden. Bei einer Dreiteilung der Gesamtarbeitszeit entsteht dadurch eine Frühschicht *(z. B. von 5 – 13 Uhr)*, eine Spätschicht *(z. B. von 13 – 21 Uhr)* und eine Nachtschicht *(z. B. von 21 – 5 Uhr)*. Über die Schichtarbeit ist viel diskutiert worden, weil Arbeitswissenschaftler festgestellt haben, dass Magen- und Darmerkrankungen, Schlafstörungen, erhöhte Reizbarkeit und nervöse Störungen bei Schichtarbeit gehäuft auftreten.

Außerdem werden sehr oft die sozialen Beziehungen der Schichtarbeiter beeinträchtigt *(die Ehefrau oder die Freunde arbeiten weiterhin „normal", das Sporttraining oder Weiterbildungskurse können nicht mehr regelmäßig besucht werden)*.

Wegen der vielen negativen Auswirkungen auf die Mitarbeiter ist es besonders wichtig, die Schichtanfangszeiten, die Schichtdauer und den Schichtwechsel optimal zu gestalten. Dabei wird von Arbeitswissenschaftlern vor allem gefordert, die Nachtarbeit möglichst zu reduzieren *(höchstens drei hintereinander liegende Nachtschichten)*, Wochenendfreizeiten zu blocken *(Freitag – Samstag – Sonntag)* und ungünstige Schichtfolgen zu vermeiden *(Nachtschicht – frei – Frühschicht)*.

Bei der Erstellung der Schichtpläne hat der Betriebsrat nach § 87 BetrVG mitzubestimmen. Maßnahmen des Arbeitgebers sind diesbezüglich nur wirksam, wenn der Betriebsrat diesen zustimmt.

3.4 Arbeit macht müde – Ermüdungskurven und Pausenregelungen

Die Mitarbeiter der Laupheimer Büromöbel AG diskutieren über Pausenregelungen

Die Arbeitszeitverkürzung und die veränderte Gleitzeitregelung haben bei der Laupheimer Büromöbel AG dazu geführt, dass die Arbeitnehmer verstärkt über die Pausen diskutieren.

- Einige schlagen vor, auf die morgendliche Pause zu verzichten und die Mittagspause auf eine halbe Stunde zu begrenzen, sodass sie früher nach Hause können.
- Andere wollen am Vormittag eine Viertelstunde Frühstückspause und eine Stunde Mittagspause.
- Eine dritte Gruppe (die Raucher) schlägt vormittags drei Pausen zu 5 Minuten, eine dreiviertelstündige Mittagspause und eine viertelstündige Pause nachmittags vor.

- **Diskutieren Sie die Vorschläge aus betrieblicher Sicht.**
- **Entscheiden Sie sich als Arbeitnehmer für eine Lösung und begründen Sie Ihre Entscheidung.**
- **Prüfen Sie die Vorschläge anhand der Arbeitszeitordnung.**

Eine körperliche oder geistige Dauerbelastung führt dazu, dass der menschliche Organismus ermüdet. Dies wiederum bewirkt, dass seine Funktionsfähigkeit abnimmt. Messungen haben ergeben, dass die menschliche Leistungsfähigkeit im Tagesablauf schwankt, und dass die Schwankungen von der Tageszeit abhängen.

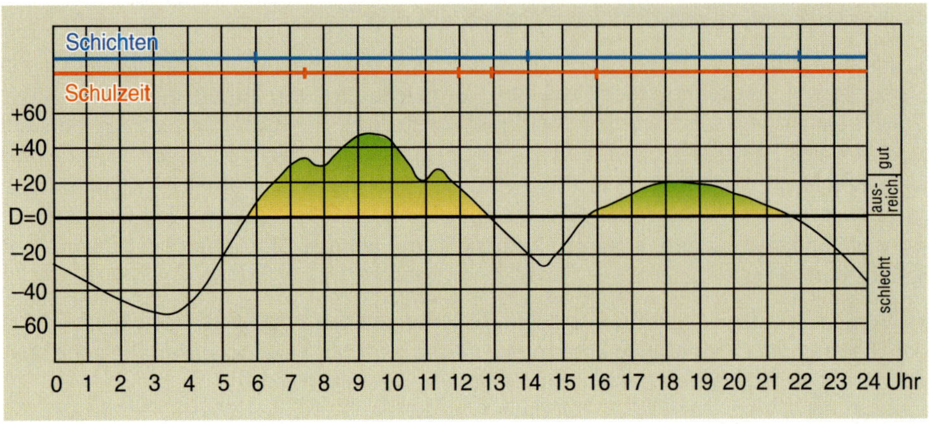

Die Tagesleistungskurve *nach Graf, Aschoff u. a.*

Die Tagesleistungskurve zeigt sehr deutlich, dass der menschliche Organismus abwechselnd auf mehr Leistung oder mehr Erholung eingestellt ist. Bleibt die Frage, wie sich Erholungspausen auf die Arbeitsleistung auswirken. Durch ein Experiment, bei dem 30 Tage lang Versuchspersonen jeweils drei Stunden einfache Zahlen addierten, wurde Folgendes festgestellt:

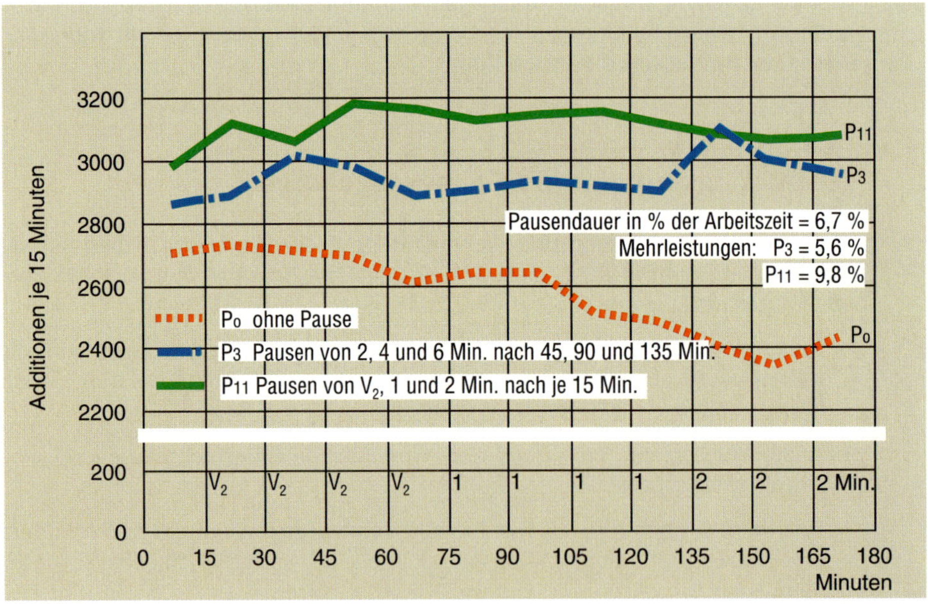

Arbeitsleistungskurven *einer 3-Stunden-Arbeit bei unterschiedlicher Verteilung einer insgesamt 12-minütigen Pause*

Graf, O. Arbeitsphysiologie

Die Untersuchung zeigt sehr deutlich, dass die Gruppen P3 und P11 ihre Leistungen dank der Pausen auf einem höheren Niveau halten konnten. Bei der Gruppe ohne Pause ist die Leistungskurve dagegen erheblich abgefallen. Vereinfacht kann der Einfluss der Pausen auf die Arbeitsleistung wie folgt dargestellt werden:

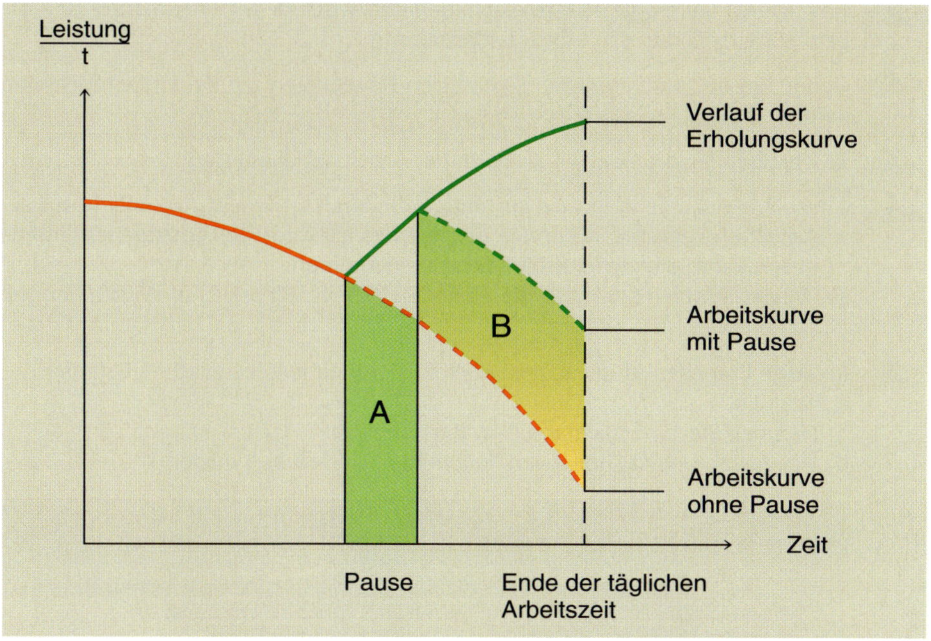

Einfluss der Pausen auf den Verlauf der Arbeitskurve

Die Arbeitskurve zeigt die Leistung des Arbeitnehmers im Zeitverlauf

Die Arbeitskurve zeigt, wie die Leistung mit zunehmender Arbeitszeit abnimmt. Die Erholungskurve gibt an, wie viel der Arbeitnehmer während der Pause von seiner Leistungsfähigkeit zurückgewinnt. Betriebswirtschaftlich kann von einer lohnenden Pause dann gesprochen werden, wenn die Mehrleistung nach der Pause den Ausfall durch die Pause zumindest ausgleicht. Wie sehr die Leistung durch Pausen gesteigert werden kann, hängt unter anderem auch davon ab, wie sich der Arbeitnehmer in der Pause verhält.

Autogenes Training:

Eine von J. H. Schultz (1908 – 1972) entwickelte Methode der „Konzentrativen Selbstentspannung" durch entsprechende Übungen.

Beispiel:
Herbeiführung einer Entspannung im körperlich-seelischen Bereich durch tägliches Üben: „Ich bin ganz ruhig"

Im Vorgang der Konzentration auf die Ruhe beginnt bereits die Entspannung

Verhalten in Kurzpausen

richtig

- etwas ganz anderes tun (z. B. körperliche Betätigung)
- entspannen (z. B. autogenes Training)
- leichte Nahrung zu sich nehmen

falsch

- die Zigarettenpause
- Alkohol trinken
- starken Kaffee oder Tee trinken

ArbZG § 4

Um die Arbeitnehmer zu schützen, sind im Arbeitszeitgesetz bestimmte Mindestzeiten für die Pausen vorgeschrieben:
- bei über 6 Stunden bis zu 9 Stunden Arbeit 30 Minuten Pause,
- bei mehr als 9 Stunden Arbeit 45 Minuten Pause.

Die Pausen können in Zeitabschnitte von mindestens 15 Minuten aufgeteilt werden. Länger als 6 Stunden dürfen Arbeitnehmer nicht ohne Pause beschäftigt werden. Bei der Festlegung der Pausen kann der Betriebsrat mitbestimmen.

Aufgaben

1 Formulieren Sie mögliche Interessenkonflikte zwischen der Arbeitgeber- und Arbeitnehmerseite bei der Arbeitszeitgestaltung.

2 Geben Sie an, durch welche allgemeinen Regelungen die Arbeitszeit bestimmt wird.

3 Beschreiben Sie die Gleitzeit als Form der Arbeitsflexibilisierung.

4 a) Die Pro-Argumente für die gleitende Arbeitszeit sind meist Argumente aus der Arbeitnehmersicht. Stellen Sie dar, dass es auch für die Arbeitgeber Gründe geben kann, die gleitende Arbeitszeit einzuführen.
b) Welche Probleme könnte die gleitende Arbeitszeit bei Chef-Assistenten mit sich bringen?

5 In vielen Branchen ist die Schichtarbeit aus produktionstechnischen Gründen notwendig.
a) Nehmen Sie zur Schichtarbeit kritisch Stellung.
b) Wie lassen sich die negativen Folgen der Schichtarbeit mildern?

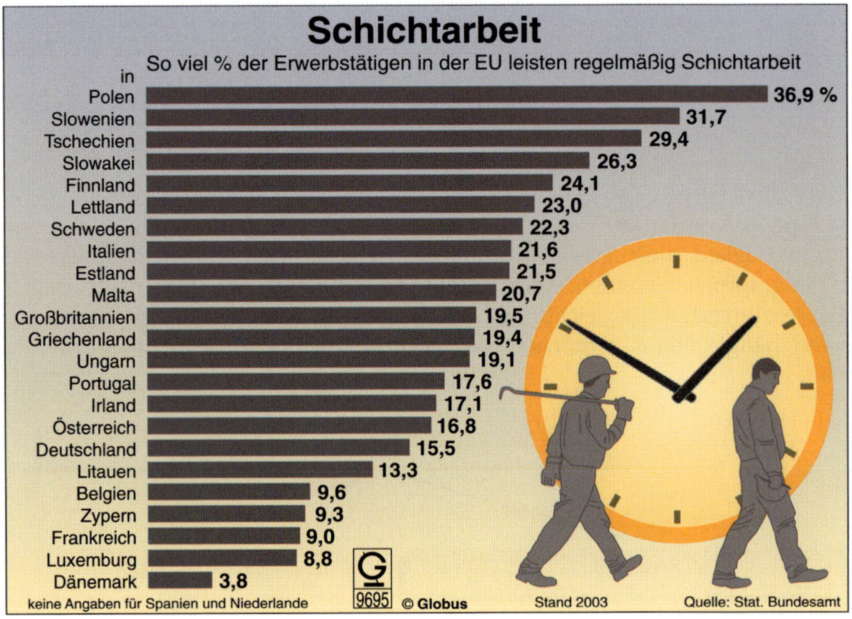

6 Planen Sie anhand der Tagesleistungskurve einen 10-stündigen Arbeitstag einschließlich der Pausen.

7 Erläutern Sie die Auswirkungen der Pausen auf die Arbeitsleistung.

8 Beschreiben Sie einige Grundsätze richtigen Pausenverhaltens.

9 Überprüfen Sie Ihr eigenes Pausenverhalten entsprechend der von Ihnen in Aufgabe 8 aufgestellten Grundsätze.

4 Einen typischen Arbeitsplatz optimal planen

Die Organisationsleiterin der Weber OHG, Frau Dauner, hat bereits vor Wochen in einer Abteilungsleitersitzung gefordert, dass im Zusammenhang mit dem Bau des neuen Verwaltungsgebäudes auch organisatorisch einiges neu gestaltet werden müsste. Herr Weber gab ihr den Auftrag, darüber nachzudenken, ein Grobkonzept vorzulegen und das in einer separaten Sitzung vorzutragen. Diese Sitzung fand letzte Woche statt. Der Einfachheit halber wird nachfolgend ein Vorschlag von Frau Dauner herausgegriffen und exemplarisch behandelt.

Die Organisationsleiterin der Weber OHG will, dass eine neue Stelle geschaffen wird

Auszug aus der Sitzung:

TOP 8
Frau Dauner schlägt weiter vor, eine neue Stelle mit folgenden Aufgaben im Einkauf zu schaffen:
- **Bezugsquellenermittlung**
- **Angebotsvergleiche**

Die Stelle wurde von Frau Hansen (Einkaufsleiterin) angeregt; sie begründet deshalb auch den Vorschlag:
Die genannten Aufgaben werden bisher von den einzelnen Einkäufern nebenbei erledigt. Sie sind bei einem Sortiment von nahezu 90 000 Artikeln mittlerweile jedoch hoffnungslos überfordert, ständig neue Bezugsquellen zu suchen und detaillierte Angebotsvergleiche durchzuführen. Die Einkäufer sollen durch die Maßnahme aber nicht grundsätzlich davon entbunden werden, Angebote für ihren Bereich einzuholen, zu sichten, zu sammeln und zu vergleichen.

Die neue Stelle soll die Einkäufer zusätzlich durch besondere Fachkompetenz unterstützen und zeitlich entlasten. Sie kann
- von sich aus (z. B. bei allen A-Gütern),
- im Auftrag der jeweiligen Einkäufer und
- bei Sonderwünschen von Kunden tätig werden.

Stelle = kleinste organisatorische Einheit = Arbeitsplatz

A-Güter
Nach einer so genannten ABC-Analyse die wert- und mengenmäßig wichtigsten Güter

Herr Weber und Herr Hummel stimmen dem Vorschlag zu.

- **Beschreiben Sie einzelne Arbeiten, die an diesem neuen Arbeitsplatz ausgeführt werden.**
- **Erstellen Sie eine Liste über die materielle Ausstattung, die notwendig oder sinnvoll ist, um die genannten Aufgaben zu lösen.**

4.1 Welche Anforderungen werden an den Arbeitsplatz gestellt?

Arbeitsplätze werden neu geschaffen, bestehende werden organisatorisch verändert, um Arbeitsabläufe zu beschleunigen, unnötige Arbeiten zu eliminieren, Verrichtungen wirtschaftlicher zu gestalten oder um Personalkosten zu reduzieren. So vielschichtig die Gründe auch sind, wenn ein Arbeitsplatz neu geplant wird, stellen sich immer die gleichen Fragen: Was sollte von wem, weshalb, wie, wann und wo getan oder unterlassen werden?

Inhalt der Stellenbeschreibung

Die Anforderungen eines Arbeitsplatzes werden von vielen Unternehmen in detaillierten **Stellenbeschreibungen** erfasst. Eine Stellenbeschreibung gibt Auskunft über
- **die Stellenkennzeichen;** Stellenbezeichnung, Stelleninhaber, Abteilung;
- **die Instanzenbildung;** übergeordnete und untergeordnete Stellen, Kompetenzen, Stellvertreter;
- **die Kommunikationsbeziehungen;** mit welchen Stellen Informationen ausgetauscht werden;
- **die Arbeitsplatzbeschreibung;** Ziel der Stelle, regelmäßige und unregelmäßige Sachaufgaben, notwendige Arbeitsmittel, bei der Arbeit einzuhaltende Richtlinien und Vorschriften;
- **die Anforderung an den Stelleninhaber;** Begabungen, Fähigkeiten, Fertigkeiten, Kenntnisse, Erfahrungen, charakterliche Eigenschaften, Führungsverhalten, Durchsetzungsvermögen.

Die schriftlich fixierten Stellenbeschreibungen sind nicht nur ein geeignetes Planungsinstrument, sie erleichtern auch den späteren Personaleinsatz, weil neue Mitarbeiter oder Stellvertreter leichter und schneller eingearbeitet werden können. Den Nachwuchskräften kann aufgezeigt werden, welchen Anforderungen sie gerecht werden müssen, wenn sie in höhere Stellen aufsteigen wollen.

4.2 Die Arbeitsplatzbeschreibung als Teil der Stellenbeschreibung

Auszug aus der Arbeitsbeschreibung für die neu zu schaffende Stelle

Auszug aus der Arbeitsplatzbeschreibung für die neu zu schaffende Stelle:

Ziele der Stelle:
Durch effiziente Bezugsquellenermittlung und intensive Angebotsvergleiche sollen die Beschaffungsbedingungen beim bestehenden Sortiment verbessert und Sonderwünsche der Kunden stärker berücksichtigt werden.

Arbeitsbeschreibung:

<u>1. Unregelmäßig anfallende Sachaufgaben</u>
- Entwicklung von Methoden zur Bezugsquellenermittlung und zur Durchführung von Angebotsvergleichen
- Anregungen, Beratung und Zusammenarbeit mit der DV-Abteilung bei der Entwicklung von neuer Software für die zu lösenden Aufgaben
- Besuch von Fortbildungsveranstaltungen

<u>2. Regelmäßig anfallende Sachaufgaben</u>
- Sammlung von Unterlagen, die bei der Lösung der Aufgaben helfen
- Persönlicher Kontakt zu Informationsstellen
- Besuch von Messen und Ausstellungen
- Bezugsquellenermittlungen
- Angebotsvergleiche
- Beratung der Einkäufer

Arbeitsmittel:
siehe Ausstattungslisten

■ **Erstellen Sie eine Arbeitsbeschreibung Ihrer eigenen Arbeitsstelle.**

Die **Arbeitsplatzbeschreibung** ist Teil der Stellenbeschreibung. Sie erfasst in knapper Form

- **die Ziele,** die durch die Stelle realisiert werden sollen,
- **die Aufgaben,** die der Stelleninhaber wahrnehmen muss und
- **die Arbeitsmittel,** die notwendig sind, um die Aufgaben zu erledigen.

Die Arbeitsplatzbeschreibung unterscheidet sich von der Stellenbeschreibung dadurch, dass sie weder die organisatorische Einbindung des Arbeitsplatzes in die Gesamtorganisation erfasst, noch die Anforderungen des Stelleninhabers aufführt.

Der Teil der Arbeitsplatzbeschreibung, in dem die einzelnen **Tätigkeiten am Arbeitsplatz** formuliert sind, wird als **Arbeitsbeschreibung** bezeichnet. Häufig werden aber auch Arbeitsplatz- und Arbeitsbeschreibung gleichgesetzt. Bevor eine Arbeitsplatzbeschreibung erstellt wird, ist es sinnvoll, eine **Arbeitsanalyse** durchzuführen. Dabei wird untersucht, welche Tätigkeiten ausgeführt werden müssen, um das vorgegebene Ziel der Stelle zu erreichen. Insofern ist die Arbeitsanalyse immer auch eine **Tätigkeitsanalyse**. Die Tätigkeiten lassen sich vereinfacht durch Befragungen erfahrener Mitarbeiter feststellen oder aber durch wissenschaftliche Erhebungsverfahren.

Um die Arbeitsplatzbeschreibungen zu vereinfachen, zu vereinheitlichen und für alle verständlich zu machen, werden nicht selten **„Richtlinien für Arbeitsplatzbeschreibungen"** erstellt. Sie enthalten Anweisungen, die bei der Erstellung von Arbeitsplatzbeschreibungen zu berücksichtigen sind. Die Richtlinien können sehr detailliert sein und von der Vorgehensweise bei der Erstellung bis zu einzelnen Formulierungsanweisungen reichen *(z. B. „Die Aufgaben sind exakt, verständlich und knapp zu formulieren").*

Aus der Arbeitsbeschreibung lässt sich ableiten, welche Arbeitsmittel notwendig sind, damit der Stelleninhaber seine ihm gestellten Aufgaben erledigen kann. Die Arbeitsmittel werden in **Ausstattungslisten** festgehalten, die Teil der Arbeitsplatzbeschreibung sind.

4.3 Die Einordnung des Arbeitsplatzes in den betrieblichen Funktionszusammenhang

Zum Inhalt einer Stellenbeschreibung gehört auch die Einordnung des Arbeitsplatzes in den betrieblichen Funktionszusammenhang. Dieser Teil der Stellenbeschreibung zeigt, welchen Stellen der Arbeitsplatz über-, gleich- und untergeordnet ist (Instanzenbild). Dadurch wird sichtbar gemacht, von wem der Stelleninhaber Weisungen entgegennehmen muss und welchen Stellen er Anweisungen erteilen kann. Neuere Stellenbeschreibungen enthalten heute zusätzlich zum Instanzenbild ein **Kommunikationsbild**, aus dem hervorgeht, mit welchen Stellen sachlich zusammengearbeitet werden sollte.

```
Instanzenbild:      - Anweisungen sind entgegenzunehmen von:
                      Herrn G. Weber         Kaufm. Leitung
                      Herrn M. Hummel        Techn. Leitung
                      Herrn R. Koch          Dienstleistungen
                      Frau H. Hansen         Einkauf
                      Frau U. Maier          Bestellungen
                      den Einkäufern der einzelnen Artikelgruppen

                    - Anweisungen können gegeben werden:
                      an alle Mitarbeiter des Schreibbüros
```

Auszug aus der Stellenbeschreibung für die neu zu schaffende Stelle

Ausführliche Darstellungen von Organigrammen finden sich im Kapitel Grundlagen der Betriebsorganisation ab Seite 87

Um die Beziehungen der einzelnen Arbeitsplätze zu anderen Stellen und Abteilungen darzustellen, verwenden viele Unternehmen neben der Stellenbeschreibung graphische Darstellungen. Solche Organigramme verdeutlichen meist sehr übersichtlich den Rang der Stelle innerhalb der Gesamtorganisation. Sie sind oft Grundlage für die Stellenbeschreibungen.

4.4 Ein neuer Mitarbeiter soll am Arbeitsplatz eingeführt werden

Die neu zu schaffende Stelle „Bezugsquellen und Angebotsvergleiche" soll durch einen neuen Mitarbeiter besetzt werden. Um die Personalauswahl zu erleichtern, werden die Anforderungen, die der Arbeitsplatz an den Mitarbeiter stellt, in der Stellenbeschreibung exakt formuliert. Frau Dauner beauftragt einen Mitarbeiter ihrer Abteilung, aus der Arbeitsbeschreibung einen Anforderungskatalog für diesen Arbeitsplatz zu erstellen, der dann ausformuliert in die Stellenbeschreibung aufgenommen werden soll.

■ **Übernehmen Sie die Aufgabe des Mitarbeiters.**

Wie schnell und wie effizient ein Arbeitnehmer die ihm übertragenen Aufgaben ausführen kann, hängt entscheidend davon ab, wie gut er in sein Tätigkeitsfeld eingeführt und eingearbeitet wurde. Einzelne Maßnahmen für die Einführung neuer Mitarbeiter finden sich im Kapital Personalwirtschaft (Wie führt man neue Mitarbeiter in das Unternehmen ein?, Seite 182).

Der Mitarbeiter von Frau Dauner hat folgende Leistungsanforderungen für den neuen Stelleninhaber formuliert:

Leistungsanforderungen:

1. Vorbildung:
   - abgeschlossene kaufmännische Ausbildung als Großhandelskaufmann (-frau) oder Bürokaufmann (-frau)
   - Berufserfahrung ist nicht notwendig, wenn die Ausbildung in der Autobranche erfolgt ist - sonst mind. 2 Jahre Praxis in dieser Branche

2. Kenntnisse und Fertigkeiten:
   - Sortimentskenntnisse
   - Warenkenntnisse
   - Marktkenntnisse
   - EDV-Kenntnisse
   - Anwendung spezieller Software
   - Kenntnisse moderner Verfahren im geforderten Aufgabengebiet und deren Anwendung

3. Verhalten:
   - die Fähigkeit, kooperativ zu arbeiten
   - die Fähigkeit, sich in ein Team einzubringen

4.5 Der neue Mitarbeiter kämpft mit seinen ersten Problemen

Ob im privaten oder betrieblichen Bereich, es ist immer sinnvoll, Probleme systematisch anzugehen. Und wenn dies geschieht, sind es fast immer auch die gleichen Problemlösungsstrategien, die angewendet werden. Wie ein konkretes betriebliches Problem systematisch gelöst werden kann, soll nachfolgend beispielhaft aufgezeigt werden.

Fallbeispiel: Frau Biberger (Personalleiterin) hat den Großhandelskaufmann Peter Rigling für die neue Stelle „Bezugsquellenermittlung und Angebotsvergleiche" eingestellt. Herr Rigling hat vor drei Wochen seine Tätigkeit aufgenommen und ist eifrig dabei, seine ersten größeren Probleme zu lösen. Momentan ist er bemüht, nach DV-Lösungen für seinen Aufgabenbereich zu suchen.

1. Definition des Problems
- Die Angebotsvergleiche sind bisher nur skizzenhaft von Hand gemacht worden. Die Ergebnisse waren häufig ungenau, oft wurde darauf verzichtet, weil die Mitarbeiter keine Zeit hatten, langwierige Vergleiche durchzuführen.

2. Zielformulierung
- Zur rascheren Informationsgewinnung und -verarbeitung ist zukünftig verstärkt die EDV zu nutzen.
- Im Rahmen dieser Forderung soll zunächst der rechnerische Angebotsvergleich auf DV umgestellt werden.
- Herr Rigling soll nach Rücksprache mit der DV-Abteilung zunächst feststellen, welche Bildschirminformationen er überhaupt benötigt und wie die Bildschirmgestaltung aussehen soll.

3. Lösungsmöglichkeiten
- Bei der Suche nach Lösungsmöglichkeiten geht Herr Rigling wie folgt vor:
  Informieren anhand von Fachzeitschriften und Fachbüchern, Anruf bei verschiedenen Software-Anbietern, Vorführungen und Beratungen bei verschiedenen Software-Anbietern, Beratungsgepräche im eigenen Haus (Einkäufer, DV-Spezialisten) Skizzierung von Bildschirmmasken.

4. Entscheidung
- Nachdem Herr Rigling einige alternative Bildschirmmasken erstellt hat und sich mit den Einkäufern und den DV-lern noch einmal beraten hat, entscheidet er sich für eine Bildschirmgestaltung.

5. Durchführung
- Das Programm für den rechnerischen Angebotsvergleich wird im Hause selbst erstellt.

6. Kontrolle
- Herr Rigling und die Einkäufer testen das Programm.
- Ob sich das Programm bewährt, wird sich erst im Geschäftsalltag zeigen.
- Falls es sich nicht als ideal erweist, muss es modifiziert werden.

Aufgaben

Die Karl Hohler GmbH ist ein kunststoffverarbeitendes, mittelständisches Industrieunternehmen. Da das Unternehmen seine Produkte zukünftig auch auf dem osteuropäischen Markt anbieten möchte, sind einige organisatorische Veränderungen notwendig geworden. Bei dieser Gelegenheit will das Unternehmen auch damit beginnen, Stellenbeschreibungen zu erstellen.

1. Beschreiben Sie die Vorarbeiten, die notwendig sind, bevor Stellenbeschreibungen erstellt werden können.
2. Skizzieren Sie stichwortartig den Inhalt von Stellenbeschreibungen.
3. Nennen Sie Gründe, weshalb sich Unternehmen die Arbeit machen, Stellenbeschreibungen zu erstellen.
4. Welcher Unterschied besteht zwischen einer Arbeitsplatz- und einer Stellenbeschreibung?
5. Erklären Sie die Begriffe „Instanzenbild" und „Kommunikationsbild".
6. Nehmen Sie Stellung zu der Aussage: „Das in der Stellenbeschreibung festgehaltene Instanzenbild kann zu einem guten Betriebsklima beitragen."
7. Erstellen Sie beispielhaft eine Stellenbeschreibung für den „Verkaufsleiter Osteuropa"
8. Beschreiben Sie, wie Mitarbeiter in Ihrem Unternehmen eingeführt werden.

5 Die eigene Arbeit verändert sich mit der allgemeinen Veränderung der Arbeitswelt

Tele-Arbeit
Zurzeit arbeiten schätzungsweise 0,5 Prozent der Erwerbsbevölkerung zu Hause. Durch die Entwicklung der neuen Techniken, insbesondere der Telekommunikation (das sind technische Anlagen und Verfahren zur Fernübertragung von Daten, Texten, Bildern und Sprache), eröffnen sich vielfältige Möglichkeiten, bestimmte Bürotätigkeiten, die keine Anwesenheit in Unternehmen oder Behörden erfordern, auszulagern und in „Heimarbeit" zu erledigen.

Neue Kommunikations- und Informationstechniken wie die elektronische Datenverarbeitung, Telefax, Internet und Video-Conferencing, um nur einige zu nennen, haben die Bürowelt in den letzten Jahren nachhaltig verändert. Grundsätzlich lassen sich die wirtschaftlichen Vorteile dieser Entwicklung für die Unternehmen unter zwei Aspekten betrachten, nämlich

Kostenrelavante Vorteile

a) einem kostenrelevanten:
   - die Bearbeitungszeiten werden kürzer,
   - die Transportzeiten und -kosten der Daten werden geringer,
   - die Abstimmung zwischen den Informationsträgern verbessert sich,
   - die unproduktiven Arbeiten werden reduziert und
   - der Personaleinsatz kann rationeller gestaltet werden.

Leistungsrelevante Vorteile

b) einem leistungsrelevanten:
   - die Informationsversorgung erfolgt rascher,
   - die Marktveränderungen werden schneller erkannt,
   - das Verhalten der Marktteilnehmer wird transparenter,
   - auf Marktveränderungen kann schneller reagiert werden,
   - die Qualität kann verbessert werden und
   - die Wettbewerbsfähigkeit erhöht sich.

Es ist offensichtlich, dass sich mit der Einführung der neuen Technologien auch die Arbeitsplätze, die Arbeitsumgebung, die Arbeitsbedingungen und die Arbeitsmethoden im Büro wesentlich geändert haben. Organisatorische Veränderungen sind zwangsläufig die Folge und werden es auch zukünftig sein.

Für viele Arbeitnehmer bieten die neuen Techniken Entlastung und neue Chancen, andere werden durch sie belastet und verunsichert. An den Folgen der Bildschirmarbeit lassen sich die Belastungen leicht erkennen: Bewegungsarmut, Wirbelsäuleschäden, Überbeanspruchung der Augen und Kopfschmerzen sind nicht selten.

Hinzu kommt, dass durch die neuen Medien die persönliche Kommunikation von Angesicht zu Angesicht immer mehr zurückgeht. Mangelnde menschliche Kontakte und fehlende Nähe können zur sozialen Isolation führen. Die beiden nur exemplarisch genannten Gefahrenquellen lassen sich, wie viele andere Probleme auch, durch organisatorische Maßnahmen mildern. In den angesprochenen Fällen beispielsweise dadurch, dass die Mitarbeiter planmäßig ihren Arbeitsplatz und ihre Arbeitsaufgabe ändern **(job rotation)**.

Job rotation (Aufgabenwechsel)

Chancen bieten sich dort, wo es durch den Einsatz der modernen Technik gelingt, Routinearbeiten und stumpfsinnige Bearbeitungsfunktionen *(z. B. Zahlenkolonnen aufaddieren)* zugunsten planender und entscheidender Tätigkeiten zu verringern. Die dadurch gewonnenen Gestaltungsspielräume könnten zur Einrichtung humaner und kreativer Arbeitsplätze genutzt werden. Zum Beispiel, indem das Tätigkeitsfeld des Mitarbeiters durch zusätzliche gleichartige Aufgaben erweitert wird **(job enlargement)**. Noch interessanter wird es für den Arbeitnehmer, wenn ihm, begünstigt durch die neuen Bürosysteme, die Bearbeitung eines Gesamtvorganges übertragen wird. Da die Planung, Ausführung und Kontrolle zusammengelegt werden, der Mitarbeiter selbstverantwortlich handelt und sich selbst kontrolliert, wird in solchen Fällen von Arbeitsbereicherung **(job enrichment)** gesprochen.

Job enlargement (Aufgabenerweiterung)

Job enrichment (Aufgabenbereicherung)

Neue Anforderungen

Die neuen Kommunikations- und Informationstechniken, die immer komplexer werdenden Aufgaben und die sich immer rascher verändernden Organisationsformen stellen an jeden Mitarbeiter neue Anforderungen an seine Qualifikation. Schlüsselqualifikationen wie Flexibilität, Kooperations- und Kommunikationsfähigkeit, Konfliktfähigkeit, die Bereitschaft, Verantwortung und Führungsaufgaben zu übernehmen, ganzheitliches Denken, Problemlösungs- und Entscheidungsfähigkeit werden neben den technischen, betriebs- und volkswirtschaftlichen Kenntnissen, den PC-Kenntnissen, Fremdsprachenkenntnissen immer wichtiger werden. Lebenslanges Lernen wird zur Selbstverständlichkeit.

6 Einflussmöglichkeiten auf die eigene Arbeit

Frau Dauner regt eine Vorschlagsliste an

Frau Dauner (Organisation) weiß, dass sich viele Mitarbeiter verunsichert fühlen, wenn im Betrieb organisatorisch etwas verändert wird. Bei der Umgestaltung der Gesamtverwaltung muss dies zwangsläufig erwartet werden. Aus diesem Grund hat Frau Dauner die Abteilungsleiter aufgefordert, die Mitarbeiter über die anstehenden größeren Veränderungen laufend zu informieren.
Außerdem plant sie eine Art Vorschlagsbörse, bei der die Mitarbeiter eigene Verbesserungsvorschläge für die Neuorganisation einbringen und bei der sich Kollegen oder Abteilungen Anregungen holen können. Besonders gute Vorschläge sollen mit einem Preis ausgezeichnet werden.

- **Wie wird in Ihrem Betrieb mit Verbesserungsvorschlägen umgegangen?**
- **Wie gehen Sie mit eigenen Ideen zur Verbesserung Ihres Arbeitsplatzes um?**

Kreativität
Schöpferisches Denken und Handeln. Neue originelle und praktikable Lösungen können gefunden werden.

Es ist heute allgemein anerkannt, dass es für alle Beteiligten vorteilhaft ist, die Mitarbeiter bei der Gestaltung der Arbeitsprozesse und bei der Einführung neuer Bürotechniken mit einzubeziehen. Die aktive Teilnahme des Personals an der Organisationsarbeit trägt dazu bei, dass das kreative Potenzial der Mitarbeiter für das Unternehmen auch wirklich voll ausgeschöpft wird. Dadurch, dass die Mitarbeiter unmittelbar ihre eigenen Probleme aufzeigen können und indem sie selbst mithelfen, diese zu beseitigen, werden Erfahrungen und fachliche Kenntnisse erst verfügbar gemacht. Außerdem werden sie sich mit dem Ergebnis der Reorganisation stärker identifizieren, wenn sie selbst am Entstehungsprozess beteiligt waren. Dem Mitarbeiter wird signalisiert, „wir schätzen deine Kenntnisse, wir sind an deiner Meinung interessiert", was dazu beitragen kann, dass Unsicherheiten und Ängste erst gar nicht entstehen.

Das Vorschlagswesen kann auch in einer Betriebsvereinbarung festgehalten werden.

Schafft das Unternehmen eine Stelle, bei der die Mitarbeiter laufend oder zeitlich befristet ihre **Verbesserungsvorschläge** einbringen können, wird von **Vorschlagswesen** gesprochen. Das Vorschlagswesen soll dem Mitarbeiter ermöglichen, freiwillig, über seine eigentlichen Pflichten hinaus, Ideen einzubringen, die geeignet sind, den Arbeitsablauf oder den Arbeitsvorgang zu verbessern, zu vereinfachen, schneller, kostengünstiger oder sicherer zu machen. Haben die Mitarbeiter brauchbare Verbesserungsvorschläge gemacht, so sollten sie dafür auch belohnt werden. Dabei wird zwischen finanzieller *(z. B. Prämien)* und nicht finanzieller *(Anerkennungsschreiben, Urkunde, Buchpreis)* Belohnung unterschieden. Darüber nachzudenken, wie die eigene Arbeit, der eigene Arbeitsplatz, das Arbeitsumfeld, die Teamarbeit noch besser gestaltet werden können, lohnt sich im übrigen auch dann, wenn es kein organisiertes Vorschlagswesen und keine betriebliche Belohnung gibt. Die Belohnung heißt dann: **Arbeitszufriedenheit.**

Aufgaben

1 Begründen Sie, weshalb es sinnvoll ist, die Mitarbeiter aktiv in die Organisationsarbeit einzubinden.

2 Erläutern Sie, was unter Vorschlagswesen zu verstehen ist.

3 Erklären Sie folgende Aussage: Ein Verbesserungsvorschlag muss über das eigentliche Aufgabengebiet des Stelleninhabers hinausgehen.

4 Erstellen Sie eine Liste mit Belohnungsmöglichkeiten, die als Anreizsystem für Verbesserungsvorschläge geeignet sind.

AKTION

Einen Arbeitsplatz optimal planen

Der Einkauf der Artikelgruppe „Arbeitsschutz" bei der Weber OHG soll zukünftig zentralisiert in einem Büro zusammengefasst werden. Folgende Mitarbeiter sollen diese Aufgabe übernehmen:

Admir Blekovic	Noch zu besetzen	Sylvia Zanker
Alle Tätigkeiten, die mit der Beschaffung der bereits im Sortiment geführten Arbeitsschutzartikel zusammenhängen.	– Die Bearbeitung von Kundenanfragen über neue Arbeitsschutzartikel. – Anfragen und Angebotsvergleiche bei neuen Artikeln. – Zusammenarbeit mit der Technik bei der Neuentwicklung von Produkten. – Qualitätssicherung.	– Schriftverkehr – Postbearbeitung – Ablage

- Sylvia Zanker hat gerade ihre Ausbildung zur Bürokauffrau beendet. Im Rahmen ihrer Ausbildung war sie bereits sechs Monate im Einkauf tätig.
- Admir Blekovic arbeitet seit 12 Jahren im Unternehmen. Er hat am Aufbau dieser Sortimentsgruppe mitgearbeitet und ist seit langem für den Einkauf der Artikel verantwortlich.

Frau Zanker und Herr Blekovic wurden bereits über die organisatorischen Maßnahmen und ihre zukünftige Tätigkeit von Herrn Weber informiert. Sie kennen sich und freuen sich auf ihre Zusammenarbeit.

Für die dritte Stelle soll eine neue Mitarbeiterin oder ein neuer Mitarbeiter eingestellt werden. Zur Unterstützung der Auswahl und als Einarbeitungshilfe soll für diese Stelle eine Stellenbeschreibung durchgeführt werden.

Einführung der Gleitzeit

Im Rahmen der Neuorganisation der Verwaltung wird auch überlegt, ob nicht in allen oder in Teilen des Unternehmens Gleitzeiten eingeführt werden sollen. Der Betriebsrat deutete bereits an, dass auch innerhalb der Belegschaft Wünsche in dieser Richtung vorgetragen wurden.

In der Sitzung vom 21. Juli hat die Firmenleitung den Betriebsrat aufgefordert, er möge doch einen konkreten Vorschlag zur Einführung der Gleitzeit vorlegen. Die Sitzung mit dem Betriebsrat am 7. November soll ausschließlich das Thema „Einführung der Gleitzeit bei der Weber OHG" zum Gegenstand haben.

Herr Weber will sich vorher ein genaues Bild über die Möglichkeiten und Grenzen der Gleitzeit in seinem Unternehmen machen. Als Argumentationshilfe und um entscheiden zu können, soll Frau Dauner (Organisation) diesbezügliche Fragen beantworten und in einem Bericht zusammenfassen.

AKTION

Von: Georg Weber

An: Herrn Blekovic

Durchschlag:
Frau Zanker

WEBER OHG
HAUSMITTEILUNG

Datum: 200.-09-18

Betrifft: Einkauf Arbeitsschutzartikel - Planung des neuen Büros

Sehr geehrter Herr Blekovic,

wie bereits mündlich besprochen, werden Sie zusammen mit Frau Zanker und einer neuen Mitarbeiterin oder einem neuen Mitarbeiter unser Büro „Einkauf - Arbeitsschutzartikel" ab 1. Januar übernehmen. Wie Sie wissen, soll das Büro ganz neu eingerichtet werden. Damit Sie sich wohl fühlen, möchte ich, dass Sie sich an der Planung Ihres Büros beteiligen.

- Erstellen Sie zunächst nach Ihren Vorstellungen eine Arbeitsplatzbeschreibung von Ihrem eigenen Arbeitsplatz mit folgendem Inhalt:

  - Ziele - Aufgaben - Arbeitsmittel

- Setzen Sie sich mit Frau Zanker zusammen und entwerfen Sie einen Plan, wie Sie Ihren Büroraum gestalten wollen.

  Die wichtigsten Einrichtungsgegenstände und Büromaschinen haben wir aus Kostengründen bereits im Zusammenhang mit der Einrichtung anderer Räume bestellt. Sie finden die Gegenstände beiliegend auf einer Kopiervorlage. Zeichnen Sie einen Büroraum entsprechend der angegebenen Maße, schneiden Sie die Einrichtungsgegenstände aus und planen Sie so Ihr Büro. Anforderungen über zusätzliche Einrichtungsgegenstände bzw. Büromaschinen nehme ich gerne entgegen.

- Für die Stelle, die noch zu besetzen ist, soll eine Arbeitsplatzbeschreibung durchgeführt werden. Da Sie schon lange für den Einkauf unserer Arbeitsschutzartikel mitverantwortlich sind, wissen Sie am besten, welche Anforderungen die Stelle an den Stelleninhaber stellt. Aus diesem Grund möchte ich Sie bitten, die Stellenbeschreibung vorzunehmen.

Danke und viel Spaß.

Aufgaben

1. Erstellen Sie arbeitsteilig die Arbeitsplatzbeschreibungen für Herrn Blekovic und Frau Zanker.
2. Planen Sie den Büroraum und begründen Sie Ihre Entscheidungen.
3. Führen Sie die Stellenbeschreibung durch.

Inventarliste / Kopiervorlage

3 Schreibtischstühle

3 Schreibtischlampen

3 Computer

1 Drucker 1 Telefax

3 Telefone

2 Pflanzen

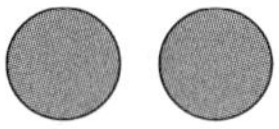

1 Drucker- und Faxgerätetisch

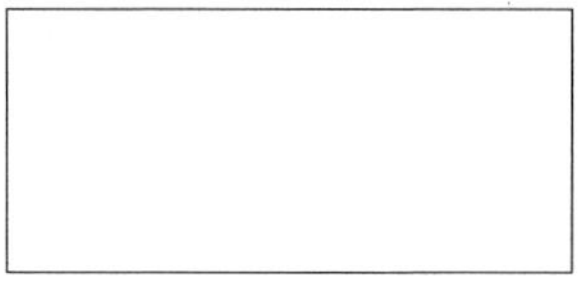

3 Schreibtische

2 Ordnerregale

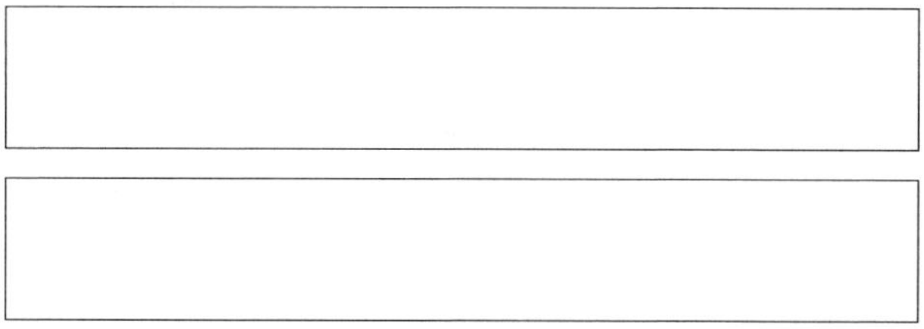

Büroraum

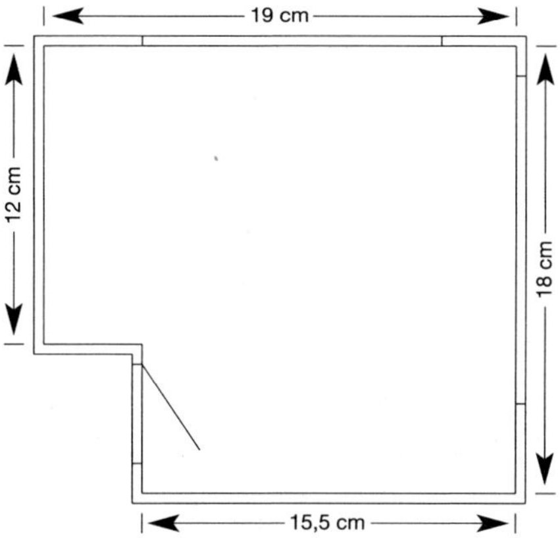

▲ Bei den Vorlagen handelt es sich um Originalmaße.

◀ Die Vorlage für den Büroraum muss um 400 % vergrößert werden

AKTION

Von: Georg Weber

An: Frau Dauner

WEBER OHG
HAUSMITTEILUNG

Datum: 200.-09-18

Betrifft: Einführung von Gleitzeiten

Sehr geehrte Frau Dauner,

schon vor einiger Zeit haben wir uns über die Möglichkeit unterhalten, Gleitzeiten in unserem Unternehmen einzuführen. Zwischenzeitlich hat auch der Betriebsrat signalisiert, dass viele Mitarbeiter den Wunsch nach gleitenden Arbeitszeiten geäußert haben. Am 7. November findet eine Sitzung mit dem Betriebsrat statt, in der wir die Möglichkeiten und Grenzen von Gleitzeiten in unserem Unternehmen klären wollen. Ich bitte Sie schon jetzt, sich diesen Termin freizuhalten.

Damit wir in der Sitzung vernünftig mit dem Betriebsrat diskutieren können, sollten wir uns selbst erst einmal über einige Dinge, die mit der Einführung von Gleitzeiten zusammenhängen, Klarheit verschaffen. Beispielsweise über die grundsätzlichen Möglichkeiten, aber auch die Grenzen von Gleitzeiten, über die organisatorischen Voraussetzungen, über Auswirkungen auf den Betriebsablauf im Ganzen und auf einzelne Abteilungen sowie die Notwendigkeit der Arbeitszeitfeststellung.

Ich weiß, Sie haben viel zu tun, ich bitte Sie trotzdem, vorrangig folgende Aufgaben für mich zu erledigen:

1. Skizzieren Sie die Möglichkeiten und Grenzen der Einführung von Gleitzeiten in unserem Unternehmen.
2. Geben Sie an, in welchen Abteilungen sich die Einführung als problematisch erweisen könnte und begründen Sie Ihre Auffassung.
3. Erarbeiten Sie einen konkreten Vorschlag eines Gleitzeitmodells.
4. Klären Sie Möglichkeiten der Zeiterfassung.
5. Erstellen Sie eine Liste mit Argumenten und Gegenargumenten zur Einführung der Gleitzeit als Argumentationshilfe für mich.

Vielen Dank.

Aufgabe

Führen Sie die Arbeitsanweisungen aus.

1 Die Postbearbeitung

1.1 Was ist bei der Bearbeitung der Eingangspost zu beachten?

Die Weber OHG hat ein durchschnittliches Posteingangsvolumen von 600 Sendungen täglich. Um die Eingangspost schnell an die zuständigen Sachbearbeiter verteilen zu können, wurden bisher 4 Mitarbeiter zur morgendlichen Postbearbeitung eingesetzt, die durchschnittlich 1 Stunde beschäftigt waren. Pro Mitarbeiter und Stunde wurde mit 15,00 EUR Arbeitskosten (Lohnkosten und Nebenleistungen) gerechnet. Im Jahr wird an durchschnittlich 250 Tagen gearbeitet.
Im Zusammenhang mit dem Verwaltungsneubau wird überlegt, wie die Postbearbeitung noch rationeller gestaltet werden könnte. Für die Posteingangsbearbeitung wird überlegt, ob es nicht sinnvoll wäre, ein automatisiertes Posteingangssystem anzuschaffen. Frau Hansen wurde gebeten, Angebote über solche Systeme einzuholen, die jetzt vorliegen. Das günstigste Angebot beinhaltet folgende Angaben:

Anschaffungspreis: 16.500,00 EUR; Leistung: 600 Briefsendungen/Stunde;
Arbeitsplatzbedarf: 1 Person; Strom und Wartung ca. 300,00 EUR/Jahr;
Zinskosten ca. 750,00 EUR; Nutzungsdauer ca. 5 Jahre.

Die Weber OHG will die Postbearbeitung noch rationeller gestalten

- **Entscheiden Sie, ob es sich lohnt, ein solches Posteingangssystem anzuschaffen und begründen Sie Ihre Entscheidung.**

Wer darf die Post entgegennehmen?

Grundsätzlich ist die Deutsche Post AG verpflichtet, Postsendungen dem Empfänger zuzustellen. Nach der Postordnung werden die Sendungen an den in der Anschrift genannten Empfänger oder dessen Ehegatten ausgeliefert. Häufig ist es jedoch aus zeitlichen oder organisatorischen Gründen nicht möglich, dass der auf der Anschrift genannte Empfänger *(z. B. der Unternehmensinhaber)* oder dessen Ehegatte die Eingangspost persönlich entgegennimmt. In solchen Fällen kann der Empfänger für eine oder mehrere Personen eine **Postvollmacht** erteilen.

Die Deutsche Post AG kann die Eingangspost dann auch den Postbevollmächtigten direkt aushändigen. Juristische Personen *(z. B. Aktiengesellschaften)*, Gesellschaften *(z. B. Kommanditgesellschaften)* und Behörden müssen einen Postbevollmächtigten ernennen, weil die Postsendungen sonst nicht zustellbar sind. Die Postvollmacht (Empfangsberechtigung) wird wie folgt erteilt:

- Durch eine einfache schriftliche Erklärung wird ein Mitarbeiter bzw. eine Mitarbeiterin zum Empfang der Sendungen bevollmächtigt.
- Bevollmächtigte weisen gegenüber der Deutschen Post durch Vorlage dieser Erklärung ihre Empfangsberechtigung nach. Besteht ein Zweifel an der Empfangsberechtigung, ist zusätzlich ein Identitätsnachweis erforderlich.
- Auf Wunsch können Vollmachtsvordrucke in Scheckkartenformat verwendet werden. Diese sind bei der Deutschen Post erhältlich.

Die täglich eintreffende Post ist immer eilig. Denn sie schafft an die Arbeitsplätze neue Aufgaben heran, sie enthält neue Aufträge für Fertigung und Vertrieb, Rückfragen, Zahlungsträger und andere zeitkritische Zusendungen. Deshalb sollte sie so schnell wie möglich in die Hand der zuständigen Bearbeiter gelangen.

(Sonderdruck aus der Frankfurter Zeitung für Stielow GmbH & Co. KG)

Der Empfänger kann die Post von ihrer Zustellpflicht entbinden, wenn er einen **Antrag auf Abholung stellt** oder gewöhnliche **Sendungen regelmäßig beim Zustellpostamt abholt**, ohne einen Antrag auf Abholung gestellt zu haben *(Frühauslieferung)*.

Die meisten Unternehmen holen ihre Eingangspost selbst beim Zustellpostamt ab, indem sie ein **Postfach** anmieten. Der Empfänger muss nicht auf die Postzustellung warten, er kann die Post mehrmals am Tag in seinem Postfach abholen und kommt somit schneller an wichtige Informationen. Bei allen nachzuweisenden Sendungen *(z. B. Übergabe-Einschreiben)* legt die Post AG lediglich einen Auslieferungsschein ins Postfach. Mit ihm kann die jeweilige Sendung dann am Postschalter abgeholt werden. Trotz Postfach werden häufig Sendungen mit dem Vermerk „Eigenhändig", alle Zustellaufträge *(z. B. Gerichtsurteile)* sowie die telegrafischen Post- und Zahlungsanweisungen direkt von der Post an den Empfänger ausgeliefert.

Imagefaktor: schnelle Postbearbeitung
Wie schnell die Post morgens verteilt und abends versandfertig ist, bestimmt den Pulsschlag jedes Unternehmens. Dennoch ist die Poststelle das Stiefkind in vielen Betrieben

Die Eingangspost soll den Sachbearbeitern schnell vorliegen

Immer mehr Nachrichten kommen heute über das Datennetz bzw. Online ins Unternehmen. Besonders stark werden Telefax und E-Mail genutzt. Solange aber immer noch ein hoher Anteil eiliger und wichtiger Nachrichten mit der Briefpost eingeht, sind alle Maßnahmen sinnvoll, die dazu beitragen, dass die Zuschriften so früh wie möglich beim zuständigen Sachbearbeiter vorliegen.

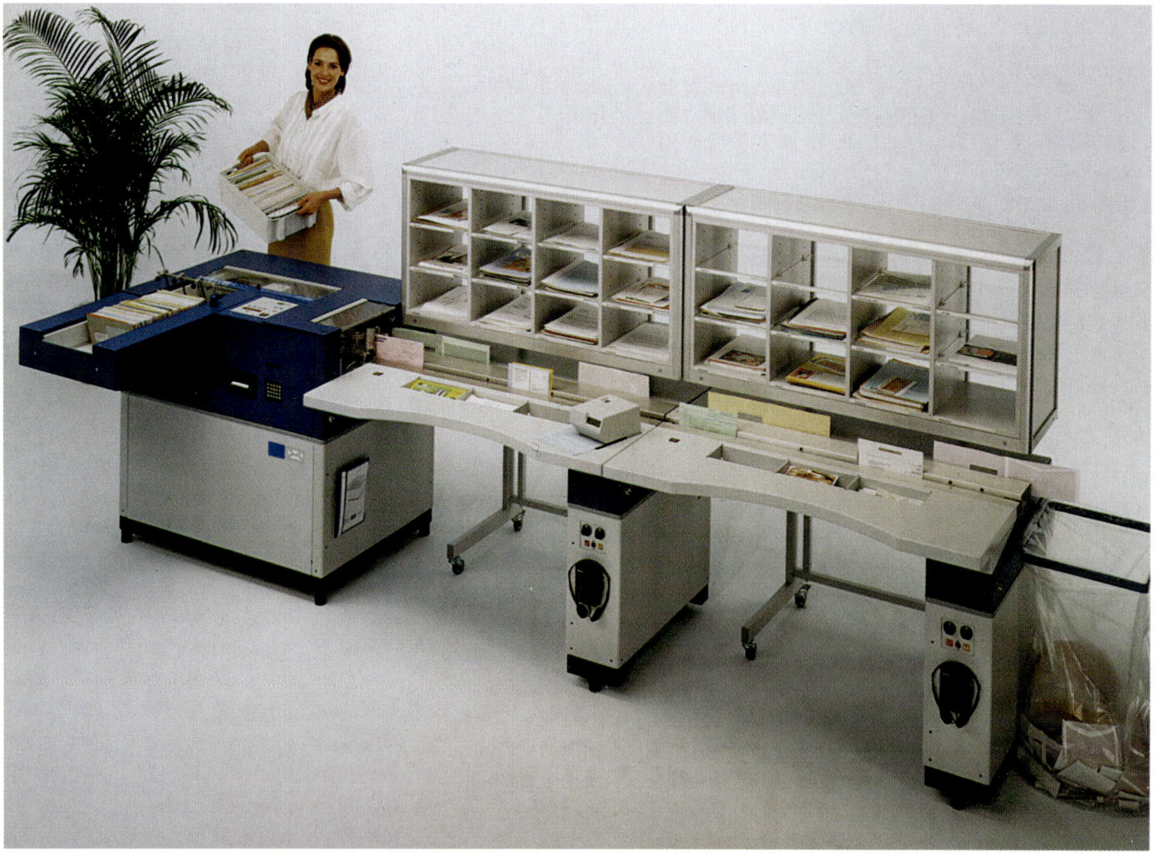

Ein Posteingangssystem: Post öffnen, entnehmen und sortieren

Funktionen des Posteingangssystems

Nur eine perfekt organisierte und technisch gut ausgerüstete Posteingangsbearbeitung ermöglicht, dass
- die einzelnen Abteilungen schnellstens und laufend mit allen arbeitswichtigen Informationen versorgt sind,
- die Fehlerquellen gering gehalten werden *(z. B. Schecks nicht mehr verloren gehen)*,
- die Mitarbeiter weitestgehend von monotoner Arbeit befreit sind und
- die für die Postbearbeitung abgestellten Mitarbeiter schnellstens zu ihrer Regelarbeit zurückkehren können.

Es bieten sich in der Praxis viele Ansatzpunkte, um die Posteingangsbearbeitung effizienter und damit kostengünstiger zu gestalten. Schon allein deshalb, weil die einzelnen Tätigkeiten fast immer die gleichen sind und verschiedene Hersteller immer ausgereiftere technische Hilfsmittel bereitstellen.

Mischpost von C6 bis B5 unsortiert in den Anlageschacht einlegen und das System – ohne weiteren Einstellungsaufwand – starten.

Die Posteingangsbearbeitung – gezeigt an einem Beispiel aus der Praxis

Die Friedrich Deckel AG ist eine Werkzeugmaschinenfabrik, die weltweit als Pionier in der Herstellung computergesteuerter Fräs- und Bohrmaschinen gilt. Sie erhält täglich zwischen 350 und 600 Briefe. Obwohl dieser Posteingang im Vergleich zu verwaltungsintensiven Betrieben mengenmäßig eher gering ist, hat sich die Deckel AG entschieden, ein Posteingangssystem anzuschaffen. Sie wollte erreichen, dass die zur Eingangspostbearbeitung delegierten drei Personen möglichst frühzeitig an ihren Regelarbeitsplatz zurückkehren können.

Zeit	Tätigkeiten beim Posteingang
07:30	die Post trifft bei der Deckel AG ein
07:30 – 08:00	**Vorsortieren** nach direkt adressierten Sendungen, Päckchen, Zeitschriften und nach Umschlaggrößen. Briefe in größerem Format werden von Hand weiterbearbeitet. Rund zwei Drittel der Sendungen stecken in DIN-C6- und Langhüllen. Dieser Anteil geht ins Posteingangssystem.
08:00 – 09:00	Bearbeitung von durchschnittlich 250 Sendungen täglich im Posteingangssystem – **Einlegen** der Sendungen in den Anlageschacht – **Öffnen** der Sendungen im Schlitzwerk – **Entnahme** der Sendungen – Mit **Eingangsstempel** versehen und mehrteilige Sendungen **zusammenheften**
09:00 – 09:30	**Feinsortierung** in 20 Sortierkörbe nach Empfängern
09.30	**Transport** zu den Empfängern in den einzelnen Hauptabteilungen

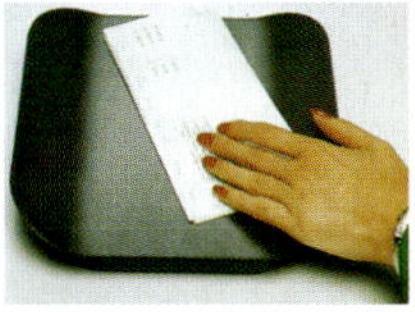
Der 2003 A öffnet die Umschläge automatisch an drei Seiten, entnimmt den Inhalt und präsentiert ihn griffbereit auf der Ablageschale.

Mit einem Handgriff und in einem Arbeitsgang sind die Briefinhalte entfaltet, automatisch geheftet und datiert. Währenddessen wird der nächste Briefinhalt präsentiert.

Der Bediener konzentriert sich auf das Anlesen und Sortieren der Dokumente nach Fachabteilungen.

Die Weber OHG kauft sich ein Posteingangssystem

Fallbeispiel: Die Weber OHG entscheidet sich, ein Posteingangssystem zu kaufen. Die Begründung ergibt sich aus der Amortisationszeit. Das ist der Zeitraum, der notwendig ist, um die Ausgaben für die Anschaffung durch die jährlichen Einsparungen auszugleichen.

Manuelle Posteingangsbearbeitung:
4 AN je 1 Std./tägl. = 4 Std. x 15,00 EUR/Std. x 250 Arbeitstage = 15.000,00 EUR

Maschinelle Posteingangsbearbeitung:
Arbeitskosten pro Jahr:
1 AN je 1 Std./tägl. = 1 Std. x 15,00 EUR/Std. x 250 Arbeitstage = 3.750,00 EUR

Anlagekosten pro Jahr:		
Abschreibungen	3.300,00 EUR	
Zinsen	750,00 EUR	
Wartung	300,00 EUR	4.350,00 EUR
Gesamtkosten bei masch. Postbearbeitung		8.100,00 EUR
Einsparungen pro Jahr		6.900,00 EUR

Amortisationsdauer = 16.500,00 EUR : 6.900,00 EUR = rd. 2,4 Jahre

Amortisationsdauer = *Zeit, in der das durch die Investition gebundene Kapital wieder zurückgewonnen wird.*

1.2 Arbeitsabläufe bei ausgehender Post

Trends bei Poststraßen fürs Büro:

Postversand am laufenden Band

Der Einsatz von Mehrfunktionsmaschinen ist auch in mittleren Betrieben wirtschaftlich

In der manuellen Postbearbeitung hängen die Leistungen von den Mitarbeitern, aber auch vom Schwierigkeitsgrad der Arbeit ab. In der Tagespost können von Hand nur etwa 110 Sendungen/Stunde versandfertig gemacht werden. Bei gleichförmigen Vorgängen in der Aktionspost sind höhere Leistungen möglich, aber keine Handarbeit reicht an die Leistungen der Poststraße heran. Die Taktleistung dieser Maschinen hängt von der Anzahl der zusammengesteckten Verarbeitungseinheiten ab. Sie liegt zwischen 3 000 und 4 000 Sendungen/Stunde, bei wechselvoller Tagespost immer noch bei ca. 800 Sendungen/Stunde. Wirtschaftlichkeitsrechnungen haben gezeigt, dass die Einsparungen bei Einführung einer Poststraße schon bei unter 200 Sendungen/Tag zu einer kurzfristigen Amortisation führen.

Nach: Sonderdruck aus bit für die Stielow GmbH & Co. KG

Geben Sie an, welche der genannten Aufgaben Ihrer Meinung nach durch eine Maschine ausgeführt werden könnten.

Bei der Ausgangspost wird unterschieden zwischen der individuellen Tagespost für bestimmte Empfänger mit individuellem Inhalt *(Angebote, Reklamationen, Mahnungen, Rechnungen, Einstellungsschreiben, Kündigungen)* und der Massenausgangs- oder Aktionspost an einen großen Adressatenkreis und mit oft gleichem Inhalt *(Werbebriefe, Prospekte).*

Arbeitsablauf bei ausgehender Tagespost:

Arbeitsablauf bei ausgehender Tagespost

Arbeitsablauf

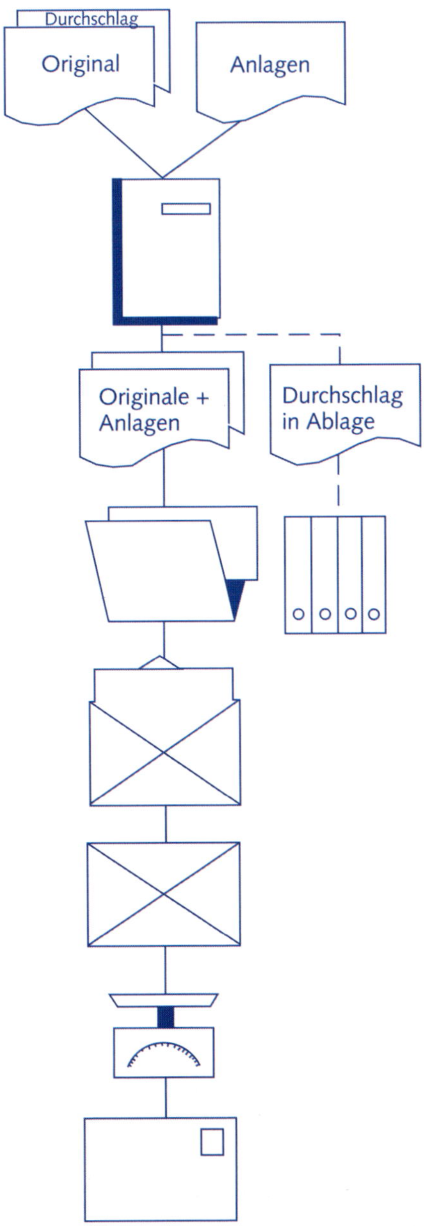

Funktionen	Hilfsmittel
1. Originale, Durchschläge u. Anlagen zusammenbringen	
2. In die Unterschriftsmappe legen und	Unterschriftenmappen
3. unterschreiben lassen	
4. Schriftstücke trennen – Durchschläge in die Ablage	
5. Falten der Originale und Anlagen	**Falzmaschinen** max. Leistung ca. 18 000 Falze/Stunde
6. Beilegen der Anlagen	**Zusammentragmaschinen** max. Leistung ca. 50 000 Blatt/Std.
7. Kuvertieren	**Kuvertiermasch.** max. Leistung ca. 3 600 Sendungen/Stunde
8. Schließen der Briefhüllen	**Briefschließmaschinen**
9. Wiegen der Sendungen	**Wiegevorrichtungen** z. B. mit automatischer Portoermittlung
10. Frankieren der Sendungen	**Frankiermaschinen** max. Leistung ca. 10 000 Sendungen/Stunde

Falzarten:

Einfacher Falz

Wickel-Falz

Zickzack-Falz

Kreuzfalzen

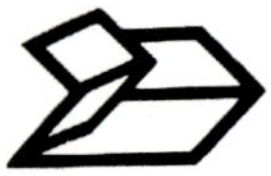

Einzelne Hilfsmittel für die Ausgangspostbearbeitung

Die Falzmaschine – falzen ist wirtschaftlich

Viele Unternehmen, vor allem solche mit großem Massenpostaufkommen, arbeiten heute bereits mit Falzmaschinen. Falzen lohnt sich jedoch nicht nur bei Massenpost:
- kleinere Versandhüllen sind kostengünstiger,
- sie sind leichter und überschreiten zusammen mit dem Inhalt nicht so schnell die
- nächsthöhere Entgeltstufe,
- wenn Fensterbriefhüllen verwendet werden, kann durch Falzen eine zusätzliche Beschriftung eingespart werden.

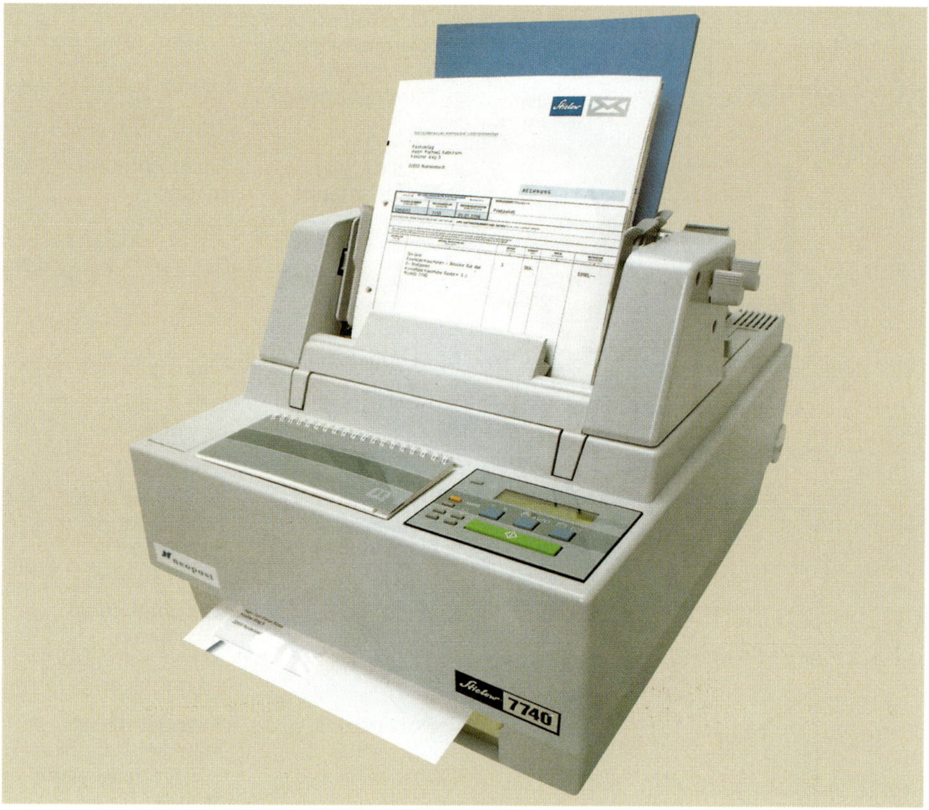

Porto und Zeit sparen mit Porto-Computer-Waagen

In Portotabellen nach dem richtigen Entgelt suchen oder die richtige Versandart ausfindig zu machen, fällt vielen schwer und ist zudem zeitaufwendig. Heute bieten mehrere Hersteller Briefwaagen mit automatischer Portoermittlung, die solche Arbeiten erleichtern. Üblicherweise wird wie folgt vorgegangen:
- Die Sendung wird auf die Waagschale gelegt,
- das Gewicht der Sendung kann auf der Digitalanzeige abgelesen werden,
- die Sendungsart *(z. B. Brief)* und Versendungsform *(z. B. Einschreiben)* eingeben,
- das richtige Porto auf der Digitalanzeige ablesen.

Postalisch unzulässige Eingaben werden ignoriert oder es erscheint eine Fehlermeldung. Ändert sich das Porto, wird ein neuer Speicherchip in die Waage eingelegt.

Die Post hat gut lachen:

Unsummen von Porto erhält sie geschenkt durch Überfrankierungen

Frankieren mit dem Freistempler

Es gibt nur wenige Unternehmen, die ihre Ausgangspost heute noch von Hand mit Briefmarken frankieren. Die meisten besitzen Frankiermaschinen, seien es nun Handfrankiermaschinen, elektrische oder elektronische Frankiermaschinen. Der Grund ist einsichtig: Mit Briefmarken können ca. 660 Sendungen/Std., mit Handfrankiermaschinen ca. 1 300 Sendungen/Std. und mit elektronischen Frankiermaschinen bis zu 10 000 Sendungen/Std. frankiert werden.

Außerdem können durch Frankiermaschinen Portokassen und Markenverluste vermieden werden. Elektronische Frankiermaschinen bieten heute darüber hinaus:

- den Ausdruck 4-stelliger Portowerte;
- sie zeigen den Portoverbrauch total oder als Zwischensumme pro Tag oder Kostenstelle an;
- die Sendungsart (Infopost, Päckchen) wird mitgedruckt;
- die Druckanpassung vom dünnen Luftpostpapier bis zur 7 mm starken Versandtasche erfolgt automatisch.

Besonders vorteilhaft war beim Freistempler schon immer der Werbestempel. Die elektronischen Freistempler erlauben heute einen Werbeklischee-Schnellaustausch, durch den es möglich wird, auf verschiedene Produkte und Dienstleistungen aufmerksam zu machen oder auf Messen hinzuweisen.

Werben mit dem Freistempler

Wie wird das Porto mit der Post abgerechnet?

Für die Wertabrechnung mit der Deutschen Post AG gibt es heute mehrere Verfahren:

- Das **Wertvorgabesystem**, bei dem der Postkunde das Registrierwerk der Frankiermaschine zu einer vereinbarten Filiale der Deutschen Post bringt. Dort wird in Höhe der Vorauszahlung des Kunden ein neuer Wertvorgabebetrag eingestellt.
- Das **Fernwertvorgabesystem**, bei dem der Kunde über die Telefonleitung eine Verbindung zum Computer der zuständigen Datenzentrale herstellt. Der Computer überprüft die vom Kunden übermittelte Kundennummer, Frankierwerksnummer und den Zählerstand und überträgt eine neue Wertvorgabe. Der Kunde kann seine Frankiermaschine wieder nutzen. Der Einstellungsbetrag wird automatisch von seinem Konto abgebucht.
- Die **PC-Frankierung** mit der Software Stampit ist ein Verfahren der Freimachung der Sendung mit dem PC über das Internet. Die Frankierung erfolgt direkt auf dem Briefumschlag, dem Etikett oder dem Dokument. Der Kunde druckt seine „Briefmarken" selbst. Voraussetzung für den virtuellen Briefmarkenvorrat und die Wertabrechnung ist die Anmeldung und Freischaltung eines Portokontos, ein handelsüblicher PC mit Drucker und ein Internetanschluss. Lohnend ist dieses Verfahren eher für kleinere Unternehmen mit einem Versandaufkommen von maximal 200 Sendungen wöchentlich.
- Bei sehr großem Versendungsaufkommen bietet die Deutsche Post AG einen **Frankierservice**. Der Kunde liefert seine sortierten und unfrankierten Sendungen bei den Großannahmestellen der Briefzentren oder Postfilialen zusammen mit einem Auftrag ein. Alle Sendungen werden dann bei rechtzeitiger Einlieferung (in der Regel bis 14:00 Uhr) von der Post frankiert und noch am gleichen Tag weitergeleitet.

Die Poststraße

Ablauf von links nach rechts:

1. *Falzstation für Einfach-, Wickel-, Zickzack- oder Doppel-Parallelfalze.*
2. *Beilagenstation zum automatischen Mitverpacken von Prospekten, Preislisten und Kundeninformationen, Antwort- oder Zahlkarten.*
3. *Kuvertierstation mit lückenlosen Funktionskontrollen.*
4. *Schließeinrichtung für handelsübliche Umschläge von DIN C5 bis B5 (keine Spezialumschläge erforderlich)*
5. *Zählwerk und Umschlag-Stapelanlage*
6. *Frankierbrücke: führt die gefüllten Umschläge über Eck in die Frankierstation.*
7. *Frankierautomat stempelt frei und stapelt – Endstation der postfertigen Sendungen.*

Die Poststraße – sie macht fast alles

Die Poststraße kann in einem Maschinendurchlauf vollautomatisch falzen, beilegen, kuvertieren, verschließen, zählen, nach Portoklassen trennen und frankieren. Jedes Teilstück der Poststraße ist eine selbstständige Maschine. Sie entsteht dadurch, dass die Falz-, Beilege-, Kuvertier-, Verschließ- und Frankiermaschinen zusammengeschoben werden. Poststraßen sind nicht nur für die Massenausgangspost geeignet, sondern verarbeiten auch die gewöhnliche Tagespost, da sich die Anlage unterschiedlichen Materialstärken automatisch anpasst. Mit der Poststraße können in einer Stunde bis zu 800 Tagespost- und bis zu 3 600 Massenpostsendungen versandfertig gemacht werden.

Aufgaben

1 Sie wollen eine Mitarbeiterin bevollmächtigen, Ihre Sendungen in Empfang zu nehmen. Wie gehen Sie vor?

2 Begründen Sie, weshalb viele Unternehmen ein eigenes Postfach anmieten und geben Sie an, welche Sendungen direkt an den Empfänger ausgeliefert werden.

3 Versuchen Sie, Ihren Vorgesetzten schriftlich davon zu überzeugen, dass es sinnvoll wäre, wenn sich das Unternehmen ein automatisches Posteingangssystem anschaffen würde.

4 Beschreiben Sie die wichtigsten Arbeiten beim Posteingang sowie den Arbeitsablauf beim Postausgang.

5 Weshalb ist es vorteilhaft, Schriftstücke gefalzt zu versenden?

6 a) Beschreiben Sie den üblichen Aufbau eines Freistemplers.
b) Welchen zusätzlichen Vorteil, außer zu frankieren, bietet der Freistempler?
c) Unterscheiden Sie zwischen dem Wertkarten- und dem Wertvorgabesystem.

7 Beschreiben Sie die einzelnen Funktionen, die eine Poststraße übernehmen kann.

2 Wie lässt sich die zweckmäßigste Versandart auswählen?

Herr Lohner, bei der Weber OHG zuständig für die gesamte Postbearbeitung, ist damit beschäftigt, die Auszubildende Semra Öztürk in den Postversand einzuweisen. Herr Lohner übergibt Frau Öztürk folgende zum Versand bereits vorbereiteten Sendungen und fordert sie auf, anhand der Service-Information die jeweils günstigste Versandart zu ermitteln:

Frau Öztürk wird in den Postversand eingewiesen

1. Ein Kündigungsschreiben, der Zugang soll bestätigt werden.
2. Lieferung einer Bohrmaschine, Kunde soll bei Auslieferung sofort bezahlen.
3. Ein Buch, 400 g schwer.
4. Ein Armband, 600 g, Wert 870,00 EUR, das Herr Hummel am Sonntag ins Krankenhaus schicken möchte.

- **Was ist Ihrer Meinung nach die jeweils günstigste Versandart? (Nehmen Sie im Zweifelsfall die Entgelttabelle bzw. entsprechende Merkblätter der Deutschen Post AG zu Hilfe).**

Was heißt optimale Beförderung?

Beim Briefversand ist die Deutsche Post AG der einzige Partner der Wirtschaft (Verlängerung des Briefmonopols bis 2007), im Kleingüterverkehr der wichtigste. Das macht es für Personen, die sich in den Postversand einarbeiten, nicht einfacher, für die unterschiedlichen Versandstücke immer auf Anhieb die günstigste Versandart herauszufinden. Dies setzt zunächst voraus, dass der Postkunde weiß, welche Versandmöglichkeiten die Deutsche Post AG anbietet. Außerdem muss sich der Absender darüber klar werden, was für ihn günstig ist. Die optimalste Versandart kann einmal **die sicherste**, ein andermal **die schnellste** und wieder ein anderes Mal **die kostengünstigste Beförderung** sein. Um den verschiedenen Wünschen der Kunden gerecht zu werden, bietet die Deutsche Post AG verschiedene **Sendungsarten** *(z. B. Brief, Postkarte, Infopost, Warensendung)* und besondere **Versendungsformen** *(Einschreiben, Rückschein, Eigenhändig)* an. Der folgende Überblick beschränkt sich auf Sendungen innerhalb der Bundesrepublik Deutschland.

Sendungsarten – Versendungsformen = Zusatzleistungen

Im Geschäftsleben werden die Beziehungen zwischen Vertragspartnern im Allgemeinen durch Verträge abgeschlossen. Damit nicht bei jeder Einlieferung einer Postsendung die Vertragsbestandteile zwischen Post und Kunde erneut festgehalten werden müssen, hat man an die Stelle der Einzelverträge die Allgemeinen Geschäftsbedingungen (AGB) gesetzt. Für die Beförderung von Briefsendungen innerhalb des Bundesgebietes gelten die *AGB BfD Inl.* Die *AGB FrD Inl.* bestimmen die Produktpalette für den Unternehmensbereich Frachtpost.

2.1 Leistungsangebot der Deutschen Post AG im Briefdienst (AGB BfD Inl):

Sendungsarten	Verwendungszweck	Bezeichnung vorgeschrieben	Höchstgewicht
Brief	Vertrauliche Mitteilungen in verschlossener Hülle.	nein	1 000 g
Postkarte	Kürzere Mitteilungen, die nicht vertraulich sein müssen.	nein	500 g/m^2
Infopost/Infobrief	Schriftliche Mitteilungen, Kataloge und Datenträger in festgelegten Mindestmengen, wenn bestimmte Vorleistungen erbracht wurden (z. B. bei Infopost Vorsortierung).	nein (nur bei Infopost-Schwer; vgl. Frachtpost)	1 000 g
Büchersendung	Versand von Büchern, Broschüren, Notenblättern, Landkarten.	Büchersendung	1 000 g
Postwurfsendung	Aufschriftlose Sendungen gleichen Inhalts und gleicher Beschaffenheit.	Postwurfsendung	bei Zustellung: 250 g, an Abholer: 1 000 g
Warensendung	Versand von Gegenständen, Proben, Muster, Papierwaren (z. B. Briefumschläge, Kalender).	Warensendung	500 g
Blindensendung	Schriftstücke in Blindenschrift, Tonaufzeichnungen, Papiere zur Aufnahme von Blindenschrift.	Blindensendung	1 000 g

Bei Briefsendungen bietet die Deutsche Post AG vier Basisprodukte an:

- *Standard,*
- *Kompakt,*
- *Groß* und
- *Maxi* sind.

Diese Basisprodukte bietet die Post an bei den Sendungsarten *Brief, Büchersendung, Warensendung* (hier ohne „*Groß*"), *Infopost/Infobrief/Kataloge.*

2.2 Leistungsangebot der DHL im Frachtdienst:

Bezeichnung	Inhalt	Höchstgewicht
Päckchen	Sendungen, denen briefliche Mitteilungen beigelegt werden dürfen	2 kg
DHL-Paket	Sendungen, denen briefliche Mitteilungen beigelegt werden dürfen, die sich auf die Sendung beziehen, z. B. Lieferschein, Gebrauchsanweisung	20 kg
Infopost-Schwer	Versand von schriftlichen Mitteilungen oder Unterlagen desselben Absenders bei gleichzeitiger Einlieferung bestimmter Mindestmengen	10 kg
Blindensendung-Schwer	Schriftstücke in Blindenschrift, Papiere für die Aufnahme von Blindenschrift, für Blinde bestimmte Ton- bzw. Magnetträger	7 kg

Im Briefdienst Inland werden **Entgeltermäßigungen** in folgenden Fällen gewährt:
- für Freistempelung (nur bei einem Mindestumsatz von 200,00 EUR)
- für Maschinenlesbarkeit (für DV-freigestempelte maschinenlesbare gewöhnliche Standardbriefe)
- für Vorsortierung (für DV-freigestempelte vorsortierte gewöhnliche Briefe)
- für die Anbringung und Herstellung der Barcode-Label

Fallbeispiel: Die Weber OHG hat einige Vertreter vertraglich dazu verpflichtet, ihre Aufträge täglich an die Zentrale zu schicken, und zwar so, dass diese bis spätestens 9 Uhr im Ulmer Hauptpostamt zur Abholung vorliegen.

Im Jahr 2003 fasste die Deutsche Post World Net ihre gesamten weltweiten Paket/Express-, Fracht- und Logistikdienstleistungen unter der neuen Marke **DHL** zusammen.

Für sehr eilige Aufträge bietet DHL u. a. folgende Dienstleistungen an:

- **Special Services Direkt** (Zustellung mit Pkw oder Lkw)
  Beispiele:

Versendung von	Strecke	Transportmittel	Zustellung
0,5 kg Dokumente	Leipzig – Frankfurt 395 km	Pkw	Ca. 4 Stunden nach Abholung
3 Paletten (600 kg) Ersatzteile	Düsseldorf – Hamburg 398 km	Transporter	Ca. 4 – 5 Stunden nach Abholung
12 Paletten (2 000 kg) Ersatzteile	Berlin – Dortmund	Lkw	Ca. 7 – 8 Stunden nach Abholung

- **Special Services Kombination Bahn** (Zustellung unter Nutzung der Bahn)
  Beispiel: 5 kg Dokumente von Düsseldorf nach Hamburg in ca. 5 Stunden
- **Special Services Kombination Flug** (Zustellung unter Nutzung von Flugzeugen)
  Beispiel national: 15 kg Ersatzteile von Frankfurt nach Hamburg in ca. 4 Stunden
  Beispiel international: 30 kg Ersatzteile von Berlin nach Peking in ca. 24 – 36 Stunden

Für spezielle Wünsche der Kunden bietet DHL außerdem individuelle Projektlösungen: „Charter mit Vor- und Nachdistribution"

2.3 Höhe der Haftung

Beim **Post-Paket** (Produktname: DHL-Paket) wird bei Verlust oder Beschädigung für den unmittelbaren Schaden bis zum Höchstbetrag von 500,00 EUR gehaftet.

Zusatzleistungen:

Dem Postkunden wird es ermöglicht, gegen ein zusätzliches Entgelt eine besondere Behandlung seiner Sendung zu erreichen. Die besondere Behandlung kann sich beziehen auf

- eine größere Sicherheit,
- eine größere Schnelligkeit oder
- eine besondere Auslieferung.

2.4 Besonders gesicherte Sendungen

	Bezeichnung	Sendungsart	Besondere Behandlung	Haftungsbetrag*	Haftung bei
	**Einwurf-Einschreiben**	Brief Postkarte Blindensendung	Einlieferung der Sendung wird bescheinigt; Einwurf in Briefkasten oder Postfach des Empfängers wird dokumentiert.	20,00EUR	bei Verlust oder Beschädigung
	Einschreiben	Brief Postkarte Blindensendung Blindensendung-Schwer	Einlieferung der Sendung wird bescheinigt; Auslieferung gegen Empfangsbescheinigung.	25,00 EUR	bei Verlust oder Beschädigung
	**Nachnahme**	Brief Postkarte Post-Paket, Selbstgebuchtes Post-Paket	Die Sendung wird dem Empfänger erst dann ausgehändigt, wenn der Nachnahmebetrag bezahlt ist.	1600,00 EUR	bei fehlerhafter Einlieferung oder Übermittlung in Höhe des angegebenen Nachnahmebetrages
	**Eigenhändig** **(nur in Verbindung mit Einschreiben oder Nachnahme)**	Brief Postkarte Blindensendung Post-Paket Selbstgebuchtes Post-Paket Blindensendung-Schwer **)	Ablieferung der Sendung nur an den Empfänger persönlich oder an einen besonderen Bevollmächtigten.	keine zusätzliche Haftung	
	**Rückschein** **(nur in Verbin-mit Einschreiben oder Nachnahme)**	Brief Postkarte Blindensendung Post-Paket Selbstgebuchtes Post-Paket Blindensendung-Schwer **)	Dem Absender wird die Ablieferung der Sendung bestätigt.	keine zusätzliche Haftung	
	**Express-Sendungen mit „Transportversicherung“**	Brief Post-Paket, Selbstgebuchtes Post-Paket	Frühzustellung, Samstags-Zustellung, Sonn- und Feiertags-Zustellung, jeweils am Tag nach der Einlieferung. Versicherung nach Vereinbarung.	Höchstbetrag 2.500,00 EUR oder 25.000,00 EUR	bei Verlust oder Beschädigung

*) Stand Januar 2005
**) bei Blindensendung-Schwer nur in Verbindung mit Übergabeeinschreiben

Fallbeispiel: Frau Öztürk entscheidet sich für folgende Sendungsarten bzw. Versendungsformen:

Fall 1: Brief mit Übergabe-Einschreiben und evtl. Rückschein
Fall 2: Nachnahme-Postpaket
Fall 3: Büchersendung-Groß
Fall 4: Express-Brief, Sonn- und Feiertagszustellung, Transportversicherung

Frau Öztürk hat sich entschieden. *Vgl. S. 59*

Aufgaben

1 Gegen zusätzliches Entgeld sichert die Post AG eine besondere Behandlung ihrer Sendungen zu. Geben Sie an, welche Leistungen dies sind.

2 Beschreiben Sie die besondere Leistung bei Express-Sendungen.

3 Entscheiden Sie sich für die günstigste Sendungsart bzw. Zusatzleistungen und ermitteln Sie die Entgelte anhand des Postentgeltheftes (Service-Informationen):

a) Die Weber OHG versendet an einen Kunden verschiedene Dichtringe als Muster.
b) 44 205 Sendungen gleicher Prospekte gleichen Inhalts ohne Adressenangabe für alle Haushalte in Ulm.
c) Vier Vertragskopien; 320 g schwer; der Absender will einen Nachweis für seine Einlieferung.
d) Ersatzteile im Wert von 563,00 EUR; 2 450 g schwer; an einen Kunden. Da es bei diesem Kunden bereits mehrmals Probleme mit der Zahlung gab, soll der Geldeingang sofort abgesichert werden.
e) Eine Sendung mit Mikrofilmen (400 g) soll auf schnellstem Wege und mit schnellster Zustellung (auch nachts) an einen Kunden verschickt werden. Die Einlieferung soll nachweisbar sein.
f) Das Kündigungsschreiben an einen Mitarbeiter, der schon seit längerem nicht mehr an seinem Arbeitsplatz erschienen ist, soll so verschickt werden, dass der Absender eine Empfangsbestätigung des Empfängers erhält.

4 Die Deutsche Post AG bietet ihren Kunden „Entgeltermäßigungen" an. Geben Sie dazu einige Beispiele.

5 Nennen Sie die Gründe, warum Unternehmen häufig Kurierdienste in Anspruch nehmen.

2.5 Die privaten Paketdienste

Neben dem Postdienst der Deutschen Post AG nutzt die Weber OHG seit Jahren einen in Ulm ansässigen privaten Paketdienst für die Zustellung von Kleinaufträgen.

■ **Für welche Sendungen nutzt Ihr Ausbildungsbetrieb private Paketdienste, und welche Vorteile könnte die Zustellung durch private Paketdienste haben?**

Seit Anfang der 70er-Jahre bieten neben der Deutschen Post AG auch private Firmen an Pakete zu befördern. Da der Beförderungsvorbehalt (Monopol) der Post nur die Briefsendungen umfasst, ist es möglich, dass private Paketdienste mit der Post konkurrieren.

Im Konkurrenzkampf mit der Post können die privaten Paketdienste vor allem deshalb bestehen, weil sie besonders solche Kunden umwerben, die regelmäßig viele Sendungen einliefern. Da sie keiner Tarifpflicht unterliegen, können sie individuelle Verträge aushandeln und sogar Mindeststückzahlen verlangen. Außerdem konzentrieren sie sich häufig auf Ballungsgebiete mit sehr hohem Versandaufkommen, während sie die Versorgung entlegener Regionen der Post überlassen. Viele Unternehmen entscheiden sich, ihre Sendungen den privaten Paketdiensten anzutragen, weil diese zum Teil vorteilhaftere Dienstleistungen anbieten als die Post:

- Sie holen die Pakete beim Absender ab (Haus-zu-Haus-Verkehr),
- haben kürzere Zustellzeiten,
- bieten Laufzeitgarantien an,
- sind oft kundenfreundlicher,
- passen sich der betriebsindividuellen Logistikkette an,
- sind häufig kostengünstiger und
- verfügen meist über ein Sendungsflusssystem, mit dem der Weg der Sendung jederzeit verfolgt, umgeleitet oder belegt werden kann und
- haften in größerem Umfang als die Post.

Aufgaben

1 Erläutern Sie, welcher Umstand es ermöglicht hat, dass private Paketdienste zur Post in Konkurrenz treten konnten.

2 Erklären Sie, weshalb die privaten Paketdienste teilweise günstigere Tarife anbieten können als die Post.

3 Geben Sie an, welche Vorteile private Paketdienste für ein Unternehmen haben können.

4 Begründen Sie, weshalb sich gerade Versandhäuser gerne privater Paketdienste bedienen.

5 Beschreiben Sie, welche Probleme sich für die Post AG aus der Konkurrenz mit den privaten Paketdiensten ergeben.

3 Registraturarbeiten sachgerecht durchgeführt

■ **Wichtige Informationen müssen gespeichert werden – auch die gedruckten Informationen. Diskutieren Sie in diesem Zusammenhang den Satz: „OHNE ORDNUNG GEHT ES NICHT!"**

Zettelwirtschaft bleibt
Zwar dominiert im Büro der Zukunft die elektronische Datenverarbeitung. Ablage und Archiv erfordern aber auch künftig – eher wachsende Mengen – an Papier. Auch bei den Disketten rollt die Innovationswelle nur sanft. Das papierlose Büro – Vision von übermorgen.

3.1 Was ist eine Registratur?

Aktenberge gehören zur Bürolandschaft und dies wird sich trotz Elektronik, Telefon und Face-to-face-Kommunikation nicht so schnell ändern. Die Registratur, oft auch als Ablage bezeichnet, ist der Platz oder Raum, wo die Akten aufbewahrt und verwaltet werden.

Die wichtigsten Registraturarbeiten sind
- Schriftstücke einzusortieren (abzulegen),
- Schriftstücke zu entnehmen, um sie weiterbearbeiten zu können,
- die Entnahme zu kontrollieren, damit die Schriftstücke nicht verloren gehen,
- die Schriftstücke, die nicht mehr gebraucht werden, auszuscheiden und
- zu vernichten.

3.2 Wie lange ist Schriftgut aufzubewahren?

Herr Muss hat ein wichtiges Schreiben vernichtet

Frau Müller, die im Stammhaus der Laupheimer Büromöbel AG für das Personalwesen zuständig ist, sucht verzweifelt das Bewerbungsschreiben eines Diplomkaufmanns, der sich vor 3 Wochen vorgestellt hat. Auf Befragen des Auszubildenden Muss, der gerade für die Ablage zuständig ist, wird die Suche beendet. Herr Muss erinnert sich, das Schreiben vernichtet zu haben. Er habe gehört, dass nun doch kein Diplomkaufmann eingestellt werden soll.

- **Suchen Sie nach organisatorischen Möglichkeiten, damit solche Pannen zukünftig nicht mehr vorkommen.**

Aus Gründen der Rechtssicherheit, vor allem aber, um Gläubiger zu schützen, hat der Gesetzgeber Aufbewahrungsfristen für geschäftliche Unterlagen erlassen. Die §§ 257 bis 261 HGB regeln, welche Unterlagen wie lange aufbewahrt werden müssen. Um die Besteuerungsgrundlage überprüfen zu können, werden diese Regelungen ergänzt durch § 147 Abgabenordnung.

Gesetzliche Aufbewahrungsfristen

Handelsrechtliche Aufbewahrungsfristen HGB § 257

10 Jahre	6 Jahre
– Handelsbücher, Inventare, Eröffnungsbilanzen, Jahresabschlüsse, Lageberichte, Konzernabschlüsse, Konzernlagebericht, Buchungsbelege	– empfangene Handelsbriefe – Wiedergabe der abgesandten Handelsbriefe

Die Aufbewahrungsfristen beginnen mit dem Schluss des Kalenderjahres, in dem das Schriftstück entstanden ist bzw. die letzte Eintragung gemacht wurde.

Betriebliche Erfordernisse sprechen dafür, Schriftgut aufzubewahren

Daneben sprechen dringende betriebliche Erfordernisse dafür, Geschäftsunterlagen aufzubewahren:

- Sie enthalten Informationen für die Tagesarbeit (je schneller Kataloge, Preislisten, Kundendaten usw. vorliegen, umso schneller hat der Kunde das gewünschte Angebot und das kann entscheidend sein).
- Sie dienen als Beweismittel, um unberechtigte fremde Ansprüche abzuwehren und eigene Forderungen durchzusetzen.

Die Praxis zeigt, dass die meisten Sachbearbeiter dazu neigen, zu viel abzulegen und zu lange aufzubewahren. Dem kann entgegengewirkt werden, wenn das gesamte Schriftgut nach Wertigkeitsstufen unterteilt wird.

Unnötigen Schriftgutanfall vermeiden, Mehrfachablagen verhindern und unwichtiges Schriftgut von wichtigem zu trennen und auszuscheiden, sind die ersten Grundvoraussetzungen, um die Zugriffszeiten auf Informationen zu verringern sowie Personalaufwand, Raumkosten und Registraturmittel zu sparen. Gefordert sind hier vor allem die verantwortlichen Sachbearbeiter, nicht die Registraturmitarbeiter.

Die Wertigkeit von Schriftgut:
Die Aufbewahrungsfrist hängt davon ab, wie wichtig ein Schriftstück ist

SCHRIFTGUT MIT				
	Tageswert	**Prüfwert**	**Gesetzeswert**	**Dauerwert**
Erklärung	vermittelt nur eine einmalige Information und ist danach wertlos	dient über einen gewissen Zeitraum Bearbeitungs- und Kontrollzwecken	deren Aufbewahrungsfristen vom Gesetzgeber vorgeschrieben sind	das von so großer Bedeutung ist, dass es lange oder gar dauernd aufbewahrt wird
Beispiele	Werbesendungen, bestimmte Rundschreiben, unverlangte Angebote, Einladungen, Zeitungen	aktuelle fremde und eigene Angebote, Bewerbungs- und Marktforschungsunterlagen	Handelsbücher, Bilanzen, Inventare, Buchungsunterlagen, Handelsbriefe	Patentschriften, Gesellschaftsverträge, Lizenzen, Entwicklungen
Aufbewahrungsfrist	keine	unterschiedlich – je nach Bedarf	10 bzw. 6 Jahre siehe auch oben	unbeschränkt
Bearbeitungshinweis	nach Kenntnisnahme unbedingt vernichten	vernichten, wenn der Prüfungsvorgang abgeschlossen ist	was nicht für die Firmenchronik wichtig ist, nach Ablauf der gesetzlichen Fristen vernichten	Gelegentliches Durchsehen, ob wirklich noch alles aufzubewahren ist
Ablage	keine	Arbeitsplatzablage	Arbeitsplatzablage Abteilungsablage nach 1 – 2 Jahren in die Zentralablage	Chefsekretariatsablage oder Archiv

Um sicherzugehen, dass nur wichtiges Schriftgut abgelegt und dieses dann nicht vorzeitig ausgeschieden wird, kann es sinnvoll sein, einen Schriftgut-Katalog anzulegen. Der Schriftgutkatalog enthält lückenlos alle Belegarten und gibt an, wie lange diese jeweils aufzubewahren sind.

Um die Registratur allgemein wirtschaftlicher zu gestalten und um solche Pannen wie mit dem Bewerbungsschreiben zu verhindern, hat Frau Müller auf der letzten Abteilungsleitersitzung vorgeschlagen, einen Schriftgut-Katalog von der Organisationsabteilung erstellen zu lassen.
Der Schriftgut-Katalog liegt jetzt vor.

Schriftgut-Katalog

Art des Schriftgutes	Aufbewahrungsdauer: gesetzlich 10 J	gesetzlich 6 J	gesetzlich keine	betrieblich dauernd	betrieblich Frist	betrieblich Austausch nach Neu-Fassung	betrieblich nicht
Abnahmezeugnisse		x					
Abrechnungen	x						
Abschlüsse mit Kunden		x					
Abschlüsse (zur Bilanz)	x						
Abschreibungen	x						
Abstimmlisten			x				
Abwesenheitsmeldungen			x		1 J		
Änderungsmitteilungen			x			x	
Akkordvorgaben			x			x	
Akkreditivbücher	x						
Aktenvermerke			x			x	
Angebote ohne Auftragsfolge			x				x

Auszug aus dem Schriftgut-Katalog der Laupheimer Büromöbel AG

3.3 Ordnungssysteme – Ordnung ist das halbe Leben

Wo ist denn bloß die Gutschrift der Keifert KG?

Herr Kempfle, bei der Weber OHG zuständig für die allgemeine Verwaltung, bittet Frau Dauner (Organisation/EDV) und Frau Juris (Registratur) zu einem Gespräch. Er berichtet, dass die Arbeit der Registratur in letzter Zeit von mehreren Abteilungen kritisiert worden sei. Folgende Probleme wurden wiederholt genannt:
- Es dauert zu lange, bis angeforderte Unterlagen aus der Zentralregistratur beim zuständigen Sachbearbeiter sind.
- Verschiedentlich wurden Akten überhaupt nicht mehr gefunden.
- Mitarbeiter, die Schriftstücke selbst aus der Zentralregistratur holen wollten, waren hilflos überfordert, weil sie nicht wussten, unter welchem Stichwort diese abgelegt wurden.

- **Welche Gründe könnten für die geschilderten Probleme verantwortlich sein?**
- **Unterbreiten Sie Vorschläge, die geeignet sind, um die Schwachstellen zu beseitigen.**

Eine gut organisierte Schriftgutverwaltung zeichnet sich dadurch aus, dass abgelegte Schriftstücke ohne Rückfragen schnell wiedergefunden werden können. Dies setzt voraus, dass die Schriftstücke vorher nach einem allgemein anerkannten und allen bekannten Ordnungssystem abgelegt worden sind. Die Ablageordnung sollte logisch, einprägsam und flexibel aufgebaut sein.

Inhaltliche Ordnungsgesichtspunkte:
- *Rechnungen*
- *Kunden*
- *Lieferanten*
- *Lieferscheine*

In Unternehmen bietet es sich an, das gesamte Schriftgut entsprechend dem jeweiligen Zweck nach bestimmten **Ordnungsgesichtspunkten** (Namen, Orte, Datum) zu gliedern. Innerhalb dieser Ordnungsgesichtspunkte (z. B. Kundennamen) erfolgt dann eine Feingliederung nach einem geeigneten **Ordnungssystem**. Die wichtigsten Ordnungssysteme sind:

- **Alphabetisch;** abgelegt wird bei diesem System in der Reihenfolge der Ordnungswörter *(Kundenname, Lieferantenname, Belieferungsort)*
- **Numerisch;** es bietet sich an, Schriftstücke mit einer numerischen Ordnung auch nach Ziffern sortiert abzulegen

Neben den fortlaufenden Nummerierungen *(z. B. bei Rechnungsnummern)* werden für einzelne Sachgebiete sprechende Nummerierungen *(Artikelnummer 5372; 5 = Süßwaren, 3 = Schokolade, 7 = Fa. Ritter, 2 = Nuss)* verwendet. Eine besondere Form der sprechenden Nummerierung ist die dekadische Ordnung (= Zehnernummerierung), nach der auch die Aktenpläne gegliedert werden.

Der Aktenplan ist ein organisatorisches Hilfsmittel, das jeden Mitarbeiter dabei unterstützt, Schriftstücke sicher abzulegen und schnell wiederzufinden. Ein Aktenplan ist vor allem dann sinnvoll, wenn umfangreiche, sachbezogene Unterlagen nach Sachgebieten geordnet werden müssen. Er dient dazu, dass
- Doppelablagen ausgeschlossen werden,
- jede Akte unverzüglich eingesehen werden kann,
- jeder Mitarbeiter jederzeit auskunftsbereit ist,
- unnötige Sucharbeit vermieden wird.

Fallbeispiel: Frau Dauner und Frau Juris haben die angesprochenen Probleme untersucht und dabei festgestellt, dass Schriftstücke häufig falsch abgelegt werden und dass Akten zuweilen deswegen nicht mehr gefunden werden, weil sich niemand mehr erinnern kann, unter welchem Stichwort sie abgelegt wurden. Sie entscheiden sich deshalb, zusammen mit einigen Sachbearbeitern aus den einzelnen Hauptabteilungen einen dekadischen Aktenplan zu erstellen. Welche Hauptgruppen sie dabei ausgewählt haben und wie die Hauptgruppen untergliedert wurden, wird hier beispielhaft an den Akten für die Personalbeschaffung gezeigt:

Beispiel für die Gliederung eines Aktenplans mit dekadischer Ordnung:

Hauptgruppe	Gruppe	Untergruppe
0 Geschäftsführung		
1 Anlagen		
2 Finanzen		
3 Personal	30 Arbeitsrecht, Tarife	
4 Einkauf	31 gesetzliche soziale Aufwendungen	
5 Fertigung		
6 Vertrieb	32 freiwillige soziale Aufwendungen	
7 Organisation		
8 Recht	33 Personalbeschaffung	330 Personalanforderungen
9 Privat	34 Personalakten	331 Stellenausschreibungen
	35 Lohn und Gehalt	332 Bewerbungen
	36 Arbeitnehmervertretung	333 Beurteilung Bewerber
	37 Ausbildung	334 Tests
		335 Gutachten
		336 Arbeitsamt
		337 Leiharbeitskräfte

- **Alpha-numerisch;** bei dieser Ablageordnung wird die alphabetische und die numerische Ordnung kombiniert. Diese Form wird häufig auch bei der **mnemotechnischen** Ablage verwendet, bei der mit dem Buchstaben eine gedankliche Verbindung mit der Sache hergestellt wird und die Ziffer der genauen Einordnung dient *(AR 19.9635 = Ausgangsrechnungen + Rechnungsnummer).*
- **Farblich;** als Ordnungsmerkmal dienen farblich gestaltete Ordnungshilfen *(Ausgangsrechnungen grüne Ordner, Eingangsrechnungen rote Ordner).*

3.4 Sicherheitssystem für die Registratur

An den betrieblichen Unterlagen ist nicht nur das Finanzamt interessiert, sie stellen auch für das Unternehmen einen hohen Wert dar. Deshalb müssen sie entsprechend ihrem jeweiligen Wert gesichert werden.

Schutz	Sicherheitsmaßnahmen
vor Zerstörung	Feuerfeste oder wenigstens feuerhemmende Registraturmöbel Blitz- und Brandschutz an Gebäuden
vor dem endgültigen Verlust durch Diebstahl und vor unberechtigtem Zugriff	Abschließbare Registraturmöbel und -räume Spezialverglasungen und Fenstergitter Technische und/oder manuelle Aus- und Eingangskontrollen Zutrittsberechtigungssysteme

Nicht selten kommt es vor, dass Mitarbeiter Akten suchen, diese aber nicht finden, weil sie bereits von einem anderen Sachbearbeiter entnommen wurden. Damit in solchen Fällen nicht lange gesucht werden muss, der Verbleib von Unterlagen kontrolliert und die Rückgabe gesichert werden kann, sollten Schriftstücke grundsätzlich nur gegen Beleg abgegeben werden.

Aufgaben

Die Schneider KG ist ein mittelständischer Industriebetrieb, der vorwiegend Leder-Etuis für Schreibgeräte herstellt. Gleichzeitig mit der EDV-Erweiterung soll bei der Schneider KG auch die Registratur neu organisiert werden. Es ist unter anderem daran gedacht, die Ablageordnung und das Sicherheitssystem neu zu gestalten sowie einen Schriftgutkatalog und einen Aktenplan zu erstellen.

Beispielhaft einige Unterlagen, die bei der Schneider KG anfallen:
Unverlangte und verlangte Angebote, Geschäftsbriefe mit Lieferanten und Kunden, Bilanzen, Buchungsbelege, Aus- und Eingangsrechnungen, Mahnungen, Personalakten, statistische Unterlagen über die Firmenentwicklung, Besuchsankündigungen, noch nicht beglichene Rechnungen, Fertigungspläne, Lizenzunterlagen, Lieferverträge, Lohn- und Gehaltsabrechnungen.

1 Erstellen Sie für die genannten Unterlagen einen Schriftgutkatalog, aus dem die gesetzlichen und die betrieblichen Aufbewahrungsfristen hervorgehen.

2 Fügen Sie dem Katalog zwei Spalten hinzu und geben Sie in diesen an,
a) zu welcher Wertigkeitsstufe das jeweilige Schriftstück gehört,
b) nach welchem Ordnungssystem die Unterlagen sinnvollerweise abgelegt werden sollten.

3 Geben Sie ein Beispiel für eine mnemotechnische Ablageordnung bei gleichzeitiger sprechender Nummerierung.

4 Begründen Sie die Entscheidung, einen Schriftgutkatalog anzulegen.

5 Erklären Sie, weshalb der Gesetzgeber bestimmte Aufbewahrungsfristen vorschreibt.

6 Im Rahmen der Arbeiten am Aktenplan werden Sie damit beauftragt, für die Gruppe 31 „Gesetzliche soziale Aufwendungen" die Untergruppen zu entwerfen.

7 Diskutieren Sie den Sinn von Aktenplänen.

8 a) Entwerfen Sie einen Aktenanforderungsbeleg und eine Aktenfehlkarte.
b) Welchem Zweck dienen diese Belege?

4 Vergleichskriterien zur Beurteilung unterschiedlicher Registratursysteme

Vorherrschende Registraturform ist bis heute bei der Weber OHG die Ordnerregistratur.
Der geplante Verwaltungsneubau ist eine sehr willkommene Gelegenheit, über Alternativen nachzudenken.

- **Welche anderen Registraturformen gibt es außer der Ordnerregistratur in Ihrem Ausbildungsbetrieb?**
- **Beschreiben Sie Ihre Erfahrungen.**

Die Ordnerregistratur als vorherrschende Registraturform

4.1 Vorüberlegungen: Standort – Ablageart – Aktenführung

Sollen neue Registratursysteme eingeführt und neue Registraturmöbel angeschafft werden, dann ist sinnvollerweise zunächst danach zu fragen,
- an welchem Ort die Akten untergebracht werden sollen (Registraturstandort),
- ob Einzel- oder Sammelakten aufzubewahren sind (Aktenführung) und
- welche Ablageart (lose oder geheftet) geeignet ist.

Je nach dem, wie häufig auf Unterlagen zurückgegriffen werden muss und wie viel Mitarbeiter mit der Akte arbeiten, sind unterschiedliche Registraturstandorte denkbar.

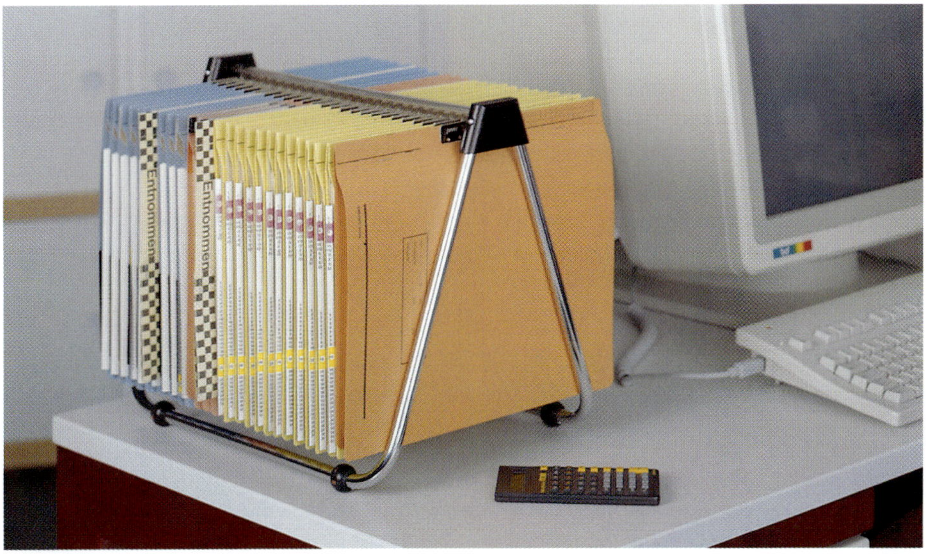

Registraturstandorte (Arbeitsplatz)

Zentralablage

Registraturstandort	Geeignet für
Arbeitsplatzablage: Die Unterlagen sind im oder direkt am Schreibtisch untergebracht.	– Schriftgut, das zurzeit bearbeitet wird – Schriftgut, das nur von einem Mitarbeiter benötigt wird
Abteilungsablage: Die Unterlagen werden innerhalb einer Abteilung aufbewahrt.	– Schriftgut, das gleichermaßen von allen Mitarbeitern einer Abteilung benötigt wird
Zentralablage: Die Unterlagen werden so aufbewahrt, dass sie gleichermaßen von allen Abteilungen erreichbar sind.	– Schriftgut, auf das von allen Abteilungen zugegriffen wird – Schriftgut in großen Mengen

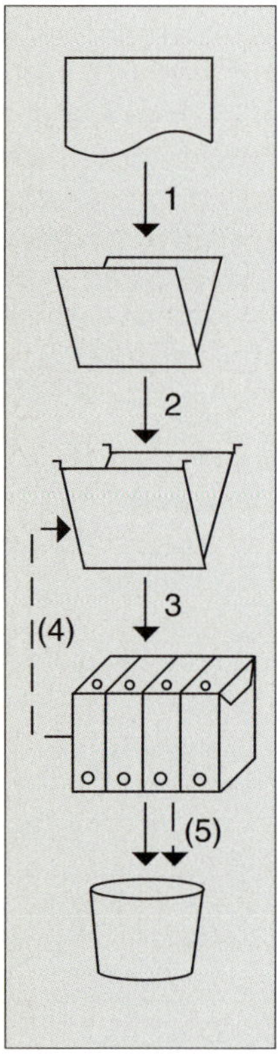

Da die Mitarbeiter bei der Arbeitsplatzablage im Sitzen auf die Arbeitsunterlagen zugreifen können, sind die für einen Vorgang notwendigen Informationen sehr schnell verfügbar. Die Arbeitsplatzablage ist sehr übersichtlich, weil sie nur die „lebende" Ablage aufnimmt, was aber andererseits dazu führt, dass sie nur begrenzt aufnahmefähig ist. Ältere Unterlagen oder Akten, auf die nur noch selten zugegriffen werden muss, gehören in die **Altablage**. Diese kann mit der Zentralablage identisch sein, aber auch an einem anderen Ort untergebracht werden. Da auf die Schriftstücke nur noch selten zugegriffen wird, ist die Altablage so raumsparend und kostengünstig wie möglich einzurichten. Häufig wird die Altablage mit dem Archiv verwechselt. Im Gegensatz zur Altablage nimmt das **Archiv** nur Schriftgut auf, das für das Unternehmen besonders wichtig ist.

Das betriebliche Schriftgut kann als Einzel- oder Sammelakte geführt werden. **Einzelakten** nehmen einen ganzen Vorgang mit dem gesamten dazugehörigen Schriftgut auf (Personalakten, Mietverträge, Tarifverträge). Bei **Sammelakten** werden viele verschiedene Vorgänge, die nur mittelbar zusammenhängen, in einem Schriftgutbehälter aufbewahrt (Lieferscheine, Rechnungskopien, Versandpapiere).

Ob geschäftliche Unterlagen lose oder geheftet abgelegt werden sollten, hängt davon ab, um welche Art von Schriftgut es sich handelt und mit welchem Ziel die Schriftstücke abgelegt werden. Grundsätzlich eignet sich die Loseblatt-Ablage, wenn

- schnell abgelegt werden soll (kein Lochen und Einheften),
- der Wiederzugriff auf die Unterlagen gering ist (ansonsten entstehen lange Suchzeiten),
- die Akten nicht zu stark sind,
- die gesamte Akte nur selten umläuft (Verlustgefahr).

Bei allen Unterlagen, bei denen es darauf ankommt, dass sie sicher aufbewahrt und schnell wieder gefunden werden (Kunden- und Lieferantenunterlagen, Krankenkassenakten) sollte die **geheftete Ablage** verwendet werden, auch wenn diese zeitaufwendiger ist.

4.2 Welche Registraturformen gibt es?

Die liegende Registratur

Bei der liegenden Registratur wird das Schriftgut in Schränken oder Regalen übereinander gestapelt aufbewahrt. Als Schriftgutbehälter eignen sich Schnellhefter, Aktendeckel, Jurismappen oder einfach verschnürte Bündel.

Sieht man einmal von den geringen Kosten für die Schriftgutbehälter ab, ist diese Registratur wenig vorteilhaft. So müssen ganze Aktenstapel bewegt werden, wenn eine Akte eingefügt oder entnommen werden soll, es ist viel Platz zu reservieren, wenn der Schriftgutanfall unregelmäßig ist. Diese Registraturform ist außerdem sehr unübersichtlich. Aus den genannten Gründen ist die liegende Registratur für die lebende Ablage nicht zu empfehlen.

Die stehende Registratur

Die Schriftstücke werden bei dieser Registraturform nebeneinander in Schriftgutbehältern aufbewahrt.

Die Ordner-Registratur

Die Ordner-Registratur wird häufig auch als **bibliothekarische Registratur** bezeichnet. Sie ist dadurch gekennzeichnet, dass die als Schriftgutbehälter verwendeten Ordner wie Bücher in einer Bibliothek nebeneinander stehen.

Vorteile:
- übersichtlich durch die breiten und gut beschriftbaren Ordnerrücken,
- schneller Zugriff auf das Schriftgut durch die einfache Ordner-Mechanik,
- sehr sicher, weil geheftet und
- preisgünstig.

Nachteile:
- zeitaufwendig beim Ablegen, weil die Schriftstücke gelocht werden müssen,
- beim Entnehmen einzelner Schriftstücke müssen meist auch andere bereits abgelegte Schriftstücke bewegt werden,
- unflexibel, weil bei unregelmäßigem Aktenanfall Platz frei gelassen werden muss.

Die Ordnerregistratur eignet sich besonders für alle Sammelakten (z. B. Rechnungskopien, Lieferscheinkopien usw.). Wird eine neue Ordner-Registratur eingerichtet, sollte vorher ermittelt werden, wie viele Ordner benötigt werden.

Gute Raumausnutzung

Wenn das gesamte Füllvermögen ausgenutzt wird, bietet der Schlitz-Ordner eine ausgezeichnete Raumausnutzung – das Verhältnis von „Nutzraum" zu „Totraum" ist ungefähr 80 : 20 (s. Zeichnung). Selbst wenn bei nicht ganz gefüllten Ordnern nur 70 % erreicht werden, ist das im Vergleich zu anderen Registratur-Arten ein guter Wert.

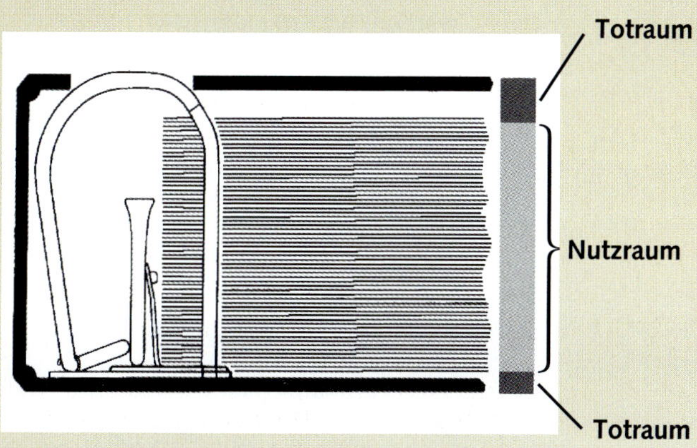

Fallbeispiel: Frau Juris hat einmal berechnet, wie viele Ordner sie pro Jahrgang benötigt. Sie kam bei 300 Blatt Schriftgut, das täglich in Ordnern abgelegt werden soll, auf 125 Ordner/Jahrgang. Ein Ordner fasst ca. 600 Blatt, es wird an 5 Tagen/Woche und an insgesamt 50 Wochen/Jahr gearbeitet.
Ihre Rechnung sah wie folgt aus:

$$\text{Ordner pro Jahrgang} = \frac{300 \times 5 \times 50}{600} = 125 \text{ Ordner}$$

Der Ordnerbedarf lässt sich einfach, aber treffsicher anhand einer Faustregel ermitteln:

$$\textbf{Benötigte Ordner pro Jahr} = \frac{\textbf{abzulegende Schriftstücke pro Woche}}{\textbf{12}}$$

Die Stehsammlerregistratur

Bei der Stehsammlerregistratur wird das Schriftgut nebeneinander (lateral) in Kassetten aus Plastik oder Pappe (Stehsammlern) aufbewahrt. Die Stehsammler gibt es in Quer- oder Hochformat. Die Schriftstücke werden lose in Einstellmappen oder geheftet in Einstellheftern in die Kassetten gestellt. Die Stehsammler können durch angebrachte Schilder beschriftet werden.

Gute Übersicht: *Bei entsprechend gestalteten Sammlern erlauben große Beschriftungsschilder eine klare Beschriftung*

Vorteile:
- gute Übersicht über den Inhalt,
- schneller Zugriff auf die einzelnen Schriftstücke, besonders bei Loser-Blatt-Ablage,
- gute Raumausnutzung, da zur Bearbeitung keine Auszüge notwendig sind und 7 – 8 Reihen übereinander bestückt werden können.

Nachteile:
- die Beschriftung einzelner Akten ist von vorne nicht einsehbar,
- bei unregelmäßigem Schriftgutanfall müssen Dehnungslücken eingeplant werden, was zu einer schlechten Kassettenausnutzung führen kann.

Die Stehsammlerregistratur ist für alle Sammelakten geeignet. Besonders vorteilhaft ist sie jedoch für nicht allzu umfangreiche vorgangsbezogene Einzelakten (z. B. Auftragsakten oder Unfallakten).

Die hängenden Registraturen

Die vertikale Hängeregistratur

Bei der **vertikalen Hängeregistratur** werden die Schriftgutbehälter **hintereinander** in Auszüge oder Rahmen gehängt. Als Schriftgutbehälter eignen sich Hängemappen, Hängetaschen und Hängesammler. Sie sind mit Schienen ausgestattet, die seitlich überstehen und links und rechts eine „Einhängenase" haben.

Vorteile:
- Gute Übersicht, da bei ausgefahrenem Hängezug alle Mappen, Hefter und Sammler mit einem Blick übersehen werden können.
- Gute Anpassung bei mengenmäßig unterschiedlichem Schriftgutanfall.
- Schriftgut kann bequem eingefügt und entnommen werden.
- Schnellste Lose-Blatt-Ablage, weil die ungehefteten Schriftstücke einfach von oben eingesteckt werden können, ohne auch nur einen Schriftgutbehälter entnehmen zu müssen.
- Beste Registraturform für die Arbeitsplatzablage (gute Draufsicht, flexibel, minimale Zugriffszeit).

Nachteile:
- Da die Akten bei der vertikalen Hängeregistratur von oben bearbeitet werden, können maximal 4 Reihen Schriftgut übereinander gehängt werden. Hinzu kommt, dass ein genügend großer Auszugsraum berücksichtigt werden muss, was grundsätzlich einen größeren Raumbedarf notwendig macht.
- Die Beschaffungskosten für die Registraturmöbel und die Registraturbehälter sind verhältnismäßig hoch.

Die vertikale Hängeregistratur bietet sich vor allem dort an, wo Akten ungeheftet abgelegt werden. Sie ist, sicher wegen der genannten Vorteile, die häufigste Registraturform bei der Arbeitsplatzablage.

Die laterale Hängeregistratur

Die **laterale Hängeregistratur** ist dadurch gekennzeichnet, dass die Schriftgutbehälter **seitlich nebeneinander** (lateral) in Schienen eingehängt werden. Die Schriftgutbehälter sind zu diesem Zweck an ihrer Breitseite mit Beschlägen ausgestattet, deren Profil genau dem der Schiene im Regal bzw. Schrank entspricht. Die laterale Hängeregistratur wird deshalb häufig auch **Pendelregistratur** genannt.

Vorteile:
- Da bei der Pendelregistratur keine Auszüge notwendig sind, kann die Stellfläche besser ausgenutzt werden als bei der vertikalen Registraturform. Weil die Akten nicht in Draufsicht bearbeitet werden, lassen sich 7 – 8 Aktenreihen übereinander hängen.
- Sie ist sehr flexibel, weil sich die Schriftgutbehälter bequem verschieben lassen.
- Die Anschaffungskosten der Registraturmöbel sind besonders preiswert.

Die Raumausnutzung ist bei dieser Registraturform aus den genannten Gründen besonders gut.

Nachteile:
- Um Schriftstücke bearbeiten zu können, muss der gesamte Schriftgutbehälter aus dem Regal geholt und später wieder zurückgehängt werden. Die Zugriffszeit auf die gewünschten Informationen wird dadurch verlängert.
- Erschwert ist der Zugriff auf die Akten aber auch deshalb, weil die laterale Hängeregistratur nur den Blick auf die Schmalseite der Registraturbehälter zulässt. Der Zugriff hängt hier wesentlich von der Art der Beschriftung ab.

Die laterale Hängeregistratur eignet sich für alle Einzelakten in großen Mengen, die in der Abteilungsablage untergebracht sind.

4.3 Welche Ablageform ist die beste?

Frau Dauner und Frau Juris sind gerade von einer Bürofachmesse zurückgekehrt. Diese haben sie hauptsächlich besucht, um sich über die verschiedenen Registraturformen zu informieren. Auf die Frage nach der besten Registraturform wollte jedoch keiner der angesprochenen Aussteller konkret antworten. Statt dessen haben sie eine fast unüberschaubare Menge Unterlagen, Kataloge und Prospekte mitbekommen, die es jetzt zu prüfen gilt.

- **Weshalb lässt sich die Frage nach der besten Registraturform nicht pauschal beantworten?**
- **Erstellen Sie eine Liste mit Kriterien, die geprüft werden müssen, um die für das Unternehmen günstigste Registraturform herausfinden zu können.**

Um es gleich vorwegzunehmen, „die" beste Registraturform kann es nicht geben. Zu verschieden ist das abzulegende Schriftgut, die Zugriffshäufigkeit, der Transportweg, die Benutzeranzahl, das verfügbare Raumangebot usw. Welche Registraturform die günstigste ist, muss in jedem Fall neu herausgefunden werden. Ein sehr wichtiges Kriterium sind dabei sicherlich die Kosten, wenn auch davor gewarnt werden muss, zu glauben, dass die kostengünstigste Ablage auch immer die beste ist. Die Kosten lassen sich gliedern in

- **Einrichtungskosten** *(Schränke, Regale, Ordner, Mappen, Register usw.)*,
- **Raumkosten** *(kalkulatorische oder tatsächlich gezahlte Miete, Heizung, Strom, Reinigung usw.)*,
- **Personalkosten** *(Sortieren, Transportieren, Suchen, Ablegen)*.

Wenn nachfolgend die Kosten der unterschiedlichen Registraturformen verglichen werden, dann muss ausdrücklich darauf hingewiesen werden, dass die Angaben nur Annäherungs- bzw. Durchschnittswerte darstellen. Ein exakter Kostenvergleich ist kaum möglich *(Die Schriftstücke können von einem Auszubildenden mit 400,00 EUR Ausbildungsvergütung oder von einem Registratursachbearbeiter mit 1.600,00 EUR Monatsgehalt abgelegt werden; Registraturschränke gibt es für 55,00 EUR oder für 225,00 EUR, und das Heizöl kann heute 0,20 EUR/l und morgen 0,50 EUR/l kosten)*.

Vergleich unterschiedlicher Registraturformen:

	Ordnerregistratur	Stehsammler-registratur	Hängeregistratur vertikal, lose	Hängeregistratur lateral, geheftet
Fassungsvermögen je 1 m Wandfläche	6 m	7 m	4,4 m	7 m
Fassungsvermögen je m^2 Stellfläche ohne Gänge (netto)	20 m	17,5 m	9,2 m	17,5 m
Fassungsvermögen in Blättern je m^2 Stellfläche (netto)	144 000	126 000	65 000	105 000
Fassungsvermögen in Blättern je m^2 Stellfläche + Gänge (brutto)	61 800	63 000	32 500	52 500
Ablageleistung pro Mitarbeiter in Blatt/Std.	45	55	70	37

Verteilung der Kosten für 1 000 Blatt Ablage:

	Ordnerregistratur		Stehsammler-registratur		Hängeregistratur vertikal, lose		Hängeregistratur lateral, geheftet	
	EUR	%	EUR	%	EUR	%	EUR	%
Einrichtungskosten	6,00	2,4	8,00	3,8	16,00	8,9	7,00	2,3
Raumkosten	2,00	0,8	2,00	1,0	4,00	2,1	2,00	0,6
Personalkosten	243,00	96,8	200,00	95,2	160,00	88,9	300,00	97,1
Gesamtkosten	251,00		210,00		180,00		309,00	

Fallbeispiel: Frau Dauner und Frau Juris haben ausgerechnet, was die unterschiedlichen Registraturformen jährlich bei einer täglichen Ablagemenge von 300 Schriftstücken kosten. Die Kosten haben sie in einer Tabelle gegenübergestellt.

Kosten bei 300 Blatt Ablage täglich (240 Arbeitstage jährlich)	Ordnerregistratur	Stehsammler-registratur	Hängeregistratur vertikal, lose	Hängeregistratur lateral, geheftet
Einrichtungskosten in EUR Raumkosten in EUR Personalkosten in EUR	432,00 144,00 17.496,00	576,00 144,00 14.400,00	1.152,00 288,00 11.520,00	504,00 144,00 21.600,00
Gesamtkosten	18.072,00	15.120,00	12.960,00	22.248,00

Aufgaben

1 Die Klingler KG möchte sich neue Registraturmöbel zulegen.
a) Geben Sie Tips zu den Vorüberlegungen.
b) Welche Ablagestandorte bieten sich an?
c) Erläutern Sie, welcher Standort für welche Schriftgutart geeignet ist.

2 Unterscheiden Sie zwischen Altablage und Archiv.

3 Beschreiben Sie jeweils die Vorzüge der Lose-Blatt-Ablage und der gehefteten Ablage.

4 Bei der Klingler KG wurde bis jetzt die Ordnerregistratur bevorzugt.
a) Welche Vor- und Nachteile bietet diese Registraturform?
b) Es fallen bei der Klingler KG täglich etwa 480 Blatt Schriftgut an, das abzulegen ist. Es wird an 5 Tagen in der Woche und 50 Wochen im Jahr gearbeitet. Berechnen Sie den jährlichen Ordnerbedarf.

5 Die Klingler KG interessiert sich für die hängenden Registraturformen. Führen Sie ein Beratungsgespräch durch, in dem Sie die einzelnen Formen mit ihren jeweiligen Vor- und Nachteilen beschreiben.

6 Beurteilen Sie die verschiedenen Registraturformen hinsichtlich der Personal-, Raum- und Einrichtungskosten.

7 Begründen Sie, weshalb ein Pauschalurteil über die beste Ablageform nicht möglich ist.

5 Alternative Registraturformen

5.1 Der Mikrofilm als Informationsspeicher

Die Laupheimer Büromöbelfabrik möchte das Schriftgut verfilmen

Die Laupheimer Büromöbel AG hat vor einem Jahr den gesamten Zeichnungsbestand mikroverfilmen lassen, weil der Platzbedarf für die vielen technischen Zeichnungen zu groß wurde. Da sich dieses Verfahren gut bewährt hat, soll nun auch das Schriftgut nach und nach verfilmt werden.

„Früher" „Heute"

■ **Welche Vorteile bietet die Mikroverfilmung des Schriftguts außer dem Raumvorteil?**

Mit der Mikroverfilmung wurde eine Alternative zur üblichen Papierablage entwickelt. Bei der Mikroverfilmung werden die Informationen in stark verkleinertem Maßstab auf 16, 35, oder 105 mm breiten Mikrofilmen abgebildet.

Besonders vorteilhaft gegenüber der Papierablage ist die Mikroverfilmung, weil
- die Raumeinsparung (bis zu 98 %) besonders groß ist,
- die Zugriffszeiten auf Informationen erheblich reduziert sind,
- die Informationen schnell vorliegen und
- die Gefahr des Verlustes geringer ist.

Gesetzliche Grundlagen

Da bei der Mikroverfilmung die Originale in der Regel vernichtet werden, musste der Gesetzgeber zuerst eine **gesetzliche Grundlage für die Mikroverfilmung** schaffen. Dies hat er in der Abgabenordnung und im Handelsgesetzbuch getan. In § 257 HGB heißt es beispielsweise unter anderem:

HGB § 257

Mit Ausnahme der Eröffnungsbilanz, Jahresabschlüsse und der Konzernabschlüsse können Geschäftsunterlagen auch als Wiedergabe auf einem Bildträger oder auf anderen Datenträgern aufbewahrt werden, wenn sichergestellt ist, dass die Wiedergabe oder die Daten

1. mit den empfangenen Handelsbriefen und den Buchungsbelegen bildlich und mit den anderen Unterlagen inhaltlich übereinstimmen, wenn sie lesbar gemacht werden,
2. während der Aufbewahrungsfrist verfügbar sind und jederzeit innerhalb angemessener Frist lesbar gemacht werden können.

Das Unternehmen, das die Unterlagen verfilmt hat, ist verpflichtet, die Kosten zu übernehmen, um die Unterlagen wieder lesbar zu machen (HGB § 261). *HGB § 261*

Aufbewahrungsformen des verfilmten Schriftguts

Die verfilmten Zeichnungen oder das verfilmte Schriftgut kann auf verschiedene Weise aufbewahrt werden:

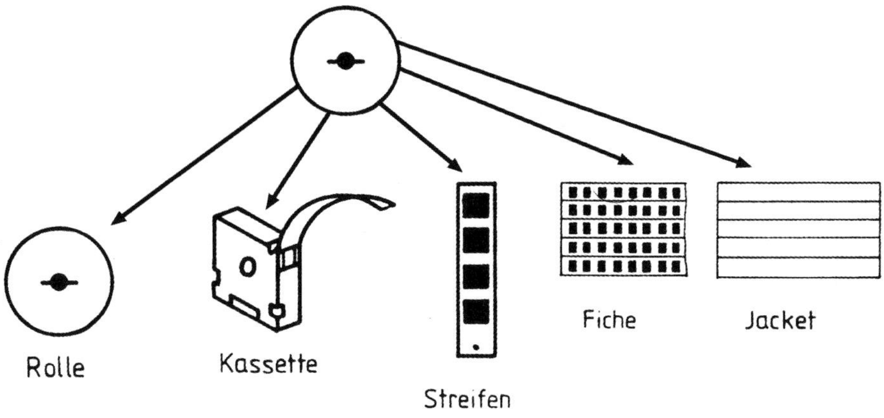

a) **Der Rollfilm**
Der entwickelte Rollfilm wird unzerschnitten auf Filmspulen in Kassetten oder Magazinen aufbewahrt.

b) **Das Jacket (Mikrofilmtasche)**
Der entwickelte Rollfilm wird bei dieser Aufbewahrungsform in Filmstreifen oder Einzelbilder zerschnitten und in die Jackets geschoben. Ein Jacket ist eine transparente Filmtasche, die in Filmkanäle eingeteilt ist. Das Titelfeld ist beschriftbar. Das Jacket hat den Vorteil, dass die Filmstreifen leicht entnommen, neu geordnet, ergänzt oder korrigiert werden können.

c) **Der Mikroplanfilm (Mikrofiche)**
Das Mikrofiche ist ein 105 x 148 mm (DIN A6) großer Mikroplanfilm, auf dem die Informationen dargestellt sind. Wie viel DIN-A4-Vorlagen auf einem Planfilm dargestellt werden können, hängt vom Verkleinerungsfaktor ab (1 : 24 entspricht beispielsweise 98 A4-Seiten).

d) **Die Filmlochkarte**
In der industriellen Fertigung werden heute vereinzelt noch Filmlochkarten verwendet. Dabei werden normale DV-Lochkarten mit einem Fenster versehen, in das dann ein 35-mm-Filmabschnitt eingeklebt wird. Diese Form wird hauptsächlich verwendet, um technische Zeichnungen zu verfilmen.

Wie wird der Mikrofilm eingesetzt?

Je nachdem, wie häufig auf ein verfilmtes Dokument zurückgegriffen werden muss und wie wichtig das verfilmte Schriftstück ist, werden Mikrofilme unterschiedlich eingesetzt:

- Für das „lebende" Schriftgut werden **Arbeitsfilme** verwendet. Als Arbeitsfilm sind häufig Jackets im Einsatz. Diese können beliebig ergänzt werden und eignen sich deshalb besonders für die noch nicht abgeschlossenen Vorgänge. Haben die Mit- *Arbeitsfilm* arbeiter den Arbeitsfilm in einer Arbeitsplatz-Mikrofilmdatei, können sie schnell auf alle Informationen eines Vorgangs zurückgreifen.

Ersatzfilm

- „Totes" Schriftgut wird, um Platz zu sparen, verfilmt und danach vernichtet. Der Mikrofilm, der die Originaldokumente ersetzt, heißt **Ersatzfilm**.

Sicherheitsfilm

- Um wichtige Unterlagen vor Verlust oder Vernichtung zu schützen, werden **Sicherheitsfilme** von diesen Unterlagen erstellt. Im Gegensatz zur Ersatzverfilmung wird hier beides aufbewahrt, Original und Sicherheitsfilm. Die Aufbewahrung erfolgt meist getrennt. Geht das Original verloren oder wird es zerstört, kann auf den Sicherheitsfilm zurückgegriffen werden.

Aufnahme-Methoden

Simplex-Aufnahmemethode

- Die **Simplex-Aufnahmemethode:** Die ganze Filmbreite wird auf einmal belichtet. Aufnahmefähigkeit pro Rollfilm bis ca. 3 000 DIN-A4-Seiten.

Duplex-Aufnahmemethode

- Die **Duplex-Aufnahmemethode:** Vorder- und Rückseite des Blattes werden gleichzeitig verfilmt und auf dem Film in Filmlaufrichtung übereinander dargestellt. Aufnahmekapazität bei 40- bis 50facher Verkleinerung: 10 000 – 12 000 DIN-A4-Seiten.

Duo-Aufnahmemethode

- Die **Duo-Aufnahmemethode:** Zuerst wird die untere Filmhälfte belichtet, dann der Film umgedreht und danach die obere Hälfte belichtet. Aufnahmekapazität bei 40- bis 50-facher Verkleinerung: 10 000 – 12 000 DIN-A4-Seiten.

Retrievalsysteme – ein neues Modewort

Retrieval
= Wiederfinden

Der Trend geht heute vom Dokumenten-Retrieval zum Informations-Retrieval – vom Wiederfinden von Dokumenten zum Suchen und Auffinden einzelner Informationen auf dem Dokument

Das Problem, archivierte Dokumente wiederzufinden, ist so alt wie die Archivierung selbst. Das gilt auch oder besonders für die Mikroverfilmung. So wundert es nicht, dass viele Hersteller von Mikrofilmgeräten Lösungen dafür anbieten. Retrieval ist zu einem Modethema geworden. Unter Informations-Retrieval ist das Wiederfinden von einzelnen Informationen aus einer großen Menge zu verstehen. Das Wiederfinden einzelner Informationen erfolgt heute auch bei der Mikroverfilmung in Kooperation mit dem Computer.

Mit **CAR-Systemen** (Computer Assisted Retrieval), bei denen die Fundstellen im Gleichlauf mit den Filmaufzeichnungen im Computer gespeichert und über Mikrofilmterminals sichtbar gemacht werden können, konnten die Zugriffszeiten erheblich beschleunigt werden. Gibt der Sachbearbeiter die Ordnungsnummer des gewünschten Filmdokuments ein (z. B. die Kundennummer, die Rechnungsnummer, das Datum oder den Artikel), zeigt der Computer auf dem Mikrofilmterminal die Fundstelle. Auf das gesuchte Filmdokument kann nach Einlegen der zutreffenden Filmkassette in das Retrievalgerät sofort zugegriffen werden.

Autoloader
= Selbstlader

Dem Nachteil, der dadurch entsteht, dass die gewünschte Filmkassette aus dem Zentralarchiv geholt, eingelegt und wieder zurückgebracht werden muss, wird heute mit **„Informations-Management-Systemen"** begegnet. Bei diesen, in der Bundesrepublik zuerst von Kodak entwickelten Systemen (KIMS), können bis zu 240 Mikrofilmkassetten (etwa 1,6 bis 2 Millionen DIN-A4-Seiten) in einem Autoloader zusammengefasst werden. Nach Eingabe der Filmadresse, die vom CAR abgefragt wird, sucht der **Autoloader** die entsprechende Filmkassette und die gewünschte Aufnahme automatisch heraus. Das Mikrofilmbild wird anschließend mit einem Scanner digitalisiert und kann dadurch über ein lokales Netz auf ein Terminal direkt am Arbeitsplatz übertragen werden.

Welche Geräte sind beim Mikrofilm notwendig?

Soll das Schriftgut im Unternehmen selbst aufgenommen, entwickelt, jacketiert, gelesen und wieder rückvergrößert werden, sind verschiedene technische Geräte notwendig.

a) **Aufnahmekameras**
   - Bei der **Schrittkamera** werden die Vorlagen auf den Tisch gelegt und verfilmt. Das Schriftgut befindet sich im Augenblick der Aufnahme „in Ruhe".
   - Massenschriftgut (z. B. Lieferscheine, Rechnungen) wird mit Durchlaufkameras verfilmt. Die Einzelvorlagen werden dabei mit einem Transportsystem an einer Aufnahmeebene vorbeigeführt und auf einen synchron mitlaufenden Planfilm belichtet.
   - Beim **COM-Verfahren** werden COM-Mikrofilmer verwendet, die nach dem Prinzip der Schrittschaltkamera arbeiten.

COM
= *Computer Output on Microfilm*

b) **Entwicklungsgeräte,**
   um die Filme zu entwickeln.

c) **Jacketiergeräte,**
   die die Rollfilme zerschneiden und die Filmstreifen in die Jackets schieben.

d) **Lesegeräte,**
   die die Mikrobilder vergrößern und über einen Bildschirm lesbar machen.

e) **Rückvergrößerungsgeräte,**
   mit denen aus Mikrobildern wieder Papierkopien in Originalgröße hergestellt werden können.

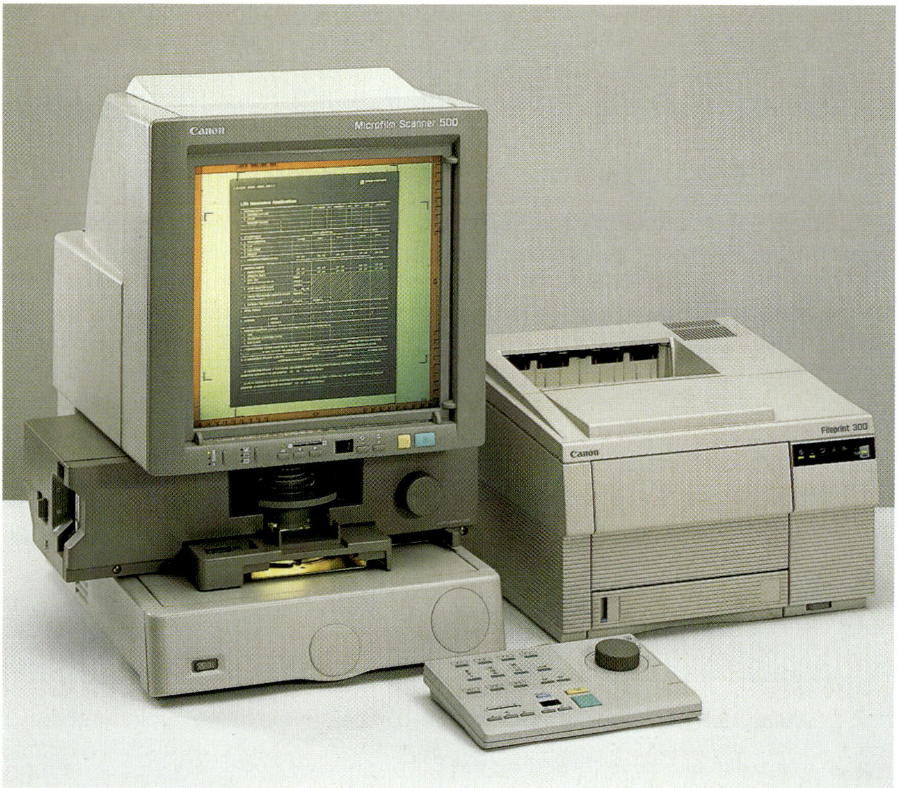

Mikrofilm-Lesegerät

5.2 CD-ROM und optische Speicherplatten als Dokumentenspeicher

Die CD-ROM (Compact Disk – Read Only Memory) hat sich als Speichermedium in allen Bereichen der Computeranwendung heute durchgesetzt. So wird Software in der ganzen Breite der Palette heute fast ausschließlich nur noch als CD-ROM ausgeliefert.

Die CD-ROM hat einen Durchmesser von 120 mm und eine Speicherkapazität von ca. 700 Megabytes (MB), das sind etwa 230 000 DIN-A4-Seiten. Die Informationen werden mit einem Laserstrahl eingebrannt. Während das Beschreiben der Scheiben noch vor wenigen Jahren nur von den Herstellern der CDs oder speziellen Dienstleistern vorgenommen werden konnte, lassen sich heute mit wenig Geld einfache Personalcomputer mit CD-Brennern ausstatten. Die Datenübertragungsrate beträgt beim Lesen je nach Ausstattung zwischen ca. 3 und 6 MB/s, beim Schreiben beträgt die Datenübertragungsrate ca. 600 Kbytes/s. Mit der Möglichkeit, dass die CD nicht nur gelesen, sondern mit einfachen Mitteln auch beschreibbar (CD-R), ja sogar mehrmals beschreibbar ist und die Informationen auch wieder gelöscht werden können (CD-RW), ist die CD auch zu einem interessanten Speichermedium für Akten, Dokumente, Zeichnungen und andere Informationen, die im Büro anfallen, geworden.

Zwei Speicherarten sind dabei denkbar:

a) Die Schriftstücke werden per Scanner von der Festplatte übertragen und dann auf die CD gebrannt.

b) Die direkt am Computer erfassten und auf der Festplatte gespeicherten Informationen brauchen nicht mehr ausgedruckt zu werden, sondern werden zu Archivierungszwecken auf die CD-ROM übertragen. Dies ist vor allem vor dem Hintergrund zu sehen, dass immer mehr Informationen per Internet und E-Mail direkt von Computer zu Computer übertragen, technische Zeichnungen fast ausschließlich nur noch per Computer (CAD) erstellt werden und die Buchführung heute überwiegend elektronisch erfolgt.

Die optischen Speicherplatten werden häufig mit DOR abgekürzt (= Digital Optical Recording)

Die **optische Speicherplatte** ist ausdrücklich konzipiert worden, um die Archivierungsprobleme der Wirtschaft zu lösen. Bei diesem Verfahren wird wie bei der CD-ROM der Laserstrahl für die Aufzeichnung und die Wiedergabe der Informationen eingesetzt. Im Gegensatz zur CD-ROM werden bei diesem Verfahren die Informationen von einem **Scanner** abgetastet, digitalisiert und direkt in die Speicherplatte eingebrannt. Die gespeicherten Schriftstücke können dann über Bildschirme dargestellt oder über Drucker ausgegeben werden. Da die Erstellung einer Masterplatte entfällt, können die Informationen direkt im Büro eingegeben werden. Die optische Speicherplatte hat eine Kapazität von etwa 40 000 DIN-A4-Seiten, wenn Originale übernommen werden sollen, bei der Übernahme von alpha-numerischen Daten können bis zu 500 000 DIN-A4-Seiten gespeichert werden.

Aufgaben

1 Sie schlagen in Ihrem Unternehmen vor, das gesamte Schriftgut zu verfilmen. Ihr Chef fragt: „Und was soll das bringen?"
Begründen Sie Ihren Vorschlag.

2 Welche Bedingungen knüpft der Gesetzgeber an die Mikroverfilmung?

3 Beurteilen Sie die Archivierung des Schriftguts auf Rollfilmen.

4 Unterscheiden Sie zwischen Mikrofilmjacket und Mikrofiche.

5 Beschreiben Sie die Verwendung von Arbeits-, Ersatz- und Sicherheitsfilmen.

6 Unterscheiden Sie die verschiedenen Aufnahmemethoden.

7 Nennen Sie Geräte, die notwendig sind, wenn ein Unternehmen auf Mikroverfilmung umsteigt und beschreiben Sie deren Funktion.

8 Erläutern Sie, was unter dem Modewort „Informations-Retrieval" zu verstehen ist.

9 Beschreiben Sie das CAR-System, nennen Sie den wesentlichen Nachteil dieses Systems und erklären Sie, wie das Problem gelöst werden kann.

10 Erklären Sie die Funktionsweise der CD-ROM und der optischen Speicherplatte.

6 Mit Karteien und Dateien arbeiten

6.1 Die Kartei als Informationsspeicher

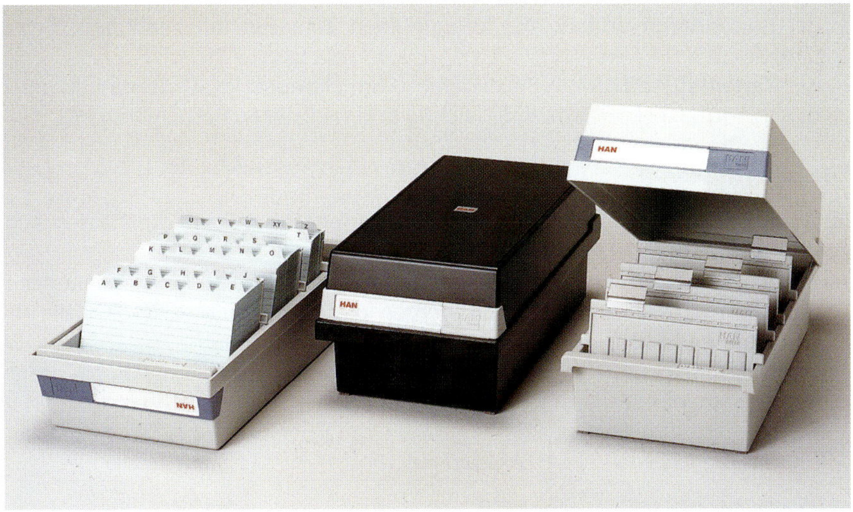

Karteikarten am Arbeitsplatz

Bei der Weber OHG soll zukünftig die Lieferantenkartei vollständig abgeschafft und auf EDV umgestellt werden. Die bis heute verwendete Mischform, bei der die Lieferanten für bestimmte Artikelgruppen noch manuell auf Karteikarten geführt werden, hat sich als nicht praktikabel erwiesen.

- **Sammeln Sie alle wichtigen Informationen, die eine Lieferantenkartei enthalten sollte.**
- **Gestalten Sie eine Ausgabemaske für den Bildschirm, die diese Informationen enthält.**

Wozu dient die Karteikarte?

Die Kartei ist eine Sammlung einzelner Karten, die je nach Zweck mit einem standardisierten Aufdruck versehen sind. Sie dient der **Informationsspeicherung**, ist **Arbeitsmittel** und kann als **Beweismittel** herangezogen werden. Je nach dem, welche Art von Daten gespeichert werden, wird unterschieden zwischen

Unterschiedliche Karteien

- **Sachkarteien** (Lagerkartei, Artikelkartei, Anlagenkartei),
- **Personenkarteien** (Kundenkartei, Lieferantenkartei, Personalkartei),
- **Terminkarteien** (Lieferterminkartei, Zahlungsterminkartei).

Aus welchen Bestandteilen besteht eine Kartei?

Woraus eine Kartei besteht

Eine Kartei besteht aus **Karteimöbeln** (Karteikästen aus verschiedenen Materialien), **Ordnungs- und Signalisierungsmerkmalen** (Tabs, Kerben, Reiter) und den Karteikarten. Es lassen sich grundsätzlich zwei Kartenarten unterscheiden:

Karteiarten

- Die **Leitkarten** gliedern die Kartei in übersichtliche Gruppen. Sie sind mit Ordnungs- oder Signalisierungsmerkmalen versehen, wodurch der Zugriff auf die gewünschte Karte und damit die Arbeit mit der Kartei wesentlich erleichtert wird. Zusätzlich geben die Leitkarten den anderen Karten einen festen Halt.
- Die **Grundkarten** enthalten die eigentlichen Informationen und dienen den laufenden Eintragungen.

Aufbau einer Grundkarte:
- die **Kartenleiste** nimmt die Ordnungsmerkmale auf,
- der **Kartenkopf** enthält Informationen, die über längere Zeit unverändert bleiben (Stammdaten),
- der **Kartenrumpf** enthält alle fortlaufenden aktuellen Informationen (Bewegungsdaten)
- der **Kartenfuß** enthält die Druckdaten (Formularnummer, Druckdatum) oder Angaben, die für die Nachbestellung wichtig sind (Hersteller, Bestellnummer).

Die wichtigsten Karteiarten

In der Praxis gibt es viele verschiedene Karteiarten. Im Wesentlichen lassen sich jedoch zwei Grundtypen unterscheiden.
- **Blockkarteien:** Die Karteikarten stehen aufrecht und genau hintereinander (wie ein Block) im Karteikasten. Dadurch werden die nachfolgenden Karten alle durch die vorderste Karte verdeckt.
- **Staffelkarteien:** Die Karteikarten stehen, hängen oder liegen schuppenförmig versetzt hintereinander. Von jeder Grundkarte ist ein Streifen sichtbar.

Ordnungsmittel für Karteien (Beispiele):

Beurteilungskriterien	Blockkarteien	Staffelkarteien
Übersicht	gering	sehr gut
Zugriffszeiten	sehr hoch	gering
Vollständigkeitskontrolle	schwierig	sehr leicht
Ergänzungsmöglichkeit	sehr gut	gering (zusätzliche Behälter)
Raumbedarf	gering	sehr hoch
Kosten	niedrig	hoch bis sehr hoch

6.2 Die Kartei wird durch Tabellen in einer Datenbank abgelöst

Ausgabemaske für die Daten aus der Lieferanten-Datei der Weber OHG:

Auszug aus der Lieferantendatei der Weber OHG:

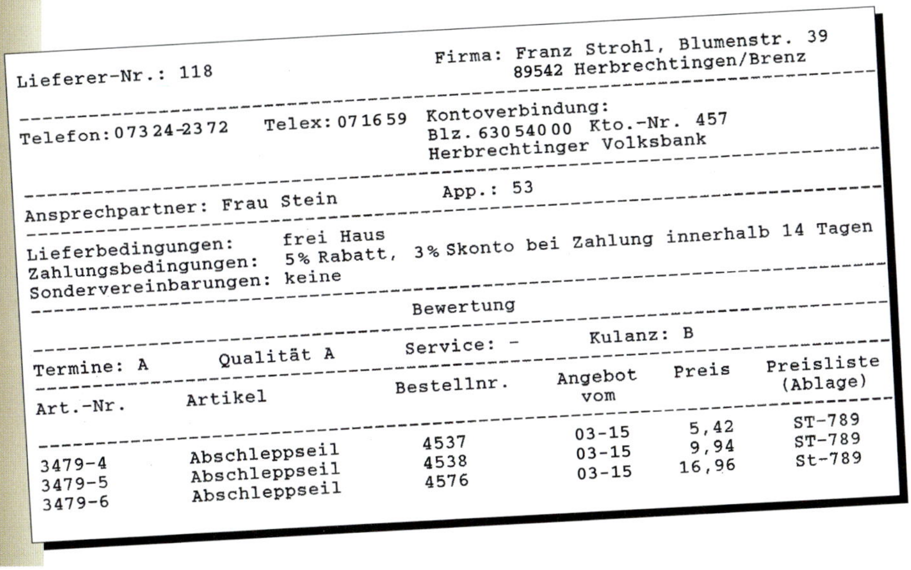

Lieferer-Nr.: 118 Firma: Franz Strohl, Blumenstr. 39
89542 Herbrechtingen/Brenz

Telefon: 07324-2372 Telex: 071659 Kontoverbindung:
Blz. 630 540 00 Kto.-Nr. 457
Herbrechtinger Volksbank

Ansprechpartner: Frau Stein App.: 53

Lieferbedingungen: frei Haus
Zahlungsbedingungen: 5% Rabatt, 3% Skonto bei Zahlung innerhalb 14 Tagen
Sondervereinbarungen: keine

Bewertung

Termine: A Qualität A Service: - Kulanz: B

Art.-Nr.	Artikel	Bestellnr.	Angebot vom	Preis	Preisliste (Ablage)
3479-4	Abschleppseil	4537	03-15	5,42	ST-789
3479-5	Abschleppseil	4538	03-15	9,94	ST-789
3479-6	Abschleppseil	4576	03-15	16,96	St-789

Zweifellos sind die Karteien komfortable Werkzeuge zur Informationsspeicherung und -verwaltung. Durch den immer preiswerter und leistungsfähiger werdenden Einsatz der elektronischen Datenverarbeitung werden die Karteien jedoch langsam aus den Büros verdrängt. Die Speicherung der unterschiedlichsten Daten auf elektronisch zu verarbeitende Datenträger macht es möglich, die ständig wachsenden Informationsfluten sicherer und weitaus schneller zu bearbeiten und zu verwalten als mit Karteien.

Der gesamte Inhalt einer Kartei *(z. B. alle Daten aus der Kundenkartei) wird* in einer eindeutig definierten und strukturierten Weise auf einen Datenträger der EDV-Anlage übertragen, d. h. die Daten einer Kundenkartei werden in Tabellen einer Datenbank gespeichert.

Eine Tabelle ist eine Sammlung von Daten, die unter einem Dateinamen zusammengefasst und auf einem Datenträger gespeichert sind.

Speicheradressierung

Durch **Speicheradressierungen** kann auf die einzelnen Informationen (Kundennummer, Kundenname) einer Datei direkt zugegriffen werden. Die Forderung, einmal erfasste Daten (Lieferantendaten, Artikeldaten) mehreren Programmen (Programm zur Erstellung von Bestellvorschlägen, Bezugsquellenermittlungsprogramm) zugänglich zu machen, führte zur Entwicklung von Datenbanken bzw. Datenbanksystemen. Eine **Datenbank** ist eine organisierte Zusammenstellung verschiedener, unterschiedlich strukturierter Tabellen, die miteinander verknüpft sein können (Lieferantendatei, Artikeldatei, Kundendatei, Offene-Posten-Datei). Die **Datenbanksysteme** ermöglichen durch eingebaute Funktionen eine zeit- und arbeitssparende Verwaltung und Pflege der Tabellen. Die gespeicherten Informationen können für die verschiedensten Zwecke geändert, gemischt, sortiert, weiterverarbeitet und ausgedruckt werden. Die ausgedruckten Listen vereinfachen den Entscheidungsprozess in den unterschiedlichsten Arbeitsbereichen.

Listen als Entscheidungshilfen

	A	B	C	D	E
1	**ABFRAGE DES TAGESUMSATZES**				
2					
3	**1/1-Dosen/Gläser Gemüse**				
4					
5					
6	**Art.-Nr.**	**Bezeichnung**	**Verkaufs-**	**Verkaufs-**	**Umsatz:**
7			**menge**	**preis EUR**	**EUR**
8					
9	4058700806537	Brechbohnen	23	1,40	32,20
10	4058700803281	Erbsen	14	0,78	10,92
11	4058700806509	Bohnen	8	0,49	3,92
12	4058700807027	Kohlrouladen	5	1,98	9,90
13	4058700802939	Rote Beete	16	0,99	15,84
14	4058700802931	Gurken pikant	26	0,83	21,58
15	4058700802660	Maiskolben	32	2,85	91,20
16	4058700802645	Mixed Pickles	45	1,15	51,76
17	4058700918152	Kichererbsen Gek.	10	1,45	14,50
18	4058700802930	Oliven gefüllt	28	1,95	54,60
19					
20					

Tagesumsatz einer Artikelgruppe (unvollständige Übersicht)

Aufgaben

1 Geben Sie Beispiele für Sach-, Personen- und Terminkarteien.

2 Beschreiben Sie den Aufbau einer Grundkarte.

3 Nennen Sie die Aufgaben der Leitkarten.

4 Ein kleineres Handwerksunternehmen möchte sich für die Lagerverwaltung ein Karteisystem anschaffen. Sie werden gebeten, eine Entscheidungshilfe anzubieten.

a) Unterscheiden Sie die beiden Grundtypen von Karteien.
b) Beurteilen Sie diese anhand verschiedener Kriterien.
c) Begründen Sie, weshalb es heute bereits für kleine Unternehmen sinnvoll sein kann, statt einem Karteisystem einen Computer anzuschaffen.

5 Erklären Sie die Begriffe Datei, Datenbank und Datenbank-Verwaltungssystem.

Grundlagen der Betriebsorganisation

Organisation ist das entscheidende Problemfeld

Entwicklungsprobleme von Unternehmen

Eine Untersuchung über die Entwicklungsprobleme von Unternehmen kam zu dem Ergebnis, dass in der überwiegenden Zahl der untersuchten Fälle die Organisation das entscheidende Problemfeld war.

Problemfelder der Entwicklung	Unternehmen in %
1. Organisation	81
2. Kontrolle	35
3. Definition der Ziele	26

Erfolgsfaktoren von Unternehmen

Die Analyse der Faktoren, welche erfolgreiche Unternehmen kennzeichnen, zeigt, dass es entscheidend ist, wie die Unternehmen geführt und wie die Mitarbeiter motiviert werden, welche besonderen Produkte angeboten werden und wie die Umgebung der Arbeit gestaltet ist.

Die Organisation muss zum Unternehmen passen

Daraus ergibt sich, dass es keine Unternehmensorganisation im Sinne einer Patentlösung gibt. Ausschlaggebend für den Unternehmenserfolg ist vielmehr, dass die Organisation zu dem jeweiligen Unternehmen passt.

1 Organisation – ein wesentliches Führungsinstrument

Die Laupheimer Büromöbel AG hat eine neue Schreibtischserie entwickelt, die von Anfang an sehr gut auf dem Markt ankommt. Dem Vertriebsleiter gelingt es sogar, mit einem bekannten Kaufhauskonzern die Lieferung von 500 Einheiten zu vereinbaren. Leider bleibt der Auftrag auf dem Schreibtisch des Sachbearbeiters liegen, der für zwei Wochen in Urlaub ist. Aus diesem Grund kann der vereinbarte Liefertermin nicht eingehalten werden. Nur durch den persönlichen Einsatz des Geschäftsleiters kann verhindert werden, dass der Kunde den Auftrag zurückzieht. Da ähnliche Pannen bereits öfters vorgekommen sind, wird ein neues Organisationskonzept erarbeitet.

Jeder Betrieb ist ein System aus Menschen und Sachmitteln, das bestimmte Aufgaben erfüllen muss. Die Aufgabe der Organisation ist es, diese Elemente des Betriebs durch Regelungen sinnvoll miteinander zu verbinden.

1.1 Organisation – ein betriebliches System

Organisation ist ein System von Dauerregelungen, um die Bedingungen zu schaffen, die notwendig sind, damit die betrieblichen Ziele erreicht werden.

Begriff der Organisation

Die Organisation ist somit ein Instrument der Führung. Durch ihre Regelungen gestaltet sie die betriebliche Struktur und ordnet dabei die betrieblichen Elemente einander zu:
- Zuordnung von Mensch zu Mensch
- Zuordnung von Mensch zu Sachmittel
- Zuordnung von Sachmittel zu Sachmittel

Voraussetzungen der Organisation

Damit Aufgaben organisiert werden können, müssen sie zwei Voraussetzungen erfüllen:
- Die Aufgaben müssen teilbar sein: Dabei ist die Verteilung der Aufgabe auf mehrere Personen und/oder die zeitliche Einteilung der Aufgabe zu regeln.
- Die Aufgaben müssen sich in gleicher Form wiederholen: Nur unter diesen Voraussetzungen ist es sinnvoll, Dauerregelungen zu erstellen.

Viele betriebliche Entscheidungen sind jedoch nur von Fall zu Fall zu regeln, sodass sich in jedem Betrieb ein System geplanter und ungeplanter Regelungen ergibt.

Organisation: *(Geplante) Dauerregelungen*

Disposition: *Fallweise Regelungen, die im Rahmen einer Dauerregelung getroffen werden*

Improvisation: *Fallweise Regelungen, die ungeplant in plötzlich auftretenden Situationen getroffen werden*

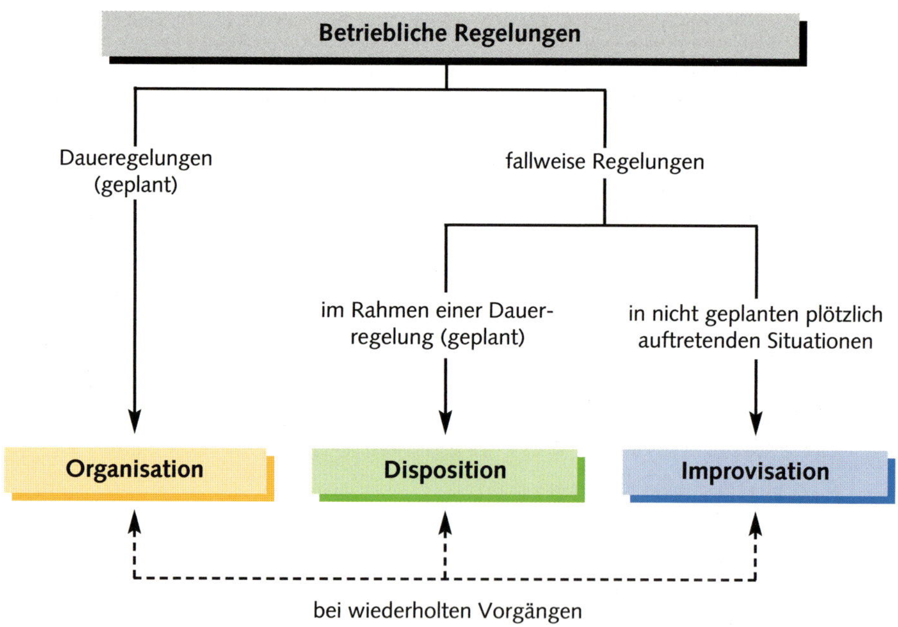

Der Vertriebsleiter hat für seinen Bereich Entscheidungsfreiheit. Erhält er unerwartet von einem Kunden ein Angebot, das nicht im Rahmen der üblichen Konditionen liegt, kann er sofort zusagen, er kann improvisieren. Seine Außendienstmitarbeiter können die Rabatte grundsätzlich auch frei aushandeln, jedoch nur bis zu einer bestimmten Obergrenze; sie disponieren.

1.2 Organisation – ein lebendes System

Die Laupheimer Büromöbel AG:

Aus kleinen Anfängen zu großen Erfolgen

Siegfried Hansen
SCHREINEREI

Die Laupheimer Büromöbel AG hat in den vergangenen fünf Jahrzehnten eine steile Entwicklung genommen. 1950 hatte Siegfried Hansen die väterliche Schreinerei mit sechs Mitarbeitern übernommen. Bereits ein Jahr später brachte er ein neuartiges flexibles Büro-Regalsystem auf den Markt, welches aufgrund seines günstigen Preis-Leistungsverhältnisses großen Erfolg hatte. Die Mitarbeiterzahl verdoppelte sich innerhalb von sechs Monaten. Konnte Siegfried Hansen am Anfang noch bei allen wesentlichen Arbeitsgängen selbst mitwirken, wurde er zunehmend durch Verhandlungen und Schreibtischarbeit gebunden. Seinen Arbeitern, die ihm bisher zugearbeitet hatten, fehlte seine direkte Führung. Die Standzeiten der Maschinen und die Fehlerquote stiegen dramatisch. Daraufhin erließ der Chef genaue Arbeitsanweisungen, die alle einzelnen Schritte in der Produktion vorgaben. 1958 hatte der Betrieb bereits 24 Mitarbeiter. Innerhalb kurzer Zeit kündigten jedoch einige zentrale Leistungsträger, weil sie sich durch die straffen Anweisungen zu sehr eingeengt fühlten. Herr Hansen übertrug daraufhin wesentliche Teile seiner Führungsverantwortung auf drei Meister, sodass die Führungsstruktur wesentlich flexibler wurde. In den folgenden Jahren gab es jedoch vielfach Konflikte, weil der Chef Entscheidungen seiner Meister nicht akzeptieren wollte. Er hatte zunehmend das Gefühl, die Kontrolle über das Unternehmen zu verlieren.

Laupheimer Büromöbel GmbH

1967 gründete Siegfried Hansen zusammen mit dem Industriekaufmann Ralf Fetzer die Laupheimer Büromöbel GmbH, die mit einem vollständig neuen Büromöbelprogramm rasch gute Erfolge am Markt erzielte. Der Umsatz konnte somit innerhalb von 15 Jahren vervierfacht werden. Die Geschäftsführer Siegfried Hansen und Ralf Fetzer führten ihr Unternehmen insbesondere über regelmäßige Besprechungen mit ihren Abteilungsleitern, die sie für die einzelnen Bereiche eingesetzt hatten. Nachdem der Betrieb zwischenzeitlich über 300 Mitarbeiter hatte, nahm die Zahl der schriftlichen Arbeitsanweisungen, Aktennotizen und Belege sprunghaft zu. Dadurch wurde die Kreativität der Mitarbeiter stark behindert. Dies wirkte sich im Laufe der Jahre auch auf den Markterfolg der Unternehmung aus, die gegenüber der Konkurrenz ein geringeres Wachstum erzielte.

LAUPHEIMER Büromöbel AG

1982 zogen sich die Gründer der GmbH aus der Geschäftsführung zurück und wandelten die Unternehmung in die Laupheimer Büromöbel AG um. Dem Vorstand gehören neben dem Sohn des Unternehmensgründers Dr. Ernst Hansen, der die technische Leitung übernahm, Dr. Gustav Roller als Vorsitzender, Senta Uhl als kaufm. Leiterin und Dr. Erika Käufner als Personalvorstand an. Der neue Vorstand hatte sich zum Ziel gesetzt, das Unternehmen zukünftig partnerschaftlich zu führen. Die Kreativität der Mitarbeiter sollte gesteigert werden, indem der Teamgeist gefördert wird. In diesem Sinne wurden Führungsgrundsätze entwickelt, welche die Grundlage des Zusammenlebens im Unternehmen bilden. Ein Entwicklungsteam aus Mitarbeitern verschiedener Bereiche des Unternehmens gestaltete ein Produktprogramm mit einem grundlegend veränderten Design und einer deutlich verbesserten Qualität. Dies eröffnete dem Unternehmen neue Märkte, sodass die Mitarbeiterzahl bis heute auf 520 stieg. Die steigende Fluktuation der Mitarbeiter nimmt der Vorstand zum Anlass, über eine Weiterentwicklung der Organisationsstruktur nachzudenken...

- **Ermitteln Sie aus diesem Text die wesentlichen Anlässe, die zu Änderungen in der Organisationsstruktur geführt haben.**

„Einer der besten Wege, um die Welt zu verstehen, ist der Versuch, sie zu verändern."

Kurt Lewin

Ähnlich wie biologische Systeme in der Natur durchlaufen auch Organisationen in Unternehmen **Lebensphasen**, in denen immer wieder typische organisationsinterne Probleme oder Krisen auftreten. Diese geben wiederum Anlass, die Organisationsstruktur neu zu gestalten. Damit ist die betriebliche Organisation ein System, welches sich ständig weiterentwickelt. Jede Organisation in Unternehmen hat somit ihren eigenen Charakter, der sich aus seiner Geschichte in Abhängigkeit von der Größe und dem Gegenstand des Unternehmens sowie der Art und Weise der Führung entwickelt hat.

Die Entwicklung der Organisation in Abhängigkeit von Größe und Gegenstand des Unternehmens sowie der Art und Weise der Führung

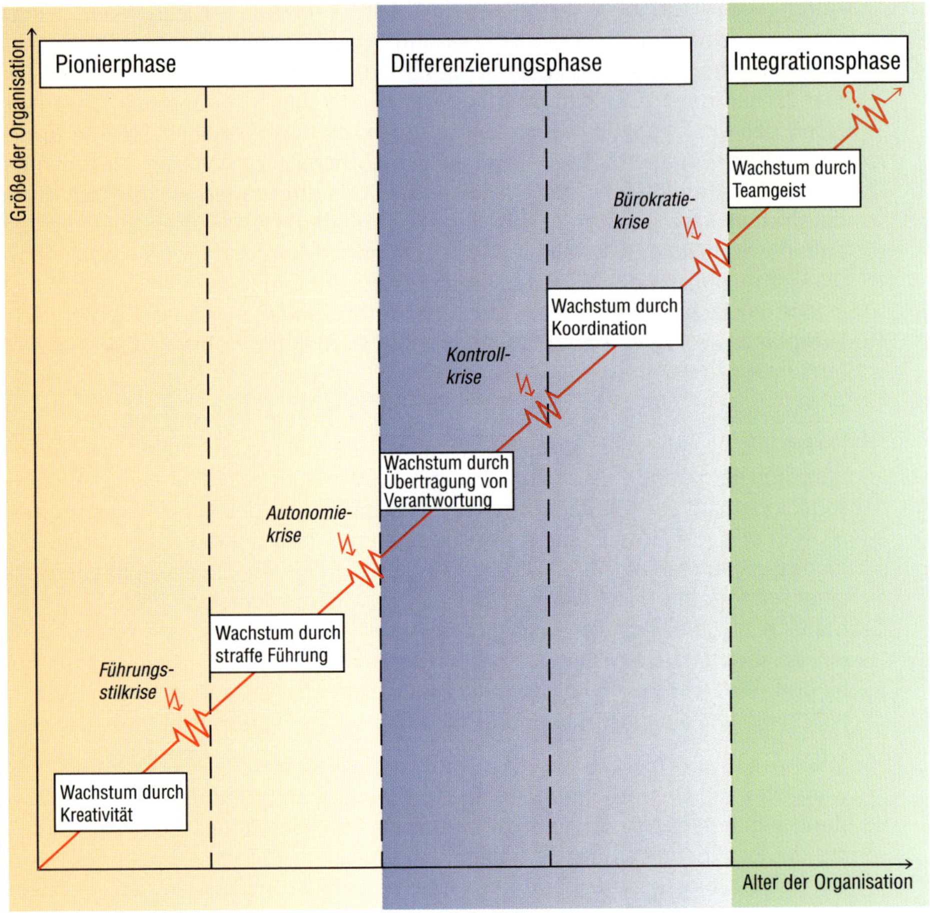

Nach: Staehle, Management

Die Organisationsstruktur eines Unternehmens kann wesentlich aus internen Anlässen erklärt werden. Im Regelfall wechseln sich dabei **Phasen der Evolution,** in denen die konzeptionelle Entwicklung im Vordergrund steht, und **Phasen der Revolution,** die durch Krisen gekennzeichnet sind, ab.

Pionierphase

- In der **Pionierphase** steht die Person des Gründers im Vordergrund:
  - Die Führung ist autoritär,
  - der Organisationsstil ist auf den „Chef" ausgerichtet,
  - die Mitarbeiter bilden eine „große Familie",
  - die Beziehung zu den Kunden ist eng,
  - der Arbeitsstil ist durch Improvisation gekennzeichnet.

Diese Aufgliederung der betrieblichen Funktionen erfordert eine intensive Kommunikation auf und zwischen allen Ebenen des Unternehmens, da die einzelnen Handlungen miteinander koordiniert werden müssen. Werden die Mitarbeiter nicht genügend kontrolliert, besteht die Gefahr, dass bei einem mangelhaften Führungssystem die einzelnen betrieblichen Maßnahmen auseinanderlaufen. Deshalb wird durch eine verstärkte schriftliche Festlegung versucht, das gesamte Unternehmen in eine gemeinsame Richtung zu lenken. Dies führt jedoch zu einer starken Zunahme des innerbetrieblichen Schriftverkehrs; das Unternehmen wird immer mehr bürokratisiert und damit unbeweglicher.

Kommunikation *ist ein Prozess, durch den eine Information oder Nachricht von einer Person (Sender) zu einer anderen (Empfänger) übertragen wird*

- In der **Integrationsphase** stehen die Beziehungen der Mitarbeiter untereinander und zu den Lieferanten und Kunden des Unternehmens im Vordergrund. Im Rahmen einer kollegialen Unternehmensführung wird eine konsequente Kundenorientierung angestrebt.
  Die obere Führung plant und steuert die Entwicklung der Unternehmung langfristig. Ein Mitglied der Geschäftsleitung bildet jeweils mit seinen Führungskräften der mittleren Ebene ein eigenverantwortliches Team, das für seinen Bereich die unternehmerische Verantwortung trägt.
  Die Führungskräfte der mittleren Ebene sehen ihre Rolle ebenfalls darin, ihren Mitarbeitern optimale Entwicklungschancen im Rahmen ihres Teams zu geben. Damit entsteht eine sehr flexible Organisation, welche hohe Anforderungen an Führungskräfte und Mitarbeiter stellt.

Flexible Organisationsstruktur mit eigenverantwortlichen Teams

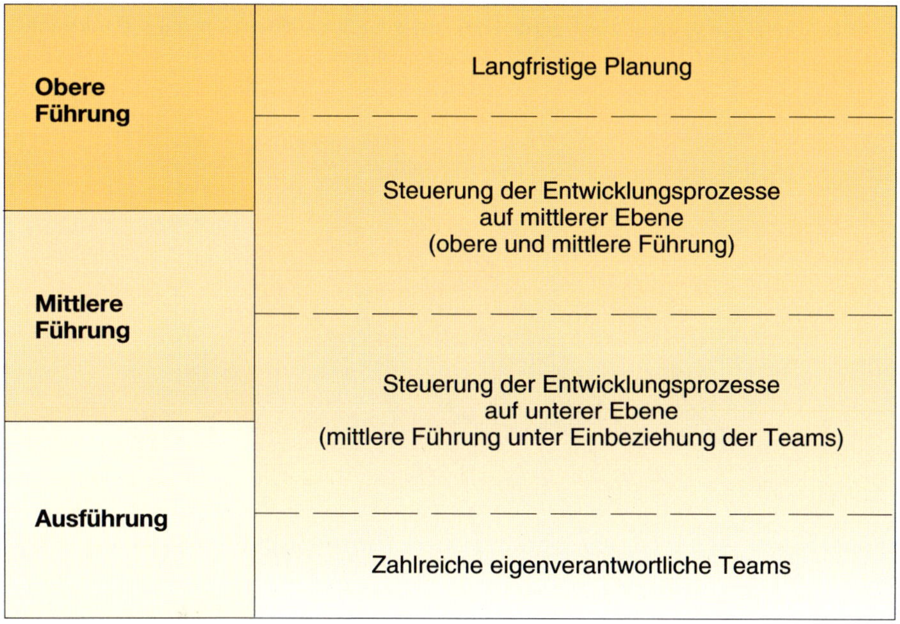

Diese Phase kann nur schrittweise im Rahmen eines langfristigen Veränderungsprozesses erreicht werden.

Organisationsentwicklung (OE) ist der langfristig geplante Wandel der gesamten Unternehmung, bei dem das Verhalten von Gruppen mit dem Ziel einer wirksamen und gesunden Organisation beeinflusst wird.

Begriff der Organisationsentwicklung

Der „Patriarch" lenkt die „große" Familie seiner Untergebenen

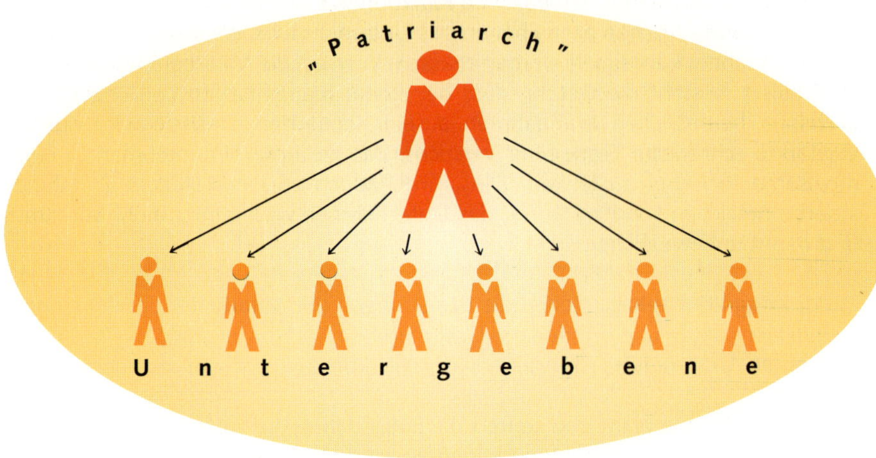

Die Führungsphase führt zu mehr Autonomie der Mitarbeiter

Mit dem Größenwachstum besteht jedoch die große Gefahr, dass der Gründer überfordert wird, sodass es zu einer Führungskrise kommt. Er ist aufgrund der wachsenden Entfernung zum Markt gezwungen, den Mitarbeitern mehr Autonomie zu geben. Dies lässt sich jedoch nur schwer mit seinem autoritären Führungsstil vereinbaren.

- In der **Differenzierungsphase** wird die Herstellung zunehmend mechanisiert, die Produkte und Verfahren werden immer mehr vereinheitlicht, sodass eine Serien- oder Massenfertigung erleichtert wird. Dies hat eine Spezialisierung nach Funktionen zur Folge, die es notwendig macht, Verantwortung zu übertragen (Delegation). Die Suche nach dem zuständigen Spezialisten lässt sich mit der nachfolgenden Tabelle nachvollziehen.

Spezialisten erhalten Verantwortung übertragen

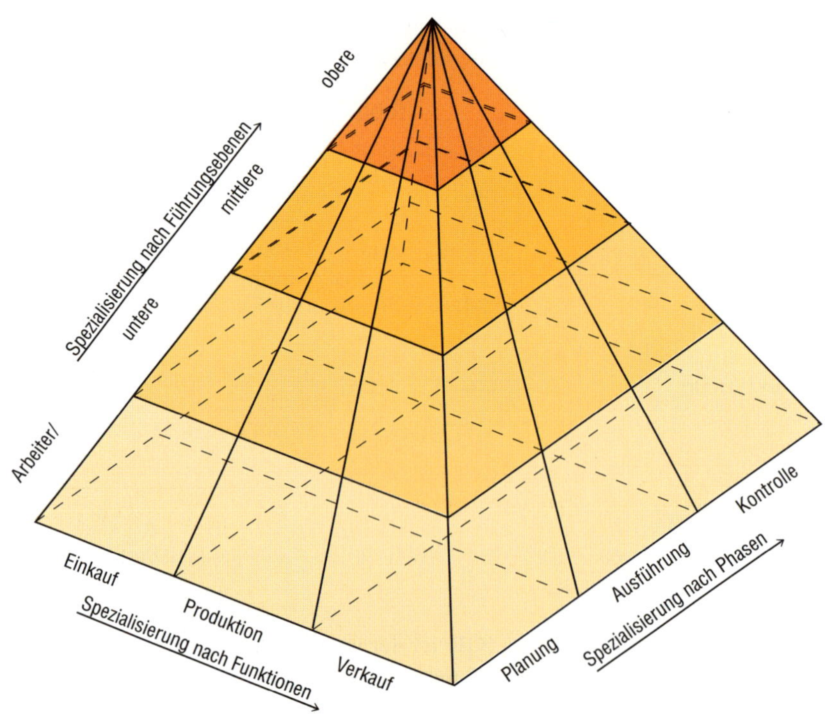

Damit zielt die Organisationsentwicklung auf folgende Elemente:

Elemente der Organisationsentwicklung

- Die Führungskräfte akzeptieren ihre Mitarbeiter als gleichwertige Teammitglieder und sehen ihre Rolle als Moderator und Entwicklungspartner ihrer Mitarbeiter.
- Die Mitarbeiter identifizieren sich mit den Zielen der Unternehmung und richten ihr Verhalten danach aus. Der Kunde wird z. B. nicht mehr als „Störfaktor" angesehen, sondern als der Partner, dessen Probleme optimal zu lösen sind.
- Die Rahmenbedingungen, wie z. B. die Arbeitszeitregelungen oder die Gehaltsformen, werden auf diese flexible Organisationsstruktur angepasst. So kann es z. B. sinnvoll sein, den Mitarbeitern mehr Gestaltungsspielraum in ihrer Arbeitszeitfestlegung zu geben. Bei bestimmten Funktionen können erfolgsabhängige Gehaltsteile vereinbart werden.

vgl. Kapitel Personalwirtschaft

Die Organisationsentwicklung hat somit zum Ziel, die Wert- und Verhaltensnormen der Mitarbeiter im Sinne der betrieblichen Zielsetzung zu verändern. Damit wird die Unternehmenskultur geformt.

Begriff der Unternehmenskultur

Unternehmenskultur ist das System von Wertvorstellungen, Verhaltensmustern und Denk- und Handlungsweisen, die ein Unternehmen prägen.

Die Erfolge organisatorischer Maßnahmen hängen stark davon ab, inwieweit es gelingt, den Entwicklungsprozess in einem Unternehmen zu steuern. Der Spielraum des Organisators wird dabei durch eine Vielzahl von Faktoren eingeschränkt.

Zahlreiche Einflussfaktoren der Organisationsentwicklung bestimmen den Gestaltungsspielraum des Organisators

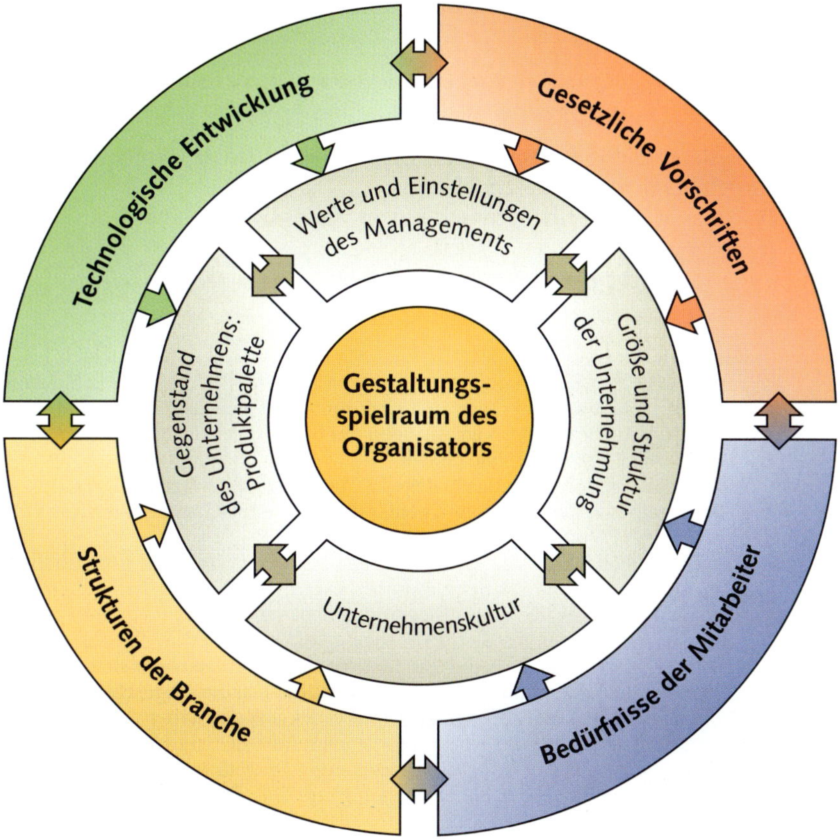

Aufgaben

1 Stellen Sie die wichtigsten Faktoren zusammen, die den Erfolg eines Unternehmens ausmachen.

2 Begründen Sie, weshalb es keine ideale Organisation für Unternehmen geben kann.

3 Erläutern Sie die Grundvoraussetzungen, die erfüllt sein müssen, damit Aufgaben organisierbar werden.

4 Entscheiden Sie, welche Art von Regelung jeweils vorliegt:
- Der Jahresurlaub der Mitarbeiter wird vom Abteilungsleiter festgelegt.
- Ein Mitarbeiter darf ohne Gegenzeichnung des Vorgesetzten Ausgaben bis zu EUR 500,00 genehmigen.
- Dieser Mitarbeiter beschafft trotzdem ein günstiges Kopiergerät im Wert von EUR 1.000,00 ohne die Gegenzeichnung seines Chefs, weil dieser auf einer Dienstreise ist und das Sonderangebot zeitlich begrenzt ist.

5 a) Beschreiben Sie die typischen Lebensphasen, die eine betriebliche Organisation von der Gründung an durchläuft.
b) Ermitteln Sie die Phase, in der sich Ihr Ausbildungsbetrieb zurzeit befindet.

6 a) Definieren Sie den Begriff der Organisationsentwicklung.
b) Beschreiben Sie die wesentlichen Elemente der Organisationsentwicklung.
c) Erläutern Sie den Zusammenhang zwischen der Organisationsentwicklung und der Unternehmenskultur.
d) Skizzieren Sie den Gestaltungsspielraum eines Organisators in einem betrieblichen System.

7 Beschreiben Sie aufgrund eigener Eindrücke von Geschäftsberichten, Mitarbeiterbroschüren u. Ä. die Unternehmenskultur Ihres Ausbildungsbetriebes.

8 a) Analysieren Sie die wesentlichen Merkmale der Unternehmenskultur, die in nachstehendem Text beschrieben ist.
b) Diskutieren Sie die Chancen und Risiken dieser Unternehmenskultur.

Arbeit kann auch Spaß machen

Von Michael Jungblut

Die Dame am Empfang griff zum Telefon, um meine Ankunft zu melden. „Hans, der Besucher für Ernst ist da . . . ach so, mit Karl bei Eberhard . . ." Und zu mir gewandt: „Er ist nur mal rasch zum Chef hinübergegangen, kommt aber in zwei Minuten." Das hört sich so an, als habe das hübsche Mädchen beim letzten Betriebsfest eine Erfolgssträhne gehabt.
Diese Schlussfolgerung ist nahe liegend, aber falsch. Es zeigt sich bald, dass alle 1 600 Mitarbeiter der deutschen Tochter des amerikanischen Elektronikkonzerns einander beim Vornamen nennen.
Als Ernst mich durch das Großraumbüro der Hauptverwaltung in Böblingen führt, sind noch nicht alle Schreibtische besetzt. „Wir haben hier gleitende Arbeitszeit", erklärt er. Komisch, Stechuhren habe ich nirgendwo gesehen.
Da keinerlei Statussymbole einen Anhaltspunkt geben, erkundige ich mich, ob auch die Spitzenmanager in diesem Saal untergebracht sind oder sich – wie in so vielen anderen Unternehmen mit Großraumbüros – in die Abgeschiedenheit und gediegene Eleganz einer Vorstandsetage zurückgezogen haben.
Ernst deutet auf einige Arbeitsplätze, die aber unbesetzt sind, und dann auf eine Gruppe, die sich neben dem Schreibtisch einer Sekretärin versammelt hat. „Sie besprechen gerade den heutigen Posteingang. Das findet eigentlich immer so statt, im Stehen."

2 Grundsätze der Organisation

Die Laupheimer Büromöbel AG hatte erhebliche Gewinneinbußen zu verzeichnen, weil sie wegen ihrer relativ hohen Produktionskosten nicht mehr zu marktgerechten Preisen anbieten konnte. Hinzu kam, dass der Anteil der Verwaltungskosten in den vergangenen Jahren erheblich zugenommen hatte. Der Vorstand setzte sich deshalb zum Ziel, das Unternehmen so rasch wie möglich wieder konkurrenzfähig zu machen.

2.1 Unternehmensziele

Zu Beginn jedes wirtschaftlichen Handelns steht die Zielsetzung.

Begriff der Zielsetzung

Zielsetzung bedeutet die Vorgabe eines zukünftigen Zustandes, der durch bestimmte Maßnahmen erreicht werden soll.

Ein eindeutiges Verhalten der Mitarbeiter in einem Unternehmen kann nur erwartet werden, wenn die Ziele **klar** und **überprüfbar** formuliert werden. Da in einem Betrieb immer mehrere Interessengruppen zusammenwirken, z. B. die Eigentümer, die Geschäftsleitung, die Mitarbeiter, die Gewerkschaft, aber auch die Gesellschaft insgesamt, treten unterschiedliche Zielvorstellungen auf. Viele dieser Ziele werden sich widersprechen, sodass ein **Zielsystem** gebildet werden muss, das eine Rangordnung dieser Vorstellungen schafft.

Gewinnoptimierung

Privatwirtschaftliche Unternehmen streben in erster Linie eine **Gewinnoptimierung** an. Die Aussicht auf eine finanzielle „Belohnung" ist die Triebfeder unseres marktwirtschaftlich orientierten Wirtschaftssystems. Neben dem Ziel der kurzfristigen Gewinnerzielung, die z. B. beim einzelnen Geschäftsabschluss zum Tragen kommt, ist meist auch die langfristige Gewinnsicherung ein vorrangiger Aspekt. Neben diesem obersten Ziel (Primärziel) der Gewinnerzielung verfolgen die erwerbswirtschaftlichen Unternehmen eine Reihe zweitrangiger Ziele (Sekundärziele), wenn auch oft mit unterschiedlicher Intensität.

Zielsystem eines Unternehmens

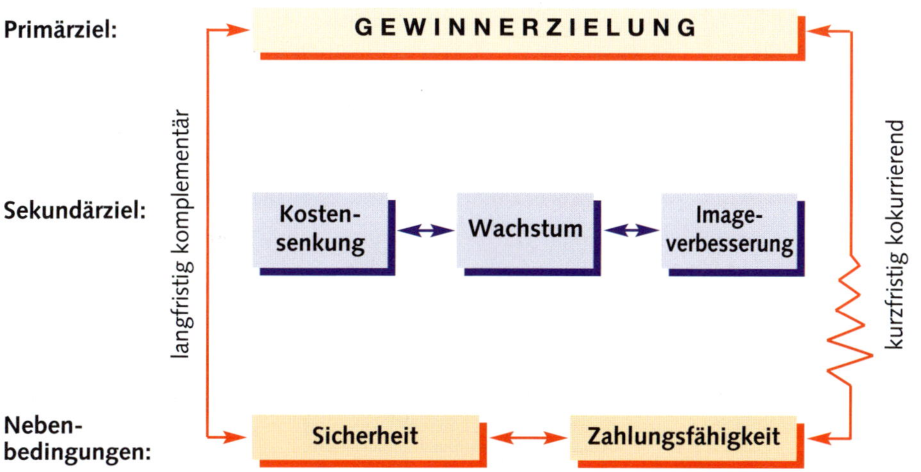

Nebenbedingungen begrenzen den Handlungsspielraum

Teilweise ergänzen oder begünstigen sich diese Ziele gegenseitig (komplementäre Ziele), teilweise behindern sie sich (konkurrierende Ziele). Der Handlungsspielraum erwerbswirtschaftlicher Betriebe im Geschäftsleben wird durch die Nebenbedingungen der Sicherung der Zahlungsfähigkeit und des allgemeinen Sicherheitsstrebens begrenzt.

Bei ihrer Zielsetzung haben die Unternehmen auch die Wirkung auf ihre Umwelt mit einzubeziehen. Betriebe, welche ihre Marktmacht zu sehr ausnützen oder die Umwelt zu sehr belasten, müssen davon ausgehen, dass ihre Handlungsfreiheit durch den Staat eingeschränkt wird. Im Extremfall müssen sie mit ihrer Schließung oder Verstaatlichung rechnen.

Zielsystem der Laupheimer Büromöbel AG

Fallbeispiel: In einem längeren Prozess der Zielfindung, bei dem alle Interessengruppen im Betrieb Kompromisse machen mussten, wurde für die Laupheimer Büromöbel AG folgendes Zielsystem formuliert:

Primärziel: Sicherung der Unternehmung durch einen Gewinn, der mindestens 12 % des eingesetzten Kapitals ausmachen soll.

Sekundärziele: Senkung der Herstellungskosten je Möbeleinheit um 12,5 % innerhalb eines Jahres. Reduzierung des Verwaltungskostenanteils um 20 % innerhalb eines Jahres.

Erhöhung des Marktanteils auf 10 % innerhalb von drei Jahren.

2.2 Ziele organisatorischer Regelungen und Maßnahmen

In vielen Betrieben kann man feststellen, dass mit fortlaufender Betriebstätigkeit Improvisation durch Disposition und diese durch Organisation ersetzt wird. Organisation darf niemals Selbstzweck sein, sondern sie muss sich im Sinne des betrieblichen Zielsystems als wirksam erweisen. Wirksam ist die Organisation, wenn sie bestimmte Grundsätze erfüllt.

Grundsätze der Organisation

Dauerregelungen geben dem betrieblichen Ablauf Einheitlichkeit und machen ihn somit berechenbar. Dadurch erhält der gesamte Betrieb Stabilität. Wird jedoch jede Aufgabe bis in die letzte Einzelheit organisiert **(Überorganisation)**, kann der Betrieb nicht mehr schnell genug auf Datenänderungen reagieren. Auch wird die Eigeninitiative und Entscheidungsfreudigkeit der Mitarbeiter gebremst.

Organisatorisches Gleichgewicht

Ist ein Betrieb in starkem Maße durch fallweise Entscheidungen geprägt, so ist er bei Datenänderungen sehr schnell anpassungsfähig. Er hat somit **Elastizität**. Sind jedoch zu wenig Aufgaben organisiert **(Unterorganisation)**, so kommt es zu Unklarheiten und Konflikten im Betrieb und die Mitarbeiter werden verunsichert. Die Fehler häufen sich und es entstehen Reibungsverluste.

Das Verhältnis Dauerregelung – teilweise Regelung ist in jedem Betrieb anders

Aus den Erfahrungen der japanischen Automobilindustrie heraus haben sich auch in den westlichen Unternehmen unter dem Begriff des **„Lean Managements"** „schlanke" Organisationskonzepte entwickelt. Dabei steht der Nutzen des Kunden im Mittelpunkt der Strukturierung des Unternehmens, das in kleine, flexible und effektive Organisationseinheiten gegliedert wird, um das unternehmerische Denken bei Führungskräften und Mitarbeitern zu fördern. Überflüssiger „Ballast", z. B. zu viele Hierarchiestufen und zu lange „Dienstwege", wird konsequent abgebaut.

„Lean Management" *hat eine schlanke Organisation, die sich an den Kundenbedürfnissen ausrichtet, zur Folge.*

2.3 Wie werden Organisationsprobleme gelöst?

Der Vorstand der Laupheimer Büromöbel AG hat die Ursachen der verschlechterten Ertragslage systematisch analysiert. Dabei ergab sich, dass für die hohen Kosten vor allem zwei Faktoren entscheidend waren:
- Die Personalkosten sind überdurchschnittlich hoch,
- im betrieblichen Ablauf entstehen durch eine mangelhafte Organisation starke Reibungsverluste.

Neben mehreren Projekten erhält deswegen die Organisationsabteilung die Aufgabe, die unwirtschaftliche Postbearbeitung neu zu organisieren.

Viele Problemstellungen im Rahmen der Betriebsorganisation sind sehr komplex und betreffen mehrere Bereiche eines Unternehmens. Zur Lösung solcher Aufgabenstellungen hat sich die Projektorganisation entwickelt.

Projekte sind zeitlich befristete, einmalige Aufgaben, die neuartige Lösungen erfordern und bei denen mehrere Unternehmensbereiche mitwirken müssen.

Begriff des Projekts

Wegen des einmaligen Charakters von Projekten kann die bestehende Organisationsstruktur eines Unternehmens für diese Aufgabenstellung nicht verändert werden. Deshalb bildet man in der Praxis heute meist Projekt-Teams, welche eine zeitlich begrenzte Weisungsbefugnis zur Lösung von bestimmten Problemen erhalten. Die Teammitglieder kommen aus verschiedenen Bereichen und Ebenen des Unternehmens und kehren nach dem Ende der Projektarbeit wieder zu ihrer ursprünglichen Aufgabe zurück. Somit treffen in diesen Teams unterschiedliche Persönlichkeiten mit verschiedenartigen Erfahrungen und unterschiedlichem Fachwissen aufeinander. Die Arbeitsmethoden, die oftmals durch einen Berater eingebracht werden, der von außerhalb des Unternehmens kommt, sollen die Kreativität und Risikofreude der Teammitglieder fördern.

	Wer?	Macht was?	Womit?
Phase 1			
Phase 2			
Phase 3			
⋮			

Im Projektteam kommen Mitarbeiter aus verschiedenen Bereichen und Ebenen zusammen

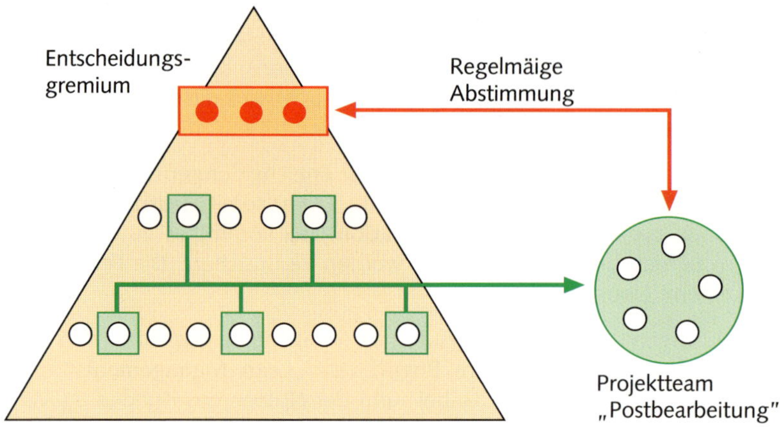

In bestimmten Zeitabständen berichten die Teammitglieder dem Vorstand oder einem gesonderten Entscheidungsgremium über ihre Zwischenergebnisse und vereinbaren die Grundlinien des weiteren Vorgehens. Am Schluss der Projektarbeit präsentiert das Team dem Entscheidungsgremium die Ergebnisse als Grundlage für dessen Beschluss über die Umsetzung der Maßnahmen.

Projektteams benötigen klare Zielvorgaben

Die Projektarbeit kann nur so viel leisten, wie die verantwortlichen Führungskräfte bereit sind, umzusetzen. Deshalb ist es notwendige Voraussetzung, dass das Entscheidungsgremium und das Projektteam eindeutige Aufgabenstellungen vereinbaren. Erst auf dieser Grundlage ist eine erfolgversprechende Projektarbeit möglich.

Der Management-Regelkreis bildet die Grundstruktur der Projektarbeit

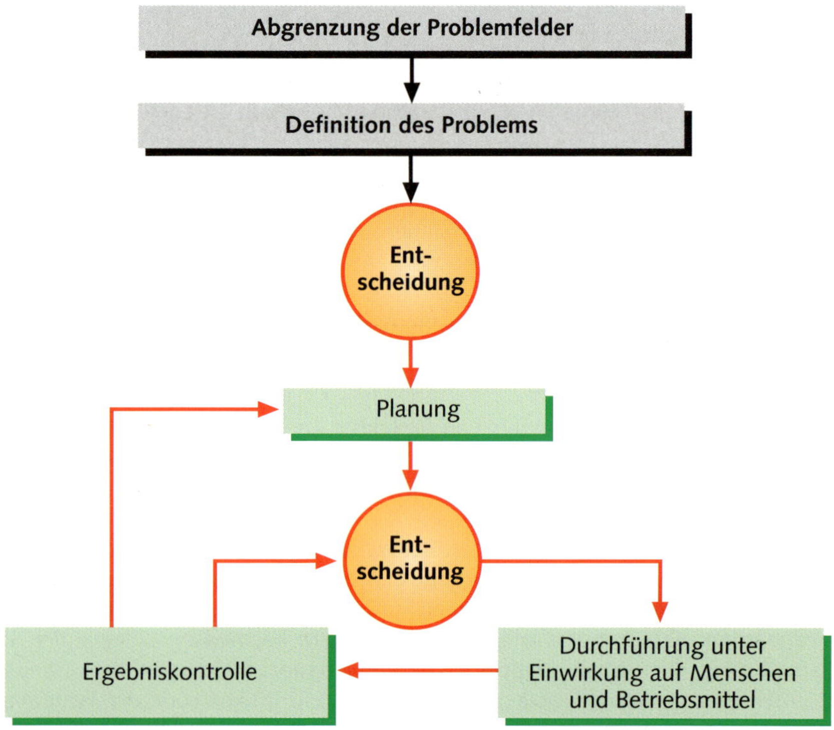

Phasen der Projektarbeit

In den einzelnen Phasen der Projektarbeit sind im Regelfall folgende Teilaufgaben zu bewältigen:

- **Abgrenzung der Problemfelder:**
  Festlegung der grundlegenden Zielrichtungen der Projektarbeit durch das Entscheidungsgremium, z. *B. Senkung der Kosten bei der Postbearbeitung und verbesserten Service.*

- **Definition des Problems:**
  - Erhebung der Erwartungen der Zielgruppen der Projektarbeit: *Welchen Service erwarten die Mitarbeiter des Unternehmens von der Postbearbeitung?*
  - Abstimmung mit den Vorstellungen des Entscheidungsgremiums.
  - Abklärung der Risiken, welche eingegangen werden können.
  - Exakte Zielsetzung der Projektarbeit durch das Entscheidungsgremium: *Beschleunigung der Postbearbeitung um durchschnittlich 1/2 Tag und Senkung der Kosten um 30 % innerhalb eines Jahres.*

Von der Planung über die Durchführung zur Kontrolle – ein Kreislauf

- **Planung:**
  - **Konzeptentwicklung:** Vereinbarung der einzelnen Arbeitsschritte und -zeiträume, Rolle der Teammitglieder und Klärung der notwendigen Voraussetzungen der Projektarbeit.
  - **Istaufnahme:** Ermittlung des Ist-Zustandes der bisherigen Postbearbeitung.
  - **Solldefinition:** Detaillierte Anforderungen an die Postbearbeitung auf der Grundlage der Zielsetzung der Projektarbeit.
  - **Soll-Ist-Abweichung:** Vergleich der heutigen Postbearbeitung mit den Anforderungen und Analyse der Abweichungen.
  - **Konzeptentwicklung:** Auf der Grundlage der Ergebnisse einzelner Teilaufträge wird gemeinsam ein schlüssiges Gesamtkonzept formuliert.
  - **Einführungsplanung:** z. B. Stufenplan für die einzelnen Maßnahmen, Erarbeitung der Detailkonzepte, Koordination der einzelnen Maßnahmen und Entwicklung eines Trainingsprogrammes für die Mitarbeiter.
  - **Beschluss des Entscheidungsgremiums**

- **Durchführung:**
  Die Umsetzung der Planung ist im Regelfall eine Führungsaufgabe. Die Führungskräfte geben Aufträge an ihre Mitarbeiter weiter, welche diese alleine oder gemeinsam umsetzen. Diese Aufgabenerteilung kann im Rahmen von Abteilungs- oder Gruppenbesprechungen, in Einzelgesprächen oder auf schriftlichem Wege erfolgen.

  Fallbeispiel: Der Abteilungsleiter, der für die Postbearbeitung mitverantwortlich ist, in der Laupheimer Büromöbel AG ist dies der Organisationsleiter Max Fetzer, erläutert seinen Mitarbeitern im Rahmen eines Workshops die Ziele der Neuorganisation, diskutiert die notwendigen Einzelschritte und erteilt auf der Grundlage der Besprechungsergebnisse die Einzelaufträge. Diese werden von den einzelnen Mitarbeitern eigenverantwortlich ausgeführt.

Rückkoppelung (feed-back)

- **Kontrolle:**
  In der Phase der Kontrolle werden die Plandaten (Soll) und tatsächlich erreichten Werte (Ist) verglichen und die Abweichung beurteilt. Sofern sich herausstellt, dass die Planung mangelhaft war, wird das Konzept entsprechend verändert. War jedoch die Zielsetzung unrealistisch, ist diese zu überdenken. Nach Abschluss des Projektes werden die tatsächlichen Kosteneinsparungen sowie die effektive Bearbeitungsdauer mit den Zielen verglichen. In den Bereichen, wo die Ziele noch nicht erreicht wurden, werden weitere Maßnahmen geplant und umgesetzt.

3 Organisation – ein Kreislauf

Die neue Postbearbeitungsstraße der Laupheimer Büromöbel AG *vgl. S. 56*

Der Vorstand hat die Lösung, welche von dem Projektteam erarbeitet wurde, akzeptiert. Die Umsetzung des Konzeptes wurde dem Organisationsleiter, Max Fetzer, zu dessen Verantwortungsbereich auch die Postabteilung gehört, verantwortlich übertragen.

Kybernetik, eine Basiswissenschaft

Die Kybernetik befasst sich mit der Steuerung und Regelung von dynamischen Systemen. Sie besitzt damit eine fachübergreifende Bedeutung für alle Wissenschaftsbereiche. Vorbild für diese Selbststeuerung sind die Vorgänge in der Natur. In der Wirtschaftskybernetik kommt den Fragen der Informationsverarbeitung in dynamischen Systemen eine besondere Bedeutung zu. Kybernetische Systeme zeichnen sich insbesondere dadurch aus, dass sie nach Störungen des Gleichgewichts unter bestimmten Voraussetzungen wieder in einen Gleichgewichtszustand kommen können.

Die Steuerung der Umsetzung ist eine Führungsaufgabe

Der gesamte Prozess der Problemlösung stellt sich als ein Kreislauf dar, in dem die Führung regelmäßig Informationen erhält, die wiederum Rückwirkungen auf den gesamten Führungsprozess (Rückkoppelung) haben. Die Führungskraft hat dabei die Aufgabe, die Ausführung der Planung zu steuern.

Sollen solche organisatorischen Systeme, die sich selbst regeln (kybernetische Systeme), dargestellt werden, eignet sich der **Regelkreis**.

Modell und Anwendung des Regelkreises

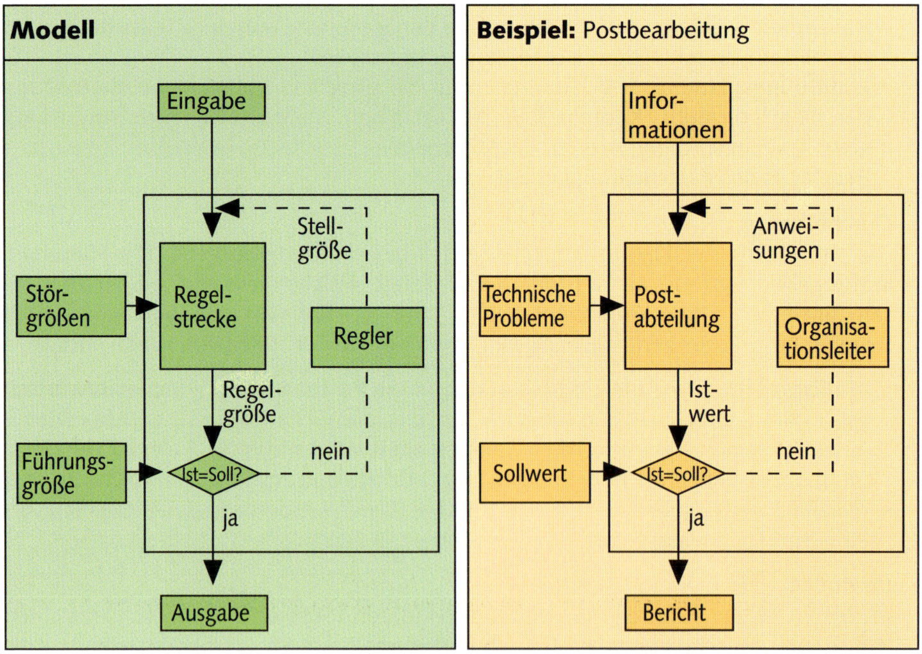

Die Grenzen der Darstellung als Regelkreis sind erreicht, wenn die Ziele nicht genau messbar sind (z. B. Zielsetzung: Verbesserung des Betriebsklimas) oder die Ergebnisse nicht rechtzeitig an die übergeordnete Stelle weitergeleitet werden können. Viele Problemstellungen sind zu vielschichtig um sie mit diesem Modell zu erfassen.

Erläuterung des Regelkreises am Beispiel der Postbearbeitung

Modell	**Beispiel:** Postbearbeitung
– **Eingabedaten** setzen ein organisatorisches System in Gang.	– *Die Postabteilung erhält die notwendigen Informationen zur Lösung der Aufgabe*
– **Regelstrecke** ist der Bereich des Betriebes, in dem die Aufgabe durchgeführt wird.	– *In der Postabteilung werden die erforderlichen Entscheidungen getroffen und die entsprechenden Maßnahmen durchgeführt.*
– **Störgrößen** sind alle außer- und innerbetrieblichen Einflüsse, die die Ausführung der Aufgabe behindern.	– *In der Anfangsphase treten teilweise technische Probleme aufgrund mangelhafter Anpassung auf.*
– **Regelgröße** ist das tatsächliche Ergebnis (Ist), das erzielt wurde.	– *Die tatsächlichen Kosteneinsparungen und Bearbeitungszeiten werden zu bestimmten Stichtagen ermittelt.*
– **Führungsgröße** ist das vorgegebene Ziel (Soll), das erreicht werden soll. Die Regelgröße wird mit der Führungsgröße verglichen (Soll-Ist-Vergleich).	– *Die tatsächlichen Werte werden mit den Zielvorgaben des Vorstandes verglichen.*
– **Der Regler** tritt in Aktion, wenn die Führungsgröße nicht erreicht wurde. Er verarbeitet die Abweichungsinformation und greift in den Ablauf ein. Der oberste Regler ist die Geschäftsleitung.	– *Der Organisationsleiter schaltet sich ein, wenn die Ziele nicht erreicht werden. Er analysiert mit seinen Mitarbeitern die Ursachen und trifft die erforderlichen Entscheidungen.*
– **Stellgröße** sind die Maßnahmen, die der Regler veranlasst, um das System ins Gleichgewicht zu bringen.	– *Der Organisationsleiter hat mit seinen Mitarbeitern die Konzeption auf der Grundlage der gewonnenen Erfahrungen weiterentwickelt.*
– **Ausgabedaten** gehen als Eingabedaten in andere organisatorische Systeme des Betriebes ein.	– *Die Erfahrungen bei der Neuorganisation der Postbearbeitung werden bei weiteren Organisationsprojekten mit verwertet.*

4 Welche Bereiche regelt die Organisation?

Das Verkehrssystem – eine Verbindung von Bestands- und Fluss(Prozess)größen

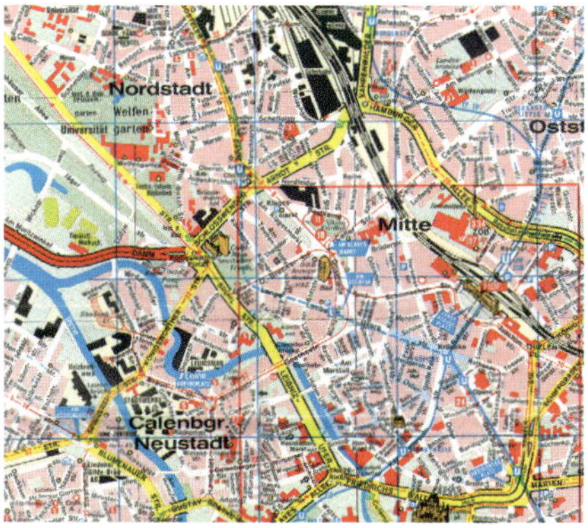

Dieser Stadtplan stellt den Aufbau des Verkehrssystems dar. Straßen durchziehen die Stadt und die angrenzenden Gebiete, Häuser werden durch Straßen zu Blöcken zusammengefasst, Einbahnstraßen geben die vorgeschriebene Fahrtrichtung an ...

Der Ablauf des fließenden Verkehrs wird durch Ampeln geregelt, die den Verkehrsteilnehmern Hinweise geben, wie sie sich jeweils zu verhalten haben; Verkehrsregeln wie z. B. „rechts vor links" regeln die Vorfahrt ...

Diese Beispiele zeigen, dass im Straßenverkehr sowohl Aufbaubeziehungen als auch Ablaufbeziehungen zusammenwirken. Auch die Organisationslehre unterscheidet zwei vergleichbare Komponenten, die in der Praxis stets miteinander verbunden sind.

Die Betriebsorganisation – eine Verbindung von Bestands- und Prozessgrößen

Organisation

Aufbauorganisation

- Gliederung des Betriebes in funktionsfähige Teileinheiten
- Koordination der Betriebseinheiten im Hinblick auf die betriebliche Zielsetzung
- Aufbau eines Systems von Informations- und Anweisungswegen

→ **Bestandsgrößen**

Ablauforganisation

- Ordnung der räumlichen und zeitlichen Reihenfolge zusammengehöriger Arbeitsgänge mit dem Ziel eines optimalen Ergebnisses
- Optimale Nutzung der vorhandenen Kapazitäten an Mensch und Betriebsmittel

→ **Prozessgrößen**

Bestandsgrößen ← Abhängigkeit → **Prozessgrößen**

Fallbeispiel: Im Projekt „Postbearbeitung" werden beide Bereiche der Organisation berührt:

- Im Rahmen der Aufbauorganisation wird z. B. festgelegt, wer die Verantwortung für die richtige Adressierung oder die ordnungsgemäße Frankierung trägt.
- Im Bereich der Ablauforganisation wird der optimale Durchlauf der Ausgangspost zeitlich und räumlich geregelt.

Aufgaben

1 a) Skizzieren Sie das Zielsystem eines erwerbswirtschaftlichen Unternehmens.
b) Erläutern Sie mögliche Zielkonflikte in diesem System.
c) Beschreiben Sie die wesentlichen Anforderungen an die Organisation, die sich aus diesem Zielsystem ableiten.

2 Beschreiben Sie die Rolle der zentralen Organisationsabteilung im Rahmen der Organisationsentwicklung.

3 Die Außendienstmitarbeiter eines Handelsunternehmens sollen zukünftig mit tragbaren Personalcomputern (Laptops) ausgestattet werden, damit sie im Kundengespräch alle wesentlichen Daten abrufbereit haben und die Abwicklung der Kundenaufträge vereinfacht wird.
a) Skizzieren Sie die einzelnen Teilschritte, die erforderlich sind, um diese Problemstellung mithilfe eines Projektteams zu lösen.
b) Stellen Sie die wesentlichen Informationen zusammen, welche die Geschäftsleitung von dem Projektteam benötigt, um eine Entscheidung über das Projekt treffen zu können.

4 Die Geschäftsleitung hat dem Konzept des Projektteams zugestimmt. Die Umsetzung des Konzeptes wird dem Vertriebsleiter verantwortlich übertragen. Erläutern Sie mit Hilfe eines Regelkreises diesen Führungsprozess.

5 Erklären Sie den Unterschied zwischen Aufbau- und Ablauforganisation.

Aufbauorganisation

Die Aufbauorganisation der Laupheimer Büromöbel AG ist über mehrere Jahrzehnte hinweg gewachsen. Die zwischenzeitlich 520 Mitarbeiter werden von folgenden Führungskräften der oberen und mittleren Ebene geführt.

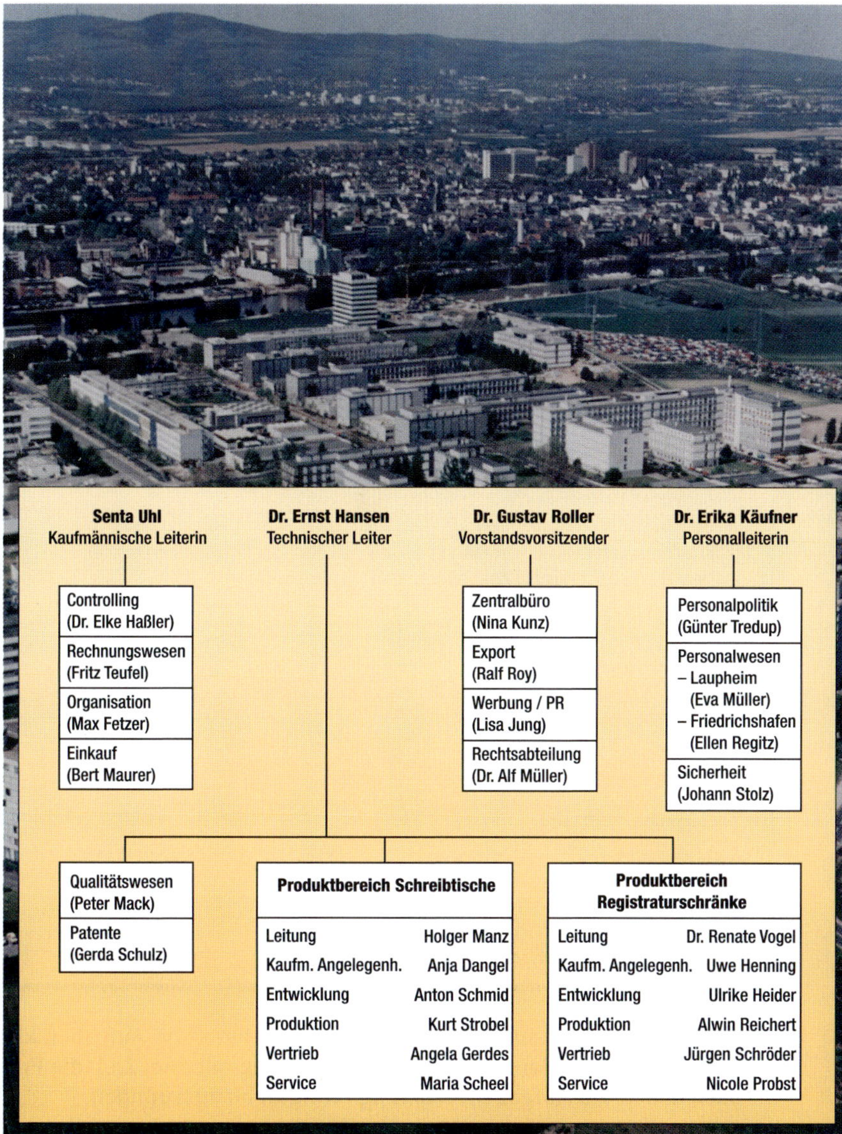

Der Vorstand der Laupheimer Büromöbel AG hat sich im Zuge der Neuorganisation zum Ziel gesetzt, die Aufbauorganisation flexibler und kundenorientierter zu gestalten.

- **Analysieren Sie diese Struktur im Hinblick auf die Zielsetzung des Vorstandes und überlegen Sie, welche grundlegenden Veränderungen notwendig sind.**

1 Wie organisiert man einen Betrieb?

Auszug aus dem Firmenleitbild der Laupheimer Büromöbel AG:

Gesamtaufgabe der Laupheimer Büromöbel AG

„Wir haben uns zum Ziel gesetzt, die gesamte Palette der Büromöbel für gewerbliche und private Kunden mit einem Gewinn zu verkaufen, der die langfristige Existenz der Unternehmung und damit der Arbeitsplätze sichert."

Bisherige Aufgabenverteilung der Verantwortungsbereiche

Die Vorstandsmitglieder der Laupheimer Büromöbel AG haben ergänzend für ihren Verantwortungsbereich jeweils die wesentlichen Aufgaben zusammengestellt.

- **Vorstandsvorsitzender:**
  - Leitung des Vorstandsgremiums
  - Vertretung der Unternehmung nach außen
  - Steuerung der Exportaktivitäten
  - Öffentlichkeitsarbeit und Werbung
  - Rechtsberatung der Unternehmensbereiche
- **Kaufmännische Leiterin:**
  - Langfristige Steuerung der Unternehmung durch ein effektives System der Planung und laufenden Ergebniskontrolle (Controlling)
  - Aussagefähiges Rechnungswesen und Statistik
  - Organisationskonzepte mit dem Ziel der Flexibilität und Kundenorientierung entwerfen und in der Umsetzung begleiten
  - Den Einkaufsbedarf kostengünstig sichern
- **Personalleiterin:**
  - Personalpolitik: Den Bedarf an Mitarbeitern in ausreichender Zahl und Qualifikation langfristig sichern
  - Personalwesen: Die Beschaffung, Aus- und Fortbildung sowie die Betreuung der Mitarbeiter sicherstellen und die Personaldaten wirtschaftlich verwalten
  - Die Sicherheit der Mitarbeiter gewährleisten
- **Technischer Leiter:**
  - Produktbereiche: Die Entwicklung, die Produktion, den Vertrieb und den Service wirtschaftlich durchführen und die kaufmännische Abwicklung sichern
  - Die Qualität der Produktion sichern
  - Patentrechte sichern

■ **Der Vorstand der Laupheimer Büromöbel AG hat seine Aufgaben klar gegliedert. Analysieren Sie diese Vereinbarung mit dem Ziel, die Prinzipien, nach denen die Aufgabenverteilung erfolgte, herauszufinden.**

Bevor eine betriebliche Organisation aufgebaut wird, muss eine aussagefähige Beschreibung des Gesamtbetriebes formuliert werden. Diese dient dazu, Regelungen zu schaffen, die ein Zusammenwirken von Menschen und Sachmitteln nach organisatorischen Grundsätzen gewährleisten.

Was heißt organisieren?

Organisieren heißt, innerhalb eines Unternehmens die Verantwortung der Führungskräfte und Mitarbeiter zu bestimmen und deren Beziehungen zueinander zu regeln.

Problemstellungen der Aufbauorganisation

Hierbei sind insbesondere folgende Probleme zu lösen:
- Wie werden die Aufgaben verteilt? **(Aufgabenstruktur)**
- An wen werden Informationen weitergegeben? **(Kommunikationsstruktur)**
- Wie wird die Macht verteilt? **(Autoritätsstruktur)**

Eine effektive Organisation kann somit nur geschaffen werden, wenn es gelingt, das Personal voll zu integrieren. Deshalb müssen die Organisations- und die Personalstruktur möglichst eng aufeinander abgestimmt werden.

Organisation und Personalstruktur müssen aufeinander abgestimmt sein

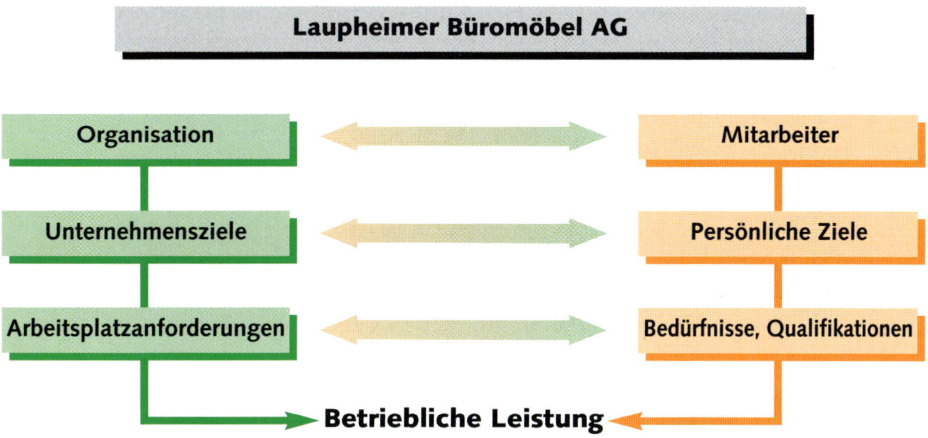

1.1 Wie werden die Aufgaben verteilt?

Die Verteilung der Aufgaben leitet sich von den Zielen der Unternehmung ab. Der Prozess der Zuordnung von Mitarbeitern zu den Aufgaben erfolgt in vier Phasen:

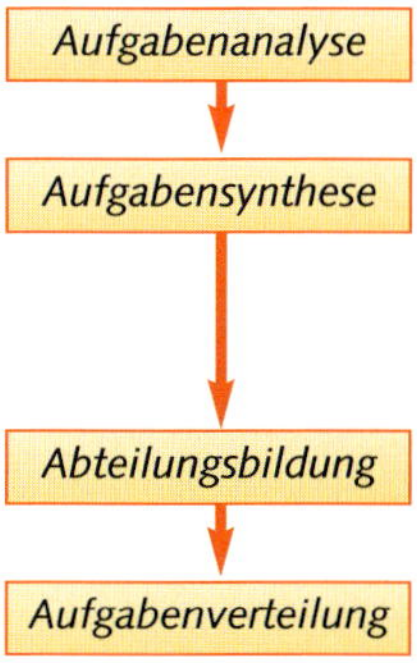

1. Phase: Aufgabengliederung (Aufgabenanalyse)
Die Gesamtaufgabe des Betriebes wird in sinnvolle Einzelaufgaben gegliedert.

2. Phase: Stellenbildung (Aufgabensynthese)
Zusammengehörende Einzelaufgaben werden zu Tätigkeitsbereichen (Stellen) zusammengefasst, die von einer Person (Stelleninhaber) erfüllt werden können.

3. Phase: Abteilungsbildung
Zusammenfassung mehrerer Stellen unter einer Leitung

4. Phase: Stellenbesetzung
Die geschaffenen Stellen werden durch geeignete Personen besetzt.

Dieser Bereich der Organisation wird als Aufbauorganisation bezeichnet.

Aufbauorganisation

Die Aufbauorganisation gliedert den Betrieb in funktionsfähige Teileinheiten und koordiniert sie im Hinblick auf die betriebliche Zielsetzung.

Gliedert man die Einzelaufgaben weiter, müssen die Arbeitsgänge bestimmt werden, die zur Erfüllung einer Aufgabe erforderlich sind. Diese Organisation gehört jedoch bereits zur Ablauforganisation.

vgl. Kapitel Ablauforganisation

Das Grundprinzip der Aufgabenverteilung

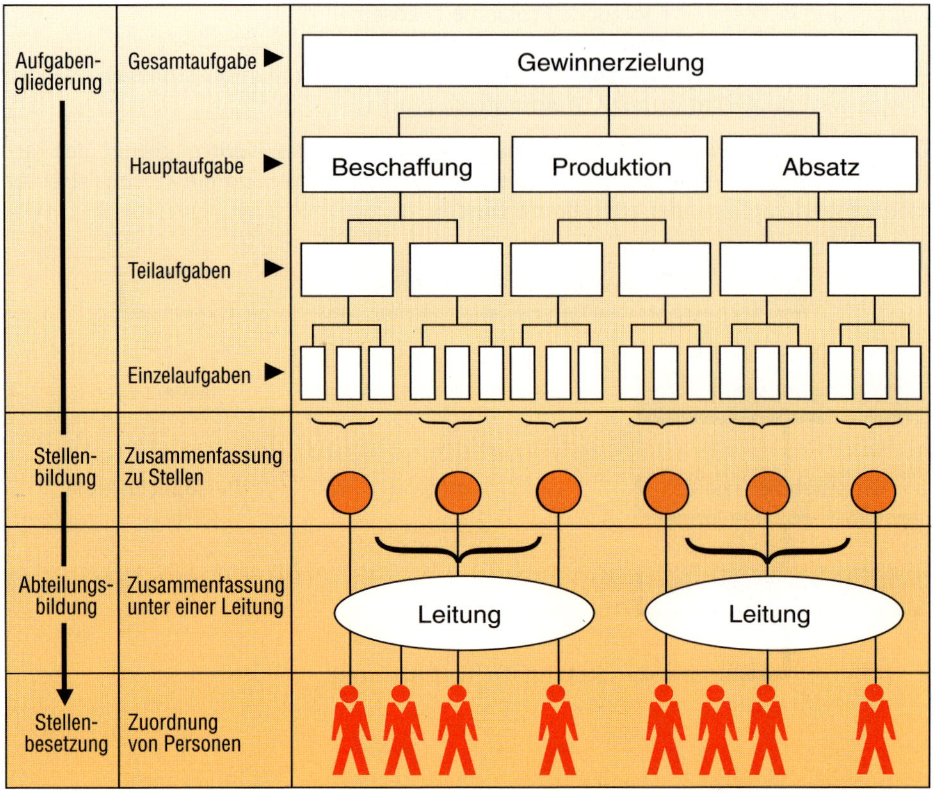

vgl. Kapitel Personalwirtschaft

1.2 Aufgabengliederung

Aufgabengliederung

Die Aufgabengliederung (Aufgabenanalyse) hat zum Ziel, die Gesamtaufgabe nach bestimmten Kriterien in sinnvolle Haupt-, Teil- und Einzelaufgaben zu zerlegen.

Eine Aufgabengliederung kann in der Aufbauorganisation nach zwei grundlegenden Gesichtspunkten vorgenommen werden.

Merkmale der Aufgabengliederung

- Eine **sachliche** Gliederung unterscheidet nach **Verrichtungen** und **Objekten**.
- Eine Gliederung nach **formalen** Gesichtspunkten unterscheidet zwischen **Rang, Phase** und **Zweckbeziehung**.

Gliederung nach der Verrichtung

Die **Gliederung nach der Verrichtung** unterscheidet die Aufgaben nach der Art der Tätigkeit, die ausgeführt werden soll. Zum Beispiel soll die Gesamtaufgabe der Unternehmung die Erzielung einer Gesamtkapitalrendite von 12 % sein. Daraus ergeben sich dann verschiedene **Hauptaufgaben**, die in den Bereichen Entwicklung, Beschaffung, Herstellung, Vertrieb und Verwaltung **verrichtet** werden.

Gliederung nach dem Objekt

Die **Gliederung nach dem Objekt** unterteilt die Aufgaben nach dem Gegenstand, an dem die Arbeit verrichtet wird. Die Hauptaufgabe ist z. B. die Herstellung von Büromöbeln. Teilaufgaben sind die Herstellung von Schreibtischen, Büroschränken und Bürostühlen.

Weitere Gliederungsmerkmale können sein:

Gliederung
– nach dem Rang
– nach der Phase
– nach der Zweckbeziehung

- **Nach dem Rang:** Unterteilung in Entscheidungs- und Ausführungsaufgaben
- **Nach der Phase:** Die Aufgaben werden nach Planung, Durchführung und Kontrolle unterschieden.
- **Nach der Zweckbeziehung:** Aufgaben, die direkt dem Unternehmensziel dienen, wie z. B. die Beschaffung, die Produktion oder der Vertrieb und reine Verwaltungsaufgaben, wie z. B. Rechnungswesen oder Personalverwaltung, werden getrennt.

Teilweise überlagern sich diese Gliederungsmerkmale, sodass eine eindeutige Zuordnung nicht mehr möglich ist. Die Kriterien der Aufgabengliederung stehen gleichberechtigt nebeneinander und müssen deshalb in ihrer Gesamtheit berücksichtigt werden.

Einzelne Tätigkeiten können dabei je nach Unternehmen unterschiedlichen Bereichen zugeordnet werden. Wird z. B. in einem Industrieunternehmen ein Brief geschrieben, so ist dies eine reine Verwaltungsaufgabe. In einem Schreibbüro gehört diese Arbeit jedoch zu den Zweckaufgaben.

Organisationskonzept der Laupheimer Büromöbel AG

Fallbeispiel: Der Vorstand hat für die Erarbeitung des neuen Organisationskonzepts eine Projektgruppe eingerichtet, die zwei Vorschläge für die grundlegende Aufgabenverteilung vorstellt.

1. Vorschlag der Projektgruppe zur Aufgabengliederung (Auszug)

Herstellung und Vertrieb von Büromöbeln					Aufgaben 1. Ordnung
Entwickeln	Beschaffen	Herstellen	Vertreiben	Verwalten	2. Ordnung
Forschen	Einkaufen	Schreibtische	Marktforschung	Controlling	3. Ordnung
Konstruieren	Waren kontrollieren	Büroschränke	Werbung/Öffentlichkeitsarbeit	Organisationsentwicklung	
Testen	Lagern	Bürostühle	Verkauf im In- und Ausland	Rechnungswesen Statistik/Ablage	

2. Vorschlag der Projektgruppe zur Aufgabengliederung (Auszug)

Herstellung und Vertrieb von Büromöbeln				Aufgaben 1. Ordnung
Schreibtische	Büroschränke	Bürostühle	Verwaltung	2. Ordnung
Entwickeln	Entwickeln	Entwickeln	Controlling	3. Ordnung
Beschaffen	Beschaffen	Beschaffen	Organisieren	
Herstellen	Herstellen	Herstellen	Personalarbeit	
Vertreiben	Vertreiben	Vertreiben	Rechnungswesen/ Statistik/Ablage	

Aufgaben

1 Erklären Sie den Begriff des Organisierens an einem selbst gewählten Beispiel.

2 Beschreiben Sie den Zusammenhang zwischen Problemstellungen im Bereich der Aufbauorganisation und dem Personalwesen.

3 Skizzieren Sie den Prozess der Aufgabenverteilung in einem Unternehmen.

4 Definieren Sie den Begriff der Aufbauorganisation.

5 Erläutern Sie die einzelnen Merkmale der Aufgabengliederung in der Aufbauorganisation anhand von Beispielen aus Ihrem Ausbildungsbetrieb.

6 a) Analysieren Sie beide Vorschläge der Projektgruppe der Laupheimer Büromöbel AG im Hinblick auf die Merkmale der Aufgabengliederung.
b) Arbeiten Sie die wesentlichen Vor- und Nachteile beider Vorschläge heraus.
c) Erarbeiten Sie einen begründeten Entscheidungsvorschlag.
d) Diskutieren Sie mögliche Alternativen.

7 Die Georg Weber OHG, Großhandelsunternehmen für Autozubehör und Industriebedarf, soll einer Aufgabenanalyse unterzogen werden. Erarbeiten Sie für dieses Unternehmen eine Aufgabengliederung bis zur 3. Ordnung.

8 Entwickeln Sie für die Raiffeisenbank Blautal eG, die 20 Mitarbeiter hat, eine Aufgabengliederung bis zur 3. Ordnung.

1.3 Stellenbildung

Die Laupheimer Büromöbel AG will in Leipzig ein Verkaufsbüro einrichten, welches den Absatz in den neuen Bundesländern fördern soll. Die Leiterin des Verkaufsbüros, Frau Mäser, will diesen Markt mithilfe von insgesamt 6 Mitarbeitern erobern und betreuen.
Die Aufgabenanalyse führte zu folgendem Aufgabengliederungsplan:

Die Aufgabengliederung des neuen Verkaufsbüros in Leipzig

Vertrieb von Büromöbeln in den neuen Bundesländern				Aufgaben 1. Ordnung
Marktforschung	Absatzförderung	Verkauf	Verwaltung	2. Ordnung
– Marktanalyse (einmalig) – Marktbeobachtung (laufend) – Marktprognose	– Öffentlichkeitsarbeit – Werbung – Verkäuferschulung und Verkaufshilfen	– Mecklenburg-Vorpommern – Brandenburg-Berlin – Thüringen – Sachsen-Anhalt – Sachsen	– Controlling – Auftragsabwicklung – Rechnungswesen/Statistik – Ablage – Revision	3. Ordnung

- **Welche Teilmengen von Aufgaben sollten jeweils einem der sechs Mitarbeiter sowie der Leiterin des Verkaufsbüros zugeordnet werden?**
- **Entwickeln Sie einen Plan für die Verteilung dieser Aufgaben auf die Leiterin des Verkaufsbüros sowie die sechs Mitarbeiter.**

Aufgabensynthese: Stellenbildung

Die Stellenbildung (Aufgabensynthese) fasst die Einzelaufgaben, die in der Aufgabengliederung ermittelt wurden, nach sachlichen Gesichtspunkten für einzelne Stelleninhaber zusammen.

Umfang des Aufgabenbereichs einer Stelle

Damit ist der Aufgabenbereich einer Stelle jeweils auf die normale Kapazität eines Mitarbeiters mit der erforderlichen Eignung auszurichten. Dabei kann grundsätzlich nach folgenden Strukturierungsprinzipien vorgegangen werden:

Zentralisation

- **Zentralisation** ist die Zusammenfassung von Teilaufgaben in einer Stelle. Diese Spezialisierung bietet sich vor allem dann an, wenn
  - **einheitliche Aufgaben** für die Unternehmung, z. B. Werbung, zu lösen sind,
  - Funktionen, die eine **neutrale Stellung** erfordern, z. B. Revision, erfüllt werden müssen oder
  - **wirtschaftliche Vorteile** durch eine zentrale Lösung, z. B. beim Einkauf, möglich sind.

Dezentralisation

- **Dezentralisation** bedeutet die Aufteilung gleichartiger Aufgaben auf mehrere Stellen. Dieses Prinzip ist sinnvoll, wenn
  - die **Problemstellungen sehr vielschichtig** sind, sodass eine einzelne Stelle überfordert wäre und
  - die notwendigen **Informationen** von einer zentralen Stelle aus nur schwer zu beschaffen sind.

Stellenbildung aufgrund individueller Situationanalyse

Die Frage, welches Ausmaß an Zentralisation sinnvoll ist, kann für jede Unternehmung nur im Einzelfall beantwortet werden. Grundsätzlich stehen hierbei folgende Fragestellungen im Vordergrund (Situationsanalyse):
- Wo können die notwendigen Informationen am schnellsten und einfachsten beschafft werden?
- Wie rasch müssen jeweils Entscheidungen gefällt werden?
- Welche Qualifikation ist erforderlich, um diese Entscheidungen treffen zu können?
- Welche Bedeutung haben die Entscheidungen für das Unternehmen?

Fallbeispiel: Der Vorstand der Laupheimer Büromöbel AG beschließt, den Mitarbeitern des neuen Verkaufsbüros in Leipzig ein hohes Maß an Eigenverantwortung zu geben, damit sie auf die Besonderheiten ihres neuen Marktgebietes möglichst zielgruppengerecht eingehen können.

Die Stelle der Büroleiterin erhält die Controllingfunktion sowie die Marktverantwortung für das Gebiet der neuen Bundesländer übertragen. Das Rechnungswesen und die Statistik, die Revision sowie die Verkäuferschulung werden dem Verkaufsbüro dagegen von zentralen Stellen der Unternehmung abgenommen.

Merkmale der Stellenbildung

Die einzelnen Aufgaben, welche im Rahmen der Aufgabengliederung definiert wurden, können bei der Stellenbildung grundsätzlich nach den gleichen Merkmalen wieder zentralisiert (zusammengefasst) werden.

Sachliche Zentralisation

- **Sachliche Zentralisation:**
  - Zusammenfassung nach der **Verrichtung**: Gleichartige Tätigkeiten werden für eine Person zusammengefasst;
    z. B. *Verkauf aller Produkte durch einen Mitarbeiter.*
  - Zusammenfassung nach dem **Objekt**: Aufgaben an einem Gegenstand werden für einen Mitarbeiter zusammengefasst,
    z. B. *Marktforschung, Absatzförderung und Verkauf von Schreibtischen.*

Formale Zentralisation

- **Formale Zentralisation:**
  - Zusammenfassung nach dem **Rang**: Entscheidungs- und Ausführungsaufgaben werden unterschiedlichen Stellen zugeordnet;
    z. B. *kann die Leiterin des Verkaufsbüros alle Entscheidungen treffen, die Mitarbeiter führen lediglich Aufträge aus.*
  - Zusammenfassung nach der **Phase**: Planungs-, Durchführungs- und Kontrollaufgaben werden unterschiedlichen Stellen zugeordnet;
    z. B. *kann eine Stelle eingerichtet werden, welche ausschließlich die Auftragsabwicklung kontrolliert.*
  - Zusammenfassung nach der **Zweckbeziehung**: Stellen mit Verwaltungsaufgaben und Aufgaben, die direkt dem Unternehmensziel dienen, werden getrennt gebildet;
    z. B. *kann eine Stelle gebildet werden, die nur Verwaltungsaufgaben erledigt.*

Zusätzliche Kriterien der Stellenbildung

Diese Merkmale können bei der Stellenbildung einzeln oder in Kombination zugrunde gelegt werden. Zusätzlich können weitere Kriterien herangezogen werden:

- Zusammenfassung nach **Arbeitsmitteln**: Alle Aufgaben, die an einem bestimmten Arbeitsmittel anfallen, werden auf einen Stelleninhaber zugeordnet. Eine Stelle kann z. B. *alle Aufgaben umfassen, die am Personalcomputer anfallen.*
- Zusammenfassung nach dem **Raum**: Aufgaben, die an einem bestimmten Ort oder in einer begrenzten Region anfallen, werden in die Verantwortung einer Stelle gegeben. Ein Stelleninhaber kann z. B. *für den Verkauf in Sachsen und Thüringen verantwortlich sein.*
- Zusammenfassung nach der **Zeit**: Alle Aufgaben, die innerhalb einer bestimmten Zeit anfallen, werden von einer Person erledigt. So kann z. B. *eine Mitarbeiterin alle Verwaltungsaufgaben am Vormittag erledigen.*

Die Stellenbildung nach persönlichen Kriterien weist schwerwiegende Nachteile auf

In der Praxis findet man häufig als Zuordnungsmerkmal die persönliche Zentralisation. Dabei werden die Stellen nach der Motivation und den Fähigkeiten der vorhandenen Mitarbeiter ausgerichtet. Wechseln die Mitarbeiter, muss bei diesem Kriterium auch die Aufbauorganisation des Unternehmens geändert werden. Dies würde jedoch dazu führen, dass die Organisationsstruktur eines Unternehmens laufend in Bewegung ist, sodass die Grundsätze der Organisation im Regelfall nicht mehr erfüllt werden können. Deshalb ist es notwendig, die Stellen ausschließlich personenneutral zu bilden.

Grundprinzipien der Stellenbildung

Die Zusammenfassung der Teilaufgaben zu Stellen muss sich letztendlich immer am Unternehmensziel ausrichten. Deshalb sollten folgende Grundprinzipien bei der Zentralisation von Aufgaben beachtet werden:

Keine Überforderung des Stelleninhabers

- **Überschaubarkeit:** Die Aufgaben, die mit einer Stelle verbunden sind, müssen für den Stelleninhaber überschaubar sein, sonst wird er sich überfordert fühlen. Deshalb sind insbesondere folgende Fragen zu klären:
  - Wie groß sind die Anzahl und Verknüpfungen der einzelnen Aufgaben?
  - Welche Abhängigkeiten bestehen zu anderen Stellen und zur Umwelt?
  - Wie genau lässt sich die Aufgabe sachlich und zeitlich planen?
  - Welche Abweichungen gegenüber Erfahrungen mit vertrauten Aufgaben sind zu erwarten?
- **Angemessenheit:** Die Aufgaben sind der Leistungsfähigkeit der möglichen Stelleninhaber anzupassen. Reicht diese nicht aus, sind entsprechende Qualifizierungsmaßnahmen oder die Einstellung entsprechend qualifizierter Mitarbeiter zu planen.

- **Arbeitsteilung:** Die Geschichte der modernen Industriegesellschaften ist durch eine zunehmende Spezialisierung gekennzeichnet.

  Chancen der Arbeitsteilung

  Für die **Arbeitsteilung** sprechen folgende Argumente:
  - die Arbeitnehmer können nach ihren Neigungen eingesetzt werden,
  - die Arbeiten werden vereinfacht,
  - die Tätigkeiten können mit Maschinen rationeller abgewickelt werden,
  - dadurch wird Material und Zeit gespart,
  - das Arbeitsergebnis verbessert sich und die Arbeitseinkommen können angehoben werden,
  - die Ausbildungszeit der Arbeitskräfte kann verkürzt werden.

  Gefahren der Arbeitsteilung

  Gegen eine **Arbeitsteilung** können folgende Gesichtspunkte vorgebracht werden:
  - die Arbeiten werden monoton,
  - dadurch können gesundheitliche Schäden entstehen und die Arbeitnehmer werden geistig nicht gefordert,
  - der Beschäftigte verliert den Überblick über die betriebliche Tätigkeit,
  - dadurch werden Unzufriedenheit und schlechte Arbeitsleistungen hervorgerufen,
  - der Arbeitnehmer wird durch seine einseitige Ausbildung von seinem Betrieb abhängig.

Die Gestaltung der Arbeit hat einen entscheidenden Einfluss auf die Motivation und die Leistung der Mitarbeiter. Hierbei kann aufgrund vielfältiger Untersuchungen folgender Zusammenhang aufgezeigt werden:

Die Arbeitsgestaltung bestimmt die Motivation und Leistung

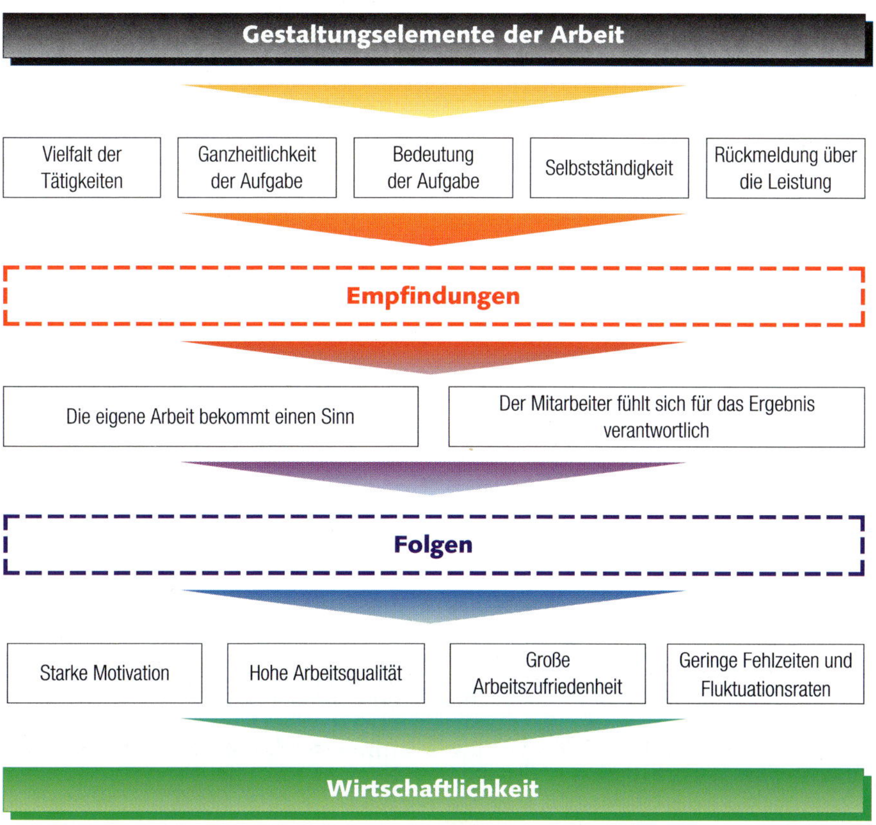

Fluktuation
= *Häufigkeit des Personalwechsels*

Die Ganzheitlichkeit von Aufgaben fördert die Arbeitszufriedenheit und damit die Wirtschaftlichkeit

Je mehr im kaufmännischen Bereich Routineaufgaben durch die Datenverarbeitung übernommen werden, desto mehr besteht die Chance, Ganzheitlichkeit der Aufgabe sicherzustellen. Der Mitarbeiter ist damit für die gesamte Lösung einer Problemstellung verantwortlich. Obwohl dabei die Vorteile der Arbeitsteilung teilweise verloren gehen, besteht die Chance, dass durch die höhere Motivation der Mitarbeiter im Endeffekt eine höhere Wirtschaftlichkeit erzielt wird.

Die Stellen des Verkaufsbüros Leipzig

Fallbeispiel: Gemeinsam mit der zentralen Organisationsabteilung definiert Frau Mäser folgende Stellen für ihr Verkaufsbüro:

- **Leiter/in des Verkaufsbüros:** Controlling, Marketingleitung
- **Stellvertretende/r Leiter/in:** Vertriebsleitung
- **Marktforschung:** Marktanalyse, Marktbeobachtung, Marktprognose
- **Absatzförderung:** Öffentlichkeitsarbeit, Werbung, Verkaufshilfen
- **Verkauf Mecklenburg-Vorpommern, Berlin-Brandenburg**
- **Verkauf Sachsen-Anhalt, Thüringen**
- **Verkauf Sachsen**
- **Auftragsabwicklung und Ablage**

1.4 Abteilungsbildung

Abteilung

Eine Abteilung entsteht durch die Zusammenfassung mehrerer Stellen unter einheitlicher Leitung.

Hauptabteilung/ Bereich Arbeitsgruppen

Der Abteilungsleiter besitzt seinen Mitarbeitern gegenüber ein Weisungsrecht. In kleineren Unternehmen ist der Abteilungsleiter direkt der Geschäftsleitung unterstellt. In größeren Unternehmen werden Abteilungen zu **Hauptabteilungen** oder **Bereichen** zusammengefasst. Große Abteilungen können wiederum in **Arbeitsgruppen** untergliedert werden. Das Ergebnis dieser Verteilung der Aufgaben und der Macht ist eine **Hierarchie von Stellen**, die mit unterschiedlichen Rechten und Befugnissen ausgestattet sein können.

Hierarchie eines mittleren Unternehmens:

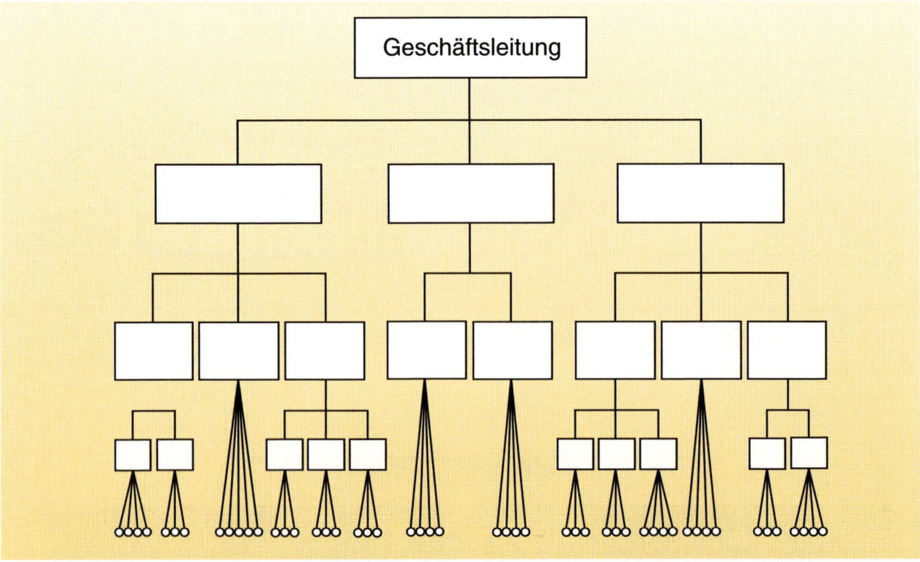

Hierarchie ist ein System, das durch die Beziehungen der Über- bzw. Unterordnung zwischen den Stellen in der Unternehmung gekennzeichnet ist.

Je höher bei einer gegebenen Zahl von Stellen die Zahl der Hierarchieebenen ist, desto steiler ist die Hierarchie. Umgekehrt wird eine Hierarchie als flach bezeichnet, wenn sie wenige Ebenen aufweist.

Eine **steile Hierarchie** unterscheidet vom einfachen Mitarbeiter bis zum Vorstandsvorsitzenden z. B. 5 – 6 Hierarchieebenen.

Eine **flache Hierarchie** unterscheidet z. B. lediglich 3 Hierarchieebenen. Man spricht dann von breiten Führungsspannen, da ein Vorgesetzter viele Mitarbeiter zu betreuen hat. Bei einer steilen Hierarchie sind die Führungsspannen entsprechend geringer.

Jeder betriebliche Leistungsprozess erfordert den Einsatz von menschlicher Arbeitsleistung, von Betriebsmitteln und Werkstoffen. Die Kombination dieser Leistungsfaktoren vollzieht sich allerdings nicht von selbst, sondern ist das Ergebnis leitender Arbeit. Die menschliche Arbeitsleistung lässt sich nach der betrieblichen Funktion in zwei Bereiche gliedern.

Leitende Arbeit

- Die **leitende Arbeit** ist durch wesentliche Führungsfunktionen gekennzeichnet:
  - Vorgabe der Ziele,
  - Festlegen der Wege, um die Ziele zu erreichen,
  - Veranlassung der notwendigen Maßnahmen, um die Aufgaben zu lösen,
  - Kontrolle des betrieblichen Geschehens.

Ausführende Arbeit

- Die **ausführende Arbeit** beschränkt sich auf die Erfüllung der Aufgaben, die durch die leitenden Mitarbeiter vorgegeben werden.

Die leitenden und ausführenden Funktionen müssen im Betrieb sinnvoll zusammenwirken, damit ein Ziel erreicht werden kann. Dabei ist wesentlich, dass die Ergebnisse aus der Durchführung einer Aufgabe wiederum in die Entscheidungsfindung über die Zielsetzung und Planung kommender Maßnahmen einfließen. Diesen Kreislauf bezeichnet man als **Management-Regelkreis**.

Management-Regelkreis

Eine exakte Trennung dieser Arbeiten ist in der Praxis nicht möglich. Leitende Angestellte müssen in der Regel auch ausführende Arbeiten verrichten, während befähigte Mitarbeiter oftmals bestimmte Leitungsaufgaben übertragen bekommen. Insgesamt lässt sich ein Betrieb in vier Ebenen (Instanzen) gliedern, die sich durch den unterschiedlich hohen Anteil der leitenden Arbeit voneinander abheben.

Struktur der Arbeit in einzelnen Hierarchieebenen

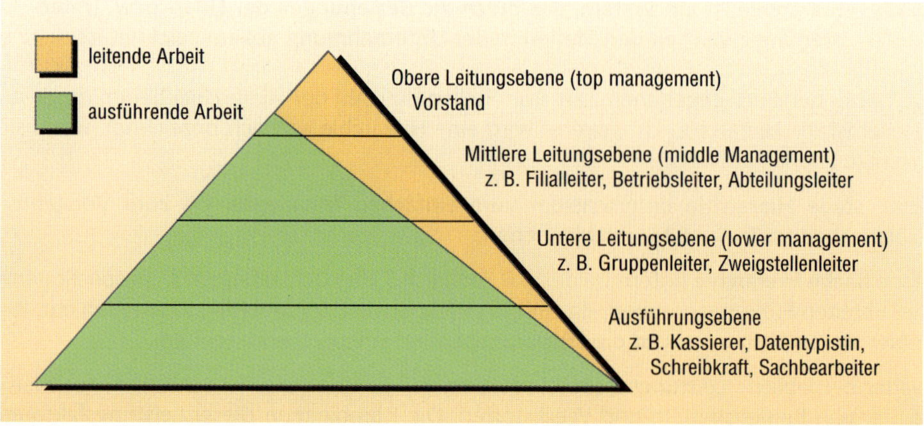

Die Abteilungsbildung kann grundsätzlich nach den Kriterien erfolgen, die auch bei der Aufgabengliederung zugrunde gelegt werden können. Somit kommen in der Praxis zwei Grundmodelle vor:

– **Funktionalorganisation:** Die Stellen werden nach dem Verrichtungsprinzip zusammengefasst.
  Dem Vorstand sind die Bereiche Beschaffung, Produktion, Vertrieb und Verwaltung unterstellt.

Sparten *sind selbstständige Geschäftsbereiche, die ihre Geschäfte in eigener Verantwortung betreiben*

– **Geschäftsbereich- oder Spartenorganisation:** Die Stellen werden nach dem Objekt, d. h. nach Produkten, Projekten oder Kunden zusammengefasst.
  Dem Vorstand sind die Bereiche Privatkunden, Gewerbetreibende, Unternehmen und Behörden unterstellt.

In der Praxis findet man in der Regel Kombinationen dieser Gliederungsprinzipien.

Fallbeispiel: Das neue Verkaufsbüro in Leipzig wird nach Vorschlag der Organisationsabteilung in zwei Abteilungen gegliedert:

Abteilungsbildung in dem neuen Verkaufsbüro Leipzig

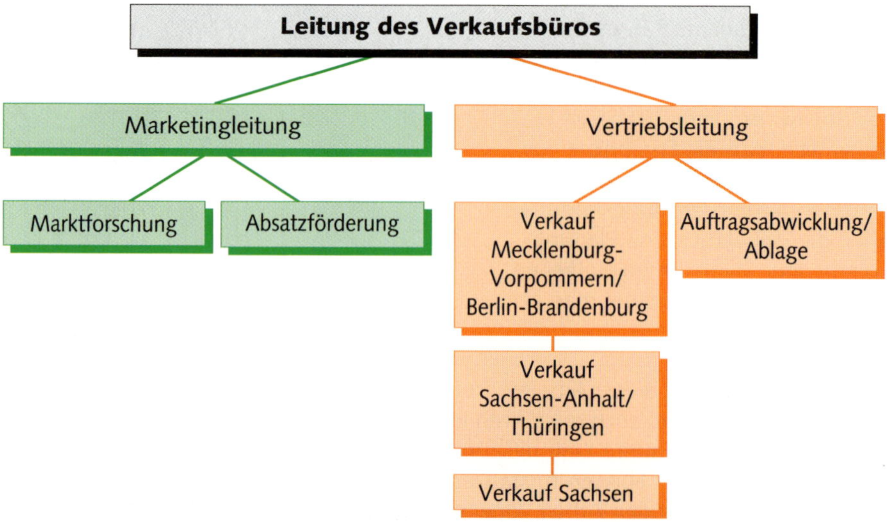

1.5 Stellenbeschreibung

Für die einzelnen Stellen des Verkaufsbüros werden nunmehr detaillierte Stellenbeschreibungen erarbeitet, damit die Stellen qualifiziert besetzt werden können.

Beispiel einer Stellenbeschreibung

Stellenbeschreibung **Laupheimer Büromöbel AG**
Stand April 20..
Stellenkennziffer 134 567

Stellenbezeichnung: Leiter/in des Verkaufbüros Leipzig

1. Organisatorische Eingliederung

1.1 Übergeordnet	Bereichsleiter/in Vertrieb
1.2 Untergeordnet:	Vertriebsleiter/in des Verkaufsbüros, Sachbearbeiter/in Marktforschung, Sachbearbeiter/in Absatzförderung
1.3 Stellvertretung	- wird bei Verhinderung durch den/die Vertriebsleiter/in des Verkaufsbüros vertreten, - vertritt den/die Vertriebsleiter/in des Verkaufsbüros

2. Aufgabenbild

2.1 Hauptaufgabe:	Steuerung aller Vertriebsmaßnahmen im Gebiet der neuen Bundesländer gemäß den Zielvereinbarungen mit dem Bereichsleiter Vertrieb
2.2 Einzelaufgaben:	- Leitung des Verkaufsbüros Leipzig und Vertretung der Laupheimer Büromöbel AG im Gebiet der neuen Bundesländer - Mitwirkung bei der Entwicklung der Vertriebsstrategie in den neuen Bundesländern - Controlling aller Aktivitäten des Verkaufsbüros im Rahmen der Vertriebsstrategie - Leitung der Marketingabteilung
2.3 Befugnisse:	- Unterzeichnung der Post des Verkaufsbüros - Zeichnungsbefugnis für Ausgaben bis EUR 2.500,00 - Konditionengestaltung im Rahmen des jeweils mit dem Bereichsleiter festgelegten Rahmens - Genehmigung von Lieferantenkrediten bis EUR 5.000,00 - Genehmigung von Überschreitungen der Skontofristen

3. Kommunikationsbild

3.1 Erhält laufend Informationen des Vertriebsleiters des Verkaufsbüros über die Entwicklung des Absatzes sowie von den Mitarbeitern der Marketingabteilung.

3.2 Gibt regelmäßig Informationen über die Entwicklung im Absatzmarkt der neuen Bundesländer an den/die Bereichsleiter/in Vertrieb.

4. Anforderungen

4.1 Ausbildung:	Kaufmännische Ausbildung oder wirtschaftswissenschaftliches Studium
4.2 Erfahrung:	- Mehrjährige Erfahrung im Vertrieb und im Marketing - Erfolgreiche Tätigkeit mit Führungsverantwortung
4.3 Kenntnisse:	- Detaillierte Produktkenntnisse - Marktkenntnisse
4.4 Fähigkeiten:	- Unternehmerisches Handeln - Sicheres und gewandtes Auftreten - Kommunikations- und Teamfähigkeit - Führungs- und Entscheidungsfähigkeit - Akquisitionsgeschick

Die Stellenbeschreibung ein Instrument der Aufbauorganisation

Die Stellenbeschreibung ist ein Instrument der Aufbauorganisation, welches folgende Festlegungen enthält:

- – Wer ist übergeordnet, wer ist untergeordnet?
  – Wie ist die Stellvertretung geregelt? (**Organisatorische Eingliederung** in den Betrieb)
- Welche Aufgaben, Befugnisse und Verantwortung sind dem Stelleninhaber zugeordnet? (**Aufgabenbild**)
- Von wem erhält der Stelleninhaber Informationen; an wen gibt er sie weiter? (**Kommunikationsbild**)
- Welche Anforderungen im Hinblick auf seine Vorbildung, seine Erfahrung, Kenntnisse, Fertigkeiten und Eigenschaften werden an den Stelleninhaber gestellt; nach welchen Kriterien wird seine Leistung bewertet? (**Besetzungsbild**)

Funktion der Stellenbeschreibung

Die Stellenbeschreibung trägt dazu bei,
- Kompetenzstreitigkeiten zu vermeiden,
- Weisungskompetenzen zu verdeutlichen,
- Stellen zielgerichtet auszuschreiben und zu besetzen,
- Stelleninhaber gerecht zu bezahlen und
- neue Stelleninhaber rasch in ihre Aufgabe einzuführen.

Stellenplan

Auf der Grundlage der geplanten Schätzungen über den Bedarf an Mitarbeitern und den Inhalten der einzelnen Stellenbeschreibungen kann ein **Stellenplan (Soll)** ermittelt werden, der für die einzelnen Bereiche, Abteilungen und Gruppen jeweils den Sollbestand der Mitarbeiter in einem bestimmten Planungszeitraum angibt. In vielen Unternehmen wird auf der Basis des Anforderungsprofiles der Stellenbeschreibung im Stellenplan meist auch die **tarifliche Einordnung** des Stelleninhabers angegeben. Damit werden für die Mitarbeiter, die Führungskräfte sowie die Personalabteilung die Personalstrukturen und damit die Entwicklungschancen deutlich.

Stellenbesetzungsplan, vgl. Kapitel Personalwirtschaft

Im Vergleich mit dem **Stellenbesetzungsplan (Ist)** kann der Bedarf an Neueinstellungen, Umschichtungen und Entwicklungsmaßnahmen ermittelt und mit konkreten Maßnahmen im Rahmen der Personalpolitik gedeckt werden.

1.6 Wie können umfangreiche Problemstellungen bewertet werden?

Der Vorstand der Laupheimer Büromöbel AG will die Entscheidung über die Organisationsstruktur des neuen Verkaufsbüros in Leipzig erst treffen, wenn ihm die wesentlichen Entscheidungskriterien in übersichtlicher Form gegenübergestellt werden.
Die Organisationsabteilung erstellt deshalb eine Entscheidungsbewertungstabelle.

Entscheidungsbewertungstabelle

Viele Problemstellungen im betrieblichen Alltag können nur dann sachlich gelöst werden, wenn die vielfältigen Entscheidungskriterien offen gelegt und einzeln bewertet werden. In diesem Fall ist es sinnvoll, die wesentlichen Kriterien einer Entscheidung aufzulisten und die möglichen Lösungen jeweils mit Punkten zu bewerten. Die Entscheidungsalternative, welche die höchste Punktzahl erhält, ist in der Summe der Argumente die günstigste Lösung.

Beispiel einer Entscheidungs-bewertungstabelle

Fallbeispiel: Die Frage, ob das Verkaufsbüro in Leipzig besser nach dem Funktional- oder nach dem Spartenprinzip gegliedert wird, kann nach folgenden Kriterien bewertet werden:

	Funktionalorganisation		Spartenorganisation	
Kriterien	Punkte	Erläuterung	Punkte	Erläuterung
– Kundenorientierung	3	nur teilweise	5	optimal
– Leistungsanreiz für die Mitarbeiter	2		4	Erfolgsorientiertes Einkommen
– Flexibilität	3		5	
– Kosten	4	Arbeitsteilung	4	Kostenbewusstsein
– Überschaubarkeit	4		2	
– Koordination	3	Durch Führung	4	Über Ziele
– Klarheit der Kompetenzen	5		5	Ausrichtung an Zielen
– Kontrollmöglichkeiten	3	Klare Aufgaben	4	Klare Ziele
Summe	27		33	

5 Pkt.= optimal 4 Pkt.= gut 3 Pkt. = ausreichend 2 Pkt. = in Teilbereichen unzureichend 1 Pkt. = nicht erfüllt.

Der Vorstand entscheidet sich dafür, das Verkaufsbüro im Marktbereich nach dem Prinzip der Spartenorganisation zu gliedern.

Aufgaben

1 a) Beschreiben Sie jeweils mit einem Beispiel die Strukturierungsprinzipien, nach denen die Aufgabensynthese durchgeführt werden kann.
b) Erläutern Sie, von welchen Faktoren es abhängt, welche Strukturierungsprinzipien sinnvoll sind.

2 a) Erläutern Sie jeweils mit einem Beispiel die Merkmale, nach denen die Stellenbildung erfolgen kann.
b) Beurteilen Sie die Methode der persönlichen Zentralisation.

3 a) Erklären Sie die Grundprinzipien, die bei der Stellenbildung zu beachten sind.
b) Skizzieren Sie den Zusammenhang zwischen der Arbeitsgestaltung und der Leistung der Mitarbeiter.

4 Das Verkaufsbüro der Laupheimer Büromöbel AG in Leipzig ist nach wenigen Jahren auf 25 Mitarbeiter angewachsen. Erarbeiten Sie einen Stellenplan für diese vergrößerte Organisation.

5 a) Definieren Sie den Begriff der Abteilung.
b) Erläutern Sie den Zusammenhang zwischen Hierarchieebenen und Führungsspanne.
c) Beschreiben Sie am Beispiel Ihres Ausbildungsbetriebes die grundlegenden Prinzipien, nach denen Abteilungen gebildet werden können.

6 a) Skizzieren Sie die wesentlichen Inhalte einer Stellenbeschreibung.
b) Erarbeiten Sie eine Stellenbeschreibung für Ihren momentanen Ausbilder.
c) Vergleichen Sie Ihren Entwurf mit einer Stellenbeschreibung, die bereits in Ihrem Ausbildungsbetrieb vorliegt.

7 Erklären Sie das Prinzip der Entscheidungsbewertungstabelle.

2 Management von Unternehmen

Dr. Renate Vogel Leiterin des Produktbereiches Registraturschränke

■ **Sammeln Sie die möglichen Aufgaben, welche Frau Dr. Vogel im Unternehmen und nach außen hin zu bewältigen hat.**

Was bedeutet Management?

Der Begriff des Management wird heute in zwei Bedeutungsvarianten benutzt:
- Management umfasst die Planung, Organisation, Führung und Kontrolle betrieblicher Prozesse. **(Funktional)**
- Mit Management bezeichnet man auch die Mitarbeiter eines Unternehmens, welche Managementfunktionen ausüben. **(Institutionell)**

vgl. Kapitel Personalwirtschaft

Das Management eines Unternehmens gliedert sich dabei vor allem in zwei Bereiche:
- **Unternehmensführung:** Leitungsaufbau und Unternehmenssteuerung. Dieser Bereich wird im Folgenden dargestellt.
- **Personalführung:** Führung von einzelnen Mitarbeitern und Gruppen von Beschäftigten (vgl. Seite 150 ff.).

2.1 Welche rechtlichen Regeln gelten bei der Führung?

Karriere ist durch zunehmende Verantwortung gekennzeichnet

Die Karrierewege in kaufmännischen Unternehmen sind durch wachsende Befugnisse zur rechtsgeschäftlichen Vertretung der Firma gekennzeichnet. Über die Handlungsvollmacht und Prokura kann der Weg bis in die Geschäftsführung oder den Vorstand gehen. In mittleren und größeren Unternehmen kann die Unternehmensleitung nicht mehr alle Rechtsgeschäfte selbst vornehmen. Da das Gesellschaftsrecht zunächst nur die gesetzlichen Vertreter, z. B. die Geschäftsführer oder den Vorstand, als vertretungsbefugt ansieht, werden durch rechtlich wirksame Handlungen Vertretungsbefugnisse an geeignete Mitarbeiter niedrigerer Betriebsebenen weitergegeben. Erst dadurch sind sie oftmals in der Lage, leitende Aufgaben zu übernehmen.

Handlungsvollmacht

Dr. Renate Vogel, Leiterin des bisherigen Produktbereiches Registraturschränke, wird die **allgemeine Handlungsvollmacht** erteilt.

Als sie einen neuen Assistenten benötigt, weil der bisherige Stelleninhaber ausschied, erhebt sich für sie die Frage, ob sie allein dazu berechtigt ist, einen rechtsverbindlichen Arbeitsvertrag abzuschließen.

HGB § 54
Wer kann Handlungsvollmacht erteilen?

Die Handlungsvollmacht ist gesetzlich geregelt. Sie kann erteilt werden
- durch den Firmeninhaber bzw. den Vorstand,
- durch Prokuristen,
- durch Bevollmächtigte, die mit einer weitergehenderen Vollmacht ausgestattet sind. So kann z. B. eine Artvollmacht durch einen Gesamtbevollmächtigten ausgesprochen werden.

Arten der Handlungsvollmacht

Es können verschiedene **Arten der Handlungsvollmacht** unterschieden werden. Die **Gesamtvollmacht** erstreckt sich auf alle **gewöhnlichen** Rechtshandlungen einer Unternehmung.

Was als „gewöhnliche" Geschäfte anzusehen sind, kann nur im Einzelfall – im Zweifel gerichtlich – geklärt werden. So kann die Einstellung einer Sekretärin, die für eine ausgeschiedene Arbeitskraft angeworben wurde, als „gewöhnlich" eingestuft werden. Personaleinstellungen, die zu einer Ausdehnung der bisherigen Belegschaft führen, können unter Umständen diesen Rahmen übersteigen.

Die **Artvollmacht** erstreckt sich auf die dauernde Vornahme von genau bestimmten Tätigkeiten, z. B. Verkauf eines PKW oder Genehmigung von Kleinkrediten in Kreditinstituten. Die **Einzelvollmacht** erstreckt sich auf die einmalige Ausübung einer Tätigkeit, z. B. Waren abholen oder Scheck einlösen.

Generalbevollmächtigter

Obwohl normalerweise der wertmäßige Umfang der Handlungsvollmacht von der Gesamtvollmacht über die Artvollmacht zur Einzelvollmacht abnimmt, muss diese Regel in der Praxis nicht immer erfüllt sein. So kann z. B. ein Angestellter eine Einzelvollmacht zum Kauf eines Datenverarbeitungssystems im Werte von 250.000,00 EUR erhalten, was u. U. die Berechtigung eines Gesamtbevollmächtigten übersteigen würde. In der Praxis gibt es noch den Begriff des **Generalbevollmächtigten**, der jedoch gesetzlich nicht geregelt ist. Rechtlich gesehen handelt es sich hierbei um eine stark erweiterte Gesamtvollmacht. Der Generalbevollmächtigte ist typisch für Großunternehmen.

Unterschrift mit „i. V." oder „i. A."

In der Praxis unterschreiben Gesamtbevollmächtigte meist mit dem Zusatz „i. V." (in Vollmacht), während Art- und Einzelbevollmächtigte „i. A." (im Auftrag) hinzufügen.

Wann endet die Handlungsvollmacht?

Die Handlungsvollmacht erlischt
- durch Widerruf,
- bei Beendigung des Arbeitsverhältnisses,
- durch Auflösung der Unternehmung,
- nach Ausführung des Auftrags bei einer Einzelvollmacht.

Fallbeispiel: Nach dem HGB wäre Frau Dr. Vogel in diesem Fall dazu berechtigt, selbstständig einen Assistenten einzustellen.
In der Praxis ist der Abschluss von Arbeitsverträgen jedoch oftmals der Personalleitung oder der Geschäftsführung vorbehalten.

Prokura

Nachdem sich Frau Dr. Vogel über mehrere Jahre als Handlungsbevollmächtigte bewährt hat, erscheint im Amtsblatt und in der Presse folgende Mitteilung:

> **Prokuraerteilung**
>
> Mit sofortiger Wirkung erteilen wir Frau Dr. Renate Vogel, Laupheim, die Prokura für unser Werk in Laupheim.
>
> Laupheimer Büromöbel AG
> Vorstand

HGB § 49

> **HGB § 49 (Der Umfang der Prokura)**
>
> (1) Die Prokura ermächtigt zu allen Arten von gerichtlichen und außergerichtlichen Geschäften und Rechtshandlungen, die der Betrieb eines Handelsgewerbes mit sich bringt.
>
> (2) Zur Veräußerung und Belastung von Grundstücken ist der Prokurist nur ermächtigt, wenn ihm diese Befugnis besonders erteilt ist.

HGB § 48

Prokura kann erteilt werden
- durch Kaufleute nach § 1 HGB oder
- durch deren gesetzliche Vertreter (Vorstand, Geschäftsführung).

HGB § 53

Die Erteilung der Prokura ist vom Inhaber des Handelsgeschäftes zur Eintragung in das Handelsregister anzumelden. Diese Eintragung hat jedoch nur **deklaratorische Wirkung**, d. h. die Prokuraerteilung ist bereits rechtwirksam, wenn sie erteilt wird.

Arten der Prokura

- Bei der **Einzelprokura** können Rechtsgeschäfte vom Prokuristen allein abgeschlossen werden.
- Bei der **Gesamtprokura** können Rechtsgeschäfte nur gemeinsam abgeschlossen werden (zwei Prokuristen oder ein Prokurist mit einem Gesamtbevollmächtigten).
- Bei der **Filialprokura** erstreckt sich die Prokura nur auf den Bereich der Filiale.

Soll der Umfang der Prokura vertraglich eingeschränkt werden, ist die Wirkung der Begrenzung unter zwei Aspekten zu betrachten:
- Das Verhältnis zwischen dem Erteiler und dem Prokuristen (Innenverhältnis).
- Das Verhältnis zwischen dem Unternehmer und Dritten (Außenverhältnis).

Die Wirkung der Prokura

Im **Innenverhältnis** sind vertragliche Einschränkungen möglich. Bei Verletzung der Vereinbarung hat der Prokurist eine Schadenersatzpflicht.

Grenzen der Prokura

Im **Außenverhältnis** haben vertragliche Einschränkungen keine Gültigkeit für Dritte. Es gelten jedoch gesetzliche Einschränkungen:
- Unterschreiben von Inventur, Bilanz und Steuererklärungen
- Erteilung und Entziehung von Prokura
- Aufnahme neuer Gesellschafter
- Eid für den Unternehmer leisten
- Verkauf der Unternehmung
- Anmeldung des Konkurses
- Beantragung von Handelsregistereintragungen

HGB § 52

Der Prokurist unterschreibt in der Regel mit dem Zusatz „ppa." (per procura). Seine Stellung und Befugnis ist somit für Außenstehende erkennbar.

Wann erlischt die Prokura?

Die Prokura erlischt durch
- Widerruf,
- Auflösung der Unternehmung,
- Tod des Prokuristen,
- Beendigung des Arbeitsverhältnisses.

Aufgaben

1 Nennen Sie die Personen einer Unternehmung, die Handlungsvollmacht erteilen können.

2 Erklären Sie die Arten der Handlungsvollmacht und geben Sie jeweils ein Beispiel dazu an.

3 Welche Art der Handlungsvollmacht ist in folgenden Fällen nötig?
a) Regelmäßiger Einkauf des Büromaterials.
b) Der Kassierer soll einen Wechsel über 1.000,00 EUR , fällig am 15. März, einlösen.
c) Leitung einer eigenständigen Filiale.

4 Klären Sie, wer Prokura erteilen kann.

5 Unterscheiden Sie die verschiedenen Arten der Prokura.

6 Klären Sie, welche Dokumente ein Prokurist rechtsgültig unterschreiben kann:
a) Wechsel, der auf das Unternehmen gezogen ist.
b) Antrag auf Eintragung einer Grundschuld des Unternehmens.
c) Arbeitsvertrag mit einem Vertriebsleiter.

7 Erläutern Sie, wie sich Einschränkungen der Prokura im Innen- und Außenverhältnis einer Firma auswirken.

8 Welche Gründe führen zum Erlöschen von
a) Handlungsvollmachten,
b) einer Prokura?

2.2 Wie kann das Leitungssystem gestaltet werden?

Die Laupheimer Büromöbel AG erhält ein neues Rechenzentrum, das sowohl für den technischen als auch den kaufmännischen Bereich der Firma Dienstleistungen erbringen soll. Bisher war die Datenverarbeitung dem Rechnungswesen zugeordnet, da sie überwiegend Buchhaltungsarbeiten und Statistik erledigte. Wie kann das Rechenzentrum organisatorisch in den Betrieb eingegliedert werden, sodass alle Benutzer sinnvoll auf dessen Arbeit zurückgreifen können?

- **Stellen Sie die wesentlichen Aufgaben zusammen, welche das Rechenzentrum für alle Unternehmensbereiche zentral übernehmen sollte. Diskutieren Sie dabei, welche Aufgaben besser durch die Mitarbeiter in den Linienabteilungen selbst erfüllt werden.**

Nachdem innerhalb der einzelnen Abteilungen geregelt ist, wer wem gegenüber weisungsberechtigt ist, muss auch für die Gruppen, Abteilungen und Bereiche untereinander festgelegt werden, wer bei welchen Aufgaben Anweisungen geben kann.

Weisungssystem

Dadurch erhält man für den Betrieb ein **Weisungssystem**, das für jede Stelle festlegt, welche anderen Stellen über- und untergeordnet sind. In der betrieblichen Praxis werden dabei unterschiedliche Modelle benutzt.

Liniensystem

Beim Liniensystem hat jeder Stelleninhaber nur einen Vorgesetzten, dessen Weisungen er ausführen muss und dem er verantwortlich ist.

Liniensystem

Der gesamte Betrieb ist somit durch einen klaren und einheitlichen Anweisungsweg gekennzeichnet.

Vorschlag einer Linienorganisation für die Laupheimer Büromöbel AG

= Dienstweg wenn ein Mitarbeiter im Rechnungswesen (M15) eine Anforderung an das Bestellwesen (M2) hat

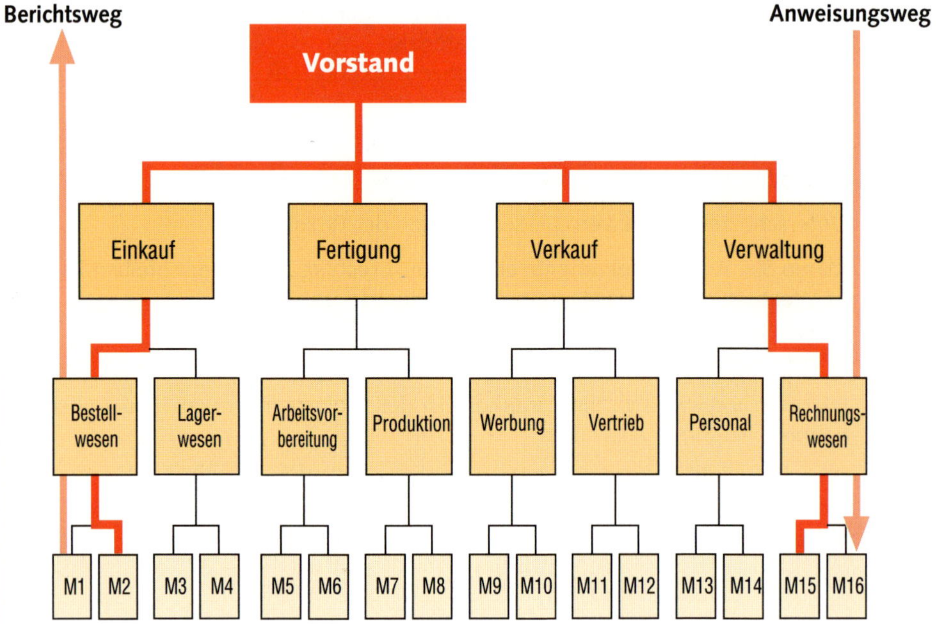

Dienstwege (Instanzenwege)

- Will die Geschäftsführung der Stelle M1 einen Auftrag erteilen, so muss die Weisung an den Mitarbeiter über den Abteilungsleiter Einkauf und den Gruppenleiter Bestellwesen erfolgen.
- Benötigt ein Mitarbeiter des Rechnungswesens vom Bestellwesen eine Dienstleistung, so muss er diese auf dem Instanzenweg über die Unternehmensleitung anfordern.

Bewertung des Liniensystems

Die **Vorteile** des Liniensystems sind
- die Eindeutigkeit der Weisungen,
- die klaren Verantwortungsbereiche,
- die wirksame Kontrollmöglichkeit.

Die **Nachteile** des Liniensystems sind
- die Schwerfälligkeit, die durch die langen Dienstwege, vor allem bei großen Unternehmen, entsteht,
- die Belastung der oberen Leitungsebenen, da die Anforderungen an Fachwissen und Verantwortung sehr hoch sind,
- die Starrheit der Kommunikation, da der Dienstweg eingehalten werden muss.

Das Liniensystem in seiner reinen Form findet man deshalb fast nur in kleinen Unternehmen.

Stabliniensystem

▶▶▶▶ Das Stabliniensystem ist ein Liniensystem, das durch Stabstellen erweitert wurde, die keine Weisungsbefugnis haben.

Stabliniensystem

Stabsaufgaben

Diese Stabsabteilungen sind bei der obersten oder mittleren Leitungsebene angesiedelt und dienen dazu, die Leitung zu entlasten. Ihre Aufgabe leisten sie, indem sie Vorarbeiten für Entscheidungen machen und dabei ihr Fachwissen zur Verfügung stellen. Typische Stabsaufgaben sind Organisation, Revision, Rechtsberatung, Marketing, Personalwesen und Finanzberatung.

Vorschlag einer Stablinienorganisation für die Laupheimer Büromöbel AG

Fallbeispiel: Das neue Rechenzentrum der Laupheimer Büromöbel AG wird im folgenden Vorschlag als Stabsabteilung der Geschäftsführung zugeordnet. Dies entspricht der Funktion des Rechenzentrums als Lieferant von Informationen für Entscheidungen. Außerdem haben alle Bereiche im Betrieb dadurch den gleichen Zugriffsweg, sodass niemand benachteiligt wird.

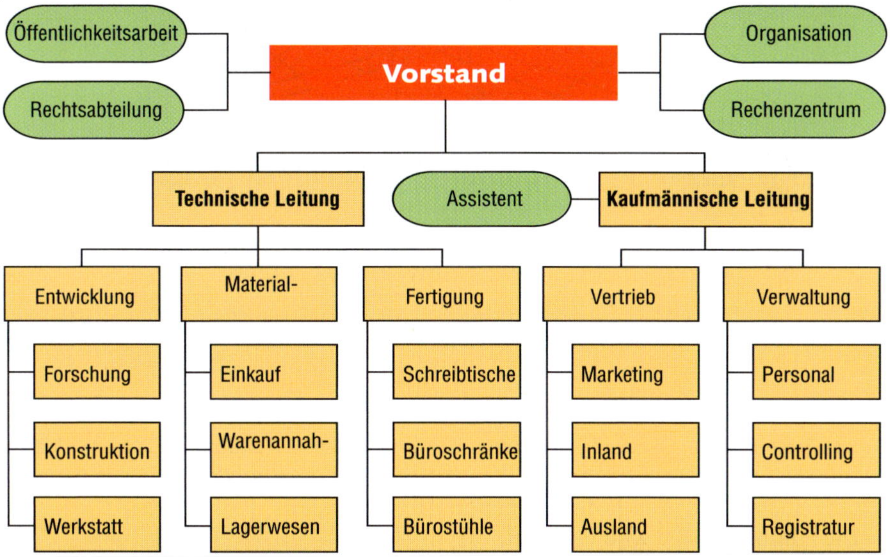

Linienabteilung (mit Anweisungsbefugnis)

Stabsabteilung (ohne Anweisungsbefugnis)

Die **Vorteile** des Stabliniensystems sind neben den Vorteilen des Liniensystems
- die Entlastung der Leitung,
- die Nutzung von Fachwissen,
- verbesserte Kontrolle.

Bewertung der Stablinienorganisation

Die **Nachteile** des Stabliniensystems sind
- die Gefahr, dass die Stabsabteilungen durch die Linienabteilungen nicht voll akzeptiert werden, sodass die Kommunikation unterbunden wird,
- die Gefahr, dass die Stabsabteilungen durch ihr Fachwissen zu „heimlichen Leitern" werden, obwohl sie keine betriebliche Verantwortung tragen,
- die höheren Kosten, die durch die Einstellung von Fachleuten entstehen.

Dieses Weisungssystem hat sich in der Praxis weitgehend für kleinere und mittlere Unternehmen durchgesetzt, da diese Gefahren durch eine entsprechende Führung der Geschäftsleitung aufgefangen werden können.

Funktionssystem

Funktionssystem (Mehrliniensystem)

Im Funktionssystem (Mehrliniensystem) erhält jede Stelle von mehreren Vorgesetzten Weisungen, je nachdem, zu welchem Bereich die Aufgabe gehört.

Prinzip des Funktionssystems

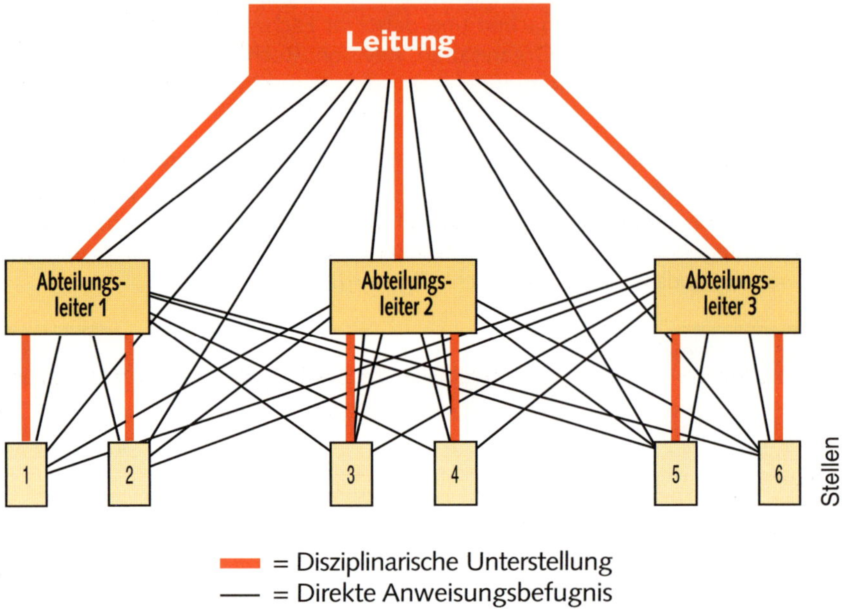

Bündelung von Fach- und Entscheidungskompetenz

Damit besteht die Chance, Fachkompetenz und Entscheidungskompetenz je nach Bedarf zusammenzuführen. Es entscheidet jeweils die Führungskraft, welche für diese Problemstellung kompetent ist.

Dieses System setzt eindeutig voneinander getrennte Aufgabengebiete und klare Regelungen für die Abstimmung der Führungskräfte untereinander voraus. Gelingt diese Koordination, bietet das System folgende Vorteile:
- Die Führungsspitze wird entlastet,
- die mittleren Führungskräfte werden entsprechend ihrer Qualifikation effektiv eingesetzt,
- die Kommunikationswege werden verringert, sodass rasch und flexibel gehandelt werden kann.

Bewertung des Funktionssystems

In der Praxis der Unternehmensorganisation hat dieses System jedoch eine relativ geringe Bedeutung, weil
- die Kompetenzen meist nicht klar genug abgegrenzt werden können, sodass Konflikte entstehen,
- bei größeren Unternehmen die Koordination aller Entscheidungen einen kaum mehr vertretbaren Zeit- und Personalaufwand erfordert,
- die einzelnen Führungskräfte ihre Entscheidungen oftmals nur aus dem Blickwinkel ihres Ressorts treffen, sodass die Interessen des Gesamtunternehmens in den Hintergrund treten können,
- zwischen den einzelnen Fachbereichen eine Konkurrenz anstatt Kooperation entstehen kann.

Divisionale Organisation

Divisionale Organisation

Die Praxis der Unternehmensorganisation hat sich letztendlich an den Erfordernissen des Marktes auszurichten. Dies bedeutet, dass sich das Weisungs- und Entscheidungssystem eines Unternehmens an den Größen orientieren sollte, die vom Markt vorgegeben sind; den verschiedenen Kundengruppen und den unterschiedlichen Leistungsarten.

Aufgliederung in „Teilunternehmen"

Divisionale Organisationsformen (Sparten, Profit-Center) gliedern das Unternehmen nach dem Prinzip der Objektzentralisation in wirtschaftlich selbstständige Geschäftsbereiche („Teilunternehmen"), die rechtlich abhängig bleiben, jedoch in eigener Verantwortung Gewinn erwirtschaften.

Jeder **Geschäftsbereich** (Division, Sparte) besitzt im Regelfall alle Stellen, die für eine eigenständige Aufbauorganisation notwendig sind. In der Praxis werden von dieser Dezentralisierung aus Gründen der Kostenersparnis teilweise funktionsorientierte Bereiche, wie z. B. das Rechnungswesen oder die Rechtsabteilung, ausgenommen. Innerhalb der Divisionalorganisation werden meist wiederum Linien- oder Stablinienorganisationen gestaltet.

Vorschlag einer Divisionalorganisation für die Laupheimer Büromöbel AG

Fallbeispiel: Für die Laupheimer Büromöbel AG wird folgender Vorschlag entwickelt.

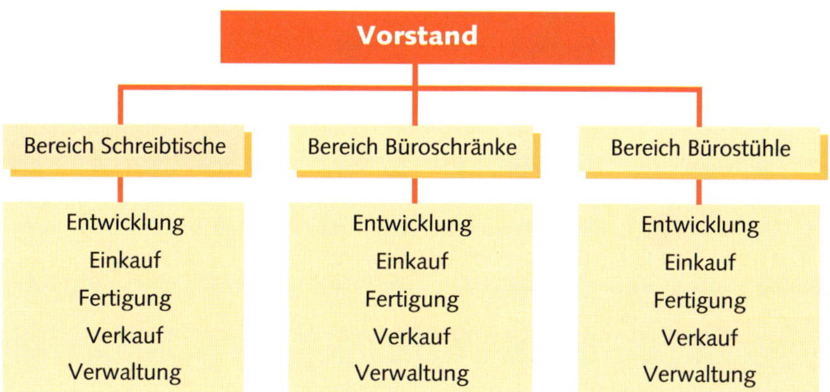

Profit-Center

Die Bereichsleiter tragen für „ihre" Teilunternehmen (Profit-Center) die direkte Gewinnverantwortung. Der Vorstand beschränkt sich auf die strategische Steuerung des Gesamtunternehmens.

Bewertung der divisionalen Organisation

Diese Organisationsstruktur schafft klare Abgrenzungen der Zuständigkeiten. Dies gibt insbesondere großen Unternehmen die Möglichkeit, ihre Organisationsstruktur überschaubar zu machen. Die konsequente Ausrichtung auf die Markterfordernisse und die Gewinnorientierung der einzelnen Bereiche kann große Energien freisetzen.

Es besteht jedoch die **Gefahr**, dass die einzelnen Geschäftsbereiche ein starkes Eigenleben entwickeln, sodass die Ziele des Gesamtunternehmens hinter die Bereichsziele gestellt werden. Deshalb kommt der Steuerungsfunktion des Vorstandes eine sehr große Bedeutung zu.

Geschäftsfeldorganisation

Die Divisionalorganisation gewinnt zunehmend an Bedeutung, da sie eine konsequente Ausrichtung der Unternehmensstruktur auf die Kundengruppen bzw. **Geschäftsfelder** zulässt.

Matrix-Organisation

Matrix-Organisation

Kompetenzen überschneiden sich

Die Matrix-Organisation gliedert das Unternehmen nach zwei sich überschneidenden Merkmalen:
– Horizontal nach dem Funktionssystem: Verrichtungen
– Vertikal nach dem Objektsystem: Produkt- oder Kundengruppen

Vorschlag der Matrix-Organisation für die Laupheimer Büromöbel AG

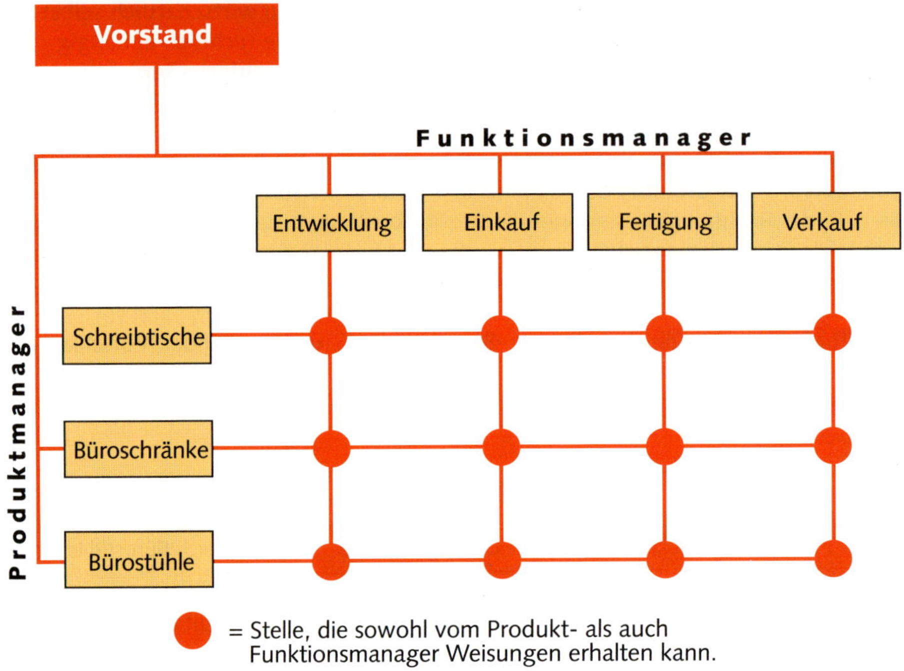

Bewertungen der Matrix-Organisation

Die Matrix-Organisation nimmt bewusst in Kauf, dass durch die Überschneidung der Kompetenzen Reibungen entstehen. Mit diesen systembedingten Konflikten werden mehrere Ziele angestrebt:

- Die **Entscheidungen** sollen **sachgerechter** werden, da jeweils funktions- und objektbezogene Anforderungen gleichberechtigt mit einfließen;
- die **Kreativität** soll **gesteigert** werden, indem unterschiedliche Denkweisen und Erfahrungen kombiniert werden,
- die Mitarbeiter müssen sich dem Gesamtziel unterordnen; **Bereichsegoismus** wird **zurückgedrängt**;
- die Führungskräfte unterliegen einem hohen **Zwang zur Teamarbeit**.

Da die Führungskräfte auf der vertikalen und horizontalen Ebene gleichberechtigt sind, besteht ein großer Bedarf an Kommunikation, um Kompetenzüberschneidungen zu klären, sodass viel Zeit verloren gehen kann. Außerdem besteht die Gefahr, dass zu viele Kompromisse vereinbart werden müssen.

Echte Matrix-Organisationen findet man heute meist nur in Teilbereichen großer Unternehmen. Auch wenn die Organisationsstruktur offiziell als Matrix-Organisation bezeichnet wird, sind meist über 90 % der Mitarbeiter in Linien- oder Stabsabteilungen beschäftigt.

Team-Organisation

Während in der Stablinien-Organisation Arbeitszusammenhänge „künstlich" auseinander gerissen wurden, werden in alternativen Strukturierungskonzepten, z. B. der **Team-Organisation**, Stab- und Linienfunktionen wieder zusammengeführt.

Team-Organisation vgl. Kapitel Grundlagen der Betriebsorganisation

Die Team-Organisation überträgt einzelnen Teams Problemstellungen, die sie gemeinsam mit einer Führungskraft lösen; die Führungskräfte bilden wiederum ein Team, das durch einen Bereichsleiter geführt wird.

In dieser Organisation können die Teammitglieder eigenverantwortlich an Problemlösungen mitwirken. Das Team kann zu besseren Leistungen kommen, als wenn jeder Mitarbeiter für sich alleine arbeitet.

In der Praxis findet man diese Organisationsform bisher nur in sehr wenigen Teilbereichen, weil die Koordinationsprobleme sehr groß sind.

Fallbeispiel: Der Vorstand der Laupheimer Büromöbel AG hat sich auf einen Vorschlag für die neue Aufbauorganisation geeinigt, der auf dem formalen Weisungssystem der Stablinien-Organisation aufbaut, gleichzeitig aber Elemente der divisionalen Organisation und der Matrix-Organisation beinhaltet.

Aufbauorganisation der Laupheimer Büromöbel AG

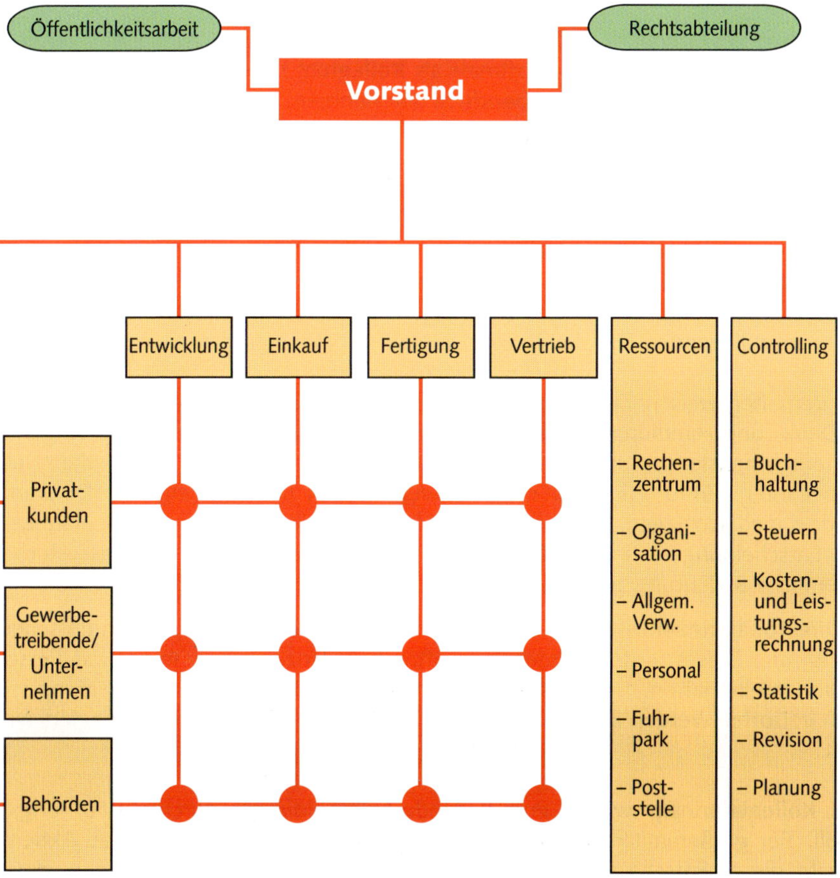

Der Bereich ***Ressourcen*** *umfasst die Abteilungen, die für das Unternehmen Serviceaufgaben erfüllen, ohne Stabstelle zu sein*

Der Bereich ***Controlling*** *liefert die entscheidungsorientierten Daten zur Steuerung des Unternehmens*

2.3 Ausschüsse – ein Mittel, um Entscheidungen zu vertagen?

Der Vorstand der Laupheimer Büromöbel AG erwartet, dass die neue Organisationsstruktur vor allem in der Anfangsphase viele Koordinationsprobleme zur Folge haben wird. Deshalb soll ein Organisationsausschuss gebildet werden, der den Vorstand laufend berät.

Ausschüsse

Ausschüsse sind zeitlich unbefristete Gremien, deren Mitglieder als Daueraufgabe neben ihrer Hauptfunktion Problemstellungen bearbeiten, die im Regelfall mehrere Unternehmensbereiche betreffen.

Typische Aufgaben von Ausschüssen

Typische Aufgaben für Ausschüsse sind
- Sammeln, Auswerten und Weitergabe von Informationen,
- Beratung von Führungskräften,
- Entscheidung in bereichsübergreifenden Fragen,
- Überwachung komplexer Abläufe, die mehrere Bereiche betreffen.

Damit sind Ausschüsse ein wichtiges Instrument, um bereichsübergreifende Problemlösungen herbeizuführen. Die Begriffe für solche Gremien sind in der Praxis nicht eindeutig geregelt. So werden Ausschüsse auch als Kommissionen, Arbeitskreise oder Komitees bezeichnet.

Kollegium
Projektteams
vgl. Kapitel Grundlagen der Betriebsorganisation

Übernimmt ein Gremium neben den Hauptfunktionen seiner Mitglieder **zeitlich befristet Sonderaufgaben**, wird es oftmals als **Kollegium** bezeichnet. Teams, welche **befristete Problemstellungen hauptberuflich** übernehmen, werden **Projektteams** genannt.

2.4 Nach welchem Führungsprinzip wird entschieden?

Bisher galt in der Laupheimer Büromöbel AG ein klares Entscheidungssystem. Die Vorstände behielten sich in ihren jeweiligen Ressorts in allen Fragen die „letzte" Entscheidung vor. Zukünftig sollen jedoch auch die mittleren Führungskräfte bei grundlegenden Entscheidungen sinnvoll mit eingebunden werden.

Unternehmenskultur

Die Verhaltensweisen der oberen Führungskräfte prägen in entscheidendem Maße die Denk- und Handlungsweisen der Mitarbeiter, die in ihrer Summe die so genannte **„Unternehmenskultur"** bilden. Die Wert- und Verhaltensnormen, welche die Mitarbeiter bei ihren Führungskräften erleben, werden sich in ihrem eigenen Denken und Handeln niederschlagen. Aus diesem Grunde kommt der Frage, wie die oberste Leitung ihre Entscheidungen findet, dem Führungsprinzip oder Entscheidungssystem eine wesentliche Bedeutung zu.

Direktorialprinzip

Im **Direktorialprinzip** trifft eine oberste Führungskraft die grundlegenden Entscheidungen alleine. Dieses System findet man oftmals in Einzelunternehmen und Personenhandelsgesellschaften. Der wesentliche Vorteil liegt darin, dass Entscheidungen sehr rasch getroffen werden können und damit schnell auf Veränderungen reagiert werden kann.

Kollegialprinzip

Beim **Kollegialprinzip** werden grundlegende Entscheidungen durch ein Führungsteam gefällt. Bei größeren Unternehmen ist dieses System der Regelfall; das Aktienrecht schreibt dieses Entscheidungssystem sogar zwingend vor. Entscheidungen, die nach dem Kollegialprinzip getroffen werden, werden auf der Grundlage unterschiedlicher Sichtweisen und Erfahrungen abgewogen. Dafür dauert die Entscheidungsfindung meist länger, sodass wertvolle Zeit bis zum Handeln vergehen kann.

In der Praxis haben sich mehrere Formen kollegialer Entscheidungssysteme herausgebildet:

- **Primatkollegialität:** Das Führungsgremium besteht aus grundsätzlich gleichberechtigten Mitgliedern. Bei Stimmengleichheit entscheidet die Stimme eines Mitglieds, z. B. des Vorstandsvorsitzenden. Dieser ist „Primus inter pares", d. h. Erster unter Gleichen.
- **Abstimmungskollegialität:** Entscheidungen werden ausschließlich mit Mehrheitsbeschluss gefasst.
- **Kassationskollegialität:** Entscheidungen werden nur einstimmig getroffen. Jedes Mitglied des Gremiums hat ein Widerspruchsrecht. Dieses Prinzip findet man z. B. im Vorstand großer Banken.
- **Ressortkollegialität:** Jedes Mitglied des Führungsgremiums entscheidet in seinem Aufgabenbereich (Ressort) alleine.

Primatkollegialität

Abstimmungskollegialität

Kassationskollegialität

Ressortkollegialität

Aufgaben

1 Erläutern Sie den Begriff des Weisungssystems.

2 Erarbeiten Sie eine Matrix nach folgendem Grundmuster.

	Liniensystem	Stabliniensystem	Funktionssystem	Divisionale Organisation	Matrix-Organisation
Wesentliche Merkmale					
Vorteile					
Nachteile					
Bedeutung in der Praxis					

3 Die Georg Weber OHG ist ein Großhandelsunternehmen für Autozubehör und Industriebedarf mit 126 Mitarbeitern. Die Gesellschafter Georg Weber, Großhandelskaufmann, und Manfred Hummel, Dipl.-Ingenieur, leiten das Unternehmen gemeinsam. Bisher ist die Großhandlung in folgende Bereiche gegliedert:

- **Allgemeine Verwaltung**: Finanzen, Rechnungswesen, Personal, Organisation, Datenverarbeitung
- **Einkauf:** Bestellungen, Reklamationen
- **Lager:** Warenannahme, Warenlagerung, Warenausgabe
- **Vertrieb:** Werbung, Verkauf, Versand
- **Dienstleistungen**
  Technische Produkte

a) Erarbeiten Sie begründete Vorschläge für die Aufbauorganisation dieser Unternehmung nach folgenden Grundmodellen:
   - Liniensystem
   - Stabliniensystem
   - Funktionssystem
   - Divisionale Organisation
   - Matrix-Organisation

b) Bewerten Sie diese Vorschläge

4 Unterscheiden Sie Ausschüsse und Projektteams.

2.5 Mitwirkung und Mitbestimmung der Arbeitnehmer

Karikatur auf einem IG-Metall-Flugblatt

In der politischen Diskussion wird immer die Forderung aufgestellt, die Unternehmen stärker nach dem Demokratieprinzip zu führen.

- **Sammeln Sie die wesentlichen Argumente, die für und die gegen diese Forderung sprechen.**

Wie bei allen menschlichen Gemeinschaften gelten auch für Betriebe und Unternehmen bestimmte Grundsätze, Normen und Ordnungssysteme, nach denen sich die Beziehungen zwischen der Unternehmensleitung und den Arbeitnehmern vollziehen. Da eine Unternehmung im Wesentlichen von zwei Produktionsfaktoren, **Kapital** und **Arbeit**, getragen wird, entstand die Forderung, die Arbeitnehmer partnerschaftlich an allen Entscheidungen zu beteiligen, die für sie von wesentlicher Bedeutung sind. Während diese Beteiligung grundsätzlich kaum mehr umstritten ist, besteht über das Ausmaß dieser Mitbestimmung keine Einigung.

Mitbestimmung

Der Begriff der Mitbestimmung umfasst die Frage, wie die Arbeitnehmer auf soziale, personelle und wirtschaftliche Entscheidungen im Betrieb Einfluss nehmen können.

Dabei sind verschiedene Abstufungen der Einwirkungsmöglichkeit zu unterscheiden. Der Gesetzgeber hat in erster Linie zwei Ebenen der Mitbestimmung geregelt.

Betriebliche Mitbestimmung

In der Belegschaft der Laupheimer Büromöbel AG ist eine erhebliche Unruhe entstanden. Was war vorgefallen?
Seit dem 1. Juli wurde der Schichtdienst in der Produktion aufgrund der veränderten tariflichen Arbeitszeitregelungen grundlegend neu gestaltet. Der Plan für diesen Schichtdienst wurde vom Organisationsleiter, Herrn Fetzer, zusammen mit den Produktbereichsleitern, Frau Dr. Vogel und Herrn Manz, erstellt, ohne die persönlichen Wünsche der Mitarbeiter zu berücksichtigen.

- **Welche Möglichkeit zur Mitbestimmung haben die betroffenen Angestellten?**

BetrVerfG §§ 1, 7 u. 8

Betriebsverfassungsgesetz (BetrVerfG)

§ 1 [**Errichtung von Betriebsräten**] In Betrieben mit in der Regel mindestens fünf ständigen wahlberechtigten Arbeitnehmern, von denen drei wählbar sind, werden Betriebsräte gewählt.

§ 7 [**Wahlberechtigung**] Wahlberechtigt sind alle Arbeitnehmer, die das 18. Lebensjahr vollendet haben.

§ 8 [**Wählbarkeit**] Wählbar sind alle Wahlberechtigten, die sechs Monate dem Betrieb angehören...

Die Interessen der Arbeitnehmer im Betrieb werden vom Betriebsrat vertreten. Dieses Gremium wird nur auf Initiative der Arbeitnehmer bzw. der Gewerkschaft errichtet; ein Einrichtungszwang besteht nicht. Es darf jedoch niemand die Wahl behindern oder sonst widerrechtlich beeinflussen.

Betriebsrat

Der Betriebsrat ist die Vertretung aller Arbeitnehmer (Ausnahme: leitende Angestellte) gegenüber der Leitung des Unternehmens.

Die Stellung des Betriebsrates ist besonders geschützt

Der Gesetzgeber hat die **Stellung des Betriebsrates** genau definiert.
- Das Amt des Betriebsrates ist ein Ehrenamt, das unentgeltlich ausgeübt wird.
- Der Arbeitgeber trägt alle notwendigen Kosten der Arbeit des Betriebsrates. Dazu gehören z. B. der Arbeitsraum, das Büromaterial und die Schreibkraft.
- Die Mitglieder des Betriebsrates haben Anspruch auf angemessene Freistellung von ihrer beruflichen Tätigkeit bei Fortzahlung der Vergütung.
- Sie dürfen wegen ihrer Betriebsratszugehörigkeit nicht begünstigt oder benachteiligt werden.
- Sie dürfen bei der Ausübung ihres Amtes nicht behindert werden.
- Betriebsratsmitgliedern kann nur aus wichtigem Grund (fristlos) gekündigt werden.

Der **Betriebsrat** wird auf vier Jahre gewählt. Die Zahl seiner Mitglieder hängt von der Zahl der in der Regel beschäftigten wahlberechtigten Arbeitnehmer ab. In Betrieben mit 5 – 20 Wahlberechtigten besteht der Betriebsrat aus einer Person (Betriebsobmann).

Jugend- und Auszubildendenvertretung

Die **Jugend- und Auszubildendenvertretung** ist für die besonderen Interessen der Jugendlichen und Auszubildenden unter 25 Jahren in Betrieben mit in der Regel mindestens fünf jugendlichen Arbeitnehmern (unter 18 Jahren) oder Auszubildenden unter 25 Jahren zuständig. Ihre Amtszeit beträgt zwei Jahre. Sie hat ein **Informationsrecht** gegenüber dem Betriebsrat, das Recht auf Teilnahme an Sitzungen des Betriebsrates, ein Stimmrecht im Betriebsrat, soweit die Angelegenheit überwiegend jugendliche Arbeitnehmer bzw. Auszubildende betrifft, und ein aufschiebendes Vetorecht, wenn Beschlüsse des Betriebsrates wichtige Interessen dieser Gruppe beeinträchtigen.

Betriebsausschuss

Der **Betriebsausschuss** muss gebildet werden, sofern ein Betriebsrat 9 Mitglieder oder mehr hat. Seine Aufgabe besteht in der Führung der laufenden Geschäfte (Verhandlungen über die Einhaltung der Rechtsvorschriften oder die Beschäftigung einzelner Mitarbeiter, Vorbereitung von Sitzungen), für die ein Beschluss des Betriebsrates nicht erforderlich ist.

Wirtschaftsausschuss

Der **Wirtschaftsausschuss** wird in allen Unternehmen gebildet, die in der Regel mehr als 100 Arbeitnehmer haben. Er hat die Aufgabe, wirtschaftliche Angelegenheiten mit dem Unternehmer zu beraten und den Betriebsrat zu unterrichten.

Einigungsstelle

Die **Einigungsstelle** kann bei Bedarf eingerichtet werden, sofern nicht durch Betriebsvereinbarung eine ständige Einigungsstelle geschaffen wurde. Sie hat die Aufgabe, Meinungsverschiedenheiten zwischen Arbeitgeber und Betriebsrat beizulegen. Ihre Entscheidung kann in bestimmten Fällen verbindlich sein.

Betriebsversammlung

Die **Betriebsversammlung** besteht aus allen Mitarbeitern des Betriebes. Sie kann dem Betriebsrat lediglich Anträge unterbreiten und Empfehlungen geben.

Die Stellung der Vertretungsorgane nach dem Betriebsverfassungsgesetz

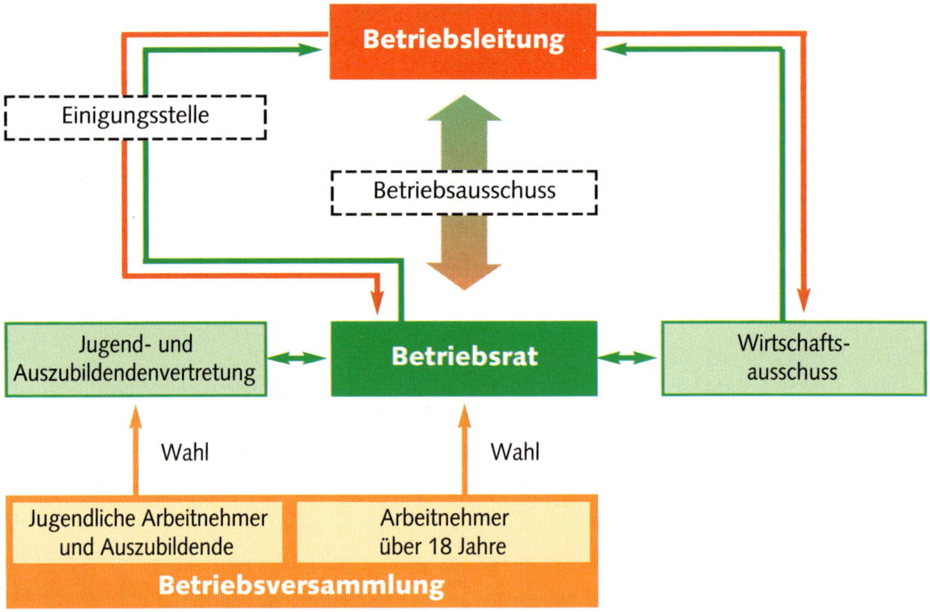

Dem Betriebsrat sind als dem zentralen Organ der betrieblichen Mitbestimmung allgemeine und besondere Aufgaben übertragen.

BetrVerfG § 80

- **Allgemeine Aufgaben:** Er überwacht die Durchführung von Bestimmungen zugunsten der Arbeitnehmer; er beantragt beim Arbeitgeber Maßnahmen, die der Belegschaft dienen und gibt Anregungen von Arbeitnehmern weiter; er fördert die Eingliederung schutzbedürftiger Personen.

BetrVerfG §§ 87 ff.

- **Mitbestimmung in sozialen Angelegenheiten:** Fragen der Betriebsordnung, Arbeitszeit, Urlaubsgrundsätze, betriebliche Lohngestaltung, Akkord- und Prämiensätze.

- **Mitbestimmung (im Sinne einer Mitwirkung) in personellen Angelegenheiten:** Personalplanung, Beurteilungsgrundsätze, Angelegenheiten der Berufsbildung, Einstellungen, Eingruppierungen, Umgruppierungen, Versetzungen und Kündigungen von Betriebsangehörigen.

BetrVerfG §§ 92 ff.

- **Mitwirkung in wirtschaftlichen Angelegenheiten:** Informations- und Beratungsrecht des Wirtschaftsausschusses, Information des Betriebsrates über geplante Betriebsänderungen.

BetrVerfG §§ 106 ff.

Der Betriebsrat und der Arbeitgeber haben die Möglichkeit, ergänzend zum Tarifvertrag über Betriebsvereinbarungen Regelungen für den Einzelbetrieb zu treffen. Typische Themen für **Betriebsvereinbarungen** sind die Betriebsordnung, der Urlaubsplan, Beginn und Ende der täglichen Arbeitszeit oder betriebliche Sozialleistungen. Dabei dürfen die jeweiligen Bestimmungen nicht im Widerspruch zu den Tarifverträgen stehen.

Betriebsvereinbarungen

Fallbeispiel: Die Rechtslage in dem Konflikt bei der Laupheimer Büromöbel AG stellt sich wie folgt dar: Sofern bereits ein Betriebsrat gebildet ist, haben sich die Führungskräfte nicht rechtmäßig verhalten. Nach § 87 BetrVerfG gehört die Frage der täglichen Arbeitszeit, einschließlich der Pausen, zu den mitbestimmungspflichtigen sozialen Angelegenheiten. Kommt zwischen Betriebsrat und dem Vorstand keine Einigung zustande, entscheidet die Einigungsstelle.
Wäre in der Laupheimer Büromöbel AG noch kein Betriebsrat gebildet worden, müssten die Beschäftigten dies nachholen, um mitbestimmen zu können.
Der Betriebsrat nimmt diesen Konflikt zum Anlass, um mit dem Vorstand eine Betriebsvereinbarung zur betrieblichen Arbeitszeit auszuhandeln.

In Betrieben und Verwaltungen des Bundes, der Länder und Gemeinden und sonstigen Körperschaften und Anstalten des öffentlichen Rechts (z. B. Sparkassen) gilt das **Personalvertretungsgesetz**. An Stelle des Betriebsrates ist dort ein Personalrat vorgesehen, der bestimmte Mitbestimmungs- und Mitwirkungsrechte hat. Der Umfang dieser Rechte ist in der Regel etwas geringer, als dies bei Anwendung des BetrVerfG der Fall wäre.

Im Öffentlichen Dienst gilt das Personalvertretungsgesetz

Mitbestimmung auf Unternehmensebene

Die Mitbestimmung auf Unternehmensebene bezieht sich grundsätzlich auf die Frage, wie stark die Arbeitnehmer im Aufsichtsrat von größeren Unternehmen vertreten sein sollen. Damit steht bei dieser Diskussion die Frage im Vordergrund, wieweit die Vertreter der Beschäftigten bei **wirtschaftlichen Angelegenheiten**, z. B. der Besetzung des Vorstandes oder Firmenschließungen, mitentscheiden sollen.

Die Mitbestimmung auf Unternehmensebene wird in der Bundesrepublik Deutschland nach wie vor kontrovers diskutiert. Während die Arbeitgebervertreter weiterhin auf der Abschaffung bestimmter Mitbestimmungsregelungen bestehen, sehen die Gewerkschaften diese gesetzlichen Bestimmungen als unverzichtbare Elemente unserer Wirtschaftsordnung an.

Der Gesetzgeber hat für verschiedene Wirtschaftsbereiche bisher drei unterschiedliche Regelungen geschaffen.

- **Mitbestimmung nach dem Betriebsverfassungsgesetz**
  Das Betriebsverfassungsgesetz regelt grundsätzlich die Zusammensetzung des Aufsichtsrates bei Aktiengesellschaften und Kommanditgesellschaften auf Aktien. Weiter gilt es für die GmbH und Erwerbs- und Wirtschaftsgenossenschaften, sofern sie

BetrVerfG

mehr als 500 Mitarbeiter haben. Unternehmen, die in der Regel mehr als 2 000 Mitarbeiter haben, unterliegen seit 1976 dem Mitbestimmungsgesetz.

Der Aufsichtsrat besteht aus mindestens 3 Personen oder aus einer durch drei teilbaren Mitgliederzahl. Die Höchstzahl beträgt 21 Mitglieder.

Im Aufsichtsrat nach dem Betriebsverfassungsgesetz sitzen zu zwei Dritteln Vertreter der Kapitaleigner, die in der Hauptversammlung gewählt werden. Zu einem Drittel besteht der Aufsichtsrat aus gewählten Arbeitnehmervertretern.

Montan MG

- **Montan-Mitbestimmung**
  Die Montanmitbestimmung gilt für Kapitalgesellschaften der Montanindustrie (Bereich Bergbau sowie die eisen- und stahlerzeugende Industrie). Da hierbei die Arbeitnehmer und die Kapitaleigner im gleichen Verhältnis vertreten sind, spricht man von einer **paritätischen Mitbestimmung**.

Neutrales Mitglied

Um zu verhindern, dass bei Kampfabstimmungen keine Entscheidungen zustande kommen, weil beide Seiten die gleiche Stimmenzahl haben (Pattsituation), wählt der gesamte Aufsichtsrat ein weiteres, **neutrales Mitglied**. Kann sich der Aufsichtsrat hierbei nicht einigen, wird ein Vermittlungsausschuss eingeschaltet.

Arbeitsdirektor

Bei der Wahl des Vorstandes ist ein **Arbeitsdirektor** einzustellen, der die Interessen der Arbeitnehmer im Vorstand vertreten soll. Dieser Arbeitsdirektor kann nicht gegen die Stimmen der Arbeitnehmervertreter gewählt werden. Zu den Aufgabengebieten des Arbeitsdirektors im Vorstand zählen alle Angelegenheiten im personellen und sozialen Bereich.

Bei großen Montan-Unternehmen und bei Konzernobergesellschaften montanmitbestimmter Unternehmen gelten noch besondere Bestimmungen.

Der Aufsichtsrat nach dem Montanmitbestimmungsgesetz

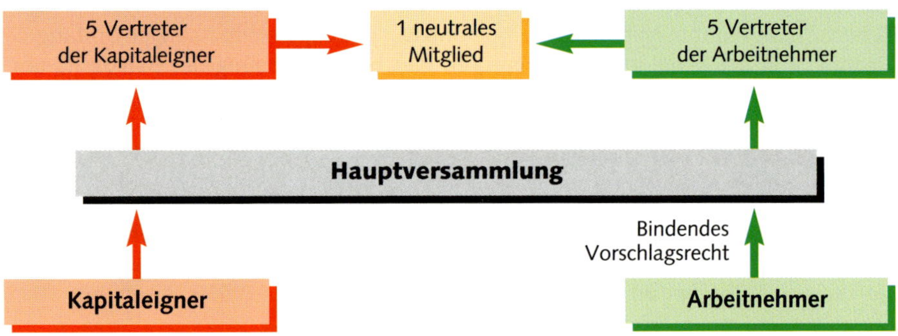

MitbestG

- **Mitbestimmungsgesetz 1976**
  Das Mitbestimmungsgesetz von 1976 ist als Kompromisslösung nach jahrzehntelanger politischer Diskussion entstanden. Es erstreckt sich auf die gleichen Unternehmensformen wie die Regelung des Betriebsverfassungsgesetzes, sofern die Unternehmen in der Regel mehr als 2 000 Mitarbeiter haben.

Die Zahl der Mitglieder im Aufsichtsrat beträgt mindestens 12 und richtet sich nach der Zahl der im Unternehmen beschäftigten Mitarbeiter.

Auf den ersten Blick scheint auch hier eine Parität zwischen Kapitalgeber und Arbeitnehmer zu bestehen. Die Regelung über den **Stichentscheid** führt in der Praxis jedoch zu einem **stärkeren Gewicht** der Seite der **Kapitaleigner**.

Damit Pattsituationen verhindert werden, hat der **Aufsichtsratsvorsitzende** bei Stimmengleichheit in einer erneuten Abstimmung **zwei Stimmen**.

Der Aufsichtsratsvorsitzende wird mit Zweidrittelmehrheit aller Aufsichtsratsmitglieder gewählt. Erhält dabei jedoch niemand die erforderliche Mehrheit, wählen die Vertreter der **Anteilseigner** in einem zweiten Wahlgang den Vorsitzenden.

Leitende Angestellte

Die Abgrenzung der leitenden Angestellten von den anderen Arbeitnehmern ist problematisch. So hat das Bundesarbeitsgericht den Leiter der „Unternehmensplanung", dem ein weiterer Mitarbeiter unterstand, als leitenden Angestellten eingestuft, weil er eine Unternehmerfunktion innehabe. Dagegen wurde der Leiter der „Mechanischen Fertigung", dem über 100 Mitarbeiter unterstanden, nicht als leitender Angestellter eingestuft, weil er lediglich Überwachungsfunktion innehabe.

Der Aufsichtsrat nach dem Mitbestimmungsgesetz

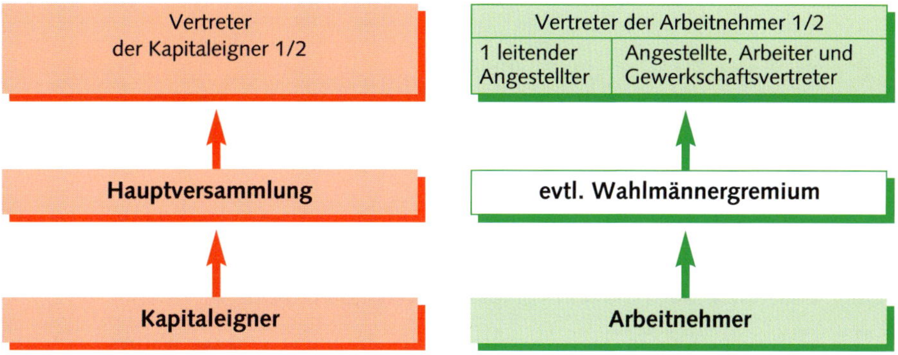

Diskussion der Mitbestimmung

Während die betriebliche Mitbestimmung im Sinne partnerschaftlicher Zusammenarbeit heute allgemein anerkannt ist, bleibt die wirtschaftliche Mitbestimmung im Aufsichtsrat, vor allem in ihrer paritätischen Form, trotz der gesetzlichen Regelungen, nach wie vor umstritten. In der Diskussion werden dabei wirtschaftliche, sozialpolitische und gesellschaftspolitische Argumente benutzt.

Arbeit und Kapital als gleichberechtigte Partner

Die **Arbeitnehmerseite** argumentiert, dass Arbeit und Kapital für die Leistung eines Unternehmens von gleicher Bedeutung sind und deshalb auch im Führungsbereich eines Unternehmens beide Seiten vertreten sein sollen. Erst mit der Mitbestimmung ist nach Meinung der Gewerkschaften eine wirksame Vollbeschäftigungspolitik möglich. Außerdem verhindere die Beteiligung der Arbeitnehmer an grundlegenden Entscheidungen einen Machtmissbrauch der großen Unternehmen. Die Betriebe können andererseits von der Mitbestimmung profitieren, weil die Arbeitnehmer sich den Beschäftigungsunternehmen stärker verbunden fühlen und zu höheren Leistungen motiviert werden. Schließlich erfordert das Ziel eines mündigen Staatsbürgers eine Übertragung demokratischer Prinzipien auf die Arbeitswelt.

Wie weit geht das Recht auf Eigentum?

Die **Arbeitgeberseite** führt ins Feld, dass die Mitbestimmung das Recht auf Eigentum an Produktionsmitteln einschränke. Sie sehen die Gefahr, dass Unternehmen durch die Mitbestimmung schwerfällig werden und unbequemen Entscheidungen ausweichen. Sie befürchten, dass durch die Mitbestimmung inländische und vor allem ausländische Kapitalanleger davon abgehalten werden, ihr Kapital in deutschen Unternehmen anzulegen. Außerdem sehen sie eine bedrohliche Machtzusammenballung bei den Gewerkschaften, die nach ihrer Meinung eine Gefahr für Wirtschaft und Staat werden könne („Gewerkschaftsstaat"). Vonseiten der Arbeitgeber wird auch die Meinung vertreten, dass nicht die Mitbestimmung, sondern die Lohnhöhe, Arbeitsplatzsicherheit, das Betriebsklima und Aufstiegsmöglichkeiten über das Wohlbefinden und die Leistung der Mitarbeiter entscheiden. Auch mitbestimmte Unternehmen müssten sich nach wirtschaftlichen Gesichtspunkten richten. Deshalb kann ein mitbestimmter Betrieb nicht mehr zur Vollbeschäftigung beitragen als ein Unternehmen ohne Beteiligung der Arbeitnehmer im Aufsichtsrat.

Aufgaben

1 Skizzieren Sie den Aufbau der Betriebsverfassung nach dem Betriebsverfassungsgesetz. Erläutern Sie dabei die Aufgaben der einzelnen Organe.

2 Beschreiben Sie die Mitwirkungs- und Mitbestimmungsrechte des Betriebsrates, indem Sie einige Beispiele anführen.

3 Beurteilen Sie folgende Situationen!
a) Der Betriebsrat Karl Zock möchte für eine Woche eine Betriebsräteschulung besuchen. Der Arbeitgeber verlangt, dass er dafür seinen Urlaub nimmt.
b) Der Arbeitgeber legt die Betriebsferien, in denen die Firma geschlossen ist, alleine fest.
c) Ein Mitarbeiter im Unternehmen wird versetzt, ohne dass der Betriebsrat eingeschaltet wird.

4 Erklären Sie die Funktion von Betriebsvereinbarungen.

5 Unterscheiden Sie die betriebliche Mitbestimmung und die Mitbestimmung auf Unternehmensebene.

6 ***„Was ich anstrebe, ist also eine Unternehmensleitung, die von allen am Unternehmen unmittelbar Beteiligten, das ist von denen, die (Risiko-)Kapital einsetzen, und denen, die als Arbeitnehmer ihre Person einsetzen, gemeinsam bestellt wird und beiden gemeinsam verantwortlich ist."***
Oscar von Nell-Breuning, in: Die Zeit
Diskutieren Sie diese Forderung.

7 In den geltenden Mitbestimmungsmodellen ist vorgesehen, dass betriebsfremde Arbeitnehmer (Gewerkschaftsvertreter) Sitze im Aufsichtsrat haben können. Bewerten Sie diese Regelungen.

2.6 Wie führt man ein Unternehmen?

Führungskultur der Laupheimer Büromöbel AG

Die Laupheimer Büromöbel AG ist in ihrer Führungskultur dadurch gekennzeichnet, dass die Mehrzahl der Führungskräfte ihre Entscheidungen weitgehend selbst treffen. Sie sind dabei noch durch den Führungsstil des Unternehmensgründers, Siegfried Hansen, geprägt, der als ein sehr strenger, aber dennoch beliebter Vorgesetzter seine „Untergebenen" nicht an Entscheidungen beteiligte und auch die Kontrolle weitgehend selbst ausübte.
Der neue Vorstand will die Unternehmung zukünftig partnerschaftlich führen. Damit möchte er einen Führungsstil im gesamten Unternehmen erreichen, bei dem die Eigeninitiative der Mitarbeiter stärker gefördert wird.

Führungsstil – Der Ton macht die Musik

Führungsstil ist die Verhaltensweise der Führungskräfte

Führungsstil

Merkmale von Führungsstilen

Die betriebliche Praxis weist eine Vielzahl von Führungsstilen auf. Sie lassen sich durch grundlegende Merkmale beschreiben:
- das Ausmaß, in dem Untergebene an Entscheidungen beteiligt werden,
- die Art, wie der Vorgesetzte Anweisungen erteilt,
- der Umfang der Kontrolle, die durch den Vorgesetzten ausgeübt wird; das Ausmaß, in dem der Vorgesetzte den Instanzenweg einhält.

Die Vielzahl der möglichen Führungsstile kann beschrieben werden, indem zunächst die beiden Extremformen erklärt werden.

Autoritärer Führungsstil

- **Der autoritäre Führungsstil** ist dadurch gekennzeichnet, dass der Vorgesetzte sämtliche Entscheidungen trifft und sie als unwiderrufliche Anweisungen (Befehle) direkt weitergibt. Er überwacht beinahe alle Aktivitäten und überprüft regelmäßig die Leistungen der Mitarbeiter. Die Mitarbeiter werden nicht an Entscheidungen beteiligt und arbeiten im Rahmen von Einzelanordnungen.

Kooperativer Führungsstil

- **Der kooperative Führungsstil** beteiligt die Mitarbeiter weitgehend an Entscheidungen. Der Vorgesetzte steckt lediglich den Entscheidungsrahmen ab und gibt in einem Prozess der Kommunikation Anregungen, erteilt Ratschläge und koordiniert die Meinungen. Die Kontrolle des Vorgesetzten beschränkt sich lediglich auf die Überwachung der Ergebnisse. Von den Mitarbeitern wird ein verantwortungsbewusstes und partnerschaftliches Arbeiten vorausgesetzt.

Beide Führungsstile unterscheiden sich also in der Kommunikation:

Kommunikation bei unterschiedlichen Führungsstilen

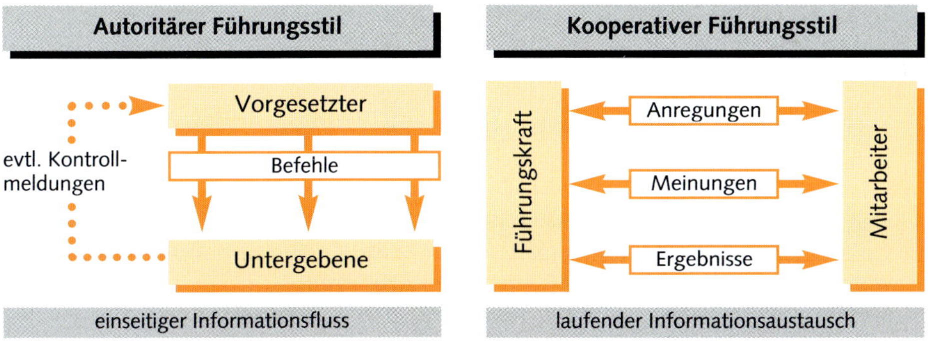

In der Praxis treten diese Führungsstile in der dargestellten Reinform nicht auf; es kommen ausschließlich Mischformen beider Verhaltensweisen der Führungskräfte vor.

Mischformen der Führungsstile

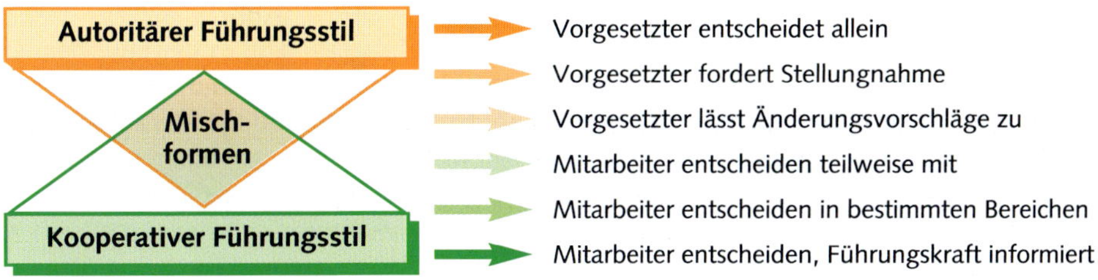

Bürokratischer Führungsstil

Besonders in der öffentlichen Verwaltung findet man den bürokratischen Führungsstil. Die überwiegende Zahl der Führungsanweisungen wird im Rahmen von streng vorgeschriebenen Regeln durch spezialisierte Kompetenzträger erteilt. Dabei werden Instanzenwege streng eingehalten. Solche Systeme sind deshalb durch eine relativ große Unbeweglichkeit gekennzeichnet.

Die Frage, welche Führungsstile am leistungsfähigsten sind, lässt sich nicht eindeutig beantworten. Dies hängt von der gestellten Aufgabe, von den Persönlichkeitsmerkmalen des Vorgesetzten und der Mitarbeiter sowie von den Wertvorstellungen des Betrachters ab. Trotzdem lassen sich einige grundsätzliche Aussagen über die Wirkung von Führungsstilen machen.

Vergleich der grundlegenden Führungsstile

	Autoritärer Führungsstil	**Kooperativer Führungsstil**
Möglichkeiten	– Klare Entscheidungsbefugnisse – Entscheidungen können schnell getroffen werden – Hohe Arbeitsproduktivität bei Routineaufgaben	– Fachgerechte und ausgewogene Entscheidungen – Gute Motivation der Mitarbeiter – Gutes Arbeitsklima – Förderung von Kreativität und aktiver Mitarbeit der Beschäftigten
Gefahren	– Fehlentscheidungen – Geringe Motivation der Mitarbeiter – Schlechtes Arbeitsklima durch Unzufriedenheit und Konkurrenzkampf („Zuträger") der Mitarbeiter	– Entscheidungen werden oftmals nur mit Verzögerungen getroffen – Qualifizierte und somit teure Mitarbeiter sind notwendig
Geeignet für	– Routineaufgaben und Tätigkeiten, die im Voraus geplant werden können	– Aufgabenstellungen, bei denen es um Problemlösung, Forschung, Entwicklung, Planung und Entwurf geht

Umstellungsprobleme beim Wechsel des Führungsstils

Fallbeispiel: Die Änderung im Führungsstil der Laupheimer Büromöbel AG erfolgt nicht ohne Schwierigkeiten. Viele Mitarbeiter sind zunächst überfordert, weil sie die Spielregeln der Kooperation nie erfahren haben. Entscheidungen werden verzögert, weil sie nach wie vor auf „Anweisungen von oben" warten. Sie werden verunsichert, weil sie teilweise das Gefühl haben, keine Führung mehr zu besitzen. Sie sind gewohnt, Führung mit autoritärer Führung gleichzusetzen.
Dies führt in der Anfangsphase zu Schwächen in der Organisation, zu Konflikten und schließlich zu schlechteren Leistungen. Der Vorstand setzt deshalb ein Projektteam ein, das mit Unterstützung eines externen Beraters ein Konzept zur Umsetzung der kooperativen Führung erarbeitet.

Wie kann kooperative Führung gelebt werden?

Aufgabe der Projektgruppe

Bei der Umstellung auf einen kooperativen Führungsstil sind in der Laupheimer Büromöbel AG viele Probleme entstanden, weil es der Vorstand versäumt hat, klare Regeln für die Abgrenzung der Tätigkeitsbereiche und der Verantwortung zu definieren. Deshalb ist das Verhältnis zwischen Führungskräften und Mitarbeitern in Führungsgrundsätzen zu beschreiben. Außerdem sind die notwendigen Vorkehrungen zu treffen, damit diese Aussagen auch im täglichen Arbeitsleben umgesetzt, d. h. „gelebt" werden.

Das Führen der Mitarbeiter ist der zentrale Erfolgsfaktor eines erfolgreichen Managements. Seine Qualität hat einen wesentlichen Einfluss auf die Produktivität des Unternehmens. Deshalb ist das Ziel der Projektarbeit, die Grundlagen dafür zu schaffen, dass die Mitarbeiterführung auf einem optimalen Niveau praktiziert wird. Das Führungsverhalten steht dabei in einem engen Zusammenhang mit dem Mitarbeiterverhalten und damit dem geschäftlichen Erfolg.

Produktivität
Verhältnis des produzierten Wertes zum eingesetzten Kapital

Es lassen sich drei wesentliche Voraussetzungen kooperativer Führung unterscheiden:

Voraussetzungen kooperativer Führung

- Die **Anpassung der Aufbauorganisation** (z. B. Stellenbeschreibungen, Entscheidungssysteme, Informationssysteme, Führungstechniken)
- **Führungsinstrumente** (z. B. Beurteilungssysteme, Vergütungssysteme, Personalentwicklungsmaßnahmen)
- **Trainingsprogramme** für Führungskräfte (z. B. Training der Team- und Kommunikationsfähigkeit in Seminaren und in der Praxis)

Diese Voraussetzungen können zu einem neuen **Führungsverhalten** und letztlich zu einer anderen Führungskultur führen.

Damit ist die **Führungskultur**, d. h. die Werte, Verhaltensnormen und Denk- und Handlungsweisen der Führungskräfte, ein entscheidender Faktor des betrieblichen Leistungsprozesses. Das Führungsverhalten ist dabei eine Form des menschlichen Verhaltens, das durch vielfältige Faktoren bestimmt wird.

Die Führungskultur bestimmt den Erfolg einer Unternehmung

Führung ist eine Form menschlichen Verhaltens

- **Faktoren der Umwelt:** Gesellschaftspolitische Entwicklung; Wertewandel der Mitarbeiter und Kunden, wie z. B. die stärkere Wertschätzung für die Freizeit; technologische Veränderungen.
- **Persönliche Faktoren:** Fähigkeiten, persönliche Erfahrungen, Kommunikationsfähigkeit, Belastbarkeit u. Ä.

Die Führungsgrundsätze eines Unternehmens bauen auf diesen Rahmenbedingungen auf.

Führungsgrundsätze sind schriftlich formulierte, situationsunabhängige Richtlinien für das praktische Verhalten der Führungskräfte

Führungsgrundsätze

Für den kooperativen Führungsstil gibt es eine Reihe von **Führungstechniken**, um die Weitergabe von Aufgaben und Verantwortung zu regeln. Es können grundsätzlich drei Führungstechniken unterschieden werden, die jedoch oftmals ineinander übergreifen und deshalb in der Praxis nicht immer genau abgegrenzt werden können.

Führungstechniken

- **Führen nach dem Ausnahmeprinzip** (management by exceptions): Die Mitarbeiter erhalten für scharf abgegrenzte Aufgabenfelder Entscheidungsfreiheit. Der Vorgesetzte greift nur dann ein, wenn Zielabweichungen, Ausnahmefälle oder Störsituationen eintreten.
  Voraussetzungen sind:
  - Klare Aufgabendefinitionen
  - Übertragung von Vollmachten
  - Klare Richtlinien für Entscheidungen

Führen nach dem Ausnahmeprinzip

- **Führen durch Delegation von Verantwortung** (management by delegation): Die Mitarbeiter erhalten für bestimmte Bereiche Entscheidungsfreiheit und übernehmen dafür die Verantwortung.
  Voraussetzungen sind:
  - Klare Aufgabendefinitionen
  - Eindeutige Abgrenzung der Kompetenzen

Führen durch Delegation von Verantwortung (management by delegation)

Führen durch Zielvereinbarung (management by objectives)

- **Führen durch Zielvereinbarung** (management by objectives): Die Führungskraft gibt Ziele vor oder entwickelt sie zusammen mit den Mitarbeitern. Die Mitarbeiter bestimmen die Mittel zur Zielerreichung selbst und tragen dafür die Verantwortung. Voraussetzungen sind:
  – überprüfbare Formulierung der Ziele
  – Die Mitarbeiter müssen die Ziele als sinnvoll ansehen.

Fallbeispiel: Das Projektteam „Führungsgrundsätze" entwickelte unter Beteiligung von Mitarbeitern verschiedener Unternehmensbereiche und Hierarchieebenen Führungsgrundsätze, die in einem ausführlichen Diskussionsprozess modifiziert und vom Vorstand verabschiedet wurden. Diese Vereinbarungen waren u. a. die Grundlage bei der Neugestaltung der Aufbauorganisation. So flossen diese Anforderungen auch in die neuen Stellenbeschreibungen ein. Der Personalbereich entwarf ein Trainingsangebot für Führungskräfte und Führungsnachwuchskräfte, das vor allem im verhaltensorientierten Bereich Schwerpunkte setzt.

Auszug aus den Führungsgrundsätzen der Laupheimer Büromöbel AG

Die Führungskraft führt ihre Mitarbeiter so, dass deren Engagement, Leistung und Zufriedenheit bei der Arbeit gefördert werden; darin erweist sich die Führungsleistung der Vorgesetzten. Führungsarbeit verlangt insbesondere verantwortliches Mitwirken und vorbildliches Verhalten unserer Führungskräfte. Dabei beginnt die Führung im Vorstand.

Eine überzeugende Führungsleistung weist folgende Merkmale auf:
- Für eine gute, erfolgreiche Personalarbeit übernehmen die Führungskräfte jeweils die entscheidende Verantwortung,
- die Grundhaltung der Führungskräfte und Mitarbeiter ist durch eigenverantwortliches, unternehmerisches Denken geprägt,
- das zentrale Führungsinstrument bilden die Mitarbeitergespräche im weitesten Sinne,
- wichtigste Verhaltensregeln sind die partnerschaftliche Kommunikation sowie Delegation von Verantwortung...

Die Führungsgrundsätze der Laupheimer Büromöbel AG bauen auf den Führungstechniken der kooperativen Führung auf.

Führungstechniken in der Laupheimer Büromöbel AG

Die Laupheimer Büromöbel AG wird zukünftig grundsätzlich nach dem Prinzip **„Führung durch Delegation von Verantwortung"** geleitet. Die Funktions- und Kundengruppenmanager erhalten für ihren jeweiligen Aufgabenbereich Entscheidungsfreiheit. Diese können wiederum in diesem Rahmen Aufgaben delegieren.

Im Bereich der Beschaffung wird das Prinzip **„Führen nach dem Ausnahmeprinzip"** angewandt. Die Sachbearbeiter für die einzelnen Beschaffungsbereiche erhalten genaue Wertgrenzen, bis zu denen sie selbstständige Abschlüsse tätigen können. Übersteigt der Kaufpreis die Grenze, muss die Führungskraft entscheiden.

Die Vertriebsleitung hat für die Außendienstleute das Prinzip **„Führen durch Zielvereinbarung"** gewählt. In einem Gespräch zwischen Mitarbeiter und Vorgesetztem werden gemeinsam die Zielvorgaben, gemessen am Umsatz, festgelegt. In regelmäßigen Abständen werden die tatsächlich eingetretenen Umsatzzahlen gemeinsam besprochen. Die Mittel und Wege des Verkaufs werden jedoch alleine von den Außendienstmitarbeitern bestimmt.

Führung im Sozialsystem Betrieb

Die Beziehungen der Mitarbeiter untereinander weisen zwei Ebenen auf:

Formelle Organisation

- **Die formelle Organisation** legt fest, welche Aufgaben, Zuständigkeiten (Kompetenzen) und welche Verantwortung mit jedem Arbeitsplatz (Stelle) verbunden sind. Daraus leitet sich wiederum ab, wer wem weisungsberechtigt ist (Über- und Unterordnung).
  Die formelle Organisation in der Einkaufsabteilung ist klar und eindeutig definiert. Der Abteilungsleiter ist direkter Vorgesetzter seiner Gruppenleiter, die wiederum ihre jeweiligen Einkäufer führen. Ein Auftrag des Abteilungsleiters für einen Einkäufer der Gruppe Kunststofftechnik geht immer über die Gruppenleiterin.

Informelle Organisation

- **Die informelle Organisation** spiegelt die zwischenmenschlichen Beziehungen wider. Deshalb ist sie grundsätzlich unabhängig von der formellen Organisation.
  In der Einkaufsabteilung spielt die Gruppenleiterin Holzmaterial eine dominierende Rolle, weil sie sehr flexibel reagieren kann. Dies scheint jedoch eher eine Distanz zum Abteilungsleiter und zum Gruppenleiter zu schaffen, die sich in ihren Verhaltensweisen recht ähnlich sind. Daraus ist auch die Wanderfreundschaft der beiden erklärbar. Der Gruppenleiter Kunststofftechnik kann dabei viele Dinge in Gang setzen, die in der offenen Diskussion mit seiner Kollegin unter Umständen nur schwer durchsetzbar wären. Dabei hilft ihm auch sein guter Informationsstand über Vorgänge in der Gruppe Holzmaterial, den er beim gemeinsamen Betriebssport immer wieder auffrischen kann. Die Gruppenleiterin Holzmaterial erfährt dafür während der Fahrt zum Betrieb regelmäßig Internas über die andere Gruppe...

Anlässe informeller Strukturen

Vergleichbare Strukturen sind in nahezu allen Betrieben zu finden, da formelle und informelle Organisationen praktisch nie übereinstimmen. Neben gemeinsamen Freizeitaktivitäten können dafür u. a. auch folgende Gründe maßgeblich sein:
- gleichgelagerte Interessen, z. B. in der Musik, Politik, Sport usw.
- ähnliches Alter,
- gleiches Geschlecht,
- vergleichbare hierarchische bzw. berufliche Stellung (Kaufleute und Techniker) oder
- gemeinsamer Neid.

Folgen informeller Strukturen

Aus diesem Grunde werden einzelne Mitarbeiter meist mehreren informellen Gruppen angehören.

Aufgaben

1 Grenzen Sie den autoritären und kooperativen Führungsstil voneinander ab.

2 Beschreiben Sie die wesentlichen Zwischenstufen der Führungsstile, die man in der Realität zwischen den beiden „Reinformen" finden kann.

3 Wägen Sie die wichtigsten Vor- und Nachteile beider Führungsstile gegeneinander ab.

4 Erläutern Sie den Zusammenhang zwischen Führungskultur und Erfolg eines Unternehmens.

5
a) Beschreiben Sie die wesentlichen Stufen eines Prozesses, bei dem die Führungskultur eines Unternehmens von einem autoritären zu einem kooperativen Stil verändert wird.
b) Stellen Sie die wichtigsten Schwierigkeiten zusammen, die bei dieser Veränderung zu bewältigen sind.

6 a) Definieren Sie die Funktion von Führungsgrundsätzen.
b) Beschaffen Sie sich, sofern möglich, die Führungsgrundsätze Ihres Ausbildungsunternehmens und analysieren Sie die grundlegenden Aussagen zum Führungsverhalten.
c) Vergleichen Sie diese Richtlinien mit der Führungskultur, die Sie selbst erlebt haben. Suchen Sie Ursachen für mögliche Abweichungen.
d) Beschreiben Sie die Grenzen der Wirksamkeit von Führungsgrundsätzen.

7 Erklären Sie die wichtigsten Führungstechniken und geben Sie die Voraussetzungen an, die erfüllt sein müssen, damit die Führung ihr Ziel erreicht.

8 a) Beschreiben Sie die formelle und informelle Struktur der Abteilung, in der Sie zurzeit ausgebildet werden, mit den Figuren aus dem Schachspiel.
b) Erläutern Sie mögliche Auswirkungen dieser Strukturen.

AKTION

Die Sportartikel Neuhausen GmbH erhält eine neue Unternehmensstruktur

Die Sportartikel Neuhausen GmbH ist ein traditionsreiches Unternehmen mit 800 Mitarbeitern. Neben der traditionellen Produktion von Skiern, Snowboards und Tennisartikeln, stellt das Unternehmen immer mehr Sportschuhe und Bekleidungsartikel her.

Die Produkte werden in erster Linie an den Sportgroßhandel, teilweise auch im Direktvertrieb verkauft.

Das Unternehmen wird seit über einem Jahrzehnt nach folgendem Schema organisiert. Im Zuge des Generationenwechsels in der Geschäftsführung soll die Sportartikel Neuhausen GmbH eine neue Unternehmensstruktur erhalten.

Aufgaben

Bilden Sie drei Gruppen A, B und C. Legen Sie vorab in jeder Gruppe den/die Moderator/in sowie den/die Präsentator/in der Ergebnisse fest. Halten Sie die wichtigsten Punkte auf einem Flipchart oder einer Folie fest.

1. In der vergangenen Zeit haben sich die Klagen über Lieferungsverzögerungen und schwerfällige Reaktionen des Unternehmens gehäuft. Eine interne Untersuchung hat ergeben, dass eine wesentliche Ursache dafür die Organisationsstruktur des Unternehmens ist, weil bei vielen Vorgängen zu viele Stellen des Hauses mit eingeschaltet werden müssen. Die neue Geschäftsleitung hat sich deshalb zum Ziel gesetzt, die Organisationsstruktur des Unternehmens deutlich flexibler und kundenorientierter zu gestalten.

2. Bewerten Sie dieses Organigramm unter diesen Gesichtspunkten. Beantworten Sie dafür zunächst in zwei getrennten Teilgruppen folgende Fragen:

   a) Welche Stärken weist die Struktur der Sportartikel Neuhausen GmbH im Hinblick auf die Kundenorientierung auf?

   b) Welche Schwächen beinhaltet die Struktur dieses Unternehmens?

   Erarbeiten Sie eine Lösung für nachstehende Aufgaben. Stellen Sie für Ihre spätere Präsentation die wesentlichen Argumente für Ihre Lösung zusammen, damit Sie Ihren Entwurf in der Klasse möglichst gut „verkaufen" können.

   Gruppe A
   Erarbeiten Sie ein Organigramm, das als **Stabliniensystem** konzipiert ist. Überlegen Sie dabei insbesondere, welche Aufgaben in einer Hand gebündelt werden müssen, damit die Kunden des Unternehmens flexibler betreut werden können.

   Diskutieren Sie außerdem, inwieweit Stabsabteilungen dazu beitragen können, die Abwicklung von Kundenaufträgen effizienter zu gestalten.

   Gruppe B
   Erarbeiten Sie ein Organigramm, das der Unternehmung eine **divisionalisierte Organisation** (Spartenorganisation) gibt.

   Diskutieren Sie dabei insbesondere, nach welchen Prinzipien die Sparten der Unternehmung eingeteilt werden sollten, damit die Kunden letztendlich besser betreut werden können.

   Gruppe C
   Erarbeiten Sie eine **Matrix-Organisation** für dieses Unternehmen.

   Überlegen Sie zunächst, welche Aufgaben die Marktmanager und die Produktmanager übernehmen sollten. Diskutieren Sie anschließend, nach welchen Prinzipien die Marktverantwortung unterteilt werden sollte, damit Kundenaufträge zukünftig möglichst rasch erfüllt werden können.

AKTION

3. **Präsentieren** Sie im **Plenum** Ihre Lösungen. Anschließend diskutieren die Moderatoren der einzelnen Gruppen zehn Minuten lang nach dem Prinzip des **„Aquariums"** deren jeweilige Vorzüge und Nachteile.

Die Methode des „Aquariums"

Die Auszubildenden sitzen in **zwei** Kreisen. Im kleineren Innenkreis sitzt die Diskussions- oder Demonstrationsgruppe, die stellvertretend für das Plenum einen Sachverhalt bespricht oder vorführt. In der Regel sind im **Innenkreis** ein oder zwei Stühle frei, damit Auszubildende aus dem Außenkreis sich zeitweise an der Diskussion beteiligen und dann wieder in den Außenkreis zurückkehren können. Im größeren **Außenkreis** sitzen die Beobachter und verfolgen den Verlauf der Diskussion.

Je ein Mitglied aus jeder Gruppe hält während der Diskussion die wesentlichen Bewertungselemente für die vorgestellten Organisationsformen auf Metaplankarten fest. Diese Karten werden anschließend von diesen drei Schülern an der Pinwand in eine Struktur gebracht .

Die Methode der Strukturlege-Technik

Die zentralen Begriffe werden auf Kärtchen geschrieben. Die Auszubildenden bekommen die Aufgabe, die Kärtchen in eine Struktur zu legen, sodass zu erkennen ist, wie sie inhaltlich zusammengehören. Die Aufgabe kann in Einzel-, Partner- oder Kleingruppenarbeit bearbeitet werden. Die gelegten Strukturen werden anschließend im Plenum miteinander verglichen.

4. Bilden Sie anschließend Gruppen von Auszubildenden aus dem gleichen Ausbildungsbetrieb oder Unternehmen mit vergleichbarer Struktur. Vereinbaren Sie die Aufgabenverteilung für folgende Projektarbeit:

a) Beschaffen Sie sich in Ihrem Ausbildungsbetrieb das aktuelle Organigramm und bewerten Sie diese Struktur nach den gemeinsam entwickelten Kriterien.

b) Befragen Sie Ihren Ausbilder oder Abteilungsleiter über seine Einschätzung der Aufbauorganisation Ihres Ausbildungsbetriebes. Benutzen Sie für die Gesprächsführung dabei die Bewertungselemente, die Sie in der Klasse entwickelt haben.

c) Wählen Sie ein typisches Produkt aus Ihrem Ausbildungsbetrieb aus und verfolgen Sie seinen Entstehungprozess vom Einkauf bis zum Verkauf. Bringen Sie diesen Ablauf in eine grafische Darstellung, welche mit einer Zeitschiene unterlegt ist.

d) Analysieren Sie diesen Prozess und überlegen Sie, in welchen Bereichen dieser Ablauf verbessert werden könnte. Befragen Sie Ihre Kollegen, die für die einzelnen Abschnitte dieses Prozesses verantwortlich sind, nach den Gründen für die aktuelle Organisation.

e) Entwickeln Sie einen neuen Vorschlag für den Bearbeitungsprozess und erläutern Sie die notwendigen Voraussetzungen, die erfüllt sein müssen, damit dieser Ablauf realisiert werden kann.

f) Präsentieren und diskutieren Sie Ihren Vorschlag in Ihrer Arbeitsgruppe.

1 Aufgaben und Ziele der Personalwirtschaft

Die Laupheimer Büromöbel AG hat unter der Moderation einer externen Unternehmensberatung eine Geschäftsstrategie entwickelt, die für das kommende Jahrzehnt die Leitlinie des Unternehmenshandelns bilden soll. Das Selbstverständnis des Unternehmens wurde in folgende Kernaussage zusammengefasst: **„Die Laupheimer Büromöbel AG, ein zuverlässiger und vertrauenswürdiger Partner ihrer Kunden, die überzeugende Problemlösungen anbietet."**

Selbstverständnis der Laupheimer Büromöbel AG

Daraus leitete eine Projektgruppe folgende Anforderungen an die Mitarbeiter des Unternehmens ab:

Anforderungen an die Mitarbeiter der Laupheimer Büromöbel AG

Die Mitarbeiter der Laupheimer Büromöbel AG
- denken und handeln aus Sicht des Kunden,
- lösen Problemstellungen flexibel und kompetent,
- sind kreativ, innovationsfähig und -bereit,
- bilden sich den Markterfordernissen gemäß laufend weiter,
- bejahen Erfolg und Verantwortung.

Eine erfolgreiche Personalwirtschaft erfordert damit eine laufende Entwicklungsarbeit im Hinblick auf die Motivation und Qualifikation der Mitarbeiter.

- **Welche Verantwortung übernehmen dabei die Mitarbeiter selbst, die Führungskräfte und die zentrale Personalabteilung?**
- **Entwickeln Sie mit Ihren Lernpartnern eine Matrix, in der Sie für die Mitarbeiter, die Führungskräfte und die zentrale Personalabteilung jeweils die Aufgaben, die Verantwortung und den Lernbedarf definieren, die sich aus diesem Anforderungsprofil ableiten.**

„Wenn Du ein Schiff bauen willst, so trommele nicht Männer zusammen, um Holz zu beschaffen, Aufgaben zu vergeben und die Arbeit einzuteilen, sondern lehre den Männern die Sehnsucht nach dem weiten, endlosen Meer."

Antoine de Saint-Exupéry Französischer Schriftsteller und Flieger (1900 - 1944)

Der qualifizierte Mitarbeiter ist die Schlüsselfigur im Wettbewerb am Markt. Die geschäftspolitischen Zielsysteme der Unternehmen sind unter den heutigen Marktbedingungen nur erreichbar, wenn es gelingt, das vorhandene Potential der Mitarbeiter durch ein entsprechendes Führungsverhalten zu erkennen, zu entwickeln und optimal zu nutzen.

Erfolgreiche Unternehmen haben deshalb das Bewusstsein dafür geschärft, dass durch eine **langfristig orientierte Personalarbeit** die **Leistungsfähigkeit** und **Leistungsbereitschaft der Mitarbeiter** und damit das geschäftliche Ergebnis verbessert werden können.

1.1 Welche Rahmenbedingungen kennzeichnen die Personalwirtschaft?

Die moderne Informationsgesellschaft wird unter dem Gesichtspunkt der Personalwirtschaft u. a. durch folgende grundlegende Entwicklungen gekennzeichnet:

- Die Veränderung der Bevölkerungsstruktur hat zur Folge, dass zukünftige Innovationsschübe immer mehr von älteren Arbeitnehmern ausgehen müssen. Der Wettbewerb um qualifizierte Nachwuchskräfte wird stark zunehmen.

Veränderung der Bevölkerungsstruktur

Vor dem ersten Weltkrieg war der so genannte Lebensbaum gesund. Viele junge Menschen versorgten wenige alte. In der Bundesrepublik Deutschland der 90er-Jahre ist es, bedingt durch zahlreiche Faktoren (Geburtenrückgang, die Weltkriege, Verlängerung des Lebensalters durch medizinischen und sozialen Fortschritt) zur umgekehrten Situation gekommen. Es gibt immer mehr Menschen im Rentenalter und auch ältere Arbeitnehmer, die mit einem schnellen technischen Wandel zurechtkommen müssen.

- Der Umfang des **Wissens wächst** immer **schneller**, sodass vorhandenes Wissen immer rascher veraltet. In allen Lebensbereichen sind technologische Sprünge zu verzeichnen.
- Die staatlichen und privaten Bildungseinrichtungen reagieren auf diese Veränderungen nur mit Zeitverzögerungen.
- Die **Anforderungen der Kunden** an die Marktprodukte werden **größer**, weil durch eine verbesserte Verbraucherinformation, z. B. über die Stiftung Warentest, eine größere Sachkenntnis der Nachfrager besteht. Hinzu kommt, dass die Konsumenten eine veränderte Werthaltung besitzen, die sich z. B. in einem erhöhten ökologischen Bewusstsein niederschlägt. Deshalb werden beispielsweise Waschmittel, welche die Umwelt in nicht vertretbarem Ausmaße schädigen, nur noch in geringem Maße nachgefragt.

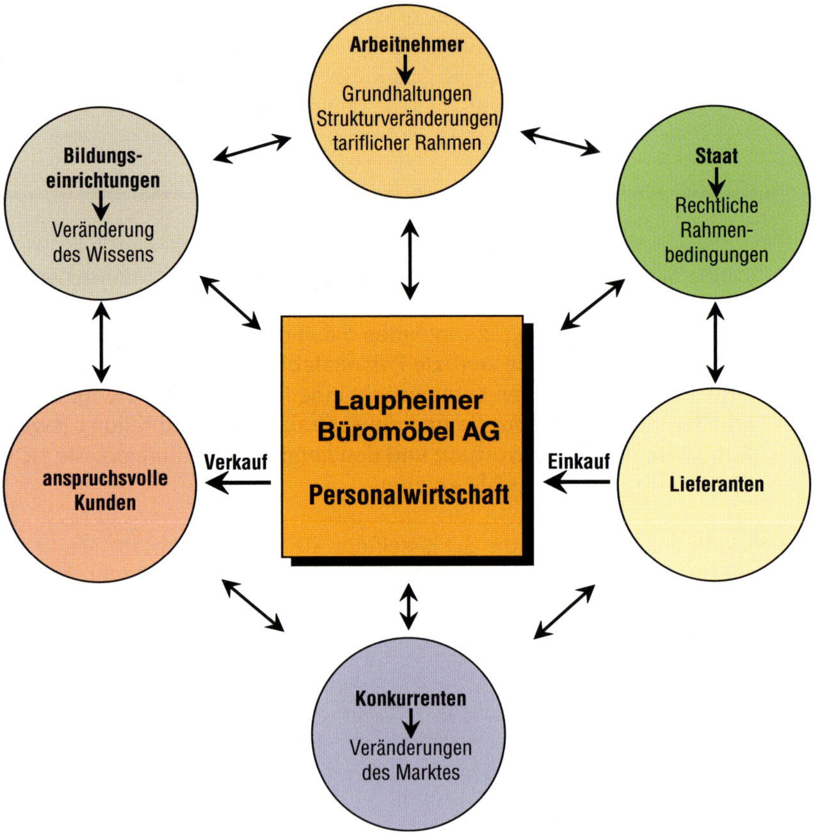

Die Rahmenbedingungen der Personalwirtschaft der Laupheimer Möbel AG

Für die **Personalarbeit der Unternehmen** werden sich daraus zukünftig folgende Änderungen herleiten:

Wunsch nach Eigenverantwortung und Mitwirkung

- Die Mitarbeiter werden zunehmend den Wunsch nach **Eigenverantwortung** und **Mitwirkung bei Entscheidungsprozessen** entwickeln.
- **Die Flexibilität** der Mitarbeiter am Arbeitsmarkt wird steigen.
- Die Beschäftigten haben wachsende Möglichkeiten, um ihre **individuellen Lebensbedürfnisse** in Beruf und Freizeit zu erfüllen.

- Quantitatives Wachstum wird durch **qualitatives Wachstum** ergänzt. Dies schlägt sich u. a. in folgenden Merkmalen nieder:
  - Es werden zunehmend langfristige Gesichtspunkte berücksichtigt.
  - Neue Entwicklungen werden durch die eigenen Mitarbeiter initiiert.
  - Starre Hierarchien werden zugunsten von dezentral ausgerichteten Organisationsstrukturen aufgelöst.
  - Die Bürokratie und zentrale Reglementierung wird reduziert.
  - Die Wirtschaft wird zunehmend internationaler ausgerichtet.

Quantitatives Wachstum
Orientierung an eher kurzfristigen Erfolgen, z. B. Geschäftsvolumen, Marktanteile, Gewinn

Die Auswirkungen dieser Veränderungen schlagen sich in veränderten Anforderungen an die Mitarbeiter und damit im Bedarf an geänderten Personalkonzepten nieder.

Qualitatives Wachstum
Langfristige Entwicklung der Unternehmung zu einer Organisation, die von sich heraus die notwendigen Änderungen, die der Markt fordert, einleitet.

1.2 Welche Ziele verfolgt die Personalwirtschaft?

Eine strategisch ausgerichtete betriebliche Personalarbeit setzt sich damit zum Ziel, die Grundlage für die Handlungskompetenz ihrer zukünftigen qualifizierten Mitarbeiter zu schaffen. Diese Qualifikation baut auf der fachlichen Kompetenz auf, muss aber durch fächerübergreifende Qualifikationen, wie persönliche, soziale und methodische Kompetenz, ergänzt werden.

Fachkompetenz geht über das Wissen hinaus

- Die **fachliche Kompetenz** beinhaltet neben dem notwendigen Wissen insbesondere fachliche Fähigkeiten zur praktischen Anwendung des Wissens sowie Verständnis für Zusammenhänge. Die Unternehmen werden immer mehr von ihren Mitarbeitern Fähigkeiten verlangen, wie z. B. systematisches Denken, Denken in Zusammenhängen oder der sinnvolle und zielgerichtete Umgang mit den gespeicherten Daten.

Kompetenz

- Die **methodische Kompetenz** umfasst die Fähigkeiten, mit denen die Mitarbeiter Problemstellungen im Rahmen ihrer Selbststeuerung lösen.

Soziale Kompetenz

- Die **soziale Kompetenz** äußert sich in der Fähigkeit zur konstruktiven Kommunikation.

Persönliche Kompetenz

- Die **persönliche Kompetenz** basiert auf einer positiven Lern- und Arbeitsmoral. Ziel ist es, selbstbewusste Persönlichkeiten, die gerne und erfolgreich die Produkte ihres Unternehmens verkaufen sowie Problemlösungen für die Mitarbeiter erarbeiten, heranzubilden.

Die Zielsetzung der Handlungskompetenz kann nur erreicht werden, wenn die Mitarbeiter ihren Entwicklungsprozess weitgehend selbst verantworten.

Eigenverantwortung

Für seine Entwicklung ist jeder Mitarbeiter selbst verantwortlich. Der Betrieb kann lediglich die Rahmenbedingungen für seine Qualifizierung verbessern.

1.3 Wer trägt die Verantwortung für Personalarbeit?

Coaching – *eine Entwicklungspartnerschaft zwischen Führungskraft und Mitarbeiter*

Die qualitativen Veränderungen der betrieblichen Anforderungen werden dazu führen, dass das Lernen des Mitarbeiters aus eigener Initiative mehr in den Vordergrund tritt. Dies erfordert von allen Verantwortlichen für die Personalarbeit Verhaltensweisen, welche diese Eigenverantwortung der Mitarbeiter ermöglichen und fördern. Hierbei setzt sich in vielen Unternehmen die Idee der Entwicklungspartnerschaft zwischen Führungskräften und Mitarbeitern durch. Die Vorgesetzten übernehmen dabei zunehmend eine Rolle, die mit der des Coach im Sport vergleichbar ist.

Personalverantwortung in der Laupheimer Büromöbel AG

„Symbolische Führung" bedeutet, dass der Vorstand beispielgebend handeln soll.

Die Führungskräfte und die Personalabteilung übernehmen Schlüsselfunktionen

Fallbeispiel: Personalverantwortung wird in der Laupheimer Büromöbel AG in ihrer Gesamtheit von folgenden Mitarbeitern getragen:
- Dem **Vorstand**, der in Zusammenarbeit mit den Führungskräften und der Personalabteilung die Unternehmensstrategie und Führungsgrundsätze entwickelt. Seine vorbildgebende Funktion nennt man symbolische Führung.
- Die **Führungskräfte** pflegen mit ihren Mitarbeitern eine Entwicklungspartnerschaft (Coaching).
- Den **Mitarbeitern** wird ein hohes Maß an Eigenverantwortung zugestanden.
- Die Personalabteilung stützt und steuert diese Prozesse.

Die **Schlüsselfunktion** in diesem Konzept übernehmen die direkten Entwicklungspartner der Mitarbeiter:
- Die **Führungskräfte**, die als Entwicklungspartner („Coach") eine hohe Verantwortung für die Gestaltung der Arbeits- und Entwicklungsbedingungen ihrer Mitarbeiter haben.
- Die **Mitarbeiter der zentralen Personalabteilung**, welche als Experten für Personalfragen die Führungskräfte und deren Mitarbeiter beraten und unterstützen. Sie schaffen durch die Entwicklung von Führungs- und Qualifizierungssystemen die Voraussetzungen dafür, dass die Führungskräfte ihre Aufgabe möglichst gut erfüllen können.

1.4 Welche Handlungsfelder umfasst das Personalmanagement?

Der Vorstand der Laupheimer Büromöbel AG hat für seine leitenden Mitarbeiter Führungsleitsätze formuliert, die mit folgender Einleitung beginnen:

> „Zielorientierte Personalarbeit verlangt insbesondere verantwortliches Mitwirken und vorbildliches Verhalten unserer Führungskräfte. Führungskräfte sind im Grundsatz der entscheidende Faktor und Führung beginnt im Vorstand. Die Personalabteilung unterstützt diese Entwicklungsarbeit, indem sie informiert, berät und die notwendigen Personalinstrumente zur Verfügung stellt".

Von der Personalverwaltung zum Personalmanagement

Das Personalwesen hat sich in seiner Bedeutung und Aufgabenstellung in den vergangenen Jahren in vielen Unternehmen entscheidend gewandelt. Stand bis zur Mitte der Sechzigerjahre noch die reine Personalverwaltung im Vordergrund, so ist heute aus der Personalarbeit eine vorwiegend gestalterische, unternehmerische Aufgabe geworden, die gleichrangig neben die anderen Aufgaben der Unternehmensführung getreten ist. Deshalb ist die Verwaltung von Mitarbeitern heute nur noch eines von mehreren Handlungsfeldern der Personalarbeit.

Handlungsfelder des Personalmanagements

Handlungsfelder des Personalmanagements sind:
- **Beschaffung:** Planung und Auswahl von Nachwuchskräften und Fachkräften in ausreichender Zahl und Qualität.
- **Einsatz:** Aufgabenverteilung nach Bedarf und nach Qualifikation der Mitarbeiter.
- **Qualifikation:** Bedarfsgerechte Aus- und Weiterbildung der Mitarbeiter und Führungskräfte.
- **Motivation:** Zielorientierte Betreuung, Anreizsysteme und Gestaltung der Arbeitsbedingungen.
- **Verwaltung:** Aufbereitung entscheidungsorientierter Daten für die Führungsaufgabe der leitenden Mitarbeiter.

Aufgaben

1 Beschreiben Sie die veränderten Rahmenbedingungen der Personalwirtschaft und leiten Sie die wesentlichen Veränderungen ab, die sich daraus für die Unternehmen ergeben.

2 a) Erläutern Sie ein Zielsystem für die betriebliche Personalwirtschaft.
b) Die Unternehmenskultur wird von einer Vielzahl von Faktoren beeinflusst.

Institut der deutschen Wirtschaft

Diskutieren Sie mögliche Ansatzpunkte einer aktiven Personalpolitik, um die einzelnen Elemente der Unternehmenskultur positiv zu beeinflussen.

3 Erklären Sie am Beispiel eines Verkäufers den Begriff der Handlungskompetenz.

4 a) Definieren Sie den Begriff der Entwicklungspartnerschaft zwischen Führungskraft und Mitarbeiter.
b) Beschreiben Sie die Voraussetzungen für ein Personalmanagement, das als langfristiger Erfolgsfaktor für ein Unternehmen wirksam wird.
c) Erläutern Sie die Aufgaben aller Beteiligten in einem Personalkonzept, das auf dem Coachingansatz aufbaut.
d) Skizzieren Sie die Anforderungen an die Führungskräfte, die sich aus diesem Konzept ableiten.

5 *„Jeder Mitarbeiter ist für seine Entwicklung selbst verantwortlich".*
Diskutieren Sie diese Behauptung.

6 Beschreiben Sie am Beispiel der Auszubildenden die einzelnen Handlungsfelder des Personalmanagements.

2 Welche rechtlichen Rahmenbedingungen beeinflussen die Personalarbeit?

Stellenanzeige der Laupheimer Büromöbel AG

Karin Guther hat nach ihrer Ausbildung zur Bürokauffrau mehrere Jahre in der Personalabteilung ihres Ausbildungsbetriebes gearbeitet. Sie bewirbt sich nunmehr auf nebenstehende Stellenanzeige der Laupheimer Büromöbel AG. Nach einem ausführlichen Bewerbungsgespräch erhält sie eine Einstellungszusage.

Wir sind ein Unternehmen der Büromöbel-Industrie mit hohem Exportanteil. Für unsere neu strukturierte Personalabteilung suchen wir eine/n

Personalreferenten/in

mit der Fähigkeit, im Team Problemstellungen der Führungskräfte und Mitarbeiter aufzugreifen und überzeugend zu lösen.

Freie Wahl von Beruf, Arbeitsplatz und Ausbildungsstätte

Jeder Bürger hat nach unserer Verfassung einen Anspruch auf freie Wahl von Beruf, Arbeitsplatz und Ausbildungsstätte.

Rechtsquellen des Arbeitsrechts

Die Rechtsquellen des Arbeitsrechts sind vor allem
- das Grundgesetz,
- die Gesetze zum Arbeitsverhältnis,
- die Vereinbarungen der Sozialpartner und
- Einzelverträge.

2.1 Das Arbeitsverhältnis

Karin Guther hat den angebotenen Arbeitsvertrag angenommen.

■ **Sammeln Sie mit Hilfe der §§ 611 ff. BGB und §§ 59 ff. HGB die wesentlichen Vorschriften, die für diese Vereinbarung zutreffen.**

Die rechtlichen Grundlagen des Arbeitsverhältnisses sind
- der **Einzelarbeitsvertrag**, der zwischen dem Arbeitnehmer und dem Arbeitgeber abgeschlossen wird,
- die **Betriebsvereinbarung**, in der zwischen Betriebsrat und Arbeitgeber die Regeln festgelegt werden, die für alle Mitarbeiter im Betrieb gelten,
- der **Tarifvertrag**, in dem zwischen den Sozialpartnern die Mindestarbeitsbedingungen eines Berufszweiges geregelt werden.

vgl. Kapitel „Die betriebliche Mitbestimmung" „Der Tarifvertrag"

Im Arbeitsvertragsrecht gilt grundsätzlich das Prinzip der Vertragsfreiheit. Nach dem **Grundgesetz** besteht für Arbeitsverträge Abschluss- und Gestaltungsfreiheit. Die inhaltliche Gestaltung solcher Verträge wird jedoch durch eine Vielzahl von **Schutzvorschriften** eingeschränkt, die in einer Vielzahl arbeitsrechtlicher Gesetze festgehalten sind. Eine große Rolle spielen im Arbeitsrecht auch gerichtliche Entscheidungen, da viele Konfliktfälle im Berufsleben nicht allgemein geregelt werden können (Richterrecht).

Freiberuflich Tätige sowie Unternehmer fallen nicht unter die Vorschriften des Arbeitsrechtes. Das Gleiche gilt für Beamte, da diese in einem öffentlich-rechtlichen Dienstverhältnis stehen.

Der Arbeitsvertrag

Der Einzelarbeitsvertrag kann nach dem Grundsatz der Vertragsfreiheit von den Vertragspartnern abgeschlossen werden. Es müssen jedoch die gesetzlichen, betrieblichen und tariflichen Mindestbedingungen berücksichtigt werden. Eine Formvorschrift ist nicht zu beachten; in der Praxis wird der Vertrag meist schriftlich geschlossen. Nach dem Abschluss des Arbeitsvertrages übernehmen die Vertragspartner Pflichten und erhalten Rechte, die der Gesetzgeber für den Kaufmann im HGB unter dem Begriff „Handlungsgehilfe" festgelegt hat.

BGB §§ 611 ff.
HGB §§ 59 ff.

Das Arbeitsverhältnis

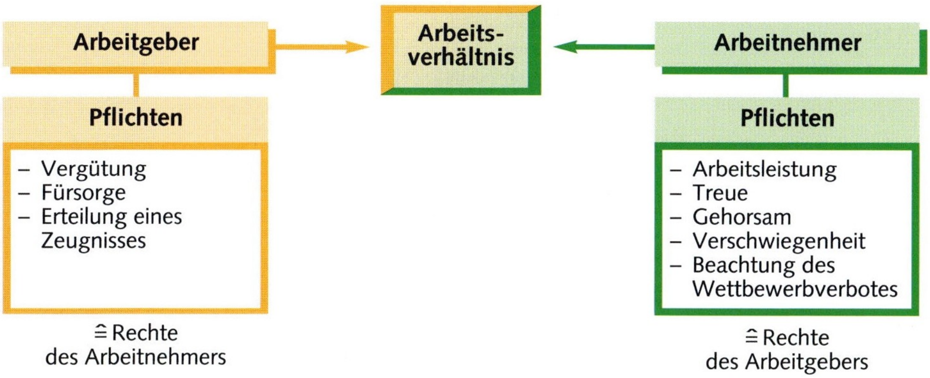

Die Beendigung des Arbeitsverhältnisses

Das Arbeitsverhältnis endet
- bei befristeten Arbeitsverhältnissen mit Ablauf der vereinbarten Frist,
- bei unbefristeten Arbeitsverhältnissen
  a) durch Auflösung des Arbeitsvertrages in beiderseitigem Einverständnis oder
  b) durch Kündigung eines Vertragspartners.

2.2 Ein Arbeitsverhältnis wird aufgelöst

Kündigung des Arbeitsvertrages

Richard Grassmann, verheiratet und zwei Kinder, ist seit 8 Jahren als Buchhalter in der Laupheimer Büromöbel AG beschäftigt. Bei einer Prüfung durch die Revision wurde festgestellt, dass der Mitarbeiter in den vergangenen Jahren eine Vielzahl von Vorschriften übergangen hat. Eine genaue Untersuchung ergab jedoch, dass er sich nicht persönlich bereichert hat. Der Vorstand beschließt im Einvernehmen mit dem Betriebsrat, Herrn Grassmann zum nächsten Quartalsende zu kündigen.

Sammeln Sie die wesentlichen Argumente aus Sicht des Betriebsrates und der Unternehmensleitung, die für und die gegen eine solch harte Vorgehensweise sprechen. Versuchen Sie, sich in der Diskussion eine eigene Meinung zu bilden.

BGB § 622,1
Kündigungsfristen für Arbeiter und Angestellte

Wird das Arbeitsverhältnis gekündigt, müssen die gesetzlichen Kündigungsfristen beachtet werden, die für Arbeiter und Angestellte gleich sind:
- **Grundkündigungsfrist** vier Wochen zur Mitte oder zum Ende eines Monats.
- Sie verlängert sich bei zweijähriger Betriebszugehörigkeit auf einen Monat; diese Frist steigt schrittweise auf 7 Monate Kündigungsfrist (bei einer Betriebszugehörigkeit von 20 Jahren). Dabei werden jedoch nur Beschäftigungszeiten ab dem 25. Lebensjahr angerechnet.

In Unternehmen mit höchstens 20 Beschäftigten besteht die Möglichkeit, in Einzelverträgen mit den Arbeitnehmern kürzere Kündigungsfristen zu vereinbaren.

BGB § 626

Die fristlose Kündigung ist möglich, wenn ein wichtiger Grund vorliegt. Ein wichtiger Grund ist gegeben, wenn ein grober Verstoß gegen die Pflichten aus dem Arbeitsvertrag festzustellen ist. Solch ein grober Verstoß läge z. B. bei Diebstahl oder schwerwiegender Verletzung des Geschäftsgeheimnisses vor.

Erfolgt die Kündigung des Arbeitsverhältnisses durch den Arbeitgeber, ist weiterhin der Kündigungsschutz des Arbeitnehmers zu beachten.

Urteil zur fristlosen Kündigung

Akteneinsicht

Die Kündigungsfrist beginnt, wenn dem Arbeitgeber eine Straftat bekannt wird

Fristlose Kündigungen müssen spätestens 14 Tage, nachdem der Arbeitgeber von einem schwerwiegenden Vergehen erfahren hat, ausgesprochen werden. Zur Aufklärung des Falls darf sich die Firma aber ausreichend Zeit lassen – bis zu einem halben Jahr, wie das Landesarbeitsgericht Frankfurt jetzt entschied.

Bei einem Betriebsfest war einem wegen angeblicher Ruhestörung herbeigerufenen Polizisten ein Messer in den Rücken gestochen worden. Der verdächtige Mitarbeiter hatte die Tat dem Arbeitgeber gegenüber geleugnet. Klarheit bekam die Firma erst, als ihr Rechtsanwalt die Akten der Staatsanwaltschaft einsah.

Urteil der Frankfurter Richter: „Erst mit der Akteneinsicht begann die zweiwöchige Kündigungsfrist." Die fristlose Kündigung ist wirksam.

Arbeitspapiere

Scheidet ein Mitarbeiter aus, werden ihm seine Arbeitspapiere übergeben. Dazu zählen im Regelfall folgende Papiere:

- **Zeugnis**
  - Einfaches Zeugnis: Beschäftigungsnachweis
  - Qualifiziertes Zeugnis: Leistungsnachweis
- **Ausgleichsquittung**
  Verzicht auf weitere Ansprüche gegen den bisherigen Arbeitgeber
- **Lohnsteuerkarte**
  Bescheinigung des erhaltenen Bruttoarbeitslohnes und der bezahlten Lohn- und Kirchensteuer
- **Sozialversicherungsnachweis**
  Nachweis der Versicherungsdauer und des beitragspflichtigen Bruttoarbeitsentgelts
- **Urlaubsbescheinigung**
  Beleg des offenen Urlaubsanspruches

Zeugnis

Ein Arbeitnehmer, der ausscheidet, hat Anspruch auf ein Zeugnis:

Einfaches Zeugnis

- Das schriftliche Zeugnis muss nach dem Gesetz mindestens Angaben über Art und Dauer der Beschäftigung enthalten: **Einfaches Zeugnis**

Qualifiziertes Zeugnis

- Auf Wunsch des Arbeitnehmers sind in das Zeugnis auch Aussagen zur Führung und zur Leistung aufzunehmen. Das Urteil muss dabei das gesamte Verhalten und die Arbeit insgesamt würdigen. Der Entlassungsgrund kann dabei angegeben werden: **Qualifiziertes Zeugnis.**

HGB § 73
BGB § 630
GewO § 113

In vielen Tarifverträgen ist ein Anspruch des Arbeitnehmers auf ein qualifiziertes Arbeitszeugnis und oft auch auf ein Zwischenzeugnis festgeschrieben. Auszubildenden und auf Verlangen auch Praktikanten ist nach Ende des Berufsausbildungsverhältnisses bzw. des Praktikums ein Zeugnis auszustellen, das Angaben über Art, Dauer und Ziel der Berufsausbildung sowie über die erworbenen Fertigkeiten und Kenntnisse enthalten muss. Auf Verlangen des Auszubildenden sind darin auch Angaben über Führung, Leistung und besondere fachliche Fähigkeiten aufzunehmen.

Aufbau eines qualifizierten Zeugnisses

In der Praxis werden überwiegend qualifizierte Zeugnisse verlangt. Sie sollten mindestens folgende Punkte enthalten:
- Überschrift „Zeugnis" oder „Arbeitszeugnis"
- Name und Geburtsdatum des Arbeitnehmers
- Dauer der Beschäftigung im Unternehmen
- Bezeichnung der Funktionen
- Beschreibung der Aufgaben
- Beurteilung der Leistung, evtl. auch der Führungsleistung von Vorgesetzten
- Beurteilung des Umgangs mit den Mitarbeitern und Vorgesetzten
- Schlusssatz, in der Regel mit einer Dankes- oder Bedauernsformel sowie guten Wünschen für die Zukunft
- Datum und Unterschrift

Es muss nicht alles geschrieben werden; was geschrieben ist, muss aber wahr sein.

Der oberste Grundsatz bei der Formulierung eines Zeugnisses ist die **Wahrheit**. Dies bedeutet aber nicht, dass alle negativen Eindrücke schonungslos offen gelegt werden müssen. Der Arbeitgeber ist nach der Rechtssprechung vielmehr wegen seiner Fürsorgepflicht angehalten, das Arbeitszeugnis mit **„verständigem Wohlwollen"** auszustellen. Damit sollen die Chancen eines Arbeitnehmers am Bewerbermarkt nicht unnötig beeinträchtigt werden. Sofern jedoch ein gravierendes Fehlverhalten, z. B. Diebstahl oder Betrug, vorliegt, muss dies vermerkt werden, damit die Interessen eines möglichen neuen Arbeitgebers gewahrt bleiben.

In der Praxis haben sich Formulierungen zur Charakterisierung der Mitarbeiter herausgebildet, die lediglich „durch die Blume" zu erkennen geben, wie der Arbeitnehmer tatsächlich eingeschätzt wird.

Anspruch und Leistung: Notenschlüssel

Wie liest man Zeugnisse?

Der Text . . .	**. . . und die Note**
Er/Sie erledigte die übertragenen Aufgaben . . . stets zu unserer vollsten Zufriedenheit.	sehr gut
. . . zu unserer vollsten Zufriedenheit.	sehr gut bis gut
. . . stets zu unserer vollen Zufriedenheit.	gut
. . . zu unserer vollen Zufriedenheit.	befriedigend
. . . stets zu unserer Zufriedenheit.	befriedigend bis ausreichend
. . . zu unserer Zufriedenheit.	ausreichend
. . . mit Fleiß und war stets bestrebt, sie termingerecht zu beenden.	mangelhaft
. . . mit großem Eifer und war erfolgreich	mangelhaft
. . . im Großen und Ganzen zu unserer Zufriedenheit	mangelhaft
Er/Sie hat sich stets bemüht, die ihm/ihr übertragenen Aufgaben zu unserer Zufriedenheit zu erledigen.	ungenügend

Ein Zeugnis kann nur in seiner Gesamtheit beurteilt werden.

Zur Beurteilung eines Zeugnisses eignen sich jedoch einzelne Formulierungen nicht. Ein Zeugnis kann nur als Ganzes eingeschätzt werden. Wird z. B. die Leistung eines Mitarbeiters gelobt, fehlt aber am Schluss die Formulierung, dass das Unternehmen sein Ausscheiden bedauert, kann dies negativ wirken. Ein großes Problem der Zeugnisbewertung besteht darin, dass nicht alle Arbeitgeber die üblichen Formulierungen benutzen. Auch geschieht es manchmal, dass einem Arbeitnehmer bewusst ein geschöntes Zeugnis ausgestellt wird, um evtl. Streitigkeiten aus dem Weg zu gehen.

Ausgleichsquittung

In vielen Unternehmen verlangt der Arbeitgeber, dass ausscheidende Mitarbeiter eine Erklärung unterschreiben, nach der sie keine weiteren Ansprüche mehr stellen. Damit will sich das Unternehmen gegen evtl. weitere Forderungen sichern. Der Arbeitnehmer ist jedoch nicht verpflichtet, diese Erklärung zu unterschreiben.

> **Ausgleichsquittung**
>
> Ich bestätige, dass sämtliche Ansprüche aus dem Arbeitsverhältnis und seiner Beendigung abgegolten sind...

Aufgaben

1 Nennen Sie die wesentlichen Rechtsgrundlagen für Arbeitsverhältnisse. Geben Sie jeweils an, wer die Vertragspartner sind.

2 Beschreiben Sie die wichtigsten Rechte bzw. Pflichten der Vertragspartner bei Arbeitsverhältnissen.

3 Liegt in folgenden Fällen eine grobe Pflichtverletzung vor? Begründen Sie Ihre Meinung.

a) Eine Sekretärin weigert sich, an einer Einführung für ein neues Textverarbeitungssystem teilzunehmen.

b) Ein Angestellter einer Wohnungsbaugesellschaft verkauft in seiner Freizeit Häuser einer Fertighausfirma.

c) Der Leiter einer Bankfiliale ist mehrfach durch Trunkenheit in Gaststätten des Filialortes aufgefallen. Auch nach Ermahnungen der Direktion ändert sich das nicht.

4 Ein Angestellter wurde mit der Zusage eingestellt, in 6 Monaten die Leitung der Verkaufsabteilung zu erhalten. Der Arbeitgeber verweigert dies jedoch, da er sich nicht bewährt habe. Liegt ein wichtiger Grund zur Kündigung vor?
Begründen Sie Ihre Meinung.

5 Erläutern Sie die wichtigsten Gründe, die eine Beendigung des Arbeitsverhältnisses zur Folge haben können.

6 Die Lagerdisponentin Klara Schumann erhält beim Ausscheiden aus dem Unternehmen folgendes Zeugnis:

„...Frau Schumann war bei uns vom 1. Oktober 1991 bis zum 30. September 200. als Lagerdisponentin beschäftigt."

a) Erläutern Sie, um welche Art von Zeugnis es sich handelt.

b) Beschreiben Sie die wesentlichen Inhalte, die ein qualifiziertes Zeugnis enthalten müsste.

7 Entwerfen Sie für Richard Grassmann aus dem Eingangsfall dieses Kapitels (S.151) einen Vorschlag für die Beurteilung seines Verhaltens und seiner Leistung.

2.3 Arbeitsschutz

Bureau-Ordnung

zur Beachtung des Personals

Gottesfurcht, Sauberkeit und Pünktlichkeit sind die Voraussetzungen für ein ordentliches Geschäft.

Das Personal braucht jetzt nur noch an Wochentagen zwischen 6 Uhr vormittags und 6 Uhr nachmittags anwesend zu sein. Der Sonntag dient dem Kirchgang. Jeden Morgen wird im Hauptbureau das Gebet gesprochen.

Der dienstälteste Angestellte ist für die Sauberkeit der Bureaus verantwortlich. Alle Jungen und Junioren melden sich bei ihm 40 Minuten vor dem Gebet und bleiben auch nach Arbeitsschluß zur Verfügung.

Einfache Kleidung ist Vorschrift. Das Personal darf sich nicht in hellschimmernden Farben bewegen und nur ordentliche Strümpfe tragen. Überschuhe und Mäntel dürfen im Bureau nicht getragen werden, da dem Personal ein Ofen zur Verfügung steht. Ausgenommen sind bei schlechtem Wetter Halstücher und Hüte. Außerdem wird empfohlen, in Winterszeiten täglich 4 Pfund Kohle pro Personalmitglied mitzubringen.

Die Einnahme von Nahrung ist zwischen 11.30 Uhr und 12.00 Uhr erlaubt. Jedoch darf die Arbeit dabei nicht eingestellt werden.

Obwohl sich der Auszug aus der „Bureau-Ordnung" der Sechzigerjahre des vergangenen Jahrhunderts für uns wie eine Übertreibung liest, war sie für die Arbeitnehmer von damals harte Wirklichkeit.

- **Stellen Sie die wesentlichen leistungshemmenden und -fördernden Konsequenzen zusammen, die sich aus solchen Regelungen herleiten. Diskutieren Sie, weshalb solche Vorschriften heute kaum mehr durchsetzbar sind.**

In unserer Gesellschaftsordnung besteht Einigkeit darüber, dass bestimmte Gruppen, die im Arbeitsprozess besonders benachteiligt sind, vom Gesetzgeber geschützt werden müssen. Dazu gehören vor allem Jugendliche, ältere Arbeitnehmer, werdende Mütter und Schwerbehinderte.

Arbeitsschutzgesetze schaffen Mindestrechte zum Schutz der Arbeitnehmer vor Missbrauch ihrer Arbeitskraft.

Über die gesetzlichen Grundlagen des Arbeitsschutzes hinaus tragen tarifvertragliche Vereinbarungen zu einer weiteren Verbesserung der Arbeitssituation bei.

Jugendarbeitsschutz

Sascha Klement, 16 Jahre, ist kaufmännischer Auszubildender. Da einige Kollegen krank geworden sind, wird er von seinem Vorgesetzten aufgefordert, Überstunden zu machen. Sascha möchte die Überstunden gerne verweigern, seine Eltern meinen jedoch, dass ihm die Ablehnung nur Nachteile im Betrieb bringen würde.

- **Wie ist die rechtliche Lage? Bewerten Sie die Meinung der Eltern.**

Die rechtliche Antwort auf solche Fragen ergibt sich aus dem Jugendarbeitsschutzgesetz von 1976. Das Gesetz erstreckt sich auf die Beschäftigung von Personen unter 18 Jahren:

JArbSchG § 2
Kind, Jugendlicher

I Kind im Sinne des Gesetzes ist, wer noch nicht 15 Jahre alt ist.
II Jugendlicher im Sinne des Gesetzes ist, wer 15, aber noch nicht 18 Jahre alt ist.
III Jugendliche, die der Vollzeitschulpflicht unterliegen, gelten als Kinder im Sinne des Gesetzes.

Jugendarbeitsschutz JArbSchG § 5 und §§ 8 ff.

Jugendarbeitsschutz

Kinder

Beschäftigungsverbot außer
- zum Zwecke der Beschäftigungs- und Arbeitstherapie,
- im Rahmen des Betriebspraktikums während der Vollzeitschulpflicht,
- in Erfüllung einer richterlichen Arbeitsauflage.

Jugendliche

- tägliche Arbeitszeit maximal 8 Stunden,
- wöchentliche Arbeitszeit maximal 40 Stunden,
- Beschäftigung nur an 5 Tagen pro Woche,
- mindestens 60 Minuten Pause bei einer Beschäftigung von mehr als 6 Stunden,
- Freistellung zum Berufsschulunterricht,
- Verbot der Akkordarbeit,
- Gesundheitsuntersuchung vor Eintritt in das Berufsleben,
- Pflicht des Arbeitgebers zum Schutz des Jugendlichen gegen Gefahren für Leben, Gesundheit und seelisch-geistige Entwicklung.

JArbSchG § 9

Die Vorschrift über den Besuch der Berufsschule gilt auch für berufsschulpflichtige Personen über 18 Jahre. Berufsschultage werden mit 8 Stunden auf die Arbeitszeit angerechnet, wenn die Unterrichtszeit mindestens 5 Zeitstunden, d. h. mindestens 6 Unterrichtsstunden zu je 45 Minuten beträgt.

Fallbeispiel: Die Rechtslage ist für Sascha Klement eindeutig. Selbst mit seiner Zustimmung wären Überstunden nicht erlaubt, weil er Jugendlicher ist.

Kündigungsschutz

Nachdem die Laupheimer Büromöbel AG ein zentrales Schreibbüro eingerichtet hat, muss eine Sekretärin entlassen werden, weil für sie keine Arbeit mehr da ist. Der Arbeitgeber hat sich nun zwischen zwei gleich gut qualifizierten Mitarbeiterinnen zu entscheiden. Eine Sekretärin ist seit 7 Jahren im Betrieb und mit einem Prokuristen verheiratet. Die andere ist seit 5 Jahren im Betrieb und alleinstehend. Nach langem Zögern entlässt der Arbeitgeber die Mitarbeiterin mit der geringeren Betriebszugehörigkeit.

- **Ist diese Kündigung rechtswirksam?**
- **Wägen Sie die Argumente für und wider diese Entscheidung des Arbeitgebers gegeneinander ab.**

Durch die Kündigung wird ein Arbeitsverhältnis für die Zukunft von einem bestimmten Zeitpunkt an aufgehoben. Alle Kündigungen durch den Arbeitgeber unterliegen einem allgemeinen Kündigungsschutz, der im Kündigungsschutzgesetz (KSchG) von 1969 geregelt ist.

KSchG § 3

Hält der Arbeitnehmer die Kündigung für sozial ungerechtfertigt, muss er innerhalb einer Woche nach Kündigung Einspruch beim Betriebsrat einlegen. Ob der Einspruch gerechtfertigt ist, kann im Zweifel erst durch das Arbeitsgericht nach Abwägen aller Umstände entschieden werden.

Fallbeispiel: Die entlassene Sekretärin hat berechtigte Hoffnung, mit ihrem Einspruch durchzukommen, da für sie als Alleinstehende die Entlassung eine größere soziale Härte bedeuten würde.

Für besonders schutzbedürftige Mitarbeiter gibt es daneben den **besonderen Kündigungsschutz**:

- **Schwerbehinderte:** Arbeitnehmer, die wegen körperlicher, geistiger oder seelischer Behinderung um mindestens 30 – 50 % erwerbsgemindert sind, kann nur mit Zustimmung der Hauptfürsorgestelle, die für die Betreuung der Kriegsgeschädigten und Schwerbehinderten zuständig ist, gekündigt werden. Unternehmen mit mindestens 16 Arbeitsplätzen sind außerdem verpflichtet, 6 % der Stellen mit Schwerbehinderten zu besetzen. Ist diese Bedingung nicht erfüllt, muss für jeden nicht besetzten Arbeitsplatz eine Ausgleichsabgabe von zurzeit 105,00 EUR, 180,00 EUR oder 260,00 EUR monatlich geleistet werden, je nach dem ob mehr als 3 %, zwischen 2 % und 3 % oder unter 2 % schwerbehinderte Arbeitnehmer im Jahresdurchschnitt beschäftigt werden.

SchwBG §§ 15 f.

SchwBG § 5

- **Auszubildende:** Nach Ablauf der Probezeit kann nur aus wichtigem Grund gekündigt werden.

BBiG § 15

- **Betriebsratsmitglieder:** Während ihrer Amtszeit sowie im darauf folgenden Jahr ist eine Kündigung durch den Arbeitgeber nur aus wichtigem Grund möglich.

KSchG § 15

Urteil zur Übernahme von Jugend- und Auszubildendenvertretern nach der Ausbildung

Nach Lehre kein Anspruch auf Dauerbeschäftigung

Kassel (AP) – Das Bundesarbeitsgericht in Kassel hat entschieden, dass Arbeitgeber Arbeitnehmer nach Abschluss der Berufsausbildung nicht in ein Dauerarbeitsverhältnis übernehmen müssen. Das gilt auch dann, wenn die Arbeitnehmer der Jugend- und Ausbildungsvertretung des Betriebes angehören und im Betrieb kein freier Arbeitsplatz zur Verfügung steht. Die Arbeitgeber sind auch nicht verpflichtet, zusätzliche Arbeitsplätze beispielsweise durch den Abbau von Überstunden zu schaffen. (Aktenzeichen 7 AZR 53 und 54/95)

- **Wehrpflichtige und Zivildienstleistende:** Von der Zustellung des Einberufungsbescheides bis zum Ende des Grundwehrdienstes bzw. der entsprechenden Zivildienstzeit besteht Kündigungsschutz. Bei Zeitsoldaten verlängert sich der Kündigungsschutz, wenn die Dienstzeit nicht mehr als zwei Jahre beträgt.

ArbPlSchG §§ 1, 2, 16a

In Branchen, in denen aufgrund notwendiger Rationalisierungen Arbeitsplätze entfallen, vereinbaren die Tarifpartner oftmals im Rahmen des Manteltarifvertrages **Rationalisierungsschutzabkommen**. Dabei wird meist festgelegt, dass Arbeitnehmer, welche durch solche Maßnahmen ihren Arbeitsplatz verlieren würden, in anderen Bereichen des Unternehmens eingesetzt werden müssen, ohne dass sie im Einkommen zurückgruppiert werden dürfen. Teilweise werden auch soziale Ausgleichszahlungen vereinbart. Rechtlich umstritten ist jedoch die Frage, ob durch solche Abkommen Rationalisierungsinvestitionen beschränkt oder verhindert werden dürfen.

Rationalisierungsschutzabkommen

Ein Unternehmen muss schrumpfen

Die Stoffmacher GmbH legt Betriebsteile still

Das traditionsreiche Unternehmen Stoffmacher GmbH muss aufgrund der Kostenentwicklung 30 Arbeitnehmer entlassen. Der Betriebsrat und die Geschäftsleitung haben für die betroffenen Arbeitnehmer einen Sozialplan vereinbart.

Sozialplan
BetrVG § 112

Der **Sozialplan** dient dem Ausgleich oder der Milderung der wirtschaftlichen Nachteile, die den Arbeitnehmern durch geplante Betriebsänderungen in Betrieben mit mehr als 20 Mitarbeitern entstehen. Dabei steht das Ziel des Interessensausgleichs zwischen den sozialen Belangen der betroffenen Arbeitnehmer und der wirtschaftlichen Belastung der Unternehmung im Vordergrund.

Kommt zwischen Betriebsrat und Geschäftsleitung – auch unter Einbeziehung der Einigungsstelle – keine Einigung zustande, so entscheidet die Einigungsstelle verbindlich über den Sozialplan, der die Wirkung einer **Betriebsvereinbarung** hat.

Inhalte von Sozialplänen sind insbesondere Abfindungen, Ausgleichszahlungen oder Beihilfen zu Umschulungen.

In zunehmendem Maße werden solche Vereinbarungen auch getroffen, um Ziele des Umweltschutzes mit den sozialen Belangen der Mitarbeiter in Einklang zu bringen.

Schutz werdender Mütter und erziehender Eltern

Cornelia Seibold arbeitet als Kundenberaterin in den Ausstellungsräumen. Als sie ein Kind erwartet, macht sie sich Sorgen um ihre berufliche Zukunft. Was geschieht, wenn sie das viele Stehen nicht mehr durchhält? Wie sieht es mit der Beschäftigung nach der Schwangerschaft aus?

Im Mutterschutzgesetz ist geregelt, wie Frauen, die in einem Beschäftigungsverhältnis stehen, während der Schwangerschaft und nach der Geburt eingesetzt werden können.

MuSchG §§ 9, 9a

Eine Kündigung, die während der Schwangerschaft und bis zu vier Monaten nach der Entbindung ausgesprochen wird, ist unzulässig.

Bei voller Ausnutzung der gesetzlichen Möglichkeiten ergibt sich folgender Mutterschutz:

Fallbeispiel: Cornelia Seibold braucht sich keine Sorgen zu machen. Besteht durch das viele Stehen die Gefahr, dass Mutter oder Kind gefährdet werden, so hat sie Anspruch auf eine sitzende Tätigkeit. Ist diese Gefahr auch dann noch gegeben, muss sie von der Arbeit freigestellt werden. Durch den Kündigungsschutz des Mutterschutzgesetzes ist auch ihre Sorge um den Arbeitsplatz momentan unbegründet.

BErzGG §§ 1 ff.

Der Staat fördert die Erziehung von Kleinkindern durch die Eltern. Auch Männer können den Erziehungsurlaub in Anspruch nehmen.

Eine weitere Hilfe bietet das **Erziehungsgeld** in Verbindung mit dem Erziehungsurlaub. Nach dem **Bundeserziehungsgeldgesetz** erhalten alle Mütter **oder** Väter von Kindern in den ersten 24 Lebensmonaten ihres Kindes ein Erziehungsgeld von 307,00 EUR monatlich, wenn sie ihr Kind selbst betreuen.

Der dreijährige **Erziehungsurlaub** soll ermöglichen, dass entweder die Mutter **oder** der Vater das Kind betreuen kann. Wenn beide erwerbstätig sind, können sie frei entscheiden, wer von beiden – nach Ablauf der Mutterschutzfrist – Erziehungsurlaub nimmt.

Eheleute können sich beim Erziehungsurlaub bis zu dreimal abwechseln, indem z. B. die Mutter für die ersten Monate und der Vater für die restlichen Monate Urlaub nimmt.

BErzGG §§ 18 ff.

Der Arbeitgeber darf das Arbeitsverhältnis des erziehenden Elternteils während des Erziehungsurlaubs grundsätzlich nicht kündigen. Dies gilt auch bei Teilzeit- sowie bei Ausbildungsverhältnissen. Die Zeit des Erziehungsurlaubs wird nicht auf Berufsausbildungszeiten angerechnet.

Gesundheits- und Unfallschutz

Arbeitnehmer leben gefährlich

Jährlich werden weit über 1,5 Millionen Arbeitsunfälle und Berufskrankheiten angezeigt. Die Ursachen dafür sind vielfältiger Natur. Viele Unfälle enden tödlich (vgl. nebenstehendes Schaubild).

Arbeitsunfälle und Berufskrankheiten führen in vielen Fällen zur Berufsunfähigkeit der Beschäftigten. Dadurch kommt es zu großen menschlichen und finanziellen Belastungen für die Betroffenen und ihre Familien. Auch die Unternehmen, die Versicherungen und der Staat müssen hohe Kosten tragen.

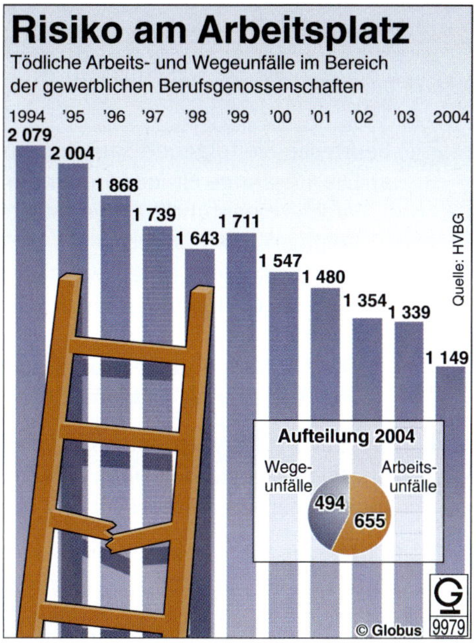

■ **Überlegen Sie sich, was Sie persönlich dazu beitragen können, die Unfallgefahr an Ihren Arbeitsplätzen zu vermindern.**

Die Summe aller gesetzlichen Maßnahmen für einen umfassenden Gesundheits- und Unfallschutz wird als Arbeitsschutz bezeichnet.

Bereiche des technischen Arbeitsschutzes

- Der **technische Arbeitsschutz** hat die Aufgabe, Arbeitsunfälle und Berufskrankheiten weitgehend vermeiden zu helfen. Die grundlegenden Regeln sind in der Gewerbeordnung festgehalten, die durch zahlreiche Vorschriften ergänzt wurde.
  - **Arbeitsstättenverordnung:** Arbeitsplätze müssen nach modernen Erkenntnissen menschengerecht gestaltet werden.
  - **Maschinenschutzgesetz:** Die Hersteller technischer Geräte müssen bestimmte Sicherheitsregeln beachten.
  - **Arbeitssicherheitsgesetz:** Unter bestimmten Voraussetzungen müssen Betriebsärzte eingestellt und Sicherheitsbeauftragte benannt werden.
- Der **soziale Arbeitsschutz** soll die Gefahren möglichst gering halten, die sich daraus ergeben können, dass Beschäftigte überfordert werden. *AZO § 3*
  Das **Bundesurlaubsgesetz** garantiert jedem Arbeitnehmer einen bezahlten Erholungsurlaub von mindestens 24 Werktagen. Durch tarifvertragliche Regelungen liegt der heutige Urlaubsanspruch jedoch wesentlich darüber. *BUrlG § 3*
  Weitere wichtige Bestimmungen zum sozialen Arbeitsschutz findet man im Mutterschutzgesetz, Jugendarbeitsschutzgesetz und Schwerbehindertengesetz.

Die Einhaltung des Arbeitsschutzes wird in erster Linie von den **Gewerbeaufsichtsämtern** kontrolliert. Der technische Arbeitsschutz wird zusätzlich von den **Berufsgenossenschaften** überwacht.

Die Berufsgenossenschaften müssen nach dem Gesetz für Unternehmen gleichartiger oder verwandter Gewerbezweige eingerichtet werden. Diese Einrichtungen sind jeweils

Träger der gesetzlichen Unfallversicherung. Die Mitarbeiter der Berufsgenossenschaften haben das Recht, Arbeitsstätten unangemeldet zu kontrollieren. Verstöße gegen die Arbeitsschutzvorschriften können mit Bußgeldern und Strafen belegt werden.

Aufgaben

1 Erläutern Sie die wesentlichen Arbeitsschutzvorschriften für Kinder und Jugendliche.

2 Beurteilen Sie folgende Situationen:

a) Die 17-jährige Elfriede Neuendorf arbeitet in einem Betrieb, der die 4 1/2 Tage-Woche eingeführt hat. Sie soll deshalb jeden Tag 9 Stunden arbeiten, dafür am Freitag nur 4 Stunden.

b) Der 18-jährige Carsten Voigt ist im 3. Ausbildungsjahr. Er besteht darauf, dass er nach 6 Stunden Berufsschulunterricht nicht mehr in den Betrieb gehen muss.

c) Der 14-jährige Volker Zug besucht die 8. Klasse der Hauptschule. In den Ferien arbeitet er als Beifahrer bei einer Brauerei.

3 Ein Buchhalter wird entlassen, weil durch die Datenverarbeitung Arbeitsplätze überflüssig geworden sind. Was muss der Arbeitnehmer tun, um die Kündigung rückgängig machen zu können? Wie sollte er argumentieren?

4 Skizzieren Sie die besonderen Kündigungsschutzvorschriften, die für einzelne Gruppen der Arbeitnehmer gelten.

5 Zurzeit sind in der Bundesrepublik Deutschland ca. 80 000 Schwerbeschädigte arbeitslos. Beurteilen Sie, ob der Kündigungsschutz der Schwerbehinderten ausreichend ist oder ob er gar für manche Behinderte ein Nachteil sein kann!

6 Eine Arbeitnehmerin verdient 750,00 EUR netto im Monat. Sie bringt ihrem Arbeitgeber eine Bescheinigung ihres Arztes, dass sie am 1. November wahrscheinlich niederkommen wird.

a) Wann wird ihr Mutterschaftsurlaub voraussichtlich beendet sein, wenn sie alle gesetzlichen Möglichkeiten ausnützt?

b) Wie hoch wird ihr Einkommen während dieser Zeit sein?

c) Wann könnte ihr Arbeitgeber ihr voraussichtlich kündigen?

d) Welche Möglichkeiten sieht der Gesetzgeber vor, wenn der Vater sich beurlauben lassen will, um das Kind zu beaufsichtigen?

7 Da eine Grippeepidemie herrscht, verlangt der Arbeitgeber, dass alle Beschäftigten täglich 10 Stunden arbeiten. Die Überstunden sollen bezahlt werden. Wie bewerten Sie dieses Ansinnen?

2.4 Das Zusammenwirken der Sozialpartner

Gewerkschaftsforderung 35-Stunden-Woche

SCHLAGABTAUSCH

- **Die Forderung nach der 35-Stunden-Woche ist weiterhin heftig umstritten. Stellen Sie deshalb die Argumente, die für und wider diese Forderung sprechen, einander gegenüber und bilden Sie sich eine eigene Meinung.**

Die Verbände der Arbeitnehmer (Gewerkschaften) und Arbeitgeber werden in der sozialen Marktwirtschaft als Sozialpartner bezeichnet. Diese Interessensvertretungen haben auf der einen Seite gemeinsame Ziele, da beide an einer Erhaltung der Unternehmung bzw. der Arbeitsplätze interessiert sind. Auf der anderen Seite widersprechen sich deren Anliegen, da die Gewinne der Unternehmer zu Lasten der Löhne und Gehälter der Arbeitnehmer und umgekehrt gehen.

Die Ziele der Sozialpartner

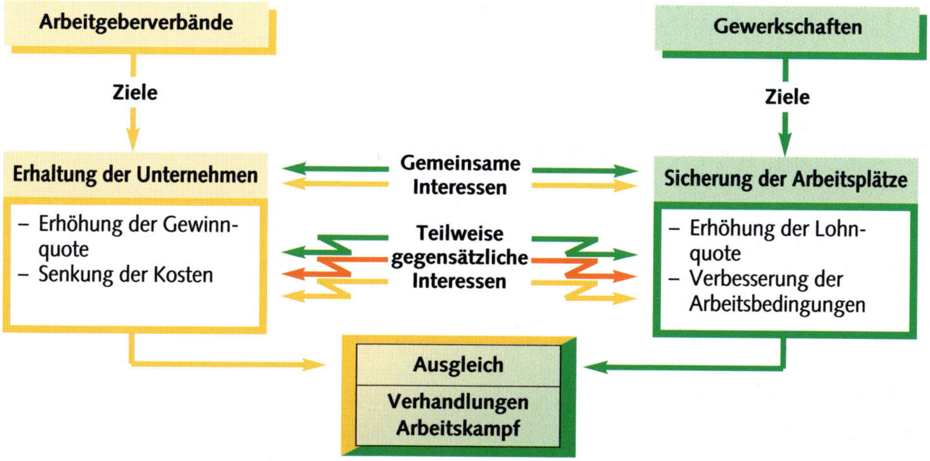

In der Bundesrepublik Deutschland gibt es zurzeit 50 Fachverbände der Arbeitgeber, die bei Tarifverhandlungen auftreten. Diese Verbände sind in der **Bundesvereinigung der deutschen Arbeitgeberverbände (BdA)** zusammengeschlossen.

Organisationen der Arbeitgeberverbände

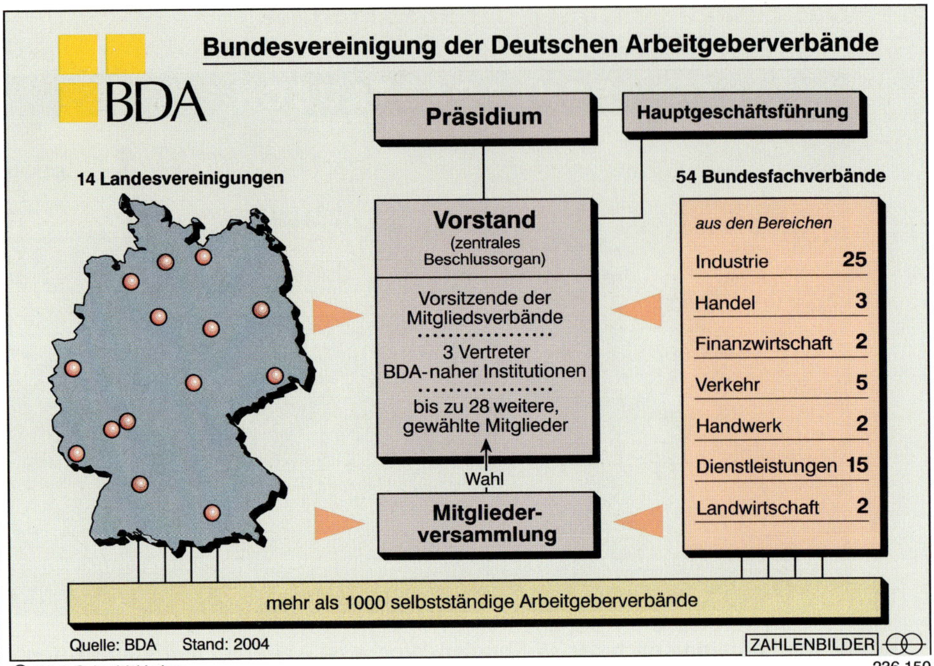

© Erich Schmidt Verlag 236 150

Die größte gewerkschaftliche Organisation ist der **Deutsche Gewerkschaftsbund (DGB),** der sich aus 8 Einzelgewerkschaften zusammensetzt. Weitere Gewerkschaften sind der **Deutsche Bundeswehr-Verband (DBwV)**, der **Christliche Gewerkschaftsbund (CGB)** und der **Deutsche Beamtenbund (DBB)**.

Organisationen der Arbeitnehmervertretungen

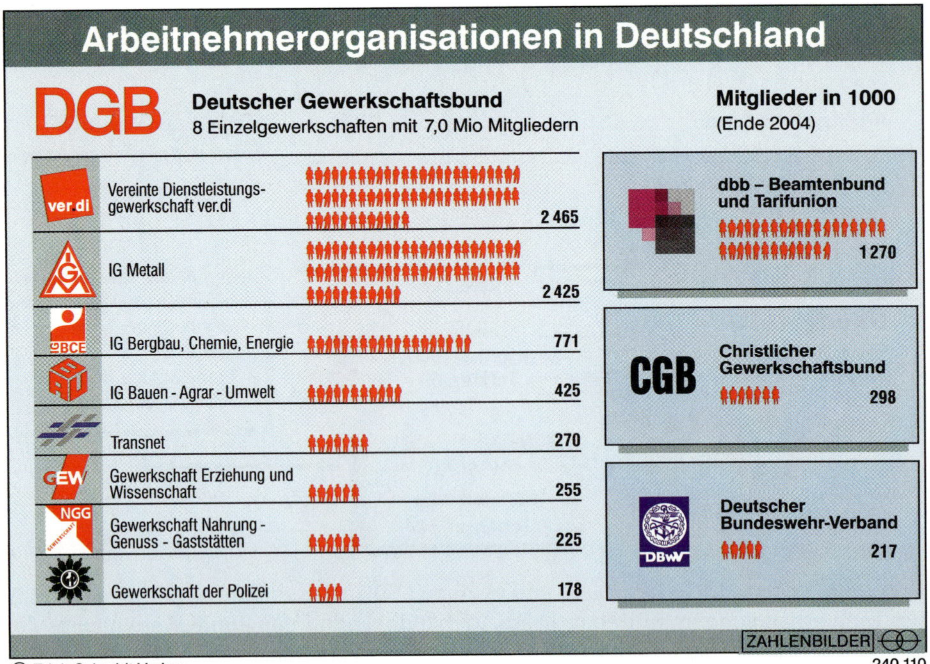

© Erich Schmidt Verlag 240 110

Der Tarifvertrag

Tarifverträge regeln die Rechtsverhältnisse der Mitglieder der beteiligten Tarifvertragsparteien. Nach dem Tarifvertragsgesetz (TVG) sind als Tarifvertragsparteien zugelassen:
- Gewerkschaften,
- einzelne Arbeitgeber,
- Arbeitgebervereinigungen.

TVG § 2

Tarifverträge unterliegen folgenden Regeln:

Grundsätze für Tarifverträge

- **Grundsatz der Tarifautonomie.** Die Tarifvertragsparteien haben das Recht, innerhalb des gesetzlichen Rahmens ohne staatliche Einmischung Tarifverträge auszuhandeln.
- **Grundsatz der Tarifbindung.** Während der Laufzeit des Tarifvertrages sind die Mitglieder der Tarifvertragsparteien an die Abmachungen gebunden.
- **Grundsatz der Unabdingbarkeit.** Zwischen Arbeitgeber und Arbeitnehmer sind nur dann vom Tarifvertrag abweichende Abmachungen zulässig, wenn der Arbeitnehmer dabei besser gestellt wird. Tarifverträge enthalten also Mindestbedingungen.
- **Grundsatz der Friedenspflicht.** Während der Laufzeit des Tarifvertrages dürfen keine Arbeitskampfmaßnahmen wie Streik und Aussperrung ergriffen werden. Kurze Warnstreiks sind jedoch zulässig.

Warnstreiks sind zulässig

> „Warnstreiks sind noch keine längerfristigen oder unbegrenzten Streiks. Dass auch mit ihnen schon Druck auf die Arbeitgeberseite ausgeübt wird, steht ihrer Zulässigkeit nicht entgegen. Die Rechtsansicht, dass das Tarifvertragssystem eine druck- und kampffreie Phase voraussetze, vor deren Ablauf keinerlei Arbeitskampfmaßnahmen zulässig seien, findet im geltenden Recht keine Stütze!"

Quelle: Pressemitteilung des Bundesarbeitsgerichts

Betriebe, die nicht den Arbeitgebervereinigungen angehören, sind an die Bestimmungen der Tarifverträge nicht gebunden. Nach dem TVG besteht jedoch die Möglichkeit, die Tarifverträge für alle Arbeitnehmer und Arbeitgeber für verbindlich zu erklären.

> **TVG § 5 Allgemeinverbindlichkeit**
>
> I Der Bundesminister für Arbeit und Sozialordnung kann einen Tarifvertrag im Einvernehmen mit einem aus je drei Vertretern der Spitzenorganisation der Arbeitgeber und Arbeitnehmer bestehenden Ausschuss auf Antrag einer Tarifvertragspartei für allgemein verbindlich erklären.
>
> ...
>
> IV Mit der Allgemeinverbindlichkeitserklärung erfassen die Rechtsnormen des Tarifvertrages in seinem Verwaltungsbereich auch die bisher nicht tarifgebundenen Arbeitgeber und Arbeitnehmer.

Immer mehr Unternehmen treten aus ihren Arbeitgebervereinigungen aus, um mit ihren Betriebsräten unternehmensspezifische Regelungen vereinbaren zu können. Diese Entwicklung wird von den Gewerkschaften abgelehnt, weil sie Nachteile für ihre Mitglieder befürchten.

Arten der Tarifverträge

Die Tarifverträge unterscheiden sich hinsichtlich ihrer Inhalte und ihrer Laufzeit.

- **Manteltarifverträge** regeln Arbeitsbedingungen, z. B. Urlaub, Arbeitszeit, Mehrarbeit, Rationalisierungsschutzbestimmungen, Schutzbestimmungen für bestimmte Gruppen.
- **Lohn- und Gehaltsrahmentarifverträge** regeln Tarifgruppen: Bezeichnung der Tarifgruppen, Zuordnung der Tätigkeit zu den Tarifgruppen, Grundsätze der Arbeits- und Leistungsbewertung.
- **Lohn- und Gehaltstarifverträge** regeln Löhne und Gehälter in den einzelnen Tarifgruppen.

Tarifverhandlungen und Arbeitskämpfe

Mit Ablauf oder nach Kündigung des bestehenden Tarifvertrages beginnen die Tarifverhandlungen. Dazu werden von den Tarifvertragsparteien **Tarifkommissionen** gebildet. Erst wenn alle Möglichkeiten der Verhandlungen zwischen den Tarifvertragsparteien ausgeschöpft sind, ist der Arbeitskampf als letztes, rechtlich zulässiges Mittel zur Durchsetzung der Forderungen erlaubt. Der Arbeitskampf ist gesetzlich nicht geregelt, jedoch hat die Rechtssprechung Grundsätze entwickelt, von deren Einhaltung die Rechtmäßigkeit eines Arbeitskampfes abhängt. Dies bedeutet für die Gewerkschaften vor allem, dass sie das in ihrer Satzung vorgesehene Verfahren einhalten müssen.

Scheitern der Tarifverhandlungen

Nach dem Scheitern der Tarifverhandlungen ist in den Vereinbarungen zwischen den Sozialpartnern in der Regel zunächst ein Schlichtungsverfahren mit dem Ziel, den Arbeitskampf zu verhindern, vorgesehen. Die Entscheidungen der Schlichtungsstellen sind lediglich ein Vorschlag und nur dann verbindlich, wenn die Tarifvertragsparteien dies vorher vereinbart haben.

Maßnahmen, um Streiks zu verhindern

- Das **private Schlichtungsverfahren** wird durch Stellen durchgeführt, deren Zusammensetzung im Tarifvertrag festgelegt ist.
- Das **behördliche Ausgleichsverfahren** wird von einem Beauftragten des Landesarbeitsministers (Landesschlichter) durchgeführt. Er soll durch Beratung und Aufklärung der Tarifvertragsparteien einen Ausgleich herbeiführen.
- Das **behördliche Schiedsverfahren** wird von einem staatlichen Schlichtungsausschuss durchgeführt, der aus einem neutralen Vorsitzenden und je gleich viel Vertretern der Arbeitnehmer und Arbeitgeber besteht.

Der Streik ist die planmäßige, gemeinsame Arbeitsniederlegung einer Mehrzahl von Arbeitnehmern zur Durchsetzung ihrer Forderungen.

Keine wilden Streiks

Streiks, die nicht den Grundregeln des Arbeitsrechts und dem satzungsmäßig vorgesehenen Verfahren der Gewerkschaft entsprechen, sind rechtswidrig. Nicht zulässig sind insbesondere Streiks, die nicht von den Gewerkschaften getragen werden (wilde Streiks). Während des Streiks zahlen die Gewerkschaften an ihre Mitglieder Streikgelder. Diese Mittel kommen aus den regelmäßigen Beiträgen der Gewerkschaftsmitglieder.

Schwerpunkt-Streiks – ein Mittel, um Streikgelder zu sparen

Deshalb versuchen die Arbeitnehmervertreter, das Kampfmittel des Streiks möglichst wirkungsvoll einzusetzen, indem sie kurze **Warnstreiks** und gezielte **Schwerpunktstreiks** gegen besonders wichtige Betriebe einzelner Branchen, z. B. zentrale Zulieferungsbetriebe, ausrufen.

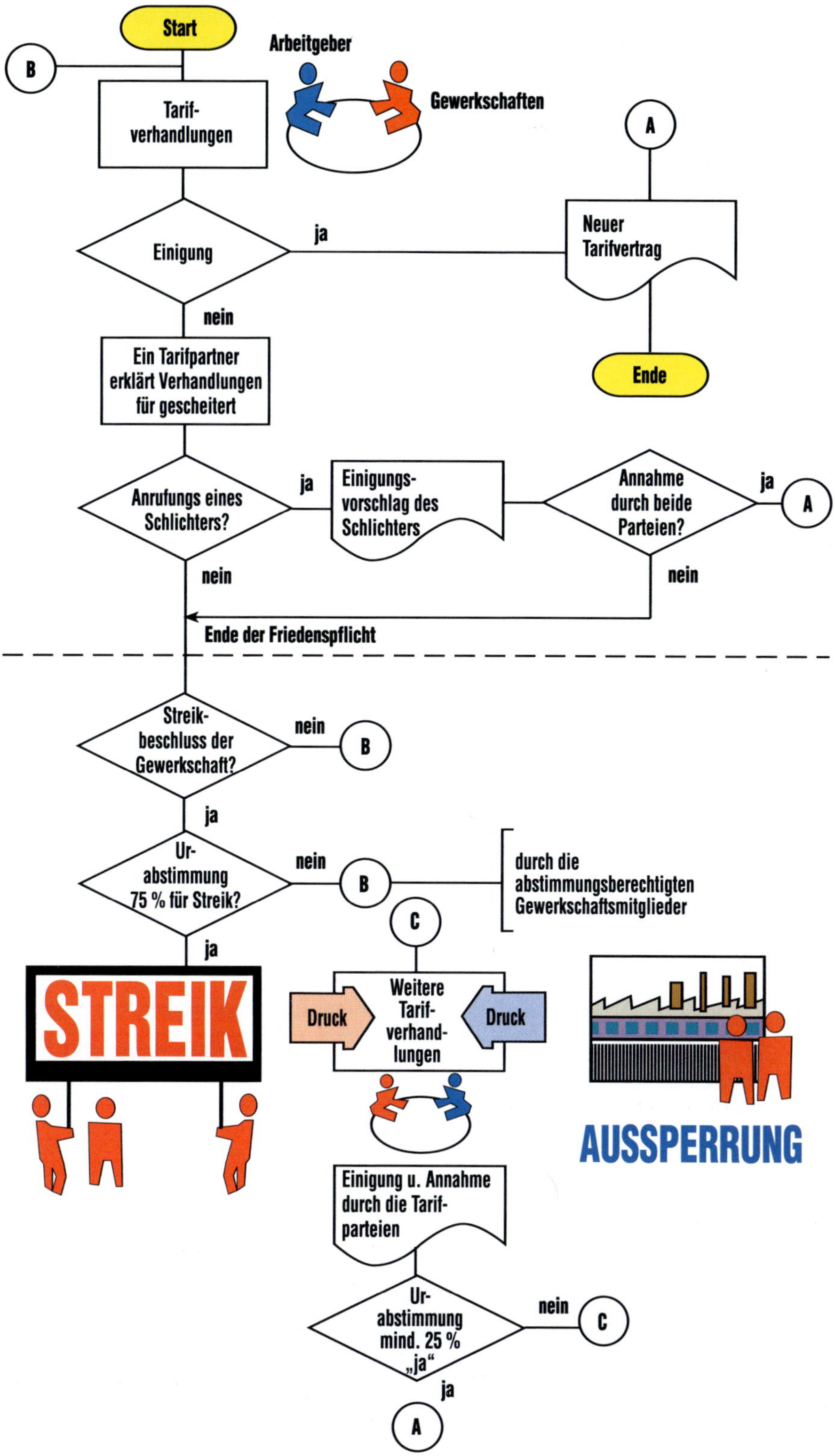

Ablaufschema für Tarifverhandlungen und Streiks

Die Aussperrung ist der planmäßige Ausschluss einer Gruppe (Betrieb, Abteilung) der Arbeitnehmer von der Arbeit – unter Ausschluss der Lohnzahlung –, um Druck gegen einen Streik zu erzeugen.

Die Aussperrung führt in der Regel nicht zu einer Beendigung des Arbeitsverhältnisses, sondern nur zu einer vorübergehenden Auflösung (Suspendierung).

Kritik der Aussperrung

Das Mittel der Aussperrung ist umstritten:
- Die Gewerkschaften fordern ihr Verbot, weil sie die Machtverhältnisse zugunsten der Arbeitgeber verzerre, den sozialen Fortschritt verhindere und unmenschlich sei.
- Die Arbeitgeber verteidigen die Aussperrung, weil erst durch sie ein Kräftegleichgewicht hergestellt würde, was zu einer erheblichen Verkürzung des Arbeitskampfes führe.

Grundsätze für Aussperrungen

Nach einem Urteil des Bundesarbeitsgerichts von 1980 sind Aussperrungen u. a. dann erlaubt,
- wenn sie zur Abwehr von Streiks dienen (Abwehraussperrung),
- wenn sie ein Verhandlungsübergewicht der Gewerkschaften verhindern und
- sich nicht nur auf die Gewerkschaftsmitglieder beschränken.

Nach einem weiteren Urteil dieses Gerichts von 1985 sind Aussperrungen z. B. unverhältnismäßig und damit rechtswidrig, wenn die Arbeitgeber bei eng begrenzten Teilstreiks mit einer unbefristeten Aussperrung aller Arbeitnehmer in der Bundesrepublik Deutschland antworten.

Aufgaben

1 Erläutern Sie die Aufgaben der Sozialpartner in unserer Wirtschaftsordnung. Heben Sie dabei hervor, welche Ziele sich ergänzen und in welchen Bereichen unterschiedliche Interessen bestehen.

2 Erklären und begründen Sie die wichtigsten Grundregeln, nach denen Tarifverträge geschlossen werden.

3 Nennen Sie die wichtigsten Arten der Tarifverträge und geben Sie jeweils einige Beispiele für deren Inhalt an.

4 Stellen Sie die wesentlichen Kampfmaßnahmen, die bei den heutigen Arbeitskämpfen benutzt werden, einander gegenüber. Erläutern Sie dabei jeweils die Folgen für die Arbeitnehmer, die Unternehmer und die Volkswirtschaft.

5 Geben Sie die wesentlichen Regeln an, unter denen Aussperrungen erlaubt sind. Begründen Sie, ob die Aussperrung in diesem Rahmen nach Ihrer Meinung ein „faires" Mittel des Arbeitskampfes ist.

2.5 Die Sozialversicherung

Sozialleistungen in der Bundesrepublik Deutschland

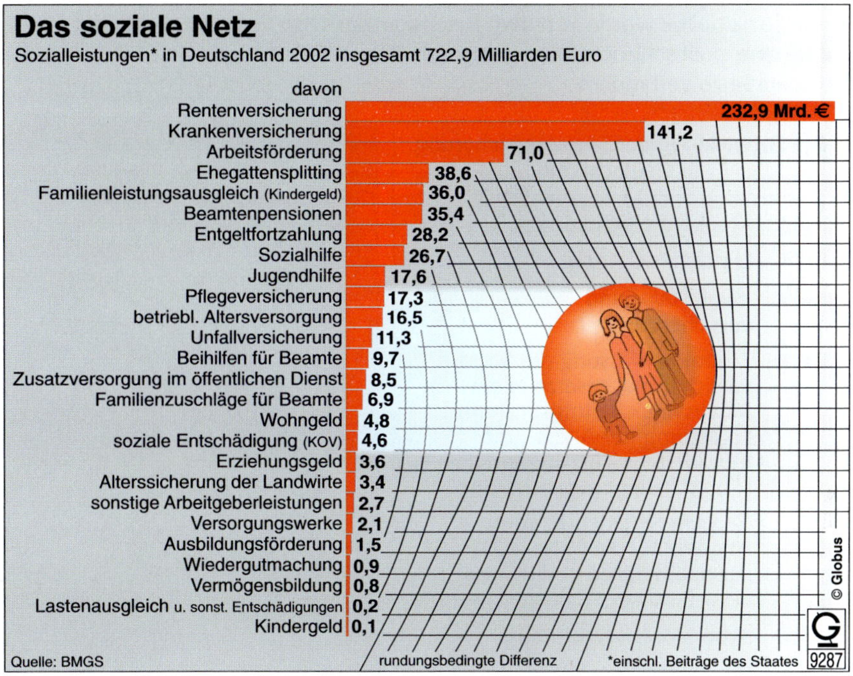

Das Soziale Netz in Deutschland ist so dicht gewoben, wie sonst in kaum einem anderen Staat. Überlegen Sie, welche Argumente dafür sprechen, dieses Netz weiterhin in dieser Form aufrechtzuerhalten und warum immer öfter die Forderung nach Streichung einzelner Leistungen erhoben wird.

Soziale Sicherung – ein zentrales Element unserer Wirtschaftsordnung

In einer marktwirtschaftlichen Grundordnung sind die Existenz und das Lebensniveau der Menschen grundsätzlich davon abhängig, dass sie ein Arbeitseinkommen haben. Dies ist jedoch durch viele Faktoren gefährdet, die im persönlichen Bereich, aber auch in der wirtschaftlichen oder sozialen Umwelt liegen können. Im Rahmen der sozialen Marktwirtschaft versucht der Staat durch ein System vielfältiger sozialer Leistungen diese Gefahren abzufangen. Den Kern dieser **sozialen Sicherung** bildet die **Sozialversicherung**.

Das Prinzip der Sozialversicherung

Sozialversicherung – das Instrument der staatlichen Sozialpolitik

Die **Sozialversicherung** ist das wichtigste Instrument der staatlichen Sozialpolitik, das durch gesetzlich geregelte Einrichtungen weite Kreise der Bevölkerung gegen Schäden sichert, die die Existenzgrundlage des Einzelnen und der Gemeinschaft zu beeinträchtigen drohen. Dazu gehören Krankheit, Beeinträchtigung der Arbeitsfähigkeit sowie die Kosten, die durch Entbindung und Tod entstehen. Die Sozialversicherung in der Bundesrepublik Deutschland ist durch folgende Merkmale gekennzeichnet:

- **Pflichtversicherung:** Der größte Teil der Bevölkerung gehört zwangsweise der Sozialversicherung an.
- **Solidaritätsprinzip:** Die Beitragsleistung richtet sich nach der Höhe des Einkommens, die Leistungen nach dem gesetzlich geregelten Bedarf, sodass eine Umverteilung der Beiträge auf sozial schwache Versicherte erfolgt.

Das System der Sozialversicherung entstand im Zuge der ersten staatlichen sozialpolitischen Maßnahmen gegen Ende des 19. Jahrhunderts.

Diese Sozialpolitik wurde von dem Reichskanzler Otto von Bismarck mit dem Ziel eingeleitet, eine politische Radikalisierung der Arbeiterschaft und eine Stärkung der Sozialdemokratie zu verhindern.

Geschichte der Sozialversicherung

Die Entwicklung der Sozialversicherung in Deutschland	
1883	Krankenversicherung
1894	Unfallversicherung
1889	Invaliditäts- und Altersversicherung
1911	Zusammenfassung der Sozialversicherungsgesetze in der **Reichsversicherungsordnung**. Ergänzung der Alters- und Invalidenversicherung um die Hinterbliebenenversicherung.
	Versicherungsschutz für Angestellte, die bisher nur in Ausnahmefällen in die Sozialversicherung einbezogen waren.
1927	Arbeitslosenversicherung
1995	Pflegeversicherung
2002	Private Altersvorsorge

Die Zweige der Sozialversicherung

Sozialgesetzbuch

Heute sind die zahlreichen Gesetze der Sozialversicherung sowie zur sozialen Versorgung, z. B. im Bereich der Kriegsopferfürsorge oder des Kindergeldes, sowie der Fürsorge und Sozialhilfe aufeinander abgestimmt und in einem **Sozialgesetzbuch (SGB)** überschaubar zusammengefasst.

Die Sozialversicherung umfasst ein System vielfältiger sozialer Leistungen, die von verschiedenen Trägern der gesetzlichen Sozialversicherung zur Verfügung gestellt werden.

Versicherungsnachweisheft

Den Nachweis über die abgeführten Beiträge zur Rentenversicherung führt der Versicherte über ein **Versicherungsnachweisheft**. Dieses enthält den Versicherungsausweis, der beim Versicherten bleibt, sowie die Vordrucke für Versicherungsbescheinigungen.

Beitragsbemessungsgrenze

Die gesetzlich festgelegte Beitragsbemessungsgrenze ist das Einkommen, aus dem der jeweilige Höchstbetrag bzw. in der Krankenversicherung die Pflichtversicherungsgrenze abgeleitet werden. Die Beitragsbemessungsgrenze wird jährlich neu festgelegt und beträgt 2006 in den alten Bundesländern 5.250,00 EUR monatlich, in den neuen Bundesländern 4.400,00 EUR monatlich.

Seit 1957 gilt das Prinzip der **Dynamisierung der Renten** in der Rentenversicherung, seit 1964 auch in der Unfallversicherung. Dies bedeutet, dass die Renten regelmäßig an die Lohn- und Preisentwicklung angepasst werden, sodass ein starkes Nachhinken der Rentenkaufkraft vermieden wird.

Zweige der Sozialversicherung					
Versicherungs-arten / Merkmal	**Kranken-versicherung**	**Pflege-versicherung**	**Renten-versicherung**	**Arbeitslosen-versicherung**	**Unfall-versicherung**
Träger	Gesetzliche Krankenkassen: Ortskrankenkassen (AOK); Betriebs- und Innungskrankenkassen, Ersatzkassen		Deutsche Rentenversicherung	Bundesanstalt für Arbeit in Nürnberg	Gewerbliche und landwirtschaftliche Berufsgenossenschaften, Gemeindeunfallversicherungsverbände, z. T. die öffentliche Hand
Versicherte	● Kraft Gesetzes: Alle Arbeiter, Angestellten bis zu einem Jahresverdienst von 75 % der Beitragsbemessungsgrenze (BBG), Studenten, Praktikanten, Auszubildende, Arbeitslose ● Freiwillige Versicherung in bestimmten Fällen möglich	Alle Pflichtversicherten und freiwillig Versicherten in der Krankenversicherung; freiwillig Versicherte können sich in bestimmten Fällen befreien lassen.	● Kraft Gesetzes: Alle Arbeiter, Angestellten, Auszubildende, bestimmte Selbstständige ● Freiwillige Versicherung in bestimmten Fällen sowie Höherversicherung möglich	● Kraft Gesetzes: Alle Arbeiter, Angestellten, Auszubildende	● Kraft Gesetzes: Alle Arbeiter, Angestellten, Auszubildende, bestimmte Personengruppen (Schüler in der Schule ...) ● Kraft Satzung: Unternehmer, Betriebsbesucher ● Freiwillige Versicherung: evtl. Unternehmer
Leistungen	Gesundheitsvorsorge, Maßnahmen zur Früherkennung von Krankheiten, Krankenhilfe (Ärzte, Arzneimittel, Krankengeld ...), Mutterschaftshilfe (Vorsorge, Ärzte, Mutterschaftsgeld ...), Sterbegeld. Diese Leistungen gelten grundsätzlich auch für Familienmitglieder (Familienhilfe)	● Häusliche Pflege, z. B. Sachleistungen, Geldleistungen bei privater Pflege, sozialer Absicherung privater Pfleger ● Stationäre Pflege Aufwendungen bis 1.023,00 EUR, evtl. 1.688,00 EUR monatlich	Altersrenten, Erwerbs- und Berufsunfähigkeitsrenten, Hinterbliebenenrenten, Rehabilitationsmaßnahmen (Erhaltung, Besserung und Wiederherstellung der Erwerbsfähigkeit)	Berufsberatung, Maßnahmen zur Arbeits- und Berufsförderung, Arbeitsvermittlung, Arbeitslosengeld, Arbeitslosenhilfe, Kurzarbeitergeld, Insolvenzausfallgeld, Schlechtwettergeld	Übernahme der Kosten, die durch Arbeits- und Wegeunfälle sowie Berufskrankheiten entstehen (Heilbehandlungen, Renten, Sterbegeld, Rehabilitation ...) Unfallverhütung
Beitragshöhe Stand 2005	ca. 13 – 15 % des Arbeitsentgelts, maximal von 75 % der BBG	1,7 % des Arbeitsentgelts, maximal von 75 % der BBG; Kinderlose müssen ab 2005 einen höheren Betrag zahlen	19,5 % des Arbeitsentgelts, maximal von der BBG	6,5 % des Arbeitsentgelts, maximal von der BBG	Die Höhe richtet sich nach dem Entgelt der Versicherten und nach dem Grad der betrieblichen Unfallgefahr
Beitragszahlung	Grundsätzlich tragen Arbeitgeber und Arbeitnehmer je die Hälfte der Beiträge.[1] **Minijobs:** In der **Grundzone bis 400,00 EUR** bezahlt der Arbeitgeber eine Pauschale von 25 %: 12 % Rentenversicherung, 11 % Krankenversicherung und 2 % Steuern. Der Arbeitnehmer hat bei diesem Einkommen keine Abzüge. Ab einem Einkommen von 400,01 EUR entfallen auf die Arbeitgeber Sozialabgaben in Höhe von rund 21 Prozent. Die Beschäftigten haben hier nur 4 Prozent zu entrichten. Die Abgaben steigen bei einem Verdienst von 800,00 EUR (Gleitzone) bis auf rund 21 Prozent. Eine besondere Regelung gilt für Mini-Jobs im Haushalt. Zwar liegt auch hier die Obergrenze bei 400,00 EUR, der Arbeitgeber zahlt jedoch nur eine Pauschale von 12 % mit folgender Aufteilung: je 5 % Renten- und Krankenversicherung sowie 2 % Steuern.				Der Arbeitgeber zahlt den Beitrag voll

[1] Ausnahme: Krankenversicherung; AN zahlt mehr als AG

Sozialgerichte

Sozialgerichtsbarkeit

Streitigkeiten in Angelegenheiten der Sozialversicherung werden vor besonderen Sozialgerichten ausgetragen.

Die Sozialgerichte sind, ähnlich wie die Arbeitsgerichte, mit Berufs- und Laienrichtern besetzt. Die Verfahren vor diesen Gerichten sind grundsätzlich kostenfrei. Das Bundessozialgericht hat seinen Sitz in Kassel.

Träger der Sozialversicherung

Träger der Sozialversicherung

Die Träger der Sozialversicherung
- sind ausschließlich Körperschaften oder Anstalten des öffentlichen Rechts und
- haben eine Selbstverwaltung, da sie im Grunde Selbsthilfeeinrichtungen sind. Selbstverwaltung bedeutet, dass die Träger der Sozialversicherung von den Versicherten und den Arbeitgebern, die ihre Beschäftigten dort versichert haben, verwaltet werden. Aus diesem Grunde finden alle sechs Jahre Sozialversicherungswahlen statt, in denen die Vertreter für die Vertreterversammlungen bestimmt werden. Diese treffen dann die Entscheidungen im Rahmen der Gesetze.

Jahr	Beitragszahler		Rentner
1990	100	:	49
2010	100	:	74
2030	100	:	117
2040	100	:	128

Probleme der Sozialversicherung

Die Beiträge zur Sozialversicherung belasten den durchschnittlichen Arbeitnehmer heute mit über 20 % seines Bruttogehaltes; den gleichen Betrag sowie die Beiträge zur Unfallversicherung hat der Arbeitgeber zusätzlich aufzubringen. Die Versicherten müssen damit rechnen, dass diese Beiträge zukünftig angehoben werden. Ein Ende dieser Entwicklung ist dabei nicht absehbar.

Die Sozialversicherung als „Generationenvertrag" kann auf Dauer nicht mehr ausreichend finanziert werden, da sich das Verhältnis zwischen Beitragszahler und Rentner insbesondere aufgrund der wachsenden Lebenserwartung laufend verschlechtert. Zurzeit liegt das durchschnittliche Niveau der gesetzlichen Altersrente noch bei 59 % des letzten Nettoeinkommens. Dieser Wert wird jedoch weiter sinken, sodass die Arbeitnehmer zunehmend gezwungen sind, ihre Altersvorsorge teilweise privat zu finanzieren. Mit der 2002 eingeführten „Riester-Rente" fördert der Staat dieses Vorsorgesparen.

Private Altersvorsorge mit der „Riester-Rente"

Sparleistungen für die private Altersvorsorge von Arbeitnehmern sowie Selbstständigen, die Beiträge zur gesetzlichen Rentenversicherung leisten, fördert der Staat entweder mit Zulagen oder Steuerersparnissen über den Sonderausgabenabzug. Voraussetzung dafür ist, dass der Mindesteigenbeitrag in 2006 drei Prozent des Gehalts ausmacht. Weiterhin muss das Geld in Kapitalanlagen gespart werden, die vom Bundesaufsichtsamt für das Versicherungswesen (BAV) zertifiziert wurden. Grundsätzlich kommen Anlagen bei Banken, Versicherungen, in Wertpapierfonds sowie im Rahmen der Betrieblichen Alterssysteme in Frage.

	Max. Zulage der Anleger (in Euro pro Jahr)		Sparleistung für die maximale Förderung		das sind in Euro bei einem Jahresgehalt von...		
	pro Erwachsenen	pro Kind	in Prozent des Einkommens[1]	maximal (in Euro)	...30000 Euro	...40000 Euro	...50000 Euro
in 2006 und 2007	114	138	3	1575	900	1200	1500
ab 2008	154	185	4	2100	1200	1600	2000

[1] Die für die maximale Förderung erforderliche Sparleistung richtet sich bis zur Beitragsbemessungsgrenze in der gesetzlichen Rentenversicherung nach dem Einkommen des Anlegers.

Aufgaben

1 Beschreiben Sie die geschichtliche Entwicklung der Sozialversicherung.
Welche Überlegungen haben Reichskanzler v. Bismarck zur Errichtung der Sozialversicherung veranlasst?

2 Erläutern Sie die grundsätzliche Aufgabe der Sozialversicherung und die Grundprinzipien, nach denen sie arbeitet.

3 Beschreiben Sie die verschiedenen Zweige der Sozialversicherung nach den Merkmalen Träger, Versicherte, Leistungen, Beitragshöhe und Beitragszahlung.

4 Erläutern Sie die Auswirkungen der Entwicklung der Bevölkerungsstruktur auf die zukünftigen Rentenzahlungen. Skizzieren Sie mögliche Lösungsansätze.

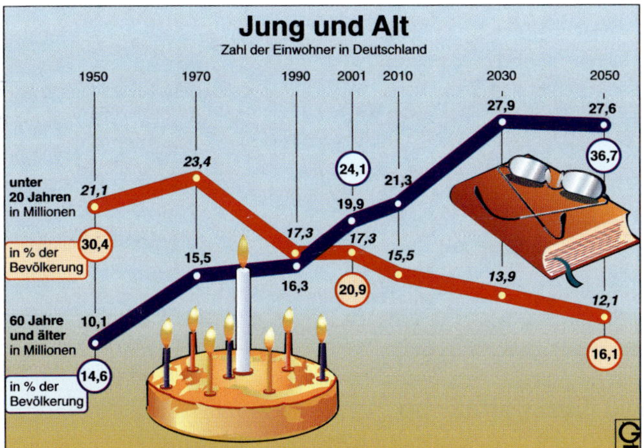

5 Suchen Sie Ursachen für den rapiden Anstieg der Ausgaben für die Gesundheitskosten. Diskutieren Sie mögliche Maßnahmen zur Lösung dieser Schwierigkeiten.

2.6 Die Arbeitsgerichte

Ein Informatiker war von der Laupheimer Büromöbel AG auf eine teure Fortbildung geschickt worden, die sich – in mehreren Teilabschnitten – über zwei Jahre erstreckte.
Nachdem der Mitarbeiter den Kurs erfolgreich bestanden hatte, kündigte er. Die Unternehmung behielt daraufhin von den letzten Gehältern die Fortbildungskosten ein. Der Informatiker erhob deshalb Klage vor dem Arbeitsgericht.

- **Bewerten Sie diese Entscheidung aus Sicht der Unternehmensleitung und des Betriebsrates.**

Der größte Teil der Konflikte im Arbeitsleben wird durch Gespräche zwischen den Beteiligten oder durch die Einbeziehung von Vorgesetzten oder des Betriebsrats gelöst. Ist eine gütliche Beilegung jedoch nicht möglich, muss der Konflikt vor dem Arbeitsgericht geklärt werden. Die Arbeitsgerichte bilden eine besondere Gerichtsbarkeit für Arbeitssachen.

ArbGG § 48

Örtlich zuständig ist grundsätzlich das Gericht, in dessen Bezirk der Beklagte seinen Wohn- oder Geschäftssitz hat (allgemeiner Gerichtsstand). Der Kläger hat daneben das Recht, das Gericht zu bestimmen, in dessen Bezirk die Leistung aus dem Arbeitsvertrag (Arbeitsleistung und Lohn/Gehalt) zu erbringen ist (besonderer Gerichtsstand).
Weichen beide Gerichtsstände voneinander ab, wird sich der Kläger in der Praxis das Gericht auswählen, das für ihn günstiger liegt.

Instanzen der Arbeitsgerichtsbarkeit

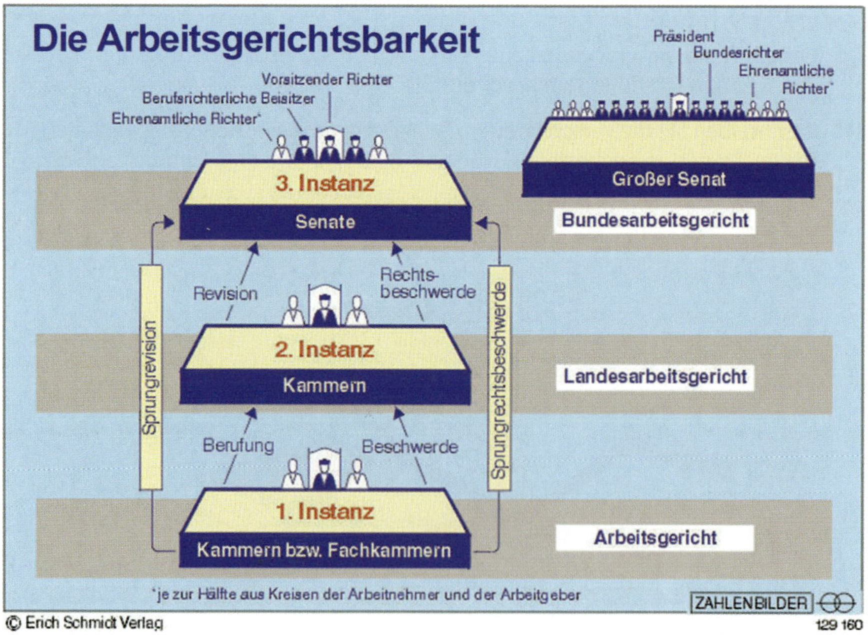

Sachlich zuständig sind Arbeitsgerichte bei
- Streitigkeiten zwischen den Sozialpartnern über Tarifverträge und
- Streitigkeiten zwischen Arbeitgebern und Arbeitnehmern aus Arbeitsverträgen
- bestimmten Angelegenheiten der Mitbestimmung auf Unternehmensebene
- Entscheidungen über Tariffähigkeit und -zuständigkeit.

ArbGG §§ 24 ff.

In allen Instanzen der Arbeitsgerichtsbarkeit sind ehrenamtliche Arbeitsrichter tätig, die je zur Hälfte aus den Kreisen der Gewerkschaften und der Arbeitgeberverbände berufen werden. Die mündliche Verhandlung beginnt zunächst mit dem Versuch des Vorsitzenden, eine **gütliche Einigung** zwischen den Parteien zu erzielen (Güteverfahren). Die Klage kann in dieser Phase ohne Zustimmung des Beklagten zurückgezogen werden.

ArbGG § 64

Gegen Urteile des Arbeitsgerichtes ist grundsätzlich eine **Berufung** beim Landesarbeitsgericht möglich, wenn der Streitwert höher als 600,00 EUR liegt.

ArbGG § 72

Gegen Urteile des Landesarbeitsgerichtes ist **Revision** beim Bundesarbeitsgericht möglich, wenn die Entscheidung von früheren, grundlegenden Gerichtsentscheidungen abweicht oder wenn dies wegen der grundsätzlichen Bedeutung der Angelegenheit ausdrücklich zugelassen wurde.

ArbGG § 76

Die **Sprungrevision** ist nur in tarifrechtlichen Fragen zugelassen, wenn bestimmte Voraussetzungen erfüllt sind.

Besonderheiten von Arbeitsgerichtsprozessen

Gegenüber den Zivilprozessen weist der Arbeitsgerichtsprozess einige weitere Besonderheiten auf:

- Gerichtsgebühren sind verhältnismäßig gering.
- Jede Partei trägt ihre Kosten (z. B. Anwaltskosten) in jedem Fall selbst; also auch bei einem Erfolg im Prozess.
- Die Abwicklung erfolgt in der Regel schneller:
  - innerhalb von zwei Wochen nach Klageerhebung findet ein Gütetermin statt,
  - innerhalb von acht Wochen nach Klageerhebung wird der Prozess in der Regel durchgeführt.

Fallbeispiel: Die Klage des Informatikers führte zu folgendem Ergebnis:

Auf die Klausel kommt es an

Wenn Mitarbeiter vorzeitig aus dem Betrieb ausscheiden, müssen sie die von der Firma gezahlten Fortbildungskosten, etwa für EDV-Kurse, erstatten. Voraussetzung: Der Chef hat mit ihnen eine Rückzahlungsklausel vereinbart.

Nach einem Urteil des Bundesarbeitsgerichts (5 AZR 159/85) ist dabei eine dreijährige Bindungsfrist zulässig. Der Arbeitgeber erhielt deshalb zwei Drittel seiner Ausbildungskosten zurück, weil der ehemalige Mitarbeiter bereits vor Ablauf von zwei Jahren gekündigt hatte.

Rückzahlungsklauseln sind nur wirksam, wenn eine Fortbildung dem Mitarbeiter neue Chancen auf dem Arbeitsmarkt eröffnet oder ihn beispielsweise für eine höhere Tarifgruppe qualifiziert. Es reicht nicht, wenn sie ausschließlich dazu dient, die Tätigkeit am bisherigen Arbeitsplatz zu erleichtern.

Aufgaben

1 Grenzen Sie die Rechtsstreitigkeiten ab, für welche die Arbeitsgerichte zuständig sind.

2 Erläutern Sie die Regelung des Gerichtsstandes bei Arbeitsgerichtsprozessen.

3 Beschreiben Sie die Instanzen der Arbeitsgerichtsbarkeit.

4 Erklären Sie die Rechtsmittel, die gegen Urteile der Arbeitsgerichte möglich sind.

5 Begründen Sie, weshalb Arbeitsgerichte teilweise mit Laien besetzt sind.

3 Praxis der Personalwirtschaft

Management by delegation

vgl. Kapitel Aufgaben und Ziele der Personalwirtschaft

Eine strategieorientierte Personalarbeit kann sich nicht damit begnügen, lediglich Verantwortung zu übertragen; die Führungskräfte und die Personalabteilung benötigen effektive Instrumente, um ihre Aufgabe zu erfüllen.

Auf der Grundlage ihrer neu definierten Unternehmensstrategie und der daraus abgeleiteten Personalstrategie entwickelt deshalb die Personalabteilung der Laupheimer Büromöbel AG mithilfe verschiedener Projektteams die notwendigen Instrumente der Personalwirtschaft.

Die Projektteams sollen insbesondere für folgende Handlungsfelder Instrumente gestalten, die den Führungskräften und der Personalabteilung helfen, ihre Rolle im Rahmen ihrer Personalverantwortung zu erfüllen.

Handlungsfelder der Projektarbeit „Personalinstrumente" in der Laupheimer Büromöbel AG

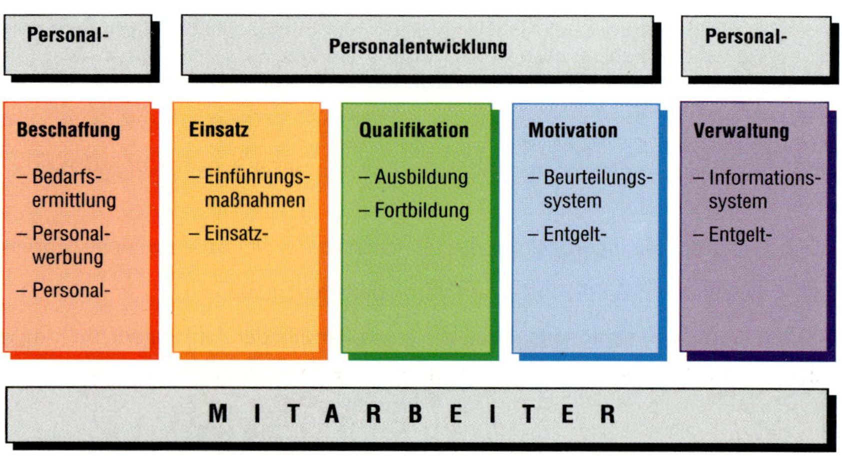

Auf dieser Grundlage können Planungswerte ermittelt werden, welche die Basis für eine langfristige Personalpolitik bilden. Dabei sind zwei Bereiche zu untersuchen:

Qualitative Personalplanung

- Die **qualitative Personalplanung** macht Aussagen darüber, welche Fähigkeiten die Mitarbeiter zukünftig aufweisen sollten. Hierbei kann folgendes Schema zugrunde gelegt werden:

Klassifizierung der Anforderungen

  - **Ungelernte Arbeit** erfordert keinerlei Ausbildung. Solche Hilfsarbeiten sind insbesondere Reinigen, Sortieren, Verpacken oder Botendienste.
  - **Angelernte Arbeit** setzt Kenntnisse und Fertigkeiten voraus, die in relativ kurzer Zeit über Lehrgänge oder innerbetriebliche Schulung erworben werden können. Zu dieser **Spezialarbeit** rechnen z. B. einfache Büroarbeit oder die Tätigkeit als Fahrer von Lieferwagen.
  - **Gelernte Arbeit** wird von Mitarbeitern geleistet, welche die Qualifikation eines Ausbildungsberufes oder einer Fachschule haben. Dazu zählen z. B. der Verkäufer, die Industriekauffrau oder der pharmazeutisch-technische Assistent.
  - **Hochqualifizierte Arbeit** kann nur von Fachleuten erfüllt werden, welche langjährige Berufserfahrung und vertiefende Weiterbildungen oder ein Studium mit anschließender Praxiserfahrung vorweisen können. Hierzu zählen meist führende Funktionen, z. B. Leiter der Datenverarbeitung oder Leiter Forschung und Entwicklung.

  Diese Einteilung kann nur als grobes Raster dienen. Jeder Betrieb wird entsprechend seiner Struktur eigene Klassifizierungen treffen.

Quantitative Personalplanung

- Die **quantitative Personalplanung** versucht auf dieser Grundlage, den voraussichtlichen Bedarf zu prognostizieren, sodass rechtzeitig Beschaffungsmaßnahmen eingeleitet werden können. Ausgehend von dem momentanen Bestand an Mitarbeitern sind folgende Fragen zu beantworten:
  - **Neubedarf:** Welche Mitarbeiter sind für neue Aufgaben notwendig?
  - **Zusatzbedarf:** Wie viel zusätzliche Mitarbeiter sind für bestehende Aufgaben erforderlich?
  - **Ersatzbedarf:** Welcher „natürliche" Besetzungsbedarf ergibt sich aus der voraussichtlichen Fluktuation der Arbeitnehmer?

Beispiel:
Planung des Personalbedarfs

Abteilung Rechnungswesen	
Bestand am 01. 01. 200.	
Stellen	27
Mitarbeiter	24
Offene Stellen	3
Überhänge	–
Stellenänderungen durch strategische Vorgaben	+ 3
Zukünftig	
– Offene Stellen	6
– Überhänge	–
Abgänge	
– Ruhe-/Vorruhestand	– 1
– Wehr-/Zivildienst	– 2
– Versetzungen	– 1
– Mutterschutz/ Erziehungsurlaub	– 1
– Fortbildung	– 2
– Kündigung	–
Zugänge	
– Wehr-/Zivildienst	+ 2
– Mutterschutz/ Erziehungsurlaub	+ 2
– Fortbildung	+ 1
– Auszubildende	+ 3
Personalbedarf	
– Zugang	5
– Abgang	–

Die Maßnahmen, welche aufgrund der Personalplanung ergriffen werden, werden vielfach erst mehrere Jahre später wirken.

Fallbeispiel: Wird z. B. für 2012 ein Bedarf an Industriekaufleuten im Einkauf festgestellt, der durch eigene Auszubildende gedeckt werden soll, so ergibt sich folgendes Zeitraster:

2006	Personalplanung
2007	Einstellung der Auszubildenden
2010	Abschlussprüfung der Auszubildenden
bis 2012	Berufserfahrung und Fortbildung
ab 2012	Einsatz als eigenverantwortliche Nachwuchskraft im Einkauf

Diese Planung benötigt somit einen Vorlauf von **sechs Jahren**!

Trotz aller Unsicherheiten, die bei solch langfristigen Prognosen auftreten, kann auf Personalplanungen nicht verzichtet werden, da es zunehmend schwerer wird, qualifizierte Mitarbeiter am Arbeitsmarkt zu gewinnen. Es werden deshalb zukünftig eher die Unternehmen erfolgreich sein, welche ihre Mitarbeiter langfristig planen und über eine qualifizierte Aus- und Fortbildung verfügen.

Wie können Stellen qualifiziert besetzt werden?

Fallbeispiel: Die Personalabteilung der Laupheimer Büromöbel AG hat zusammen mit den Führungskräften den voraussichtlichen Ersatzbedarf an neuen Mitarbeitern im kommenden Jahr ermittelt. Dabei hat sie in ihrer Prognose eine erhöhte Zahl von Mitarbeiterinnen, welche in Mutterschutz gehen, berücksichtigt.

Die Leistung der Mitarbeiter in einem Betrieb wird weitgehend dadurch bestimmt, ob ihre Qualifikation mit den Anforderungen des jeweiligen Arbeitsplatzes übereinstimmt. Mitarbeiter, welche überfordert sind, resignieren sehr bald, während überqualifizierte Kollegen sich rasch langweilen und unzufrieden werden.

Fehler in der Personalbeschaffung kommen den Betrieben sehr teuer. Neben den reinen Beschaffungskosten, die bei höher qualifizierten Mitarbeitern mehrere Tausend betragen können, sind insbesondere die Personalkosten in der Einarbeitungsphase zu berücksichtigen, in welcher der neue Kollege oftmals noch relativ unproduktiv ist.

Deshalb besteht eine wesentliche Funktion der Personalarbeit darin, die erforderlichen Mitarbeiter mit der richtigen Qualifikation zum vorgesehenen Zeitpunkt zu beschaffen. Es gibt zwei Möglichkeiten, frei werdende oder neu geschaffene Stellen zu besetzen.

Bei der Entscheidung darüber, ob freie Stellen mit eigenen oder betriebsfremden Arbeitnehmern besetzt werden sollen, sind die Vor- und Nachteile dieser Möglichkeiten sorgfältig gegeneinander abzuwägen. Für eine Besetzung freier Stellen durch eigene Mitarbeiter sprechen wesentliche Gründe:

Personalbeschaffung

Personalbeschaffung

im Betrieb durch

- Interne Stellenausschreibung
- Gezielte Weiterbildung von Mitarbeitern, die für neue Positionen vorgesehen sind
- Übernahme von Auszubildenden

von außen durch

- Vermittlung des Arbeitsamtes
- Anzeigen in der Presse
- Plakate
- Informationsveranstaltungen in Schulen

Interne Stellenausschreibung

- Die Kosten einer Neueinstellung entfallen,
- die Beurteilung der fachlichen und persönlichen Eignung eines Bewerbers beruht auf einer längeren Beobachtungsphase im praktischen Einsatz,
- der Bewerber ist mit dem Betrieb vertraut, sodass er die Anforderungen der neuen Stellen realistisch einschätzen kann und eine relativ geringe Einarbeitungsphase benötigt und
- die Wirkung auf das Betriebsklima ist positiv, weil qualifizierte Mitarbeiter erkennen, dass bei entsprechender Leistung innerbetriebliche Aufstiegschancen vorhanden sind.

Personalabteilung
In der Abteilung Rechnungswesen ist zum 1. April 20.. die Stelle der

Abteilungsleiterin/ des Abteilungsleiters

zu besetzen.

Diese Position erfordert umfangreiche Erfahrungen in allen Sparten dieses Fachbereiches sowie die Fähigkeit, ein Team von qualifizierten Mitarbeitern erfolgreich zu führen. Die Bezahlung entspricht den Anforderungen der Stelle...

Ein Betrieb, der bewusst darauf achtet, nach Möglichkeit Betriebsangehörige auf frei werdende Stellen zu setzen, benötigt ein langfristiges Personalkonzept. So ist bereits bei der Planung der Ausbildungszahlen die Frage zu klären, welchen Ersatzbedarf die Unternehmung in drei bis fünf Jahren hat.

Stellenanzeige

> **Laupheimer Büromöbel AG**
>
> Wir haben unsere Abteilung Rechnungswesen ausgebaut. Wir suchen deshalb eine/einen
>
> **Bürokauffrau/-mann**
>
> die/der nach Möglichkeit bereits PC-Erfahrung besitzt und Freude daran hat, in einem engagierten Team mitzuarbeiten.
>
> Bewerbungen schicken Sie bitte an . . .

Für eine Besetzung frei werdender Stellen mit betriebsfremden Arbeitnehmern kann es auch gewichtige Argumente geben:

- Externe Bewerber bringen Erfahrungen und Kenntnisse aus anderen Betrieben mit, die für das einstellende Unternehmen befruchtend wirken,
- neue Mitarbeiter gehen an Problemstellungen unter Umständen objektiver heran und beugen damit einer möglichen „Betriebsblindheit" vor,
- die Mitarbeiter werden einem Wettbewerb ausgesetzt, der leistungssteigernd wirken kann,
- bei überraschendem Ersatzbedarf kann der Markt zu raschen Lösungen verhelfen.

Betriebsfremde Mitarbeiter können über Stellenanzeigen oder durch Vermittlung des Arbeitsamtes gewonnen werden. Ob die Vorteile externer Bewerber in der Praxis wirklich umgesetzt werden, hängt von vielen Umständen ab. Entscheidend ist, dass es bei der Auswahl gelingt, die zukünftigen Mitarbeiter herauszufinden, welche die erforderlichen fachlichen und persönlichen Qualifikationen besitzen. Neben den Bewerbungsunterlagen werden vor allem das persönliche Gespräch, meist als Einzelgespräch, sowie teilweise auch Leistungs- und Persönlichkeitstests als Entscheidungskriterien herangezogen.

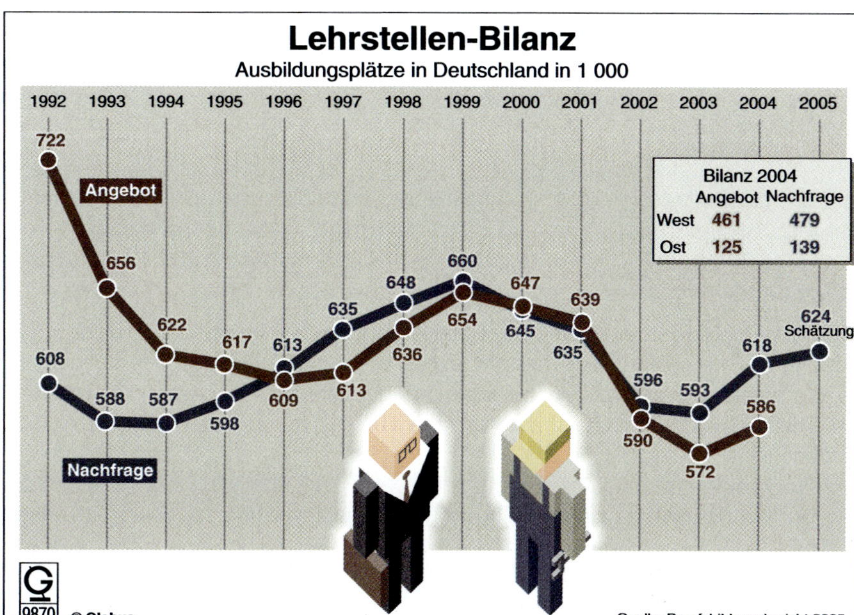

Das Lehrstellenangebot hat 2004 nach 4 Jahren Rückgang erstmals wieder zugenommen

CHECKLISTE FÜR IHRE BEWERBUNGS-UNTERLAGEN

Würden Sie sich über Bewerbungsunterlagen freuen, die unvollständig sind und die alle gleich aussehen?

Mit Sicherheit hätten Sie daran genau so wenig Freude wie wir. Überprüfen Sie deshalb anhand unserer Checkliste, ob bei Ihrer Bewerbung alles O.K. ist.

- Bewerbungsschreiben, in dem Sie
  - Ihren Berufswunsch individuell begründen,
  - Ihre beruflichen Erwartungen beschreiben
  - und, wenn Sie möchten, Ihre Schulnoten erklären.
- Ausgefüllter Bewerbungsbogen
- Eingeklebtes, neues Passbild
- Zusätzlich zum Passbild können Sie noch, ganz nach Wunsch, ein Foto von sich beilegen, auf dem Ihr individueller Typ am besten zum Ausdruck kommt.
- Tabellarischer Lebenslauf
- Kopien der letzten vier Zeugnisse

Haben Sie alle Punkte in der Checkliste abgehakt?
Dann schicken Sie Ihre Unterlagen an ...

Wie erkennt man geeignete Bewerber?

Fallbeispiel: Maren Löblein hat vor einem Jahr ihre Ausbildung als Bürokauffrau beendet. Die ausgeschriebene Stelle findet ihr Interesse, weil sie gerne Zahlen aufbereitet und sie die Möglichkeit sieht, ihre PC-Kenntnisse zu vertiefen und anzuwenden.

Die Instrumente, die in der Bewerberauswahl eingesetzt werden, sollen die Anlagen und Fähigkeiten eines Bewerbers für eine offene Stelle feststellen und den geeignetsten Bewerber auswählen. Eine erfolgreiche Personalauswahl basiert auf **folgenden Grundsätzen:**
- **Die Anforderungen** der zu besetzenden Stelle sind exakt zu definieren;
- die **Auswahlkriterien** müssen sich an der zu besetzenden Stelle ausrichten, d. h. der beste Bewerber muss nicht der geeigneteste sein;
- die Auswahl muss möglichst **objektiv**, d. h. unabhängig von persönlichen Vorlieben und Abneigungen der entscheidenden Personen erfolgen.

Fallbeispiel: Die Laupheimer Büromöbel AG setzt für die Bewerberauswahl folgende Instrumente ein:

- **Analyse und Bewertung der Bewerbungsunterlagen** (Bewerbungsschreiben, Lebenslauf, Zeugnisse, Lichtbild, Referenzen, Bewerberfragebogen)
- **Vorstellungsgespräch** (Ausdrucksverhalten, Leistungsverhalten, Motivation)
- **Gruppendiskussion** (Ausdrucksverhalten, Leistungsverhalten, Sozialverhalten)
- **Assessment Center** (Verhalten des Bewerbers in einer praxisbezogenen Leistungssituation)
- **Testverfahren** (Leistungstests, Intelligenztests, Persönlichkeitstests)
- **Graphologische Gutachten** (Persönlichkeitsbild, Leistungsbild, Leistungsstörungen) werden nicht mehr genutzt.

Bewerbungsunterlagen

Die Bewerbungsunterlagen prägen im Regelfall das erste Bild, das sich der Einstellende von dem Interessenten macht. Deshalb ist es notwendig, dass diese Unterlagen vollständig, aussagefähig und in einer angemessenen Form erstellt werden. Zu einer Bewerbung gehören im Regelfall:

- Das **Bewerbungsschreiben** sollte grundsätzlich mit dem PC geschrieben werden. Das Ziel des Bewerbungsschreibens besteht darin, den Empfänger des Schreibens neugierig zu machen und dazu zu bewegen, den Bewerber zu einem Vorstellungsgespräch einzuladen. Deshalb ist es besonders wichtig, in dem Brief folgende Punkte zu prüfen:
  - Welche Motive veranlassen den Absender, sich auf die Anzeige hin zu bewerben? Je überzeugender diese Gründe sind, umso eher wird der Bewerber eingeladen.
  - Welche Kenntnisse und Anforderungen qualifizieren den Bewerber für diese Stelle?
  - Wo ist der Bewerber zurzeit beschäftigt und wann könnte er die Stelle wechseln?

Bewerbungsschreiben von Maren Löblein

Stuttgart, 10. Mai 200.

Maren Löblein
Am Gänstor 7
70329 Stuttgart

Laupheimer Büromöbel AG
Personalabteilung
Königstraße 3
88471 Laupheim

Bewerbung

Sehr geehrte Damen und Herren,

Ihre Stellenanzeige in der Stuttgarter Zeitung vom 9. Mai 200. hat mich angesprochen. In meiner Ausbildung hat es mir besondere Freude gemacht, Zahlen aufzubereiten und auszuwerten. Deshalb bewerbe ich mich für die Abteilung Rechnungswesen.

Bereits während meiner Schulzeit habe ich gerne mit dem Personal-Computer gearbeitet, weil er mir die Möglichkeit eröffnete, eigenständige Problemlösungen zu gestalten. In meiner Ausbildungszeit habe ich die Datenverarbeitung vor allem im Bereich Textverarbeitung und zur Lösung von Dateiverwaltungsaufgaben genutzt.

Im Sommer 200. beendete ich bei der Firma Schröder Büroartikel KG in Waiblingen meine Ausbildung als Bürokauffrau. Zurzeit werde ich in allen Bereichen des Betriebes als Personalreserve eingesetzt. Mein Eintritt in Ihrem Hause könnte frühestens zum 1. Juli 200. erfolgen.

Ich würde mich freuen, wenn ich bei Ihnen die Gelegenheit erhalten könnte, meine kaufmännische Ausbildung mit meinen Erfahrungen am Personalcomputer zu verbinden. Für ein persönliches Gespräch stehe ich Ihnen gerne zur Verfügung.

Mit freundlichen Grüßen

Maren Löblein

Anlagen
Lebenslauf
Lichtbild
4 Zeugnisse

So werden Bewerbungen beurteilt

- Vollständigkeit **73 %**
- Rechtschreibung **62 %**
- Erscheinungsbild **60 %**
- Abschlussnote **54 %**
- schriftlicher Ausdruck **52 %**
- abgeleisteter Wehrdienst **45 %**
- lückenloser Tätigkeitsnachweis **44 %**
- Schulzeugnisse **28 %**
- Geschlecht **11 %**
- Nationalität **10 %**
- noch kein Stellenwechsel **9 %**
- regionale Herkunft **8 %**

- Der **Lebenslauf** wird heute meist in tabellarischer Form und mit Schreibmaschine erstellt. Der ausführliche Lebenslauf in Satzform und handschriftlich erstellte Aufstellungen finden immer weniger Verwendung.
  Das Ziel des Lebenslaufes besteht darin, dem Leser in knapper und übersichtlicher Form die wesentlichen Lebensdaten des Bewerbers zu vermitteln. Deshalb empfiehlt sich folgender Aufbau:
  - Persönliche Verhältnisse
  - Schulbildung
  - Berufliche Bildung
  - Berufliche Praxis
  - Besonderes, z. B. Wehrdienst, Auslandsaufenthalte, Funktionen in der Jugendarbeit oder im Sport, Hobbies

- **Zeugnisabschriften** werden in beglaubigter Form beigelegt. Es wird deshalb meist verlangt, die letzten Zeugnisse mitzusenden, damit der Trend der Noten erkennbar wird.

- Das **Lichtbild** wird in der Regel am rechten oberen Rand des Bewerbungsschreibens aufgeklebt. Da dieses Bild den ersten optischen Eindruck des Bewerbers vermittelt, sollte es einen freundlichen und adretten Eindruck machen. Die kostengünstigeren Automatenbilder sind ungeeignet.

Fallbeispiel: Die Bewerbung von Maren Löblein hat die Abteilungsleiterin im Rechnungswesen neugierig gemacht. Deshalb lädt sie die Bewerberin zu einem Bewerbungsgespräch und einem Leistungstest ein.

- Dem persönlichen Gespräch wird meist die entscheidende Bedeutung beigemessen. Vielfach wird dieses Gespräch als **Einzelgespräch** geführt, wobei manche Unternehmen mit **standardisierten Interviews** die Persönlichkeit des Bewerbers zu „durchleuchten" versuchen. Beurteilt werden bei Einzelgesprächen insbesondere die sprachliche Ausdrucksfähigkeit, die geistige Leistungsfähigkeit und Flexibilität, die Berufsmotivation und das äußere Erscheinungsbild.

- **Gruppendiskussionen** sollen in erster Linie die soziale Kompetenz der Bewerber aufzeigen. Im Rahmen von vorgegebenen oder selbst gewählten Diskussionsthemen können die Teilnehmer ihr Ausdrucksvermögen sowie Leistungsverhalten unter Anspannung zeigen.

Assessment Center = praxisnahe Bewerber-Übungen in Gruppen

- Bei Bewerbern ohne Berufserfahrung, z. B. Hochschulabsolventen, aber auch bei der Besetzung qualifizierter Funktionen, werden teilweise **Assessment Centers** durchgeführt, bei denen die Bewerber im Laufe von meist ein bis zwei Tagen eine Vielzahl von Übungen absolvieren müssen. Dabei werden zusätzlich zu den oben genannten Fähigkeiten das Problemlösungsverhalten in schwierigen oder zeitlich beengten Situationen sowie das Sozialverhalten, d. h. die Fähigkeit zum konstruktiven Umgang mit Gruppenpartnern, beobachtet.

- **Graphologische Gutachten** spielen heute bei der Bewerberauswahl nur noch eine sehr untergeordnete Rolle. Viele Unternehmen lehnen dieses Instrument ganz ab.

Lebenslauf von Maren Löblein

Lebenslauf

Name	Maren Löblein
Geburtsdatum	7. April 198.
Geburtsort	Esslingen
Glaubensbekenntnis	römisch-katholisch
Eltern	Werner Löblein, Kfz-Meister Karin Löblein, geb. Reiss, Hausfrau
Schulbildung	198. - 198. Grundschule in Waiblingen 198. - 199. Realschule in Waiblingen
Berufliche Bildung	1. Aug. 199. - 30. Juni 20.. Ausbildung zur Bürokauffrau bei der Schröder Büroartikel KG in Waiblingen Abschlussprüfung mit „gut" bestanden
Berufliche Praxis	1. Juli 20.. bis heute Personalreserve bei der Schröder Büroartikel KG in Waiblingen
Besonderes	- Englisch - Einführung in Word, Excel, Access unter Windows XP - Gruppenleiterin in der kirchlichen Jugendarbeit

Stuttgart, 10. Mai 20..

Maren Löblein

Wie führt man neue Mitarbeiter in das Unternehmen ein?

Fallbeispiel: Auf die Stellenanzeige der Laupheimer Büromöbel AG für eine Bürokauffrau/-mann in der Abteilung Rechnungswesen haben sich mehrere Bewerber gemeldet. Das Unternehmen entscheidet sich schließlich für Karl Wörner, der am 1. Oktober seine neue Stelle antreten soll.

Einstellungsunterlagen

Wird ein neuer Mitarbeiter eingestellt, sind eine Reihe von Daten über den neuen Mitarbeiter zu erfassen und zu verarbeiten. Diese dienen als Grundlage für die Personalarbeit des zentralen Personalbereiches und der Führungskräfte sowie für eine umfangreiche Zahl von außerbetrieblichen Meldungen.

Fallbeispiel: Die Personalabteilung erarbeitet eine Checkliste, aus der alle wesentlichen Einstellungsunterlagen hervorgehen, die das Unternehmen benötigt.

Checkliste der Einstellungsunterlagen

Personaleinstellung
Checkliste

Laupheimer Büromöbel AG
Personalabteilung

- **Dem Mitarbeiter vor Eintritt zuzusenden:**
  - Begrüßungsschreiben
  - Arbeitsvertrag mit Stellenbeschreibung
  - Unternehmensleitbild
  - Führungsgrundsätze
  - Fortbildungsmaßnahmen
  - Geschäftsbericht
  - Informationen des Betriebsrates
- **Vom Mitarbeiter vor Eintritt anzufordern:**
  - Lohnsteuerkarte
  - Sozialversicherungsnachweise
  - Personalfragebogen
  - Arbeitserlaubnis (nur bei ausländischen Mitarbeitern)
  - Ärztliches Zeugnis
- **Meldungen**
  - Krankenkasse
  - Berufsgenossenschaft
  - evtl. Ausländeramt
  - Betriebsrat
- **Dem Mitarbeiter am Eintrittstag zu übergeben:**
  - Buchgeschenk „Die Geschichte der Laupheimer Büromöbel AG - ein Unternehmer erinnert sich"
  - Einführungsplan
  - Organigramm der Unternehmung
  - Betriebsausweis
  - Schlüssel
  - Telefonverzeichnis
- **Informationsverarbeitung**
  - Personaldatei eröffnen -> Vergabe der Personalnummer
  - Bewerbungsdaten erfassen
  - Personalinformationen an die verantwortlichen Führungskräfte zusenden
  - Personalakte anlegen
  - Personalstatistiken ergänzen

Aufgaben

Fallbeispiel: Die Weber OHG, Großhandelsunternehmen für Automobilzubehör und Industriebedarf, benötigt für ihre Vertriebsleitung zwei Großhandelskaufleute, welche nach einer kurzen Einarbeitungszeit ein Verkaufsgebiet in Größe eines Bundeslandes selbstständig bearbeiten sollen. Die Vertriebsleitung möchte junge Großhandelskaufleute einstellen, welche bereits ein bis zwei Jahre Berufserfahrung nach der Ausbildung besitzen.

1 Vergleichen Sie die Möglichkeiten zur Besetzung dieser Stellen durch interne und externe Stellenausschreibung.

2 Formulieren Sie eine entsprechende interne Stellenausschreibung.

3 Skizzieren Sie die grundsätzlichen Möglichkeiten, externe Bewerber zu gewinnen.

4 Entwerfen Sie eine Stellenanzeige für die regionale Tagespresse.

5 Bei der Weber OHG gehen auf diese Stellenanzeige insgesamt 30 Bewerbungen ein. Beschreiben Sie ein geeignetes Auswahlverfahren für diese Stellen.

6 Beurteilen Sie folgende Auszüge aus Bewerbungsunterlagen für diese Stelle.

a) Lebenslauf (Auszug)

Schulbildung	1986 - 1993	Realschule in Neu-Ulm
Wehrdienst	1993 - 1994	
Berufsausbildung	1994 - 1997	Berufausbildung zum Großhandelskaufmann bei der Krüger KG, Großhandlung für Küchenbedarf
	1997	Zweiwöchiger Lehrgang Verkaufstraining
Berufl. Tätigkeit	1997 - 20..	Personalreserve in der Zentrale der Krüger KG

Donauwörth,

b) Zeugnis (Auszug)

... im Ausbildungsberuf Kaufmann im Groß- und Außenhandel gelernt und die Kaufmannsgehilfenprüfung mit Erfolg absolviert.

Im Anschluss an seine Ausbildungszeit wurde Herr Riege ab dem 1. Juli 1997 ins Angestelltenverhältnis übernommen und bis zu seinem Ausscheiden auf eigenen Wunsch zum 31. Juni 20.. in der Personalreserve eingesetzt...

Herr Riege hat die ihm übertragenen Arbeiten mit Fleiß zu unserer Zufriedenheit ausgeführt. Er war stets freundlich und hilfsbereit. Herr Riege besuchte 1997 ein zweiwöchiges Verkaufstraining. Er bemühte sich, diese Erkenntnisse in der Praxis umzusetzen.

Sein Verhalten in der Betriebsgemeinschaft war stets tadelfrei. Über sein außerdienstliches Verhalten sind uns keine negativen Dinge bekannt...

7 Erarbeiten Sie einen Fragekatalog für ein evtl. Gespräch mit Herrn Riege. Gehen Sie dabei insbesondere auf mögliche „Schwachstellen" des Bewerbers ein.

8 Erstellen Sie eine Checkliste für die Einstellung von Auszubildenden in Ihrem Betrieb.

9 Sie erhalten von Ihrem Ausbildungsleiter den Auftrag, ein Einführungsseminar für neue Auszubildende zu konzipieren. Erarbeiten Sie – evtl. gemeinsam mit weiteren Auszubildenden – einen detaillierten Vorschlag.

3.1 Personalentwicklung: Wie können sich die Mitarbeiter qualifizieren?

Grundsätze für Mitarbeiterführung der Laupheimer Büromöbel AG

Der Vorstand der Laupheimer Büromöbel AG hat in der letzten Ausgabe der Mitarbeiterzeitschrift die neu erarbeiteten „Grundsätze für Mitarbeiterführung" veröffentlicht, welche auf dem Grundgedanken der Entwicklungspartnerschaft (Coaching) zwischen Mitarbeitern und Führungskräften aufbaut:

Mitarbeiterförderung Vornehmste und ständige Führungsaufgabe ist die Förderung der Mitarbeiter. Die Führungskräfte haben darauf hinzuwirken, dass ihre Mitarbeiter Fähigkeiten und Persönlichkeit entfalten können. Wesentlicher Teil der Förderung ist die Aus- und Weiterbildung

- am Arbeitsplatz,
- in Bildungsveranstaltungen des Unternehmens
- und in externen Trainings.

Offene Stellen werden nach Möglichkeit aus den Reihen der Laupheimer Büromöbel AG besetzt.

Grundsatz der Stellenbesetzung: intern vor extern

Voraussetzung jeder Förderung ist die **Eigeninitiative der Mitarbeiter.** Sie kann nicht ersetzt werden.

- **Erstellen Sie ein Anforderungsprofil für Führungskräfte, welche die Rolle als Coach ihrer Mitarbeiter erfüllen.**

Damit die Ziele der betrieblichen Personalpolitik mit den Vorstellungen der Mitarbeiter in Einklang gebracht werden können, ist eine systematische Förderungs- und Entwicklungsarbeit erforderlich, die von den Mitarbeitern selbst, den Führungskräften und der Personalabteilung verantwortet wird.

Für die Überlebensfähigkeit eines Unternehmens ist seine laufende Anpassung an veränderte Verhältnisse und seine Lernfähigkeit entscheidend. Tatsächlich ist der Mensch im Prinzip fast unbegrenzt lernfähig. Allerdings nicht ohne Anstrengung - die Erhaltung der Lernfähigkeit hat ihren Preis.

Ulrich A. Wever, zit. nach „Unternehmenskultur" 1990

▶▶▶▶ Personalentwicklung hat zum Ziel, die Leistungsbereitschaft und die Leistungsfähigkeit der Mitarbeiter zu optimieren.

Die Abgrenzung dieses Begriffes ist in der Praxis sehr unterschiedlich. Teilweise werden darunter nur die Bildungsmaßnahmen im Sinne von Seminaren u. Ä. verstanden. Grundsätzlich umfasst die Personalentwicklung jedoch folgende Handlungsfelder der Personalarbeit:

- **Personaleinsatz:** Aufgabenverteilung nach Bedarf und Qualifikation sowie Entwicklungsmöglichkeiten der Mitarbeiter (Laufbahnplanung).
- **Qualifikation:** Bedarfsgerechte Aus- und Weiterbildung einschließlich der Führungskräfteentwicklung.
- **Motivation:** Zielorientierte Betreuung, z. B. durch Coaching oder Förderkreise.

▶▶▶▶ Personalentwicklung ist ein Prozess,
– der laufenden Anpassung der Qualifikation der Mitarbeiter sowie
– des beruflichen Aufstieges.

Die Stärke eines Unternehmens wird letztendlich durch die individuellen Qualifikationen der Mitarbeiter bestimmt. Deshalb sind die Lernprozesse und Erfahrungen der Beschäftigten ein entscheidender Ansatzpunkt, um eine strategische Planung in der Praxis umzusetzen.

Beurteilungs- und Fördergespräche

Erinnern Sie sich an Ihr letztes Beurteilungs- oder Fördergespräch, welches Ihr Ausbilder oder eine Führungskraft mit Ihnen geführt hat. Stellen Sie zusammen, welche Elemente des Gespräches Ihnen gut gefallen haben und welche aus Ihrer Sicht negativ zu bewerten sind. Überlegen Sie, wie sich dieses Gespräch auf Ihre Motivation und Leistung ausgewirkt hat.

„Sie glauben gar nicht, wie viel Lob ich ertragen kann"

Bruno Kreisky, ehemaliger österreichischer Bundeskanzler

Motive

Das Verhalten von Menschen ist nicht nur von Vernunft, sondern in starkem Maße von Gefühlen bestimmt. Deshalb müssen Führungskräfte in ihr Verhalten die Beweggründe des menschlichen Verhaltens (Motive) mit einbeziehen. Dabei werden in der Regel mehrere Bedürfnisse der Mitarbeiter gleichzeitig wirksam.

- Bedürfnis auf Entfaltung der Persönlichkeit (Selbstverwirklichung)
- Bedürfnis nach Anerkennung im Beruf (Wertschätzung)
- Bedürfnis nach Anerkennung in der Gruppe (soziale Bedürfnisse)
- Bedürfnis nach Sicherheit
- Bedürfnis nach angemessener Umweltgestaltung (Arbeitsplatz, Raumklima, Licht)

Die Menschenführung muss deshalb, damit sie auf Dauer erfolgreich ist, mehrere Grundsätze erfüllen.

Grundsätze der Menschenführung

Grundsätze der Menschenführung

- **Anerkennung der Persönlichkeit der Mitarbeiter und ihrer Leistungen (Lob).**
- **Konstruktive Kritik an den Mitarbeitern, die sie neu motiviert und zu besseren Leistungen führt.**
- **Verständnis für die Gefühle und Probleme der Mitarbeiter.**
- **Ermutigung zum selbstständigen Handeln und zur Übernahme sinnvoller Risiken.**

Die Anforderungen, die in fachlicher und in persönlicher Hinsicht an die Führungskräfte gestellt werden, steigen stark, da die Mitarbeiter zunehmend selbstbewusster, aber auch motivierter und leistungsfähiger werden. Mitbestimmung statt Fremdbestimmung lautet eine der wichtigsten Forderungen unserer Zeit.

„Es ist unmöglich, Menschen objektiv zu beurteilen"

Diedrich Haberkorn Personalchef, Köln Deutsche Bull AG

Die Aufgabe aller Führungskräfte besteht darin, die Mitarbeiter entsprechend ihren Leistungen und Fähigkeiten im Rahmen der gegebenen Möglichkeiten beruflich zu fördern. Nur dann werden sie engagiert und verantwortungsbewusst ihre Aufgaben mit Freude erfüllen und damit zum Erfolg der Unternehmung beitragen.

Der Mitarbeiter erwartet andererseits, dass seine Leistungen und sein berufbezogenes Verhalten regelmäßig beurteilt und seine weitere Entwicklung mit ihm besprochen wird."

Mitarbeiterbeurteilung

Mitarbeiterbeurteilung ist die systematische Einschätzung des Beschäftigten durch ihre Führungskräfte aufgrund von Beobachtungen und Erfahrungen des täglichen Umgangs.

Kriterien der Mitarbeiterbeurteilung

Fachliche Fähigkeiten	Geistige Fähigkeiten	Arbeitsweise	Verhalten in der Gruppe	Führungsverhalten
– Vorbildung – Berufliche Ausbildung – Fachkenntnisse – Fertigkeiten – Qualitäten als Dozent	– Improvisationsvermögen – Organisationsvermögen – Kreativität – Selbstständigkeit – Auftreten	– Arbeitsqualität – Arbeitstempo – Belastbarkeit – Einsatzbereitschaft – Pünktlichkeit – Bereitschaft zur Fortbildung	– Einordnung in die Gruppe – Umgangsformen – Bereitschaft zur Kommunikation – Verhalten zu Mitarbeitern u. Vorgesetzten	– Entscheidungsfähigkeit – Durchsetzungsfähigkeit – Motivationsfähigkeit – Delegationsfähigkeit

Beispiel eines Beurteilungsbogens (Auszug)

I. Leistungsverhalten (die bei der Arbeit gezeigte Eigenaktivität bei Anwendung des Könnens, berufliches Engagement, etc.)

1. Arbeitseinteilung
(zeigt sich im zweckdienlichen Lösen gestellter Aufgaben, Zeitplanung; Vermeiden von Leerlauf und Doppelarbeit)

systematisch, unüberlegt; keine sinnvolle Zeiteinteilung ☐ ☐ ☐ ☐ ☐ ☐ ☐ (1 2 3 4 5 6 7) sehr gute und sinnvolle Zeiteinteilung: immer klar, wann was gemacht werden muss

II. Sozialverhalten (zwischenmenschliche Beziehungen zu Kollegen und Vorgesetzten sowie das Verhalten gegenüber Kunden)

3. Kooperation und Kommunikation
(zeigt sich in der Bereitschaft zur Zusammenarbeit und zur ständigen Information anderer)

bietet selten Mithilfe an, informiert kaum oder nicht umfassend genug, sucht häufig Fehler bei anderen ☐ ☐ ☐ ☐ ☐ ☐ ☐ (1 2 3 4 5 6 7) ist rücksichtsvoll und tolerant; ist immer hilfsbereit und kann eigene Interessen zurückstellen; informiert Kollegen stets von sich aus

IV. Entwicklungspotential (gezeigtes Fachkönnen und Bereitschaft, sich beruflich weiterzuentwickeln)

2. Lernbereitschaft
(zeigt sich im Eifer, neue Kenntnisse zu erwerben, sich mit neuen Aufgaben vertraut zu machen)

keine Weiterbildungsbereitschaft ☐ ☐ ☐ ☐ ☐ ☐ ☐ (1 2 3 4 5 6 7) erweitert ständig sein/ihr Wissen; verwendet dazu auch seine/ihre Freizeit

V. Personalführung (Art und Weise, wie Anweisungen erteilt werden: Entscheidungen über Einsatz der Mitarbeiter: Kontrolle, Beeinflussung der Arbeitsbereitschaft und des Arbeitsklimas)

2. Anleitung und Motivation
(zeigt sich beim Einweisen in Aufgaben: in der Fähigkeit, Interesse hierfür zu wecken)

kann Notwendigkeit von Aufgaben nicht überzeugend darstellen: sorgt kaum dafür, dass Sinn und Zweck der Arbeit verstanden werden ☐ ☐ ☐ ☐ ☐ ☐ ☐ (1 2 3 4 5 6 7) versteht es sehr gut, Aufgaben zu erklären und für die Lösung zu motivieren: weiß, Arbeitsabläufe transparent zu machen

Quelle: Deutsche Bank AG, nach Studienwerk Bank-Akademie-Verlag

Wie oft finden Beurteilungen statt?
(Häufigkeit in Prozent)

- *jährlich* 56,6 %
- *alle zwei Jahre* 26,3 %
- *seltener als alle zwei Jahre* 9,2 %
- *mehrmals pro Jahr* 5,3 %

Trotzdem bleiben einige ungelöste Probleme.
- Die Auswahl der Kriterien ist in einem gewissen Maß immer willkürlich. (Soll z. B. die Ausbildung als Kriterium zählen?)
- Die Gewichtung der Kriterien ist ebenfalls willkürlich. (Mit wie viel Prozent soll das Verhalten in der Gruppe in die Gesamtbewertung eingehen?)
- Der Sinngehalt der Kriterien wird trotz verbindlicher Beschreibungen oftmals unterschiedlich gesehen. (Was bedeutet Belastbarkeit?)
- Die Messung der Kriterien ist oftmals nur pauschal (gutes, mittleres oder schlechtes Organisationsvermögen) oder im Vergleich zu Kollegen (... hat das beste Auftreten gegenüber Kunden in seiner Gruppe) möglich.

Bewertungsgespräch

Damit solche Mängel in der jeweiligen Beurteilung klargestellt werden können, wird die Beurteilung in der Regel mit dem Mitarbeiter besprochen. In einem solchen Gespräch können dem Beurteilten seine Stärken und Schwächen deutlich aufgezeigt werden. Dabei erhält er die Möglichkeit, Stellung zu nehmen.

Beratungs- und Förderungsgespräch

Eine wesentliche Funktion der Mitarbeiterbeurteilung besteht darin, die Mitarbeiter für kommende Aufgaben zu motivieren und ihr Leistungspotential weiterzuentwickeln. Deshalb wird ein sinnvolles Beurteilungsgespräch in ein Beratungs- und Fördergespräch übergehen. Dabei können aufgrund der bisherigen Entwicklung des Mitarbeiters Fragen seiner individuellen Entwicklungsplanung besprochen werden.

Viele Unternehmen sind dazu übergegangen, solche Gespräche jeweils mit dem direkten Vorgesetzten (z. B. Abteilungsleiter) und dem mittelbaren Vorgesetzten (z. B. Geschäftsführer) des Mitarbeiters zu führen („Vieraugen-Prinzip"), damit diesen Gesprächen eine besondere Bedeutung zugemessen wird und Vereinbarungen eine größere Glaubwürdigkeit erhalten.

BERATUNGS- UND FÖRDERGESPRÄCH

Ziel

Ständige Verbesserung der Entwicklungspartnerschaft zwischen Mitarbeiter und Führungskraft

Inhalte

- Besprechung des Leistungsverhaltens in einem bestimmten Zeitraum
- Gemeinsame Festlegung der Arbeitsziele für die Zukunft
- Diskussion der Zusammenarbeit
- Erörterung der Laufbahnvorstellungen des Mitarbeiters
- Gemeinsame Planung der Förder- und Bildungsmaßnahmen

Wann?

- Zum Ende der Probezeit
- nach einem regelmäßigen Rhythmus, z. B. alle 2 Jahre
- beim Wechsel in ein anderes Arbeitsgebiet oder eine andere Geschäftsstelle,
- wenn der Mitarbeiter es wünscht, z. B. bei einem Versetzungswunsch oder der Ausstellung eines Zwischenzeugnisses,
- wenn die Führungskraft oder die Personalabteilung es für erforderlich halten, z. B. vor der Aufnahme in ein Fortbildungsprogramm,
- beim Ausscheiden aus dem Arbeitsverhältnis als Grundlage für das Zeugnis.

Hinweise für Führungskräfte:

Für eigene Beobachtungen und zur Beurteilung des Mitarbeiters brauchen Sie Zeit zur klaren Überlegung.

Nehmen Sie sich diese Zeit! Ihr Mitarbeiter verdient es.

Beurteilen Sie nach Möglichkeit nicht:
1. *Wenn Sie unter Zeitdruck stehen,*
2. *wenn Sie sich nicht wohl fühlen,*
3. *wenn Sie sich gerade geärgert haben.*

Beurteilungen zum Ende der Probezeit kommt eine besondere Bedeutung zu, da sie die Entscheidungsgrundlage für die Übernahme in ein festes Ausbildungs- oder Angestelltenverhältnis sind.

Die Zielsetzung des Beurteilungs- und Fördergespräches stellt hohe Anforderungen an die Führungskräfte. Beurteilen heißt nämlich ein zutreffendes Bild des Mitarbeiters zu geben. Deshalb sind Sachlichkeit und Gerechtigkeit oberstes Gebot. Unwahre, geschönte oder zu negativ gehaltene Beurteilungen schaden nicht nur dem Mitarbeiter, sondern auch dem Betrieb. Einige Unternehmen haben ergänzend Vorgesetztenbeurteilungen eingeführt, bei denen die Mitarbeiter ihre jeweilige Führungskraft bzw. die Qualität der Entwicklungspartnerschaft einschätzen. Der Vorgesetzte erhält dabei wertvolle Hinweise, um sein eigenes Führungsverhalten zu verbessern. Dieses Konzept erfordert jedoch eine Unternehmenskultur, bei welcher die Führungskraft bereits die Rolle des Entwicklungspartners übernommen hat.

CHECKLISTE ZUM FÜHRUNGSVERHALTEN

Einschätzung durch die Mitarbeiter

Wie oft
- ... gibt meine Führungskraft mir genügend Gelegenheit, mit ihr zu sprechen?
- ... ist meine Führungskraft bereit, bei Konflikten zwischen mir und meinen Kollegen vermittelnd zu helfen und zu einer Lösung beizutragen?
- ... versucht meine Führungskraft, ungleiche Arbeitsbelastungen abzubauen?
- ... überträgt meine Führungskraft leistungsstarken Mitarbeitern noch mehr Aufgaben?
- ... versucht meine Führungskraft, mir zu mehr Sicherheit, Selbstständigkeit und höherer Effektivität zu verhelfen?
- ... greift meine Führungskraft in meinen Aufgaben- und Kompetenzbereich ein?
- ... beteiligt mich meine Führungskraft an Entscheidungen, die meinen Arbeits- und Aufgabenbereich betreffen?

Berufliche Weiterbildung

Lebenslanges Lernen für eine lebenslange Beschäftigung

Weiterbildung auch in der Freizeit

Alle reden von Weiterbildung. Weniger aus Sorge um die Mitarbeiter denn aus Angst, bald auf den Märkten nicht mehr zu überleben. Die Unternehmen erschrecken vor der Geschwindigkeit, mit der ihre eigenen Produkte veralten. Wenn nicht einmal die Mitarbeiter das neue Angebot des eigenen Unternehmens kennen und verstehen, wie sollen sie dann den umworbenen Kunden davon überzeugen können, dass er genau dieses Produkt auch kaufen soll?

Quelle FAZ

Das organisierte Lernen nach der (Erst-)ausbildung wird in der Praxis mit unterschiedlichen Begriffen bezeichnet:
- **Weiterbildung** ist der Begriff, den die Bund-Länder-Kommission für Bildungsplanung benutzt;
- **Fortbildung** sind nach dem Sozialgesetzbuch alle „Maßnahmen, die das Ziel haben, berufliche Kenntnisse und Fertigkeiten festzustellen, zu erhalten, zu erweitern oder der technischen Entwicklung anzupassen oder einen beruflichen Aufstieg zu ermöglichen und eine abgeschlossene Berufsausbildung oder eine angemessene Berufserfahrung voraussetzen".

Die berufliche Weiterbildung umfasst vor allem folgende Bereiche:

- **Anpassungsweiterbildung:** Die Mitarbeiter werden qualifiziert, damit sie trotz veränderter Anforderungen, z. B. neuer Technologien, im Arbeitsprozess bleiben können.
- **Aufstiegsweiterbildung:** Mitarbeiter, die für höherwertigere Tätigkeiten vorgesehen sind, erwerben sich die entsprechenden zusätzlichen Fähigkeiten.
- **Berufliche Umschulung:** Qualifizierungsmaßnahmen, die zu einer anderen beruflichen Tätigkeit befähigen sollen, weil
  - im derzeit ausgeübten Beruf kein ausreichender Bedarf mehr besteht,
  - weil der Beschäftigte den Anforderungen des erlernten Berufes nicht mehr gewachsen ist, z. B. wegen gesundheitlicher Beschwerden,
  - die Gefahr besteht, dass die heutige Funktion aufgrund von Rationalisierungsmaßnahmen zukünftig nicht mehr ausgeübt werden kann.

BBiG §§ 1 und 47
AFG §§ 41 – 46

Inhalte von Weiterbildungsmaßnahmen

- **Sachwissen**
  - Aktuelle Veränderungen
  - Geschäftspolitische Zusammenhänge
  - Spezialwissen
- **Fähigkeiten**
  - Organisationsfähigkeit
  - Kritikfähigkeit
  - Kommunikationsfähigkeit
  - Teamfähigkeit
  - Führungsqualifikation
  - Arbeitsmethodik
  - Problemlösungstechniken
- **Einstellungen**
  - Identifikation mit seiner Arbeit
  - Toleranz
  - Notwendigkeit lebenslangen Lernens

Es können **verschiedene Träger** der beruflichen Bildung unterschieden werden.
- In **innerbetrieblichen Bildungszentren** werden Trainings mit eigenen Praxisreferenten oder Dozenten von außerhalb, z. B. Hochschullehrer oder Unternehmensberater, durchgeführt.
- **Überbetriebliche Bildungseinrichtungen** sind z. B. Kammern, Innungen oder Fachverbände. Sie führen Seminare und Trainings mit haupt- und nebenberuflichen Dozenten durch.
- **Außerbetriebliche Bildungseinrichtungen** (z. B. Verwaltungs- und Wirtschaftsakademie, Bankakademie). Hier finden Lehrgänge oder Studiengänge statt, die oftmals zu einem qualifizierten Abschluss führen, z. B. Betriebswirt (vwa) oder Bankfachwirt (IHK).

Es ist Aufgabe der Personalentwicklung, diese verschiedenen Möglichkeiten des innerbetrieblichen Bildungsangebots zu steuern.

Die qualitativen Veränderungen der Bildungsanforderungen werden dazu führen, dass das Lernen des Mitarbeiters aus eigener Initiative mehr in den Vordergrund rückt. Dabei wird der Anteil der reinen Wissensvermittlung zurückgehen, während Lernziele auf der Ebene der methodischen, sozialen und persönlichen Fähigkeiten zunehmend Bedeutung gewinnen.

Lernen und Wissensmanagement in Blended Learning Systemen

Die globalen Informationsnetze – vor allem das Internet – werden die gegenwärtigen Strukturen von Wirtschaft und Arbeitswelt grundlegend verändern. Neue Medien, Internet; *Intranet* und *Extranet,* digitale Produkte und Services, Vertriebssysteme online sowie die wachsende Zahl von Telearbeitsplätzen werden die Nachfrage nach neuen, auf Bedarf abrufbaren Lernformen und -inhalten steigern. Lernen, weitgehend unabhängig von Ort und Zeit und mit hoher Aktualität, wird zu einem zentralen Wirtschaftsfaktor und ruft erhebliche Veränderungen in der Arbeits- und Ausbildungswelt hervor.

Intranet:
Daten- und Kommunikationsnetz, das nur den Organisationsmitgliedern zur Verfügung steht

Extranet:
Netz, das teilweise auch für weitere Gruppen, z. B. Kunden, geöffnet wird.

Die Mitarbeiter der Unternehmen müssen lernen, mit diesen neuen Anforderungen sinnvoll umzugehen. Deshalb werden zukünftig Lernsysteme der Unternehmen immer mehr multimediale und netzbasierte Elemente beinhalten. Lernende können in eLearning WBT – Web Based Trainings, d. h. Trainingsaufgaben und Informationsmodule, online abrufen und bearbeiten, Informationsrecherchen oder Kommunikationsmodule im Internet oder Intranet sowie Beratungsleistungen von Experten nutzen. Wachsende Bedeutung gewinnen hierbei Blended Learning Systeme, d. h. Lernkonzepte, in denen klassische Lernformen wie z. B. Gruppenarbeiten oder Seminare, mit selbstgesteuertem Lernen

Unternehmen nutzen nach eigener Einschätzung bisher vielfach nur 20 – 40 % des Wissens ihrer Mitarbeiter

mittels WBT kombiniert werden. Diese Lernarrangements werden von den Mitarbeitern eher akzeptiert als reine eLearning-Systeme, da sie sich auch in Präsenz mit ihren Lernpartnern und Experten austauschen können. Blended Learning Systeme bieten zunehmend auch die Möglichkeit, Wissen der einzelnen Mitarbeiter, d. h. aktuelle Informationen, Erfahrungen oder Eindrücke, allen zur Verfügung zu stellen. Über dieses Wissensmanagement entsteht die Möglichkeit, einen gemeinsamen Wissenspool der Unternehmung zu schaffen.

Wissen wird in diesem Rahmen zu dem Produktionsfaktor der Zukunft, der neben Energie und Rohstoffen auch zunehmend Arbeit und Kapital in den Hintergrund drängt. Die Kompetenz aller Mitarbeiter, d. h. ihre Fähigkeiten sich in der Praxis selbstorganisiert zurecht zu finden, wird zum zentralen Wettbewerbsfaktor der Unternehmen.

Aufgaben

1 Beschreiben Sie die Aufgabenstellung der Abteilung Personalentwicklung.

2 Begründen Sie, weshalb der Eigeninitiative der Mitarbeiter in einer bedarfsorientierten Personalentwicklung eine besonders große Bedeutung zukommt.

3 Skizzieren Sie den Prozess der Personalentwicklung mithilfe eines Schaubildes.

4 Stellen Sie die wesentlichen Kriterien der Mitarbeiterbeurteilung zusammen.

5 Beschreiben Sie die Ziele eines Beurteilungs- und Fördergespräches.

6 Erläutern Sie die Begriffe Ausbildung, Fortbildung und Fördermaßnahmen am Beispiel Ihres Ausbildungsbetriebes.

7 Erklären Sie den Begriff der Umschulung mit selbst gewählten, aktuellen Beispielen.

8 Diskutieren Sie die möglichen Konsequenzen für die betriebliche Personalentwicklung, die sich aus der Entwicklung ergeben, die in folgendem Artikel beschrieben ist. Erarbeiten Sie konkrete Lösungsansätze.

Mit sechzig Jahren noch nicht zum alten Eisen

Der demographische Wandel fordert die Weiterbildung älterer Mitarbeiter

Der demographische Wandel in der Bundesrepublik bringt es mit sich: In den kommenden Jahren wird auch in den Unternehmen der Anteil der älteren Arbeitnehmer ansteigen. Dies zwingt die Unternehmen zum Handeln. Weiterbildungsangebote für ältere Mitarbeiter werden dringlicher - nicht nur aus sozialpolitischen Gründen. Es reicht längst nicht mehr aus, Weiterbildungsangebote in Unternehmen lediglich auf die Anpassung an technische Veränderungen oder auf den Umgang mit neuen Produkten oder etwa neuen Werbestrategien zu beschränken. Ein Mitarbeiter, der vor 20 Jahren seine Ausbildung begonnen hat, besitzt nicht nur unterschiedliche fachliche Kenntnisse, sondern wird auch andere Normen und Wertvorstellungen besitzen als diejenigen, die in den 80er-Jahren ihre berufliche Laufbahn begonnen haben. Diese unterschiedlichen Fähigkeiten gilt es zu aktivieren.

9 Stellen Sie Fördermaßnahmen zusammen, die für Ihre Entwicklung nach der Ausbildung sinnvoll sind. Begründen Sie Ihren Vorschlag.

3.2 Aufbereitung entscheidungsorientierter Daten im Personalbereich

Fleiß allein genügt nicht

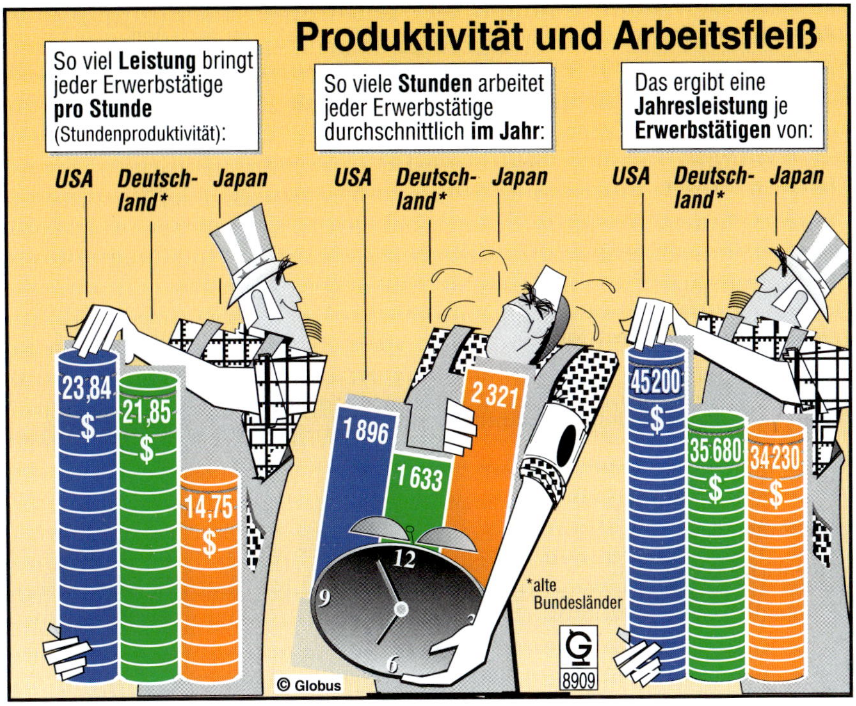

■ **Welche Faktoren beeinflussen dieses Ergebnis?**

Leistungsfähigkeit und -bereitschaft als Basis der Arbeitsproduktivität

Die Arbeitsproduktivität wird weitgehend durch die Leistung der Mitarbeiter eines Betriebes beeinflusst. Die wesentliche Aufgabe der Führungskräfte besteht deswegen darin, eine möglichst hohe Arbeitsleistung des Personals zu erreichen. Die von den Menschen zur Verfügung gestellte Arbeit hängt von der Leistungsfähigkeit und der Leistungsbereitschaft ab.

Damit die Führungskräfte ihrer Steuerungsfunktion gerecht werden können, brauchen sie möglichst aussagefähige Daten über ihre Mitarbeiter. Deshalb hat die Personalabteilung die Aufgabe, die Daten über die Mitarbeiter möglichst umfassend zu erfassen und für die Führungsaufgabe der leitenden Mitarbeiter aufzubereiten.

Personalkosten

Arbeitsstudien

Die Forderung nach gerechter Entlohnung der Arbeit hat dazu geführt, dass Untersuchungen über Arbeitsablauf, Arbeitszeit und Arbeitswert durchgeführt wurden. Arbeitsstudien dieser Art, z. B. nach REFA (Verband für Arbeitsstudien und Betriebsorganisation e.V., früher Reichsausschuss für Arbeitsstudien), schaffen die Voraussetzungen für eine sachgerechte Arbeitsgestaltung, für den Einsatz der Arbeitskräfte nach ihrer Eignung, für die Ermittlung von Vorgabezeiten, die für den ordnungsgemäßen Ablauf der Arbeit erforderlich sind, und für eine sachgemäße Bewertung und Entlohnung der Arbeitsleistung.

Beispiele für Tariferhöhungen

Tarifbereich	%	ab ...
Banken	2,0	Juli
Bauhauptgewerbe	2,4	April
Deutsche Bahn AG	je 200,00 EUR Pauschale	April, Dezember
Deutsche Post	3,2	Juni
Deutsche Telekom	3,2	Mai
Chemische Industrie	2,6	(regional unterschiedlich) Mai, Juni, Juli
Einzelhandel NRW	1,6	Juli
Gebäudereinigerhandwerk NRW	2,9	Mai
Großhandel NRW	1,6	Juli
Holz- und Kunststoffindustrie Nordrhein	1,3 1,2	Juni Dezember
Kfz-Gewerbe NRW	2,4	Mai
Metallindustrie	3,1	Juni
Öffentlicher Dienst	2,4	Januar/April
Privates Verkehrsgewerbe NRW	2,0	August
Steinkohlenbergbau	1,5	Mai
Textil und Bekleidung West	2,7	Dezember
Textilindustrie Ost	3,4	Januar
Volkswagen	3,1	Februar

Quelle: WSI-Tarifarchiv

Arbeitsbewertung

Die Aufgabe der Arbeitsbewertung ist es, unabhängig von dem Leistungsvermögen der Person die Arbeit als solche zu bewerten und den Arbeitswert in Lohnsätzen auszudrücken. Bei der Arbeitsbewertung finden zwei Gruppen von Verfahren Anwendung:

- **Summarische Verfahren** bestimmen die Arbeitsschwierigkeit nach den Gesamtanforderungen, welche eine Arbeitsaufgabe stellt. Die Lohngruppen entsprechen dann dem unterschiedlichen Schwierigkeitsgrad der Arbeit.
- **Analytische Verfahren** ermitteln mithilfe von Anforderungsgruppen (Können, Belastung, Verantwortung, Umwelt u. a.) den Schwierigkeitsgrad der Arbeit, der als **Arbeitswert** bezeichnet wird. Die Arbeitswerte sind die Grundlage für die Einstufung in Lohngruppen.

Nur analytische Verfahren werden den Anforderungen gerecht, welche an die Erstellung einer differenzierten Grundlage für die Lohnberechnung gestellt werden. Summarische Verfahren sind dagegen einfach, für die Arbeitnehmer überschaubar und mit weniger Aufwand verbunden.

Lohnformen

Ein leistungsgerechtes Arbeitsentgelt trägt wesentlich zur Sicherung des Arbeitsfriedens innerhalb eines Betriebes bei. Die Arbeitsbewertung schafft dafür die Grundlage. Nun gibt es im Betrieb Arbeiten, bei denen der Arbeitnehmer die Möglichkeit hat, seine Arbeitsleistung zu steigern, und solche, bei denen das nicht möglich oder nicht sinnvoll ist. Das hat zu zwei Bemessungsgrundlagen und damit zu zwei verschiedenen Entgeltformen geführt:

Dauer der Arbeit → **Zeitlohn**
Stückzahl → **Stücklohn**

Bruttoverdienst bei Zeitentgelt

Ein Arbeitnehmer arbeitet wöchentlich 38,5 Stunden.
Er erhält einen Stundenlohn von 10,40 EUR.

Lohnsatz je Zeiteinheit		Anzahl der Zeiteinheiten		Bruttoverdienst im Abrechnungszeitraum
10,40 EUR	x	**38,5 Stunden**	=	**400,40** EUR

Beim **Zeitentgelt** werden je nach Bemessungszeitraum Stunden-, Tage-, Wochen- und Monatslöhne unterschieden. Angestellte und Beamte erhalten ihr Gehalt monatlich. Das Zeitentgelt eignet sich für Arbeiten,
- bei denen das mengenmäßige Arbeitsergebnis nicht messbar ist und einem einzelnen Arbeitnehmer oder einer Gruppe nicht direkt zugerechnet werden kann (z. B. bei Arbeiten im Büro oder in der Entwicklung);
- bei denen das Arbeitstempo von den Arbeitnehmern nicht beeinflusst werden kann (z. B. Arbeit am Fließband);
- bei denen Sorgfalt, Präzision, Qualität ausschlaggebend sind.

Stücklohn

Stücklohn (Akkordlohn) kann für Tätigkeiten gezahlt werden, bei denen
- die Arbeitsleistung mengenmäßig messbar ist und einem einzelnen Arbeitnehmer **(Einzelakkord)** oder einer Gruppe von Arbeitnehmern **(Gruppenakkord)** direkt zugerechnet werden kann;
- der Arbeitsablauf genau festliegt;
- der Arbeitnehmer das Arbeitstempo beeinflussen kann.

Vorgabezeit

Durch genaue Arbeitszeitstudien wird die **Vorgabezeit** ermittelt. Es ist die Zeit für die Erledigung einer Arbeitsaufgabe bei durchschnittlicher Leistung. Mit ihr lässt sich die Normalleistung errechnen: Normalleistung je Stunde = 60 : Vorgabezeit

Der Stücklohn setzt sich aus dem tariflich oder betrieblich garantierten Mindestlohn und einem Akkordzuschlag zusammen:

Mindestlohn + Akkordzuschlag = Akkordrichtsatz

Das Risiko der verminderten Arbeitsleistung, z. B. nach einer Krankheit, wird durch den Mindestlohn aufgefangen.

Akkordlohn kann als Stückgeld- oder Stückzeitakkord berechnet werden:

Bruttoverdienst bei Stücklohn

Stückgeldakkord

Akkordrichtsatz 10,40 EUR
Vorgabezeit/Stück 5 Minuten
Normalleistung/Stunde 12 Stück
Lohnsatz je Stück 10,40 : 12

= **Geldakkordsatz** 0,86 EUR

Stückzeitakkord

Akkordrichtsatz 10,40 EUR
Vorgabezeit/Stück = 5 Minuten

= **Zeitakkordsatz** 5 Minuten
Normalleistung/Stunde 12 Stück
Lohnsatz je Minute 10,40 : 60
= Minutenfaktor 0,173 EUR

BRUTTOLOHN

Stückakkordsatz x Stückzahl
0,86 x 462 → **399,63** ← 5 x 462 x 0,173
Zeitakkordsatz x Stückzahl x Minutenfaktor

Im Ergebnis unterscheiden sich die beiden Verfahren nicht. Der Stückzeitakkord hat jedoch den Vorteil, dass bei Tariflohnänderungen die Vorgabezeiten unverändert bleiben und nur mit einem geänderten Minutenfaktor gerechnet werden muss, während beim Stückgeldakkord sämtliche Stücklohnsätze neu berechnet werden müssen.

Prämienlohn

Beim **Prämienentgelt** kommt zum Grundentgelt, das in der Regel leistungsunabhängig ist, eine auf die Leistung bezogene Prämie hinzu. Sie kann für Mehrleistung, aber auch für Einsparungen von Rohstoffen und Energie, für Termineinhaltung und als Umsatzbeteiligung (bei Verkäufern und Reisenden) gewährt werden.

Soziallohn

Zeitentgelt, Stücklohn und Prämienentgelt sind Formen des Leistungsentgelts. Dem **Soziallohn** liegt der Gedanke zugrunde, die Lohnhöhe nach dem Bedarf des einzelnen Arbeitnehmers auszurichten. Auch die Differenzierung der Löhne nach Alter, Familienstand u. Ä. ist eine Form des Soziallohns. Die Arbeitsentgelte in der Bundesrepublik Deutschland enthalten Elemente des Leistungsentgelts und des Soziallohns. Ein „gerechter Lohn" sollte die erbrachte Leistung, die Beanspruchung des Arbeitnehmers sowie die soziale Lage berücksichtigen.

Lohnformen

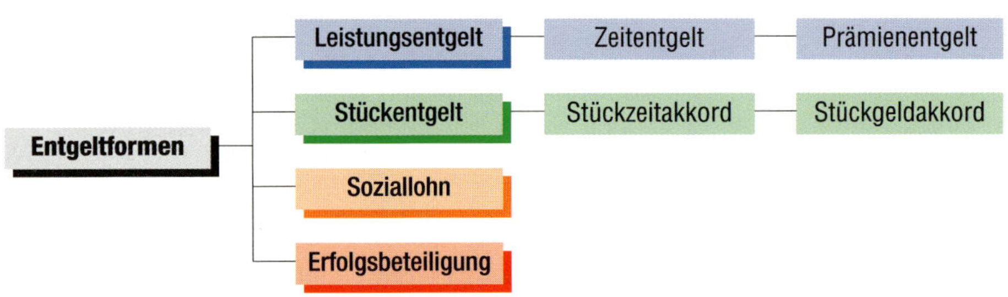

Gewinnbeteiligung

Eine Gewinnbeteiligung setzt nicht immer eine Kapitalbeteiligung voraus, sondern kann auch aufgrund eines Arbeitsverhältnisses bestehen. Der Gewinnbeteiligung der Arbeitnehmer liegt die Überlegung zugrunde, dass der Beitrag des Produktionsfaktors Arbeitskraft zum Gesamtertrag der Unternehmung erst am Ende des Geschäftsjahres ermittelt werden kann. Löhne und Gehälter sind Kostenbestandteile und werden gewissermaßen als Vorschuss angesehen. Die Endabrechnung erfolgt in der Weise, dass die Arbeitnehmer einen bestimmten Prozentsatz vom Gewinn als Ergebnisanteil erhalten. Die Frage, ob eine Gewinnbeteiligung auch eine Verlustbeteiligung bedingt, ist umstritten. In der Praxis kommt sie nicht vor. Das Risiko des Arbeitsplatzverlustes wird dem Risiko des Kapitalverlustes der Kapitalgeber gleichgestellt.

Kapitalbeteiligung

Die Arbeitnehmer sind in erster Linie an einer Barauszahlung des Gewinnanteils interessiert. Aber auch der Weg über die Umwandlung der Gewinnbeteiligung in eine Kapitalbeteiligung der Arbeitnehmer wird mit Erfolg beschritten. Hier ist vor allem die Ausgabe von **Belegschaftsaktien** (gratis oder zu günstigem Kurs) zu nennen. Andere Beteiligungsformen gewinnen an Bedeutung, weil sie in Verbindung mit dem 5. Vermögensbildungsgesetz dem Arbeitnehmer zusätzliche Vorteile bringen. Daneben können die Arbeitnehmer ihre Gewinnanteile in Darlehen an die Unternehmungen umwandeln und einen Anspruch auf feste Verzinsung erwerben.

5. VermBG § 2

Die Gewinnbeteiligung kann sowohl für den Arbeitnehmer als auch für den Betrieb Vorteile haben. Ein beteiligter Mitarbeiter hat ein größeres Interesse an der Entwicklung des Betriebes als eine nur abhängige Arbeitskraft. Das Betriebsklima kann sich verbessern, Arbeitsfreude und Arbeitsintensität können gesteigert werden. Für den Unternehmer steht Kapital für Investitionen zur Verfügung und qualifizierte Arbeitskräfte sind an das Unternehmen gebunden.

Vermögensbildung

Der Staat fördert insbesondere die Vermögensbildung in Arbeitnehmerhand. Hierfür wurden im Laufe der Zeit mehrere Gesetze verabschiedet, inzwischen gilt das 5. Vermögensbildungsgesetz. Der Arbeitgeber behält im Regelfall den Sparbetrag vom Nettolohn ein und überweist ihn an das Institut, bei dem der Arbeitnehmer sein Anlagekonto unterhält. Häufig übernimmt auch der Arbeitgeber einen Teil des Sparbetrags.

5. Vermögensbildungsgesetz 1999

Anlagemöglichkeiten

Für das vermögenswirksame Sparen gibt es folgende Anlagemöglichkeiten:
- Einzahlungen auf Bausparverträgen, Kontensparverträgen und Kapitalversicherungsverträgen max. 470,00 EUR je Kalenderjahr und Arbeitnehmer (max. 43,00 EUR) mit 9 % Arbeitnehmersparzulage
- Anlage in Beteiligungswerten, z. B. Aktien oder Investmentzertifikate, max. 400,00 EUR je Kalenderjahr und Arbeitnehmer mit 18 % (max. 72,00 EUR).

Insgesamt werden vermögenswirksame Leistungen bis zu einem Betrag von 870,00 EUR im Jahr mit einer Sparzulage von höchstens 115,00 EUR begünstigt. Die Einkommensgrenzen für die staatliche Förderung liegen bei einem zu versteuernden Einkommen von 17.900,00 EUR (Alleinstehende) bzw. 35.800,00 EUR (Verheiratete).

Gehaltsabrechnung

Spätestens zum Monatsende hat der Arbeitgeber seinem Arbeitnehmer sein Entgelt für die geleistete Arbeit auszuzahlen. Die Abrechnung enthält in der Regel:

- **Bruttoentgelt:** Die Mindesthöhe ergibt sich bei den meisten Mitarbeitern aus dem Tarifvertrag. Außertarifliche Angestellte (AT-Angestellte) erhalten ein frei ausgehandeltes Gehalt, das in der Regel evtl. Überstunden bereits pauschal enthält.
- **Soziale Leistungen:** Zusätzlich zum Bruttoentgelt zahlen die Arbeitgeber – teilweise aufgrund gesetzlicher Vorschriften, in vielen Fällen auch freiwillig – ihren Mitarbeitern weitere Beträge:
  - Gesetzliche Sozialleistungen: Hierzu rechnen insbesondere der Arbeitgeberanteil zur Sozialversicherung (50 %), die Unfallversicherung (100 %) sowie die Entgeltfortzahlung im Krankheitsfall.
  - Freiwillige Sozialleistungen: In der Praxis sind hier vor allem Fahrtkostenzuschüsse, Zuschüsse zum Essen, zur Arbeitskleidung oder zur Weiterbildung von Bedeutung.
- **Vermögenswirksame Leistungen und evtl. Erfolgsbeteiligungen**

VERDIENST-NACHWEIS	Firma XY-GmbH	Org.-Einheit Februar 200.	Blatt

Firma / Vorname	Eintritts-Datum	Austritts-Datum	Kostenstelle	Abt.	Personal-Nr.
Mustermann Birgit	199.-09-01		020	25	05514

Steuerkl.	Konfes.	St.-Tage	Kinder-FB	Freibetrag Monat	Freibetrag Jahr		Gesamt-Std-Lohn
1	ev	30					

Kasse	SV-Schl.	SV-Tg.	Url.-Anspr.	Url.-Rest aus VJ	Sonder-Urlaub	Genom.-Urlaub	Urlaubsrest	Arb.-Tage	Lohngruppe
008	1210	30	30,0	5,0		6,0	29,0		

Herrn/Frau/Fräulein
Frau
Birgit Mustermann
Musterstr. 12

86356 Neusäß

Lohnart	Bezeichnung	Lohnsatz	Steuerpflichtig Brutto	Sozialvers.pfl. Brutto	Gesamt-Brutto
16	Kontoführungsgebühren		2,50	5,0	2,50
17	Fahrkosten-Zuschuss				10,00
11	Gehalt		3.082,00	3.082,00	3.082,00
26	VWL AG-Zuschuss		52,00	52,00	52,00
	G E S A M T / Beitragspfl. Entgelt-Monat		3.146,50	3.146,50	3.146,50
	Lohnsteuer				449,41-
	Kirchensteuer				35,95-
	Solidaritätszuschlag				33,70-
	Krankenversicherung				217,99-
	usw.				

- **Abzüge:** Die einbehaltenen Abzüge für Lohnsteuer und Kirchensteuer hat der Arbeitgeber an das Finanzamt, die Sozialversicherungsbeiträge an die örtliche Krankenkasse abzuführen. Die Höhe der Steuern sowie der Sozialversicherungsbeiträge ermitteln heute meist die Programme zur Gehaltsabrechnung. Teilweise werden noch Tabellen benutzt.

Mitarbeiter – ein entscheidender Kostenfaktor

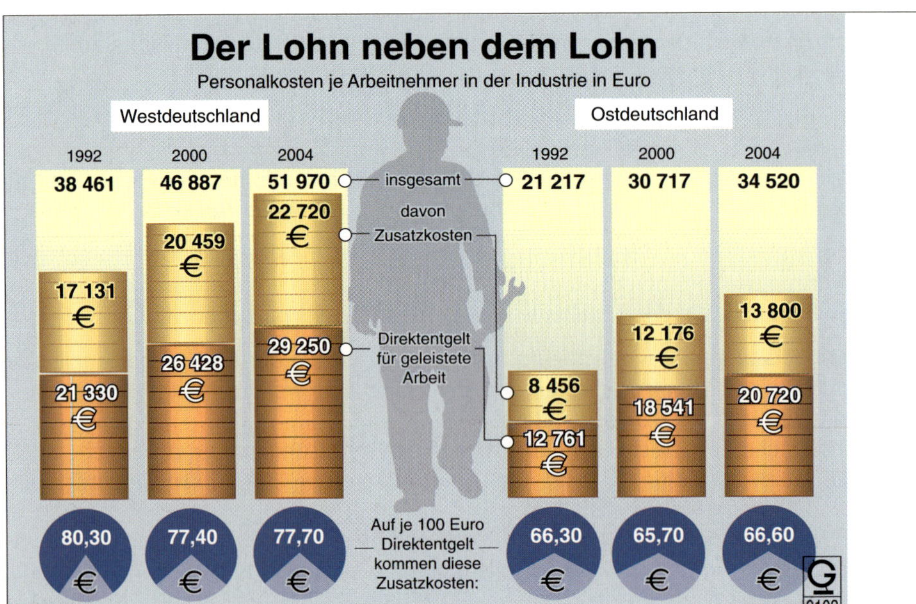

Die Unternehmen müssen über das Bruttoentgelt hinaus, das sie dem Arbeitnehmer vergüten, zusätzliche Personalkosten leisten, welche in manchen Branchen, wie z. B. im Bankbereich, bereits mehr als 100 % ausmachen. Somit schlagen sich Gehaltserhöhungen, die ein Mitarbeiter netto erhält, um mehr als das Doppelte in der Kostenrechnung der Unternehmung nieder.

Personalverwaltung

Fallbeispiel: Die Laupheimer Büromöbel AG hatte im vergangenen Jahr einen Anstieg der Personalkosten in Höhe von 14 % zu verzeichnen. Der Vorstand beauftragt deshalb die Personalabteilung, die Ursachen für diese Veränderung zu erforschen und geeignete Lösungsvorschläge zu erarbeiten.

Da die Personalkosten in den meisten Unternehmen der wichtigste Kostenfaktor sind, wird auch die Personalarbeit immer häufiger Wirtschaftlichkeitskriterien unterworfen. Deshalb hat der Personalbereich alle Daten, die für die Führungsaufgabe von Bedeutung sind, systematisch zu beschaffen und aufzubereiten. Dabei ist die Zielsetzung, die gewonnenen Informationen mit den Planwerten zu vergleichen und zu analysieren, um darauf aufbauend geeignete Steuerungsmaßnahmen zu ergreifen.

Die Datenerfassung im Personalbereich erfolgt im Regelfall mithilfe folgender Instrumente:

BetrVG § 83
BDSG § 23
BDSG § 24

- **Personalakten:** Bewerbungsschreiben, Personalbögen, Anstellungsverträge, Zeugnisse sowie wichtige Belege über Gehaltsveränderungen, Regelbeurteilungen oder Verwarnungen werden aktenmäßig, nach Mitarbeitern geordnet, zusammengefasst. Daneben werden teilweise noch Nebenakten bzw. -dateien über Urlaubs- und Fehlzeiten geführt.
  Der Mitarbeiter hat ein Recht, die Personalakte einzusehen. Sind die Angaben in der Personalakte nicht richtig, kann er Berichtigung oder evtl. Entfernung aus den Akten verlangen.
  Im Rahmen des Arbeitsverhältnisses ist die Speicherung und Übertragung personenbezogener Daten innerhalb der Zweckbestimmung zulässig.
- **Personalinformationssysteme:** Im Regelfall bearbeiten die Unternehmen heute die Daten ihrer Mitarbeiter mittels der Datenverarbeitung. In diesem System werden alle wesentlichen Stammdaten der Mitarbeiter, wie z. B. Beurteilungsergebnisse, Aus- und Weiterbildungsmaßnahmen oder Gehaltsdaten erfasst und ausgewertet.
  Somit können Entscheidungen in Personalfragen auf einer fundierten Grundlage getroffen werden. Auf dieser Grundlage ist es möglich, ein Frühwarnsystem zu entwickeln, welches rechtzeitig Hinweise über Veränderungen im Personalbereich gibt.
  Wird ein Personalinformationssystem neu eingeführt, ist die Zustimmung des Betriebsrates erforderlich.

Beispiel von Personaldateien: Unterdateien zur Stammdatei Auszubildende

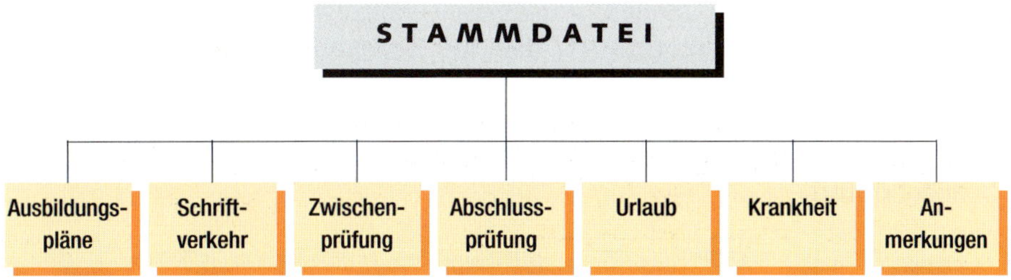

- **Personalstatistik:** Mithilfe von Kennzahlen und statistischen Daten erhält man Informationen über wesentliche betriebswirtschaftliche Zusammenhänge, welche bei Entscheidungen zu berücksichtigen sind.
  Die Anforderungen an moderne Personalstatistiken sind sehr umfangreich.

Aufgaben

1 Erläutern Sie die Funktion der Personalabteilung bei der Aufbereitung von Informationen im Personalbereich.

2 Beschreiben Sie die wesentlichen Verfahren der Arbeitsbewertung.

3 Vergleichen Sie Zeitlohn und Stücklohn. Geben Sie jeweils Beispiele für einen sinnvollen Einsatz dieser Entgeltformen an.

4 Prüfen Sie, inwieweit die Form des Prämienentgeltes in Ihrem Ausbildungsbetrieb sinnvoll wäre.

5 Stellen Sie die wesentlichen Vorteile von Belegschaftsaktien aus Sicht des Arbeitgebers und des Arbeitnehmers zusammen.

6 Erstellen Sie ein Schema, das die wesentlichen Positionen enthält, die von den gesamten Personalkosten eines Unternehmens abgezogen werden müssen, bis das Nettogehalt ermittelt wird.

7 Skizzieren Sie die wesentlichen Datengruppen, welche im Rahmen der Personalverwaltung erfasst werden müssen. Erläutern Sie jeweils die Bedeutung dieser Daten für die Personalarbeit.

AKTION

Beurteilungs- und Perspektivgespräch

Bilden Sie drei Gruppen:

1. Gruppe: Führungskräfte
2. Gruppe: Mitarbeiter
3. Gruppe: Beobachter

Bereiten Sie sich nach folgendem Schema auf das Rollenspiel vor. Das Rollenspiel kann in der Klasse mit jeweils einem Gruppenvertreter oder in mehreren, parallel laufenden Spielen durchgeführt werden.

Lesen Sie zunächst die Arbeitsmaterialien, die Ihrer Gruppe zugeordnet sind.

Arbeitsmaterialien Gruppe Führungskräfte

Der Vorstand der Maschinenfabrik Geislingen hat ein neues Beurteilungssystem eingeführt, das die Führungskräfte verpflichtet, jedes Jahr mit ihren Mitarbeitern ein Beurteilungs- und Perspektivgespräch zu führen. Besonderen Wert legt der Vorstand darauf, das Entwicklungspotential der Mitarbeiter in Zukunft optimal auszuschöpfen.

Die Mitarbeiter in der Unternehmung sind durch die vielfältigen Veränderungen und den Personalabbau in den vergangenen Jahren in hohem Maße verunsichert; teilweise haben sie Angst, ihren Arbeitsplatz ebenfalls zu verlieren.

Sie sind Gruppenleiter/in Süd im Vertrieb der Maschinenfabrik Geislingen. Heute findet ein Gespräch mit einer/m jungen Mitarbeiter/in statt, welche/r seit ca. 2 Jahren in der Unternehmung ausgebildet wird. In Kürze wird die Berufsausbildung mit der Abschlussprüfung vor der IHK beendet.

Ihre Mitarbeiter im Kundenbereich berichten Ihnen, dass die junge Dame/der junge Herr meist „abwesend“ bzw. interesselos wirkt. Deshalb haben die Kollegen bald die Lust verloren, ihr/ihm etwas zu erklären. Sie/er fragt auch im Regelfall nicht nach. Die Arbeitsmenge und -güte ist deshalb gering, jedoch noch ausreichend. Einige Kunden haben sich schon negativ geäußert, weil der/die Mitarbeiter/in sehr „unpersönlich“ auf sie wirke.

Die Auffassungsgabe, Merk- und Denkfähigkeit ist gut. Die junge Dame/der junge Herr begreift sehr rasch neue Sachverhalte. Leider erfüllt sie/er nicht alle Aufträge sorgfältig. Im Umgang mit Kollegen ist sie/er unauffällig.

Aufgaben

1. Erarbeiten Sie in Ihrer Gruppe eine kurze Beurteilung des/der Mitarbeiter/in.
2. Überlegen Sie sich einen Entwicklungsplan für den Mitarbeiter, den Sie in dem Gespräch vorschlagen können.
3. Machen Sie Vorschläge für konkrete Weiterbildungsmöglichkeiten.
4. Entwickeln Sie eine Gesprächsstrategie, die der besonderen Problematik dieser Situation gerecht wird.

Arbeitsmaterialien Gruppe Mitarbeiter

Der Vorstand der Maschinenfabrik Geislingen hat ein neues Beurteilungssystem eingeführt, das die Führungskräfte verpflichtet, jedes Jahr mit ihren Mitarbeitern ein Beurteilungs- und Perspektivgespräch zu führen. Besonderen Wert legt der Vorstand darauf, das Entwicklungspotenzial der Mitarbeiter in Zukunft optimal auszuschöpfen.

Die Mitarbeiter in der Unternehmung sind durch die vielfältigen Veränderungen und den Personalabbau in den vergangenen Jahren in hohem Maße verunsichert; teilweise haben sie Angst, ihren Arbeitsplatz ebenfalls zu verlieren.

AKTION

Sie sind unter 20 Jahre alt und haben sich für eine Ausbildung zur/zum Industriekauffrau/-mann in der Maschinenfabrik Geislingen entschieden, weil ein Bekannter Ihnen geraten hat, sich dort zu bewerben. Ursprünglich wollten Sie Sprachen studieren oder zur Lufthansa als Stewardess/Steward gehen.

In der theoretischen Ausbildung kommen Sie ohne großen Lernaufwand gut mit. In der letzten Ausbildungsphase im Einkauf hat es Ihnen „super" gefallen; der Chef war sehr kooperativ, alle Teammitglieder waren unter 25 Jahre alt.

In der Vertriebsgruppe, in der Sie jetzt ausgebildet werden, arbeiten Mitarbeiter zwischen 20 und 65 Jahren. Vom ersten Tag an hatten Sie das Gefühl, als kleines Mädchen/kleiner Junge behandelt zu werden. Die Bereitschaft Sie zu unterstützen empfinden Sie als sehr gering.

Privat haben Sie Probleme, weil Ihre Eltern in Scheidung leben. Auch mit Ihrem Freund/Ihrer Freundin gibt es zunehmend Streit.

Aufgaben

1. Heute findet Ihr Beurteilungs- und Perspektivgespräch statt. Stellen Sie deshalb Ihre Erwartungen und Befürchtungen zusammen, die Sie an dieses Gespräch haben. Überlegen Sie sich, welche berufliche Entwicklung Sie in dem Unternehmen anstreben und formulieren Sie einen entsprechenden Vorschlag.
2. Bringen Sie konkrete Weiterbildungsvorschläge in das Gespräch ein.
3. Entwickeln Sie eine Gesprächstaktik, um Ihre Ziele möglichst gut zu erreichen. Erfinden Sie bei Bedarf noch einzelne Argumentationsbeispiele.

Arbeitsmaterialien Gruppe Beobachter

Der Vorstand der Maschinenfabrik Geislingen hat ein neues Beurteilungssystem eingeführt, das die Führungskräfte verpflichtet, jedes Jahr mit ihren Mitarbeitern ein Beurteilungs- und Perspektivgespräch zu führen. Besonderen Wert legt der Vorstand darauf, das Entwicklungspotential der Mitarbeiter in Zukunft optimal auszuschöpfen.

Die Mitarbeiter in der Unternehmung sind durch die vielfältigen Veränderungen und den Personalabbau in den vergangenen Jahren in hohem Maße verunsichert; teilweise haben sie Angst, ihren Arbeitsplatz ebenfalls zu verlieren.

Heute findet ein Gespräch mit einer/m jungen Mitarbeiter/in statt, welche/r seit ca. 2 Jahren im Unternehmen ausgebildet wird. In Kürze wird die Berufsausbildung mit der Abschlussprüfung vor der IHK beendet.

Sichtweise Führungskraft

Die Führungskraft ist Gruppenleiter Süd im Vertrieb der Maschinenfabrik Geislingen. Ihre Mitarbeiter im Kundenbereich berichten Ihnen, dass die junge Dame/der junge Herr meist „abwesend" bzw. interesselos wirkt. Deshalb haben die Kollegen bald die Lust verloren, ihr/ihm etwas zu erklären. Sie/Er fragt auch im Regelfall nicht nach. Die Arbeitsmenge und -güte ist deshalb gering, jedoch noch ausreichend. Einige Kunden haben sich schon negativ geäußert, weil der/die Mitarbeiter/in sehr „unpersönlich" auf sie wirke.

Die Auffassungsgabe, Merk- und Denkfähigkeit ist gut. Die junge Dame/der junge Herr begreift sehr rasch neue Sachverhalte. Leider erfüllt sie/er nicht alle Aufträge sorgfältig. Im Umgang mit Kollegen ist sie/er unauffällig.

Sichtweise Mitarbeiter

Er/Sie ist unter 20 Jahre alt und hat sich für eine Ausbildung zur/zum Industriekauffrau/-mann in der Maschinenfabrik Geislingen entschieden, weil ein Bekannter ihr/ihm geraten hat, sich dort zu bewerben. Ursprünglich wollte er/sie Sprachen studieren oder zur Lufthansa als Stewardess/Steward gehen.

In der theoretischen Ausbildung kommt er/sie ohne großen Lernaufwand gut mit. In der letzten Ausbildungsphase im Einkauf hat es ihr/ihm „super" gefallen; der Chef war sehr kooperativ, alle Teammitglieder waren unter 25 Jahre alt.

In der Vertriebsgruppe, in der sie/er jetzt ausgebildet wird, arbeiten Mitarbeiter zwischen 20 und 65 Jahren. Vom ersten Tag an hatte er/sie das Gefühl, als kleines Mädchen/kleiner Junge behandelt zu werden. Die Bereitschaft, sie/ihn zu unterstützen, empfindet sie/er als sehr gering.

Privat hat sie/er Probleme, weil die Eltern in Scheidung leben. Auch mit ihrem Freund/seiner Freundin gibt es zunehmend Streit.

AKTION

Aufgaben

1. Beurteilen Sie, welche Merkmale ein gutes Beurteilungs- und Perspektivgespräch kennzeichnen.
2. Überlegen Sie sich konkrete Weiterbildungsmaßnahmen, welche für den Mitarbeiter geeignet wären.
3. Entwickeln Sie eine Checkliste der wesentlichen Beobachtungskriterien.
4. Nach dem Rollenspiel werden Sie der Führungskraft und dem/der Auszubildenden Ihre wesentlichen Eindrücke zurückmelden. Vereinbaren Sie deshalb in Ihrer Gruppe eine Strategie für dieses Gespräch. Beachten Sie bei diesem Gespräch bitte folgende Grundregeln der Kommunikation:
   - Melden Sie möglichst konkrete Beobachtungen zurück. Halten Sie Ihre Eindrücke oder Formulierungen der Gesprächspartner fest.
   - Argumentieren Sie in erster Linie mit „Ich-Botschaften". Melden Sie deshalb zurück, wie bestimmte Handlungsweisen oder Aussagen auf Sie gewirkt haben. Vermeiden Sie dagegen „Du-Botschaften", wie z. B. „Du hast .....falsch gemacht". Solche Aussagen bewirken meist eine Abwehrhaltung.
   - Vermeiden Sie nach Möglichkeit, den Gesprächsteilnehmern „Vorschriften" zu machen, sondern versuchen Sie im Dialog gemeinsam eine Lösung zu entwickeln.
5. Berichten Sie anschließend in der Klasse über Ihre wesentlichen Eindrücke aus der Beobachtung. Orientieren Sie sich dabei an folgenden Fragen:
   - Was lief besonders gut in dem Gespräch?
   - Was hat aus Ihrer Sicht nicht geklappt?

Ablauforganisation

1 Grundlagen der Ablauforganisation

Der Leidende *Karikatur: Pielert*

Organisation im Ameisenstaat. *Faszinierend, wie diese kleinen Lebewesen es schaffen, ihr Leben und ihre Arbeit bis ins Detail zu organisieren. Trotzdem sind sie flexibel genug, um sekundenschnell planvoll und systematisch zu reagieren.*

- **Beschreiben Sie, wie der Arbeitsablauf im dargestellten Büro zeitlich und räumlich organisiert ist.**
- **Machen Sie Vorschläge, wie der Arbeitsablauf in diesem Büro verbessert werden könnte. Achten Sie besonders auf die Aspekte Durchlaufzeit und Auslastung der Arbeitskräfte.**

1.1 Aufgaben der Ablauforganisation

Die Ablauforganisation sichert eine reibungslose „Verkehrsführung" im „Straßennetz" (Aufbauorganisation). Sie ergänzt damit die Aufbauorganisation.

Die Aufgabe der Ablauforganisation besteht darin, die einzelnen voneinander abhängigen Teilaufgaben in eine sinnvolle zeitliche und räumliche Reihenfolge zu bringen. Damit sorgt sie für eine reibungslose und optimale Erfüllung der Gesamtaufgabe.

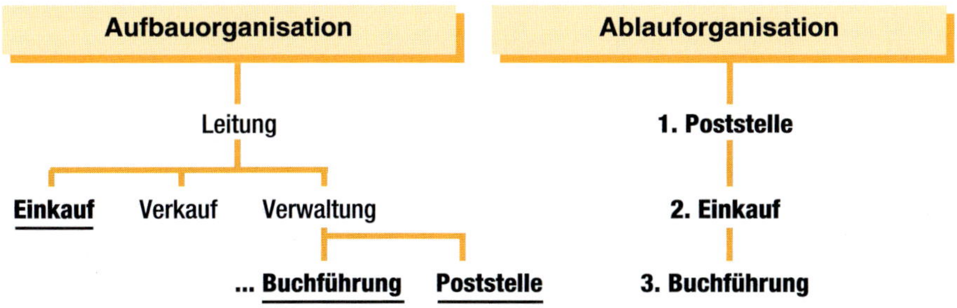

Durchlauf einer Eingangsrechnung

Räumliche und zeitliche Abfolge bei der Papierherstellung

Die abgebildete Briefmarke aus dem Jahr 1962 zeigt die Arbeitsvorgänge der ersten Papierherstellung.

1. Zerstampfen des Holzfasermaterials
2. Aufbereiten des Materials mit Wasser zu einem Faserbrei
3. Schöpfen des Faserbreis aus der Bütte mit einem siebförmigen Schöpfrahmen
4. Trocknen der Blätter auf beheizten Hohlmauern

■ **Beschreiben Sie, wie der Arbeitsablauf zeitlich und räumlich organisiert ist. Gehen Sie auch auf die Arbeitsbedingungen ein.**

1.2 Warum müssen bestehende Arbeitsabläufe verändert werden?

Auszug aus dem Protokoll einer Abteilungsleitersitzung der Laupheimer Büromöbel AG

Herr Tetzel, Leiter der Abteilung Rechnungswesen, berichtet, dass seine Abteilung die Eingangsrechnungen oft zu spät erhält und dadurch vielfach Skontoabzugsmöglichkeiten nicht nutzen kann. Frau Maurer, Leiterin der Abteilung Einkauf, wendet ein, dass die Prüfung der Rechnungen nicht beschleunigt werden kann, da alle Einsparungsmöglichkeiten ausgeschöpft seien. Die kaufmännische Direktorin, Frau Uhl, beauftragt Herrn Fetzer, Leiter der Organisationsabteilung, die Angelegenheit zu überprüfen.

■ **Gehen Sie auf die Gründe ein, die Frau Uhl bewogen haben, den bestehenden Arbeitsablauf überprüfen zu lassen.**

Anteil der Bearbeitungszeit an der Durchlaufzeit *in der Laupheimer Büromöbel AG*

10 % = *Bearbeitungszeit*

90 % = *Abstimmungszeit Suchzeiten Archivierungszeit Transportzeiten Warte-/Liegezeiten*

Klagen und Beschwerden der Mitarbeiter, von Kunden und Lieferanten, schlechtes Betriebsklima, gestresste Mitarbeiter, häufiger Wechsel der Mitarbeiter (Fluktuation), überdurchschnittliche Fehlzeiten oder hohe Ausschussquoten sind äußere Anzeichen für Mängel im organisatorischen Ablauf. Termine werden nicht eingehalten, unnötige Kosten entstehen, Umsatz- und Gewinnziele werden nicht erreicht.
Ursachen dieser unwirtschaftlichen Reibungen sind
- schlechte Arbeitsbedingungen (Hitze, Lärm, Termindruck)
- Engpässe durch überlastete Mitarbeiter oder Arbeitsmittel
- Doppelarbeiten und Leerläufe
- unnötige Wartezeiten
- zu große Entfernungen, zu lange Transportwege

Anlässe für Neuorganisationen

Die Beseitigung von Schwachstellen ist nur ein möglicher Anlass, den Arbeitsablauf umzuorganisieren. Weitere Anlässe sind starkes Wachstum, Anpassung an strukturelle Veränderungen (z. B. Einführung neuer Techniken, Automatisierung, Änderung des Führungsstils), Sanierungsmaßnahmen, Unternehmenszusammenschluss, Gesetzesänderungen (z. B. Umweltschutz, Arbeitsschutz, Mitbestimmung), neue tarifvertragliche Regelungen (z. B. Arbeitszeitverkürzung) und Betriebsvereinbarungen (z. B. gleitende Arbeitszeit).

Einschneidende Anpassungsprozesse können auch dazu führen, dass der gesamte Betriebsablauf neu organisiert werden muss. Dies ist insbesondere in den Unternehmen der neuen Bundesländer erforderlich. Da sich die Unternehmensstrategie grundlegend verändert hat, ist die gesamte Organisationsstruktur nach marktwirtschaftlichen Grundsätzen zu gestalten.

Anlässe für die Neuorganisation eines Großunternehmens der Elektroindustrie

Gründe und Ziele der Neuorganisation

1. Die Neuorganisation ist auf die Zukunft gerichtet: Sie soll das Haus für das nächste Jahrzehnt rüsten, in denen wir eine erneute Verdoppelung unseres Umsatzes in Deutschland auf 60 Milliarden EUR erwarten.
2. Die Neuorganisation entspricht den Notwendigkeiten der technischen Entwicklung: Die einzelnen Gebiete der Elektrotechnik verwuchsen immer mehr ineinander, sodass einerseits neue Zusammenfassungen, andererseits Neugruppierungen erforderlich wurden.
3. Die Neuorganisation trägt den Strukturwandlungen des Weltmarktes Rechnung: Von den rund 50 Milliarden Umsatz in diesem Geschäftsjahr werden bereits 80 % außerhalb der deutschen Grenzen erzielt.
4. Die verschiedenen Sachgebiete des Hauses hatten sich unterschiedlich kräftig und schnell entwickelt: Es bedurfte einer Neugliederung im Interesse der Überschaubarkeit und des Verantwortungsumfangs.
5. Die traditionelle Gliederung hatte sich überlebt. Technische Entwicklung und Marktgegebenheiten verlangten neue Strukturen und Zuordnungen.
6. Die bisherige Gliederung in drei firmenähnliche Bereiche hatte trotz des Vorhandenseins einiger gemeinsamer Abteilungen zu manchen Überschneidungen und Doppelarbeiten geführt.
7. Die Neuorganisation soll die Wirtschaftlichkeit des Hauses erhöhen: Doppelarbeit soll vermieden, manches hierarchisches Neben- und Hintereinander beseitigt, Aufgabe, Kompetenz und Verantwortung sollen zur Deckung gebracht, Durchlaufzeiten verkürzt werden.
8. Die Neuorganisation soll Schlagkraft und Reaktionschnelligkeit des Hauses erhöhen: Die Gliederung in überschaubare, selbstständige Unternehmensbereiche wird zu größerer Elastizität, zu besserer Markterfassung und schnellerer Marktanpassung führen.
9. Die Neuorganisation soll die Einheit des Hauses stärken: Durch die Zusammenfassung der Kerngebiete und die Schaffung kraftvoller Zentralabteilungen wird die Einheitlichkeit der Unternehmenspolitik erhöht und das Profil des Hauses in der Welt verdeutlicht werden.

Nach Veröffentlichungen der Firma Siemens

1.3 Was will die Ablauforganisation erreichen?

Kürzere Durchlaufzeiten wären auch in der Verwaltung möglich. Bisher war der Produktionsbereich immer Schwerpunkt der Rationalisierung. Der Verwaltungsbereich (Einkauf, Verkauf, Rechnungswesen) blieb von den Veränderungen unberührt. Gerade der Verwaltungsbereich bläht sich immer mehr auf und ist längst zum Engpass im Auftragsdurchlauf geworden. In der Verwaltung sind Durchlaufzeiten bei der Bearbeitung völlig unbekannt. Im Urlaubs- und Krankheitsfall bleiben Vorgänge einfach unausgeführt, da andere Mitarbeiter nicht einspringen können.

Auszug aus: Handelsblatt

- **Begründen Sie, weshalb auch im Verwaltungsbereich auf Durchlaufzeiten geachtet werden sollte.**

Ziel der Ablauforganisation ist es, eine möglichst kurze Durchlaufzeit der Arbeitsgegenstände und Informationen, bei möglichst guter Auslastung der Arbeitskräfte und Arbeitsmittel, unter möglichst humanen Arbeitsbedingungen, zu erreichen.

Ziele und Zielkonflikte der Ablauforganisation

Dilemma der Ablaufplanung

Um zu einem optimalen Arbeitsergebnis zu gelangen, reicht es nicht, die Durchlaufzeit dadurch zu minimieren, dass alle Engpässe beseitigt werden. Denn das hieße, dass die Kostenseite vernachlässigt würde. Beseitigt man einen Engpass durch eine Kapazitätserweiterung – z. B. Einstellung eines weiteren Mitarbeiters – so werden Kosten verursacht. Außerdem ist das andere Ziel, die optimale Kapazitätsauslastung, eventuell gefährdet. Die Arbeitsleistung pro Kopf würde dann sinken.

Andererseits liefe die ständige maximale Auslastung jedes Arbeitnehmers auf eine Überforderung der Mitarbeiter hinaus. Die Folgen wären erhöhte Fehlzeiten, Fluktuation und ein schlechtes Betriebsklima. Die Vernachlässigung des körperlichen und seelischen Wohlbefindens der Mitarbeiter kann somit zu Kostensteigerungen bzw. Ertragseinbußen führen.

Aufgaben

1 Unterscheiden Sie zwischen Aufbau- und Ablauforganisation.

2 Erläutern Sie mögliche Anlässe für die Überprüfung bestehender Arbeitsabläufe.

3 Erläutern Sie die Hauptziele der Ablauforganisation.

4 Erklären Sie, was unter dem „Dilemma der Ablaufplanung" zu verstehen ist.

2 Vorgehensweise der Ablauforganisation – am Anfang steht die Information

Einführung von Technologien beginnt mit Information

Aus Befragungen ist bekannt, dass die Mehrzahl der Mitarbeiter in Industriebetrieben die interne Information als unzureichend erlebt. Dem Mitarbeiter das Gefühl zu geben, wirklich informiert zu sein, ist wichtig für seine Arbeitshaltung. Leider gilt in vielen Betrieben immer noch folgendes Bild: „Die Einführung neuer Technologien ist zu vergleichen mit einem Panzer, der durch das Gelände fährt und vieles zerstört. Erst dann kommt ein Sanitätszug hinzu, um die entstandenen Schäden zu beheben."

■ **Vergleichen Sie diese Aussagen mit Ihren eigenen betrieblichen Erfahrungen.**

Um betriebliche Arbeitsabläufe zu organisieren, sind folgende Hauptschritte notwendig:
- **Planung**
- **Durchführung des Sollkonzepts**
- **Kontrolle der Ergebnisse**

2.1 Die Teilschritte der Organisationsplanung – Beteiligte mitwirken lassen

Zum Planungsprozess gehören folgende abgrenzbare Phasen:

- Bei der **Zielbildung** geht es um die Frage, welche Ergebnisse mit der Organisationsgestaltung erreicht werden sollen und welche Bedingungen berücksichtigt werden müssen. *Ziele bilden Probleme erkennen*
  Die Durchlaufzeit der Eingangsrechnungen so gestalten, dass ein möglicher Skontoabzug nicht verfallen kann.
- Zur **Problemanalyse** gehört die Aufnahme des Ist-Zustandes, um mögliche Problemursachen aufzudecken. Es sollen die tatsächliche Handhabung der Regeln, die Einstellung der Mitarbeiter gegenüber diesen Regeln und die Arbeitsbedingungen erhoben werden. Die Ergebnisse sind in geeigneter Form darzustellen (Daten, Bilder, Symbole). *Probleme analysieren*
  Den Rechnungsdurchlauf hinsichtlich beteiligter Stellen, einzelner Teilarbeiten, zeitlicher Folge und Dauer sowie räumlicher Anordnung untersuchen.
- Unter den gegebenen Bedingungen sollen neue **Lösungsmöglichkeiten** entwickelt werden. Bewährte Kreativitätstechniken (z. B. Brainstorming) sind hier sehr hilfreich. *Problemlösung suchen*
  Die Rechnungsprüfung räumlich näher dem Einkauf zuordnen; Eingangsrechnungen zuerst zur Finanzbuchhaltung und dann zum Einkauf leiten; Weiterleitung durch Rohrpostanlage, usw.
- Die einzelnen Lösungsvorschläge werden hinsichtlich ihres Beitrags zum festgelegten Ergebnis geprüft. Hierfür ist es notwendig, die **Alternativen zu bewerten** (Wirtschaftlichkeitsrechnungen, Kosten-Nutzen-Betrachtung). *Lösungsvorschläge beurteilen*

Entscheiden
Entscheidungen begründen

- Es wird das Organisationskonzept ausgewählt, das den größtmöglichen (optimalen) Beitrag zum Unternehmensergebnis leistet.
  Eingangsrechnungen werden noch vor der sachlichen Kontrolle auf Fälligkeit überprüft, im Bedarfsfall vorrangig bearbeitet und an die Buchhaltung weitergeleitet.

Maßnahmen planen
Widerstände beseitigen
Betroffene zu Beteiligten machen

Die einzelnen Phasen des Planungsprozesses müssen nicht in jedem Fall „stur" durchlaufen werden. Die einzelnen Teilschritte sind als Bausteine (Module) zu verstehen. Je nach Situation und Änderungsbedarf können Teilschritte wiederholt („Rückspringen") oder ausgelassen („Überspringen") werden. Die Zielbildung muss nicht zwingend am Beginn des Prozesses stehen. Zwischen der Problemerkennung und dem verbindlichen Entschluss, den Gestaltungsprozess in Angriff zu nehmen, müssen i. d. R. erst die Gegner überzeugt werden. Die „Macht der Gewohnheit" steht jeder Neuerung entgegen. „Dienstwege" müssen beachtet, Kompetenzen geschaffen oder verändert werden, Wissensdefizite sind abzubauen und Betroffene müssen zur Mitarbeit motiviert werden.

2.2 Die Durchführung des geplanten Konzepts – behutsam vorgehen

Aufgaben verteilen

Zuerst muss entschieden werden, welche Personen die Ausführung der Arbeiten übernehmen sollen.

Mitarbeiter vorbereiten
Arbeitsmittel beschaffen

Der einzuführende Ablauf liegt bisher nur als Plan vor. Die Umsetzung des Plans in die Wirklichkeit erfordert die Beschaffung von Organisationsmitteln (z. B. Zeiterfassungsgeräte zur Einführung der gleitenden Arbeitszeit), die Bereitstellung und Schulung der Mitarbeiter. Ebenso müssen neue Arbeitsvorschriften erstellt werden. Hierbei sind die betroffenen Mitarbeiter zu beteiligen, um auftretende Widerstände sofort beheben zu können und eine positive Einstellung gegenüber der Neuerung zu erreichen.

Ausführung des Sollkonzepts veranlassen

Die Mitarbeiter im Wareneingang werden über die Notwendigkeit der zügigen Weiterleitung der Rechnungen informiert; der Rechnungsabgleich wird vorrangig behandelt; entsprechende Arbeitsvorschriften werden neu erstellt.

Probelauf mit Betreuung
Einführung/ Verwirklichung des Sollkonzepts

In einer geeigneten Abteilung werden in einem Probelauf die Beteiligten eingearbeitet und auftretende „Kinderkrankheiten" behoben. Dann wird der veränderte Arbeitsablauf schrittweise auf weitere Abteilungen ausgedehnt. Viele gute Ideen sind an ihrer übereilten und schlampigen Einführung gescheitert.

2.3 Dokumentation und Kontrolle der Ergebnisse – aus Fehlern lernen

Ergebnisse festhalten
Soll-/Ist-Vergleich
Abweichungsanalyse

Die Ergebnisse werden dokumentiert und laufend mit dem Soll-Zustand verglichen. Zeigen sich bei der Kontrolle wieder stärkere Abweichungen gegenüber dem Soll-Zustand, so wird wieder eine Problemanalyse und damit eine neue Problemlösung notwendig.

Nachbesserungsmaßnahmen
Neue Planung anregen (Lernprozess/ Feed back)

Die Kontrolle stellt durch ständige Rückkopplung (feed back) sicher, dass der Arbeitsablauf reibungslos funktioniert und die neue betriebliche Organisation sich ständig den sich wandelnden Umweltbedingungen und Techniken und den wechselnden Mitarbeitern anpassen kann.

Verbesserungsvorschläge der Mitarbeiter oder Anregungen der Anbieter von Organisations- und Arbeitsmitteln sind dabei sehr hilfreich. Typische Probleme bei der Planung und Durchführung organisatorischer Aufgaben sind:
- unzureichendes Mitarbeiterpotenzial
- Zeitdruck
- ungenügende Zielsetzung bzw. Auftragserteilung durch den Vorgesetzten
- Widerstand der betroffenen Personen gegen Änderungen
- ungenügende Zielsetzung bzw. Auftragserteilung durch andere Auftraggeber als die vorgesetzte Stelle
- unklare Prioritäten
- zu wenig Entscheidungs- und Anordnungskompetenz

Der Kreislauf des Organisierens

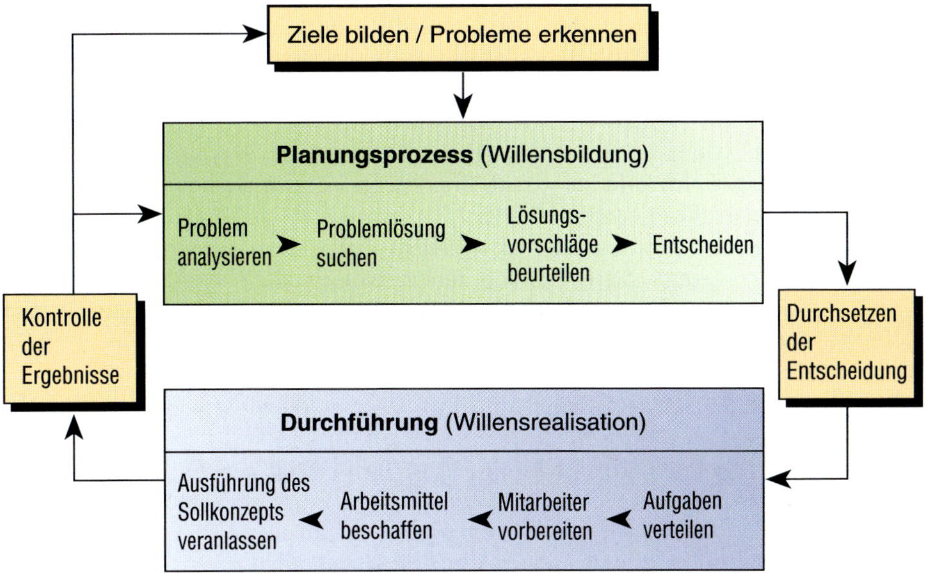

Aufgaben

1 Beschreiben Sie die Vorgehensweise der Ablauforganisation.

2 Begründen Sie, weshalb bereits bei der Planung einer Umorganisation die betroffenen Mitarbeiter mitwirken sollten.

3 „Bei der Einführung eines neuen Organisationskonzepts muss man behutsam vorgehen!" Begründen Sie diese Feststellung.

4 Weshalb ist die Organisation betrieblicher Abläufe ein ständiger Lernprozess?

5 Zählen Sie typische Probleme bei der Planung und Durchführung von Veränderungen auf.

3 Methoden der Ist-Aufnahme – ohne Daten keine Taten

In der Laupheimer Büromöbel AG haben sich im Sitzungszimmer des Produktionsleiters Strobel (Bereich Schreibtische) seine Sekretärin Nicole Pfaff, seine Assistentin Yvonne Breier und Dr. Hansen (technischer Direktor) zu einer Besprechung versammelt. Es geht um die Einführung eines neuen Tischmöbel-Programms.

Im Anschluss an diese Sitzung findet beim Abschied nehmen noch folgendes Gespräch statt:

Problemanalyse in der Wirklichkeit

Strobel: „Da Sie von Ausschuss sprechen, Herr Dr. Hansen, wir haben da neuerdings ein Problem in der Abteilung des Herrn Strauß. Er kommt leider erst nächste Woche aus dem Urlaub zurück."

Dr. Hansen: „Schubladenbau, nicht wahr?"

Strobel: „Genau. Die Ausschussquote ist im letzten Monat um etwa 30 % gestiegen. Ich kann mir das nicht erklären. Können Sie sich von der Technik her einen Reim darauf machen?"

Dr. Hansen: „Von der Technik her nicht – aber sonst schon. Ich habe schon immer gesagt, diesem Strauß fehlen einfach die Führungsqualitäten. Zu weich, er lässt zu viel durchgehen, das ist das wahre Problem, wenn Sie mich fragen."

Pfaff: „Ich weiß zwar nichts Genaues, aber ... "

Strobel: „Sagen Sie es ruhig, Frau Pfaff, wenn es irgendwie von Bedeutung sein kann."

Pfaff: „Nun, Herr Strauß hat mir erst kürzlich erzählt, welche Probleme er mit seinem Sohn hat. Schlechte Noten im Gymnasium, zwischendurch schwänzt er mal, treibt sich in der Drogenszene herum usw. Ich kann mir lebhaft vorstellen, wenn er bei seiner Arbeit Probleme hat."

Breier: „Dennoch, der Herr Strauß ist so gewissenhaft, jedenfalls so gut ich ihn kenne, dass er seine Arbeit trotzdem ordentlich macht."

- **Beurteilen Sie, ob das Gespräch den Anforderungen einer systematischen Problemanalyse genügt.**
- **Sind im Gespräch Sachverhalte angesprochen worden, die Ihrer Ansicht nach eine unvoreingenommene Suche nach Problemursachen erschweren?**

Bevor der Organisator daran geht, den Soll-Zustand zu entwickeln, muss er genau wissen, wie die zu ändernden Arbeitsabläufe augenblicklich aussehen. Die gründliche Aufnahme des Ist-Zustandes ist der erste Schritt auf dem Wege zu einer organisatorischen Verbesserung.

Bei der Aufnahme des Ist-Zustands ist darauf zu achten, dass die Informationen **vollständig** und **abgesichert** sind. Außerdem müssen Informationen auf **wirtschaftliche Art und Weise** beschafft werden.

Die Auswertung bereits vorhandener Informationen, die ursprünglich für andere Zwecke gesammelt wurden, heißt Sekundärerhebung.

Solche Informationen „aus zweiter Hand" können zeitsparend und kostengünstig beschafft werden (z. B. vorhandene Statistiken, Arbeitsplatzbeschreibungen, Organisationsanweisungen).

Werden Informationen erstmalig und eigens für den Erhebungszweck direkt am Entstehungsort gewonnen, dann handelt es sich um eine Primärerhebung.

Die Beschaffung solcher Informationen „aus erster Hand" ist in der Praxis oft kostspielig (z. B. Befragungen, Beobachtungsverfahren, Selbstaufschreibungen, Workshops).

Überblick über die Erhebungsmethoden

Methoden der Informationsgewinnung

- **Primärerhebung**
  - **Befragungsmethoden**: Interview, Fragebogen
  - **Beobachtungsmethoden**: Vergleichsmethode, Dauerbeobachtung, Multimomentaufnahme
  - **Selbstaufschreibung**: Tagesbericht, Tätigkeitsbericht, Anwenderzirkel
  - **Workshop**
- **Sekundärerhebung**
  - **Nutzung vorhandener Informationen**

3.1 Formen der Befragung – Meinungen und Hintergründe erforschen

Wer eine Befragung durchführen will, muss mit der zu befragenden Person in Kontakt treten. Dies kann auf verschiedenen Wegen geschehen:

Vergleich der Befragungsformen

Formen der Befragung

Merkmale	**Mündlich durch Interview** Der Befragte wird persönlich aufgesucht	**Telefonisch durch Interview** Der Befragte wird angerufen	**Schriftlich durch Fragebogen** Der Befragte erhält einen Fragebogen
Anwendung	• bei umfangreichen, komplizierten Fragestellungen	• wenn nur ergänzende Kurzinformationen benötigt werden	• bei einfachen, nicht zu komplizierter Fragestellung
Vorteile	• maximale Rücklaufquote • gesicherte Ergebnisse • keine Gruppeneinflüsse	• maximale Rücklaufquote • gesicherte Ergebnisse • geringe Gruppeneinflüsse • schnelle Durchführung	• schnelle Durchführung • kein Interviewer-Einfluss • kostengünstig (kein Interviewer notwendig)
Nachteile	• großer Zeitaufwand • Verfälschung durch Beziehung zwischen Interviewer und Befragten • sehr kostspielig	• Interviewer-Einfluss	• geringe Rücklaufquote • Gruppeneinflüsse, keine sicheren Ergebnisse (Missverständnisse, Weiterdelegieren der Beantwortung)

Befragungen tragen dazu bei, Auskunft über Meinungen, Einstellungen und Gefühle zu erhalten. Objektive Tatbestände über wirkliches Verhalten und tatsächliche Arbeitsabläufe lassen sich mittels Befragung nur bedingt erfassen.

Um Informationsverfälschungen zu vermeiden, sollten bestimmte Grundregeln eingehalten werden.

Der Interviewer sollte:

geduldig zuhören

keine Autorität vorführen

keine Ratschläge erteilen

nicht mit Befragtem streiten

nur unter bestimmten Bedingungen sprechen

Grundprinzipien des Interviewstils

- Der Befragte sollte im Redefluss nicht unterbrochen werden. Abweichungen vom Thema sollten toleriert werden. Der Interviewer sollte Interesse zeigen.
- Seine soziale Unterlegenheit sollte dem Befragten auch nicht indirekt vorgeführt werden (z. B. durch Widersprechen, Unterbrechen, Belehren).
- Wenn der Mitarbeiter sagt: „Diese Firma ist die Hölle, und die Vorgesetzten sind Sklaventreiber", dann sollte der Interviewer nicht sagen: „Na, na, guter Mann, Sie zeigen aber nicht die rechte Gesinnung", sondern fragen: „Können Sie mir mehr darüber sagen?"
- Die Vorurteile und Meinungen des Befragten sollten nicht angegriffen, korrigiert oder widerlegt werden. Auch wenn der Interviewer selbst angegriffen wird, sollte er sich nicht rechtfertigen oder verteidigen.
- Der Interviewer sollte nur sprechen oder Fragen stellen, um
  - den Befragten zum Sprechen zu veranlassen (z. B. „Warum", „Zum Beispiel?").
  - Ängste des Befragten auszuräumen (z. B. wegen der Vertraulichkeit der Angaben).
  - die Aufmerksamkeit auf ein bisher vernachlässigtes Thema zu lenken.

nach Roehtlisberger und Dickson, Management And The Worker

Häufige Fehler:

zu lange Fragen

mehrere Fragen auf einmal

zu viele Fremdwörter

suggestive Fragen

indirekte Fragen

doppelte Verneinung

Universalausdrücke

persönlich belastende Fragen

Häufige Probleme bei der Formulierung von Fragen

- Glauben Sie, dass in unserer Firma alle Angehörigen, die länger als 5 Jahre beschäftigt sind, in einer Situation, in der Kurzarbeit und Entlassungen in Betracht gezogen werden, anders behandelt werden als Mitarbeiter, die kürzere Zeit angestellt sind oder nur angelernt sind?
- Was haben Sie von dieser Arbeit erwartet? Welche Karriereaussichten haben Sie? Über welche Erfahrungen in Menschenführung verfügen Sie?
- Haben Sie eine Konzeption zur Fluktuationsprophylaxe?
- Was halten Sie von den brutalen "Skin-Heads" im Betrieb?
  Sie setzen sich bestimmt für Ihre Firma ein?
- Wie denkt man im Allgemeinen über die Bezahlung hier?
  Was halten die Kollegen von der neuen Arbeitszeitregelung?
- Ist es nicht unsinnig, die neue Organisation jetzt nicht einzuführen?
- Haben Sie noch nie bei großer Belastung resigniert?
- Stottern Sie immer so stark?
  Können Sie vielleicht auch hochdeutsch sprechen?

nach Oswald Neuberger, Messung der Arbeitszufriedenheit

Gruppen-Befragung

Es ist festzulegen, ob immer nur *eine* Auskunftsperson oder *mehrere* Personen gleichzeitig interviewt werden sollen. Letzteres kann Vorteile bringen (z. B. Beschleunigung des Erhebungsvorgangs, Gegenüberstellung von Ansichten in der Gruppe). Dennoch birgt dieses Vorgehen auch Gefahren in sich wie z. B. Zurückhalten von Informationen und Meinungen, Abblocken durch die Gruppe.

Um die Vergleichbarkeit der Interviewergebnisse zu verbessern und störende Einflüsse zu unterbinden, kann man Wortlaut der Fragen, Fragenfolge und Gewichtung der Fragen und evtl. die Antwortmöglichkeiten standardisieren. Aufgrund der mangelnden Anpassungsfähigkeit dieser **standardisierten Interviews** erweist sich eine **nicht-standardisierte Form** als günstiger. Sie gestattet dem geübten Interviewer durch individuelle Fragen auf Gedankengänge und Eigenheiten des Interviewpartners einzugehen und Hintergründe aufzudecken und auf bisher nicht bedachte Aspekte aufmerksam zu machen.

Standardisiertes Interview und nicht standardisiertes Interview

Bei der **Fragebogen-Methode** wird an die Befragten eine vorgefertigte Liste von Fragen ausgegeben, die sie innerhalb eines bestimmten, nicht zu lang bemessenen Zeitraumes zu beantworten haben. Die Fragebögen können von den verschiedenen Stellen parallel beantwortet werden, was den Zeitaufwand erheblich reduziert. Die Ergebnisse sind aktuell und stehen relativ schnell zur Verfügung (Momentaufnahme). Kosten für Interviewer entstehen nicht.

Fragebogen ermöglicht Momentaufnahmen

Gegenüber einem standardisierten Interview bestehen dennoch einige Unterschiede. So kann der Fragende nicht in den Beantwortungsprozess eingreifen. Missverständnisse bei den Befragten, ein nicht kontrollierbares Weiterdelegieren der Beantwortung an Untergebene, die eigentlich nicht befragt werden sollen, Ausfüllen des Fragebogens in „Gemeinschaftsarbeit" usw. sind die Folge.

Um diesen Nachteilen vorzubeugen, bedarf es einer umfassenden, von der Unternehmensführung aktiv unterstützten Aufklärungsaktion, in der den Fragebogen-Empfängern Sinn, Ziel und Durchführung der gesamten Fragebogenaktion erläutert werden.

In Anbetracht der Vor- und Nachteile von Interview und Fragebogen bietet sich für den Organisator eine Kombination von beiden an. Er kann dann die durch eine Fragebogenaktion gewonnene Momentaufnahme des betrieblichen Geschehens durch vertiefende Interviews verfeinern.

Interview und Fragebogen kombinieren

3.2 Formen der Beobachtung – tatsächliche Verhaltensweisen ergründen

Beobachtungen geben Aufschluss über das tatsächliche Verhalten von Personen, und zwar genau zum Zeitpunkt des Geschehens. Sie lassen aber keine Rückschlüsse zu auf Einstellungen und Motivation, die dieses Verhalten bewirken. Beobachtungen sind unabhängig von der Auskunftsfähigkeit und -bereitschaft der beobachteten Personen.

Die Gefahr subjektiver Verfälschungen der Erhebungsergebnisse ist relativ gering. Allerdings ist nicht auszuschließen, dass die beobachteten Personen, vor allem dann, wenn sie über die Beobachtungen informiert sind, bestrebt sind, das von den Beobachtern gewünschte Verhalten zu zeigen.

Schwer durchführbar sind Beobachtungen von Vorgängen, die sehr viel Zeit beanspruchen, da der Beobachter während des gesamten Ablaufs anwesend sein muss. Wegen des Zeitaufwands werden Beobachtungen nur ergänzend eingesetzt.

Bei der **offenen Beobachtung** weiß der Beobachtete, dass sein Verhalten untersucht wird. Bei der verdeckten Beobachtung gibt sich der Beobachter nicht zu erkennen.

Offene und verdeckte Beobachtung

Bei der **aktiv teilnehmenden Beobachtung** wirkt der Beobachter für eine bestimmte Zeit bei der Erfüllung der zu erfassenden Aufgaben mit. Im anderen Fall begnügt er sich mit seiner passiven Rolle.

Aktiv teilnehmende Beobachtung

Unstrukturierte und strukturierte Beobachtung

Unstrukturierte Beobachtungen sind für eine erste Bestandsaufnahme geeignet. Ohne festen Beobachtungsplan werden z. B. auf Betriebsrundgängen alle möglicherweise bedeutsamen Informationen für ein bestimmtes Problem zusammengetragen. Wird der zu beobachtende Vorgang in seine Einzelheiten aufgegliedert, sodass eine gezielte Beobachtung bestimmter Details möglich wird, dann handelt es sich um eine **strukturierte Beobachtung**. Z. B. erfordert die gezielte Beobachtung der sachlichen und persönlichen Verteilzeiten eine Aufgliederung der Auftragszeit.

Aufgliederung der Auftragszeit nach REFA

REFA *ist der Verband für Arbeitsstudien und Betriebsorganisation e. V. Er wurde 1947 als Nachfolger des 1924 gegründeten „Reichsausschuss für Arbeitszeitermittlung" wieder ins Leben gerufen*

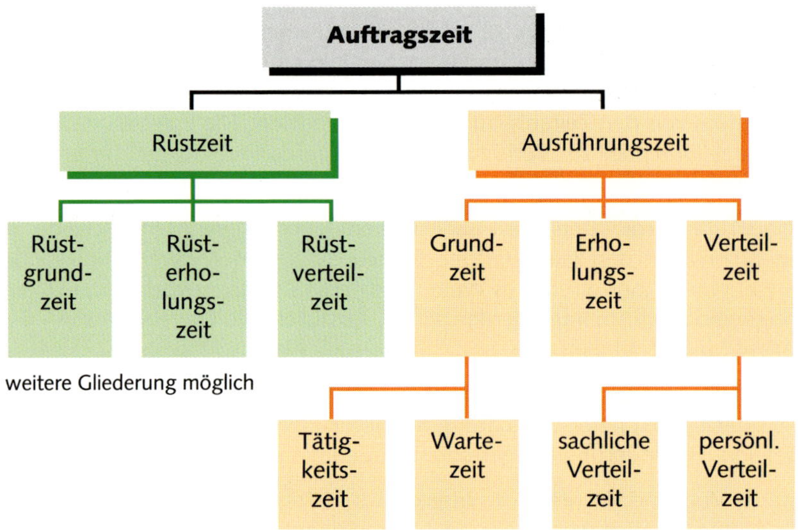

Besondere Verfahren der Beobachtung sind die Vergleichsmethode, die Dauerbeobachtung und die Multimomentaufnahme.

Vergleichsmethode

Die **Vergleichsmethode** geht davon aus, dass Vergangenheitswerte auf die Gegenwart und die Zukunft übertragen werden können. Es werden also Beobachtungsergebnisse verschiedener Perioden miteinander verglichen. Dieses Verfahren ist leicht zu handhaben und reicht in kleineren Betrieben bei Aufgabenstellungen aus, die über längere Zeit unverändert bleiben.

Vergleich der Rechnungsprüfung in der Abteilung „Einkauf" bei der Weber OHG über einen Zeitraum von 5 Jahren

Jahr	Anzahl der Eingangsrechnungen pro Tag (ER)	Anzahl der Sachbearbeiter	Durchschnitt pro Sachbearbeiter
01	30	1	30
02	42	1	42
03	60	2	30
04	76	2	38
05	90	2	45

Durchlaufzeit (DLZ) $= \frac{\text{Min./Tag}}{\text{ER-Anzahl}}$

Jahr 05: $DLZ = \frac{450 \text{ Min./Tag}}{\text{Ø } 45 \text{ ER}}$

- **Beurteilen Sie die Entwicklung in den letzten 5 Jahren hinsichtlich Durchlaufzeit und Auslastung der Arbeitskräfte. (Beachten Sie, dass sich die Arbeitszeit im Jahr 05 von 8 Std. auf 7,5 Std. täglich verkürzt hat).**
- **Prüfen Sie mögliche Konsequenzen, wenn für das Jahr 06 mit 100 zu prüfenden Rechnungen pro Tag zu rechnen ist.**

Hält sich der Beobachter mehrere Tage ununterbrochen am „Ort des Geschehens" auf, dann handelt es sich um eine **Dauerbeobachtung**. Diese Methode eignet sich für räumlich begrenzte Bereiche (kleine Büros, einzelner Arbeitsplatz) und ergibt gute Aussagen über Arbeitsauslastung, Störquellen, Umwelteinflüsse wie Lärm, schlechte Belüftung und Beleuchtung. Nachteilig ist der Zeitaufwand. Außerdem werden vom Beobachter Kenntnisse über den zu beobachtenden Arbeitsablauf verlangt. Der Beobachtete ist einer psychischen Belastung ausgesetzt und zeigt u. U. ein „unnormales" Verhalten.

Vor- und Nachteile der Dauerbeobachtung

Ersetzen zahlreiche Augenblicks-Beobachtungen die fortlaufende Dauerbeobachtung, so spricht man von der **Multimoment-Aufnahme** (Stichproben-Methode). Während der Aufnahme ist ein Kontakt mit den beobachteten Personen nicht vorgesehen. Der Beobachter macht in einem bestimmten Turnus einen Rundgang an den Arbeitsplätzen und vermerkt dabei in einer Strichliste, welche Tätigkeit von den beobachteten Mitarbeitern gerade ausgeführt wird. Aus der stichprobenartigen Feststellung wird dann auf den gesamten Arbeitsablauf geschlossen. Aus der Häufigkeit, mit der bestimmte Vorgänge beobachtet werden, schließt man auf ihren prozentualen Anteil an der Gesamtaufgabe.

multi = *viel*
Moment = *Augenblick*

Fallbeispiel: Herr Fetzer (Leiter der Organisationsabteilung bei der Laupheimer Büromöbel AG) ließ den Durchlauf der Eingangsrechnungen im Einkauf über 2 Tage hinweg beobachten. Es wurden insgesamt 80 Augenblicks-Aufnahmen bei den drei beteiligten Mitarbeitern gemacht.

Muster eines Multimomentaufnahmebogens

Multimoment – Aufnahmebogen

Tätigkeit	Bezeichnung des Arbeitsplatzes: Sekretärin Einkauf	Einkaufsleiterin	Sachbearbeiter	Häufigkeit der Beobachtung	% – Anteil	Zeitbedarf bei 7,5 h/Tag
Eingangsvermerk auf ER	𝍸 𝍸			10	12,5	0,9
Sachliche Kontrolle der Rechnung			𝍸 𝍸 𝍸 𝍸 𝍸 𝍸	30	37,5	2,8
Weiterleiten der ER		𝍸		5	6,25	0,5
Bearbeiter telefoniert			𝍸 𝍸 𝍸 𝍸	20	25	1,9
Bearbeiter spricht mit Kollegen			𝍸	5	6,25	0,5
Bearbeiter ist nicht am Platz			𝍸 𝍸	10	12,5	0,9
Anzahl der Beobachtungen	10	5	65	80	100 %	7,5

Stellen Sie fest, welche Informationen der Organisator aus vorliegender Multimoment-Aufnahme entnehmen kann.

Der Vorteil der Multimoment-Aufnahme ist die zeitsparende Informationsgewinnung, da ein Beobachter während eines Tages mehrere Mitarbeiter beobachten kann. Der Beobachtete wird kaum gestört. Nachteilig ist die mangelnde Genauigkeit, da aus vielen Teilbeobachtungen auf die gesamte Tätigkeit geschlossen wird. Aussagen über den Leistungsgrad und über Abwesenheitsgründe vom Arbeitsplatz sind nicht möglich.

Vor- und Nachteile der Multimomentaufnahme

3.3 Formen der Selbstaufschreibung – Ideen der Mitarbeiter nutzen

Bei der Selbstaufschreibung werden wesentliche Teile der Ist-Aufnahme auf die betroffenen Mitarbeiter verlagert. Sie erstellen über ihre ausgeführten Arbeiten eigene Berichte. Der Organisator:

Aufgaben des Organisators bei der Selbstaufschreibung

- bestimmt, was aufgenommen werden soll (Tätigkeiten, verwendete Sachmittel)
- erarbeitet einen Vordruck (siehe dazu das Beispiel unten), der mit geringem Aufwand ausgefüllt und möglichst maschinell ausgewertet werden kann
- informiert die betroffenen Mitarbeiter, um Widerständen vorzubeugen
- plant einen repräsentativen Untersuchungszeitraum (hierbei sind besondere Arbeitsbelastungen durch saisonale Einflüsse zu berücksichtigen).

Tagesbericht – Aufschreibungen wiederholen sich

Im **Tagesbericht** schreiben die Mitarbeiter alle Tätigkeiten auf, die sie während eines Tages nacheinander ausführen. Die Aufschreibungen werden über den ganzen ausgewählten Beobachtungszeitraum wiederholt. Problematisch ist diese Methode, wenn mit bewussten oder unbewussten Manipulationen der Mitarbeiter zu rechnen ist und wenn der Arbeitsanfall im Beobachtungszeitraum nicht repräsentativ ist. Außerdem wird der Berichtschreiber in seinem normalen Arbeitsablauf gestört.

Tätigkeitsbericht – eine einmalige Aufzeichnung

Beim **Tätigkeitsbericht** handelt es sich um eine einmalige Aufzeichnung. Die Mitarbeiter werden aufgefordert, Zeitbedarf und Bearbeitungsmengen ihrer Tätigkeiten in einem Formular einzutragen. Gegenüber Tagesberichten ist der Erhebungsaufwand geringer. Ergebnisse liegen schnell vor. Zeitliche Schwankungen des Arbeitsanfalls spielen keine Rolle. Es besteht jedoch ein größerer Manipulationsspielraum der Mitarbeiter und die Gefahr, dass vermeintlich unwesentliche Arbeiten (z. B. Telefonate, Botengänge) in ihrem Zeitbedarf unterschätzt werden.

Beispiel:

Kombinierter Tages- und Tätigkeitsbericht (vereinfacht)

Tätigkeitsbericht

Bereich: Verwaltung	Hauptabteilung: Einkauf		Abteilung Beschaffung		Gruppe 2			
Sachgebiet Rohprodukelager	Arbeitsplatz Lagerist		Arbeitsplatzinhaber Maier		Tag 17	Monat 8		Jahr …
Tätigkeit	Uhrzeit von	Uhrzeit bis	Zeitdauer	kumul. Zeitdauer in Min.	Menge	kumulative Menge		Stückzeit in Min.
Mitarbeiter anweisen	8:00	8:20	20	20	9	9		2,22
Urlaubsliste führen	8:20	8:22	2	22				–
Rohprodukteabgang eintragen	8:22	9:30	68	90	25		25	2,72
Pause	9:30	9:45	15	105				–
Rohproduktezugang eintragen	9:45	11:00	75	180	30		55	2,50
Mitarbeiter einarbeiten	11:00	12:15	75	255	1	10		75
Standort planen	12:15	12:30	15	270				–
Pause	12:30	13:00	30	300				–
Rohprodukteabgang eintragen	13:00	13:30	30	330	15		70	2,00
Rohproduktezugang eintragen	13:30	13:50	20	350	12		82	1,66
Lagerbedarf feststellen	13:50	14:10	20	370	21			0,95
Lagerbedarfsmeldungen ausfüllen	14:10	15:20	70	440	14			5,00
Produktezugang eintragen	15:20	15:45	25	465	6		88	4,17
Produkteabgang eintragen	15:45	16:10	25	490	8		96	3,13
Lagerbedarfsmeldungen ausfüllen	16:10	16:50	40	530	7			5,71
Mitarbeiter anweisen	16:50	17:00	10	540	9	19		1,11
			540					
TAGESBERICHT					TÄTIGKEITSBERICHT			

nach: Müller-Pleuss, Besser organisieren im Büro

Diskutieren Sie Aussagen und Zuverlässigkeit des Arbeitsberichts des Lageristen.

Durch die Selbstaufschreibungen wird ein nicht zu unterschätzender Nebeneffekt erreicht. Aufgrund der sorgfältigen Eintragung aller Tätigkeiten erhält der betroffene Mitarbeiter einen Überblick über seine Arbeitsleistung. Er erkennt Schwachstellen und macht sich Gedanken, wie sein täglicher Arbeitsablauf günstiger gestaltet werden kann. Die Arbeitsberichte der Mitarbeiter können ergänzt werden durch Mängel- und Wunschlisten. Verwertbare Lösungsvorschläge werden vielfach im Rahmen eines betrieblichen Vorschlagswesens mit einer Prämie vergütet.

Anwenderzirkel – der andere Weg

Die „klassische" Erhebung mittels Fragebogen und Interview drängen den zukünftigen Anwender („Nutznießer") immer in die Rolle des „Befragten", der dem Experten (Organisator, Berater) seine Situation schildert. Die Experten ziehen anschließend allein ihre Schlüsse. Effiziente Lösungen sind jedoch nicht ohne den Erfahrungsschatz und die fachliche Mitarbeit der Betroffenen möglich. Diese Lücke kann durch Anwenderzirkel geschlossen werden. In den Anwenderzirkeln treffen sich diejenigen Mitarbeiter (drei bis fünf), die von dem Problem in besonderer Weise betroffen sind. Der Organisator setzt den Zirkel ein, unterstützt und koordiniert die Arbeit. Anwenderinteressen werden frühzeitig berücksichtigt, sodass spätere Akzeptanzprobleme kaum auftreten.

nach: Office Management

In vielen Betrieben treffen sich engagierte Mitarbeiter auf freiwilliger Basis regelmäßig – oft nach Feierabend – und machen sich in Arbeitskreisen (Gruppen von 6 bis 10 Personen) Gedanken über die Verbesserung der Qualität der Produkte und der Arbeitsabläufe. Diese Arbeitskreise werden deshalb **Qualitätszirkel** („QZ") genannt. Die einzelnen Themen werden jeweils durch die Teilnehmer bestimmt.

Der schärfere Wettbewerb, dem sich die deutschen Unternehmen seit einigen Jahren ausgesetzt sehen, hat viele von ihnen bewogen, bestehende Verkrustungen systematisch anzugehen: Unter dem Schlagwort **„Kontinuierlicher Verbesserungsprozess"** (KVP) wurde eine Erneuerung von innen her institutionalisiert.

3.4 Aufbereitung der Erhebungsergebnisse im Workshop

Workshop
= *Arbeitsweise zur Bewertung der Ergebnisse und Festlegung der Vorgehensweise*

Die Ergebnisse der Erhebung werden vom Organisator gemeinsam mit den betroffenen Mitarbeitern und ihren Vorgesetzten dokumentiert und ausgewertet. Zu diesem Arbeitskreis (Workshop) stoßen später auch Experten (interne und externe Berater) hinzu und diejenigen Führungskräfte, die über den Weitergang des Projekts zu entscheiden haben. Die Workshoparbeit liefert bereits Ansatzpunkte für Lösungen und Maßnahmen. Um die Vorzüge aller Erhebungstechniken nutzen zu können, empfiehlt es sich, Befragung, Beobachtung, Selbstaufschreibung, Anwenderzirkel und Workshop kombiniert einzusetzen.

Methoden-Mix der Erhebungstechniken

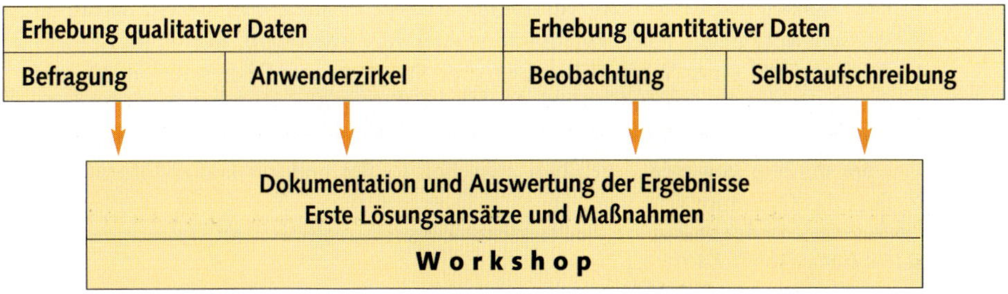

Aufgaben

1 Beschreiben Sie wesentliche Grundsätze der Informationsgewinnung.

2 Erläutern Sie die wichtigsten Methoden der Ist-Aufnahme.

3 Unterscheiden Sie allgemein zwischen Befragung und Beobachtung.

4 Erklären Sie die Begriffe „indirekte Frage" und „Suggestiv-Frage".

5 Nennen Sie häufige Probleme bei der Formulierung von Fragen.

6 Vergleichen Sie die verschiedenen Formen des Interviews.

7 Vergleichen Sie Interview und Fragebogen hinsichtlich Vor- und Nachteilen.

8 Beschreiben Sie die Vorgehensweise der Multimomentaufnahme.

9 Diskutieren Sie Ergebnisse und Schwächen der nachfolgenden Multimomentaufnahme.

Bei der Multimomentaufnahme für die Sachbearbeiter einer Arbeitsgruppe „Rechnungsprüfung" ergibt sich folgendes Bild. Es wurden 2 x 20 Beobachtungen bei 7 Sachbearbeitern durchgeführt. Dies entspricht 280 Beobachtungen.

	Arbeit (Vorkommnis)	Beobachtete Fälle 1 – 20	%	Beobachtete Fälle 21 – 40	%
1	Prüfungsvorbereitung	6	4,3	11	7,9
	Prüfung Inlandsrechnungen				
2	rechnerisch	7	5,0	2	1,4
3	sachlich, Normalfälle	17	12,2	21	15,0
4	sachlich, Sonderfälle (schwierig)	22	15,7	30	21,4
	Prüfung Auslandsrechnungen				
5	rechnerisch	3	2,1	0	0,0
6	sachlich	2	1,4	7	5,0
7	Kontierungsprüfung	11	7,9	16	11,4
8	Korrespondenz	11	7,9	4	2,9
9	Ablage	9	6,4	12	8,6
10	Botengänge	7	5,0	3	2,1
11	Sonstiges, Abwesenheit	45	32,1	34	24,3
		140	100,0	140	100,0

entnommen aus: Heinrich B.Acker, Organisationsanalyse

10 Vergleichen Sie die Methoden der Selbstaufschreibung.

11 Lesen Sie den nachstehenden Artikel und diskutieren Sie Vor- und Nachteile einer umfassenden Mitarbeiterinformation.

Der Mensch könnte es nicht verarbeiten, wüsste er alles, was um ihn herum an Wissenswertem gedacht, geplant und wieder verworfen wird. Stehen im Zusammenhang mit einer Werksstilllegung drei Standorte zur Diskussion, dann sagt man besser nicht monatelang vor der Entscheidung allen drei Belegschaften, sie stünden zur „Wahl". Zwei bleiben ja letztendlich unbehelligt, ihre Beunruhigung wäre unnötig gewesen. Irgendwo zwischen totaler und gar keiner Information liegt das Optimum.

nach: Handelsblatt/Karriere

4 Planungstechniken – damit Informationen ihr Ziel erreichen

Herr Fetzer, Organisator der Laupheimer Büromöbel AG, fasst die Ergebnisse seiner Ist-Aufnahme in folgender verbaler Beschreibung zusammen:

Verbale Beschreibung des Arbeitsablaufs „Prüfung der Eingangsrechnungen im Einkauf"

Die von der Poststelle überbrachten Eingangsrechnungen (ER) werden bei der Sekretärin der Abteilung Einkauf mit der übrigen Post in den Eingangskorb gelegt. Die Sekretärin bringt daraufhin auf der ER einen Eingangsvermerk an und legt sie zusammen mit der anderen Post der Einkaufsleiterin, Frau Maurer, auf den Schreibtisch. Frau Maurer leitet die Post nach kurzer Durchsicht an ihre Sachbearbeiter weiter. Der Sachbearbeiter legt die ER zu den anderen ER und sucht den dazugehörigen Bestelldurchschlag heraus und gleicht diesen mit der ER ab. Danach bleibt die ER liegen, bis der Lieferschein (bzw. die Wareneingangsmeldung) eintrifft. Die Lieferscheine werden auch zuerst bei Frau Maurer an den Schreibtisch gelegt. Sobald Frau Maurer an ihrem Arbeitsplatz ist, gibt sie diese weiter.
Der jeweilige Sachbearbeiter prüft die sachliche Richtigkeit und legt die ER bei der Abteilungssekretärin in den Ausgangskorb. Von dort werden die ER einmal am Tag vom Postboten abgeholt und zur Abteilung Rechnungswesen gebracht.

- **Prüfen Sie den geschilderten Ist-Zustand des Arbeitsablaufs auf mögliche Schwachstellen.**
- **Diskutieren Sie Vor- und Nachteile der verbalen Darstellung von Arbeitsabläufen.**

In allen Phasen der Organisationsplanung ist es notwendig, die erarbeiteten Ergebnisse in geeigneter Form darzustellen. Grundsätzlich kann man organisatorische Sachverhalte in Text, Bild oder in Text-Bild-Kombinationen dokumentieren.

Vor- und Nachteile der verbalen Beschreibung

Mit der Darstellungstechnik der **verbalen Beschreibung** lassen sich wichtige organisatorische Sachverhalte wie Verantwortlichkeiten, Anforderungen an Stelleninhaber, gewünschtes Führungs- und Mitarbeiterverhalten usw. deutlich machen. Allerdings fehlt der verbalen Darstellung die Anschaulichkeit, Klarheit, Kürze und Übersichtlichkeit, die es dem Menschen erleichtern, wesentliche Sachverhalte zu erfassen.

Um Arbeitsabläufe entwerfen, überprüfen und verbessern zu können, wird wegen der besseren Übersicht die graphische (zeichnerische) Darstellung verwendet.

Der Organisator hat die Möglichkeit, durch die Wahl einer bestimmten Darstellungsform jeweils einzelne Aussagen besonders deutlich werden zu lassen und einzelne Fragen gezielt anzugehen.

Planungsgegenstände und Planungstechniken

Planungsgegenstand		Geeignete Darstellungstechnik
Inhaltsorientierte Darstellung	→	Verbale Beschreibung
Funktionsorientierte Darstellung	→	Ablaufdiagramm
Zeitorientierte Darstellung	→	Balkendiagramm
Funktions- und zeitorientierte Darstellung	→	Netzplan

Symbole nach ASME
(American Society of Mechanical Engineers):

Symbol	Verrichtungsart
○	Bearbeitung
⇨	Transport (Beförderung)
□	Kontrolle
D	Verzögerung
▽	Lagerung
◙	gleichzeitige Bearbeitung und Prüfung

4.1 Arbeitsablaufdiagramm (Ablaufdiagramm) – Aufgaben in die Reihe bringen

Zuerst werden alle Teilaufgaben (Funktionen) aufgeschrieben, bevor sie im zweiten Schritt chronologisch geordnet werden. So entsteht eine **funktionsorientierte Ablauforganisation**, die jedoch immer nur einen isolierten Teilbereich des betrieblichen Geschehens umfasst. Zusammenhänge mit anderen Abläufen sind nicht sichtbar.

Um die Darstellung übersichtlicher zu machen, verwendet man Symbole für die wichtigsten Verrichtungsarten der Teilaufgaben. Ablaufdiagramme werden auf so genannten Arbeits- oder Ablaufkarten dargestellt.

Ablaufdiagramm als Zick-Zack-Diagramm

Fallbeispiel: Nach eingehender Befragung und Beobachtung der Mitarbeiter der Einkaufsabteilung erstellt Herr Fetzer (Leiter der Organisationsabteilung der Laupheimer Büromöbel AG) folgendes Ablaufdiagramm:

Darstellung der Ist-Aufnahme: „Prüfung der Eingangsrechnung im Einkauf" als Ablaufdiagramm

Arbeitsablauf **Prüfung der Eingangsrechnung**	Ist-Aufnahme X	Soll-Vorschlag	Datum / Abteilung	
Lfd. Nr.	**Stufen des Arbeitsablaufes**	**Symbole**	**Weg m**	**Zeit Min.**
1	ER zum Einkauf	○ ⇨ □ D ▽	100	5
2	Im Eingangskorb	○ ⇨ □ D ▽		60
3	Eingangsvermerk	○ ⇨ □ D ▽		1
4	Zur Einkaufsleiterin	○ ⇨ □ D ▽	20	1
5	Auf dem Schreibtisch	○ ⇨ □ D ▽		480
6	Durchsicht der Post	○ ⇨ □ D ▽		30
7	Zum Sachbearbeiter	○ ⇨ □ D ▽	50	5
8	Auf dem Schreibtisch	○ ⇨ □ D ▽		480
9	Abgleich mit Bestellung	○ ⇨ □ D ▽		10
10	Warten auf Lieferschein	○ ⇨ □ D ▽		960
11	Sachl. Prüfung d. ER	○ ⇨ □ D ▽		20
12	Zum Ausgangskorb	○ ⇨ □ D ▽		480
13	Im Ausgangskorb	○ ⇨ □ D ▽		480
14	Zum Rechnungswesen	○ ⇨ □ D ▽	200	10
15	Gesamtablauf	○ ⇨ □ D ▽	410	2543

- **Decken Sie anhand der Ablaufkarte mögliche Schwachstellen auf.**
- **Erstellen Sie einen neuen Ablaufplan als Soll-Vorschlag.**

Analysiert man den Zeitbedarf nach Verrichtungsarten (durch Symbole verdeutlicht), so ergibt sich für den dargestellten Arbeitsablauf folgende Zeitverteilung:

Verrichtungsart		Bearbeitung	Transport	Kontrolle	Warten	Gesamt
Häufigkeit	absolut	2	5	2	5	14
	in %	14	36	14	36	100
Zeitbedarf	in Min.	31	22	30	2460	2543
	in %	1	1	1	97	100

Schwachstellenanalyse

Es fallen folgende Schwachstellen auf:
- ungünstiges Verhältnis zwischen produktiver und unproduktiver Zeit. Die Wartezeiten betragen 97 % der gesamten Durchlaufzeit. Am Vorgang wird nur viermal gearbeitet (zweimal Bearbeitung, zweimal Kontrolle), jedoch fünfmal transportiert und fünfmal abgelegt.
- übermäßige Zergliederung des Arbeitsablaufs durch häufige Transporte.
- relativ lange Transportwege zwischen den beteiligten Arbeitsorten, was auf eine ungünstige räumliche Anordnung schließen lässt.

Der Soll-Vorschlag müsste also darauf abzielen, die Wartezeiten, die Zahl der Transportwege und die Länge der Transportwege zu reduzieren.

Fallbeispiel: Herr Fetzer wertet das Ablaufdiagramm zusammen mit den betroffenen Mitarbeitern und ihren Vorgesetzten aus. Das Ergebnis der Workshoparbeit stellt Herr Fetzer wiederum als Ablaufdiagramm dar:

Ablaufdiagramm für Soll-Vorschlag: „Prüfung der Eingangsrechnung im Einkauf"

Arbeitsablauf **Prüfung der Eingangsrechnung**	Ist-Aufnahme	Soll-Vorschlag X					Datum / Abteilung	
Lfd. Nr.	**Stufen des Arbeitsablaufes**	**Symbole**					**Weg m**	**Zeit Min.**
1	ER z. Einkauf (Rohrpost)	○	⇨	□	D	▽		2
2	Im Eingangskorb	○	⇨	□	D	▽		30
3	Eingangsvermerk	○	⇨	□	D	▽		1
4	Sachbearbeiter holt ER	○	⇨	□	D	▽	50	5
5	Abgleich mit Bestellung	○	⇨	□	D	▽		10
6	Sachb. holt Liefersch.	○	⇨	□	D	▽	50	60
7	Sachl. Prüfung d. ER	○	⇨	□	D	▽		20
8	Zum Ausgangskorb	○	⇨	□	D	▽	40	1
9	Zum Rechnungsw. (Rohrp.)	○	⇨	□	D	▽		2
10	Gesamtablauf	○	⇨	□	D	▽	140	131

Rechnungsprüfung im Einkauf
(Zeitbedarf in Minuten)

Bearbeitung:
- *Ist 31 Min.*
- *Soll 1 Min.*

Transport:
- *Ist 22 Min.*
- *Soll 70 Min.*

Kontrolle:
- *Ist/Soll 30 Min.*

Warten:
- *Ist 2460 Min.*
- *Soll 30 Min.*

Vergleichen Sie die verbesserte Ablauforganisation mit dem Ist-Zustand und begründen Sie, wodurch die Zeitverkürzung bewirkt wurde.

Ergebnisse des Lösungsvorschlags

Zeitverteilung nach dem Soll-Konzept:

Verrichtungsart		:	Bearbeitung	Transport	Kontrolle	Warten	Gesamt
Häufigkeit	absolut	:	1	5	2	1	9
	in %	:	11	56	22	11	100
Zeitbedarf	in Min.	:	1	70	30	30	131
	in %	:	1	53	23	23	100

Maßnahmen-Plan: *Holprinzip anwenden*

Management by Exception

Rohrpost-Anschluss

Höhere Verantwortung der Mitarbeiter

In der Sollkonzeption werden unnötige Wartezeiten dadurch beseitigt, dass die Sachbearbeiter ihre Bearbeitungsunterlagen (Eingangsrechnungen, Lieferscheine) mehrmals täglich selbst bei der Abteilungssekretärin abholen (Holprinzip). Dadurch wird gleichzeitig die Einkaufsleiterin von Routinearbeiten (z. B. Post durchsehen, weiterleiten) entlastet. Sie wird nur noch bei wesentlichen Unstimmigkeiten eingeschaltet („Management by Exception"). Durch das Holprinzip werden allerdings die Transportzeiten verlängert. Die Transportwege sind jedoch durch den Anschluss der Einkaufsabteilung ans vorhandene Rohrpostnetz verkürzt. Die Sachbearbeiter sind dafür verantwortlich, dass die Zahlungstermine eingehalten werden.

Elektronische Datenübermittlung

Transportwege und -zeiten sowie Wartezeiten auf Arbeitsunterlagen lassen sich durch sinnvoll vernetzte Personal-Computer weiter reduzieren. Über eine geeignete Anwender-Software werden die Datenbestände evtl. maschinell erfasst (Bestelldaten, Wareneingangsdaten). Damit sind sie für alle Benutzer gleichzeitig verfügbar und auf dem aktuellen Stand. Der Bearbeiter kann die benötigten Daten jederzeit auf seinem Bildschirm abrufen.

Ablaufdiagramm als Flussdiagramm

Fallbeispiel: Bei der Weber OHG wiederholen sich Beschwerden der Kunden, dass Kundenanfragen nicht schnell genug bearbeitet werden. Georg Weber (kaufmännische Leitung) erteilt Frau Dauner (Organisations-Abteilung) deshalb den Auftrag, der Sache auf den Grund zu gehen.

Flussdiagramm für die Ist-Aufnahme „Bearbeitung einer Kundenanfrage"

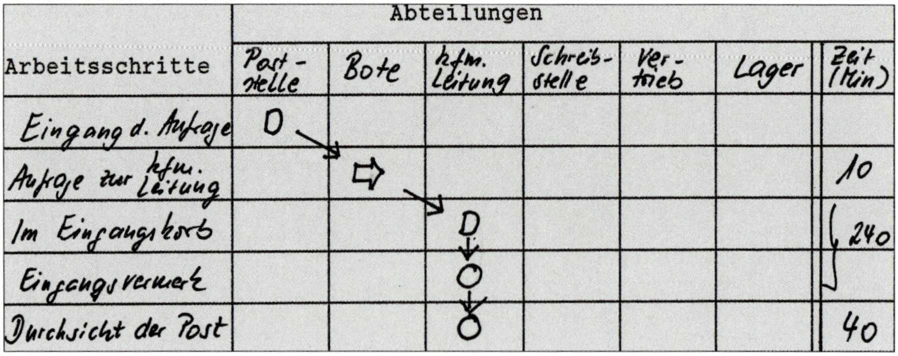

Vergleichen Sie die Darstellungstechniken Zick-Zack-Diagramm und Flussdiagramm.

Um die Zuordnung der Teilaufgaben auf die beteiligten Abteilungen deutlich zu machen, verwendet man die Darstellungstechnik des Flussdiagramms. Damit lassen sich Schwachstellen leichter lokalisieren, da die Verantwortungsbereiche erkennbar sind.

Das Ablaufdiagramm kann nur bei linearen Abläufen optimal verwendet werden. Parallele Teilarbeiten und Abhängigkeiten zwischen den Teilarbeiten können nicht übersichtlich dargestellt werden.

Nachteil der Ablaufdiagramme

Aufgaben

1 Nennen Sie die Anwendungsbereiche der verschiedenen Darstellungstechniken für Arbeitsabläufe.

2 Unterscheiden Sie die beiden Varianten des Ablaufdiagramms „Zick-Zack-Diagramm" und „Flussdiagramm".

3 Beispiel: „Beschaffung eines neuen Mitarbeiters für den Verkauf"
Verbale Arbeitsanweisung für die Personalbeschaffung (Ist-Zustand):

> Entsprechend ihren Personalplänen fordern die Abteilungsleiter/innen ihren Personalbedarf an. Nach 2 Tagen erfolgen gleichzeitig interne und externe Stellenausschreibungen. Eingehende Bewerbungen (ca. 30 Tage) werden von der Personalabteilung geprüft (2 Tage). In Abstimmung mit den anfordernden Stellen werden einige Bewerber, die die notwendigen Voraussetzungen nicht erfüllen, aussortiert. Die übrigen Bewerber werden schriftlich zum Vorstellungsgespräch eingeladen (7 Tage). Die geladenen Bewerber machen zuerst einen Eignungstest (1/2 Tag) und führen dann mit den anfordernden Abteilungsleiter/innen ein Gespräch (1/2 Tag). Nach der Auswertung des Tests und der Gespräche (1 Tag) werden die in Frage kommenden Bewerber zur betriebsärztlichen Untersuchung geladen. Für die erneute Einladung und die Untersuchung verstreichen 4 Tage. Vor der endgültigen Einstellung wird der Betriebsrat gehört (1 Tag). Danach wird der Arbeitsvertrag aufgesetzt und die Personalakte (1 Tag) angelegt.

a) Vervollständigen Sie das verkürzte Ablaufdiagramm (Zick-Zack-Diagramm) mit den Informationen aus der verbalen Arbeitsanweisung:

Abt. Personalwesen aufgen. von : Kraus Datum 200.-09-18		Bearbeitung	Transport	Überprüfung	Verzögerung	Lagerung	Zeit
Lfd. Nr.	**Arbeitsvorgang**						
1	**Ausschreibung der Stelle**	●	⇨	□	D	▽	**2 Tage**
2	**Eingang der Bewerbungen**	○	⇨	□	●	▽	**30 Tage**
3	**Eing. Bewerbungen werden überprüft**	○	⇨	■	D	▽	**...**

b) Ergänzen Sie das dargestellte Flussdiagramm entsprechend:

Erläuterung	Stelle			
	Personalabt.	Verkauf	Betriebsarzt	Betriebsrat
Auschreibung				
Bewerbungseingang				
Überpr. d. Bewerb.				

c) Analysieren Sie die Ablaufdiagramme und decken Sie mögliche Schwachstellen auf.

d) Machen Sie Verbesserungsvorschläge und erstellen Sie selbstständig ein Ablaufdiagramm für den Soll-Zustand.

4.2 Balkendiagramm – die Zeit im Griff

Das von dem Amerikaner Henry Laurence Gantt entwickelte Balkendiagramm (Gantt-Diagramm) dient hauptsächlich als Mittel der zeitorientierten Ablauforganisation (Fristenplan, Terminplan). Gantt-Diagramme gibt es in zwei Varianten: als Arbeitsfortschrittsplan und als Maschinenbelegungsplan.

Gantt-Diagramm als Arbeitsfortschrittsplan

Die einzelnen Vorgänge (Teilarbeiten) eines Arbeitsablaufs werden zunächst in einer Vorgangsliste chronologisch geordnet. Dabei wird angegeben, welche Vorgänge beendet sein müssen (Vorgänger), bevor der nächste Vorgang (Nachfolger) begonnen werden kann. Über einer Zeitachse werden dann die einzelnen Teilarbeiten entsprechend ihrer Zeitdauer abgetragen.

Fallbeispiel: Bearbeitung der Eingangsrechnungen bei der Laupheimer Büromöbel AG

Vorgangsliste „Bearbeitung von Eingangsrechnungen":

Vorgangsliste

Nr.	Bezeichnung des Vorgangs	Vorgänger	Dauer
1	Sachliche Prüfung im Einkauf	-	5 Tage
2	Rechnerische Prüfung im Rechnungswesen	1	2 Tage
3	Buchung der freigegebenen Rechnung	2	1 Tag
4	Ausstellung des Zahlungsträgers	2	1 Tag
5	Registratur und Ablage	3, 4	1 Tag

Daraus ergibt sich folgendes Balkendiagramm:

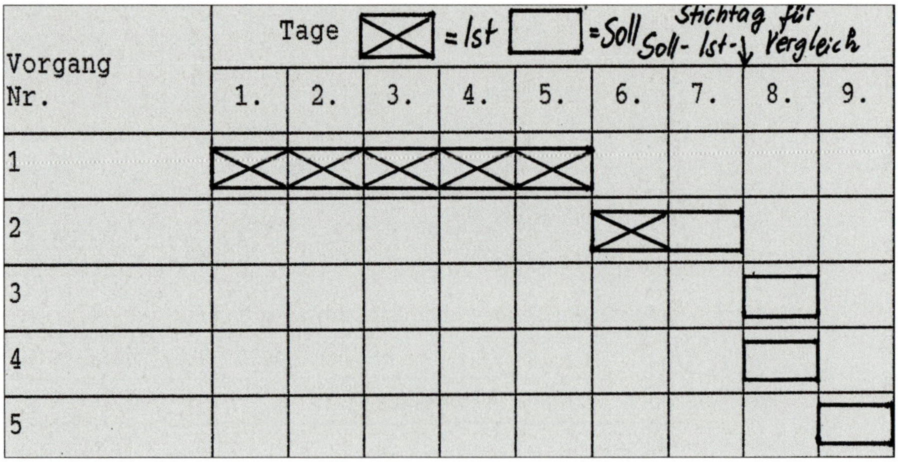

- **Begründen Sie anhand des Gantt-Diagramms, warum die Summe der Einzelzeiten in der Vorgangsliste größer ist als die Gesamtdauer des Arbeitsablaufs.**
- **Überprüfen Sie den Stand der Teilarbeiten am Ende des 7. Tages (Stichtag des Soll-Ist-Vergleichs).**
- **Überlegen Sie, ob im Balkendiagramm logische Abhängigkeiten der Teilarbeiten (z. B. Zeitreserven) erkennbar sind.**

Vorteile der Gantt-Technik

Im Arbeitsfortschrittsplan wird die Aufeinanderfolge und Parallelität der einzelnen Teilarbeiten eines Gesamtvorgangs gut sichtbar, terminliche Überschneidungen von Teilarbeiten fallen sofort auf. Die Durchführung eines zeitlichen Soll-Ist-Vergleichs ist an jedem beliebigen Stichtag möglich. Am Stand der Teilarbeiten, z. B. am Ende des 3. Tags, sieht man sofort, ob Planabweichungen entstanden sind.

Nachteile der Gantt-Technik

Nachteilig ist, dass terminliche und logische Abhängigkeiten der Teilarbeiten untereinander nicht dargestellt werden. Es fehlen Hinweise auf besonders kritische Teilarbeiten und vorhandene Zeitreserven. Für die Projektsteuerung sind diese Informationen unverzichtbar. Der Organisator muss wissen, welche Teilarbeiten keinerlei Zeitverzögerung zulassen, um die Termineinhaltung des Gesamtprojekts nicht zu gefährden. Weiter ist einzuwenden, dass Arbeitsfortschrittspläne nur mit sehr hohem Aufwand geändert und aktualisiert werden können, da sich bei Veränderung eines Zeitbalkens alle folgenden auch verschieben.

Gantt-Diagramm als Maschinenbelegungsplan

Mithilfe der Balken kann die zeitliche Auslastung der Aufgabenträger (Menschen und Maschinen) geplant und kontrolliert werden. Die optimale Lösung des Zielkonflikts zwischen möglichst geringer Durchlaufzeit und möglichst hoher Kapazitätsauslastung kann damit durch mehrmaliges Probieren erreicht werden.

Optimale Maschinenbelegung bei der Laupheimer Büromöbel AG

Fallbeispiel: Für die Grobbearbeitung der Tischplatte werden 3 Maschinen benötigt: die Gattersäge für den Zuschnitt, der Elektro-Hobel zum Abkanten und die Bohrmaschine für die Vorbereitung der Verschraubungen. Der Arbeitsgang „Vorbereitung der Verschraubungen" kann auch vor dem „Abkanten" erfolgen.

Es liegen 3 Aufträge vor, die insgesamt in möglichst kurzer Zeit abgewickelt werden sollen. Sie belegen die einzelnen Maschinen wie folgt:

	Gattersäge	Elektro-Hobel	Bohrmaschine
1. Auftrag	1 Tag	1 Tag	2 Tage
2. Auftrag	1 Tag	2 Tage	1 Tag
3. Auftrag	1 Tag	2 Tage	3 Tage

Wenn die Aufträge starr hintereinander gefertigt würden, ergäbe sich folgende Lösung:

Erster Lösungsversuch

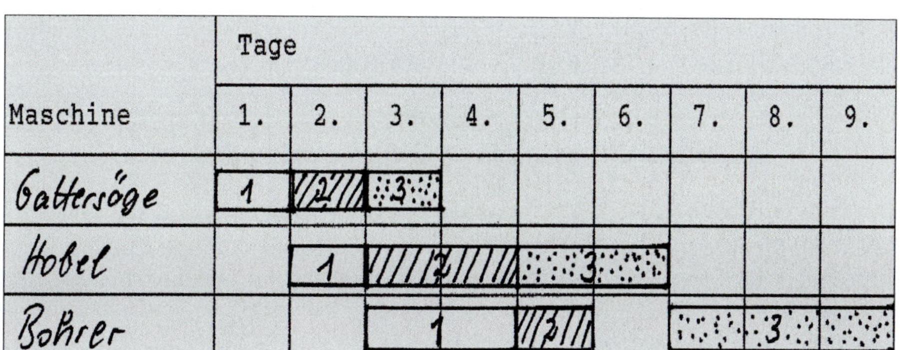

Legende:
1. Auftrag weiß
2. Auftrag Striche
3. Auftrag Punkte

Zweiter Lösungsversuch (optimale Lösung)

Fallbeispiel: Bezieht man bei der Planung mit ein, dass die Arbeitsfolge bei Hobel und Bohrer vertauscht werden kann, dann ergibt sich eine verbesserte Lösung:

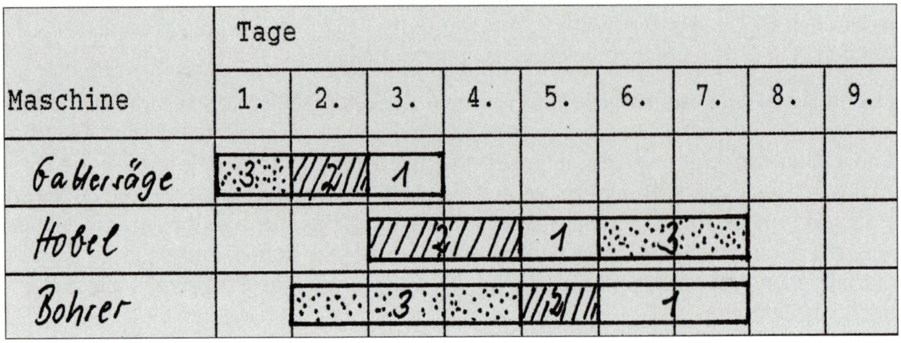

Die Durchlaufzeit verkürzt sich bei der 2. Lösung um 2 Tage (22 %); die Leerzeiten (ungenutzte Maschinenzeiten) verkürzen sich um 1 Tag (25 %). Die zweite Alternative löst also den Konflikt zwischen Durchlaufzeit und Maschinenauslastung besser.

Überprüfen Sie den Stand der Teilarbeiten am Ende des 3. Tages (Stichtag des Soll-Ist-Vergleichs).

Plannet = Planning Network

Um auch logische Abhängigkeiten zwischen den Teilarbeiten sichtbar zu machen, wurde die Gantt-Technik zur Transplan- bzw. Plannet-Technik weiterentwickelt. Hier wird das Ende einer Teilarbeit mit dem Anfang aller unmittelbar nachfolgenden Teilarbeiten durch eine gestrichelte Linie verknüpft.

Fallbeispiel: Man erkennt in dem unten stehenden Balkendiagramm, dass es keine Auswirkung auf die Durchlaufzeit hat, wenn der 1. Auftrag statt am 3. erst am 4. Tag beginnt (Zeitreserve bzw. Pufferzeit).

Weiter sieht man, dass die Aufträge 2 und 3 keine Zeitverzögerung gestatten, ohne dass sich die Durchlaufzeit verlängert (kritische Aufträge).

Balkendiagramm nach der Plannet-Technik

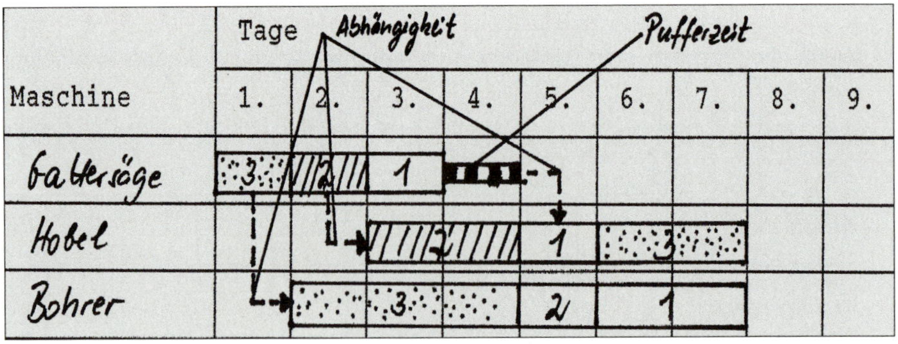

Die zusätzliche Information über die logische Reihenfolge der Teilarbeiten ist jedoch mit weniger Übersichtlichkeit und einem noch höheren Aufwand bei Planänderungen und -aktualisierungen verbunden.

Anwendungsbereiche des Balkendiagramms

Wegen seiner Anschaulichkeit findet das Balkendiagramm in vielen Bereichen Anwendung, z. B. in der Fertigung (Maschineninstallation, Bauvorhaben, Fertigungsablaufplanung, Maschinenbelegung, Wartungsdienst, Schichtenplan, Kolonnen- und Fahrzeugeinsatz), bei der Personalplanung (Urlaubs-, Ausbildungsplanung) oder im Absatzbereich (Media-Planung, Einführung eines neuen Produkts). In der betrieblichen Praxis sind Planungstafeln mit Steckkarten oder Magnetsystem weit verbreitet.

Zeitplan für die Umstellung von Texaco auf DEA

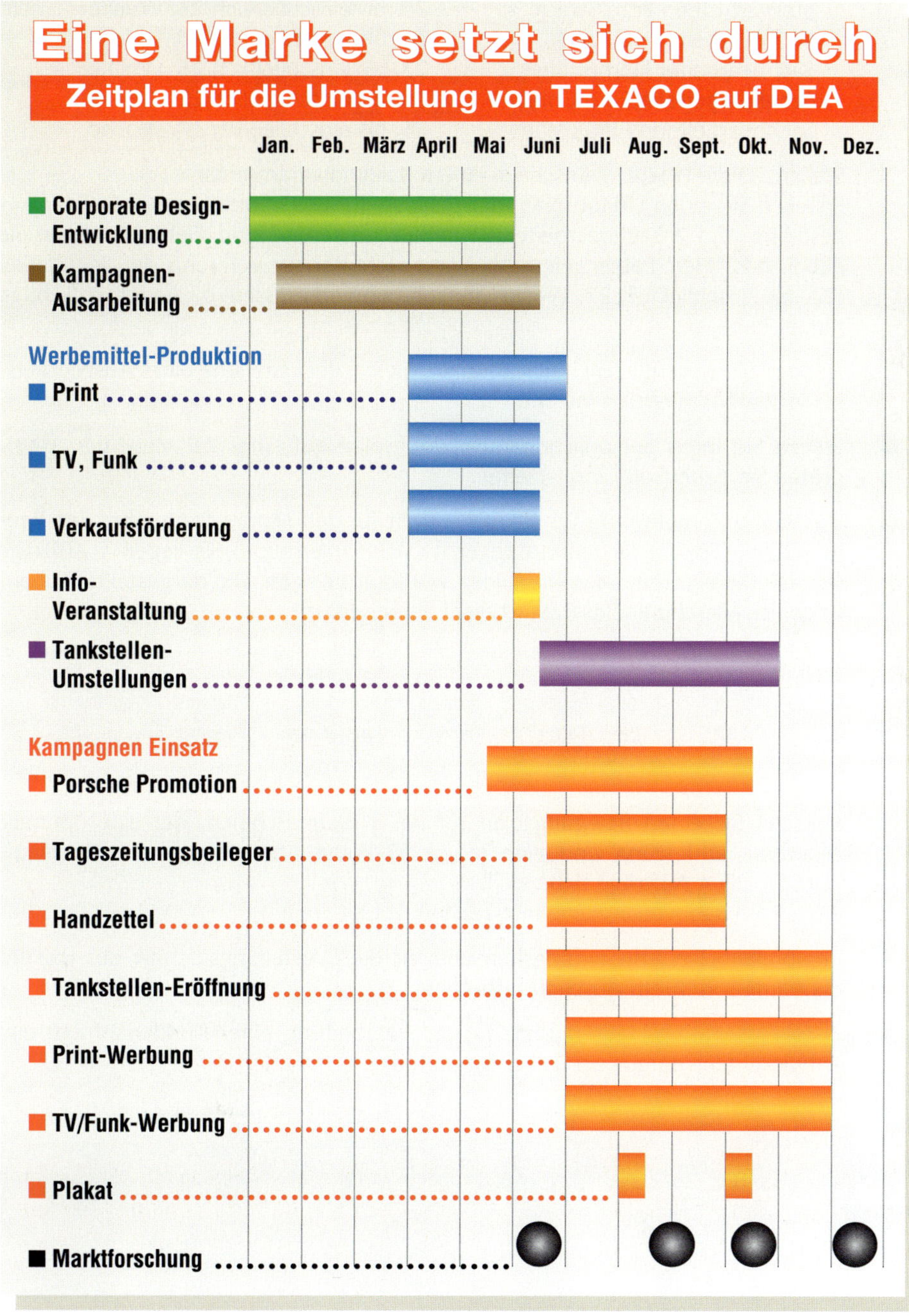

Aufgaben

1 Erläutern Sie Vor- und Nachteile der Gantt-Technik.

2 Beschreiben Sie die wesentlichen Unterschiede zwischen Gantt- und Plannet-Technik.

3 Für den Sommerurlaub haben die Mitarbeiter der Organisationsabteilung der Laupheimer Büromöbel AG folgende Terminwünsche angemeldet:

Abteilungsleiter Herr Fetzer	22. bis einschließlich 25. Woche
Stellvertreterin Frau Schick	25. bis einschließlich 28. Woche
Sachbearbeiter Herr Abel	22. bis einschließlich 25. Woche
Sachbearbeiter Herr Bohner	23. bis einschließlich 26. Woche
Sachbearbeiterin Frau Christ	25. bis einschließlich 28. Woche
Sachbearbeiterin Frau Dehm	26. bis einschließlich 27. Woche

Stellen Sie die Urlaubswünsche in einem Balkendiagramm dar.
Erstellen Sie einen Urlaubsplan, der sicherstellt, dass mindestens 1 leitender Angestellter und 2 Sachbearbeiter im Betrieb anwesend sind. Berücksichtigen Sie dabei, dass Herr Fetzer, Herr Abel und Herr Bohner während der Schulferien (22. bis einschließlich 27. Woche) Urlaub nehmen müssen, da sie schulpflichtige Kinder haben.

4 Nennen Sie wesentliche Gesichtspunkte, die bei der Erstellung eines Ausbildungsplans beachtet werden müssen.

5 Stellen Sie Ihren persönlichen Ausbildungsplan auf einer Zeitachse dar. Überprüfen Sie dabei Soll- und Istzeiten.

6 Die Bau-Unternehmung Schüle OHG plant für den Monat September den Baumaschinen-Einsatz (Schaufel-Bagger, LKW, Planierraupe). Es liegen 4 Aufträge vor, die die einzelnen Baumaschinen wie folgt belegen. Die dargestellte Reihenfolge des Maschineneinsatzes ist nicht veränderbar:

1. Auftrag	2 Tage LKW;	danach 2 Tage Raupe;	danach 10 Tage Bagger
2. Auftrag	2 Tage Raupe;	danach 8 Tage LKW;	danach 1 Tag Bagger
3. Auftrag	4 Tage Bagger;	danach 6 Tage Raupe;	danach 5 Tage LKW
4. Auftrag	5 Tage Raupe		

Erstellen Sie einen Belegungsplan für die 3 Baumaschinen, der eine optimale Maschinenauslastung und eine möglichst kurze Abwicklungszeit (Durchlaufzeit) für alle 4 Aufträge sicherstellt.
Gehen Sie dabei nach der Gantt-Technik vor.

7 Beschreiben Sie Anwendungsbereiche für die Darstellungstechnik des Balkendiagramms in Ihrem Ausbildungsbetrieb.

8 Erstellen Sie eine Vorgangsliste für die Bearbeitung einer Kundenanfrage und entwickeln Sie daraus ein Balkendiagramm.

4.3 Netzplantechnik – Überblick zu jeder Zeit

Ansicht des neuen Möbelprogramms der Laupheimer Büromöbel AG

Die Laupheimer Büromöbel AG will ein neues modulares Möbelprogramm, das „Electronic Office System", auf den Markt bringen, das speziell auf die Bedürfnisse von Nutzern elektronischer Geräte der Bürokommunikation zugeschnitten ist. Es soll allen ergonomischen Anforderungen genügen, ein eigenwilliges Design haben und sich harmonisch in die automatisierte Bürowelt einfügen.

Vertreterberichte zeigen, dass bei den Kunden reges Interesse an einem solchen Möbelprogramm besteht. In einer Vorstandssitzung wird beschlossen, ein Projekt-Team unter der Leitung von Frau Uhl (kaufmännische Direktorin) zusammenzustellen. Das Projekt „Electronic Office System" (kurz EOS) erhält höchste Priorität. Hauptaufgabe des Projekt-Teams ist es, einen Maßnahmen- und Zeitplan für die Einführung dieses neuen Programms aufzustellen.

Besonders die für die Termineinhaltung kritischen Arbeiten sollen deutlich werden. Um die Vorstellung des Programms auf der Internationalen Büromesse „Orgatechnik" Ende Oktober nicht zu gefährden, will der Vorstand wissen, bis wann die ersten Maßnahmen erfolgen müssen. Außerdem soll das Projekt-Team ermitteln, bis wann mit der Produktion frühestens begonnen werden kann.

■ **Prüfen Sie, ob Ablaufdiagramm oder Balkendiagramm die geforderten Aussagen möglich machen.**

Die graphische Darstellung von Arbeitsabläufen ist im Ablaufdiagramm funktionsorientiert und im Balkendiagramm zeitorientiert. Eine Darstellungstechnik, die beide Aspekte vereinigt, ist die Netzplantechnik.

Definition des Netzplans nach DIN 69 900

▶▶▶▶ **Der Netzplan dient zur graphischen Darstellung der Abläufe eines Planungsgegenstandes und ihrer gegenseitigen Abhängigkeiten.**

Vorteile der Netzplantechnik

Im Netzplan sind alle wesentlichen Vorgänge und Ereignisse eines Projekts sowie ihre logischen und zeitlichen Abhängigkeiten enthalten. Durch die Kenntnis kritischer Teilaktivitäten wird eine wirksame Projektplanung, -steuerung und -überwachung möglich. Zudem ist der Änderungs- und Aktualisierungsaufwand relativ gering.

Bei der Planung organisatorischer Abläufe mit Hilfe der Netzplan-Technik geht man in drei Schritten vor.

1. Schritt: Ermittlung der Teilaktivitäten (funktionsorientierter Aspekt)

Das Projekt wird in einzelne Aufgaben und Aktivitäten untergliedert. Das Ergebnis ist die detaillierte Zerlegung des Projekts in einen **Strukturplan**. Die einzelnen Aktivitäten werden dann in einer Vorgangsliste chronologisch geordnet. Aus der **Vorgangsliste** sind die Anordnungsbeziehungen zwischen den Teilaufgaben, d. h. die jeweiligen Vorgänger und Nachfolger einer Aktivität, ersichtlich.

Die drei Grundverfahren der Netzplan-Technik

CPM *wurde 1957 erstmals von einem Chemiekonzern für die Planung einer Großinvestition eingesetzt.*

MPM *wurde von der Firma Metra-International entwickelt und erstmals zur Planung von Atomkraftwerken angewandt.*

PERT *wurde 1958 beim Bau der Polaris-Raketen von der US-Navy angewandt (die Arbeiten von 11 000 Auftragnehmern mussten koordiniert werden).*

2. Schritt: Zeitplanung und Zeitanalyse (zeitorientierter Aspekt)

In diesem Schritt wird die Dauer einer jeden Teilaktivität ermittelt und in die Vorgangsliste eingetragen. Nachdem der **Netzplan** aufgestellt wurde, wird der **Projektkalender** definiert. In ihm sind alle Feiertage, Arbeitszeiten und betrieblichen Fehlzeiten (Urlaub, Betriebsferien) vermerkt.

Nun wird eine erste Zeitanalyse durchgeführt. Dabei werden die Termine in zwei Kategorien eingeteilt. Die so genannten **frühesten Termine** geben jeweils den frühesten Anfang und das früheste Ende der Vorgänge an und die **spätesten Termine** die jeweiligen spätesten Anfangs- und Endzeitpunkte.

3. Schritt: Kapazitäts- und Kostenanalyse

Den einzelnen Aufgaben werden die **notwendigen Ressourcen mit ihren Kosten** zugeordnet. Das sind z. B. Maschinen-Kapazitäten, Personalbedarf oder finanzielle Mittel. Im Ressourcenkalender wird die Verfügbarkeit der Ressourcen angegeben. Ergebnis dieser Planungsphase ist der Projektplan.

Die Aufgaben des Projektleiters verlagern sich mit dem Start des Projekts auf die Steuerung und Kontrolle. Eine wirksame Kontrolle setzt ein gut organisiertes Berichtswesen voraus, das alle Projektbeteiligten verpflichtet, zu festgesetzten Zeitpunkten oder bei wichtigen Änderungen Bericht zu erstatten. Laufende Plankorrekturen, die wegen der Zeitschätzungen niemals ausbleiben, erlauben eine zuverlässigere Planung des Restprojektes. Die in einem Projektabschlussbericht formulierten Erfahrungen können in Folgeprojekten berücksichtigt werden.

Netzplan-Verfahren	kurze Erläuterung	Darstellungstechnik
Vorgangsknotentechnik Metra Potential Method = MPM	Vorgänge werden als Rechtecke („Knoten") dargestellt. Die Anordnungsbeziehungen, die zwischen den Vorgängen bestehen, werden durch Pfeile („Kanten") deutlich gemacht	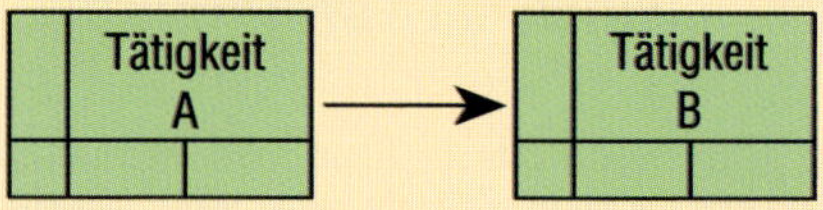
Vorgangspfeiltechnik Critical Path Method = CPM	Vorgänge werden als Pfeile dargestellt. Das zugehörige Anfangs- und Endereignis jeweils durch Knoten (= Kreise) verdeutlicht.	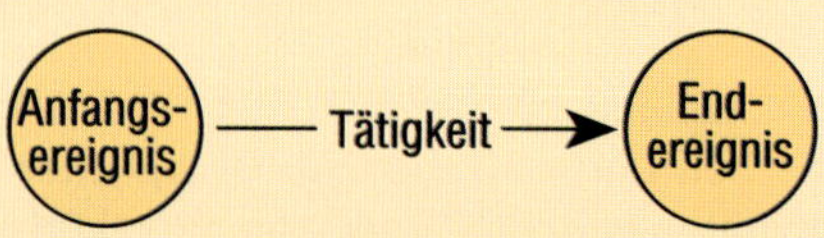
Ereignisknotentechnik Program Evaluation and Review Technique = PERT	Darstellung wie bei CPM. Zusätzlich werden jeder Tätigkeit 3 Zeitschätzwerte zugeordnet (optimistischer – wahrscheinlichster – pessimistischer Zeitwert).	

Elemente des Netzplans

Begriffserklärungen

Projekt: fest umrissene Aufgabenstellung (Gesamtaufgabe), z. B. Bauvorhaben

Vorgang: nach DIN 69 900: Zeit erforderndes Geschehen mit definiertem Anfang und Ende (Teilarbeit/Tätigkeit/Teilaktivität), z. B. Keller betonieren

Scheinvorgang (Dummy): in vorgangsorientierten Netzplänen zur Darstellung von Meilensteinen, d. h. Vorgängen mit der Dauer Null, notwendig. Ein Meilenstein ist eine Entscheidung, von der der weitere Verlauf des Projekts abhängig ist, z. B. Start des Bauvorhabens

Ereignis: nach DIN 69 900: das Eintreten eines definierten Zustands im Projektablauf (= Anfang oder Ende), z. B. Betonarbeiten abgeschlossen

Puffer: zeitlicher Spielraum (Zeitreserve, Schlupf); nach DIN 69 900: Zeitspanne, um die die Lage eines Vorgangs verändert werden kann, ohne dass sich dies auf die Dauer des Gesamtprojekts auswirkt

kritischer Pfad: Folge von Tätigkeiten, bei denen eine Zeitverzögerung die Gesamtdauer des Projekts beeinflusst.

Regeln für die Erstellung eines Netzplanschemas nach MPM

① Jeder Vorgang wird als Knoten (Rechteck) dargestellt (mit Nr. und Bezeichnung des Vorgangs).

② Die Knoten werden in zeitlicher Reihenfolge (entsprechend der Vorgangsliste) geordnet.

③ Unmittelbare Vorgänger und Nachfolger werden durch einen Richtungspfeil verbunden.

④ Hat ein Vorgang mehrere unmittelbare Nachfolger, so verzweigt sich der Plan hinter diesem Vorgang.

⑤ Hat ein Vorgang mehrere unmittelbare Vorgänger, so werden die Richtungspfeile aller Vorgänger bei diesem Vorgang zusammengeführt.

⑥ Richtungspfeile dürfen nicht rückwärts verlaufen.

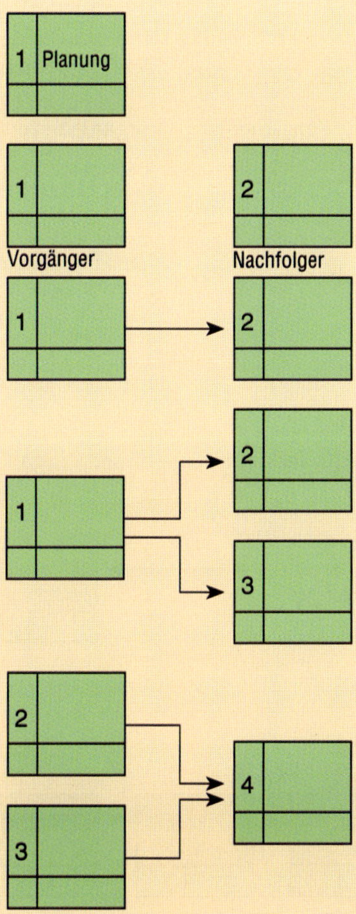

Fallstudie: Einführung eines neuen Produkts

Fallbeispiel: Einführung eines neuen Produkts

Projektleiterin Frau Uhl beauftragt Herrn Manz, Leiter des Produktbereichs Schreibtische, mit der Koordination der Tätigkeiten. Herr Manz erstellt zusammen mit der Werbeleiterin Frau Jung, seinem Entwicklungsleiter und seinem Vertriebsleiter folgenden Projektstrukturplan (Maßnahmenplan):

Projekt-Strukturplan

Einführung des neuen Möbelprogramms „Electronic Office"

Zielsetzung

- Marktreifes Produkt bis zur Büromesse (Ende Oktober) entwickeln

Vorbereitung

- Marktforschung (Beobachtung/Analyse)
- Produktideen finden und auswählen
- Produkt entwickeln (Funktion, Design)
- Produkt testen („Prototyp")
- Absatzstrategie entwerfen

Durchführung

- Markttest
- Messevorführung
- Ressourcen bereitstellen
- Produktionsstart

Frau Uhl prüft diesen Strukturplan, um sicherzustellen, dass er alle wichtigen Tätigkeiten enthält. Dann trägt sie die Vorgänge chronologisch geordnet in eine Vorgangsliste ein und nummeriert sie. Für jeden Vorgang muss festgestellt werden, welcher Vorgang ihm vorausgehen muss (Vorgänger), damit er beginnen kann, und welcher Vorgang nachfolgt (Nachfolger).

Vorgangsliste

Vorgangs-Nr.	Vorgangsbezeichnung	Vorgänger	Nachfolger
10	Zielsetzung	—	20, 30
20	Marktforschung durchführen	10	60
30	Produktideen gewinnen	10	40
40	Produkt entwickeln	30	50
50	Produkt testen (Prototyp)	40	70
60	Absatzstrategie entwerfen	20	70
70	Markttest durchführen	50, 60	80, 90
80	Messevorführung	70	100
90	Ressourcen bereitstellen	70	100
100	Produktion starten	80, 90	—

Auf der Grundlage dieser Vorgangsliste wird der Netzplan erstellt.

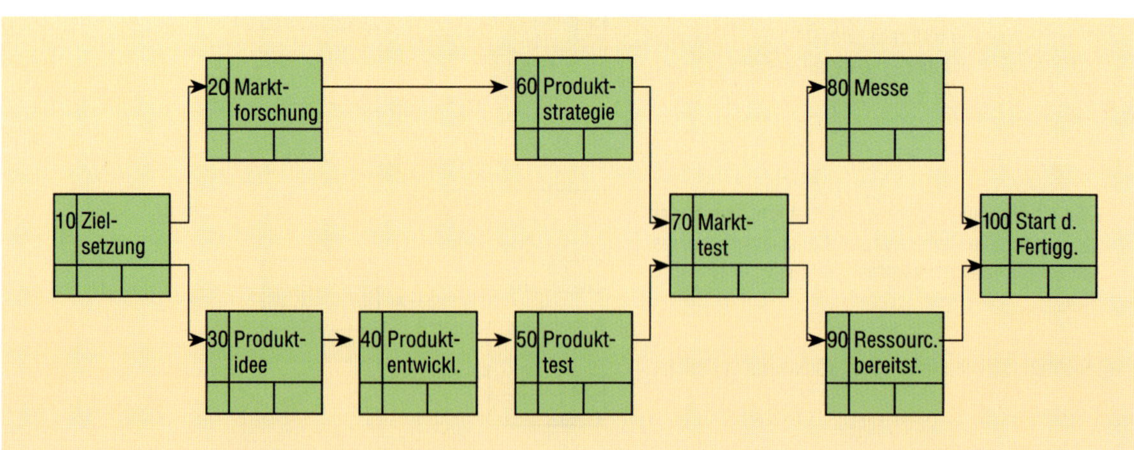

Vorstehender Netzplan enthält nur die chronologische Folge der Teilaufgaben mit zugehöriger Vorgangsnummer (Ablaufplanung), nicht aber die Zeiten selbst. Für eine wirksame Projektbearbeitung sind jedoch Zeitangaben unerlässlich.

Zeitangaben für eine aussagefähige Zeitplanung

Dauer des Vorgangs : D
Frühester Anfangszeitpunkt: FAZ
Frühester Endzeitpunkt : FEZ
Spätester Anfangszeitpunkt: SAZ
Spätester Endzeitpunkt : SEZ

Gesamtpuffer: GP
Freier Puffer : FP

Der früheste Endtermin wird durch „Vorwärtsrechnung" ermittelt: FEZ = FAZ + D
Der späteste Anfangstermin in einer „Rückwärtsrechnung": SAZ = SEZ - D

Vorgangsliste mit Zeitangaben (Ergebnis der Zeitplanung)

Vorgangs-Nr.	Vorgangsbezeichnung	Vorgänger	Nachfolger	Dauer Tage	FAZ	FEZ	SAZ	SEZ	Puffer GP	Puffer FP
10	Zielsetzung	—	20, 30	—	0	0	0	0	0	0
20	Marktforschung durchführen	10	60	20	0	20	5	25	5	0
30	Produktideen gewinnen	10	40	10	0	10	0	10	0	0
40	Produkt entwickeln	30	50	20	10	30	10	30	0	0
50	Produkt testen (Prototyp)	40	70	5	30	35	30	35	0	0
60	Absatzstrategie entwerfen	20	70	10	20	30	25	35	5	5
70	Markttest durchführen	50,60	80,90	5	35	40	35	40	0	0
80	Messevorführung	70	100	10	40	50	60	70	20	20
90	Ressourcen bereitstellen	70	100	30	40	70	40	70	0	0
100	Produktion starten	80,90	—	5	70	75	70	75	0	0

Berechnung der Pufferzeiten

Gesamtpuffer ist der Zeitraum, um den man eine Aktivität maximal verschieben kann, ohne die **spätesten Termine seiner Nachfolger** zu beeinflussen. Rechnerisch ergibt sich der Gesamtpuffer aus der Differenz zwischen dem frühesten Ende der Aktivität und dem Minimum der spätesten Anfangszeitpunkte seiner Nachfolger.

Gesamtpuffer

Gesamtpuffer eines Vorgangs: GP = Minimum (SAZ d. Nachfolger) – FEZ

Freier Puffer ist der Zeitraum, um den man eine Aktivität maximal verschieben kann, ohne die **frühesten Termine seiner Nachfolger** zu beeinflussen. Der freie Puffer ergibt sich rechnerisch aus der Differenz zwischen dem frühesten Ende der Aktivität und dem Minimum der frühesten Anfangszeitpunkte seiner Nachfolger.

Freier Puffer

Freier Puffer eines Vorgangs: FP = Minimum (FAZ d. Nachfolger) – FEZ

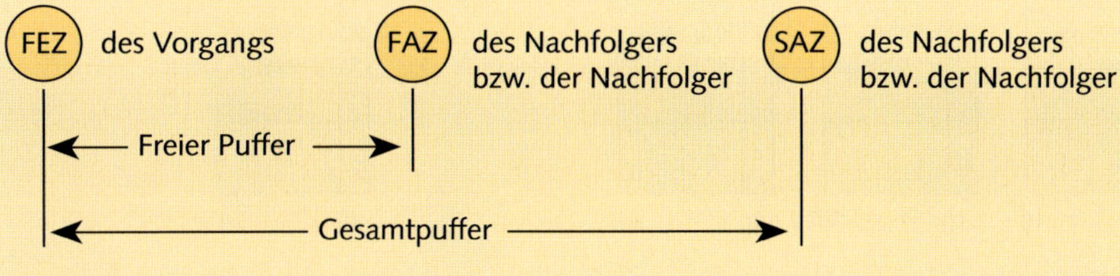

Berechnung der Pufferzeiten am Beispiel:

Vorgangs-Nr.	Vorgangsbezeichnung	Vorgänger	Nachfolger	Dauer Tage	FAZ	FEZ	SAZ	SEZ	Puffer GP	Puffer FP
...	....									
20	Marktforschung durchführen	10	60	20	0	**20**	5	25	5	0
...	....									
60	Absatzstrategie entwerfen	20	70	10	**20**	**30**	**25**	35	5	5
70	Markttest durchführen	50,60	80,90	5	**35**	40	**35**	40	0	0

Gesamtpuffer:	**GP =**	**SAZ (Nachfolger)**	**– FEZ**	**Freier Puffer:**	**FP =**	**FAZ (Nachfolger)**	**– FEZ**
Vorgang-Nr. 20	5 =	25	– 20		0 =	20	– 20
Vorgang-Nr. 60	5 =	35	– 30		5 =	35	– 30

Würde der Vorgang 20 seine Zeitreserve (5 Tage) aufzehren, so hätte sein Nachfolger (Vorgang 60) keine Zeitreserve mehr. Der Gesamtpuffer von 5 Tagen steht daher dem Vorgang 20 nicht zur freien Verfügung; d. h. sein freier Puffer ist 0. Erst wenn ein Vorgang in den kritischen Weg einmündet, kann die bis dahin aufgesparte Zeitreserve ohne Gefahr für den Terminplan verbraucht werden (Gesamtpuffer = Freier Puffer). Dies trifft hier bei den Vorgängen 60 und 80 zu.

Netzplan mit Zeitangaben (funktions- und zeitorientiert)

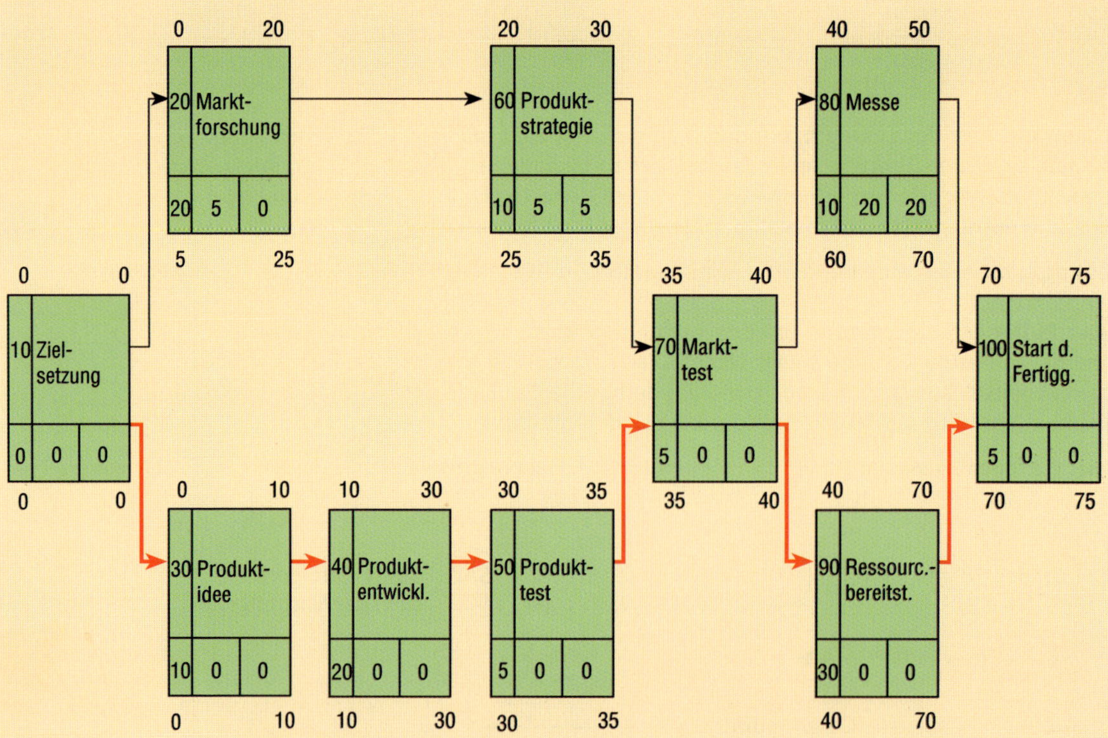

Der kritische Weg (im Netzplan rot hervorgehoben)

Der kritische Pfad (Weg) ist eine Folge von Vorgängen, bei denen sich eine zeitliche Verschiebung auf den Projekt-Endtermin auswirken würde. Es ist zu erkennen, dass auf dem kritischen Weg die Pufferzeiten = 0 sind und die frühesten und spätesten Anfangs- und Endzeitpunkte übereinstimmen.

Fallbeispiel: Anhand des Netzplanes kann die Projektleiterin Frau Uhl die vom Vorstand geforderten Termine (spätestmöglicher Projektstart; frühestmöglicher Produktionsbeginn) errechnen.
Sie ermittelt als erstes die Gesamtdauer des Projekts. Diese ergibt sich aus der Summe der Zeiten aller Vorgänge, die auf dem kritischen Pfad liegen.

Vorgangs-Nr.	10	30	40	50	70	90	100	Summe
Gesamtdauer	0	+ 10	+ 20	+ 5	+ 5	+ 30	+ 5	= 75 Tage
Dauer bis zur Messe	0	+ 10	+ 20	+ 5	+ 5			= 40 Tage

Anhand des Fabrikkalenders errechnet Frau Uhl den spätesten Starttermin des Projekts „Electronic Office System". Sie geht dabei vom Messetermin 20. Oktober (Kalenderwoche 43) aus und rechnet 40 Arbeitstage zurück. Die ersten Aktivitäten des Projekts müssten am 25. August (Kalenderwoche 35) beginnen. Die Produktion könnte dann 75 Arbeitstage später, am 9. Dezember (Kalenderwoche 50), voll anfahren.
Betriebsferien und Urlaubsplanung der Projektbeteiligten sind auf ihre Auswirkungen auf die Projektterminierung zu untersuchen. Eventuell können sie über Pufferzeiten aufgefangen werden, andernfalls muss der Projektstart entsprechend vorgezogen werden, um den fixen Endtermin nicht zu überschreiten.

Terminierungsmethoden

Je nach Ausgangspunkt der Terminplanung werden zwei Terminierungsmethoden unterschieden:

Vorwärts- und Rückwärts-Terminierung

Methoden / Merkmale	Vorwärts-Terminierung (progressiv)	Rückwärts-Terminierung (retrograd)
Ausgangspunkt der Terminplanung	Projektanfang	Projektende
Richtung der Terminierung	vorwärts in die Zukunft	rückwärts zur Gegenwart
Endergebnis	Projekt-Endtermin	Projekt-Beginn

Erfahrungsgemäß können durch den Einsatz von Netzplantechniken eine Kostenersparnis bis zu 15 % und eine Zeitersparnis bis zu 20 % erwartet werden. Dies ergibt sich aus dem Zwang, das Problem zu durchdenken und zu strukturieren. Schwachstellen werden so bereits in der Planungsphase erkannt und gelöst.

Die Vorteile der Netzplantechnik kommen erst durch den EDV-Einsatz voll zur Geltung:
- Der große Datenumfang lässt sich schnell und sicher bewältigen.
- Während der Überwachung des Projektverlaufs können in kürzester Zeit die Auswirkungen unvorhergesehener Änderungen festgestellt werden. Dadurch wird ein rechtzeitiges Eingreifen möglich.

- Die Ergebnisse können rasch und in übersichtlicher Form ausgegeben werden.
- Eine Abstimmung der Informationen auf den jeweiligen Verantwortungsbereich ist möglich.

```
Ressource-Details
Bildschirme  Details  Selektieren  Projekte  Drucken  Hilfe

Resc-Name: Proj-Magr
                                                 Vorgaben            Summen
Arb-Code      Kosten: Start Verteil. Ende  Std.:          0   Var:    7600,00
Gesamt überplant:    0  Ü-Faktor: 1,00     Fix:        0,00   Fix:       0,00
Kalenderabweichung: 0  Einheiten: 1        Satz:  168,0       Ges:    7600,00
                Mo  Di  Mi  Do  Fr  Sa  So  Prior:  50        Akt:       0,00
Werktag          8   8   8   8   8   0   0  Zuweisung  8x     Std: 384 Akt: 0
```

ID	Aufgabe	Pr	Std	Ztlg	E	Übr	Akt	Dauer	Start	Ende	X
001	Vorh. Systeme	50	56	8x	1	0	0	7	01-04-20..	09-04-20..	X
004	Profil	50	56	8x	1	0	0	7	23-03-20..	31-03-20..	X
005	IST-Analyse	50	8	8x	1	0	0	0	09-04-20..	09-04-20..	X
006	Grobkonzepte	50	48	8x	1	0	0	6	10-04-20..	17-04-20..	X
008	SOLL-Konzepte	50	0	8x	1	0	0	0	17-04-20..	30-04-20..	X
010	Angebote	50	24	8x	1	0	0	3	28-04-20..	28-04-20..	X
011	Grobbeurteilung	50	24	8x	1	0	0	3	01-05-20..	01-05-20..	X
012	Prototyping	50	48	8x	1	0	0	6	28-04-20..	27-04-20..	X
013	Evaluation	50	0	8x	1	0	0	0	05-05-20..	05-05-20..	X

Aufgaben

1 Erläutern Sie die Vorgehensweise der Netzplantechnik nach MPM.

2 Erklären Sie die Begriffe Vorgang, Ereignis, Puffer, kritischer Pfad.

3 Unterscheiden Sie Gesamtpuffer und freier Puffer.

4 Unterscheiden Sie Vorwärts- und Rückwärts-Terminierung.

5 Beschreiben Sie die Vorteile der Netzplantechnik.

6 Vorgangsliste für das Projekt „Vorbereitung einer Urlaubsreise":

Vorgangs-Nr.	Vorgangsbezeichnung	Vorgänger	Nachfolger	Dauer Tage	FAZ	FEZ	SAZ	SEZ	Puffer GP	Puffer FP
10	Beschaffung der Visa	-	20	5	?	?	?	?	?	?
20	Hotelreservierungen	10	40	15	?	?	?	?	?	?
30	Ausrüstung prüfen/ergänzen	-	40	25	?	?	?	?	?	?
40	Proviant beschaffen	30	-	5	?	?	?	?	?	?
50	Auto überprüfen	-	-	20	?	?	?	?	?	?

a) Ergänzen Sie die fehlenden Zeitangaben.
b) Erstellen Sie den zugehörigen Netzplan (nach MPM) mit Zeitangaben.
c) Kennzeichnen Sie den kritischen Weg.

Aufgaben

7 Georg Weber, kaufmännischer Leiter der Georg Weber OHG, steht in Verhandlungen mit der Laupheimer Büromöbel AG und will einen verbindlichen Liefertermin für die Möblierung des neuen Verwaltungsgebäudes festlegen.
Er beauftragt seine Organisationsleiterin Frau Dauner, einen groben Terminplan für die Errichtung dieses Gebäudes zu erstellen.
Zusammen mit der beauftragten Bau-Unternehmung entwickelt Frau Dauner folgende Vorgangsliste für das Bauvorhaben:

Vorgangs-Nr.	Vorgangsbezeichnung	Vorgänger	Nachfolger	Dauer Tage	FAZ	FEZ	SAZ	SEZ	Puffer GP	FP
10	Planung und Genehmigung	—	20,30	10	0	10	0	10	0	0
20	Baustelle einrichten	10	40	1	10	11	11	12	1	1
30	Erdarbeiten	10	40	2	10	12	10	12	0	0
40	Fundament betonieren	20,30	50	6	12	18	12	18	0	0
50	Rohbau erstellen	40	60,80	20	18	38	18	38	0	0
60	Dachstuhl errichten	50	70,100	5	38	43	50	55	13	0
70	Dach decken	60	110	3	43	46	55	58	12	12
80	Hausanschlüsse	50	90	5	38	43	38	43	0	0
90	Installation	80	110	15	43	58	43	58	0	0
100	Fenster, Türen setzen	60	110	2	43	45	56	58	13	13
110	Innen-/Außenputz	70,90,100	120	4	58	62	58	62	0	0
120	Baustelle räumen	110	—	1	62	63	62	63	0	0

a) Vollziehen Sie anhand der Vorgangsliste nach, wie die frühesten und spätesten Zeitpunkte errechnet worden sind und wie sich die Gesamtpuffer und freien Puffer ergeben.
b) Stellen Sie den zugehörigen Netzplan (nach MPM) auf. Tragen Sie alle Zeitangaben ein.
c) Kennzeichnen Sie in einer anderen Farbe den kritischen Weg (Pfad).
d) Ermitteln Sie die Gesamtdauer des Bauvorhabens.

8 Erstellen Sie aus dem Balkendiagramm einen Netzplan (nach MPM)

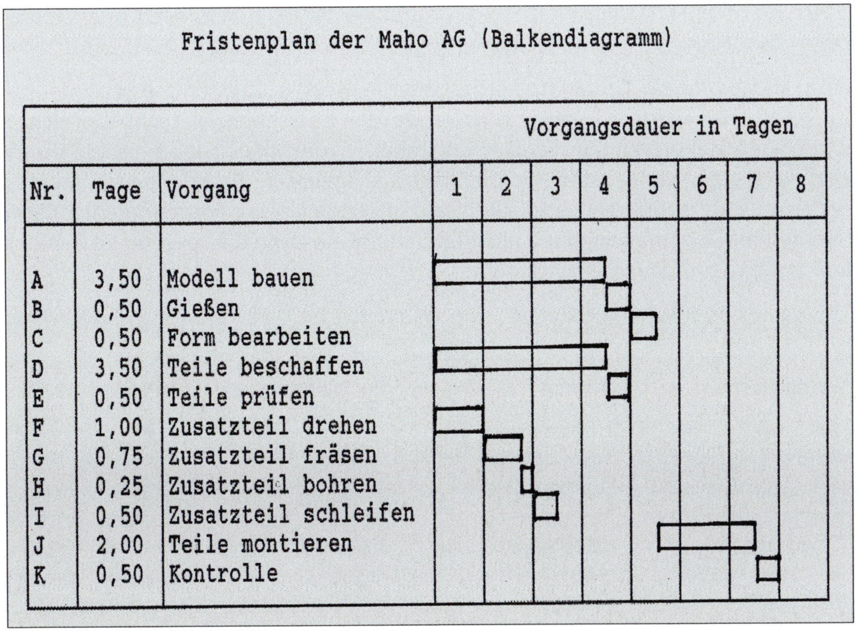

4.4 Termine planen und überwachen – und plötzlich haben Sie Zeit!

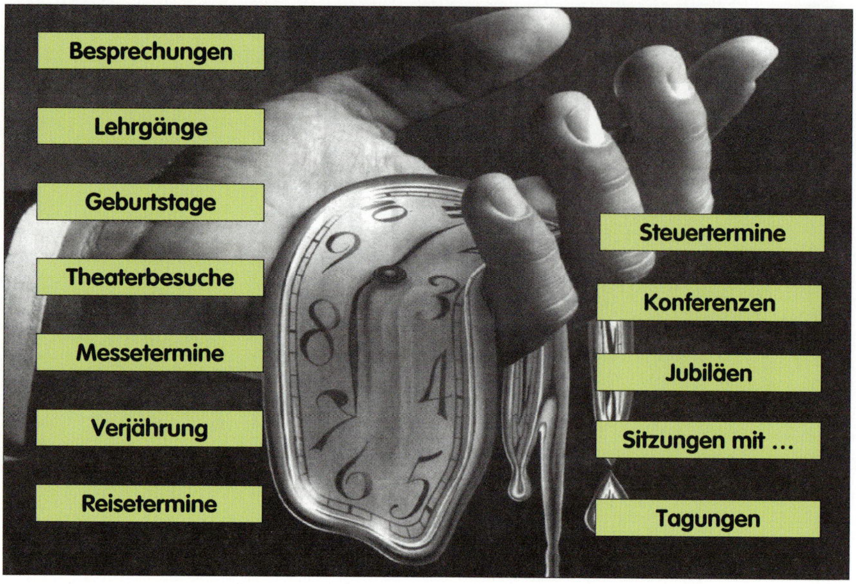

■ **Begründen Sie die Notwendigkeit, Termine zu planen und deren Einhaltung zu überwachen.**

Warum müssen Termine geplant und überwacht werden?

Die größte Zeitfalle ist die Tyrannei der Dringlichkeit. Jeder will alles sofort, am liebsten schon vorgestern.

Täglich sind Termine zu überwachen – gar nicht so einfach in der Hektik des Tagesgeschäfts. Viele Führungskräfte und Mitarbeiter fühlen sich gehetzt und stehen ständig unter Zeitdruck.

Allzu leicht wird ein Termin übersehen oder vergessen. Kunden müssen unnötig warten und vertröstet werden, Zahlungstermine werden übersehen, Material/Waren gehen aus, Maschinen stehen still, Zinsverluste entstehen, Skontofristen verstreichen, Kunden werden verärgert, Kapazitäten werden nicht ausgelastet, Schadenersatz muss geleistet werden, Mahngebühren und Säumniszuschläge fallen an, Forderungen verjähren usw. Werden die Zahlungseingänge nicht überwacht, so kann dies die eigene Zahlungsfähigkeit gefährden.

Die zahlreichen Termine erfordern eine systematische Terminplanung und -überwachung:

Beschaffung	Fertigung	Verkauf	Rechnungswesen	Personalwesen
Bestelltermine Liefertermine Materialbereitstellungs-termine Vertreterbesuchstermine Messetermine Gewährleistungstermine	Starttermine Fertigstellungstermine Instandhaltungstermine Maschinenbelegungszeiten Schichtzeiten Bereitstellungstermine Durchlaufzeiten	Liefertermine Wartungstermine Gewährleistungsfristen Messetermine Kundenbesuchstermine Kundengeburtstage Feiertage (auch Ausland)	Zahlungstermine – Debitoren – Kreditoren Steuerzahlungstermine Termine für abzuführende Abgaben Aufbewahrungsfristen	Einstellungstermine Vorstellungstermine Kündigungstermine Jubiläen, „runde" Geburtstage von Mitarbeitern An-/Abmeldung zur Sozialversicherung

Beruflicher und persönlicher Erfolg sind nicht nur eine Frage des Fleißes und des Arbeitseinsatzes. Erfolg ist vielmehr begründet in zielorientiertem Handeln, guter Übersicht und richtiger Zeiteinteilung.

Grundsätzliches zur Zeiteinteilung

Wesentlicher Schritt eines erfolgreichen Zeitmanagements ist die Planung jedes einzelnen Tages. Wer sein Tagesgeschäft nicht im Griff hat, der wird auch langfristige Ziele kaum erreichen.

Womit Manager ihre Zeit verbringen

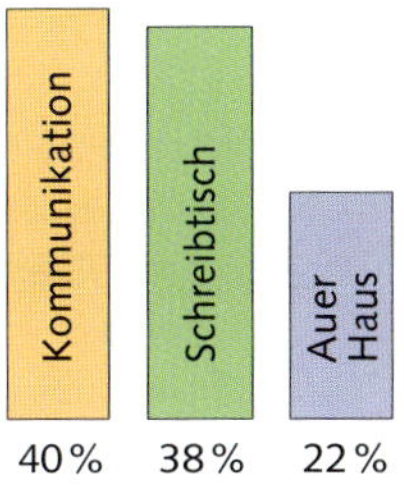

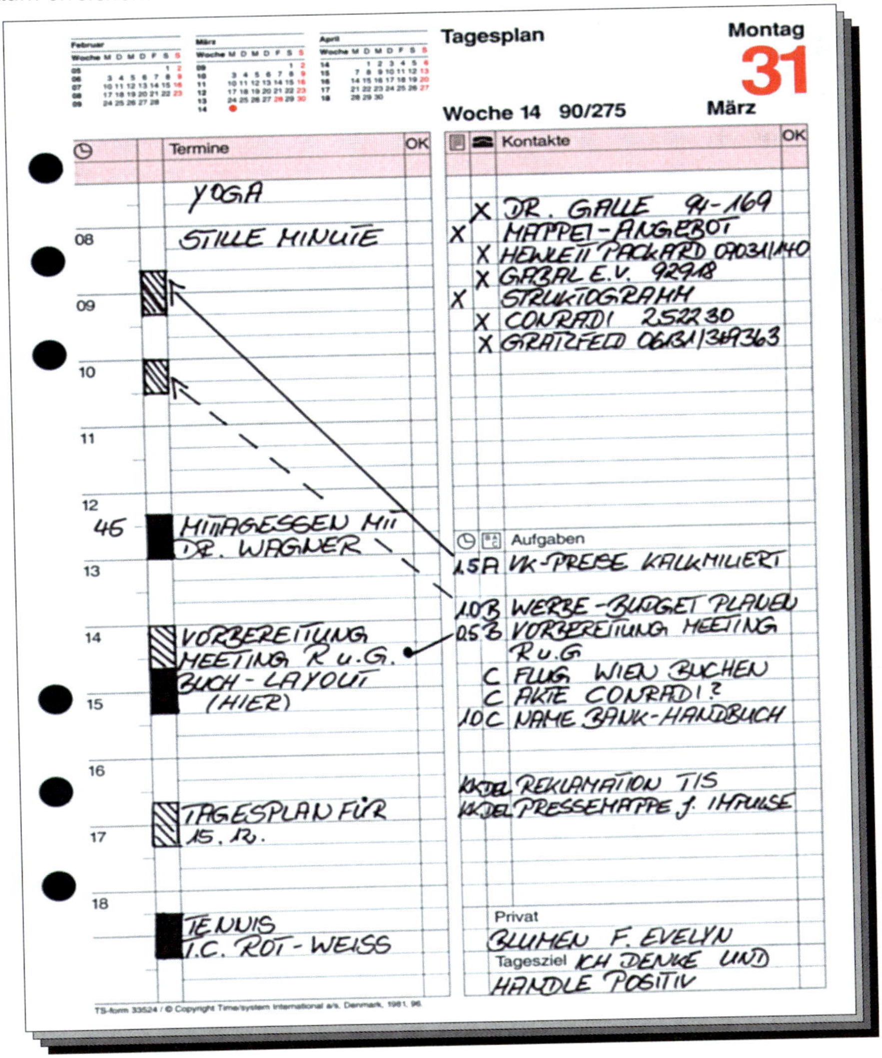

Persönliche Zeitdiebe sind:

- *Telefon-Anrufe*
- *unangemeldete Besucher*
- *langwierige Besprechungen*
- *Aufschieben unangenehmer Aufgaben*
- *mangelnde Konsequenz und Selbstdisziplin*
- *Unfähigkeit, einmal „Nein" zu sagen*

Die „ALPEN"-Methode zeigt, wie in fünf Schritten der Arbeitstag eingeteilt werden kann:

1. **A**ufgaben, Aktivitäten und Termine aufschreiben
2. **L**änge (Zeitbedarf) der Tätigkeiten schätzen
3. **P**ufferzeit für unvorhergesehene Ereignisse einplanen
4. **E**ntscheidungen über Prioritäten, Kürzungen und Delegationsmöglichkeiten treffen
5. **N**achkontrolle: Unerledigtes übertragen auf den nächsten Tag

Permanente Störungen *lassen sich durch eine zeitweilige Unerreichbarkeit (stille Stunde) in den Griff bekommen*

Bevor über Möglichkeiten der Zeiteinsparung nachgedacht wird, sollten die Zeitanteile der Tätigkeiten kritisch beurteilt werden. Gesicherte statistische Daten belegen, dass Führungskräfte regelmäßig Unterlagen mit nach Hause nehmen, um sie dort in Ruhe durchzuarbeiten. Mitarbeiter, Kunden, unangemeldete Besucher, Konflikte, Telefon, Sitzungen stören sie tagsüber so sehr, dass sie erst abends dazu kommen, in Ruhe zu arbeiten. Jede Unterbrechung bedeutet wieder eine Anlaufzeit, also eine Minderung der Leistung. Es geht darum, die Zeitdiebe zu fassen.

Es ist besser, die richtige Arbeit zu tun, als eine Arbeit nur „richtig" zu tun. Mit 20 % des Zeitaufwands können 80 % der Ergebnisse erzielt werden, wenn die Aktivitäten auf die wichtigen Punkte konzentriert bleiben. Diese Gesetzmäßigkeit lässt sich auf den italienischen Ökonomen Vilfredo Pareto zurückführen und wird als 80 : 20-Regel oder Pareto-Prinzip bezeichnet. Der Schlüssel einer erfolgreichen Zeiteinteilung liegt darin, alle Tätigkeiten in eine Rangordnung zu bringen.

Wichtigkeit
stellt den Wert einer Arbeit dar, ihren Beitrag zur Zielerreichung

Dringlichkeit
hat nur mit dem Faktor Zeit zu tun und sollte nicht mit Wichtigkeit verwechselt werden

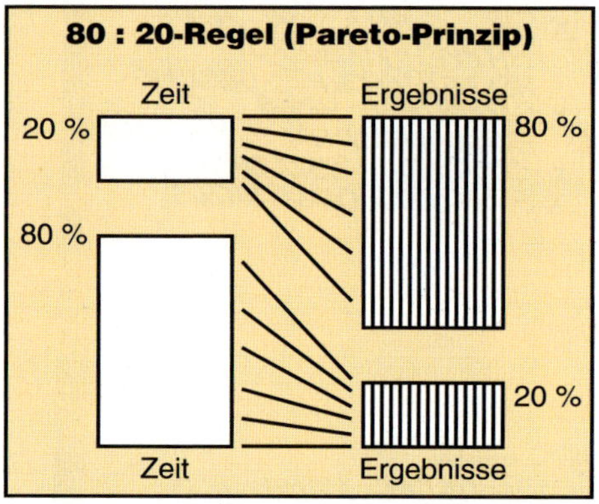

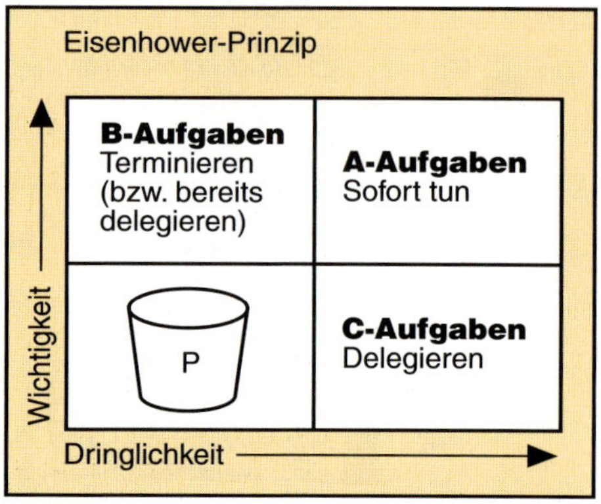

- **A-Aufgaben** sind wichtige Aufgaben, die nicht delegiert werden können, z. B. Verkaufsgespräche für einen Verkäufer.
- **B-Aufgaben** sind durchschnittlich wichtige, delegierbare Aufgaben.
- **C-Aufgaben** sind Routinearbeiten, die den größten Teil der Zeit beanspruchen, jedoch den geringsten Wert haben; z. B. Ablage, Verwaltung, Korrespondenz, Papierkram, Sortieren.

Hilfsmittel zur Terminplanung und Terminüberwachung

Ohne geeignete Hilfsmittel ist ein reibungsloser Betriebsablauf bei der Fülle von Daten und Terminen nicht mehr zu bewältigen. Denn wer kann schon sämtliche Daten und Termine, bevorstehende Ereignisse und zurückliegende Handlungen im Gedächtnis behalten?

Die gebräuchlichsten Hilfsmittel zur Terminüberwachung sind Plantafeln, Terminkalender und Termindateien.

„Knoten zur Terminüberwachung? Ist diese Methode nicht etwas veraltet?"

Plantafeln – alles auf einen Blick

Feste Termine (z. B. Betriebsferien, Geschäftsreisen, Messen, Urlaub, Steuertermine, Tagungen) können übersichtlich auf einer Informationstafel verzeichnet werden. Solche Plantafeln können als Stecktafeln, Kartentafeln oder Magnettafeln ausgeführt sein. Es gibt sie als Jahres- Monats- oder Wochenplaner.

Der Jahresplaner ist kalendergerecht bedruckt (Monate, Wochentage). Termine können mit Faserschreibern oder Magneten verzeichnet werden.

Der Jahresplaner ist kalendergerecht bedruckt (Monate, Wochentage), Termine können mit Faserschreibern oder Magneten verzeichnet werden.

Plantafeln eignen sich auch für die Personaleinsatz- und Ausbildungsplanung.

Personal-Einsatzplan eines Kaufhauses

Teilarbeitszeit zwingt zu einer sorgfältigen Planung der Stellenbesetzung. Hier erfolgte die Gliederung nach Warengruppen und Wochentagen

Woche 31	Wäsche	Konfektion	Parfümerie	Spielwaren
Montag	* Vogt *	Rederer	T Gerhard T	Meyer
	Bernauer	Straub	* Sturm *	Hill
Dienstag	* Vogt *	Rederer	T Agrelli T	T Brecht T
	Bernauer	Straub	* Sturm *	Hill
Mittwoch	* Vogt *	Rederer	T Agrelli T	Meyer
	Bernauer	Huber	* Sturm *	Hill
Donnerstag	* Vogt *	Schulz	Agrelli	Meyer
	Bernauer	T Gerhard T	T Wagner T	T Brecht T

T = Teilzeitkräfte   * = Auszubildende

Terminplaner und Organizer

Der jeweilige Tagesablauf verlangt eine feingliedrige Einteilung, eventuell mit Stundenaufteilung. Dies erlauben die Terminkalender und Terminplanbücher. Zeitplanbücher und digitale Planer unterscheiden sich von „normalen" Terminkalendern vor allem in ihrem Anspruch.

Wenn der Benutzer mit der Systematik des Terminplaners vertraut ist, kann er 15 % bis 40 % Zeit gewinnen.

Terminplaner sollen
- einen Überblick über die anstehenden Aufgaben geben.
- dabei helfen, alle wichtigen Termine und Tätigkeiten systematisch und zielorientiert zu planen und aufeinander abzustimmen und
- die Organisation und Kontrolle der Aktivitäten erleichtern.
- alle wichtigen Informationen stets griffbereit und übersichtlich bereithalten (z. B. auf Reisen, Konferenzen, Kundenbesuchen, im Büro und zu Hause).

Der Zeitplaner darf jedoch nicht zum Selbstzweck werden; denn kein Mensch wird für die Beschäftigung mit seinem Zeitplaner bezahlt, sondern für das Ergebnis der Arbeit, die das Zeitplanbuch steuern hilft.

Fallbeispiel: Auf einer Vorstandssitzung der Laupheimer Büromöbel AG stellt die kaufmännische Leiterin Senta Uhl ihren Vorstandskollegen ihren neuen elektronischen Terminplaner vor. Frau Uhl gibt zu, dass sie den Planer momentan noch nicht optimal nutzen kann, glaubt jedoch an eine Zeitersparnis von einem Fünftel in der Zukunft.
Dr. Gustav Roller und Dr. Erika Käufner lassen sich von Frau Uhl überzeugen und werden den Planer ebenfalls testen; der technische Leiter Dr. Ernst Hansen bleibt skeptisch („Das ist mir zu kompliziert.").

Terminverwaltung mit dem PC

Recht groß ist inzwischen das Angebot an Terminverwaltungs-Programmen, die auf den deutschen Markt (deutsches Format von Datum und Uhrzeit) zugeschnitten sind. Fast alle Programme bleiben nach dem Programmaufruf im Hauptspeicher und lassen sich jederzeit per Tastenkombination aufrufen. Über Menüsteuerung kann der Anwender selbst festlegen, in welche Zeitabschnitte – Stunde, halbe Stunde, viertel Stunde – der Tag eingeteilt werden soll. Periodisch wiederkehrende Termine lassen sich automatisch eintragen.

Nur 15 Minuten weniger Suchaufwand pro Tag bedeutet einen Zeitgewinn von einem Arbeitstag im Monat.

Besonders praktisch ist die Suche nach einem freien Termin. Der Anwender gibt nur die Zeitdauer und die gewünschte Tageszeit ein. Den Rest übernimmt die Software, indem sie einen entsprechenden Platz im Terminplan anbietet. Alarmfunktionen, die an bestimmte Termine erinnern, sowie die Wochendarstellung in grafischer Form sind mit fast allen Programmen möglich.

Ausdruck normgerechter Terminübersichten

Manche Programme lösen auch das gravierende Problem jeder rechnergestützten Terminverwaltung, nämlich dass festgelegte Termine erst vom PC in den eigenen Terminkalender übertragen werden müssen. Sie ermöglichen den Ausdruck normgerechter Terminübersichten (Tages-, Wochen-, Monatsübersichten), die in ein mitgeliefertes Ringbuch eingeheftet werden. Zu jedem Termin können beliebige Notizen hinzugefügt werden. Netzwerkversionen gestatten, dass zugleich mehrere Benutzer ihre Termine verwalten können.

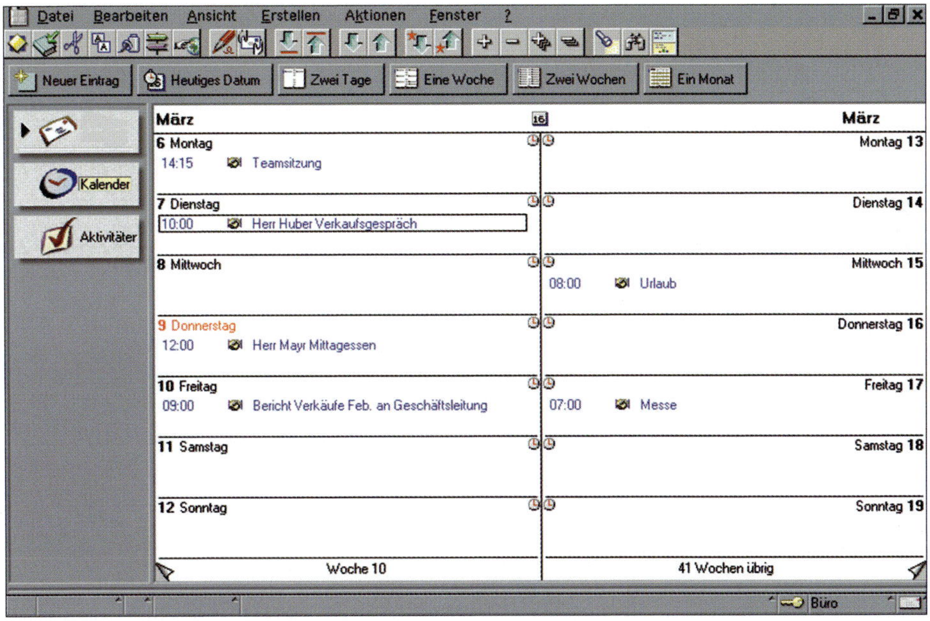

Bildschirm-Anzeige eines gängigen Terminverwaltungs-Programms

Internet *siehe Seite 356 ff.*

Auch das Internet bietet nützliche Organisationshilfen. Vorteil der Online-Organizer: Man kann sich per E-Mail oder SMS benachrichtigen lassen, wenn ein wichtiger Termin anliegt. Fast schon ein Rundum-Sorglos-Paket schnürt beispielsweise DaybyDay unter www.daybyday.de. Geboten werden die Verwaltung von Adressen, Terminen sowie nützlichen Adressen im Internet, auf die via Computer oder Handy (Wap) zugegriffen werden kann. Synchronisieren lassen sich die Daten mit der Software von Palm und Outlook. Neben dem freien Versand von SMS und Faxen ist es auch mög-

Wap-Handy *siehe Seite 336*

lich, Sprachnachrichten – so genannte Voice-Mails – per E-Mail zu empfangen, online abzuhören und zu speichern. Zusätzlich gibt es für jeden Benutzer 15 MB Speicherplatz, um Dateien abzulegen, die an allen Orten zur Verfügung stehen sollen. Außerdem kann man sich per E-Mail oder SMS an Termine erinnern lassen.

Aufgaben

1 Ihr Abteilungsleiter hat die Angewohnheit, alle Termine „im Kopf" zu speichern. Überzeugen Sie ihn von der Notwendigkeit einer systematischen Terminplanung.

2 Beschreiben Sie die Einsatzmöglichkeiten von Plantafeln, Terminkalendern, Terminplanbüchern, Terminverwaltungs-Programmen.

3 Erstellen Sie einen Terminplan für Ihre betriebliche Ausbildung.

4 Am Montag, den 24. Juli, fallen folgende **Arbeiten** an[1]:
- Jahresabonnement der Fachzeitschrift „Büro" überweisen
- Anrufe bei Firma Schwerdt in München und Firma Brown Ltd. in London
- Ablagearbeiten
- Protokoll der gestrigen Sitzung schreiben
- Vortrag für Freitag in Berlin am PC ausdrucken
- Briefe an die Firmen Schnell & Co. in Hamburg und Compoprint GmbH in Darmstadt
- Ordner für die Altablage neu beschriften

Außerdem sind noch folgende **Termine** zu berücksichtigen:
- Besprechung des Chefs mit Herrn Dr. Krause im FTZ in Darmstadt
- wöchentliche Abteilungsleitersitzung um 11:30 Uhr, Dauer: etwa eine Stunde
- Mr. Miller teilt per Fax mit, dass er seinen Besuch um 10:00 Uhr um eine Woche verschiebt; die Tageszeit bleibt unverändert
- Vereinbarung eines Besprechungstermins für den Nachmittag mit der Steuerberaterin Frau Senft; Dauer: etwa zwei Stunden
- um 17:00 Uhr nimmt der Chef am Arbeitskreis der Kammer teil;
- eigener Arzttermin um 7:00 Uhr. Dauer: etwa $^{3}/_{4}$ Stunde
- Teilnahme am PC-Training von 11:00 bis 11:30 Uhr
- Spanischkurs um 19:00 Uhr in der Volkshochschule
- Urlaubsunterlagen (für den eigenen Urlaub) vom Reisebüro abholen.

a) Erstellen Sie einen Tagesplan für Montag, den 24. Juli. Beachten Sie folgende Hinweise:
   Für die Eintragungen sollten verschiedene Farben benutzt werden, z. B.
   - Blau = Termine des Chefs
   - Grün = Termine, die außer Haus stattfinden
   - Rot = erledigte, verlegte oder gestrichene Termine
   - Schwarz = eigene Termine

b) Ordnen Sie die Arbeiten nach der Priorität in A-, B- und C-Aufgaben.

c) Ordnen Sie die Termine nach festen (= F) und beweglichen (variablen = V) Terminen.

---

[1] *Nach: Elke Mühle, Termine planen, aber wie?*

Optimierung der Durchlaufzeiten

Situation

Sie repräsentieren die Organisationsabteilung eines Unternehmens.

Von einer Abteilung des Unternehmens kommen immer wieder Klagen, da es mangelnde Effizienz und Schwierigkeiten im Arbeitsablauf gibt. Die Mitarbeiter behindern sich teilweise gegenseitig und können ihr Soll nicht erfüllen, was sich bereits auch auf das Klima zwischen den Einzelnen auswirkt.

Um einen optimalen Ablauf für diese Abteilung zu finden, simulieren Sie den Vorgang in Ihrer Abteilung. Dazu teilen Sie sich in Gruppen auf, jede Gruppe erhält denselben Auftrag und versucht gruppenintern eine optimierende Lösung.

Anschließend sollen gruppenübergreifend die Einzellösungen in einem Workshop dargestellt und diskutiert werden. Längerfristig ist auch ein Workshop unter den betroffenen Mitarbeitern geplant, wobei Ihre Ergebnisse als Grundlage dienen sollen.

Deshalb muss Ihr Ergebnis in geeigneter Weise verwertet werden. Am deutlichsten wird der Ablauf bei Darstellung in einem Diagramm.

Das Projekt besteht somit aus 3 Teilaufgaben:

Teil 1: Simulation des Ablaufs mit genauer Dokumentation
Teil 2: Workshop mit Erfahrungsaustausch und Lösungsmöglichkeit
Teil 3: Darstellung im Diagramm

Teil 1: Simulation des Ablaufs mit genauer Dokumentation

Schritt 1:
Der Zeitrahmen für den Gruppenauftrag wird gesteckt.

Schritt 2:
Bildung von Gruppen (max. 5)

Schritt 3:
Jede Gruppe erhält dieselbe Vorinformation in Form eines Gruppenauftrags. Die einzelnen Gruppen arbeiten unabhängig voneinander, sie konkurrieren gewissermaßen in der Suche nach der optimalen Lösung.

Zu beachten ist dabei, dass eine Erfüllung des Arbeitsauftrags in der vereinbarten Zeit unbedingt erforderlich ist, um die Ergebnisse miteinander vergleichen zu können.

Gruppenauftrag:

Der Auftrag ist zweigeteilt in einen Simulationsteil und einen Dokumentationsteil. Im Folgenden werden die beiden Aufgaben mit 1. und 2. bezeichnet und vorgestellt. Die beiden Teile laufen simultan ab und verlangen dadurch **eine genaue Planung** von Ihnen. **Eine genaue Aufgabenverteilung** ist die absolute Voraussetzung vor der Durchführung des Auftrags.

Sie brauchen die **Modellbauer**, die den Ablauf simulieren und die **Beobachter**, die den zeitlichen Umfang festhalten. Es bleibt Ihnen überlassen, wie viele Gruppenmitglieder als Modellbauer, Beobachter oder in wechselnder Funktion eingesetzt werden.

Aufgabe 1:

Bauen Sie ein Modellhaus aus Pappkarton in möglichst kurzer Zeit.
Nutzen Sie die vorhandenen Produktionsfaktoren in der bestmöglichen Weise aus.
Die Faktoren sind bereits beschafft und stehen Ihnen zur Verfügung.

Das Modellhaus besteht aus 3 Bauteilen:

- Bauteil I und Bauteil II ergeben einen Würfel
- Bauteil III wird als Dach aufgesetzt

Die Arbeitsmaterialien sind bereits beschafft und liegen vor:

- Weißer Pappkarton für das Bauteil I
- Schwarzer Pappkarton für das Bauteil II
- Roter Pappkarton für das Bauteil III
- 2 Scheren
- Klebstoff
- Lineale und Geodreiecke
- Bleistifte

Zur Konstruktion der Häuser liegen neben Skizzen die folgenden Angaben vor:

- Quadrate: 6 cm
- Klebelaschen seitlich abflachen, Breite 1,5 cm
- Schenkel der Dreiecke in Bauteil III ebenfalls 6 cm

Der Bau des Modellhauses ist möglichst einfach gestaltet, da das Ziel nicht in Konstruktionsfertigkeiten besteht, sondern in einer Ablaufoptimierung.

Die Planung ist somit die wichtigste Aufgabe und sollte möglichst sorgfältig ausgeführt werden, um das optimale Ergebnis zu erhalten!

Bedenken Sie, dass Sie mit den anderen Gruppen konkurrieren!

Nachfolgend sind die einzelnen Bauteile in kleinerem Maßstab abgebildet:

Bauteil 1:

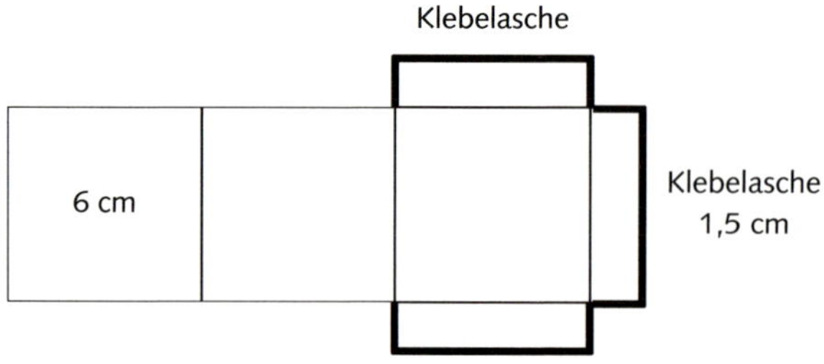

Bauteil 2:

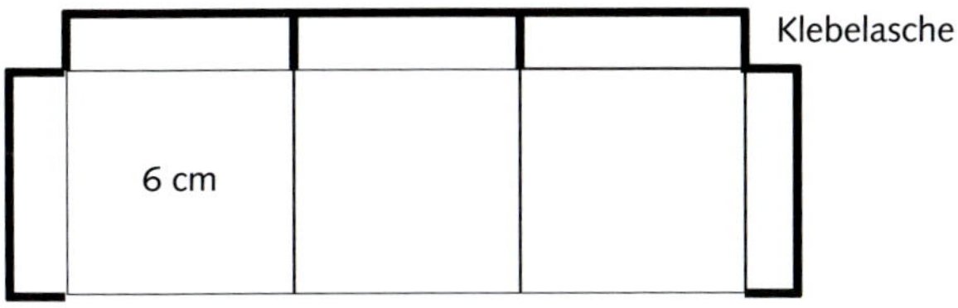

Bauteil 3:

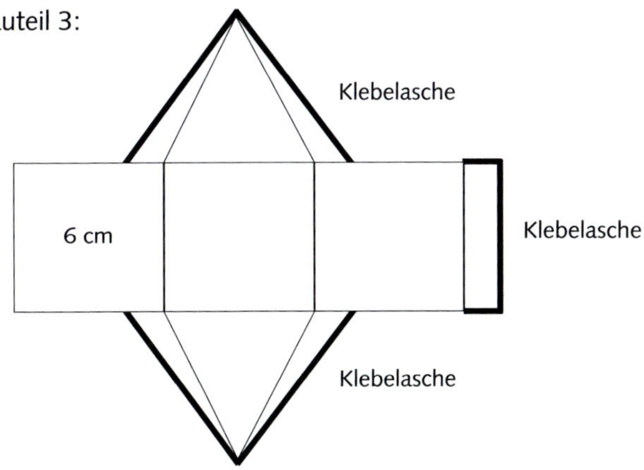

Aufgabe 2:

Genaue Dokumentation der Bauphase

„**Wer** braucht
wie lange
für welchen Arbeitsabschnitt?"

Folgende Hilfsmittel stehen Ihnen zur Verfügung:

- Stoppuhren
- Notizblock
- Folien
- Folienstifte

Hinweis:

Berücksichtigen Sie
- die zeitlichen Vorgaben
- die sachlichen Vorgaben
- die individuellen Vorgaben

Sie haben in einer kurzen Anschlussphase Zeit das Gruppenergebnis unter Beteiligung aller Mitglieder auf Folie festzuhalten. Diese Endphase der Dokumentation zeigt teilweise bereits Ineffizienzen und Unstimmigkeiten auf, sodass eventuell innerhalb der Gruppen sofort Lösungsansätze angeregt werden.

AKTION

Teil 2: Workshop mit Erfahrungsaustausch und Lösungsmöglichkeiten

Hier werden die Gruppenergebnisse ausgetauscht mit dem Ziel, dass gemeinsame Lösungsmöglichkeiten für den optimalen Ablauf des Projekts gefunden werden. Sie werden hier verschiedene Methoden der Informationsgewinnung und -verwertung anwenden.

Teil 3: Darstellung im Diagramm

Aufgliederung des Auftrags in einzelne Arbeitsabschnitte
Darstellung mit den in der Literatur verwendeten Symbolen und Methoden

Schritt 1:
Zerlegung in Teilabschnitte
Zeichnen, Schneiden und Kleben von Bauteil I, Bauteil II, Bauteil III
Kontrolle

Schritt 2:
Darstellungsmöglichkeiten geordnet nach Schwierigkeitsgrad
- Darstellung anhand Gantt-Balkendiagramm:
  Abbildung des zeitlichen Ablaufs mit Hilfe einer Zeitachse
- Darstellung im Ablaufdiagramm anhand von Symbolen:

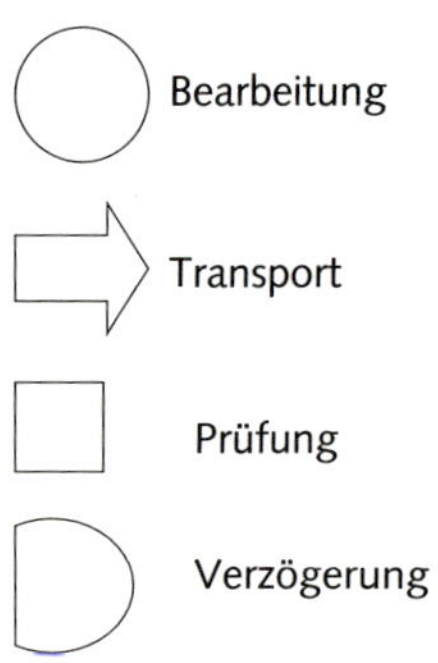

- Darstellung als Netzplan:
  Voraussetzung: Vorgangsliste mit Zeitangaben

1 Anfrage- und Auftragsbearbeitung in einem Großhandelsbetrieb

1.1 Bearbeitung einer Kundenanfrage – Lieferwilligkeit und -fähigkeit

Eine Anfrage geht ein

Die Verkaufssachbearbeiterin der Weber OHG, Frau Schneider, erhält am 15. März eine Anfrage der Lena Maier KG, Pforzheim:

> **LENA MAIER KG Kraftfahrzeug-Werkstatt**
>
> ...
>
> **Anfrage nach Autoradios**
>
> Bitte nennen Sie uns den Preis und den Liefertermin für folgende Artikel:
>
> Yashi-Autoradio 10 Stück
> Lautsprecher 10 Paar
>
> ...

- Beschreiben Sie die einzelnen Schritte, die notwendig sind, um diese Anfrage zu bearbeiten.

Prüfung der Lieferwilligkeit

Prüfung der Kreditwürdigkeit (Bonitätsprüfung)
Bonität (lat. Güte)

Frau Schneider prüft zunächst die **Kreditwürdigkeit (Bonität)** des Kunden. Da mit der Lena Maier KG bereits Geschäftsbeziehungen bestehen, kann sie wichtige Informationen aus der Kundenliste (Debitorenliste) entnehmen. Die Kundenliste erhält sie wöchentlich von der Abteilung Rechnungswesen. Wenn sie zusätzliche Informationen wünscht, kann sie auf die Kundendatei zugreifen oder eine Auskunftei einschalten.

Kundenliste

Kunden-Nummer	Name	Umsätze (in EUR)		Höchster Einzelauftrag	offene Posten	Zahlungsmoral	Externe Auskunftei
		Vorjahr	dieses Jahr	dieses Jahr			
87001	Maas GmbH	0	2000,30	703,50	2000,30	04	Bürgel
87002	Mader, Maria	5866,28	3600,20	2883,50	0	01	Creditreform
87003	Mag & Waidle	8900,45	3000,30	803,00	1005,80	02	Bürgel
87004	Maier, Lena KG	9333,59	2020,30	703,50	200,89	02	Schimmelpfeng
87005	Mars GmbH	2000,89	1000,30	503,50	1000,30	04	Creditreform

Zahlungsmoral: 01 Skontoausnutzung/02 Zielausnutzung/03 Zielüberschreitung/04 Mahnbescheid/05 Zwangsmaßnahmen

„Die am meisten geschätzte Fähigkeit des Menschen ist seine Zahlungsfähigkeit"

„Nur 76 % der westdeutschen Firmen bezahlen fristgerecht" (Brad & Dunstreet)

Fallbeispiel: Bei Aufträgen über 20.000,00 EUR Auftragswert muss Frau Schneider ihren Abteilungsleiter, Herrn Tuscher, einschalten. Bei neuen Kunden entscheidet immer der Vertriebsleiter, ob ein Angebot abgegeben bzw. ein Auftrag angenommen wird. Frau Schneider ist in solchen Fällen angewiesen, Informationen bei Auskunfteien und Kreditschutzorganisationen einzuholen und Vorschläge für die Absicherung der Forderungen zu machen.

Auskunfteien bieten über ihre Datenbanken Online-Auskünfte an. Die „Compact-Auskunft" enthält alle wichtigen Informationen (Allgemeines, Persönliches, Vermögenslage, aus mehreren Kenngrößen berechneter Bonitätsindex).

Prüfung des Preis-Kosten-Verhältnisses

Enthält die Kundenanfrage keine Preisvorstellung, dann gelten die Angebots-Preise aus der Preisliste. Aus der Kundendatei ist zu ersehen, in welcher Höhe Preisnachlässe (Rabatt, Skonto) gewährt werden. Bei größeren Aufträgen wird eine Angebotskalkulation (Vorkalkulation) erstellt, um ein angemessenes **Preis-Kosten-Verhältnis** sicherzustellen. Hierbei sind auch Mindestabnahmemengen zu beachten.

Prüfung der Lieferfähigkeit

Nachdem die Lieferwilligkeit positiv beantwortet ist, muss, bevor das Angebot herausgeht, die Lieferfähigkeit geprüft werden.

Verfügbarkeitsprüfung

Fallbeispiel: Frau Schneider fragt im Lager nach, ob die gewünschten Artikel in ausreichender Zahl vorhanden sind und ob der Lagerbestand auch verfügbar, d. h. nicht schon für andere Kunden reserviert ist. Sie hat auch die Möglichkeit, online auf die Lagerdatei zuzugreifen.

Weshalb ist es sinnvoll, trotz Bildschirmabfrage im Lager selbst nachzusehen, ob die gewünschten Artikel vorhanden sind?

Ermittlung des Liefertermins

Ist die Ware in ausreichender **Menge verfügbar**, gilt es, den frühestmöglichen **Liefertermin** festzustellen. Der Zeitbedarf für die Leistungserstellung hängt von der eigenen Beschaffungszeit, der Zeit für die Bereitstellung im Lager (Kommissionierung) und der Transportzeit ab.

Das Angebot geht heraus

Fallbeispiel: Frau Schneider kommt zu dem Ergebnis, dass der Lena Maier KG das gewünschte Angebot ohne Bedenken unterbreitet werden kann. Sie lässt die entsprechenden Mengen reservieren und schickt noch am gleichen Tag ein Telefax an den Kunden. Zwei Tage später trifft die Bestellung der Lena Maier KG ein:

Der Kundenauftrag geht ein

LENA MAIER KG Kraftfahrzeug-Werkstatt

...

Wir danken für Ihr Angebot vom 15. März und bestellen gemäß den dort genannten Bedingungen:

Artikel-Nr.	Artikel	Menge	Stückpreis
1017	Yashi-Autoradio	10 Stück	320,15
1018	Lautsprecher	10 Paar	96,00

1.2 Vom Auftragseingang bis zur Auslieferung

Vergleich mit dem Angebot

Der eingegangene Auftrag muss zuerst mit dem Angebot verglichen werden; denn bei Abweichungen kommt ein Kaufvertrag erst zustande, wenn der Lieferant die neuen Bedingungen mittels Auftragsbestätigung akzeptiert. Ging der Bestellung kein Angebot voraus, ist zunächst die Lieferwilligkeit und -fähigkeit abzuklären.

Rechnergestützte Auftragserfassung in einem Großhandelsbetrieb

Fallbeispiel: Frau Schneider, Verkaufssachbearbeiterin der Weber OHG, erfasst den Kundenauftrag mittels Computer, denn die Weber OHG verfügt über ein rechnergestütztes Warenwirtschaftssystem.

A U F T R A G S - E R F A S S U N G

Auftrags-Nr.: 87072 Kunden-Nr.: 87004 Datum 17. März ...

A-Nr	A-Bezeichnung	Bestand	Stück	Preis	Rabatt	Wert
1017	Yashi-Autoradio, Vollstereo mit Cassettenteil	140	10	320,15	0	3201,50
1018	Autolautsprecher, 1 Paar zum Einbau	98	10	96,00	0	960,00

Die weiteren Schritte der Auftragsbearbeitung:

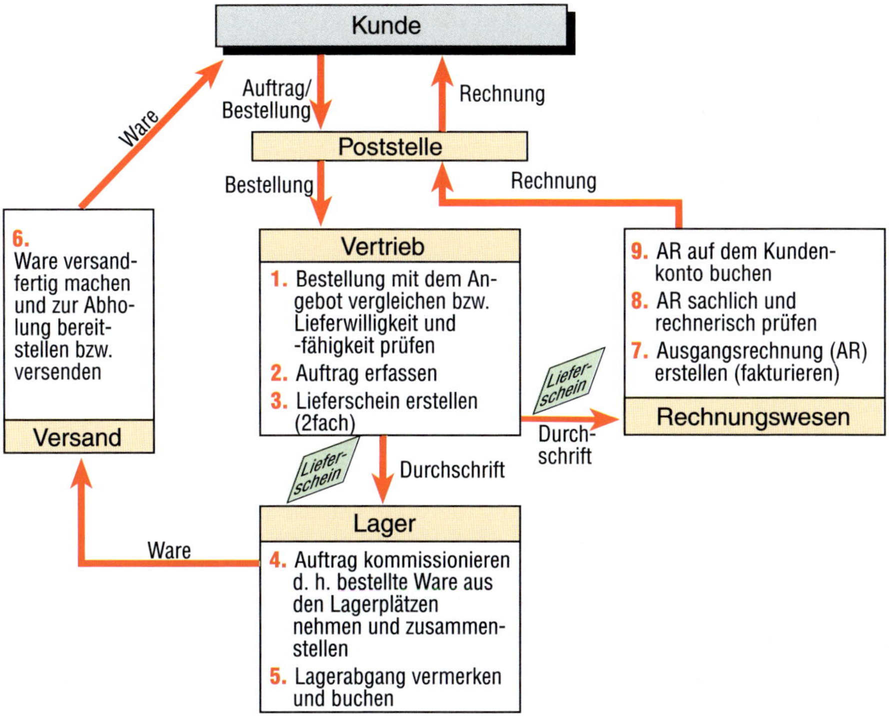

Die mögliche Auftragsabwicklung in einem Großhandelsbetrieb

Es können nur die grundsätzlichen Schritte gezeigt werden, da der Ablauf der Auftragsbearbeitung von Betriebsgröße, Betriebstyp, Branche und Sortiment abhängt

2 Anfrage- und Auftragsbearbeitung in einem Industriebetrieb

Anfrage der Georg Weber OHG

Am 27. August geht bei der Laupheimer Büromöbel AG folgende Anfrage der Weber OHG ein:

> **GEORG WEBER OHG**
>
> **AUTO- UND INDUSTRIEBEDARF**
>
> **Anfrage Büro-Schreibtische**
>
> …
>
> da wir in nächster Zeit neue Büroräume einrichten, bitten wir Sie um ein Angebot über
>
> 50 Büro-Schreibtische, Modell „Zukunft".
>
> Teilen Sie uns Ihre genauen Liefer- und Zahlungsbedingungen mit und geben Sie Ihren frühestmöglichen Liefertermin an.
>
> …

Frau Gerdes, Vertriebsleiterin des Produktbereichs „Schreibtische", bittet den Produktionsleiter, Herrn Strobel, ihr einen verbindlichen Liefertermin zu nennen. Herr Strobel ruft die gewünschten Daten mit Hilfe seines Computers ab; denn die Laupheimer Büromöbel AG verfügt über ein rechnergestütztes Produktionsplanungs- und Steuerungssystem (PPS).

- Überlegen Sie, welche Daten zu berücksichtigen sind, um einen verbindlichen Liefertermin zu bestimmen.

2.1 Verfügbarkeitsprüfung bei einer Kundenanfrage

1. Schritt:

Um die Anfrage zu beantworten, muss zuerst die aktuelle Lieferbereitschaft überprüft werden. Da der Kundenauftrag noch nicht vorliegt und damit auch noch nicht fest eingeplant werden kann, muss die Bedarfssituation zunächst ohne Auftragsnummer durchgespielt werden.

Verfügbarkeitsprüfung

Die Verfügbarkeitsprüfung kann sich dabei nicht nur auf die Lagerbestände des Fertigerzeugnisses (z. B. Büroschreibtisch „Zukunft") beschränken. Auch die nachgeordneten Teile und Baugruppen müssen miteinbezogen werden sowie die zu erwartenden Zugänge durch laufende Betriebsaufträge.

```
                    Anfragen bearbeiten

============================================================================
Kunden-Nummer: 001002            Kundengruppe: Großhandel
Kunden-Name  : Georg Weber OHG
============================================================================
Teile-Nummer : 4000
Benennung    : Büro-Schreibtisch    800 x 740 x 1600
============================================================================
Benötigte Menge             : 50          Termin 167    Freitag 200.-08-31
Tatsächlicher Lagerbestand: 30          Sicherheitsbestand          :  0
Bestellbestand              :  0          frei verfügbarer Bestand    : 30
Meldebestand                : 30          disponierbarer Bestand      : 30
```

Bildschirm-Ausschnitt: „Anfragen bearbeiten"

Verfügbarkeitsprüfung des Fertigerzeugnisses

Wenn der verfügbare Lagerbestand des Fertigerzeugnisses nicht ausreicht, kann durch die Auflösung der Bedarfsmenge überprüft werden, welche untergeordneten Bauteile verfügbar sind.

```
                    Anfragen bearbeiten

============================================================================
Kunden-Nummer :001002          Kundengruppe:   Großhandel
Kunden-Name   :Georg Weber OHG
============================================================================
Teile-Nummer  : 4000
Benennung     : Büro-Schreibtisch  800 x 740 x 1600
============================================================================
Benötigte Menge              : 50   Termin: 167   Freitag 200.-08-31
Teile Benennung              Bedarf  disponierb.  Unter-  WBZ BeTe BeTe -
 Nr:                                  Bestand     deckung          WunschTe
--------------------------------------------------------------------------
4100  Stahlrohrgestell 76     20       20                  12  155   -12
4200  Tischplatte 800         20       51                  17  150   -17
4300  Fußstöpsel              80       96                  12  155   -12
4110  Seitengestell 70        40       10          30       8  159   - 8
4111  Tischbein 30            80        0          80       6  161   - 6
4112  Querrohr 30 x 30        40        0          40       6  161   - 6
4120  Längsverb. 140          40        0          40       6  161   - 6
4121  Längsrohr 30 x 30       40       10          30       6  161   - 6
4122  Vierkant-Stahlrohr     258      -12         270       6  155   -12
 ....
```

Bildschirm-Ausschnitt: „Anfragen bearbeiten" (Bauteile)

Verfügbarkeitsprüfung der nachgeordneten Bauteile durch Bedarfsauflösung

Es werden folgende Informationen angezeigt:

- Unterdeckung nach Berücksichtigung des verfügbaren Lagerbestands
- Fertigungs- bzw. Wiederbeschaffungszeit (WBZ)
- frühester Bereitstellungstermin (BeTe)
- Differenz zwischen Bereitstellungstermin und Wunschtermin (WunschTe)
  Da als Wunschtermin im vorliegenden Fall das Tagesdatum 08-31 = Fabrikkalendertag 167) eingegeben wurde, ist diese Differenz mit der jeweiligen Beschaffungszeit identisch.

Fabrikkalender (Auszug)

167 Fr 31.08.	175 Mi 12.09.
168 Mo 03.09.	176 Do 13.09.
169 Di 04.09.	177 Fr 14.09.
170 Mi 05.09.	178 Mo 17.09.
171 Do 06.09.	179 Di 18.09.
172 Fr 07.09.	180 Mi 19.09.
173 Mo10.09.	181 Do 20.09.
174 Di 11.09.	182 Fr 21.09.

Nach diesen beiden Abfragen hat Herr Strobel eine erste Orientierung:
- 30 Büroschreibtische können sofort geliefert werden
- Für die Montage der restlichen Schreibtische sind genügend Gestelle (4100), Tischplatten (4200) und Fußstöpsel (4300) vorhanden. Es fehlen jedoch alle weiteren Bauteile (z. B. Seitengestelle, Tischbeine).

Maßgebend für die Terminfestlegung ist die höchste Wiederbeschaffungszeit bei den nicht verfügbaren Bauteilen. Das sind im vorliegenden Falle 12 Tage. Dazu kommt die Zeit für die Endmontage des Tisches von 3 Tagen. Frühester Liefertermin (ohne Berücksichtigung von Kapazitätsengpässen in der Fertigung oder Beschaffungsverzögerungen bei den Kaufteilen) ist damit der Fabrikkalendertag 182 (21. September).

Überlegungen bei der Bearbeitung einer Anfrage

Bei der Bearbeitung einer Anfrage sind folgende Fragen zu klären:
- Passt dieser Auftrag in das Erzeugnisprogramm des Unternehmens?

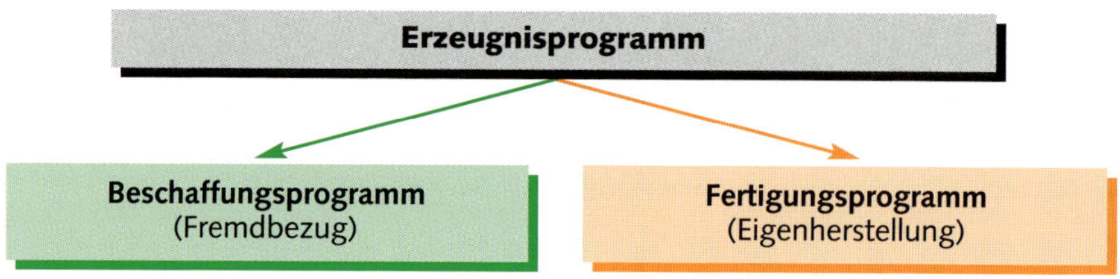

- Welcher Bedarf an Fertigerzeugnissen, Baugruppen, Teilen und Materialien entsteht durch die Abwicklung des Auftrags?
  Bruttobedarf:
  - Wie hoch ist der Lagerbestand bei den Fertigerzeugnissen?
  - Wie hoch ist der Lagerbestand bei den benötigten Bauteilen und Baugruppen?

  Nettobedarf:
  - Wie hoch sind die verfügbaren Lagerbestände?

Nettobedarf = Bruttobedarf – verfügbarer Lagerbestand
verfügbarer Lagerbestand = tatsächlicher Bestand – Reservierungen – Sicherheitsbestand
disponierbarer Bestand = verfügbarer Bestand + Bestellbestand

- Welcher Fertigstellungstermin kann verbindlich zugesagt werden?

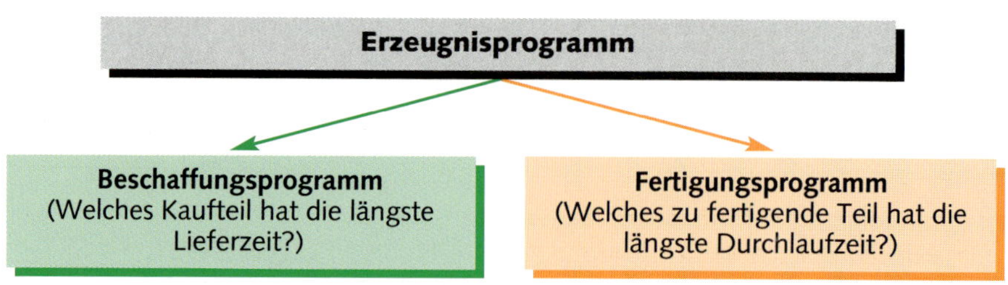

- Welche weiteren Abteilungen müssen eingeschaltet werden?
  - Rechnungswesen zur Erstellung einer Angebotskalkulation und Überprüfung der Bonität (Kreditwürdigkeit) des Kunden
  - Rechtsabteilung zur juristischen Prüfung der Vertragsgestaltung
  - Einkaufsabteilung zur Beschaffung von Kaufteilen

2.2 Bearbeitung eines Kundenauftrags

Frau Gerdes erstellt noch am gleichen Tag ein Angebot, in dem sie als frühestmöglichen Liefertermin den 21. September verbindlich zusagt. Am 5. September trifft die Bestellung der GEORG WEBER OHG ein.

Bestellung der Georg Weber OHG

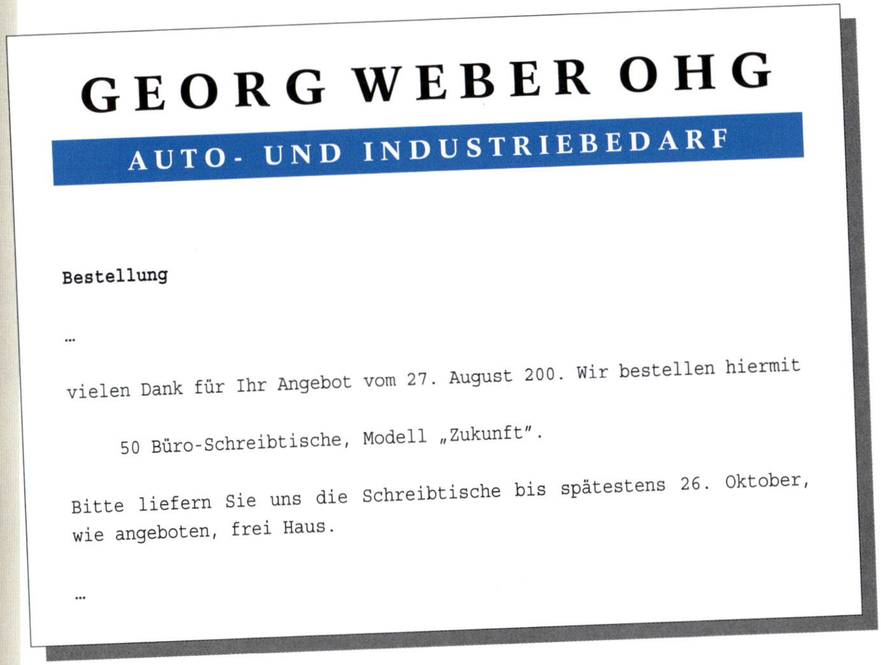

GEORG WEBER OHG

AUTO- UND INDUSTRIEBEDARF

Bestellung

...

vielen Dank für Ihr Angebot vom 27. August 200. Wir bestellen hiermit

50 Büro-Schreibtische, Modell „Zukunft".

Bitte liefern Sie uns die Schreibtische bis spätestens 26. Oktober, wie angeboten, frei Haus.

...

Frau Gerdes leitet den Kundenauftrag an die Produktionsabteilung weiter.

- **Vergleichen Sie die Bestellung mit dem Angebot.**
- **Welche Maßnahmen sind einzuleiten, um diesen Auftrag abzuwickeln?**

Kundenauftrag erfassen

1. Schritt: *Siehe Seite 250* *Verfügbarkeitsprüfung*

Bevor der Auftrag eines Kunden erfasst wird, ist abzuklären, ob der gewünschte Liefertermin eingehalten werden kann (Verfügbarkeitsprüfung).

Danach wird eine Kundenauftragsnummer (laufende Nummer) vergeben, um den Auftrag unverwechselbar kenntlich zu machen.

2. Schritt: *Kundenauftrag erfassen*

Der Liefertermin wird in einen Fabrikkalendertag (hier 26. Oktober = 207) umgerechnet, die Kundennummer aus der Kundendatei herausgesucht bzw. neu vergeben und die Auftragsdaten, z. B. Bestelldatum, Auftragseingangsdatum, Liefertermin, Kundenadresse, Kurzbezeichnung des Erzeugnisses (Sachnummer), Auftragsmenge und -wert, erfasst.

Bei Aufträgen, die keinen festen Liefertermin haben, reicht es aus, den Fertigstellungstermin erst bei der Durchlaufterminierung zu ermitteln.

In einem weiteren Formular werden die Versand- und Zahlungsbedingungen erfasst, die mit dem Kunden vereinbart wurden (siehe Angebot). In der Regel wird danach eine Auftragsbestätigung ausgedruckt und an den Kunden geschickt.

Fallbeispiel: Ein Kundenauftrag wird erfasst

```
                         Kundenaufträge bearbeiten

===========================================================================
Kunden-Auftrags-Nr.: 686
Bestellung vom     : 200.-08-31  Nr. 9675
Auftragseingang    : 167     Kundenwunsch: 207    Betrieb: 205
===========================================================================
Kunden-Nr. : 001002       Kundenname: Georg Weber OHG
Adresse    : Industriestraße 12       89081 Ulm
Rabatt : 0,00    Bonus: 0,00  Skonto: 3,00    Skontotage: 8    Ziel: 30
===========================================================================
Pos  Teile-    Auftrags  Mengen-    Einzel-   Rabatt Auftrags-   MWSt  Termin
      Nr.       menge    einheit     preis     %       wert       %
---------------------------------------------------------------------------
 10   4000      50,00     Stück     250,00    0,00  12 500,00   15,00   205
```

Weshalb wurde als Fertigstellungstermin der Fabrikkalendertag 205 (24. Oktober) und nicht wie in der Bestellung des Kunden angegeben, der Fabrikkalendertag 207 (26. Oktober) eingegeben?

3. Schritt: *Materialbedarf ermitteln*

Materialbedarf ermitteln

Sobald der Kundenauftrag erfasst ist, muss festgestellt werden, welches Material in welchen Mengen, zu welchen Zeitpunkten bereitzustellen ist.

Brutto-/Nettobedarfsrechnung

- **Bruttobedarfsrechnung:** Ausgehend vom Auftrag wird der Bedarf an Enderzeugnissen (Primärbedarf), an Rohstoffen, Einzelteilen und Baugruppen (Sekundärbedarf) und an Hilfs- und Betriebsstoffen sowie Verschleißwerkzeugen (Tertiärbedarf) nach Menge und Termin ermittelt. Hilfsmittel: Stücklistenauflösung
- **Nettobedarfsrechnung:** Zum Bruttobedarf wird der Zusatzbedarf (Ersatzteile, erwarteter Ausschuss) hinzuaddiert und die frei verfügbaren Lager- und Bestellbestände sowie die in der Fertigung befindlichen Aufträge, soweit sie frei verfügbar sind, abgezogen. Hilfsmittel: Bestandsdateien

Bruttobedarfsrechnung durch Stücklisten-Auflösung

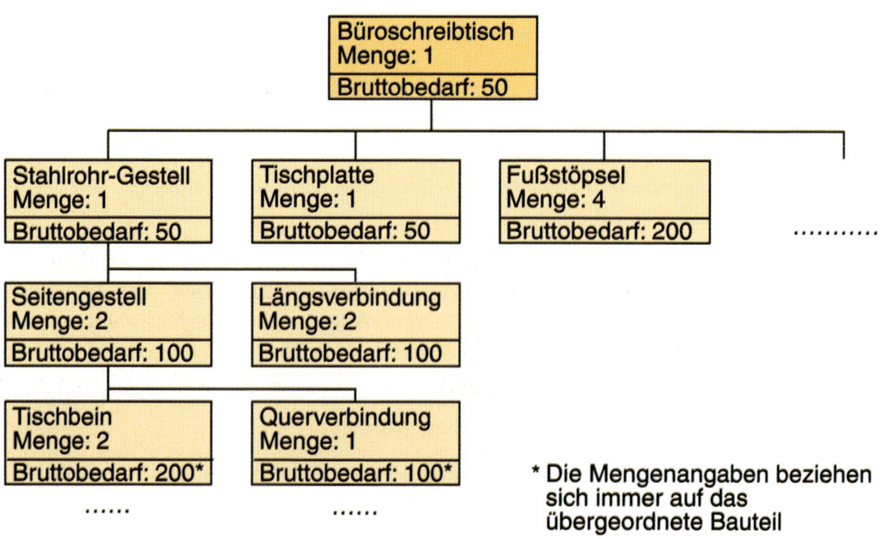

Fallbeispiel:
Bestände **vor** der Bedarfsauflösung

Inventur

Teile-Nr.	Benennung	Tatsächl. Bestand	Sicherh. Bestand	Disponier-barer Best.
4000	Büroschreibtisch	30	0	30
4100	Stahlrohrgest.70	0	0	0
4200	Tischplatte 80	65	0	65
4300	Fußstöpsel	220	0	220
4110	Seitengestell	0	0	0
4111	Tischbein 30	0	0	0
4120	Längsverb. 140	0	0	0
4112	Querverbind. 70	50	0	50

Bestände **nach** der Bedarfsauflösung

Inventur

Teile-Nr.	Benennung	Tatsächl. Bestand	Sicherh. Bestand	Disponier-barer Best.
4000	Büroschreibtisch	30	0	0
4100	Stahlrohrgest.70	0	0	0
4200	Tischplatte 80	65	0	45
4300	Fußstöpsel	220	0	140
4110	Seitengestell	0	0	0
4111	Tischbein 30	0	0	-80
4120	Längsverb. 140	0	0	-40
4112	Querverbind. 70	50	0	10

Um die Bedarfsauflösung leichter verfolgen zu können, sind in diesem Beispiel Sicherheits- und Bestellbestände auf 0 gesetzt (Lagerbestand und disponierbarer Bestand sind damit identisch). Von den bestellten 50 Schreibtischen sind 30 sofort lieferbar, 20 Schreibtische müssen noch gefertigt werden. Die benötigten Stückzahlen der einzelnen Bauteile ergeben sich aus der Bruttobedarfsrechnung (Stücklistenauflösung) und beziehen sich auf die zu fertigende Menge von 20 Schreibtischen.

Vorlaufverschiebungen

Die Fertigungs- bzw. Beschaffungszeiten sind im Teilestammsatz gespeichert. Sollen die Bereitstellungstermine berechnet werden, müssen die Vorlaufverschiebungen der einzelnen Bauteile berücksichtigt werden. Die Vorlaufverschiebung ergibt sich aus den Fertigungs- und Beschaffungszeiten der übergeordneten Teile.

Fallbeispiel: Bereitstellungstermine unter Berücksichtigung der Vorlaufverschiebungen

Teile Nr.	Benennung	Bereitstellungs-termine (beTe)
4000	Büroschreibtisch	205
4100	Stahlrohrgest.70	202
4200	Tischplatte 80	202
4300	Fußstöpsel	202
4120	Seitengestell 70	193
4111	Tischbein 30	192
4120	Längsverbindung 140	192
4112	Querverbind. 70	192

Der Fabrikkalendertag 205 ist ein betriebsinterner Endtermin. Die Zeit für die Endmontage des Schreibtisches (4 000) führt dazu, dass die benötigten Bauteile Tischplatte, Stahlrohrgestell und Fußstöpsel bereits 3 Tage vorher fertig gestellt sein müssen.

Die Vorlaufverschiebung für diese 3 Bauteile beträgt somit 3 Tage.

Der Bereitstellungstermin der Bauteile ist gleichzeitig der späteste Starttermin der übergeordneten Baugruppe. Die Auflösung des Kundenauftrags erzeugt beim Enderzeugnis und allen nachgeordneten Bauteilen Abgangsbuchungen an den jeweils berechneten Bereitstellungsterminen.

Fallbeispiel: Materialbestand und -bewegungen bearbeiten

Materialbestand und -bewegung bearbeiten

Teile-Nummer : 4000
Benennung : Büro-Schreibtisch 800 x 740 x 1800

Lagerbestand : 30 Bestellt: 0 Meldebestand: 30 Sicherheitsbestand: 0

Fbk	Vorg	Nr.	Pos	Zugang	Abgang	Wert	Lagerbestand	DispoBestand
205	KPB	686	10	-	50	12 500	-20	-20

Die Auflösung des Kundenauftrags Büroschreibtische hat beim Enderzeugnis (4 000) eine Abgangsbuchung zum Fabrikkalendertag (FbK) 205 erzeugt (KPB = Primärbedarf aus Kundenauftrag).

Kundenauftrag in Fertigungsaufträge umwandeln

4. Schritt: *Kundenauftrag in Fertigungsaufträge (Lose) umwandeln*

Bedarf, der nicht durch Lagerbestände gedeckt ist, wird zu Bestellvorschlägen für Fremdbezugsteile bzw. für Eigenfertigung zusammengefasst. Für die Fertigungsplanung sind nur die Vorschläge für Eigenfertigung bedeutsam. Es ist jedoch unwirtschaftlich, für jeden Kalendertag, der einen Bedarf ausweist, einen eigenen Fertigungsauftrag zu erstellen.

Aufgabe der Fertigungsplanung ist es, die Auftragsmengen so zusammenzustellen, dass diese mit möglichst geringen Kosten produziert werden können und dass gleichzeitig die vorgesehenen Endtermine eingehalten werden.

Um diese Zielsetzung zu erreichen, werden die vorgeschlagenen Mengen zu Losgrößen zusammengefasst (Fertigungsaufträge). Für jedes Los entstehen auflagefixe Kosten (z. B. Rüstkosten, Kosten für Datenerfassung). Je weniger Lose gebildet werden, d. h. je höher die Auflage (Auftragsmenge) eines Fertigungsauftrags ist, desto niedriger sind damit auch die auflagefixen Kosten. Größere Auftragsmengen führen jedoch zu höheren Lagerbeständen und zu steigenden Lagerkosten.

Zielkonflikt bei Festlegung der Losgröße

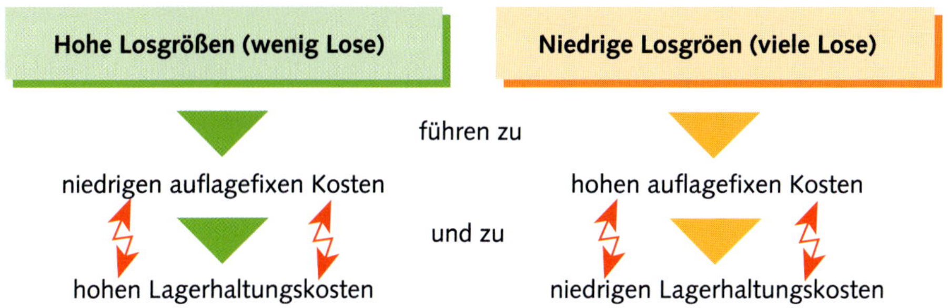

Sind die Lagerkosten eines Fertigungsauftrags (Los) niedriger als die auflagefixen Kosten dieses Loses, so ist es günstiger, dieses Los mit einem anderen zusammenzufassen.

Lagerkostensatz = Lagerkosten/Jahr : durchschnittlicher Lagerbestand (EUR)
Lagerkostensatz/Tag = Lagerkostensatz : 360

Lagerkosten/Tag und Einheit = Lagerkosten/Einheit · Lagerkostensatz/Tag

Lagerkosten pro Tag und Einheit = 40,00 EUR / Einheit · 24 % / 360 = 0,0267 EUR

Fallbeispiel: Zusammenstellung der Fertigungsaufträge für die Seitengestelle:

Fixe Auflagekosten: 100,00 EUR pro Los, Lagerkosten/Einheit und Tag: 0,0267 EUR

Vorschläge für die Zusammenstellung der Fertigungsaufträge

Vorschlag Fertigungsaufträge

Teile-Nr.	Benennung	Mengeneinheit	Verrechn. Preis	Lagerkosten pro Tag u. ME	Auflagekosten
4110	Seitengestell 70	Stück	40,00	0,0267	100,00

FbK	Liefertermin	Bestelltag	Menge	Tage	Lagerkosten (Menge·Tage·0,0267)
186	Do 27.09.	Mo 17.09.	500	0	0,00
193	Mo 08.10.	Mi 26.09.	400	11	117,33
198	Mo 15.10.	Mi 03.10.	330	7	61,68
211	Fr 02.11.	Mo 22.10.	420	18	201,85

Vorschlag Fertigungsauftrag: 27.09. (17.09.) 500 Stück
Vorschlag Fertigungsauftrag: 08.10. (26.09.) 730 Stück
Vorschlag Fertigungsauftrag: 02.11. (22.10.) 420 Stück

Am 17. September müsste mit der Fertigung von 500 Seitengestellen begonnen werden, damit sie am 27. September zur Ablieferung fertig sind.

Lösung des Zielkonflikts durch **gleitende Losgrößenermittlung**

Fallbeispiel: Würde das nachfolgende Los von 400 Einheiten zusammen mit diesem Los von 500 Einheiten produziert, wäre dieses nachfolgende Los bereits am 27. September (Fabrikkalendertag 186) fertig gestellt. Da es jedoch erst am 8. Oktober (Fabrikkalendertag 193) bereitstehen muss, lagert es also 11 Tage (einschließlich arbeitsfreier Tage).
An Lagerkosten entstehen: 11 Tage • 0,0267 EUR/Tag • 400 Einheiten = 117,33 EUR.
Die Lagerkosten sind höher als die eingesparten Auflagekosten von 100,00 EUR, deshalb erfolgt keine Zusammenfassung.

Berechnen Sie auf gleiche Weise die Zusammenfassung der Lose 400 und 330.

Aufgrund der Vorschläge des PPS-Systems (Produktionsplanungs- und Steuerungssystems) werden die Fertigungsaufträge erteilt.

Arten von Fertigungsaufträgen

Folgende drei Auftragsarten sind bedeutsam:

- Fertigungsauftrag aufgrund eines Kundenauftrags (K)
- Fertigungsauftrag aufgrund eines Betriebsauftrags (B)
  - ausgelöst durch Bestellvorschläge für Eigenfertigung
  - zur Vorfertigung von Teilen, um Kundenaufträge zu beschleunigen
  - zur Erfüllung eines geplanten Produktionsprogramms (Lagerfertigung)
- Fertigungsauftrag aufgrund eines Eilauftrags („Schnellschüsse", S)

Fallbeispiel: Herr Strobel akzeptiert die Vorschläge des PPS-Systems.

5. Schritt: *Arbeitsplan erstellen*

Arbeitsplan erstellen

Der Arbeitsplan ist das Bindeglied zwischen der Konstruktion und der Fertigung.

Ziele der Arbeitsplanung

Durch die Arbeitsplanung sollen folgende Ziele erreicht werden:
- Ermittlung der Auftragszeit
- Kapazitätsplanung
- Betriebsmittel-Bedarfsplanung
- Arbeitskräfte-Bedarfsplanung
- Materialdisposition

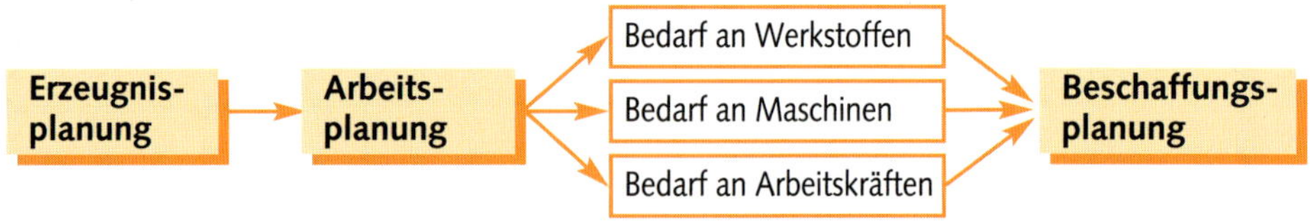

Arten von Arbeitsplänen

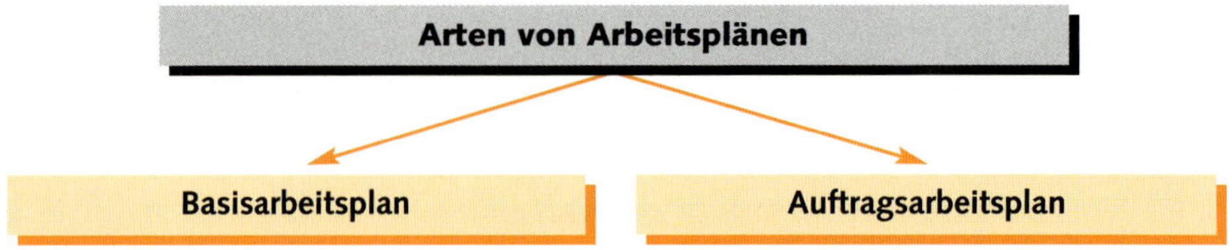

Basisarbeitsplan
- ist auftragsunabhängig
- bezieht sich auf eine Einheit

Auftragsarbeitsplan
- ist auftragsabhängig
- bezieht sich auf die Auftragsmenge

Zur Erstellung eines Arbeitsplans sind folgende Informationen über das zu produzierende Teil erforderlich:

Technische Unterlagen

- Zeichnungsdaten
- Stücklistendaten
- Betriebsdaten (Maschinen-/Werkzeug- und Materialverzeichnisse)

Arbeitsunterlagen

- Arbeitsgangfolge
- Maschinenzuordnung
- Festlegung der nötigen Werkzeuge
- Arbeitszeiten für die Arbeitsgänge
- Bestimmung der Lohngruppen (Arbeitswerte des Arbeitsplatzes)

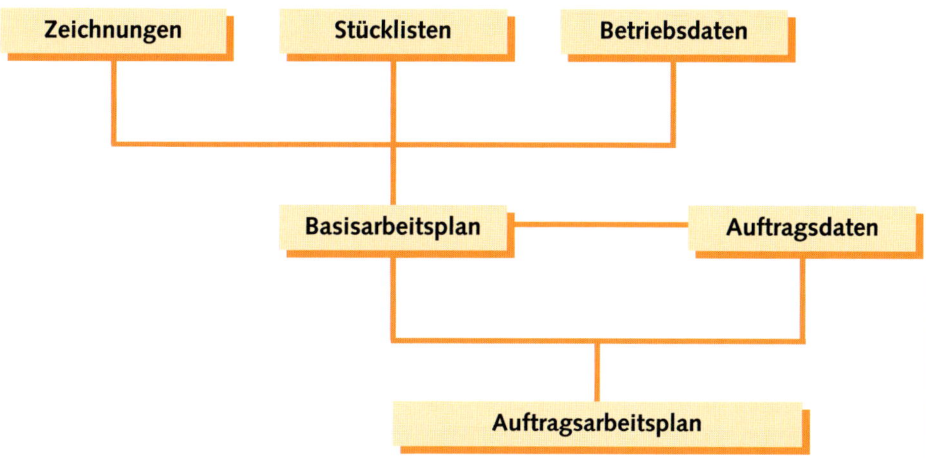

Fallbeispiel: Herr Strobel erfasst die Fertigungsaufträge für die Seitengestelle

Auftragsarbeitsplan

```
                 Auftragsarbeitsplan bearbeiten

===========================================================================
Fertigungsauftrag-Nr:    1       Termin      :  186
Auftragsmenge       :    500     Auftragswert:  20 000,00
Teile-Nr.           :    4110    Benennung   :  Seitengestell 70 lang
===========================================================================
AVO Typ Platz- Übergangs-  SP LA LG  ZE Rüst- Stück- Belegungs- Übergangs- KU
        Nr.    menge                    zeit  zeit    zeit        zeit
___________________________________________________________________________

10   P  500000  100,00    0  EA 7  Min  5,00  3,00   1 505,00    960,00    1
20   T  Tischbein und Querverbindung zum Seitengestell zusammenschweißen
```

Die Fertigungsaufträge Nr. 2 und 3 werden ebenso auf diese Weise erfasst.

Basisarbeitsplan

Fallbeispiel: Ein Basisarbeitsplan wird bearbeitet.

```
                 Basis-Arbeitsplan bearbeiten
----------------------------------------------------------------
Arbeitsplan-Nr    : 400001
Stahlr.gest.70 x 140
Arbeitsplanvariante: 1/20 Gültig ab:  0 bis: 999
----------------------------------------------------------------
Arb.Platz-Nr.:.....
Kostenstelle:......          Ausweichpl:....../....../....../......
----------------------------------------------------------------
AVO  Typ  Platz-Nr.  Ü.Menge  SP LA LG ZE  RüstZt  StückZt  BelegZt  ÜbergZt
KU
 10  P    500000     200,00   1 EA  7 MIN  10,00    5,00     15,00    960,00  1
 20  T    2 Seitengestelle und 2 Längsverbin-
 21  T    dungen zum Gestell zus.schweißen
 30  P    400000     200,00   1 EA  7 MIN   5,00    5,00     10,00    960,00  1
 40  T    Gestell sandstrahlen
 50  P    400000     200,00   1 EA  7 MIN  10,00    5,00     15,00    960,00  1
 60  T    Gestell lackieren
```

Der Kopfteil enthält u. a. die identifizierenden, klassifizierenden und informierenden Elemente eines Arbeitsplans.

Im Fenster für die Arbeitsplatzdaten werden Informationen über den angesprochenen Arbeitsplatz angezeigt, wenn beim Ausfüllen der Positionsdaten die Identifikationsnummer für einen Arbeitsplatz eingegeben wird.

Beim Erfassen der Arbeitsvorgangsdaten im Arbeitsplan sind folgende Angaben zu machen:
- Arbeitsvorgangsnummer AVO
- Typ (P = Positionsdaten zum Arbeitsvorgang, T = freier Text zum AVO)
- Arbeitsplatznummer
- Übergangsmenge: Die Fertigungszeit eines Auftrages lässt sich ohne zusätzliche Rüstzeiten verkürzen, wenn Folgearbeitsvorgänge bereits begonnen werden, bevor vorhergehende Arbeitsvorgänge mit ihrer gesamten Menge bzw. Zeit abgearbeitet worden sind. Im Feld Übergangsmenge wird angegeben, nach welcher gefertigten Menge eine Weitergabe stattfinden soll.
- Splittungsfaktor SP: Splittung bedeutet, dass Teilmengen eines Auftrages gleichzeitig an mehreren Arbeitsplätzen gefertigt werden können.
- Lohnart LA: ZL - Zeitlohn, EA - Einzelakkord, GA - Gruppenakkord
- Lohngruppe LG: Angabe der für einen Arbeitsvorgang vorgesehenen Lohngruppenkennziffer.
- Rüst-, Stückzeit.
- Übergangszeit: Die Übergangszeit berücksichtigt die Transportzeit zum Arbeitsplatz sowie die Liege- bzw. Wartezeiten vor und nach der Bearbeitung. Evtl. können auch technologisch bedingte Liegezeiten, z. B. für das Auskühlen, erforderlich sein.
- Kontrollumfang KU: Diese Kennziffer gibt Auskunft darüber, wie die Kontrolle über die Erfüllung des Arbeitsvorganges durchgeführt werden soll, z. B. 1 = 100 % während der Fertigung.

Geben Sie an, welche Informationen der Arbeitsplan enthält.

Fertigungsaufträge terminieren und freigeben

6. Schritt: *Fertigungsaufträge freigeben*

Unter der Freigabe wird die Entscheidung verstanden, mit der Fertigung zu beginnen. Bevor ein Fertigungsauftrag freigegeben wird, sind folgende Fragen zu beantworten:
- Ist das erforderliche Material verfügbar?
- Sind die erforderlichen Kapazitäten verfügbar?
- Auf welchen Tag soll der Starttermin gelegt werden?

Der Starttermin wird mittels der Durchlaufzeit unter Berücksichtigung der Kapazitätsauslastung bestimmt. Vor der „Einlastung" in das PPS-System sind die notwendigen Kapazitäten an den Arbeitsplätzen zu schaffen.

Fallbeispiel: Für den Fertigungsauftrag 1 „Seitengestelle" errechnet sich folgender Starttermin:

Belegungszeit	+	Übergangszeit	=	Durchlaufzeit
1 505 Minuten	+	960 Minuten	=	2 465 Minuten
				(ca. 41 Stunden = 5 Arbeitstage)

Durch Rückwärtsrechnung ergibt sich, ausgehend vom Ablieferungstermin 27. September (Fabrikalendertag 186), als Starttermin der 181. Arbeitstag (20. September).

Fabrikkalender (Auszug)

181	Do	20.09.
182	Fr	21.09.
183	Mo	24.09.
184	Di	25.09.
185	Mi	26.09.
186	Do	27.09.

Die Durchlaufzeit für einen Fertigungsauftrag besteht nicht nur aus der Fertigungszeit.

Durchlaufzeit eines Fertigungsauftrags

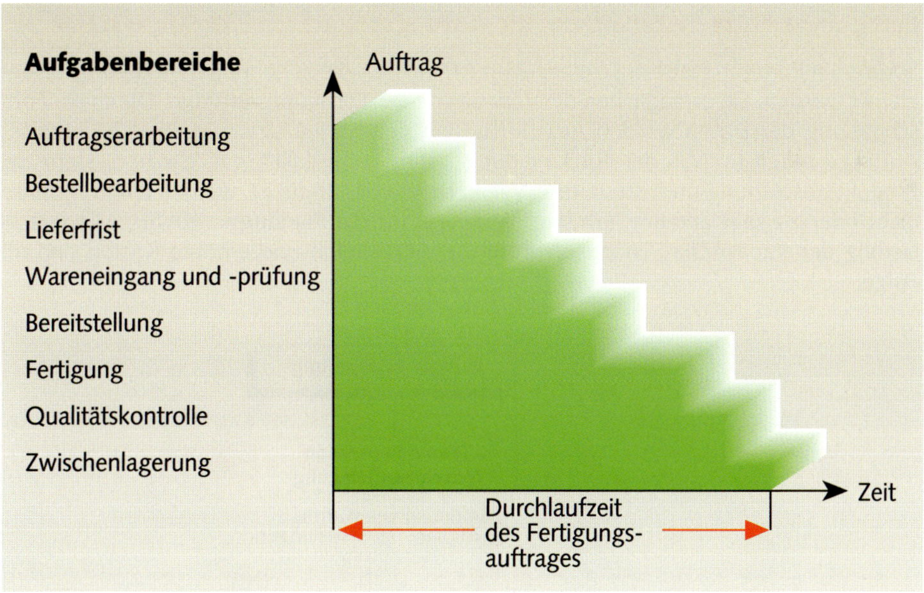

Voraussetzung für die Durchlaufterminierung ist, dass folgende Daten vorliegen:

- Frühester Anfangstermin und spätester Endtermin des Fertigungsauftrags
- Zeitbedarf für die einzelnen Tätigkeiten zur Arbeitsdurchführung (z. B. Bestellbearbeitung, Lieferfristen, Qualitätskontrolle)
- Zeitvorgaben für die einzelnen Arbeitsgänge und ihre Reihenfolge

Die Durchlaufzeit für einen Arbeitsgang setzt sich aus folgenden Zeiten zusammen:

Durchlaufzeit eines Arbeitsganges

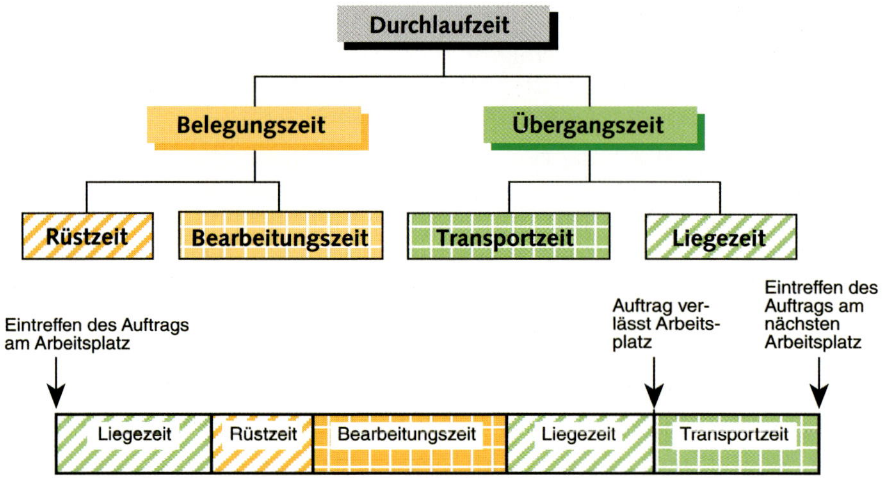

Die Belegungszeit ist der Zeitbedarf für die Abwicklung eines Auftrags an einem Arbeitsplatz. Sie setzt sich aus der Rüstzeit und der Bearbeitungszeit zusammen.
Die Übergangszeit ist die Summe aus Transport- und Liegezeiten.

Fertigungsbelege erstellen, um die Auftragsabwicklung zu überwachen

7. Schritt: *Fertigungsbelege erstellen*

Sobald ein Fertigungsauftrag freigegeben ist, müssen die zugehörigen Fertigungsbelege erstellt werden. Sie ermöglichen die Verwaltung der Fertigungsaufträge. Durch die Fortschreibung der Daten werden Auskünfte über den Fertigungsstand eines bestimmten Auftrags möglich. Mit der Rückmeldung „steht und fällt" das ganze System der Produktionsplanung und -steuerung. Wenn sie unvollständig ist, werden Planungsfehler nicht oder zu spät erkannt. Erhöhter Aufwand für die Planungskorrektur, Minderauslastung der Kapazitäten, Nichteinhaltung der Ecktermine und erhöhte Kosten sind die Folge.

Belegfluss bei der Arbeitsverteilung

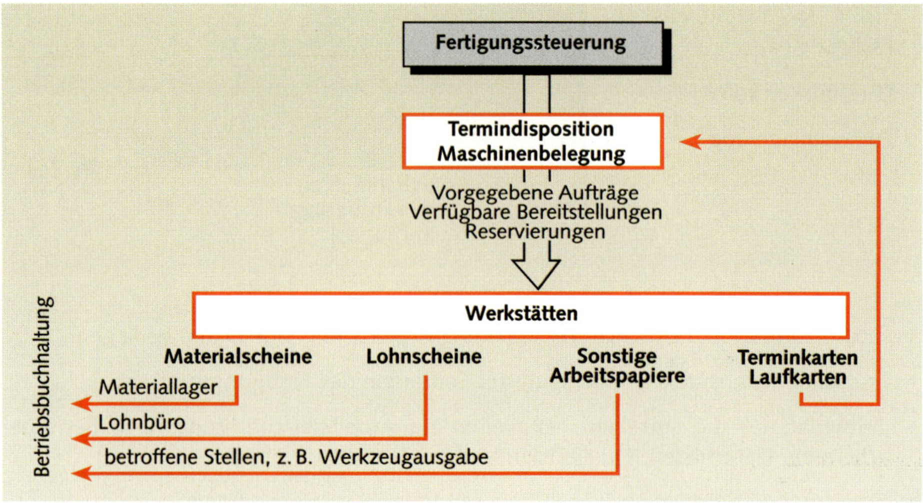

Die Fertigung kann erst beginnen, wenn ein schriftlicher Auftrag vorliegt. Er ist zugleich Vollmacht und Anweisung zur Erstellung der Leistung. Im Allgemeinen werden folgende Arbeitsbegleitpapiere verwendet:

- **Terminbelege** (Terminkarten) in der Werkstattfertigung
  Sie werden für jeden Arbeitsgang, soweit er isoliert an einer einzelnen Maschine bearbeitet wird, erstellt. Ein Durchschlag verbleibt in der Fertigungsleitstelle (Terminbüro). Die Werkstatt gibt nach Ausführung des Auftrags den Terminbeleg an die Leitstelle zurück („feed back").

- **Laufkarte** in der Einzel- und Kleinserienfertigung
  Sie begleitet den Arbeitsgegenstand von Arbeitsplatz zu Arbeitsplatz bis zur Ablieferung im Lager. Rückmeldungen an die Fertigungsleitstelle können durch Abtrennen von Talons/Durchschlägen erfolgen, sodass der Arbeitsfortschritt jederzeit festgestellt werden kann.

Laufkarte

Laufkarte

TER	FA	Lfd.-Nr.	KT	AA				
Beleg-Nr.				Auftrag	Anzahl	K. Auftrag		Datum

Teilbezeichnung		KT.	Sach-Nr.	Änd.Nr.
Büchse		02	3.602.0.330.006.4	

Pl.Nr.	Änd.Nr.	M. Typ	Losgröße von bis	Datum	Kurzzeich.	Typ	Zeichnungs-Nr.	Änd.Nr.
01	000		0001 0004	12.06.20..	Hi/Sch	D602	3.602.0.330.006.4	

Folge	Kostenstelle	Masch.-Gr.	Stückzeit	Rüstzeit	LA	KZ	Ausweich-Masch.Gr.	Masch. Faktor	BA	MA	Br. Stück	Kontr.-Nr.
001	009	1801	1,60	13	42	1		1				
	Absägen auf 22 mm Länge											
002	070	2011	14,0	87	1	1		1				
	Drehen komplett nach Zeichnung und Kanten brechen											
	Drei. BF. DrehWzg., Sp. Bo. 45 ø											
003	079	6510	0,50		42	1		1				
	Waschen											
004	021	0900			10							
	Endkontrolle											

- **Lohnscheine** für die Akkordlöhner
  Sie werden jedem Arbeitsgang beigegeben und enthalten die Art der auszuführenden Arbeit, die Menge, die Vorgabezeit sowie die Lohngruppe. Manchmal nehmen sie auch Angaben über das qualitative Arbeitsergebnis (Gut- und Ausschussstücke) auf.

Lohnschein

Maschine	Auftr.-Nr.	Teile Nr.	Arb.-Gang	Bemerkungen
3.247	210.017	F-21.017	2	

Lohnschein		Teile-Nr. F-21.017
Werkstück-Benennung	Stückzahl 15	Zeichnungs-Nr. 4727
Abdeckring	Termin 1. Sept. 20..	Auftrags-Nr. 210.017

Nr.	Arbeitsgang	Werkzeug- und Vorrichtungs-Nr.	Rüstzeit	Stückzeit	Gutstückzeit	Arbeiter
2	Bund und 2. Seite drehen	D12448 S487.6	0.450	0.065	14	
Werkst. D1			Maschine 3.247	Faktor 1.08	Kontrolle 31.08..	D-1-027

Arbeiter	Kostenart Kostenstelle	Auftragsnummer	Teile-Nr.	Gesamt-Vorgabezeit	Gebrauchte Zeit	EUR
D-1-027	410-01	210.017	F-21.017	1.20	1.20	1,47

- **Materialentnahmescheine/Materialbegleitscheine**
  Sie sind besonders bei der Entnahme von Fertigungsmaterialien aus dem Lager von Bedeutung.

Materialentnahmeschein

Materialentnahmeschein			Teile-Nr. F-21.017		
Werkstück-Benennung Abdeckring	Stückzahl 15		Zeichnungs-Nr. 4727		
	Termin 1. Sept. 20..		Auftrags-Nr. 210.017		
Werkstoff St. 00.11	W.-Nr. 310.04	Ausg.-Dat.	Name	Vormerkung vorgemerkt	
Abmessung 120 x 6	Menge 15.80	Preis EUR 0,22	Kosten EUR 3,17	Lagerbestd. 147.20	Bearbeitungsverm.

- **Sonstige Arbeitsbegleitpapiere**
  Je nach Ablauforganisation, Erzeugnisstruktur und Eigenart des Fertigungsverfahrens können zur Auftragsabwicklung, besonders bei Erstaufträgen, noch weitere Fertigungsunterlagen wie Zeichnungen, Stücklisten, Arbeitsunterweisungen, Betriebsmittellisten, Werkzeug- und Vorrichtungsscheine, Prüfanweisungen, Transportscheine, Kontrollkarten u. Ä. erforderlich sein.

Ein rechnergestütztes PPS-System kann wesentliche Störungen wie Terminverschiebungen bei Kunden- und Fertigungsaufträgen und Bestellungen in Echtzeit (realtime) verarbeiten. Ein großes Problem bleibt die Aktualisierung der Planungswerte; meist werden diese Werte einmal eingestellt und dann jahrelang nicht mehr aktualisiert.

BDE = Betriebsdatenerfassung
Alle in einem Produktionsablauf anfallenden Daten (z. B. Termine des tatsächlichen Endes von Arbeitsgängen, benötigte Zeiten, Ist-Stück-Zahlen) sowie alle verwendeten Daten (wie Auftrags- und Maschinennummern) werden in maschinell verarbeitungsfähiger Form erfasst. Dies erleichtert die Kontrolle, Bearbeitung und Weitergabe der Daten.

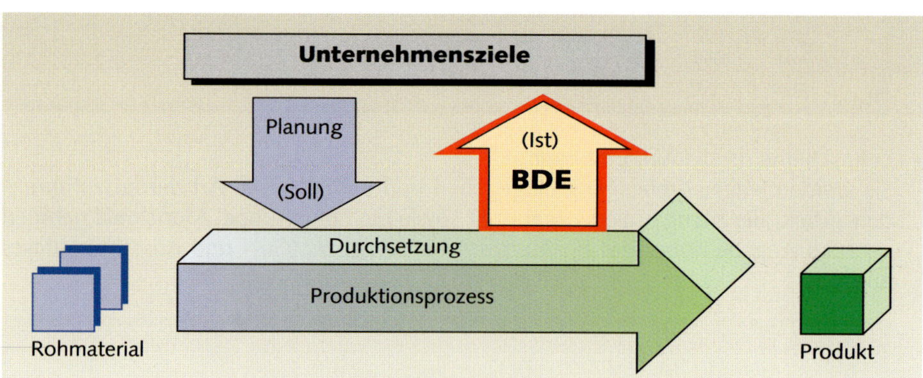

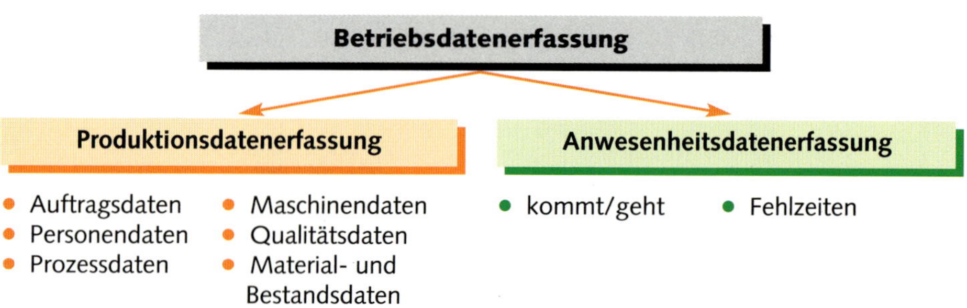

Durchlauf eines Fertigungsauftrags

Organisation der Auftragsabwicklung in einem Industriebetrieb

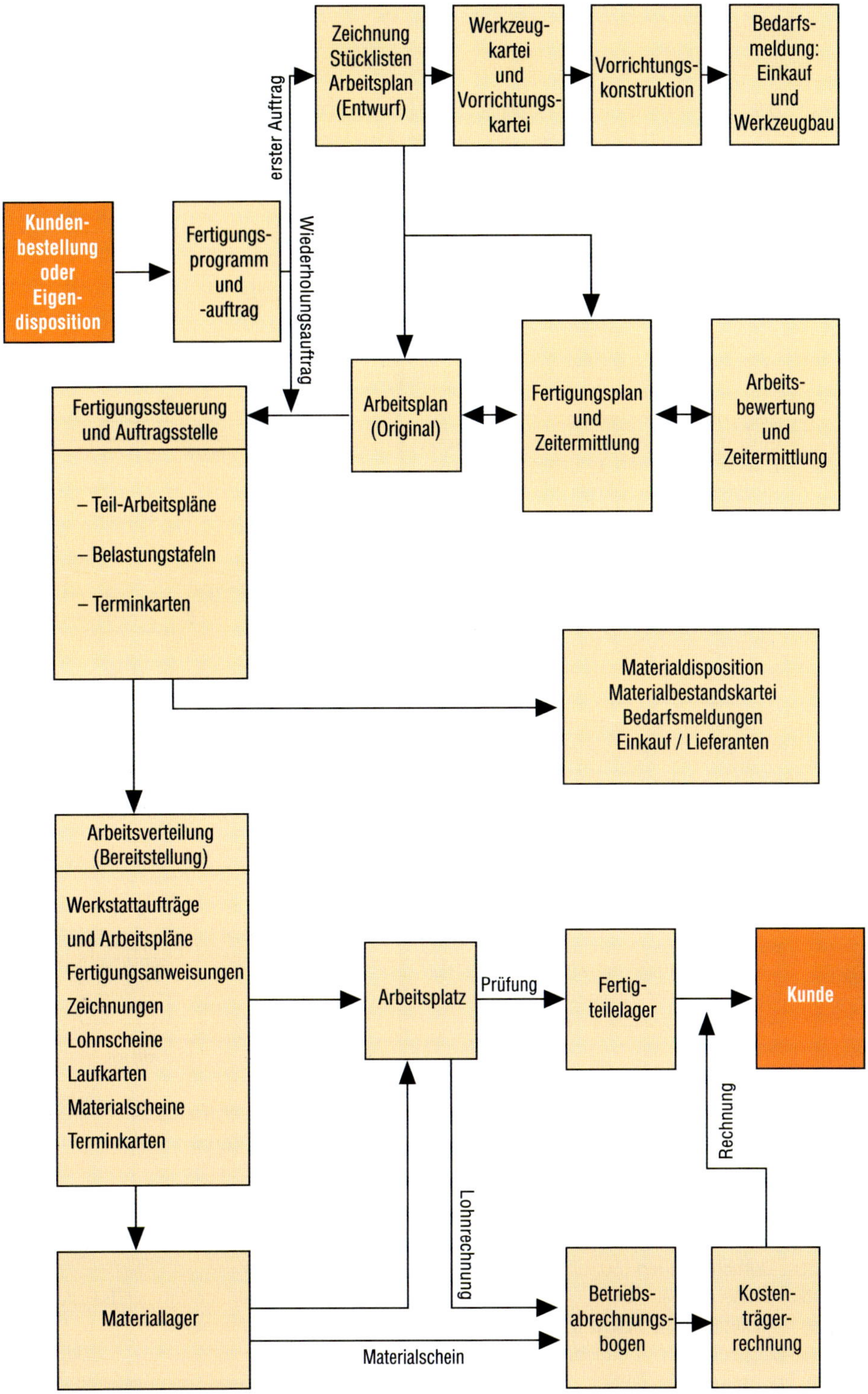

3 Neue Techniken verbessern die Auftragsbearbeitung

3.1 Just-In-Time-Konzepte als Vorstufe zur computerintegrierten Fertigung

Just-in-time
= genau zur rechten Zeit

synchron (griech.)
= zeitgleich, gleichlaufend

Lieferant, Hersteller und Kunde über Steuerungssysteme gekoppelt

Unternehmen können sich am immer härter werdenden Markt Wettbewerbsvorteile oft nur noch durch einen besseren Lieferservice verschaffen. Das bedeutet im Einzelnen: kürzere Lieferzeiten, Einhaltung zugesagter Termine, kurze Reaktionszeiten auf geänderte Kundenwünsche. Dieser Service wurde bisher durch hohe Bestände an Fertigwaren und Halbfabrikaten erbracht. „Just-In-Time" (JIT), seit Mitte der 80er-Jahre in den USA entwickelt, ist ein Konzept, das hier Abhilfe verspricht.

Ausgangspunkt jedes JIT-Projekts ist die Steuerung vom Absatzmarkt her und das „Hol-Prinzip". Die Endmontage steuert die gesamte Fertigung und damit auch die Zulieferanten; denn der Materialbedarf wird direkt aus den vorliegenden Kundenaufträgen abgeleitet. Die Steuerung mittels Lieferabrufe ermöglicht es, bei der montage- und produktionssynchronen Zusammenarbeit mit beinahe Null-Beständen auszukommen. Die Abrufe werden direkt online an den Lieferanten weitergegeben. Dieser transportiert die Teile in Montagereihenfolge; die Anlieferung erfolgt direkt – ohne Qualitätskontrolle und Lagerhaltung – in die Montage, und zwar, je nach Anforderung, wochen-, tages- oder stundengenau.

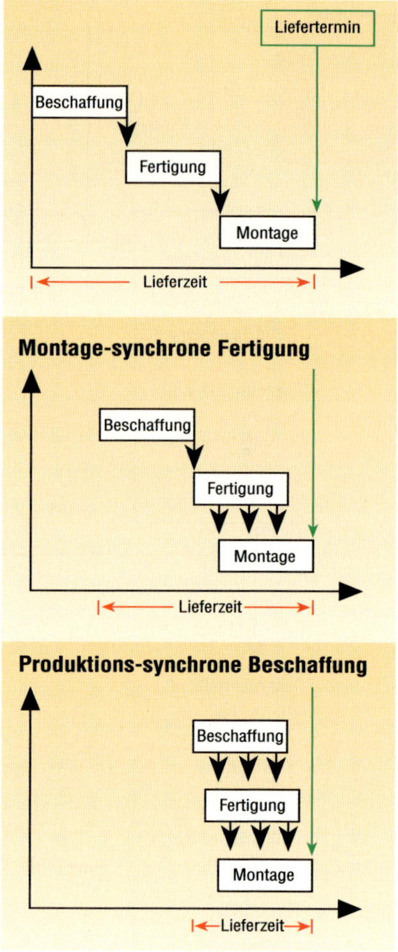

- **Diskutieren Sie Vor- und Nachteile des Just-In-Time-Prinzips.**
- **Begründen Sie, weshalb durch JIT die Durchlaufzeit verkürzt wird.**

Vorteile von JIT:
- niedrige Bestände (50 – 60 % Reduzierung)
- kürzere Durchlaufzeiten (60 – 70 % kürzer)
- deutlich bessere Qualität
- hohe Flexibilität und Effizienz in der Auftragsabwicklung bei Serien- und Einzelfertigung
- hohe Transparenz des Betriebsgeschehens

Nachteile von JIT:
- Gefahr des Qualitätsverlustes, da keine Ersatzteile am Lager
- Gefahr unzureichender Kapazitätsauslastung (Nachfrageschwankungen)
- Lieferterminschwierigkeiten bei Stockungen
- Kostennachteile bei kleinen Bestellungen

3.2 Das Konzept der computerintegrierten Fertigung (CIM)

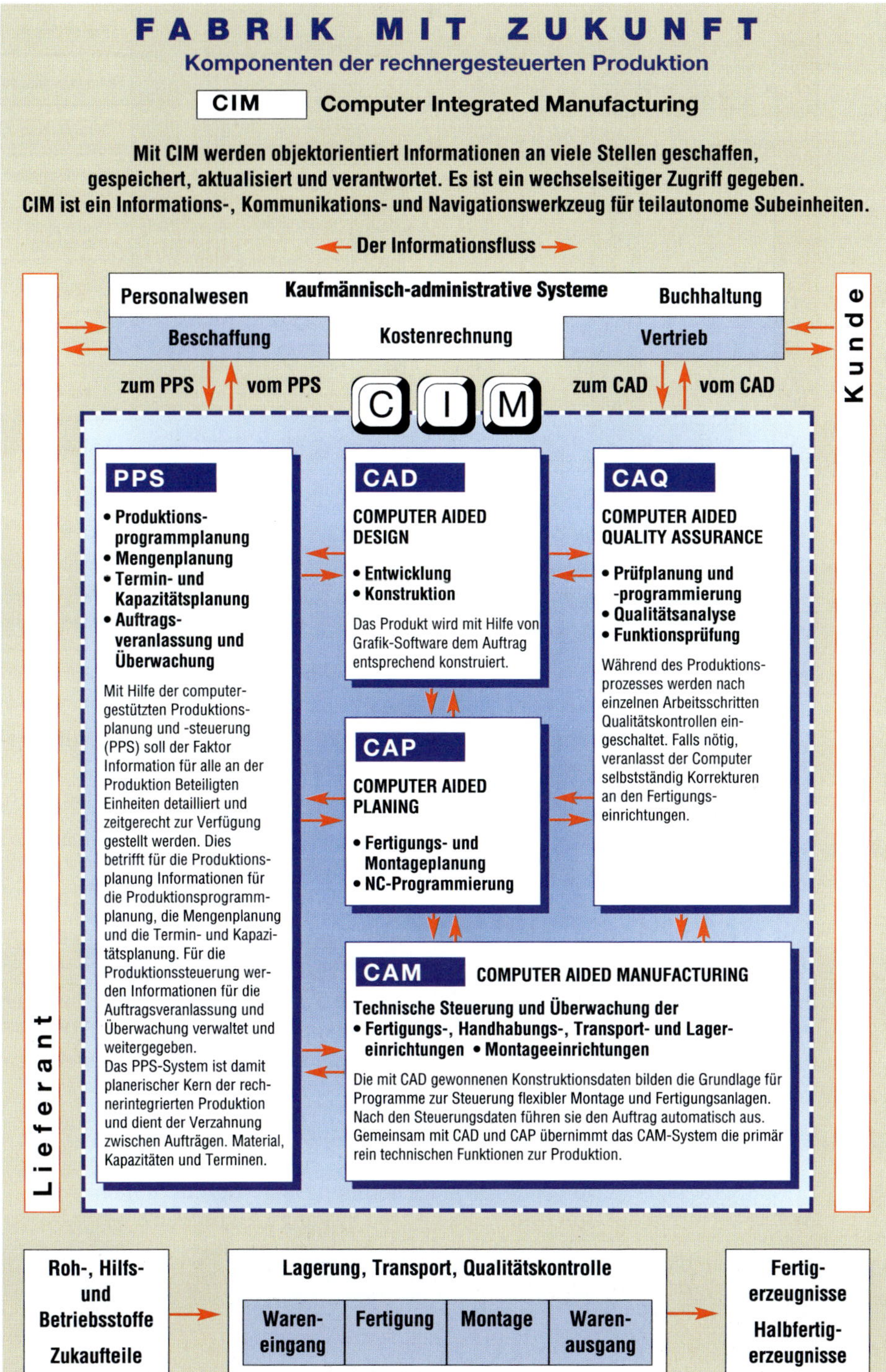

Quelle: Institut der deutschen Wirtschaft

Die Ziele der computerintegrierten Fertigung sind:

- *Reduktion der Bestände*
- *Erhöhung der Flexibilität*
- *Steigerung der Verfügbarkeit*
- *Reduktion der Kosten*
- *Verbesserung der Qualitätssicherung*
- *Soziales*

Aufgaben

1 Herkömmliche Organisation der Auftragsbearbeitung in einem Industriebetrieb:

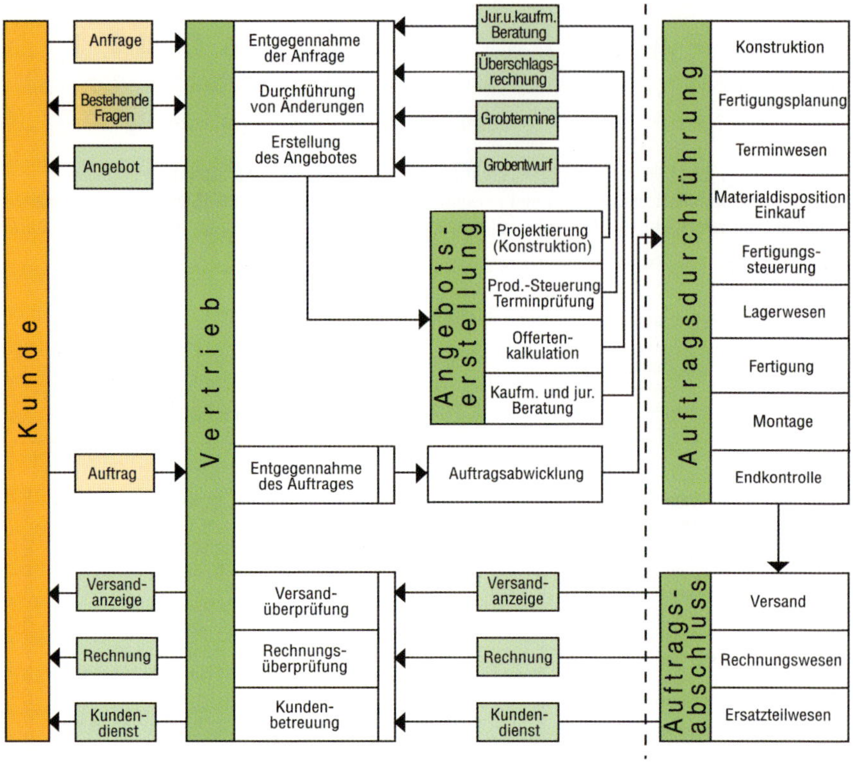

a) Stellen Sie anhand der Abbildung fest, welche Abteilungen an der Auftragsbearbeitung mitwirken und nennen Sie jeweils deren Aufgaben.
b) Prüfen Sie, welche Aufgaben durch den Computer unterstützt werden können.

2

Fertigungsauftrag	Liefertermin	Tage	Menge	Lagerkosten
Auftrag 1	1. März	–	1 000	–
Auftrag 2	20. März	14	3 000	?
Auftrag 3	31. März	07	4 000	?

a) Berechnen Sie, welche Fertigungsaufträge zu Losen zusammengefasst werden sollen (auflagefixe Kosten = 2.000,00 EUR; Lagerkosten pro Tag/Stück = 0,05 EUR)
b) Beschreiben Sie den Zielkonflikt, der durch die Bildung von Losen gelöst werden soll.

3 Geben Sie an, welche Informationen ein Arbeitsplan enthält.

4 a) Wie setzt sich die Durchlaufzeit eines Fertigungsauftrags zusammen?
b) Wie setzt sich die Durchlaufzeit eines Arbeitsgangs zusammen?

5 Erklären Sie die Begriffe Just-In-Time und CIM.

6 a) Erklären Sie, wie durch JIT-Konzepte die Durchlaufzeiten verkürzt werden.
b) Erläutern Sie die Vorteile der Durchlaufzeitverkürzung.

7 Begründen Sie, weshalb die Auftragsbearbeitung in den verschiedenen Wirtschaftszweigen (Industrie, Handel, Handwerk) unterschiedlich organisiert ist.

1 Funktionen der Lagerhaltung

Aufgrund von Sturmschäden ist das Angebot auf dem Holzmarkt für bestimmte Holzarten sprunghaft angestiegen. Die Preise sind um bis zu 20 % gefallen. Die Laupheimer Büromöbel AG steht nun vor der Frage, ob sie diese Situation nutzen und über den aktuellen Bedarf hinaus Holz einkaufen soll.

- **Was ist bei dieser Entscheidung zu berücksichtigen?**
- **Welche Funktion würde das Holzlager in diesem Fall übernehmen?**

Ziel „Just in Time" in allen Wirtschaftsbereichen

„Just in time" ist ein Schlagwort, das in den letzten Jahren immer dann auftaucht, wenn sich Fachleute über Lagerhaltungspolitik unterhalten. Das Ziel dieses Konzepts ist die lagerlose bzw. lagerarme Fertigung, um das in den Lagern gebundene „tote" Kapital zu minimieren. Wie vor allem die Automobilindustrie zeigt, ist die lagerlose Fertigung in Teilbereichen durchaus realisierbar. Die meisten Industrieunternehmen sind aber nach wie vor auf Lagerhaltung angewiesen und werden es auch zukünftig bleiben. Es darf auch nicht verschwiegen werden, dass die Unternehmen mit lagerloser Fertigung das Problem der Lagerhaltung lediglich auf die Zulieferer verlagert haben.

Beim Großhandel, zu dessen Aufgaben es gehört, fertig gestellte Waren vom Hersteller abzunehmen und so lange aufzubewahren, bis der Abnehmer die Ware benötigt, gehört die Lagerhaltung zu den Hauptfunktionen.

1.1 Die Bedeutung der Überbrückungsfunktion

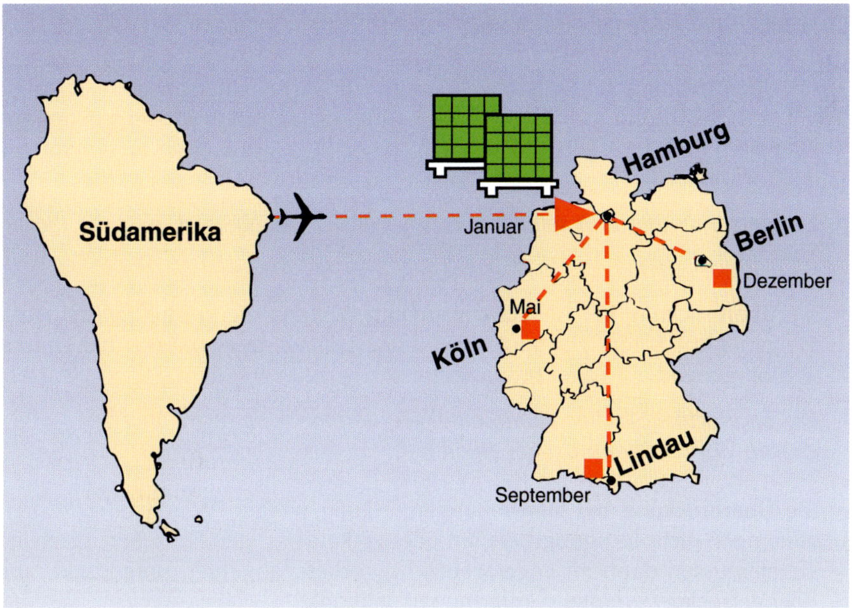

Der Weg der Kaffeebohne vom Anbauer zum Verbraucher

- **Welche wichtigen Funktionen der Lagerhaltung sind in der Abbildung dargestellt?**

Die Tatsache, dass in der modernen, arbeitsteiligen Wirtschaft unterschiedliche Personen oder Personengruppen entscheiden, wann, was und wie viel produziert, bzw. wann, was und wie viel konsumiert wird, macht die Lagerhaltung notwendig. Sie hat die wichtige Funktion, die räumliche und zeitliche Distanz zwischen dem Hersteller und dem Verbraucher zu überbrücken. Die Überbrückungsfunktion bezieht sich auf

Verschiedene Ausformungen der Überbrückungsfunktion der Lagerhaltung

- die **räumliche Überbrückung** zwischen Anbau, Abbau, Herstellung und Verbrauch;

  Ein Bekleidungsgroßhändler in Stuttgart beliefert die Einzelhändler im süddeutschen Raum mit Hosen eines Hamburger Herstellers, der den Stoff aus England bezogen hat;

- die **zeitliche Überbrückung** zwischen Anbau, Abbau, Herstellung und Verbrauch;

  Das Überangebot an Äpfeln wird im Herbst vom Großhändler gekauft und eingelagert, um den Markt das ganze Jahr über damit zu versorgen;

- **die mengenmäßige Überbrückung** zwischen der auf dem Beschaffungsmarkt angebotenen und der vom Verbraucher nachgefragten Menge;

  Ein Importeur kauft eine ganze Schiffsladung Rohkaffee und gibt diesen in kleinen Mengen an Nachfrager ab.

- die **Überbrückung bei Leistungsstörungen.** Durch die Vorratshaltung wird das Unternehmen gegen Störungen abgesichert (Sicherungsfunktion). Lieferverzögerungen, Leistungsausfälle aufgrund von Streiks oder Unfällen oder Schwierigkeiten wegen mangelhafter Lieferungen können durch die Lagerhaltung aufgefangen werden;

  Wegen eines zu erwartenden Streiks in der Metallindustrie erhöht ein Werkzeuggroßhändler seine Lagerbestände;

- die **Überbrückung bei Preisschwankungen.** Erwarten Unternehmen steigende Preise auf dem Beschaffungsmarkt, werden häufig noch größere Mengen benötigter Güter zum alten Preis bezogen, um sie dann bei gestiegenen Preisen zu verkaufen (Spekulationsfunktion);

  Ein Heizölhändler füllt seine Tanks, weil er der Meinung ist, dass die Preise wieder ansteigen;

- die **Überbrückung bei Absatzschwankungen.** Kann die Produktion bei Absatzrückgängen nicht sofort gestoppt oder umgestellt werden, müssen die Unternehmen vorübergehend auf Lager produzieren.

  Ein Sportartikelhändler kann seine georderten Skier nicht absetzen, weil es den ganzen Winter über nicht geschneit hat;

- **die Überbrückung bei Umformungen.** Häufig werden Waren oder Materialien in einer noch nicht fertigungsbereiten oder verkaufsfertigen Form bereitgestellt. Solche Güter müssen dann im Lager gemischt, sortiert, abgefüllt, umgepackt, abgepackt oder getrocknet werden (Umformungsfunktion);

  Ein Großhändler bezieht Rohkaffee in Säcken, röstet diesen und verkauft den gerösteten Kaffee verpackt in 125-, 250- und 500-Gramm-Tüten.

1.2 Die Lagerhaltungsfunktionen und was sie für die einzelnen Unternehmensbereiche bedeuten

Grundsätzlich unterscheiden sich die Lagerfunktionen von Industrie- und Handelsunternehmen nicht. Unterschiede bestehen jedoch in ihrer jeweiligen Bedeutung für die einzelnen Unternehmensbereiche. Während es bei der Industrie in der Regel Beschaffungsläger, Produktionsläger und Absatzläger gibt, reduziert sich beim Handel die Vorratshaltung auf das Verkaufslager. Nachfolgend soll stellvertretend die Bedeutung der Lagerfunktionen für die Unternehmensbereiche Beschaffung, Fertigung und Absatz eines Industrieunternehmens dargestellt werden.

Die Funktionen der Lagerhaltung und ihre Bedeutung

für die Beschaffung

- Zeitüberbrückung zwischen Beschaffung und Produktion
- Sicherung der Produktion bei Lieferungsverzögerungen, Materialknappheit oder mangelhafter Lieferung (Sicherungsfunktion)
- Nutzung von Preisvorteilen durch Mengenrabatte, günstige Einkaufspreise oder bei erwarteten Preissteigerungen (Spekulationsfunktion)

für die Leistungserstellung

- Zeitüberbrückung zwischen den einzelnen Produktionsstufen
- Mengenüberbrückung, wenn durch die Fertigungsart bestimmte Mindestmengen produziert werden müssen
- Umformungs-, Reife- oder Trocknungsprozess
- Sicherung eines reibungslosen Produktionsablaufs durch direkte Bereitstellung der Materialien am jeweiligen Arbeitsplatz

für den Absatz

- Wettbewerbsverbesserung, weil die Absatzbereitschaft gesichert ist, die Waren in großer Auswahl vorliegen und die Produkte schnell geliefert werden können
- Überbrückung von saisonalen oder kojunkturellen Absatzschwankungen, wenn z. B. die Nachfrage kurzfristig anzieht

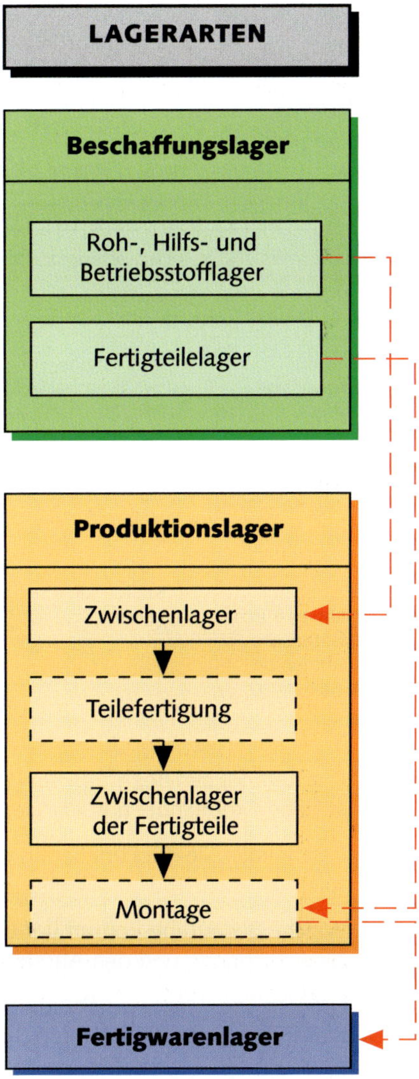

Die Funktionen der Lagerhaltung in ihrer Bedeutung für die
- *Beschaffung*
- *Leistungserstellung und den*
- *Absatz*

dargestellt an den Lagerarten eines Industrieunternehmens

2 Welche Ziele verfolgt die Lagerwirtschaft?

Die Sach- und Formalziele der Lagerwirtschaft

Da sich die Lagerbestände weder in der Industrie noch im Handel beliebig reduzieren lassen, kommt der Lagerorganisation eine überragende Rolle zu. Jede Organisation ist ein System von Dauerregelungen, um die Bedingungen zu schaffen, die notwendig sind, um vorgegebene Ziele zu erreichen. Die organisatorische Gestaltung des Lagers setzt also voraus, dass zunächst die Ziele der Lagerwirtschaft klar definiert werden.

Sachziel
= Bereitstellung

Das wichtigste **Sachziel der Lagerwirtschaft** ist es, Güter für die Leistungserstellung und den Verkauf bereitzustellen. Das Ziel ist nur erreicht, wenn die Güter immer
- in der gewünschten Güte,
- in der gewünschten Menge,
- in der richtigen Zeit und
- am richtigen Ort

verfügbar sind. Jede Lagerabteilung ist angehalten, diese Aufgabe so kostengünstig wie möglich zu erfüllen. Oberstes **Formalziel der Lagerwirtschaft** ist deshalb die **Minimierung der Lagerhaltungskosten**. Um hierfür Ansatzpunkte aufdecken zu können, müssen die Lagerhaltungskosten in die einzelnen Kostenarten aufgeschlüsselt werden.

Formalziel
= Minimierung der Lagerhaltungskosten

Überblick über die Lagerhaltungskosten

LAGERHALTUNGSKOSTEN

Raumkosten	Verwaltungskosten	Risikokosten	Kapitalkosten
– Abschreibung o. – Miete – Einrichtung – Instandhaltung – Heizung – Strom – Reinigung	– Löhne – Gehälter – Allgemeine Verwaltungskosten wie Büromaterial, Telefon usw.	– Mengenverluste durch Diebstahl oder Schwund – Wertverluste durch Beschädigung, Verderb oder Preisverfall – Versicherungsprämien	– Zinsen für das im Lager gebundene Kapital
= Kosten, die nur sehr schwer durch organisatorische Maßnahmen beeinflussbar sind.	= Kosten, die durch organisatorische Maßnahmen beeinflusst werden können.		

Aufgaben

1 Erläutern Sie den Begriff „Just in time" und begründen Sie, weshalb „Just in time" auf den Großhandel nur sehr begrenzt angewendet werden kann.

2 Beschreiben Sie die Funktionen der Lagerhaltung und geben Sie jeweils ein Beispiel.

3 Welche Bedeutung kommt der Lagerhaltung für die Funktionsbereiche Beschaffung, Fertigung und den Absatz zu?

4 Erklären Sie, durch was sich die Lagerwirtschaft der Industrie von der Lagerwirtschaft des Großhandels unterscheidet.

5 Formulieren Sie die wesentlichen Ziele der Lagerwirtschaft.

3 Die Prinzipien der Lagerorganisation am Beispiel der Materialbereitstellung

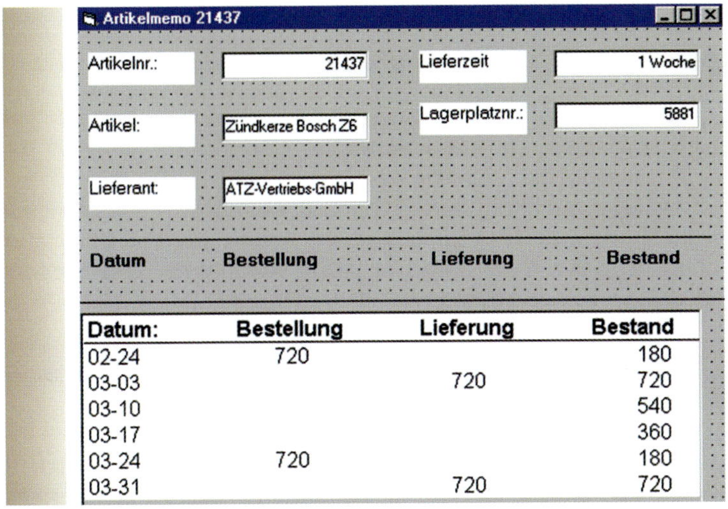

Datum:	Bestellung	Lieferung	Bestand
02-24	720		180
03-03		720	720
03-10			540
03-17			360
03-24	720		180
03-31		720	720

Auszug aus der Artikeldatei der Weber OHG

- **Welche Gefahr besteht bei einem solchen Beschaffungsverhalten?**

Aus der Forderung, immer die gewünschte Gütermenge zur richtigen Zeit und am richtigen Ort bereitzustellen und gleichzeitig die Lagerkosten zu minimieren, entsteht für die Lager- und Einkaufsabteilung ein Zielkonflikt, der nur schwer zu lösen ist.

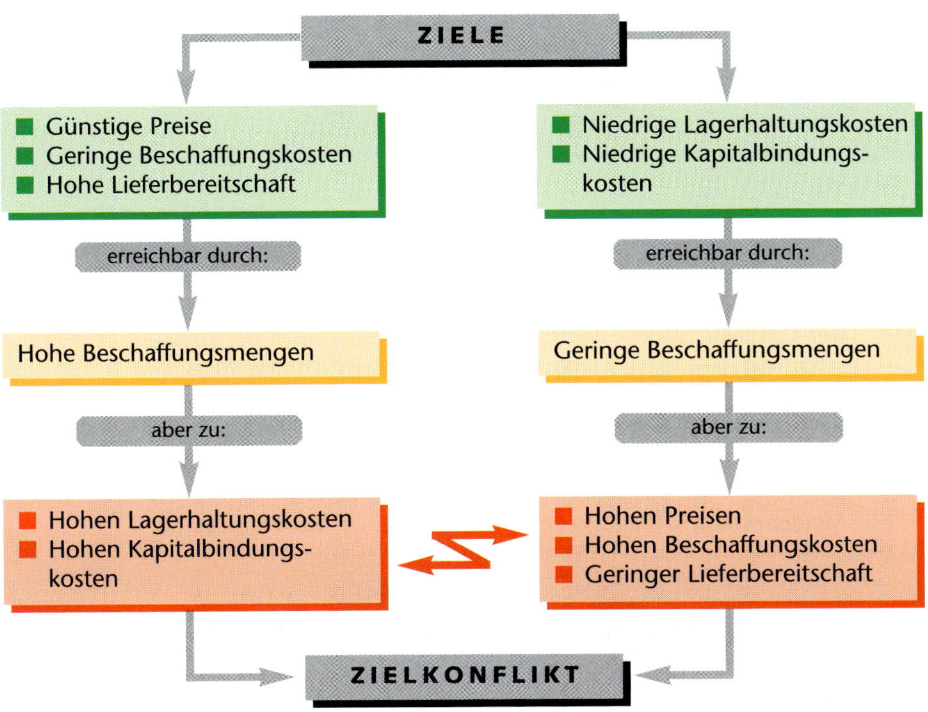

Zielkonflikt der Lager- und Einkaufsabteilung

Planungsaufgaben der Lagerhaltung

Aus dem gezeigten Zielkonflikt ergeben sich für die Lager- und Einkaufabteilung im Wesentlichen zwei Planungsaufgaben:
- die **Beschaffungszeitplanung:** „Wann muss bestellt werden?"
- die **Beschaffungsmengenplanung:** „Wie viel muss bestellt werden?"

Bei der Beschaffungszeitplanung, die nachfolgend beispielhaft behandelt werden soll, kommt es im Wesentlichen auf das Bereitstellungsprinzip an, d. h. ob der Bedarf mit oder ohne Vorratshaltung gedeckt wird.

3.1 Bedarfsdeckung mit Vorratshaltung

Bei der Bedarfsdeckung mit Vorratshaltung werden die Güter für die Fertigung bzw. für den Verkauf in einem mehr oder weniger großen Lager bereitgestellt. Vorratshaltung ist immer dann notwendig, wenn die Waren nur zu einer bestimmten Zeit anfallen oder wenn Produktion und Verkauf zeitlich auseinanderfallen.

- *Die Verbraucher wollen Äpfel nicht nur im Herbst essen.*
- *Ein Skihersteller produziert seine Skier auch im Mai, obwohl er sie erst im September an den Fachhandel verkauft.*

Um Fehlmengen zu vermeiden und um dem beschriebenen Sachziel der Lagerwirtschaft gerecht zu werden, wird bei der Bedarfsdeckung mit Vorratshaltung ein Mindestbestand an Waren als eiserne Reserve vorrätig gehalten.

Der Mindestbestand

Der Mindestbestand ist die Vorratsmenge, die bei normalem Betriebsablauf nie unterschritten werden darf.

Methoden der Bestellzeitermittlung

In der Praxis haben sich zwei Methoden durchgesetzt, mit denen der Bestellzeitpunkt bestimmt wird:
- Beim **Bestellrhythmusverfahren** werden die Artikel zu festen Terminen bestellt. Nachteilig ist bei diesem Verfahren, dass es gleichbleibenden Verbrauch und in der Regel – aus Sicherheitsgründen – höhere Bestände voraussetzt.
- Beim **Bestellpunktverfahren** wird der Bestellzeitpunkt durch den Meldebestand bestimmt.

Der Meldebestand

Das Bestellpunktverfahren ist das in der Praxis am häufigsten verwendete Verfahren, da es auch bei schwankendem Verbrauch die notwendige Sicherheit bietet.

Der Meldebestand ist der Bestand an Waren, bei dem der Einkaufsabteilung mitgeteilt wird, dass wieder neue Ware bestellt werden muss.

Der Meldebestand muss so hoch sein, dass die neue Lieferung eintrifft, bevor der Mindestbestand angegriffen wird. Daraus ergibt sich folgende Berechnungsformel:

Formel: Meldebestand

Meldebestand = (Tagesverbrauch · Lieferzeit) + Mindestbestand

Fallbeispiel: Die Bestellpolitik der Weber OHG führte bei Zündkerzen zu folgendem Geschäftsvorfall:

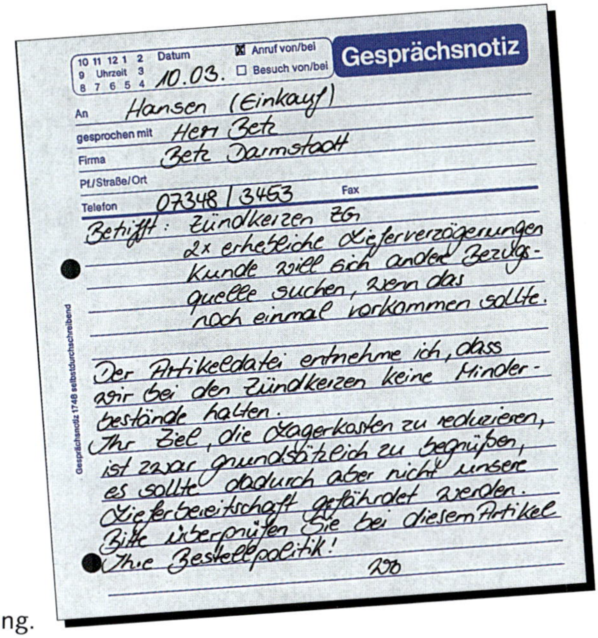
Gesprächsnotiz
Datum 10.03. ☒ Anruf von/bei ☐ Besuch von/bei
An Hansen (Einkauf)
gesprochen mit Herr Betz
Firma Betz Darmstadt
Pf./Straße/Ort
Telefon 07348 / 3453 Fax
Betrifft: Zündkerzen ZG
2x erhebliche Lieferverzögerungen
Kunde will sich andere Bezugsquelle suchen, wenn das noch einmal vorkommen sollte.

Der Artikeldatei entnehme ich, dass wir bei den Zündkerzen keine Mindestbestände halten.
Ihr Ziel, die Lagerkosten zu reduzieren, ist zwar grundsätzlich zu begrüßen, es sollte dadurch aber nicht unsere Lieferbereitschaft gefährdet werden.
Bitte überprüfen Sie bei diesem Artikel Ihre Bestellpolitik!

Gesprächsnotiz 1748 selbstdurchschreibend

Ein Kunde beschwert sich wegen einer Lieferverzögerung.

Ein Kunde beschwert sich wegen einer Lieferverzögerung

Herr Hansen berechnet daraufhin die für das Bestellpunktverfahren notwendigen Bestände.

Mindestbestand	=	180 Sätze/Wo. · 2 Wo.	=	360 Sätze
Meldebestand	=	180 Sätze/Wo. · 1 Wo. + 360	=	540 Sätze
Höchstbestand	=	720 Sätze (= Bestellmenge) + 360	=	1080 Sätze

Lagerbestandsentwicklung bei der Weber OHG

Grafisch stellt sich die Bestandsentwicklung in Zukunft wie folgt dar:

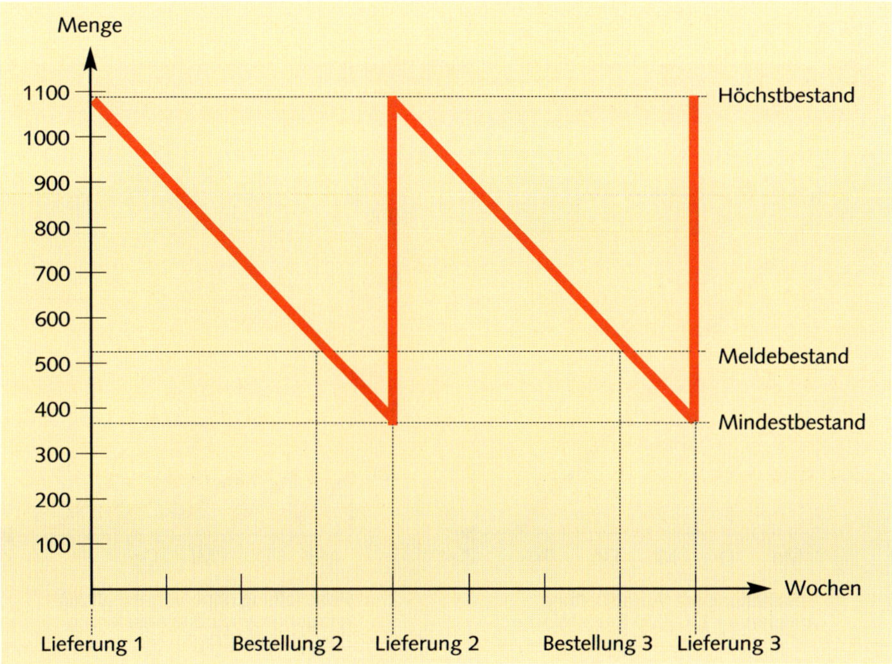

3.2 Bedarfsdeckung ohne Vorratshaltung

Ein Praxisbeispiel für eine lagerlose bzw. lagerarme Fertigung

Auszug aus einem Zeitungsartikel, in dem der Leiter des „Stabes Materialbewirtschaftung" die rationelle Lagerhaltung bei einem Autohersteller beschreibt:

In der Praxis entspricht die durchschnittliche Lagerdauer für Zulieferteile einem 7-Tage-Bedarf. Von sperrigen oder auch sehr teuren Zulieferteilen wird kaum ein Tagesbedarf gelagert. Reifen und Kühler kommen z. B. zweimal täglich, und die Sitze werden in der Reihenfolge des Bedarfs direkt ans Band geliefert. Trotz der Risiken gibt es für die rationelle Lagerhaltung keine Alternative, eher noch ist mit einer weiteren Verkürzung des „zinsverzehrenden toten Kapitals in Form von Lagern" zu rechnen.

Nach: Südwestpresse

Fertigungssynchrone Anlieferung

synchron *= zeitgleich, gleichzeitig verlaufend*

Das Gegenstück zur Bedarfsdeckung mit Vorratshaltung ist die **fertigungssynchrone Anlieferung** der benötigten Materialien. Bei diesem Bereitstellungsprinzip fällt die Anlieferung und die Verarbeitung der Materialen zusammen. Die Vorratshaltung entfällt vollständig oder beschränkt sich auf eine eiserne Reserve. Dieses Verfahren setzt voraus, dass eine langfristige und exakte Fertigungsplanung vorliegt, sodass der Zeitpunkt des Materialbedarfs genau festgelegt ist. Die Zulieferer müssen vertraglich dazu verpflichtet werden, dass sie den Liefertermin genau einhalten.

Anwendung findet die fertigungssynchrone Anlieferung bei Großserien oder bei Massenfertigung. Für den Großhändler ist eine „verkaufs"-synchrone Anlieferung kaum denkbar, weil er in der Regel den Verkauf weder zeitlich noch mengenmäßig vorherbestimmen kann.

Vergleich der Lagerbestandsentwicklung bei unterschiedlichen Bereitstellungsprinzipien

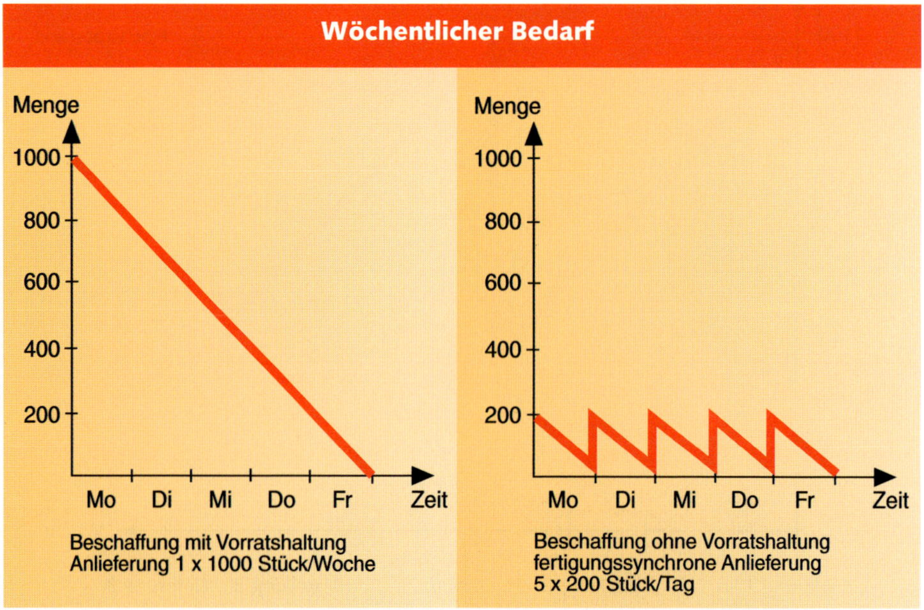

Einzelbeschaffung im Bedarfsfall

Die Einzelbeschaffung im Bedarfsfall kommt meist dann vor, wenn ein Unternehmen für einen Kunden einen Spezialauftrag ausführt. Die Materialien werden dann zeitlich und mengenmäßig exakt für diesen Auftrag beschafft (auftragsbezogene Beschaffung). In diesem Fall kann es zwar kurzfristig zu einer Lagerhaltung kommen, von einer Vorratshaltung im eigentlichen Sinn kann aber nicht gesprochen werden.

- *Der Kunde eines Sportartikelgroßhändlers möchte für sein Faltboot einen kleinen Elektromotor. Der Großhändler, der solche Motoren nicht im Sortiment führt, erklärt sich aber bereit, dem Kunden einen solchen Motor extra zu beschaffen.*
- *Ein Hersteller von Lkw-Anhängern führt nur Einzelaufträge aus. Die Materialbeschaffung erfolgt erst jeweils nach der Auftragserteilung speziell für diesen Auftrag. Der Beschaffungszeitpunkt und die Beschaffungsmenge wird aufgrund der individuellen Fertigungsplanung ermittelt.*

4 Von welchen Einflussfaktoren hängt die Materialbereitstellung ab?

KOOPERATION / Rhenus macht Logistik für Latz

Zentrallager direkt beim Werk des Kunden

Seit über 16 Jahren erbringt Rhenus, eines der führenden deutschen Verkehrsunternehmen, umfassende logistische Dienstleistungen für den Hersteller von Heimtiernahrung.

Direkt im Werk in Euskirchen übernehmen Spezialfahrzeuge von Rhenus die Ware des rund um die Uhr in drei Schichten arbeitenden Quaker Latz-Betriebes und transportieren sie in das benachbarte Rhenus-Zentrallager, das speziell für die Zusammenarbeit mit Quaker Latz errichtet wurde.

Auf einer Fläche von ca. 11 000 qm werden die rund 450 verschiedenen Produkte gelagert und kommissioniert. 18 m lang ist die Rampe der am Scheitelpunkt des Daches 14 m hohen Halle. Hier können 20 Lkw-Züge gleichzeitig beladen werden. Etwa 7,5 Mio. EUR hat Rhenus bisher für Gebäude, Software und weitere Ausrüstung investiert, die die materielle Basis für die Zusammenarbeit mit Quaker Latz bilden.

Vom Zentrallager aus distributiert Rhenus an den Handel. Komplettladungen gehen direkt an Großverbrauchermärkte. Kleinsendungen gelangen per Umschlag im Rahmen von Sammelverkehren über das bundesweit flächendeckende Netz von Rhenus-eigenen Betrieben ohne Zwischenlagerung zum Quaker Latz-Kunden.

Der permanente Austausch von Informationen ist ein wesentlicher Faktor für die erfolgreiche Zusammenarbeit. Über die EDV-Anbindung meldet Quaker Latz den täglichen Bedarf für den jeweiligen „point of purchase“ und ermöglicht Rhenus damit die frühzeitige Disposition von Laderaum unter Berücksichtigung von Fixterminen und Warenannahmezeiten.

Welche Einflussfaktoren der Materialbereitstellung können Sie im vorstehenden Text entdecken?

Grundsätzlich kann zwischen innerbetrieblichen und außerbetrieblichen Einflussfaktoren unterschieden werden, wenn es darum geht, herauszufinden, welches Material, in welcher Menge, wann und wo bereitgestellt werden soll.

- Die außerbetrieblichen Einflussfaktoren für die Materialbereitstellung sind die Beschaffungsmarktverhältnisse und die Absatzmarktverhältnisse.
- Die innerbetrieblichen Einflussfaktoren sind im Wesentlichen das Erzeugnisprogramm, die Kapazitätsauslastung und die Finanzlage.

Der Absatzmarkt als bestimmende Einflussgröße der Materialbereitstellung

Käufermarkt
Bei starker Konkurrenz mehrerer Anbieter und ggf. einem Angebotsüberhang besitzen die Käufer – verglichen mit dem Verkäufer – eine starke Stellung. Dies versetzt sie z. B. in die Lage, bei einem Anbieter Preisnachlässe oder günstigere Zahlungsbedingungen durchzusetzen.

Da wir es in der Bundesrepublik seit geraumer Zeit mit einem Käufermarkt zu tun haben, werden die Bedingungen auf dem Absatzmarkt bei den meisten Unternehmen für die Beschaffungsplanung, die Erzeugnisprogrammplanung, die Kapazitätsplanung und die Finanzplanung bestimmend sein.

Der **Absatzplan** hält für jedes Produkt die geplante Absatzmenge innerhalb eines bestimmten Zeitraums fest. Die geplante Absatzmenge wird aufgrund von Erfahrungswerten geschätzt, mit Trendberechnungen oder als Ergebnis der Marktforschung bestimmt.

Auch der Beschaffungsmarkt kann zum Engpassfaktor werden

Jedes Unternehmen benötigt Produktionsfaktoren (Werkstoffe, Betriebsmittel, Arbeitskräfte), um Produkte herstellen und verkaufen zu können. Die Unternehmen treten auf dem Beschaffungsmarkt als Nachfrager auf, um sich diese Produktionsfaktoren zu verschaffen. In der Regel werden die Absatzdaten dafür bestimmend sein, welches Produkt in welcher Menge beschafft werden soll. Häufig kommt es aber auch vor, dass die Beschaffungsmarktdaten selbst die Materialbereitstellung beeinflussen.

- *Aufgrund einer guten Kaffeeernte sinkt der Marktpreis für Rohkaffee um 25 %. Ein Bremer Kaffeeröster kauft daraufhin mehr ein als vorgesehen.*

Der Beschaffungsmarkt kann selbst zum betrieblichen Engpass werden, wenn Störungen (Betriebsstörungen beim Zulieferer, Ernteausfälle, Krieg im Beschaffungsland) auftreten. Besonders problematisch sind solche Störungen bei einer fertigungssynchronen Beschaffung.

- *Erst der verstärkte Trend, dass gerade die großen Industrieunternehmen ihre Lagerhaltung abgebaut haben, hat es den Gewerkschaften ermöglicht, ihre so genannte „Mini-Max-Theorie" anzuwenden: Sie haben mit geringem Aufwand die kleineren Zulieferbetriebe bestreikt, konnten damit aber gleichzeitig die großen Unternehmen lahmlegen, weil diese nicht mehr auf eigene Vorräte zurückgreifen konnten.*
- *Besondere Risiken sind mit ausländischen Beschaffungsmärkten verbunden. Durch die großen Entfernungen erhöhen sich die Transportrisiken. Die unterschiedlichen Währungssysteme bergen Risiken von Kursveränderungen und Risiken der Geldübertragung. Hinzu kommen noch die besonderen Bedingungen durch unterschiedliche Rechtsordnungen, Handelsbräuche sowie politische und wirtschaftliche Unsicherheiten. Die zahlreichen Risiken erfordern besonderen Versicherungsschutz.*

Die innerbetrieblichen Einflussfaktoren der Materialbereitstellung

Grundsätzlich wird das Fertigungsprogramm, die Kapazitätsauslastung und die Finanzlage durch die außerbetrieblichen Marktdaten bestimmt. Aufgrund der gegebenen Marktsituation ergeben sich dann jedoch unterschiedliche Einflüsse auf die Materialbereitstellung:

- Beim **Erzeugnisprogramm** kann tendenziell festgehalten werden: Je breiter (viele verschiedenartige Erzeugnisse) und je tiefer (viele verschiedene Ausführungen) das Fertigungsprogramm ist, desto mehr Material muss bereitgehalten werden. Die Lagerhaltung ist in der Regel dementsprechend umfangreich. Hinzu kommt, dass bei Auftragsfertigung und Klein-Serienfertigung der Materialdurchfluss meist langsamer ist und somit mehr Zwischenlager entstehen.
- Die **Kapazitätsauslastung** beeinflusst vor allem dann die Materialbereitstellung dahingehend, dass bei einem höheren Auslastungsgrad auch meist mehr Material bereitgestellt werden muss. Unter Kapazität versteht man das Leistungsvermögen eines Unternehmens in einem bestimmten Zeitraum. Zum Engpassfaktor wird die Kapazität dann, wenn mehr abgesetzt werden kann, als der Betrieb zu fertigen in der Lage ist. In solchen Fällen wird die Materialbereitstellung der gegebenen Kapazität angepasst oder der Betrieb beschafft zusätzliche Produktionsfaktoren und erhöht damit seine Kapazität.
- Ob die Kapazität erweitert und damit mehr Produktionsfaktoren bereitgestellt werden, hängt von der jeweiligen **Finanzlage** des Unternehmens ab. In der Finanzplanung wird vor Beginn jeder Fertigungsperiode festgestellt, welche liquiden Mittel dem Unternehmen für die geplanten Vorhaben zur Verfügung stehen, ob die Mittel ausreichen und wenn nicht, wie viel Kapital noch beschafft werden muss. Die finanzielle Lage wird zum Engpassfaktor, wenn geplante Vorhaben nicht ausgeführt werden können, weil kein zusätzliches Kapital mehr beschafft werden kann. Die geplanten Vorhaben müssen dann gegebenenfalls zurückgestellt werden, was sich auf die Bereitstellung aller Produktionsfaktoren auswirkt, also auch auf die Werkstoffe.

„Endlich ist es uns gelungen, die logistische Kette zu schließen!“ HANDELSBLATT Pielert

Aufgaben

1 Erklären Sie den Zielkonflikt zwischen dem Sach- und Formalziel der Lagerwirtschaft.

2 Unter welchen Voraussetzungen ist
a) die Bedarfsdeckung mit Vorratshaltung,
b) die Einzelbeschaffung im Bedarfsfall,
c) die herstellungssynchrone Anlieferung das geeignetste Prinzip der Lagerorganisation?

3 Beurteilen Sie die Höhe der Lagerbestände bei den in Aufgabe 2 genannten Bereitstellungsprinzipien.

4 Unterscheiden Sie zwischen dem Bestellrhythmus- und dem Bestellpunktverfahren.

5 Vom Motoröl 20W-50 werden täglich im Durchschnitt 20 Kanister verkauft. Die Bestellmenge beträgt 320 Kanister, die Lieferzeit 4 Tage. Der Mindestbestand soll 8 Tage überbrücken können.
a) Berechnen Sie den Mindest-, Melde- und Höchstbestand.
b) In welchem Zeitabstand wird bei normalem Verbrauch bestellt?
c) An dem Tag, an dem die neue Lieferung eintrifft, steigt der tägliche Absatz vorübergehend auf 30 Kanister. Nach wie viel Tagen ist jetzt der Bestellpunkt erreicht?
Um wie viel Einheiten müsste der Mindestbestand in diesem Fall angegriffen werden?
e) Wie würden Sie reagieren, wenn sich der Absatz dauerhaft auf täglich 30 Kanister einpendeln würde?

6 Erläutern Sie die Einflussgrößen der Materialbereitstellung und gehen Sie dabei auch auf die wechselseitigen Abhängigkeiten ein.

AKTION

Beschaffungsplanung

Auszug aus der Abteilungsleiter(-innen)sitzung vom 18. August

Herr Weber: In den letzten Tagen haben wir das statistische Material über die Lagerkennziffern unserer Branche, das wir regelmäßig von unserem Verband erhalten, mit unseren Zahlen verglichen und dabei mit Sorge festgestellt, dass wir in fast allen Bereichen unter dem Durchschnitt der Branche liegen. Wir müssen deshalb die Organisation der Beschaffung und Lagerhaltung noch mehr straffen. Das Ziel der beiden Abteilungen ist es, die benötigten Güter

- in der gewünschten Güte,
- in der gewünschten Menge,
- in der richtigen Zeit und
- am richtigen Ort

verfügbar zu haben. Da unsere Kunden hinsichtlich der Liefermenge, der Einhaltung der Liefertermine und der Produktqualität nur selten zu Reklamationen Anlass haben, liegt die Vermutung nahe, dass wir zu hohe Lagerbestände haben und die Waren dadurch zu lange lagern. Die Durchsicht unserer Lagerkennziffern hat diesen Verdacht unterstützt. Aus diesem Grund schlage ich vor, dass wir

- unsere Lagerbestände nach „Ladenhütern" durchforsten,
- bei den Produkten, die einen regelmäßigen Absatz haben, die optimale Bestellmenge ermitteln und
- die Mindestbestände neu definieren.

Außerdem wollen wir ab nächsten Monat das Warenwirtschaftssystem auch dahin nutzen, dass es uns jeden Abend eine Bestellvorschlagsliste ausdruckt. Dazu ist es notwendig, die Meldebestände neu zu berechnen und in das System einzugeben.

Zur besseren Kontrolle unserer Lagerentwicklung ist es notwendig, dass wir die Lagerkennziffern ständig verfügbar haben. Das Warenwirtschaftssystem soll zukünftig dahingehend ergänzt werden. Bis dies soweit ist, sollten wir uns ein einfaches Überwachungssystem selbst erarbeiten. Herr Moser, haben Sie jemanden in Ihrer Abteilung, der dies in Angriff nehmen kann?

Herr Moser: Ich werde mich darum kümmern.

Herr Weber: Geben Sie entsprechende Arbeitsanweisungen an Ihre Mitarbeiter und Mitarbeiterinnen.

Herr Hansen, Abteilungsleiter Einkauf, erarbeitet in der folgenden Woche detaillierte Arbeitsanweisungen und übergibt diese persönlich an seine Mitarbeiter. Eine dieser Anweisungen erhält Silke Sommer, die seit einem Jahr in der Einkaufsabteilung für den Einkauf von Automobiltextilien zuständig ist:

AKTION

Von: Herrn Günter Hansen

An: Frau Silke Sommer

WEBER OHG
HAUSMITTEILUNG

Datum: 20..-08-26

Betrifft: Einkaufsplanung Sitzbezüge - Art.-Nr. 09-7653

Arbeitsanweisung

1. Erstellen Sie mit Hilfe des Tabellenkalkulationsprogramms eine Kostenübersicht zur Ermittlung der optimalen Bestellmenge. Die Tabelle sollte folgende Struktur haben:

Anzahl der Bestellungen	Bestellmenge (x)	Durchschn. Lagerbestand (x/2)	Einstandspreis je Stück	Kosten pro Bestellung	Bestellkosten gesamt	Lagerhaltungskosten (x/2*p*l)	Gesamtkosten

- Prüfen Sie die Kosten bei 1, 4, 8, 18 und 24 Bestellungen.
- Bestimmen Sie die kostengünstigste (optimale) Bestellmenge.

2. Überprüfen und korrigieren Sie den bisherigen Mindestbestand.
3. Ermitteln Sie den Meldebestand. Stellen Sie einen Bestellzyklus grafisch dar.
4. Geben Sie die ermittelten Werte im Warenwirtschaftssystem ein (Artikelstammdaten).

Die benötigten Daten entnehmen Sie dem Artikelmemo des Warenwirtschaftssystems.

Artikelmemo: Art.-Nr.: 09-7653

Jahresbedarf:	**360 Stück**	**Bestellzyklus:**	**4 Wochen**
Einstandspreis je Stück:	**130,00 EUR**	**Bestellmenge:**	**30 Stück**
Kosten pro Bestellung:	**360,00 EUR**	**Mindestbestand:**	**20 Stück**
Lagerhaltungskostensatz:	**17 %**	**Lieferzeit:**	**14 Tage**

Bestellung	Menge	Lieferung	Menge	
01-10	30	01-24	30	
02-10	30	02-24	30	
03-10	30	03-24	30	
04-10	30	04-24	30	
05-10	30	05-24	30	
06-10	30	06-24	30	
07-10	30	07-26	30	Verz.: wg. Urlaubszeit
08-10	30	08-28	30	Verz.: wg. Urlaubszeit

Herr Moser gibt den Auftrag, ein vorläufiges Überwachungssystem der Lagerentwicklung zu erstellen, an Herrn Sontheimer weiter. Herr Sontheimer ist für die Kontrolle der Lagerbestände verantwortlich und hat auch schon in der Vergangenheit für die wichtigsten Artikel Lagerkennziffern in unregelmäßigen Abständen ermittelt.

Von: Herrn Helmut Moser

An: Herrn Rainer Sontheimer

WEBER OHG

HAUSMITTEILUNG

Datum: 20..-08-26

Betrifft: Überwachung der Lagerkennziffern

Arbeitsanweisung

1. Erstellen Sie mit Hilfe des Tabellenkalkulationsprogramms eine Bildschirmseite zur Eingabe folgender Daten:
   - Anfangsbestände und Monatsendbestände
   - Wareneinstandspreis
   - Landesüblicher Zinssatz
2. Die Bestände sollen auch grafisch dargestellt werden.
3. Entwickeln Sie ein Programm, durch das die Lagerkennziffern auf einer Bildschirmseite abrufbar sind.
4. Entwickeln Sie ein Programm, mit dem wir die Auswirkungen auf den Gewinn überprüfen können, wenn wir den Lagerbestand reduzieren. Verwenden Sie dazu die beiliegende Vorlage.
5. Überprüfen Sie das Programm an einem Beispiel und legen Sie mir das Ergebnis vor.

Herr Sontheimer will sein Programm am Auto-Walzventilator, Art.-Nr. 1443, testen. Die dazu notwendigen Daten lässt er sich ausdrucken:

Artikel: Auto-Walzventilator, Art.-Nr. 1443

Einstandspreis: 25,00 EUR
Wareneinsatz im letzten Jahr: 59.400,00 EUR
Anfangsbestand: 56

Jan.	68	Mai	62	September	74
Febr.	77	Juni	79	Oktober	64
März	63	Juli	83	November	78
April	59	August	72	Dezember	61

AKTION

Herr Sontheimer rechnet mit einem landesüblichen Zinssatz von 7 %.

Anlage zu Arbeitsanweisung 4:

Auswirkungen

Reduzierung des Lagerbestandes ______ Prozent

Wareneinsatz		
Durchschnittlicher Lagerbestand		
Umschlagshäufigkeit		
Durchschnittliche Lagerdauer		
Angenommener Marktzins in %		
Lagerzinsfuß in %		

Wareneinsatz		
Handlungskostenzuschlag 30 %		
Selbstkosten ohne Lagerzinsen		
Lagerzinsen (v. Wareneinsatz)		
Selbstkosten am Verkaufstag		
Gewinn		
Warenverkauf		

Aufgabe

Bilden Sie Gruppen und führen Sie die Arbeitsanweisung an Silke Sommer und Rainer Sontheimer durch.

Vergleichen Sie Ihre Ergebnisse.

Organisation der Textverarbeitung

Die Organisationsabteilung der Laupheimer Büromöbel AG beabsichtigt, verstärkt moderne Bürotechnologie einzusetzen. Dadurch soll wirtschaftlicher als bisher gearbeitet werden, um die Kosten der Textverarbeitung noch weiter zu reduzieren.

- **Überlegen Sie, welche Schritte erforderlich sind, um dieses Ziel zu erreichen.**

Textverarbeitung
= *formulieren*
diktieren
schreiben
vervielfältigen
absenden
ablegen

Textbearbeitung
= *Texte ändern und gestalten*

1 Möglichkeiten der Texterstellung

Zunächst werden alle Möglichkeiten der Texterstellung, die bisher angewandt werden, erfasst und auf ihre Wirtschaftlichkeit hin überprüft.

Art der Texterstellung	Anwendungsbeispiele	Wirtschaftlichkeit
Langschriftliche Vorlage	komplizierte Sachverhalte	zu zeitaufwändig und deshalb zu teuer
PC-Diktat	Beantwortung einer Kundenanfrage, die sofort abgeschickt werden soll.	Da gleichzeitig zwei Personen im Einsatz sind, fallen hohe Kosten an.
Fonodiktat	Beantwortung von Kundenanfragen Briefe im Personalwesen Reklamationen Nachfassbriefe	Schreibarbeiten können nur dann rationell erledigt werden, wenn der Diktierende und die Schreiberin DIN 5009 beherrschen.
Stichwortbrief	Beantwortung von Kundenanfragen	Rationelle Brieferstellung, wenn die Mitarbeiter gut und rasch formulieren können. Diese Arbeitsform fördert die Eigenverantwortung.
Blitzantwort	Änderungswunsch eines Kunden: Antwort wird auf dessen Originalbrief geschrieben.	schnelle Bearbeitung, aber unpersönlich

Checkliste Akten-/Telefonnotiz

- *Mit wem wurde gesprochen?*
- *Wann und zu welcher Uhrzeit?*
- *Worüber wurde gesprochen?*
- *Was ist zu veranlassen?*
- *Wer erhält eine Kopie?*
- *Wer hat die Notiz wann angefertigt?*

Art der Texterstellung	Anwendungsbeispiele	Wirtschaftlichkeit
Aktennotiz Telefonnotiz	Kundenbesuche Telefongespräche	Der Aufwand lohnt sich, wenn die Sachaussagen für die weitere Bearbeitung wichtig sind, abwesende Mitarbeiter informiert werden sollen oder ein Beweis vorliegen muss.
Vordrucke	Reiseantrag Reisekostenabrechnung Kurzbriefe Faxdeckblatt	rationell, wenn die Vordrucke gut gestaltet und ohne Schwierigkeiten auszufüllen sind
Schemabriefe (Musterbriefe)	Mahnungen Einladungen zum Einstellungstest und zum Vorstellungsgespräch	schnelle Bearbeitung
Textbausteine	Sachaussagen, die häufig verwendet werden	sehr schnelle Bearbeitung
Serienbriefe	Einladungen Werbebriefe	Eine große Anzahl von Briefen, die den Eindruck eines individuellen Schreibens erwecken, kann rasch erstellt werden.

Korrekturzeichen nach DIN 16 511

- ⊢⊣ = Text ändern
- ⊓ = Reihenfolge der Buchstaben umstellen
- ℓ = Buchstaben bzw. Text löschen
- ⅃ = Absatz machen
- ⌈ = Text einfügen
- Z = Zwischenraum einfügen
- ⌣ = Absatz löschen
- ◠◡ = Zwischenraum entfernen

Korrekturbeispiel

Verwendet der Autor zum Korrigieren eines geschriebenen Textes Korrekturzeichen, muss er sie mit der gewünschten Änderung am Rand wiederholen **(Autorenkorrektur)**.

Computer – Drucker – Telekommunikationsausstattungen
~~erfordern~~ ein neues, eigenständiges Anforderungsprofil — ⊢⊣ definieren
an die Arbeitswelt der Zukunft. Die zentralne Ein- — ⊓ en
heiten des Systems sind die Kabelkanäle, an ~~an~~ die wiederum — ⊢⊣ ℓ
alle anderen Elemente exakt angebaut werden können
(Modularität). ⅃ Arbeitsplätze können ⌈ erweitert und um- — ⅃ ⌈ leicht
gestellt Z werden, so◠◡dass alle organisatorischen Verände- — Z ◠◡ ⌣
rungen ohne Aufwand nachvoll◠◡zogen werden können. — ◠◡

2 Textformulierung

Die Organisationsabteilung der Laupheimer Büromöbel AG hat festgestellt, dass es einigen Sachbearbeiterinnen und Sachbearbeitern schwer fällt, gute Briefe zu schreiben. Deshalb soll nicht nur moderne Bürotechnologie eingeführt, sondern auch sprachlich ein moderner und einheitlicher Stil gepflegt werden. So ist z. B. das Ziel der Marketingphilosophie **Corporate Identity (CI)** ein Wir-Gefühl zu schaffen. Dazu gehören ein einheitliches Erscheinungsbild **(Corporate Design)**, das Verhalten **(Corporate Behaviour)** und die Kommunikation **(Corporate Communication)**.

Formulierungsgrundsätze

■ **Der Partner sollte direkt angeredet werden.**

Bitte unterschreiben Sie den Vertrag und senden Sie uns ein Exemplar zurück.
(statt: Wir bitten Sie, den Vertrag zu unterschreiben und uns ein Exemplar zurückzuschicken.)

■ **Verbalstil verwenden.**

Ihre Vorschläge berücksichtigen wir bei der nächsten Tagung.
(statt: Ihre Vorschläge werden bei der nächsten Tagung Berücksichtigung finden.)

■ **Formulierungen mit „werden" möglichst vermeiden.**

Sie erhalten die Schreibtische am Freitag.
(statt: Sie werden die Schreibtische am Freitag erhalten.)

■ **In den meisten Fällen ist der Konjunktiv überflüssig.**

Wir freuen uns, Sie am Tag der offenen Tür zu begrüßen.
(statt: Wir würden uns freuen, Sie am Tag der offenen Tür begrüßen zu dürfen.)

■ **Sachverhalte präzise ausdrücken (keine „Bandwurmsätze").**

Sind Sie mit unseren Änderungen einverstanden?
(statt: Wir wären Ihnen dankbar, wenn Sie uns darüber benachrichtigen würden, ob Sie mit den von uns vorgeschlagenen Änderungen einverstanden sind.)

■ **Positiv formulieren.**

Mit Schreibtischen, die höhenverstellbar sind, erfüllen Sie die Anforderungen an einen ergonomisch gestalteten Arbeitsplatz. Deshalb wurde das Modell „Office" durch **„Ergo Office"** ersetzt.
(statt: *Leider können wir das von Ihnen bestellte Modell „Office" nicht mehr liefern. Als Ersatz schlagen wir Ihnen aber unser neues Modell „Ergo Office" vor, ein ergonomisch gestalteter Schreibtisch.)*

Wie schreibe und gestalte ich einen Geschäftsbrief?

Anschrift
- *z. H. weglassen*
- *Name direkt unter den Firmennamen setzen*

Brieftext
- *Partner direkt anreden*
- *Fragen stellen*
- *keine veralteten Formulierungen verwenden*

Briefschluss
Brief wird meistens abgeschlossen mit
- *„Freundliche Grüße"*
- *„Mit freundlichen Grüßen"*
- *„Mit freundlichem Gruß"*

veraltet:
- *.... und verbleiben mit freundlichen Grüßen*

3 Programmierte Textverarbeitung

Das Software-Angebot an Textverarbeitungsprogrammen und fachbezogenen Anwendungen ist sehr groß. Es entstehen ständig neue Versionen, die dem Anwender eine Vielzahl von Möglichkeiten bieten, Texte zu erstellen, zu gestalten und zu speichern.

Sachverhalte, die sich häufig wiederholen, werden als Textbausteine (AutoText) gespeichert. Die Bausteine können über das Menü Drucken ausgedruckt oder mit dem Selektionsnamen (bzw. Selektionsnummer) und einem Stichwort versehen nach Anwendungsgebieten in ein Texthandbuch aufgenommen werden.

Textbausteine
Beispiele

Vorteile
- *einheitlicher Briefstil im gesamten Unternehmen*
- *Zeitersparnis: weniger*
  - *formulieren*
  - *schreiben*
  - *korrigieren*

Nachteil
- *fehlende Individualität*

Laupheimer Büromöbel AG Textprogramm – Artikel nicht lieferbar	Seite 1	Bausteindatei Artikel-1
V o l l t e x t	**Sel.**	**Stichwort**
Ihre Bestellung **{ }**	01	Bestellung
Ihre Anfrage **{ }**	01A	Anfrage
Sehr geehrte **{ }**,	02	Anrede
vielen Dank für Ihre Bestellung.	03	Dank Bestell.
vielen Dank für Ihre Anfrage.	03A	Dank Anfrage
Diese Schreibtische führen wir nicht mehr in unserem Programm.	04	generell nicht
Das von Ihnen gewünschte Modell wurde inzwischen aus unserem Programm genommen. Leider haben wir auch keinerlei Restbestände mehr am Lager.	05	Restbestände
Das von Ihnen gewünschte Modell können wir nur in einer Breite von **{ }** liefern. Bitte teilen Sie uns mit, ob Sie mit dieser Breite einverstanden sind.	06	Breite nicht lieferbar
Diese Schreibtische führen wir nicht in der gewünschten Farbe. Sie könnten diese Tische aber in **{ }** erhalten. Sind Sie mit dieser Farbe einverstanden?	07	Farbe nicht lieferbar
Als Ersatz bieten wir Ihnen an: **{ }** Diese Schreibtische erhalten Sie innerhalb von **{ }** Wochen.	08	Ersatzangebot
Mit freundlichen Grüßen Laupheimer Büromöbel AG	09	Gruß

Korrespondenz-analyse
Untersuchung des Schriftwechsels, ob er sich zur Textprogrammierung eignet.

Das Arbeiten mit Textbausteinen kann auf verschiedene Art durchgeführt werden. Die Selektionsnummern der benötigten Bausteine und die variablen Einfügungen können

- formlos auf einem Notizzettel, der dem Kundenbrief angeheftet wird, vermerkt oder
- in einem Schreibauftrag (Vordruck) angegeben werden.

Mit der Funktion AutoText der Textverarbeitungsprogramme können neben Textpassagen auch Standardgrafiken und andere Elemente, die häufig verwendet werden, rasch und bequem erstellt und in den Text eingefügt werden.

Vordruck Schreibauftrag enthält die Felder:
- *Kopienzahl*
- *Postvermerke*
- *Bezugszeichen*
- *Anschriftfeld*
- *Selektionsnummer*
- *individuelle Einschübe*

Schemabrief – der ganze Brief wird gespeichert – für variablen Text werden Platzhalter (Stoppstellen) eingegeben	**Zahlungserinnerung** Sehr geehrte{Anrede und Name}, dürfen wir Sie daran erinnern, unsere Rechnung Nr. {Rechnungsnummer} vom {Datum} über EUR {Rechnungsbetrag} zu bezahlen? Sicher haben Sie die Fälligkeit übersehen. Das kann passieren. Bitte überweisen Sie den Betrag in den nächsten Tagen. Vielen Dank. Mit freundlichen Grüßen
Serienbrief – **Hauptdokument,** in dem die variablen Texte als Seriendruckfelder angegeben werden **und** – **Datenquelle,** in der die Kundenanschriften enthalten sind, werden gemischt.	**Tag der offenen Tür am** {Seriendruckfeld Datum} Sehr geehrte{Seriendruckfeld Anrede2} {Seriendruckfeld Name}, in Ruhe informieren, ohne kaufen zu müssen; sehen, aber kein Geld ausgeben! Dazu laden wir Sie herzlich ein. Und wir sind sicher, dass Sie unser neues Electronic-Office-System begeistert. Verbringen Sie ein paar schöne Stunden mit uns mit Musik, Essen und Trinken und vielen Überraschungen. Wir freuen uns auf Sie. Mit freundlichen Grüßen

Schemabriefe
Briefe, die häufig benötigt werden.

Beispiele
Mahnung
Einladung zum Vorstellungsgespräch

Serienbriefe
Briefe, die an viele Kunden gesandt werden

Beispiele
Werbebriefe
Einladungen

4 Diktiersysteme

4. 1 Spracherkennungssystem

- Sie sind unabhängig von Maus und Tastatur.
- Sie diktieren – der PC schreibt.
- Sie entlasten das Büropersonal.
- Sie haben Hände und Augen frei und konzentrieren sich auf Ihre Unterlagen.
- Sie sparen Zeit und Kosten.
- Sie diktieren nach kurzem Sprechertraining.

■ **Überlegen Sie, welche Auswirkungen diese neue Technologie mit sich bringt.**

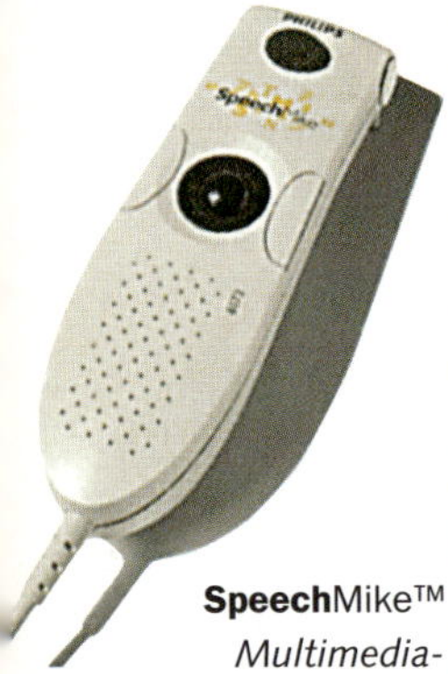

SpeechMike™
Multimedia-Eingabegerät für den PC: Mikrofon, Trackball, Maustasten und Lautsprecher

Mit Spracherkennungsprogrammen werden Texte über ein Mikrofon, das mit dem Computer verbunden ist, diktiert. Die Software überträgt das Diktat auf den Bildschirm. Ob es auch fehlerfrei wiedergegeben wird, hängt vom disziplinierten Anfangstraining und dem anschließenden disziplinierten Diktieren ab. Einsteigern wird empfohlen, dem Spracherkennungsprogramm selbst geschriebene Texte zur Analyse zu geben, bevor mit dem Diktieren begonnen wird. Spricht der Anwender beim Anfangstraining besonders laut und deutlich, beim anschließenden Diktat fällt er jedoch wieder in die undeutlichere Umgangssprache zurück, wird die Erkennungsrate deutlich schlechter. Deshalb sollte immer im ungefähr gleichen Tonfall diktiert werden. Um mit der Spracherkennung zu arbeiten, werden ein schneller Prozessor und reichlich Hauptspeicher, eine Soundkarte und ein Mikrofon benötigt.

4.2 Digitales Diktiersystem ohne Kassettenhandling

Digitale Sprachverarbeitung bedeutet, dass das gesprochene Wort als Datei auf einen speziellen Datenträger gespeichert wird. Diese Sprachdatei bietet denselben Komfort wie eine Textdatei: Teile des Diktats können gelöscht, eingefügt und in neuer Reihenfolge zusammengestellt werden. Um die Sprachdatei zu übertragen, wird sie in einen Ordner auf den Server kopiert. Über Kopfhörer wird das Diktat abgehört, mit einem Fuß- oder Handschalter gesteuert und mit dem PC geschrieben. Die Sprachdatei kann auch über das Internet weltweit versandt werden.

Digitales Diktiersystem

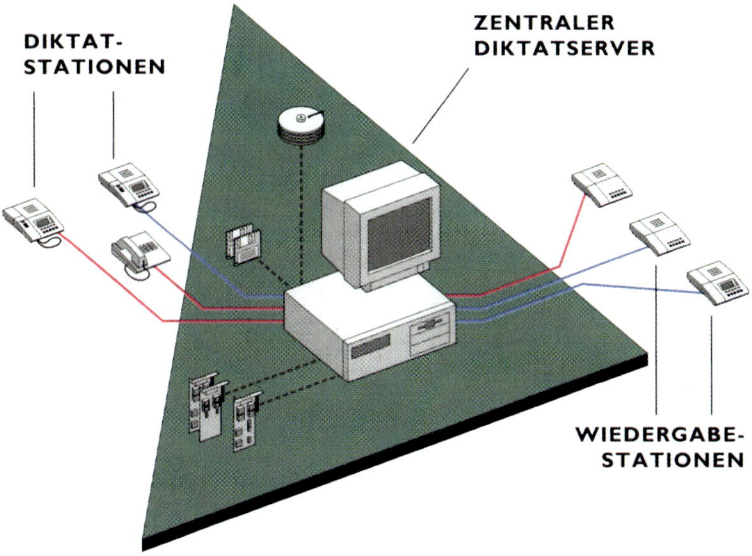

4.3 Diktiergeräte

Das Diktieren kann auch mit Tischdiktiergeräten (= Bürodiktiergeräte mit separatem Mikrofon) und Taschendiktiergeräten (= Handdiktiergeräte mit eingebautem Mikrofon) erfolgen. Diktiergeräte weisen viele benutzerfreundliche Merkmale auf, z. B.
- LCD-Anzeigendisplay für Indexanzeige und Aufnahmezeit
- Index für spezielle Anweisungen
- Suchfunktion zum schnellen Ansteuern der Aufnahmen
- Bandende-Vorwarnung
- Sprachaktivierte Aufnahme für freihändiges Diktieren
- Digitale Textanzeige
- Prioritätsindex
- Indexierung der letzten Bandposition

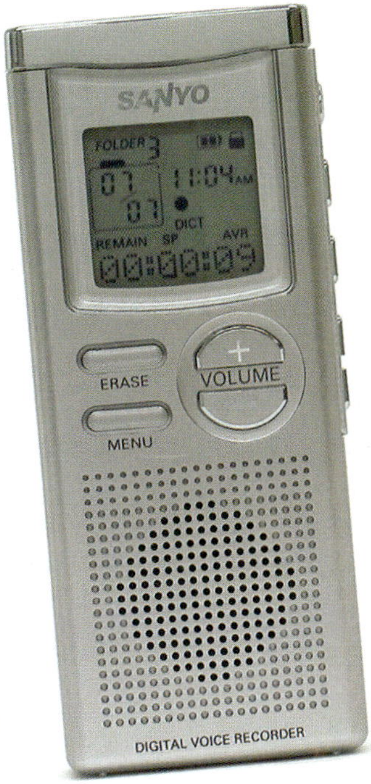

Die Zukunft gehört sicher digitalen Diktiergeräten. Sie haben gegenüber analogen Geräten folgende Vorteile:

- **sehr hohe Speicherkapazität**
  Dateien werden auf austauschbaren Multimediakarten oder auf einem integrierten Flash-Speicher im internationalen Industriestandard DSS-Format (= Digital Speech Standard) gespeichert.

- **direkter Anschluss an den Rechner**
  Überspielen des Diktats auf den PC und somit auch in das PC-Netzwerk zum Weiterversand und zur Weiterverarbeitung.

- **Workflow Management**
  Alle Dateiinformationen wie z. B. Autor, Dokumentenart oder andere Schlüsselwörter werden am PC angezeigt.

Funktionen von Wiedergabegeräten

- *Display für die vollständige Übersicht*
- *Automatisches Einlesen der Kassetten-Informationen*
- *Suchlauf vor- und rückwärts für schnelles Auffinden markierter Aufnahmen*
- *Automatisches Ansteuern des nächsten Textanfangs*

Welches Diktiergerät im Büro eingesetzt wird, hängt davon ab, ob es am Arbeitsplatz oder an wechselnden Orten benötigt wird. Sachbearbeiter/Sachbearbeiterinnen, die ihre Texte nur im Büro diktieren, arbeiten mit einem Tisch- oder Handdiktiergerät (Bürodiktiergerät). Mitarbeiter, die Gedanken während einer Bahnfahrt, auf Messen oder Ausstellungen festhalten, wählen ein Pocket Memo. Büroangestellte, die die Diktate übertragen, arbeiten mit Wiedergabegeräten, die mit Kopfhörern und Fußschaltern ausgerüstet sind.

Tonträger für analoge Diktiergeäte

Für Briefe und kurze Mitteilungen eignen sich Minikassetten mit einer Aufnahmezeit von 15 Minuten pro Kassettenseite. Bei längeren Berichten kommen Minikassetten mit einer Aufnahmezeit von 30 Minuten pro Kassettenseite in Betracht.

4.4 Diktieren – DIN 5009 weist den richtigen Weg

Um das Diktat rasch und fehlerfrei mit dem PC übertragen zu können, sollte die Verständigung zwischen Diktierenden und Fonotypistinnen möglichst reibungslos verlaufen. Deshalb sollten beide mit den **Diktierregeln DIN 5009** und den **Schreib- und Gestaltungsregeln für die Textverarbeitung** vertraut sein. Schwierige Fremdwörter und Eigennamen sollten nach der **Buchstabiertafel Inland** buchstabiert werden. Zahlen sind besonders deutlich anzusagen. Zur Unterscheidung von zwei und drei ist für zwei „zwo" anzusagen. Zahlen sind meistens ziffernweise von links anzusagen. Davon ausgenommen sind Kalenderdaten, Währungsbeträge, Maße und Gewichte. Die Monatsnamen Juni und Juli sind mit „Juno" und „Julei" anzusagen.

Ablauf des Fonodiktats

Der Diktierende bereitet die Unterlagen vor, befasst sich mit den Sachverhalten und hält seine Gedanken evtl. stichwortartig fest. Er bedient das Diktiergerät fachgerecht, spricht deutlich, achtet auf Sprechpausen und betont richtig. Auch über die Reihenfolge der Diktatanweisungen muss er sich im Klaren sein. Er sollte folgenden Diktatablauf einhalten:

1. Name des Diktierenden, Abteilungs- oder Bereichsbezeichnung, evtl. Kostenstelle, Telefonnummer
2. Hinweis zur Bearbeitung des Schreibens (handelt es sich um einen Entwurf oder soll ein besonderer Vordruck verwendet werden) und Hinweis auf beigefügte Unterlagen, aus denen während des Schreibens Informationen zu entnehmen sind.
3. Versendungsform (z. B. Übergabe-Einschreiben)
4. Anschrift (liegt der Vorgang bei, wird sie in Kurzform angesagt)
5. Bezugszeichen, Betreff, Anrede
6. Brieftext
7. Gruß, evtl. Anlagenvermerk und Verteilvermerk
8. Ende des Schriftstücks
9. Anzahl der Kopien bzw. Drucke, falls zusätzliche Exemplare gewünscht werden
10. Diktatende

Ansagebeispiele:

Information	Frau Peters diktiert einen A4-Brief. **Ansage:** *Hier spricht Peters. Bitte schreiben Sie einen A4-Brief.*
Anschrift	Müller & Weber GmbH, Neue Straße 20, 89123 Ulm **Ansage:** *Anschrift Müller & Weber GmbH, Neue Straße zwo – null,* **Postleitzahl** *acht – neun – eins – zwo – drei Ulm*
Bezugszeichen	ka-rs **Ansage:** *Unser Zeichen klein Kaufmann – klein Anton Bindestrich klein Richard – klein Samuel*
Betreff	Reisebericht **Ansage:** *Betreff Reisebericht*
Anrede	Sehr geehrte Damen und Herren, **Ansage:** *Sehr geehrte Damen und Herren – Komma – Absatz* Werden Kommas angesagt, müssen sie im gesamten Diktat angesagt werden.
Text	Bei einem Text ohne Anrede wird der Textbeginn mit dem Wort *Text* (= nun folgt der Text) angekündigt.
Textbeispiel	Bitte wenden Sie sich an Frau Dr. Klara Reythner. **Ansage:** *Bitte wenden Sie sich an Frau Dr. Klara* **Stopp** *ich buchstabiere Reythner – Richard – Emil – Ypsilon – Theodor – Heinrich – Nordpol – Emil – Richard,* **Text** *Punkt*
Textbeispiel	Teilen Sie uns Ihre Entscheidung bis **Ende Juli** mit. **Ansage:** *Teilen Sie uns Ihre Entscheidung bis* **Stopp** *Ende Julei in Fettdruck* **Text** *mit Punkt*
Grußform	Mit freundlichem Gruß **Ansage:** *Mit freundlichem Gruß*
Anlagen	2 Preislisten, 1 Katalog **Ansage:** *Anlagen – zwo Preislisten – ein Katalog*
Briefschluss	**Ansage:** *Ende dieses Schriftstücks*

Anweisungen (Fettdruck, Kursivschrift, Unterstreichen, Einrücken, Buchstabieren, Tabelle, Aufstellungen, Grafik) werden mit **Stopp** eingeleitet und mit **Text** beendet.

Konstanten sind anzusagende feststehende Bezeichnungen, die aus DUDEN oder DIN 5008 bekannt sind. Sie werden nicht durch **Stopp** und **Text** eingegrenzt (z. B. Satzzeichen, Absatz, Anschrift, Betreff, groß, klein, hoch).

Buchstabiertafel Inland

A	=	Anton
Ä	=	Ärger
B	=	Berta
C	=	Cäsar
CH	=	Charlotte
D	=	Dora
E	=	Emil
F	=	Friedrich
G	=	Gustav
H	=	Heinrich
I	=	Ida
J	=	Julius
K	=	Kaufmann
L	=	Ludwig
M	=	Martha
N	=	Nordpol
O	=	Otto
Ö	=	Ökonom
P	=	Paula
Q	=	Quelle
R	=	Richard
S	=	Samuel
SCH	=	Schule
T	=	Theodor
U	=	Ulrich
Ü	=	Übermut
V	=	Viktor
W	=	Wilhelm
X	=	Xanthippe
Y	=	Ypsilon
Z	=	Zacharias
ß	=	Eszett

Aufgaben

1 Beurteilen Sie die folgenden Formulierungen:
- Wir werden Ihnen die bestellten Bürostühle bis Ende nächster Woche liefern.
- Wären Sie bereit, die Vertretung unserer Büromöbel in Düsseldorf zu übernehmen?
- Vorsorglich weisen wir Sie in Ihrem eigenen Interesse höflich darauf hin, dass sich für den Käufer das Recht zum Rücktritt vom Vertrag wegen Verzögerung der Lieferung erst nach vierwöchigem Überschreiten des vereinbarten Liefertermins ergibt.

2 Erläutern Sie die Begriffe Textbaustein, Texthandbuch, Selektionsnummer und Schreibauftrag.

3 Nennen Sie Beispiele aus der Praxis, die sich für eine Bearbeitung mit Textbausteinen eignen.

4 Berichten Sie, welche Vor- bzw. Nachteile sich ergeben, wenn Kundenbriefe mit Textbausteinen beantwortet werden.

5 Kennzeichnen Sie die Konstanten und die Anweisungen des folgenden Briefes. Diktieren Sie den Text auf Band. Denken Sie auch an eine gute Gestaltung. Übertragen Sie Ihr Diktat mit dem PC.

Anschrift	Zanker & Dittrich GmbH, Frau Susanne Theißen, Burgholzstraße 43, 70376 Stuttgart
Betreff	Electronic-Office-System
Anrede	Sehr geehrte Frau Theißen, haben Sie vielen Dank für Ihr Interesse an unserem Electronic-Office-System. Mit dem von Ihnen vorgeschlagenen Termin 20. Juni 200. zu einem Informationsgespräch in unserem Hause sind wir einverstanden. Wir freuen uns auf Ihren Besuch. Mit freundlichen Grüßen

6 Entwerfen Sie für Ihren Ausbildungsbetrieb einen Schemabrief für ein zweites Mahnschreiben, der bei Bedarf dann nur noch mit den variablen Daten zu versehen ist.

7 Die Georg Weber AG plant den Bau eines neuen Bürogebäudes. In diesem Zusammenhang wird auch überlegt, welche Organisationsmittel angeschafft werden sollen. So wird darüber diskutiert, Diktiergeräte einzusetzen. Einige Sachbearbeiter meinen, dass die Diktataufnahme dadurch wesentlich erleichtert wird, andere finden eine Anschaffung überflüssig. Diskutieren Sie, ob es wirtschaftlich ist, Diktiergeräte einzusetzen. Überlegen Sie auch, wovon es grundsätzlich abhängt, ob Diktiergeräte gekauft werden.

5 Texte vervielfältigen – immer schneller – immer besser

5.1 Kopieren

Einige Mitarbeiter der Laupheimer Büromöbel AG, die viele Texte kopieren bzw. drucken müssen, beklagen sich darüber, dass sie sich durch hohe Emissionen von Ozon, Tonerstaub und Lärm gesundheitlich beeinträchtigt fühlen. Da die alten Kopierer inzwischen sehr reparaturanfällig sind, sollen neue angeschafft werden.

■ **Überlegen Sie, welche Kriterien ein neues Kopiergerät erfüllen sollte.**

Internationaler Qualitäts-Standard ISO-9002

Seitdem grundlegende Umweltrichtlinien (Mai 1992) erarbeitet wurden, verpflichteten sich Unternehmen weltweit, auf Stoffe zu verzichten, die dazu beitragen, den Ozongürtel zu zerstören. Sie ergreifen Maßnahmen zur Vermeidung des Treibhauseffektes, reduzieren den Produktionsabfall und fördern den Einsatz von Recyclingmaterial. Bei Kopiergeräten werden diese Richtlinien inzwischen weitgehend eingehalten. Sie sollten deshalb folgende Anforderungen erfüllen:

- Kopiergeräte sollten FCKW-frei sein.
- Die Ozonbelastung am Arbeitsplatz wird durch spezielle Filtersysteme so gering wie möglich (weniger als 0,04 mg/m^3) gehalten.
- Toner aus Kunstharzen und Wachs und organischen Farbstoffen weisen keine Krebs erregenden Bestandteile auf.
- Tonerrückführsysteme, wiederverwendbare Tonerbehälter sowie staubfreie Einfüllsysteme sind inzwischen Standard.
- Kopierer ist möglichst nicht mit einer Cadmiumsulfid-beschichteten Photohalbleitertrommel ausgerüstet.
- Ein niedriger Geräuschpegel trägt zum Wohlbefinden bei.
- Der Kopierer verarbeitet Recyclingpapier.
- Energiesparfunktionen wie Autostart, Vorwärm- oder automatischer Abschaltmodus verringern die Stromkosten.
- Gehäuseteile sollten sich für Materialrecycling eignen.

Geräte, die mit dem Umweltzeichen „Blauer Engel" ausgezeichnet wurden, erfüllen alle umwelt- und gesundheitsbezogenen Anforderungen.

Elektrostatisches Trockenkopierverfahren (= Xerografie)

1. **Analoges Kopieren**
   Zunächst wird ein Zwischenbildträger (Trommel) elektrostatisch aufgeladen, dann die Vorlage belichtet, entwickelt, mit Hilfe des Toners auf das Papier übertragen und fixiert.

2. **Digitales Kopieren**
   Die Vorlage wird jeweils in einem einzigen Arbeitsgang mit einem Scanner abgetastet und in digitale Signale umgewandelt, die einen feinen Laserstrahl in der Druckereinheit steuern.

Welcher Kopierer soll ausgewählt werden?

Welche Standorte kommen in Frage?

■ **zentral**

Vorteile:
- *vielfältige Leistungsmerkmale*
- *optimale Ausnutzung*
- *geringere Wartungskosten*

Nachteile:
- *unnötige Wege- und Wartezeiten*

■ **dezentral**

Vorteile:
- *keine Wege- und Wartezeiten*

Nachteile:
- *weniger Leistungsmerkmale*
- *evtl. höhere Wartungskosten*

Kopierarten

Ob ein Tisch-, Modular- oder Konsolengerät in analoger oder digitaler Arbeitsweise infrage kommt, hängt davon ab, wie viel, was und wo kopiert werden soll. Ein zentral aufgestellter Kopierer weist in der Regel mehr Leistungsmerkmale auf als ein dezentral aufgestelltes Gerät.

Analoge und digitale Kopierer können mit folgenden Funktionen ausgerüstet sein:

Duplex-Modus	Es können ein- oder beidseitig bedruckte Vorlagen auf Vorder- und Rückseite kopiert werden.
Doppelseiten-kopiermodus	A3-Vorlagen werden in einem Schritt auf A4-Vorder-/Rückseite kopiert.
Automatischer Vorlageneinzug	Mehrere Seiten können schneller kopiert werden.
Zoomen	Originale lassen sich verkleinern oder vergrößern.
Lochen, Heften, Sortieren, Gruppieren, Binden	Dokumente lassen sich mit diesen Leistungsmerkmalen rationell weiterverarbeiten.
Rejektor-Rollensysteme	Sie vermeiden Doppeleinzüge und Papierstaus.
Automatische Kassettenumschaltung	Kopierer verwendet automatisch das Vorlagen-Format (A5, A4, A3)
Farbkopien	Mit Farbkartuschen kann farbig kopiert werden.
Tonersparfunktion/ Energiesparfunktion	Dadurch wird umweltschonend kopiert.

Ein digitaler Laserkopierer scannt und speichert die Vorlage in einem einzigen Arbeitsgang. Dadurch vermindern sich Einzugsgeräusche und es kann noch komfortabler gearbeitet werden, z. B.

- **Hintergrundnummerierung**
  Vertrauliche Dokumente, die mehrere Mitarbeiter erhalten sollen, werden beim Kopieren durchnummeriert. So kann nachvollzogen werden, wer welche Kopie erhalten hat.
- **Kreativfunktionen**
  Farbe vertauschen, Bereiche einfärben, dehnen, spiegeln, Vorlagen kombinieren.
- **Großer Zoombereich**
  Vergrößerungen und Verkleinerungen von 25 % bis 400 % in 1 %-Schritten sind möglich.
- **Automatischer Datumsstempel und automatische Seitennummerierung**
  vereinfachen das Ablegen der Kopien.

Wirtschaftlicher Einsatz des Kopierers

Kopieren trägt aus folgenden Gründen wesentlich zur Rationalisierung der Büroarbeit bei:
- Wichtige Informationen können originalgetreu (ohne Übermittlungsfehler) mit handschriftlichen Notizen sofort weitergegeben werden.
- Mehrere Stellen können gleichzeitig an demselben Vorgang arbeiten.
- Im Gegensatz zu Durchschlägen, die z. B. mit einem Nadeldrucker hergestellt werden, sind alle kopierten Exemplare von gleicher Qualität.
- Druckvorlagen können mit Hilfe des Kopierers bearbeitet werden.
- **Kopiermasken** ersparen Schreibarbeit.
  Beispiel: Statt eines ersten Mahnschreibens wird mit der noch offenen Rechnung eine Folie mit dem Vermerk **1. Mahnung** kopiert und an den Kunden gesandt.

Das **Urheberrecht** vom 9. September 1965 beinhaltet das **Urheberpersönlichkeitsrecht** (nur der Urheber bestimmt, ob und wie sein Werk zu veröffentlichen ist) sowie das **Verwertungsrecht** (nur der Urheber hat das Recht der Vervielfältigung, Verbreitung, Ausstellung usw.). **Ausnahmen:** Kopien zum persönlichen (= privaten) und zum sonstigen eigenen (= internen) Gebrauch.

5.2 Drucken

Dokumente erst drucken, wenn sie benötigt werden, nicht mehr auf Vorrat.

■ **Diskutieren Sie, welche Vorteile sich dadurch ergeben.**

Produktbeschreibungen, Infoblätter, Handbücher müssen laufend überarbeitet werden. Drucken auf Vorrat ist zu teuer. Deshalb ist eine systematische wie organisatorische Vernetzung des Dokumentationsprozesses erforderlich, die die **digitale** Erfassung und Gestaltung mit PC und Scanner, Weiterleitung, Archivierung und das Wiederauffinden (Retrieval) von Dokumenten umfasst. In einem elektronischen Archiv befindet sich ein „Dokumenten-Lager". Ein Dokument wird erst gedruckt, wenn es benötigt wird (Printing on Demand). Drucke können immer aktuell und pünktlich angefertigt werden (Just in Time). **Multifunktionsgeräte** vereinen Faxen, digitales Kopieren, Drucken, PC-Faxanbindung und Scannen in nur einem Gerät.

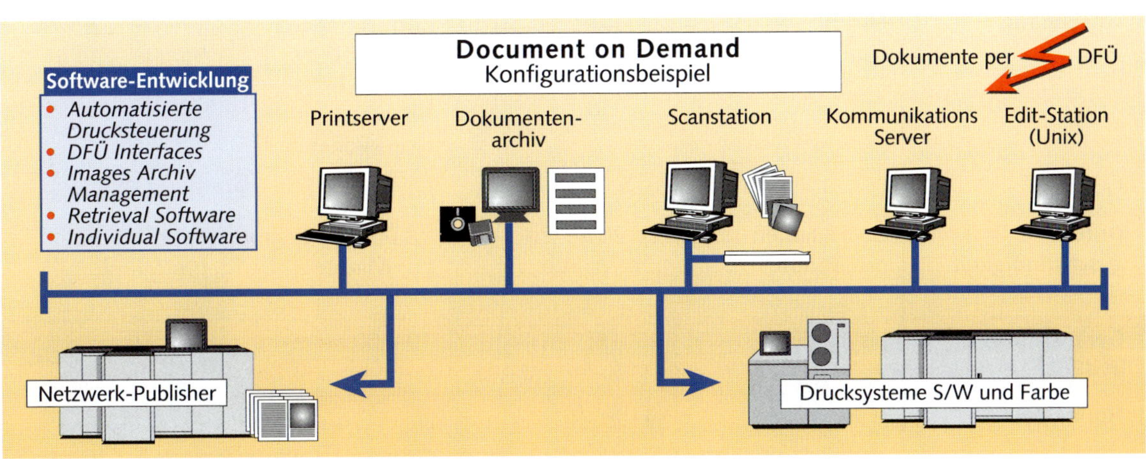

Druckerarten

Die Entscheidung, welcher Drucker angeschafft werden soll, hängt davon ab, ob Texte oder aufwändige Grafiken gedruckt werden, Einzeldrucke, Drucke mit gleichzeitigem Durchschlag, Drucke in kleiner oder hoher Auflage angefertigt werden müssen.

Drucker im Vergleich – Auswahl

- Impact-Drucker: Druck erfolgt durch mechanischen Anschlag
- Non-Impact Drucker: Druck erfolgt ohne mechanischen Anschlag
- LED-Drucker: betreibt statt eines Lasers mit Drehspiegel eine preisgünstigere Zeile aus 2 400 nebeneinander angeordneten Leuchtdioden.
- GDI-Technik: Die Bildschirmdaten werden direkt vom Betriebssystem des Computers übernommen und ausgedruckt. Deshalb ist kein spezieller Druckertreiber nötig.

	Nadeldrucker = Matrixdrucker	**Tintenstrahldrucker**	**Laserdrucker**	**Büro-Offsetdrucker**
Technologie/ Besonderheit	24-/48-Nadel-Präzisionsdruckkopf; Zeichen werden durch den Anschlag von Nadeln über ein Farbband erzeugt. Dabei wird jedes Zeichen Punkt für Punkt in einem Druckkopf zusammengesetzt.	Druckkopf ist mit feinen Miniaturdüsen ausgestattet, die Farbtröpfchen auf das Papier pressen. Geringere Druckkosten durch einzeln austauschbare Tintentanks (Single Ink) Ausstattung mit Funktion CD/DVD-Druck möglich	Zeichen werden durch einen Laserstrahl erzeugt und elektrofotografisch auf das Papier aufgebracht. Vor dem Druck wird die Vorlage zunächst berechnet. Schnelligkeit hängt von der Speicherkapazität und dem Prozessor ab.	Fett und Wasser stoßen sich gegenseitig ab. Druck erfolgt über einen mit Gummituch bespannten Offsetzylinder und einem Gegendruckzylinder. Digitaler Offsetdruck: Direkt aus dem Datenbestand werden die Druckplatten in der Druckmaschine bebildert.
Hauptanwendung	Vordrucksätze Listen Durchschläge	Schriftverkehr Grafiken Folien Fotos	Geschäftskorrespondenz Präsentationsunterlagen hohes Druckvolumen	Prospekte Werbematerial hohes Druckvolumen
Farbe	ja	ja	ja	ja
Druckgeschwindigkeit	ca. 12 Seiten pro Minute	bis 20 Seiten pro Minute	bis über 30 Seiten pro Minute	bis 150 Seiten pro Minute
Geräuschpegel in dB(A)	bis ca. 50	40 – 50	40 – 50	über 50
Normalpapier	ja	ja (holzfrei)	ja	ja

5.3 Durchschriften im Durchschreibeverfahren

Sollen gleichzeitig mit dem Original Durchschriften erstellt werden, kann u. a. zwischen folgenden Verfahren gewählt werden:

Selbstdurchschreibesätze

- **Vordrucksatz mit Mikrokapselbeschichtung**
  Durch den Schreibdruck zerplatzen Mikrokapseln auf der Blattunterseite. Die freigesetzte Reaktionsflüssigkeit löst eine Farbreaktion auf dem tonbeschichteten Durchschriftsblatt aus.
- **Vordrucksatz mit Karbonisierung**
  Das Original und die Durchschläge sind auf der Rückseite eingefärbt.

Zwischenlageverfahren

- **Vordrucksatz mit Einmal-Kohlepapier**
  Zwischen Original und Durchschlägen befindet sich jeweils ein Kohlepapier.
- **Durchschrift von Hand**
  Zwischen Original und Durchschrift befindet sich ein Blaupapier.
- **Durchschlag mit Schreibmaschine/Drucker**
  Zwischen Original und Durchschlag befindet sich ein Kohlepapier.

Aufgaben

1 Ihr Ausbildungsbetrieb beabsichtigt, einen neuen umweltfreundlichen Kopierer zu erwerben. Notieren Sie, was Sie dabei beachten müssen.
Überlegen Sie außerdem, welche Leistungsmerkmale der neue Kopierer auf jeden Fall aufweisen sollte.

2 Ein Unternehmen, dessen Verwaltung auf drei Etagen untergebracht ist, benötigt Entscheidungshilfe, ob das Kopieren zentral oder dezentral durchgeführt werden soll. Nennen Sie die Punkte, die hier zu beachten sind.

3 Entscheiden Sie in den folgenden Fällen, welcher Drucker angeschafft werden sollte.
a) In einer Arztpraxis muss von jeder Überweisung an einen Facharzt ein Durchschlag angefertigt werden.
b) Sie wollen sich einen PC-Drucker anschaffen, der einen geringen Geräuschpegel aufweist und möglichst schadstoffarm arbeitet.
c) Die Möbelfabrik Otto Hahn AG entwickelt ständig neue innovative Kücheneinrichtungen. Produktbeschreibungen müssen laufend geändert und gedruckt werden. In der Vergangenheit wurden viele Schriften, die nicht mehr aktuell waren, vernichtet. Dies verursachte hohe Kosten.
d) Das Autohaus Kaufmann informiert Kunden laufend über neue Entwicklungen mit einem „persönlichen" Schreiben.

4 Berichten Sie, mit welchen Verfahren in Ihrem Ausbildungsbetrieb Durchschläge bzw. Durchschriften angefertigt werden.

6 Vordruck als Informationsträger

Auszug aus den Kursinhalten einer Computerschulung:

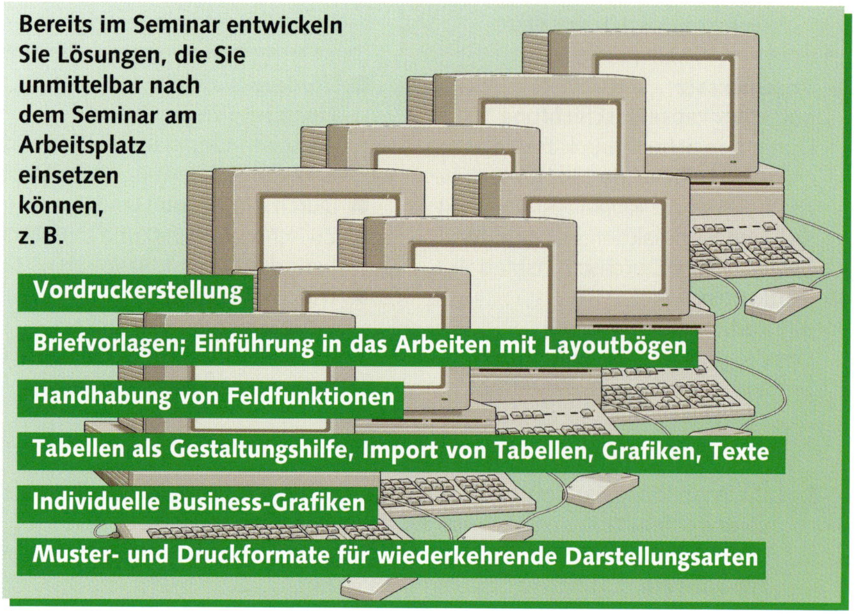

■ **Überlegen Sie, warum Mitarbeiter zu dieser Computerschulung entsandt werden.**

Vordruck-Beispiele

extern
- *Rechnung*
- *Bestellung*
- *Lieferschein*
- *Kurzbrief*
- *Quittung*
- *Faxvordruck*

intern
- *Telefonnotiz*
- *Reiseantrag*
- *Reisekosten-abrechnung*

Vordrucke, die mit dem PC erstellt und gespeichert sind, können schneller im Vergleich zur Schreibmaschine/Hand ausgefüllt werden (60 – 80 % weniger Zeit). Tippfehler können problemlos ausgebessert werden. Die Vordrucke stehen ständig zur Verfügung und müssen nicht auf Vorrat gedruckt oder bestellt werden. Auch eine Aktualisierung ist jederzeit möglich, ohne dass nicht mehr benötigte Vordrucke im Papierkorb landen.

Vordrucke werden sowohl in der internen als auch in der externen Kommunikation aus folgenden Gründen eingesetzt:
- **kürzere Bearbeitungszeiten**
  Es muss weniger überlegt, formuliert, geschrieben und korrigiert werden.
- **vollständige Informationsangaben in logischer Reihenfolge**
  Mit einem Personalbogen beantwortet ein Bewerber alle Fragen, die für eine Einstellung erforderlich sind.
- **Steuerung des Informationsflusses**
  Ein vorher festgelegter Verteiler stellt sicher, dass keine Stelle übergangen wird (Dienstreiseantrag/Genehmigung).
- **vereinfachte Sortierung und Auswertung**
  Aus den Reisekostenabrechnungen können z. B. alle Fahrtkosten innerhalb eines bestimmten Zeitraumes erfasst werden.
- **Einsparung von Portokosten**
  Ein Buchklub gestaltet die Vorschlagsbände als Postkarte (Auswahltext).

6.1 Vordruckgestaltung

Vordrucke können jedoch nur dann rationell eingesetzt werden und Arbeitszeit sowie Kosten einsparen, wenn sie folgende Anforderungen an die Vordruckgestaltung erfüllen:

Inhalt	Form
Informationen müssen verständlich und rasch zu erfassen sein.	Gut leserliche Schriftart auswählen. Unterschiedliche Schriftgrade, Farbe, Formatierungen wie Fettdruck gezielt verwenden.
Kann zwischen mehreren Möglichkeiten gewählt werden, müssen diese eindeutig formuliert sein.	Auswahlkästchen zum Ankreuzen der Auswahlmöglichkeiten vorsehen.
Passende Leittexte auswählen und sinnvoll anordnen.	Leittexte stehen in der oberen linken Ecke, damit sie während des Ausfüllens gelesen werden können (OLE-Prinzip).
Aufbau des Vordrucks muss dem Arbeitsablauf entsprechen.	Texte gliedern und benummern Aufzählungsglieder kennzeichnen
Auch das Versenden eines Vordrucks sollte rationell möglich sein.	Loch- und Falzmarkierungen vorsehen. DIN-Formate verwenden (A6, A5, A4, 1/3 A4 usw.) normgerechtes Anschriftfeld und normgerechte Bezugszeichen

6.2 DIN-Normen – Hilfen zur Gestaltung eines Vordrucks

Das **D**eutsche **I**nstitut für **N**ormung e. V. in Berlin hat für Schreib- und Druckpapiere in **DIN 476** festgelegt, dass das Ausgangsformat A0 einen Flächeninhalt von ca. einem Quadratmeter hat. Alle weiteren Formate entstehen durch fortgesetztes Halbieren des Ausgangsformates. Streifenformate (1/3 A4, 2/3 A4) werden häufig für Vordrucke verwendet. Zur Unterbringung der A-Formate wurde die Zusatzreihe C (Couvert = Umschlag), zur Unterbringung der C-Formate die Zusatzreihe B entwickelt. **DIN 678** beinhaltet die Normung von Briefhüllen. Der am häufigsten verwendete Briefumschlag ist die Fensterbriefhülle mit der Bezeichnung DL (110 x 220 mm).

Die wichtigsten Formate mit Anwendungsbeispiel im Überblick:

A-Reihe

Format in mm	**A3** 297 x 420	**A4** 210 x 297	**A5** 148 x 210	**A6** 105 x 148
Verwendung	Zeichenblock	Briefbogen	Karteikarte	Postkarte

Hilfen zur Gestaltung

DIN 4998
Vordruckentwurfsblatt enthält Maße für:
- *Zeilenabstand*
- *Zeichenabstand*
- *Anschriftfeld*
- *Faltmarken*
- *Lochmarken*
- *Maße für Auswahlfelder*
- *Hilfen für den Satz*

DIN 1421
Gliederung und Benummerung von Texten enthält die Kennzeichnung von Aufzählungsgliedern

DIN 676
Geschäftsbrief Vordruck A4 zum Versand in Fensterbriefhüllen (DL) geeignet.

DIN 5008
Schreib- und Gestaltungsregeln für die Textverarbeitung

AWV
Arbeitshilfen der Arbeitsgemeinschaft für wirtschaftliche Verwaltung e. V.

DIN 476
Papierformate

DIN 678
Briefumschläge

C-Reihe/B-Reihe

Format in mm	**C3** 324 x 458	**C4** 229 x 324	**C5** 162 x 229	**C6** 114 x 162
Verwendung	Aktendeckel	Umschlag für ungefalteten A4-Brief mit Anlagen	Umschlag für gefalteten A4-Brief mit Anlagen	Umschlag für doppelt gefalteten A4-Brief
Format in mm	**B3** 353 x 500	**B4** 250 x 353	**B5** 176 x 250	**B6** 125 x 176
Verwendung	Umschlag für C3-Hülle	Umschlag für C4-Hülle	Umschlag für C5-Hülle	Umschlag für C6-Hülle

Geschäftsbrief DIN 676

In dieser Norm wird für Briefvordrucke u. a. Folgendes festgelegt:

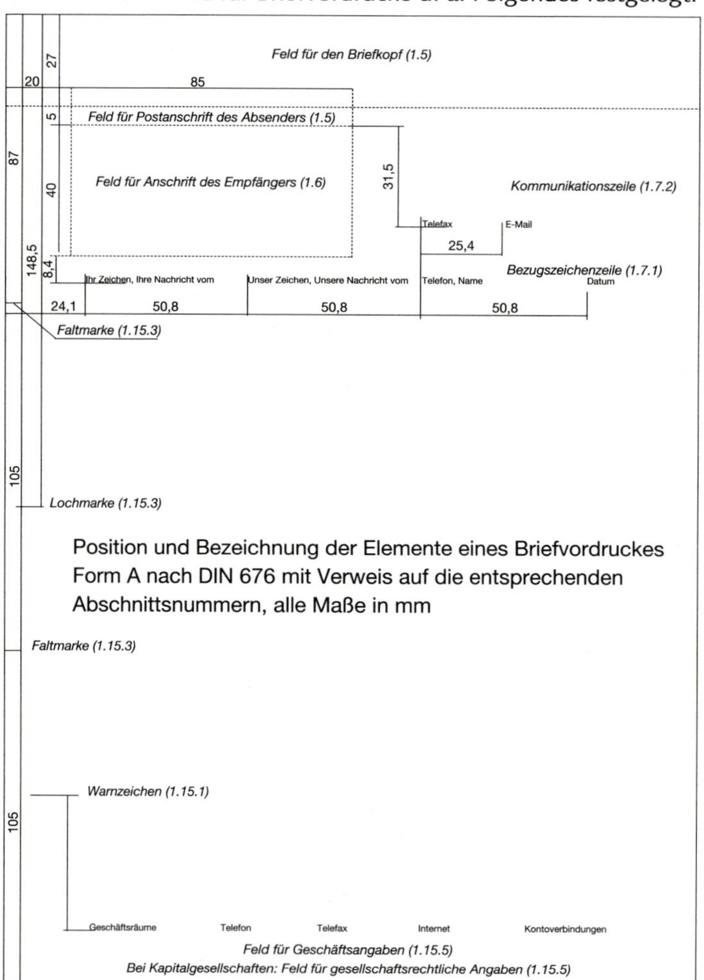

Position und Bezeichnung der Elemente eines Briefvordruckes Form A nach DIN 676 mit Verweis auf die entsprechenden Abschnittsnummern, alle Maße in mm

Informationsblock

Ihr Zeichen:
Ihre Nachricht vom:
Unser Zeichen:
Unsere Nachricht vom:

Name:
Telefon:
Mobil:
Telefax:
E-Mail:

Datum:

Der Informationsblock steht rechts neben dem Feld für die Anschrift des Empfängers.

Beginn: In der Höhe der ersten Zeile des Anschriftfeldes 125,7 mm von der linken Blattkante

(Alternativ zur Bezugszeichenzeile)

Heftrand

Auf dem 20 mm breiten Heftrand sollten zwei Falzmarkierungen, das Warnzeichen und die Lochmarke eingedruckt werden.

Das **Warnzeichen** *steht 40 mm über den Geschäftsangaben. Es zeigt an, dass noch etwa 9 Schreibzeilen zur Verfügung stehen.*

Mit Hilfe des **Vordruckentwurfsblattes** *kann ein normgerechter Brief gestaltet werden.*

Anschriftfeld

wird gegliedert in eine Zusatz- und Vermerkzone (12,7 mm) und eine Anschriftzone (27,3 mm)

6.3 Vordruckbeispiel

Laupheimer Büromöbel AG

Laupheimer Büromöbel AG Königstraße 3 88471 Laupheim

Ihr Zeichen
Ihre Nachricht vom
Unser Zeichen
Unsere Nachricht vom

Name
Telefon
Telefax

Datum

Betreff | Unser Kennwort

Sie erhalten mit der Bitte um

☐ Kenntnisnahme	☐ Erledigung	☐ Weitergabe an
☐ Prüfung	☐ Stellungnahme	☐
☐ Genehmigung	☐ Ergänzung	☐
☐ Weiterbearbeitung	☐ Rückgabe	☐

folgende Unterlagen:

____

____

____

Mit freundlichen Grüßen

Laupheimer Büromöbel AG

Kurzbrief

mit

Bezugszeichen

Kommunikations-angaben

Betreff/ Kennwort

Sachverhalte zum Ankreuzen (Auswahlfelder)

Platz für Zusatzangaben

Gruß

Firmenname

Aufgaben

1 Ihr Ausbildungsbetrieb lädt zum 25-jährigen Geschäftsjubiläum Kunden und Geschäftsfreunde zu einem Sektempfang mit kaltem Buffet ein. Um einen genauen Überblick über die Zahl der Gäste zu erhalten, werden Sie gebeten, eine Antwortkarte zu entwerfen, aus der zu entnehmen ist, welche Firmen mit wie viel Personen teilnehmen.
Nennen Sie die Vorteile, die sich für Ihren Ausbildungsbetrieb dadurch ergeben.

2 Berichten Sie, welche grundsätzlichen Anforderungen an einen Vordruck gestellt werden.

3 Schildern Sie, welche Hilfsmittel Ihnen für die Gestaltung eines Vordrucks zur Verfügung stehen.

AKTION

Texterstellung und Textverarbeitung

A

Sie arbeiten seit zwei Tagen als Auszubildende/r in der Exportabteilung der Laupheimer Büromöbel AG. Ihr Vorgesetzter, Herr Roy, befindet sich auf einer Dienstreise. Sie führen heute um 09:30 Uhr folgendes Telefongespräch:

Azubi: „Ihr Name, Laupheimer Büromöbel AG, guten Tag."

Petzold: „Büroeinrichtungen Wessely, Wien, Petzold, guten Tag, Frau/Herr .... Ich möchte gerne Herrn Roy sprechen."

Azubi: „Tut mir Leid, Herr Roy ist nicht da."

Petzold: „Wann ist er denn wieder in seinem Büro?"

Azubi: „Das weiß ich leider nicht. Kann ich Ihnen weiterhelfen?"

Petzold: „Na ja, da bleibt mir ja wohl nichts anderes übrig. Wir haben gestern von der Spedition Kaufmann 30 Bürotische Modell „Office I" aus unserem Auftrag Nr. 5673 erhalten. Leider haben 5 Tische starke Lackschäden.
Diese Bürotische brauchen wir dringend, da wir ein neues Verwaltungsgebäude der Stadt einrichten."

Azubi: „Herr Petzold, ich werde mich sofort um die Angelegenheit kümmern."

Petzold: „Könnten Sie mich noch heute im Laufe des Tages zurückrufen?"

Azubi: „Ich versuche, die Sache zu klären und dann rufe ich Sie wieder an."

Petzold: „Vielen Dank, Frau/Herr ..., ich hoffe sehr, dass wir die Tische so bald wie möglich erhalten. Auf Wiederhören, Frau/Herr ..."

Azubi: „Tschüs, Herr Petzold."

Aufgaben

1. Da Sie morgen einen Tag Urlaub nehmen, fertigen Sie für Herrn Roy eine Telefonnotiz an. Herr Petzold, Mitarbeiter der Wiener Firma Büroeinrichtungen Wessely, hat folgende Telefonnummer: 0043 1 736512.
2. Diskutieren Sie über das Telefongespräch. Notieren Sie alle Mängel, die Sie in der Kommunikation zwischen Herrn Petzold und Azubi feststellen und machen Sie Verbesserungsvorschläge.
3. Notieren Sie in Gruppenarbeit stichwortartig, was Sie vor, während und nach einem Telefongespräch beachten müssen, um Telefongebühren zu sparen. Denken Sie aber daran, dass Sie sich „kundenfreundlich" verhalten sollten.
4. Um den neuen Auszubildenden das Telefonieren zu erleichtern, schlagen Sie vor, ein Infoblatt über richtiges Verhalten am Telefon zu erstellen. Formulieren und gestalten Sie das Infoblatt mit dem PC.

AKTION

B

Auf eine Stellenanzeige in der „Südwest Presse" haben sich über 40 Personen beworben. Gesucht wurde ein/e Sachbearbeiter/in für die Auftragsabwicklung.

Auszug aus der Stellenanzeige:

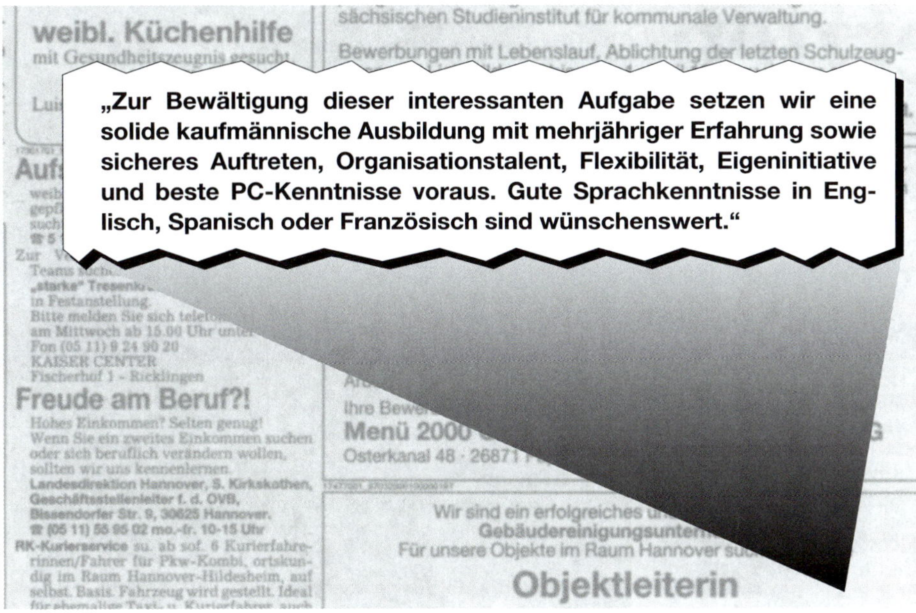

„Zur Bewältigung dieser interessanten Aufgabe setzen wir eine solide kaufmännische Ausbildung mit mehrjähriger Erfahrung sowie sicheres Auftreten, Organisationstalent, Flexibilität, Eigeninitiative und beste PC-Kenntnisse voraus. Gute Sprachkenntnisse in Englisch, Spanisch oder Französisch sind wünschenswert."

Beworben haben sich Damen und Herren,
- die gerade ihre Ausbildung beendet haben.
- die keinerlei Sprachkenntnisse besitzen.
- die nur geringe PC-Kenntnisse haben.
- die ein betriebswirtschaftliches Studium absolviert haben und für diese Tätigkeit überqualifiziert sind.
- die keine solide kaufmännische Ausbildung haben.

Aufgabe

1. Die Personalabteilung möchte Absagen so formulieren, dass die Bewerber nicht entmutigt sind.
Erstellen Sie zu den genannten Punkten und zu den folgenden Stichworten Textbausteine, die dann individuell eingesetzt werden können:
- Betreff
- Anrede
- Dank für die Bewerbung
- Anzeige hat großes Echo gefunden
- sehr viele Bewerbungen eingegangen
- Bewerbungsunterlagen sorgfältig geprüft
- Entscheidung für einen anderen Bewerber
- Unterlagen werden zurückgesandt
- Hoffnung aussprechen, dass eine passende Stelle gefunden wird

AKTION

C

Frau Beatrice Mendel, Rosengasse 20, 89073 Ulm, hat sich um die ausgeschriebene Stelle wie folgt beworben (Auszug):

Bewerbung als Sachbearbeiterin für die Auftragsabwicklung

Sehr geehrte Damen und Herren,

Ihre Anzeige in der „Südwest Presse" hat mir gut gefallen. Deshalb bewerbe ich mich um die ausgeschriebene Stelle.

Ich bin 20 Jahre alt und habe vor einem Jahr meine Ausbildung als Bürokauffrau bei der Otto Kaufmann KG beendet. Zurzeit bin ich als Sachbearbeiterin in ungekündigter Stellung in der Auftragsabwicklung tätig. Da ich bei meinem jetzigen Arbeitgeber keine weiteren Aufstiegschancen sehe, suche ich eine neue Arbeitsstelle. Obwohl Sie eine Mitarbeiterin suchen, die mehrjährige Erfahrung mitbringt, meine ich, dass ich diese interessante Aufgabe mit viel Fleiß bewältigen kann.

Ich besitze Schulkenntnisse in Englisch und erlerne in einem Abendkurs die französische Sprache. Bitte geben Sie mir Gelegenheit, mich bei Ihnen vorzustellen.

Mit freundlichen Grüßen

Anlagen
1 Lebenslauf
1 Zeugniskopie
1 Arbeitszeugnis

Aufgabe

1. Die Bewerberin erhält eine Absage, da sie mehrere der gestellten Anforderungen nicht erfüllt. Suchen Sie die passenden Textbausteine heraus und schreiben Sie den Brief mit dem PC.

D

Die Einkaufsabteilung der Laupheimer Büromöbel AG stellt fest, dass in letzter Zeit das Kopiervolumen erheblich angestiegen ist. Außerdem wird bemängelt, dass die neuen Kopierer bei einem Defekt einfach abgeschaltet werden.

Aufgaben

1. Entwerfen Sie einen **internen Umlauf** an alle Mitarbeiter/innen, der folgende Punkte beinhalten sollte:
   - in letzter Zeit Kopiervolumen erheblich angestiegen
   - prüfen, ob Kopie wirklich erforderlich ist
   - möglichst zweiseitig kopieren
   - Papierstaus beseitigen
   - Papier rechtzeitig einlegen
   - Toner rechtzeitig nachfüllen
   - Privatkopien in die Liste, die sich in jedem Kopierraum befindet, eintragen
   - private Kopien werden mit 0,05 EUR veranschlagt und am Monatsende abgerechnet
   - Frau Erika Schreiner, Telefon 5678, ist Ansprechpartnerin bei Störungen, die nicht beseitigt werden können
   - Dank für Mithilfe ausdrücken
2. Entwerfen Sie für Frau Erika Schreiner, Abteilung Einkauf, ein Rundschreiben. Frau Schreiner weist am (Termin einsetzen) um 13:00 Uhr Mitarbeiterinnen und Mitarbeiter in das korrekte Bedienen des Kopierers ein. Fügen Sie in das Rundschreiben eine Tabelle ein, in die sich alle Interessenten bis zum (Datum einsetzen) eintragen. Bei großem Interesse findet ein zweiter Termin statt.

E

Immer häufiger werden Mitarbeiter der Laupheimer Büromöbel AG zu Seminaren entsandt, um ihre berufliche Qualifikation zu verbessern. Bisher berichten sie der Personalabteilung mündlich, ob sich ein Besuch gelohnt hat.

In Zukunft möchte die Personalabteilung einen Vordruck verwenden, aus dem hervorgeht, an welchem Seminar, wann und wo teilgenommen wurde. Auch der Name des Referenten muss angegeben werden. Der Vordruck soll darüber informieren, wie das Thema dargeboten wurde und wie der Teilnehmer den Nutzen des Seminars beurteilt. Die Bewertungsstufen sollen vorformuliert sein, sodass der Seminarteilnehmer diese nur noch ankreuzen muss. Platz für zusätzliche Eintragungen sollte vorhanden sein. Die Seminarbeurteilung soll mit Datum versehen und unterschrieben werden.

Aufgaben

1. Diskutieren Sie in der Gruppe, wie dieser Vordruck gestaltet werden soll und welche Bewertungsstufen Sie für angemessen halten.
2. Entwerfen Sie einen entsprechenden Vordruck eventuell mit Hilfe des Vordruckentwurfsblattes und übertragen Sie diesen Entwurf in Ihren PC.
3. Vergleichen Sie die Entwürfe Ihrer Mitschüler/innen und diskutieren Sie, ob alle Richtlinien zur Vordruckgestaltung beachtet wurden.

AKTION

F

Wie Sie der nachfolgenden Tabelle entnehmen können, lässt das viel propagierte papierlose Büro noch auf sich warten. Auch in der Laupheimer Büromöbel AG sind in den letzten Jahren die Druckkosten erheblich angestiegen. Deshalb sollen Vorschläge erarbeitet werden, wie sich die hohen Druckkosten reduzieren lassen. Ein kaufmännisches Azubi-Team hat sich bereit erklärt, diese Aufgabe zu übernehmen.

Kosten für bedruckte Seiten in Deutschland	
Jahr	**Milliarden Euro**
1998	6,75
2000	7,92
2002	9,36
2004	10,62
2006	11,79

Quelle: NRG

Aufgaben

1. Machen Sie Vorschläge, wie Sie in folgenden Fällen **Papier** einsparen können.
   a) Dokumente, die am PC eingegeben wurden, sind zu korrigieren.
   b) Wie gehen Sie bei Entwürfen, Kontrolldrucken und Internetausdrucken vor?
   c) Es müssen mehrseitige Dokumente gedruckt werden.
   d) Prüfen Sie die Möglichkeiten, die das Druck-Menü Ihres TV-Programms bietet.
   e) Sie wollen den Entwurf einer PowerPoint-Präsentation ausdrucken.

2. Sie suchen auch nach Einsparmöglichkeiten beim Kauf von **Tintenpatronen** bzw. **Tonerkartuschen**.
   a) Vergleichen Sie die Kosten von Original-, Fremd- und Nachfüll-Patronen/Kartuschen und berichten Sie von Ihren Erfahrungen in Ihrem Ausbildungsbetrieb.
   b) Prüfen Sie, wie Sie mit der Spareinstellung Ihres Druckertreibers Tinte sparen können.
   c) Wie verfahren Sie mit leeren Patronen bzw. Kartuschen?

3. Informieren Sie sich über **Zusatzprogramme**, die helfen, Druckkosten zu sparen, z. B. bei www.inksaver.com.

4. Informieren Sie sich mithilfe des Internets, ob es sinnvoll ist, ein **Kombigerät** anzuschaffen, mit dem gedruckt, kopiert, gescannt und evtl. auch gefaxt werden kann, z. B. bei
   – www.canon.de
   – www.brother.de
   – www.xerox.de
   – www.kyocera.de
   – www.sharp.de
   – www.epson.de
   – www.hewlett-packard.de
   – www.nashuatec.de

   Vergleichen Sie vier Produkte Ihrer Wahl in einer Tabelle nach folgenden Kriterien: Druckgeschwindigkeit, Kopiergeschwindigkeit, Scangeschwindigkeit, Papierformat, Aufwärmzeit, Papiervorrat, Zoomfaktor, Stromverbrauch, Geräusch, Abmessungen, Gewicht, Preis.

Kommunikationssysteme

1 Was ist Kommunikation?

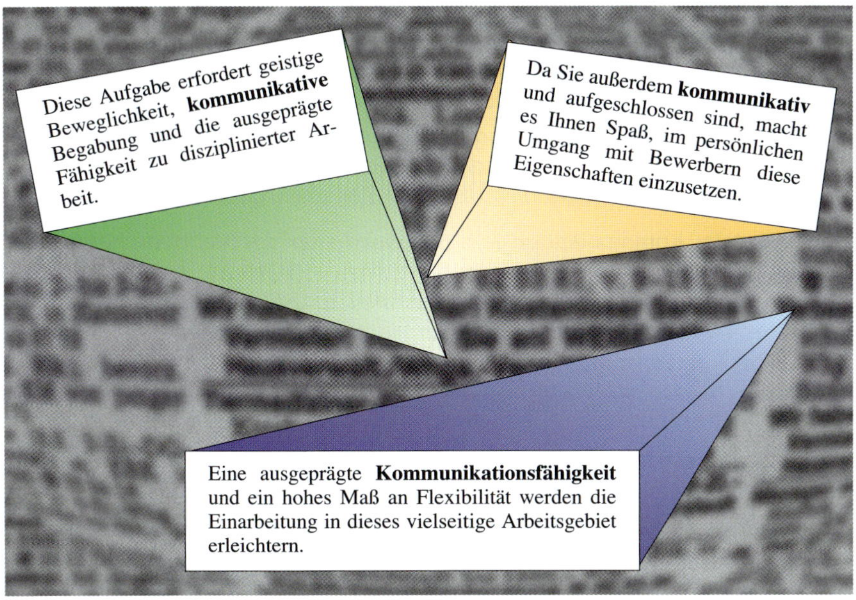

Auszüge aus Stellenanzeigen in der „Süddeutschen Zeitung"

- **Welche Fähigkeit und Begabung wird in den abgebildeten Stellenanzeigen besonders gefordert?**
- **Was ist darunter zu verstehen und weshalb ist diese Fähigkeit für Unternehmen so wichtig?**

Die babylonische Sprachverwirrung

Einer biblischen Geschichte zufolge versuchten die Babylonier einst, einen Turm zu bauen, der bis zum Himmel reichen sollte. Gott hat den babylonischen Turm jedoch verhindert, indem er den Menschen viele verschiedene Sprachen gab („babylonische Sprachverwirrung"). Die Menschen haben sich nicht mehr verstanden, sie konnten nicht mehr miteinander kommunizieren und waren deshalb auch nicht mehr in der Lage, den Turm weiterzubauen.

Diese Geschichte zeigt sehr deutlich, dass eine Aufgabe nur dann optimal gelöst werden kann, wenn alle Beteiligten aufeinander abgestimmt zusammenarbeiten. Voraussetzung dafür ist, dass das Arbeitsteam miteinander kommuniziert.

▶▶▶▶ **Unter Kommunikation versteht man die Übermittlung von Informationen, Gedanken und Gefühlen zwischen einem Sender und einem Empfänger.**

Soziale Kommunikation – technische Kommunikation

Wird heute von **Bürokommunikation** gesprochen, wird der Kommunikationsbegriff meist auf den nachrichtentechnischen Aspekt, also die Übermittlung von Informationen, reduziert. Information in diesem Sinn ist Wissen, das notwendig ist, um einen bestimmten Zweck zu erreichen (zweckorientiertes Wissen). Nicht selten wird der Begriff Bürokommunikation aber auch mit den technischen Kommunikationsmitteln (Telefon, Telefax, Telex, Datex, Internet) verwechselt, was in unserer technikbestimmten Welt nicht verwunderlich ist.

Hinsichtlich der Kommunikationswege und der Kommunikationsrichtung kann unterschieden werden zwischen

Einseitige – zweiseitige Kommunikation

- **einseitiger Kommunikation** *(z. B. eine Lautsprecherdurchsage)* – es wird nur gesendet und **zweiseitiger Kommunikation** *(Mitarbeiter unterhalten sich über eine Kundenreklamation)* – beide senden und empfangen;

Einstufige – mehrstufige Kommunikation

- **einstufiger Kommunikation** *(der Firmeninhaber bespricht mit dem Vertriebsleiter die neuesten Verkaufsstatistiken)* – Sender und Empfänger kommunizieren direkt miteinander und **mehrstufiger Kommunikation** *(der Firmeninhaber fordert den Vertriebsleiter auf, dem Gebietsreisenden die Verkaufsstatistiken zu erläutern)* – Sender und Empfänger kommunizieren über eine Zwischenstation miteinander;

Horizontale – vertikale Kommunikation

- **horizontaler Kommunikation** *(ein Sachbearbeiter des Vertriebs bittet einen Sachbearbeiter des Einkaufs zu prüfen, ob es nicht möglich ist, den Sonderwunsch eines Kunden nach einem ganz speziellen Artikel zu erfüllen)* – beide Kommunikationspartner befinden sich auf der gleichen hierarchischen Ebene und **vertikaler Kommunikation** *(der Lagerleiter bittet einen seiner Mitarbeiter, die Lagerkennziffern ausdrucken zu lassen)* – zwischen den Kommunikationspartnern besteht ein lineares Über- bzw. Unterordnungsverhältnis;

diagonale Kommunikation

- **diagonaler Kommunikation** *(der Vertriebsleiter bittet einen Sachbearbeiter der Buchhaltung, ihm die Liste der offenen Posten des letzten Monats zu übermitteln)* – Kommunikationspartner verschiedener Abteilungen (Linien) und unterschiedlicher hierarchischer Ebenen tauschen Informationen aus (Querinformationen).

2 Kommunikationsformen

2.1 Die mündliche Kommunikation

Ein alltäglicher Konflikt?

Sonja Traa arbeitet als Buchhalterin bei der Weber OHG. Weil ihre kleine Tochter krank ist, kam sie in den letzten Wochen häufig zu spät zur Arbeit. Herr Kempfle, der direkte Vorgesetzte, hat dieses Verhalten ausdrücklich gebilligt *(„Natürlich habe ich für Ihre Situation Verständnis, kommen Sie so, wie es Ihnen möglich ist")*. Nun sagt aber eine Kollegin, sie habe von der Sekretärin der Personalchefin erfahren, dass die Verspätungen in die Personalakte aufgenommen wurden. Frau Traa ist empört, macht sich sofort auf in Richtung Personalabteilung und fordert dort mit folgendem Satz Einsicht in ihre Personalakte:
„Guten Tag Frau Biberger, ich möchte gerne meine Personalakte einsehen."

■ **Welche Nachricht enthält diese Aufforderung?**

Kommunikationsmittel der mündlichen Kommunikation ist die Sprache. Damit die Menschen miteinander mündlich kommunizieren können, müssen sie die gleiche Sprache sprechen, d. h., sie müssen über den gleichen Zeichenvorrat verfügen. Je stärker der Zeichenvorrat übereinstimmt und je eindeutiger die Sachaussage ist, desto größer sind die Verständigungsmöglichkeiten.

Mündliche Kommunikation beschränkt sich jedoch nicht nur auf die reine Sachaussage, sie hat immer auch einen Beziehungsaspekt. Die einzelnen Ebenen der mündlichen Kommunikation lassen sich wie folgt darstellen:

Ebenen der Kommunikation	Beispiele
die **Inhaltsebene:** Welcher Sachverhalt wird mitgeteilt?	*„Ich möchte meine Personalakte einsehen."* *Frau Traa teilt durch diesen Satz ihrer Personalchefin mehr mit als nur, dass sie ihre Personalakte einsehen will, auch wenn sie sonst nichts sagt.*
die **Selbstoffenbarungsebene:** Was will ich dem Kommunikationspartner von mir mitteilen bzw. was teile ich ungewollt mit?	*„Ich vermute, dass in der Akte etwas steht, was ich nicht billigen kann."*
die **Beziehungsebene:** Was halte ich vom Kommunikationspartner?	*„Wenn du das in die Akte geschrieben hast, was ich vermute, halte ich dich für eine hinterlistige, unaufrichtige, gemeine Person."*
die **Appellebene:** Wozu will ich den Kommunikationspartner veranlassen?	*„Wenn das in der Akte steht, was ich vermute, verlange ich von dir, dass du es streichst."*

Die mündliche Kommunikation hat neben der Sachaussage auch einen Beziehungsaspekt

Die Quantität und Qualität der mündlichen Kommunikation ist im Wesentlichen vom Arbeitsinhalt abhängig. Der Zeitaufwand für die mündliche Kommunikation ist deshalb in den einzelnen Arbeitsbereichen des Unternehmens sehr unterschiedlich. Ganz ohne mündliche Kommunikation ist die Arbeitsaufgabe jedoch nicht zu erfüllen.

Zeitverteilung bei Programmierern

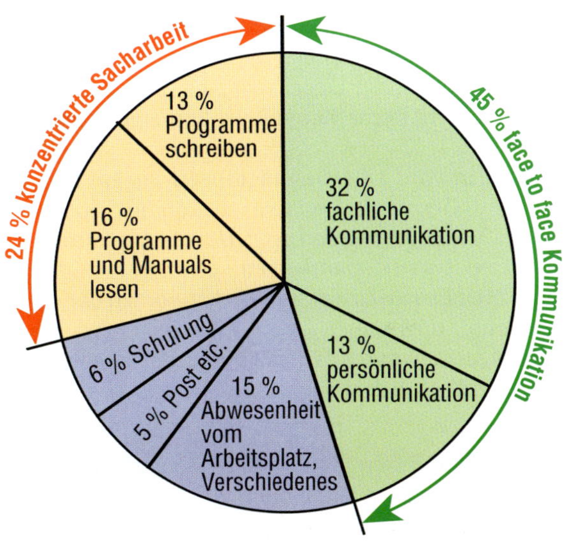

Zeitverteilung bei Sekretariatsarbeitsplätzen

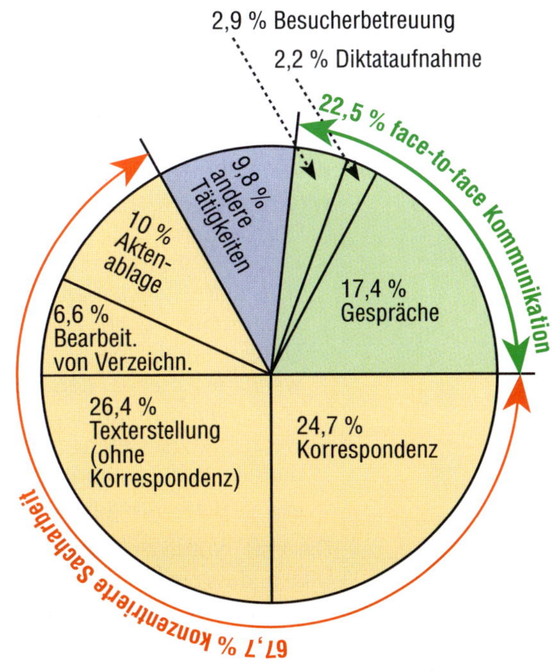

2.2 Die schriftliche Kommunikation

Erfassung, Vermittlung, Verarbeitung und Archivierung von Informationen bleiben zentrales Thema der Technologie. Ist hier noch Platz für Papier? Ist Papier antiquiertes Relikt klassischer Kontore?

- **Die letzte Frage könnte auch anders gestellt werden: Ist die schriftliche Kommunikation antiquiertes Überbleibsel des alten Büros? Nehmen Sie Stellung.**

Viele Mitarbeiter stehen oft mehrmals täglich vor der Frage, ob sie eine Information telefonisch und damit mündlich oder schriftlich an einen Adressaten übermitteln sollen. Die Antwort wird davon abhängen, welche Anforderungen an einen geschäftlichen Kommunikationsvorgang gestellt werden.

Anforderungen an geschäftliche Kommunikationsvorgänge

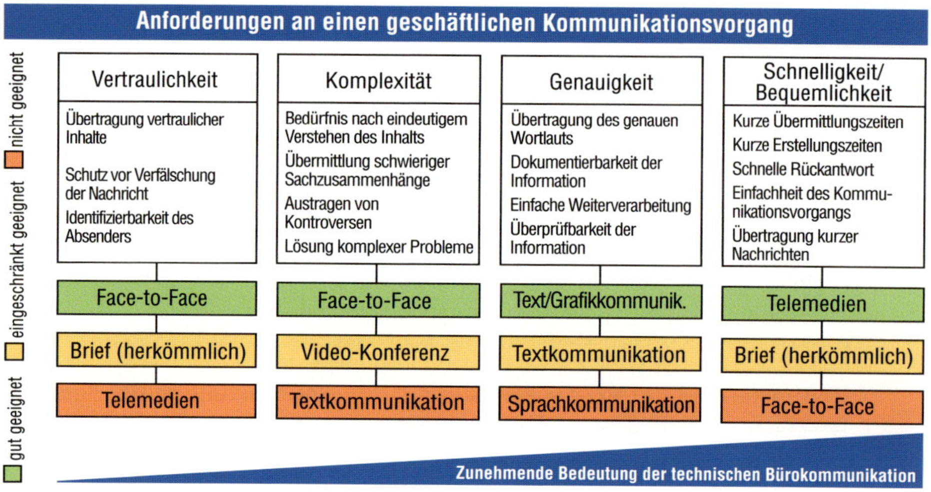

Für was eignet sich die schriftliche Kommunikation

Bei der **schriftlichen Kommunikation** werden als Kommunikationsmittel Buchstaben, Ziffern, Sonderzeichen, Zeichnungen, Bilder usw. verwendet. Sie unterscheidet sich von der mündlichen Kommunikation vor allem durch die Dauerhaftigkeit. Die Information wird schriftlich fixiert („fest"gehalten). Die schriftliche Kommunikation eignet sich deshalb besonders

- als Gedächtnisstütze *(Über ein Gespräch wird eine Gesprächsnotiz angefertigt, um sich später wieder an den Inhalt des Gesprächs erinnern zu können, komplexe Arbeitsanweisungen und betriebliche Vorgänge werden schriftlich festgehalten)*,
- als Beweismittel *(bei wichtigen Verträgen, bei Auseinandersetzungen z. B. vor Gericht)*,
- wenn der Absender dem Empfänger Zeit lassen will, um sich die Antwort zu überlegen *(z. B. bei einem umfangreichen Angebot)* und
- wenn man der Gefahr ausweichen will, dass undurchdachte Antworten gegeben werden *(durch die telefonische Information kann sich der Empfänger überrumpelt fühlen und deshalb falsch reagieren)*.

Die Liste würde sich noch beliebig fortsetzen lassen, es ging hier lediglich darum, zu zeigen, dass die schriftliche Kommunikation in vielen Situationen vorteilhafter ist als die mündliche. Was der schriftlichen gegenüber der mündlichen Kommunikation fehlt, ist der Tonfall, der Gesichtsausdruck, die Gebärde und die Körperhaltung, die die Sachinformation unterstützen. Ob dies vor- oder nachteilig ist, kommt auf den Einzelfall an.

2.3 Die nonverbale Kommunikation

■ **Welche Situation empfinden Sie als angenehmer? Begründen Sie Ihre Antwort.**

Häufig kommt es zu Konflikten in einer Kommunikationssituation, obwohl die mündlich übermittelte Sachinformation dafür gar keinen Grund liefert. Ursächlich dafür ist dann meist die nonverbale Kommunikation. Die nonverbale Kommunikation ist eine Kommunikationsform, bei der die Informationen, Gedanken und Gefühle nicht durch Worte (nonverbal) vermittelt werden.

Problem gelöst – und trotzdem ein ungutes Gefühl

– *Ein Mitarbeiter beklagt sich bei seinem Chef, weil ein Kollege ihn ständig bei der Arbeit behindert. Beispielsweise schließt er permanent die Kopierercodekarte weg und tut so, als würde der Kopierer ihm gehören. Der Chef hört zu und sagt, dass das so nicht geht und er wird sich um die Sache kümmern. Trotzdem fühlt sich der Mitarbeiter nach dem Gespräch unwohl. Der Grund? Obwohl der Mitarbeiter mit einem für ihn sehr wichtigen persönlichen Anliegen zum Chef kam, hat dieser während des Gesprächs nicht einmal aufgesehen, sondern weiter seine Unterschrift unter Schriftstücke gesetzt. Den Mitarbeiter drückt den ganzen Tag das Gefühl, mein Chef nimmt mich überhaupt nicht ernst.*

Für die nonverbale Kommunikation bedient sich der Mensch verschiedener bewusster oder auch unbewusster Ausdrucksformen:

Ausdrucksformen nonverbaler Kommunikation

Audrucksformen der nonverbalen Kommunikation	Wer möchte nicht, dass Kollegen, mit denen man täglich zusammenarbeitet,
– die Stimme	– eine angenehme Stimme haben,
– die Gestik (z. B. Handbewegungen)	– mit ihren Händen nicht immer aufgeregt herumfuchteln,
– der Blick	– einen beim Sprechen auch ansehen,
– die Mimik	– einen offenen, freundlichen Gesichtsausdruck zeigen,
– die Körpersprache	– sich aufrecht und mit erhobenem Kopf präsentieren,
– das äußere Auftreten	– nicht zu steif, zu eckig, zu lässig, zu zittrig oder zu grob auftreten,
– die Umgangsformen	– freundlich sind, einen ausreden lassen, nicht nach dem Mund reden und einem nicht zu sehr auf den Leib rücken („Freundlichkeit belebt das Geschäft")?

Was wir durch Gestik ausdrücken

Das gute Gefühl kommt mit der guten Miene

Wie die Mimik Emotionen weckt

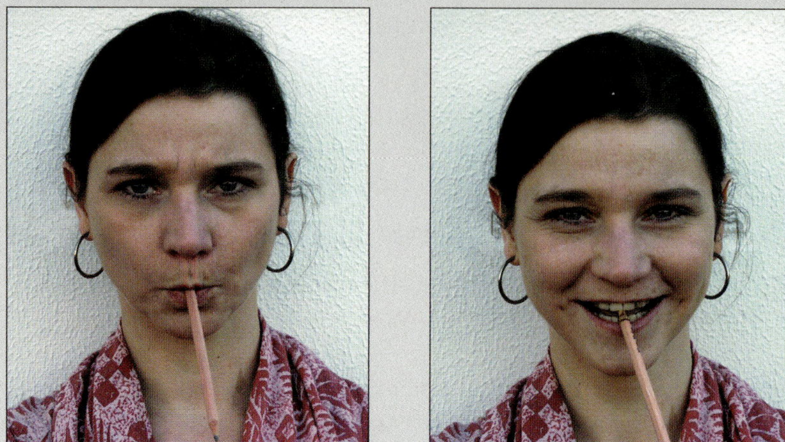

Blockierter Lachmuskel

Eher witzlos fanden Probanden Cartoons, die sie anschauten, während sie einen Bleistift zwischen zusammengepressten Lippen hielten. Dieselben Zeichnungen dagegen fanden die Versuchspersonen deutlich komischer, wenn sie beim Betrachten den Bleistift zwischen den Zähnen halten.

Beispiele:

- Der dominant ausgestreckte Zeigefinger des Chefs weckt bei der Mitarbeiterin zwangsläufig Unbehagen und Widerstand.
- Der Chef zeigt seine offene Hand (ich habe nichts zu verbergen, ich bin für dich offen) und findet eine offene Antwort, die ebenfalls durch die offene Hand der Mitarbeiterin signalisiert wird.

Aufgaben

1 Unterscheiden Sie zwischen sozialer und technischer Kommunikation.

2 Erklären Sie folgende Begriffe:
- horizontale Kommunikation
- vertikale Kommunikation
- diagonale Kommunikation

3 Beschreiben Sie die unterschiedlichen Ebenen der mündlichen Kommunikation und geben Sie jeweils ein Beispiel.

4 Welche Vorteile bietet die schriftliche Kommunikation gegenüber der mündlichen?

5 Zählen Sie mindestens fünf Anwendungsbeispiele schriftlicher Kommunikation aus Ihrem unmittelbaren Arbeitsbereich auf.

6 Beschreiben Sie die verschiedenen Ausdrucksformen nonverbaler Kommunikation.

3 Kommunikationsstörungen

Zwei Abteilungen der Weber OHG werden zusammengelegt

Herr Späth, der Leiter des Bereichs Industriebedarf der Weber OHG, berichtet in einer Sitzung, dass in seiner Rechnungswesenabteilung in den letzten Wochen erhebliche Unruhen entstanden sind. Kompetenzstreitigkeiten, „Radfahrerei", Missgunst, Eifersüchteleien und offene Streitereien sind an der Tagesordnung. Herr Späth glaubt, dass die Ursache für das Verhalten seiner Mitarbeiter in einem Rundschreiben zu suchen ist. In diesem Rundschreiben hieß es unter anderem:

„Im Rahmen unserer Neuorganisation wird die Rechnungswesenabteilung des Bereichs Industriebedarf aufgelöst und in die Rechnungswesenabteilung von Herrn Kempfle eingegliedert, sodass es zukünftig nur noch eine Rewe-Abteilung für das Gesamtunternehmen gibt."

■ **Welchen Zusammenhang sehen Sie zwischen den geschilderten Verhaltensweisen der Mitarbeiter und der Mitteilung im Rundschreiben?**

Kommunikationsstörungen können im Unternehmen auftreten zwischen dem Arbeitgeber und Arbeitnehmern, zwischen Vorgesetzten und Mitarbeitern, Funktionsbereichen, Abteilungen, Arbeitsgruppen, Kollegen, Geschäftsleitung und Betriebsrat, älteren und jüngeren Arbeitnehmern, um nur einige innerbetriebliche Konfliktgruppen zu nennen. Nicht weniger problematisch sind Kommunikationsstörungen mit Außenstehenden, wie beispielsweise mit Lieferanten oder Kunden.

3.1 Welche Ursachen können Kommunikationsstörungen haben?

Beispiele: Kommunikationsstörungen aufgrund unterschiedlicher Zielsetzungen

- **Kommunikationsstörungen aufgrund unterschiedlicher Zielsetzungen und Wertvorstellungen**

  Ein neuer Vorgesetzter versucht gegen den Willen seiner Mitarbeiter in der Abteilung mehr Disziplin durchzusetzen.
  - *Ziel des Vorgesetzten: Er sucht nach Anerkennung bei seinem eigenen Vorgesetzten „Seit ich in der Abteilung bin, weht ein ganz anderer Wind."*
  - *Ziel der Mitarbeiter: „Wir wollen weiter in Ruhe unsere Arbeit machen – es ging bis jetzt auch ohne diesen Hektiker."*

- **Kommunikationsstörungen aufgrund unterschiedlicher Informationen**

  Frau Hessler und Herr Keller vom Vertrieb geraten in Streit über die Frage, ob das neue Produkt sinnvoller über Handelsvertreter oder Handelsreisende vertrieben werden soll.
  - *Frau Hessler kam erst vor 2 Monaten aus einem Unternehmen, das fast ausschließlich mit Handelsvertretern zusammengearbeitet hat. Sie sagt, dass sie sehr gute Erfahrung damit gemacht habe.*
  - *Herr Keller, der schon lange im Unternehmen ist, sagt: „Wir haben schon einmal versuchsweise mit einem Handelsvertreter zusammengearbeitet und dieser Versuch ging völlig daneben."*

– **Positive und negative Kompetenzkonflikte**

WENN DER BÜROFRIEDEN GESTÖRT IST ...

Nun gab es täglich Reibereien mit Frau B. Beispielsweise durfte ich den zweiten Kopierer, der sich vor ihrem Büro befand, möglichst gar nicht mehr bedienen, da sie ihn als ihr alleiniges Refugium betrachtete, denn sie „musste ja mit ihrer Arbeit fertig werden, und da brauchte sie den Kopierer ständig ...". War der Hauptkopierer also einmal defekt, musste ich entweder alle zu kopierenden Schriftstücke liegen lassen – was natürlich nicht ging – oder mich mit Frau B. auseinandersetzen. Und gerade dann hatte sie immer „brandeilige" Dinge zu erledigen, sodass ich warten musste.

Ich sprach wiederum mit meinem Chef darüber. Er meinte, ich hätte selbstverständlich das Recht, auch den zweiten Kopierer zu benutzen, und ich hätte Frau B. wohl falsch verstanden...

Er wollte sich mit diesen wie er sagte „persönlichen Aversionen" einfach nicht befassen. Er hielt das für kindisch.

Was sollte ich nun tun? Was ich auch tat, immer eckte ich an.

Dann war Frau B. für das morgendliche Verteilen der Eingangspost zuständig; warum ist mir auch heute noch ein Rätsel. Sie ließ sich immer sehr viel Zeit und hielt es darüber hinaus für unzumutbar, bei mir kurz anzurufen, wenn sie mit dem Verteilen fertig war. Dadurch wurde ich immer erst gegen Mittag mit meiner Eingangspost, die ich dann von ihr erhielt, fertig und kam jedesmal mit den übrigen Aufgaben ins Hintertreffen.

Mehrmals war es auch vorgekommen, dass ich in der Flut meiner täglichen Arbeit einfach vergaß, die zweite Post bei ihr abzuholen. Frau B. hielt es nicht für nötig, mich anzurufen.

Stattdessen ließ sie den Stapel bis zum Nachmittag liegen. Einmal war sogar ihr Vorgesetzter damit zu uns gekommen und hatte mir einen Verweis deswegen erteilt: Ich sei wohl zu bequem, die Post zu holen...

Ich kochte vor Wut, aber mein Chef lächelte darüber nur. Das seien doch nur unbedeutende Lappalien. Und schließlich gäbe es da wohl lediglich zwischenmenschliche Probleme mit mir und Frau B. Er selbst käme gut mit ihr aus...

...

■ **Wie würden Sie in diesem Fall reagieren?**

Die Organisationslehre versteht unter Kompetenz die einem Stelleninhaber ausdrücklich zugeteilten Rechte und Befugnisse. Diese Rechte und Befugnisse will sich niemand nehmen lassen. Zum einen, weil Kompetenz häufig mit Macht gleichgesetzt wird, zum anderen befriedigt ein genau abgegrenzter Kompetenzbereich auch das Sicherheitsbedürfnis der Mitarbeiter. Es ist deshalb nicht verwunderlich, dass viele Kommunikationsstörungen aus Kompetenzkonflikten resultieren. Zu Kompetenzkonflikten kann es vor allem kommen, wenn Mitarbeiter

- in den formell festgelegten Kompetenzbereich eines anderen Mitarbeiters eingreifen,
- ihre formell festgelegten Aufgaben (Kompetenzen) nicht erfüllen oder
- in den informellen Kompetenzbereich eines Kollegen eingreifen.

Formelle und informelle Kompetenzfestlegungen

Formelle Kompetenzfestlegungen sind in einer arbeitsteiligen Organisation zwingend notwendig, damit jeder Mitarbeiter genau weiß, was er zu tun hat. Überschreitet ein Mitarbeiter seine formelle Kompetenz oder nimmt er seine Verantwortung nicht voll wahr, kann das Verhalten offiziell sanktioniert werden. Schwieriger ist es mit den alltäglichen Kompetenzstreitigkeiten umzugehen, die auf nicht betrieblich festgelegten Kompetenzregelungen beruhen. Solche informellen Kompetenzen entstehen aus langjähriger

Gewohnheit, aus persönlicher Durchsetzungsfähigkeit oder aufgrund vermeintlicher Rechte wegen langjähriger Betriebszugehörigkeit. In vielen Unternehmen wird wegen solchen Kompetenzen alltäglich ein Kleinkrieg unter den Mitarbeitern geführt.

Frau Schezle ist Sekretärin bei der Weber OHG. Seit Jahren „darf" sie ihrem Chef den Kaffee machen und bringen. Als ihr Chef anordnet, dass zukünftig die Auszubildende für den Kaffee zuständig ist, damit Frau Schezle nicht immer ihre Arbeit unterbrechen muss, ist diese zutiefst getroffen. Obwohl Kaffee kochen keine erquickliche Tätigkeit ist, fühlt sich Frau Schezle degradiert. Ab diesem Tag gibt es zwischen der Auszubildenden und Frau Schezle ständig Streitigkeiten, die Außenstehende kaum nachvollziehen können.

Positive und negative Kompetenzkonflikte

Stören Kompetenzkonflikte den Betriebsfrieden und/oder den Betriebsablauf, kann von einem **negativen Kompetenzkonflikt** gesprochen werden. Kompetenzkonflikte können aber auch einen reinigenden Charakter haben. Dies ist vor allem der Fall, wenn unterschwellige Konflikte offen aufbrechen und dadurch geklärt werden. Führt ein Kompetenzkonflikt zu einer für alle Parteien zufrieden stellenden Lösung, kann von einem **positiven Kompetenzkonflikt** gesprochen werden.

3.2 Wie können Kommunikationsstörungen abgebaut werden?

Weshalb kam es im Ausgangsbeispiel zu den Unruhen innerhalb der Rewe-Abteilung? (vgl. Seite 317)

Zurück zum Ausgangsbeispiel: Die Ursachen für die Unruhen in der Rechnungswesenabteilung des Bereichs Industriebedarf liegen aller Wahrscheinlichkeit nach tatsächlich im Rundschreiben begründet. Die Mitarbeiter sind verunsichert, weil sie glauben, dass mit der Auflösung der Abteilung auch Entlassungen verbunden sind. Daran wurde jedoch von Seiten der Geschäftsleitung nie gedacht und davon stand auch nichts im Rundschreiben.

- **Wie hätte dieser Konflikt verhindert werden können? Machen Sie Vorschläge, wie der bereits bestehende Konflikt schnell aus der Welt geschafft werden könnte.**

Sind Kommunikationsstörungen erst einmal offen aufgetreten, müssen sie so schnell wie möglich und für alle Beteiligten befriedigend beseitigt werden. Eine Lösung, die sachlich richtig ist und alle Konfliktträger befriedigt, ist nur möglich, wenn die Ursache der Störung bekannt ist, wenn der daraus entstandene Konflikt geklärt werden kann und wenn alle Parteien die Lösung akzeptieren.

Konzentration auf wenige Strategien zum Konfliktmanagement

Für die Frage, wie Konflikte am besten gelöst werden können, bietet die Literatur eine fast unüberschaubare Palette von Strategien zum Konfliktmanagement an. Aus dieser Palette werden nachfolgend nur zwei Gesichtspunkte schwerpunktmäßig herausgegriffen: die partnerzentrierte Gesprächsführung und die Verbesserung der Kommunikationsfähigkeit. Diese Schwerpunktbildung scheint vertretbar, wenn man davon ausgeht, dass die meisten Kommunikationsstörungen zu irgend einem Zeitpunkt in einem klärenden Gespräch zwischen den beteiligten Konfliktparteien münden oder sogar im Verlauf eines Gesprächs entstanden sind.

Partnerzentrierte Gesprächsführung

Das Grundprinzip der **partnerzentrierten Gesprächsführung** lässt sich durch zwei Forderungen verdeutlichen:
- „Ich nehme meinen Gesprächspartner ernst"
- „Ich bin bereit, meinem Gesprächspartner zuzuhören"

Verbesserung der Kommunikationsfähigkeit

Es ist klar, dass eine partnerzentrierte Gesprächsführung noch keine Gewähr bietet, dass eine bestehende Kommunikationsstörung beseitigt wird. Sie ist sicherlich aber eine auch mit wenig Erfahrung umsetzbare Grundbedingung, ein brauchbarer Ansatz. Ein weiterer Ansatz, um mit Kommunikationskonflikten besser umgehen zu können, ist die **Verbesserung der Kommunikationsfähigkeit** durch Schulung von kommunikativen und sozialen Verhaltensmustern und deren alltäglicher Übung. Dazu gehört beispielsweise
- der Abbau von Aggressivität, Arroganz, Angst, Unsicherheit, Selbstzweifeln
- die Einübung von Sozialverhalten,
- die Einübung einer entspannten und gelassenen Geisteshaltung,
- die Erarbeitung von Fachkompetenz auf dem eigenen Arbeitsgebiet.

Gesprächsregeln

Einige Gesprächsregeln, von denen die meisten ohne Schulung selbst eingeübt werden können und die trotzdem in fast allen Kommunikationssituationen hilfreich sind, werden abschließend aufgeführt. Ziel dieser Regeln ist es, die Wahrnehmung von Gefühlen, Stimmungen und Einstellungen bei sich und anderen zu verbessern, um mit dem Wahrgenommenen besser umgehen zu können.

Ruth Cohn
(geb. 1912) ist die Begründerin der Themenzentrierten Inter-Aktion (TZI). Nebenstehende Regeln stellte sie 1974 in einem Aufsatz auf.

1. Sei dein eigener „chairman". Soll heißen:
   - spreche für dich selbst
   - vertrete dich selbst
   - übernehme für dich selbst die Verantwortung
   - handele nach deinen eigenen Fähigkeiten und Möglichkeiten
   - akzeptiere dich so wie du bist
2. Beachte Störungen in Kommunikationssituationen
3. Spreche per Ich und nicht per Wir oder per Man
4. Spreche deine Meinung und deine Gefühle aus
5. Begründe deine Fragen und Aussagen
6. Vermeide Verallgemeinerungen
7. Sei zurückhaltend mit der Interpretation der Aussagen des Gesprächspartners
8. Höre dem Gesprächspartner aufmerksam zu
9. Lass andere ausreden
10. Beachte deine eigenen Körpersignale und die der anderen

Aufgaben

1 a) Berichten Sie über selbst erlebte Kommunikationsstörungen.
b) Erläutern Sie, wie diese Kommunikationsstörungen abgebaut wurden.

2 Kommentieren Sie den Satz: „Die persönlichen Wertvorstellungen führen immer wieder zu Kommunikationsstörungen."

3 Unterscheiden Sie vertikale und horizontale Kommunikationsstörungen jeweils anhand eines Beispiels.

4 Nehmen Sie Stellung zu der Aussage, dass nicht alle Kommunikationsstörungen negativ zu beurteilen sind.

5 a) Nennen Sie mögliche Strategien, durch die Kommunikationsstörungen vermieden bzw. unterbunden werden können.
b) Beurteilen Sie diese Strategien.
c) Beschreiben Sie eine Situation, bei der es sinnvoll erscheint, einen sich anbahnenden Konflikt zu unterdrücken.

6 Welche Aussage ist Ihnen sympathischer?
a) Mir ist ein autoritärer Chef lieber, bei dem ich weiß, was ich zu tun und zu lassen habe und der aufgrund seiner Autorität auch keine Konflikte zulässt.
b) Mir ist ein Chef lieber, der viele Freiheiten bezüglich der Arbeit zulässt, bei dem aber auch jeden Tag ein positives Konfliktklima vorherrscht, weil es in seiner Abteilung etwas chaotisch zugeht. Begründen Sie Ihre Wahl.

Kommunikationsstörung im Sekretariat

Informationskarte

Situation:

Renate Stetter ist 26 Jahre alt. Nach dem Abitur hat sie ein Jahr lang in Amerika als Au-pair gearbeitet und danach bei der Laupheimer Büromöbel AG eine 2-jährige Lehre zur Bürokauffrau absolviert. Sie beherrscht neben der englischen auch die französische Sprache in Wort und Schrift. Ihre guten Umgangsformen, ihr Engagement und ihre Kenntnisse, die sie auf Fortbildungsseminaren erweitert hat, haben dazu geführt, dass sie schon ein Jahr nach ihrer Ausbildung die Position der Chefsekretärin in der kaufmännischen Abteilung erhielt. In dieser Position arbeitet sie nun seit zwei Jahren und ist in dieser Zeit zu einer Spitzensekretärin gereift.

Vor drei Monaten hat Renate Stetter mit dem Diplomkaufmann Andreas Beck einen neuen Chef bekommen. Herr Beck hat nach seinem Betriebswirtschaftsstudium als Assistent der Geschäftsleitung in einer Möbelfabrik gearbeitet. Als kaufmännischer Leiter trägt er nun zum ersten Mal die alleinige Verantwortung für einen ganzen Geschäftsbereich. Dieser Umstand macht ihn manchmal etwas unsicher, was er allerdings nach außen nicht zeigt. Er will sich selbst keine Fehler erlauben und verlangt das auch von seinen Mitarbeitern. In seiner alten Position musste er einige Male auch für Fehler anderer einstehen. Dies soll jetzt nicht mehr vorkommen.

Seit Herr Beck im Unternehmen ist, kommt es Renate Stetter so vor, als würde sie in einem anderen Unternehmen arbeiten, so als hätte sie die Stelle gewechselt. Es ist nichts mehr wie es war, obwohl sie sich keinen Zentimeter von ihrem Arbeitsplatz entfernt hat.
Herr Beck kontrolliert jede kleine Tätigkeit. Dauernd verlangt er Berichterstattung über das, was Frau Stetter gerade macht. Jeder Vorgang wird überprüft. Ständig wird sie von ihrem Chef gerufen, sodass sie keinen Vorgang am Stück bearbeiten kann, sondern dauernd ihre Arbeit unterbrechen muss. Renate Stetter fühlt sich an ihre Anfängerzeit zurückerinnert und in ihrer Kompetenz beschnitten. Bei ihrem alten Chef hatte sie ein hohes Maß an Eigenverantwortung gewonnen. Sie hat die Termine für ihren Chef geplant und koordiniert, hat Sitzungen vorbereitet, sie hat Geschäftsreisen, einschließlich der Zug-, Flug- und Hotelbuchungen, selbstständig organisiert und Seminare in enger Zusammenarbeit mit ihrem Chef arrangiert.

Einer Kollegin vertraut sie an: „Bei mir hat sich so viel Wut angestaut, am liebsten würde ich von heute auf morgen meinen Job hinschmeißen. Die Arbeit macht mir absolut keinen Spaß mehr, seit ich den neuen Chef habe."

Die Kollegin rät ihr, mit Herrn Beck ein ausführliches Gespräch zu führen.

Aufgaben

1. Suchen Sie nach möglichen Ursachen für den hier beschriebenen Konflikt.
2. Welche Folgen könnte ein Andauern des Konflikts haben?
3. Machen Sie Vorschläge zur äußeren Gestaltung des Gesprächstermins.

AKTION

Renate Stetter nimmt den Vorschlag der Kollegin an und bittet ihren neuen Chef um einen Gesprächstermin. Sie ist überrascht über die Reaktion von Herrn Beck: „Sehr gern, ich merke doch schon die ganze Zeit, dass Sie etwas auf dem Herzen haben." Sie vereinbaren, das Gespräch am nächsten Tag nach Geschäftsschluss zu führen.

Wählen Sie zwei Gruppen, die sich auf die Gesprächsführung vorbereiten. Eine Gruppe übernimmt die Rolle von Herrn Beck und die andere Gruppe die Rolle von Frau Stetter. Suchen Sie jeweils nach Argumenten für das anstehende Gespräch.

Rollenkarte Renate Stetter

Renate Stetter soll

- ihr Problem und ihre Betroffenheit über den neuen Führungsstil sachlich darlegen,
- nicht von ihrem alten Chef schwärmen, ihn aber positiv benennen,
- ihre gewonnenen Erfahrungen und ihr Know-how deutlich herausstellen,
- ihre eigenen Erwartungen klar formulieren und
- Vorschläge zur Konfliktlösung anbieten (Kompromiss?).

Argumente:

Rollenkarte Andreas Beck

- Herr Beck will seiner Mitarbeiterin erklären, weshalb er so viel kontrolliert.
- Er hat jedoch erkannt, dass er mit Frau Stetter eine gute Mitarbeiterin hat, die er auf keinen Fall verlieren möchte.
- Er macht deshalb ebenfalls Vorschläge, wie der Konflikt beigelegt werden könnte.

Argumente:

Aufgabe

1. Führen Sie das Rollenspiel durch.

4 Telekommunikation – das Büro geht ans Netz

tēle *(griech.)* *= fern*

communicatio *(lat.)* *= Mitteilung*

Kommunikationsmittel unterstützen den Anwender darin, die ihm gestellte Aufgabe bestmöglich zu erfüllen. Eine Sache bearbeiten heißt doch, dass der Sachbearbeiter eine ihm neu zugehende Information (z. B. Brief, Auftrag) mit Hilfe gespeicherter Informationen (z. B. Datei, Registratur) und eigenem Wissen zu einer neuen Information umwandelt, die als Postausgang seinen Arbeitsplatz wieder verlässt. Zur Sachbearbeitung gehört also die Bearbeitung und Weiterleitung von Informationen. Bei der Auswahl des richtigen Informationstransports (Kommunikationsmittel) muss der Sachbearbeiter drei Kriterien berücksichtigen:

Kriterien zur Auswahl des richtigen Kommunikationsmittels

Kommunikationsform	Schnelligkeit	Wirtschaftlichkeit
– Verbale (Sprach-) Kommunikation? – Text-Kommunikation? – Daten-Kommunikation? – Bild-Kommunikation?	Wie schnell muss die Information den Kommunikationspartner erreichen?	Welcher Aufwand ist dem Kommunikationszweck angemessen?

Der Kunde von heute und morgen verlangt von den Unternehmen hohe Flexibilität, schnelle Reaktionen auf geänderte Anforderungen, exaktes Einhalten von Terminen und natürlich beste Qualität. Die Unternehmen sind also gezwungen, zu erkunden, ob mit Hilfe neuer Kommunikationstechniken ihre Wettbewerbssituation, nicht zuletzt im Interesse ihrer Mitarbeiter, stabilisiert oder verbessert werden kann.

Mit Ausnahme des persönlichen Gesprächs unter Anwesenden (Face-To-Face) bedarf die Kommunikation eines technischen Transportmittels. Für die Kommunikation zwischen entfernt voneinander befindlichen Stellen (Telekommunikation) stehen Kommunikationsdienste verschiedenster Art zur Verfügung.

Dabei wachsen Sprach-, Text-, Daten- und Bildkommunikation immer mehr zusammen. Dies wird durch den Personalcomputer möglich, der die Informationstechnik mit der Kommunikationstechnik verbindet.

4.1 Telefon – direkter Draht zum Rest der Welt

tēle *(griech.) = fern*
phon *(griech.) = Schall*

Kommunikationsmittel Nummer eins im Büro bleibt das Telefon (im Festnetz). Mit dem Telefon kann man schnell direkte Kontakte in die ganze Welt herstellen und Nachrichten austauschen, also in einen Dialog mit dem Gesprächspartner treten.

Die Buchstabiertafel hilft dann, wenn schwer verständliche Namen und Begriffe fehlerfrei notiert werden müssen.

Buchstabiertafel (Inland)

INLAND			
A = Anton	**G** = Gustav	**O** = Otto	**T** = Theodor
Ä = Ärger	**H** = Heinrich	**Ö** = Ökonom	**U** = Ulrich
B = Berta	**I** = Ida	**P** = Paula	**Ü** = Übermut
C = Cäsar	**J** = Julius	**Q** = Quelle	**V** = Viktor
Ch = Charlotte	**K** = Kaufmann	**R** = Richard	**W** = Wilhelm
D = Dora	**L** = Ludwig	**S** = Samuel	**X** = Xanthippe
E = Emil	**M** = Martha	**Sch** = Schule	**Y** = Ypsilon
F = Friedrich	**N** = Nordpol	**ß** = Eszett	**Z** = Zacharias

Leistungsmerkmale

Leistungsmerkmale

ISDN = *Ingrated Services Digital Network*
siehe hierzu Seite 350

Moderne Telefonanlagen mit Digital-Anschlüssen (z. B. T-ISDN der Deutschen Telekom) oder Analoganschluss mit Komfortpaket (z. B. T-Net-Anschluss der Deutschen Telekom) verfügen über zahlreiche Funktionen und Komfortleistungen, die das Telefonieren wirtschaftlich und komfortabel machen. Gerade beim Telefonieren wird oft übersehen, wie viel Zeit vertan wird mit dem Heraussuchen von Nummern, mit dem wiederholten Wählen aufgrund belegter Leitungen und mit dem Verwählen. Besserer Bedienerkomfort trägt zur Humanisierung der Arbeit und zur Motivation der Mitarbeiter bei. Nicht zuletzt verbessert eine moderne Büroausstattung auch das Image des Unternehmens.

Wahlwiederholung

Telefonfunktionen

Die zuletzt gewählte Rufnummer wird gespeichert. Wenn der gewünschte Teilnehmer nicht erreichbar ist, kann die Wahl per Tastendruck automatisch wiederholt werden.

Direktruf/Notruf

Sperrt das Telefon für alle Rufnummern außer einer individuell eingegebenen Nummer (Babyruf, Notruf). Nach Abnehmen des Hörers und Betätigen einer beliebigen Taste wird diese Nummer automatisch angewählt.

Kurzwahl

Häufig benötigte Rufnummern können auf Zielwahltasten oder mittels kurzer Code-Nummern abgespeichert werden. Durch Drücken der Zielwahltaste bzw. der Code-Nummer wird die gespeicherte Nummer automatisch angewählt. Komfortable Telefone besitzen 10 Zielwahltasten mit 20 Zielen.

Bedienungsablauf bei der Kurzwahl

Kurzwahlnummer speichern				
P	→•	1 0		P
Programm-Taste drücken	Kurzwahltaste drücken	Zieltaste auswählen	Rufnummer eingeben	Programm-Taste drücken

Kurzwahlnummer abrufen				
	→•	1 0		
Hörer abheben	Kurzwahltaste drücken	Zieltaste auswählen	Gespräch führen	

Kurzwahlziele	
1	
2	
3	
4	
5	
6	
7	
8	
9	
0	

Freisprechen
Der Teilnehmer kann wählen, sprechen und hören, ohne den Hörer abzunehmen. Über Lautsprecher und Mikrofon können auch andere im Raum anwesende Personen am Gespräch teilnehmen.

Stummschaltung (Mute)
Durch Abschalten des Mikrofons kann der Gesprächspartner nicht mithören, was mit im Raum anwesenden Personen gesprochen wird. Während des Wartezustands oder bei Weitergabe des Anrufes kann eine Melodie eingeblendet werden („Music on hold").

Rufnummernübermittlung
Im Display ist schon vor dem Abnehmen des Hörers die Telefonnummer oder, entsprechend der Programmierung, der Name des Anrufers zu sehen. Der Anrufer kann die Rufnummernübermittlung jedoch sperren lassen.

Weitere Komfortleistungen

Halten einer Verbindung (Rückfragen, Makeln)
Erhält der Teilnehmer während eines Telefonats einen zweiten Anruf, dann kann er das erste Gespräch parken und mit dem zweiten Anrufer sprechen (Rückfragen). Danach kann er zur ersten Verbindung zurückschalten oder, wie ein Börsenmakler, beliebig zwischen beiden Anrufern hin und her wechseln (Makeln).

Anklopfen
Während eines Telefonats sieht der Teilnehmer im Display, oder er hört, wenn jemand versucht, ihn zu erreichen. Wenn er den Hörer auflegt, wird er automatisch mit dem zweiten Anrufer verbunden.

Rückruf bei Besetzt (Rückruf bei Nichtmelden)
Das kostenlose Leistungsmerkmal **Rückruf bei Besetzt** ist nützlich, wenn die Leitung des Gesprächspartners belegt ist. Sobald der Anschluss frei ist, wird die gewünschte Verbindung aufgebaut, es klingelt dann am eigenen Apparat und beim Gesprächspartner. Das Leistungsmerkmal muss freigeschaltet werden.

Dreierkonferenz
Der Teilnehmer kann mit zwei externen Anrufern gleichzeitig sprechen. Wer eine Dreierkonferenz einleitet, zahlt hierfür einen Zuschlag. ISDN-Telefonanlagen können Dreierkonferenzen selbst zusammenschalten. In diesem Fall fallen nur die reinen Gesprächskosten an.

Zusatzkosten: 12 Ct/Minute

Anrufweiterschaltung (Rufumleitung)
Anrufe lassen sich zu beliebigen Telefonanschlüssen – auch in Mobilfunknetze – weltweit umleiten. Hierfür gibt es drei Möglichkeiten: *Anrufweiterschaltung „direkt"*, erst bei „Nichtmelden" nach 15 Sekunden oder nur bei „Besetzt". Für die Mehrkosten bis zum Zielanschluss kommt der Angerufene auf. Bei der *selektiven Anrufweiterschaltung* legt

Bereitstellungspreis: 5,16 EUR (brutto) Grundpreis pro Monat: 1,03 EUR (brutto)

der Angerufene an seinem Anschluss maximal 10 Rufnummern von möglichen Anrufern fest, die an eine definierbare Zielrufnummer – beispielsweise das Handy – weitergeleitet werden. Anrufer, für die keine Rufnummer festgelegt ist, werden nicht weitergeleitet. Die *Anrufweiterschaltung im Störungsfall* leitet bei einer Anschluss-Störung die ankommenden Verbindungen zu dem vom ISDN-Kunden gewünschten Zielanschluss (Kosten: 2,06 EUR/Monat).

T-NetBox

Auf der T-NetBox, dem kostenlosen Anrufbeantworter im Netz der Deutschen Telekom, können bei Abwesenheit des Angerufenen sämtliche eingehenden Sprach- und Faxnachrichten gespeichert werden. Diese Nachrichten können dann unter: 0800-3302424 abgerufen werden. Die Rufnummern aller Anrufer werden angesagt, auch wenn Anrufer die T-NetBox erreichen, aber keine Nachricht hinterlassen. Über den Menüpunkt 7 der Box kann man Anrufer, deren Rufnummer übermittelt wurde, automatisiert zurückrufen.
Mit der *Message Waiting Indication* (Nachrichtenanzeige) kann der ISDN-Kunde mit Blick auf sein Telefon erkennen, ob für ihn neue Nachrichten auf seinem Anrufbeantworter eingegangen sind. Bisher wurden auf der T-NetBox eingegangene Anrufe durch einen Anruf am angegebenen Anschluss oder kostenlos per SMS an eine T-Mobile-Nummer signalisiert.

R-Taste

Bereitstellungspreis: einmalig: 5,16 EUR Monatspreis: 2,99 EUR

Makeln, Dreierkonferenz, Anrufweiterschaltung und Rückuf bei Besetzt setzen ein Telefongerät mit **R-Taste** (Rückfragetaste, Signaltaste, Hook-Flash-Funktion) voraus. Bei T-Net-Anschlüssen enthält das **Komfortpaket** die Leistungsmerkmale Anklopfen, Rückfragen/Makeln, Dreierkonferenz, Anzeige der Rufnummer des Anrufers, Anrufweiterschaltung sowie die T-NetBox. Eine einzelne Zubuchung der genannten Leistungsmerkmale ist nicht möglich.

Automatischer Anrufbeantworter

Automatischer Anrufbeantworter

Damit Anrufe auch nach Feierabend und bei längerer Abwesenheit der Mitarbeiter möglich sind, setzen fast alle Unternehmen **automatische Anrufbeantworter** ein. Diese ermöglichen auch kurze Mitteilungen (z. B. geänderte Betriebszeiten) an die Kunden.

Bei *volldigitalen Geräten* werden Ansagetext und Anrufe auf einem Mikrochip gespeichert. Das spart verschleißanfällige Laufwerke und verkürzt die Reaktionszeiten. Die Aufnahmekapazität der Digitalgeräte beschränkt sich jedoch auf lediglich 5 bis 23 Minuten. *Halbdigitale Anrufbeantworter* zeichnen die Anrufe auf Mikrokassette auf; der Ansagetext kommt vom Mikrochip. Bei *herkömmlichen Modellen* unterscheidet man Anrufbeantworter mit je einem Kassettenlaufwerk für Ansagetext und Anrufe sowie *Shuttlemodelle*, bei denen Ansagetext und Anrufe auf nur einer Kassette aufgenommen werden. Da hier zwischen Ansage und Anrufen ständig hin- und hergespult werden muss, hat dieses Gerät nur eine geringe Lebensdauer.

Bedienanleitung für einen Anrufbeantworter

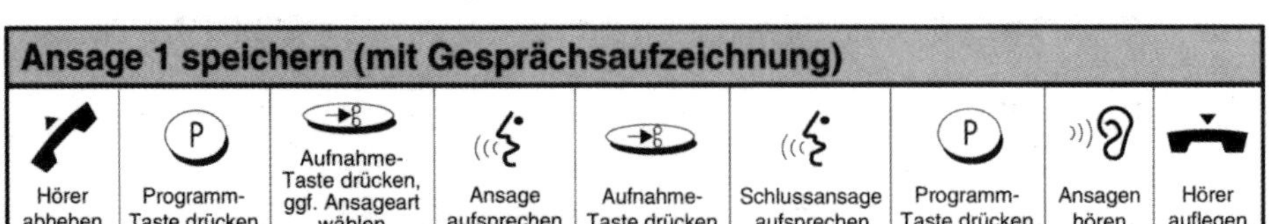

Telefonkonferenz

Telefonkonferenz

In bestimmten Fällen wollen mehrere Telefonteilnehmer gleichzeitig miteinander sprechen. Mindestens drei bis höchstens 300 Partner können bei einer Konferenzverbindung gleichzeitig miteinander sprechen. Durch Telefonkonferenzen werden Reise- und Übernachtungskosten und Zeit gespart.

Es werden zwei Arten von Telefonkonferenzen unterschieden:

- **Dial-In-Konferenz**, bei der mehrere Teilnehmer eine Nummer anrufen und so zusammengeschaltet werden
- **Dial-Out-Konferenz**, bei der alle Konferenzteilnehmer angerufen werden

Der Konferenzdienst der Deutschen Telekom ist unter 01802-016133 erreichbar. Hier gibt es sowohl Dial-In- als auch Dial-Out-Konferenzen. Bei der Dial-Out-Konferenz fällt neben den Verbindungskosten noch eine einmalige Gebühr an. Wenn die Teilnehmer einen Teil der Kosten übernehmen, dann zahlt der Initiator der Konferenz nur 13 Cent pro Minute und Teilnehmer, während die Teilnehmer die Verbindungsgebühren zu einer Nummer im Vorwahlbereich Frankfurt am Main (069) selber tragen.

Deutsche Telekom:
Kosten für Dial-Out:
einmalig: 3,06 EUR
0,43 EUR/Min./Teilnehmer
Kosten für Dial-In:
0,43 EUR/Min.
Teilnehmer
Voicemeeting:
0,09 EUR/Min./Teilnehmer
Näheres siehe:
voicemeeting.de
konferenzportal.com
webconference.de.

Zur Einwahl des von Voicemeeting angebotenen Dial-In-Systems dient eine 01803-Nummer. Der Initiator muss sich eine sechsstellige Zugangsnummer ausdenken und sie zusammen mit dem Konferenztermin an die gewünschten Gesprächspartner weitergeben. Jeder Teilnehmer wählt dann einfach die 01803-600610, gibt die vereinbarte Nummer ein, und schon sind zwanzig oder mehr Leute in einer Konferenzschaltung miteinander verbunden. Die Konferenz kann auch aufgezeichnet werden, und ist dann bis zu 7 Tage lang über eine zusätzliche PIN-Nummer abhörbar.

Adressierung im Fernsprechnetz

Die *nationale Rufnummer* (maximal 10 Ziffern) bzw. internationale Rufnummer (maximal 12 Ziffern) stellt die Adresse einer Endeinrichtung dar. Durch die Wahl der Teilnehmernummer (maximal 3 – 8 Ziffern) wird die Verbindung innerhalb des eigenen **Ortsnetzes** hergestellt. Durch die Vorwahl der *Verkehrsausscheidungsziffer „0"* und der Ortskennzahl (2 – 5 Ziffern) gelangt man in die nächsthöhere Netzebene, das **nationale Fernnetz** (z. B. 0-731 für Ulm). Mit der Vorwahl der *Verkehrsausscheidungsziffer „00"* und der Länderkennzahl (1- bis 3-stellig) gelangt man zum **internationalen Fernnetz**.

Inlands- und Auslandsverbindungen können über die Servicenummer 0180 2001033 vermittelt werden. Bei Auslandsferngesprächen ist zusätzlich eine Landeskennzahl zu wählen:

Auslandsrufnummern

001	Nordamerika, teilweise Karibik
002	Afrika, Grönland, teilweise Karibik
003	Europa
004	Europa
005	Süd- und Mittelamerika. teilweise Karibik
006	Australien und Südostasien
007	GUS-Staaten und Lettland
008	Asien
009	Asien, Türkei, Israel, Arabische Staaten

Beispiel für die Anwahl einer internationalen Rufnummer bei Selbstwahl:

00	1	212	344578
Kennziffern fürs internationale Fernnetz	Landeskennzahl (hier: USA)	Ortsnetzkennzahl (Vorwählnummer) (hier: New York)	Teilnehmernummer
	(1 – 3 Ziffern)	(2 – 5 Ziffern)	(3 – 8 Ziffern)

99 % aller Auslandsferngespräche erfolgen durch Selbstwahl. In einigen Ländern sind Auslandsferngespräche nur über einen Vermittler (Operator) möglich; in diesem Fall muss man Gespräche mithilfe der Servicerufnummer 0180 2001033 anmelden. Sie werden dann handvermittelt.

Bei Überseegesprächen ist an die Zeitverschiebung gegenüber unserer mitteleuropäischen Zeit (MEZ) zu denken.

siehe S. 400

Vanity-Nummern

Buchstabenwahl

Die zusätzliche Beschriftung der Telefontastatur mit Buchstaben macht es möglich, statt Ziffernfolgen Wörter zu wählen. *In Verbindung* mit Servicenummern (z. B. 0180, 0700er- und 0800er-Nummern) kann diese Möglichkeit werbewirksam auf unbestimmte Zeit genutzt werden. Statt komplizierter Nummern wie z. B. 0800-3258222 wählt der Anrufer einfach 0800-DA LUCCA. Diese *Buchstabenwahl* nennt man **Vanity-Nummer**; sie ist kostenlos. Die Vorteile liegen auf der Hand: Wörter lassen sich leichter merken als Ziffernfolgen, für Servicenummern können bekannte Marken- und Firmennamen verwendet werden, was die Werbewirkung unterstützt. Studien haben bewiesen, dass mit Vanity die Zahl der Anrufe um bis zu 30 % ansteigt.

Vanity *(engl.) = Eitelkeit, Einbildung*

Beispiel: Bei der Wortnummer gibt der Anrufer einfach die Ziffer 3 für das D ein, die Ziffer 2 für das A, die 5 für das L usw.

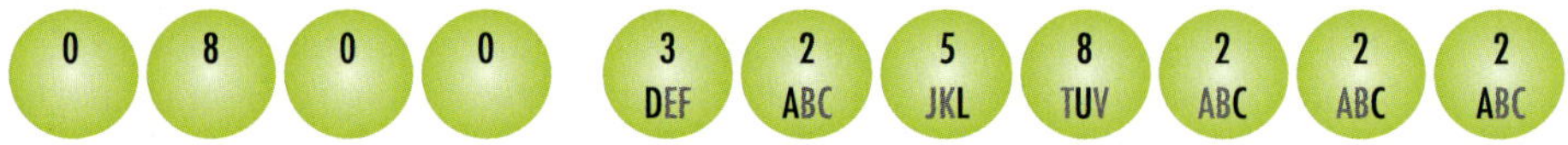

0 8 0 0 D A L U C C A

Serviceleistungen der Festnetzanbieter

Öffentliche Fernsprecher und Telefonkarten

Minutenpreise: Ortsnetz: 0,10 EUR Fernnetz: 0,20 EUR Mobilnetz: 0,80 EUR .

In Deutschland gibt es rund 130 000 öffentliche Fernsprecher der Deutschen Telekom. Etwa 35 % nehmen Münzen an; die übrigen sind für Telefon- oder Kreditkarten ausgelegt. Die klassischen Telefonkarten gibt es im Wert von 5,00 und 10,00 EUR. Die Telefonkarte im Wert von 3,00 EUR wird ausschließlich als Werbeträger genutzt und ist käuflich nicht zu erwerben (sog. Give-away).

Bei Nutzung der Geldkarte fallen zusätzlich 0,10 EUR pro Verbindung, bei Nutzung von Kreditkarten 1,00 EUR pro Verbindung an.

Calling Card

Verbindungskosten: Inland: 0,20 EUR/Min. Europa1: 0,50 EUR/Min. USA: 0,50 EUR/Min.

Mit Calling-Cards (z. B. T-Card der Deutschen Telekom) lässt es sich vor allem im Ausland günstiger telefonieren. Bei Kauf dieser Karte erwirbt man ein Gesprächsguthaben, das dem Preis der Karte entspricht und das ähnlich einer Prepaidkarte abtelefoniert werden kann. Auf der Karte steht eine Telefonnummer, die mit einer kostenlosen Nummer 0800 beginnt. Diese wählt man von einem beliebigen Telefon oder Handy aus, fügt eine persönliche Identifikationsnummer (PIN) hinzu und kann die gewünschte Rufnummer eingeben. Die Verbindungskosten können auch per Bankeinzug bzw. Kreditkarte im Nachhinein *(Postpaid)* bezahlt werden. Telefoniert werden kann von jedem Telefon aus. Für Verbindungen von öffentlichen Fernsprechern wird ein zusätzliches Entgelt fällig (z. B. 0,24 EUR/Min. bei Postpaid-T-Cards).

Telefonauskunft

Kosten einer Inlandsauskunft: Einwahlpreis: Deutsche Telekom: 0,25 EUR Arcor: 0,81 EUR Preis pro Minute mit Einwahl: Deutsche Telekom: 1,24 EUR Arcor: 1,06 EUR

Derzeit geben rund 25 Anbieter Telefonauskünfte für das Inland, knapp eine Hand voll davon bieten auch Auskünfte für das Ausland an. Allen gemeinsam ist die Vorwahl „118" (dann folgt die zweistellige Anbieternummer, 33 = Deutsche Telekom, 88 = Arcor, 50 = Auskunft 24). Es werden nur Nummern weitergegeben, die im Verzeichnis der Deutschen Telekom gespeichert sind. Einige Auskunftsdienste bieten mehr als die reine Ansage der gewünschten Telefonnummer. Sie geben auch Auskunft über Teilnehmeradressen, Fax-, Mobilfunk- und Servicenummern **(Komfortauskunft)**. Manche Anbieter bieten gegen Entgelt einen Weitervermittlungsservice (Operator), der den Anrufer direkt mit dem gewünschten Gesprächspartner verbindet. Die meisten Anbieter verlangen zusätzlich zum taktabhängigen Verbindungspreis einen einmaligen Einwahlpreis. Eine Alternative zur relativ teuren Telefonauskunft ist die Teleauskunft über die Internetadresse DeTeMedien.de, die sich zurzeit im Testbetrieb befindet.

Servicenummern

Service 0700	Die 0700-Servicenummer wird bei der RegTP (Regulierungsbehörde für Telekommunikation und Post) beantragt. Es kann eine individuelle Rufnummer ausgewählt werden, unter der der Teilnehmer an jedem Ort und ein Leben lang erreichbar ist. Die Rufnummer kann eine beliebige acht- bis zehnstellige Zahl sein, z. B. das Geburtsdatum. Vorteil: Die Geschäftspapiere müssen nicht ständig geändert werden, nur weil sich eine Telefonnummer ändert. Der Inhaber kann eine Rufnummernkette festlegen, die aus bis zu 3 Zielrufnummern besteht, auf die eingehende Anrufe nacheinander umgeleitet werden. Sollte keine Rufnummer der Kette erreichbar sein, werden Anrufe automatisch an die 0700-Box weitergeleitet.	*Bereitstellungspreis: 62,50 EUR/0700-Nr.* *Verbindungspreise: Mo – Fr 9 – 18 Uhr: 0,062 EUR/30 Sek. übrige Zeit: 0,062 EUR/Min.*
Freecall 0800	0800-Servicenummern werden bei der RegTP beantragt. Diese Nummer ist *für Anrufer kostenlos* – und damit ideal für Kundeninformationen, Kundendienstangebote oder Beschwerde-Hotlines. Bei **freecall 0800 light** werden alle Anrufe auf *eine Zielrufnummer* weitergeleitet (z. B. die Zentrale). Die Abrechnung erfolgt im 30-Sekunden-Takt. Bei **freecall 0800 basic** werden der Servicenummer bis zu *3 verschiedene Zielrufnummern* zugeordnet. Die Abrechnung erfolgt im Sekundentakt. Mithilfe des *zeitabhängigen Routing* (Rufumleitung) kann festgelegt werden, auf welche Telefonanschlüsse die Anrufer zu welchem Zeitpunkt und an welchen Wochentagen umgeleitet werden – das ist ideal für einen 24-Stunden-Service. Mit **Freecall Universal** kann den Kunden und Geschäftspartnern *weltweit* und zum Nulltarif eine einzige Servicenummer angeboten werden. Lediglich der Auslandszugang, in den meisten europäischen Ländern die ersten beiden Ziffern 00, kann sich unterscheiden.	*Bereitstellungspreis: 62,50 EUR/0800-Nr.* *Einrichtungspreis bei Online-Beantragung: basic: 15,03 EUR (brutto)* *Monatspreise: basic: je nach Zahl der Servicenummern von 17,35 – 12,71 EUR*
0180call	0180-Servicenummer werden bei der RegTP beantragt. Mithilfe einer einheitlichen 0180-Rufnummer können die *Kunden an den Verbindungskosten* der Dienstleistung (z. B. telefonische Ticketbuchungen, Hotlines, Börseninfos) *beteiligt* werden. Anhand von fünf Tarifmodellen entscheidet der Anbieter, wie stark er seine Anrufer an den Kosten beteiligt. Der Anbieter übernimmt bei den Tarifen 0180-(1-4) die Differenz zum T-Net-Normaltarif, beim Tarif 0180-5 zahlt der Anbieter nichts. 0180-Nummern sind auch aus dem Ausland erreichbar. Die Leistungen von **0180call light** und **0180call basic** entsprechen denen beim Freecall 0800. Der **0180call premium-**Dienst bietet *5 Zielrufnummern, zeitabhängiges Routing, Ursprungsbereichsbegrenzung (*Anrufe können auf eine Region beschränkt werden), die Möglichkeit, Anrufe im Unternehmen zu verteilen und die Anzahl der Anrufe pro Zielanschluss zu begrenzen.	*Bereitstellungspreis: 62,50 EUR/0180-Nr. Einrichtungs-/Monatspreise siehe Freecall 0800 Anrufer zahlt bei 0180-1: 9 – 18 Uhr: 0,046 EUR/Min. 18 – 9 Uhr: 0,025 EUR/Min. 0180-2: 0,06 EUR/Gespräch 0180-3: 0,09 EUR/Min. 0180-4: 0,24 EUR/Gespräch 0180-5: 0,12 EUR/Min.*
Service 0900 (frühere 0190-Rufnummern)	0900-Servicenummer werden bei der RegTP beantragt. Die Rufnummern werden den Inhalteanbietern künftig einzeln zugeteilt. Dadurch kann die RegTP genaue Auskunft darüber geben, wer sich hinter einer 0900-Nummer verbirgt. Im Unterschied zum 0180call gibt es keine festen Tarifmodelle. Damit können Inhalteanbieter für jede Rufnummer individuell den Preis festlegen. Dieses Verfahren nutzen bereits heute die 0190 0-Anbieter bei ihren Tarifen für Orts- und Ferngespräche. Da mit dem Service 0190-0 eine Auszahlung verbunden ist, betreibt der Anbieter ein Gewerbe und benötigt somit einen Gewerbeschein. Es werden drei 0900-Gruppen unterschieden: Unter **0900-1** werden reine Informationsdienste, unter **0900-3** Unterhaltungsdienste und unter **0900-5** werden sonstige Dienste (z. B. Datinglines, Erotikangebote) geschaltet. Allerdings gibt es keine Überwachungsinstanz, die prüft, ob ein Dienst korrekt deklariert ist.	*Bereitstellungspreis: 62,50 EUR/0900-Nr.* *Vom Anrufer werden bis zu 3,80 EUR/Min. verlangt. Die Differenz zum vereinbarten Tarif gehört dem Anbieter* *0190- und 0900-Nummern können über freecall 0800-3301000 generell gesperrt werden*

Computergestütztes Telefonieren

Als Instrument zur Absatzförderung und Kundenwerbung gewinnt die Telekommunikation zunehmende Bedeutung. Das computergestützte Telefonieren erlaubt die automatische Anwahl des Gesprächspartners. Auf dem Bildschirm werden dabei weitere gespeicherte Informationen über den Kunden bzw. den vorausgehenden Geschäftsverkehr angezeigt. Auskunfts- und Beratungswünsche können auf diese Weise prompt, wirtschaftlich und kundenfreundlich befriedigt werden.

Wenn PC und Telefon miteinander verbunden sind und eine spezielle Software installiert ist, kann ein PC-Telefonbuch mit unbegrenzt vielen Eintragungen angelegt werden. Ohne Papierkram und ohne umständliches Suchen lassen sich Gesprächsverbindungen einfach per Mausklick herstellen. Auch das Erstellen von ganzen Anruflisten oder das Aufrufen und Ergänzen von Kundendateien direkt während des Gespräches sind möglich.

Preise der Telekom
(T-Com) (mit USt.)

Bereitstellung
59,95 EUR (einmalig)

Grundpreis *pro Monat*
Standard
- *T-Net 15,66 EUR*
- *T-ISDN 23,60 EUR*

Call Time (inklusive 120 Freiminuten)
- *T-Net 19,95 EUR*
- *T-ISDN 27,95 EUR*

Verbindungspreise
pro Minute
- *Standard (T-ISDN): Fest- zu Festnetz*
  - *Hauptzeit: Mo-Fr (9 – 18 Uhr) Orts-/Ferngespräch 4 Ct./9 Ct. Mo-Fr (7 – 9 Uhr) Orts-/Ferngespräch 1,5 Ct./9 Ct.*
  - *Nebenzeit: 1,5 Ct./3 Ct. Fest- zu Mobilnetz D1-Netz: 23,2 Ct. D2-Netz: 23,2 Ct. sonstige: 25,7 Ct.*
- *Call Time (T-ISDN): Fest- zu Festnetz*
  - *Hauptzeit: Mo-Fr (7 – 18 Uhr) Orts-/Ferngespräch 3,1 Ct./4,6 Ct.*
  - *Nebenzeit: 1,5 Ct./2,6 Ct. (zu anderen Netzen: 0,2 Ct./ Minute Aufpreis)*

Telefonkosten

Die Telefonkosten setzen sich aus vier Bestandteilen zusammen:
- **Einmaliger Bereitstellungspreis** für den Telefonanschluss,
- **monatlicher Grundpreis** für den Telefonanschluss,
- **Verbindungskosten** für das eigentliche Gespräch.
- **Anschaffungskosten** für das Gerät.

Die Telekom unterscheidet Einzel-, Doppel- und Mehrgeräteanschlüsse. Mit dem Telefonanschluss erhält der Teilnehmer seine Rufnummer und einen Anschluss zur Wählvermittlung der Telekom („Amt").

Damit der Teilnehmer Telefonverbindungen selbst herstellen kann, erhält er jährlich ein kostenloses Telefonbuch für seinen Anschlussbereich und ein Vorwahlverzeichnis. Das Telefonbuch enthält die Nummern aller Sonder- und Ansagedienste, die Postleitzahlen des Buchbereichs, das Ortsverzeichnis und das Kundenverzeichnis (Rufnummern aller Teilnehmer des Anschlussbereichs).

Besondere Einträge im Kundenverzeichnis

1158-0	Abfragestelle einer Telefonanlage mit Nebenstellen
1158-123	Endeinrichtung einer Telefonanlage (Durchwahl zur Nebenstelle)
<1159510>	Der Teilnehmer erhält demnächst die in Klammern angegebene Rufnummer
0800 9876	Service **0800**-Rufnummer (freecall-Anruf)
01718 765432	D1 Rufnummer (> siehe Seite 334 f.)
0172 9542312	D2 Rufnummer (> siehe Seite 334 f.)
+ 115596	Die Telefonnummer des Anrufenden wird nicht angezeigt
§ 323055	Kunde hat der Eintragung in elektronischen Verzeichnissen und/oder einer über die Rufnummer hinausgehenden Auskunft widersprochen und wünscht die Kennzeichnung

Verbindungskosten

Die Kosten eines Telefongesprächs (Verbindungskosten) hängen ab
- von der jeweiligen **Telefongesellschaft**
- vom jeweiligen **Wahlverfahren**
- vom **Zeitpunkt** des Telefonats (Tarifzeit) und der Verbindungsdauer
- von der **Entfernung** der Gesprächsteilnehmer (nur bei analogem Telefon)
- vom **Abrechnungsverfahren** (Taktzeit).

Zahlreiche Telefondienstleister kämpfen im Festnetz mit ihren Angeboten um die Telefonkunden. Zu unterscheiden sind, je nach **Wahlverfahren**, Anbieter von Vollanschlüssen (z B. Telekom, Arcor) und Anbieter von Vorauswahlanschlüssen (so genannte 010-Anbieter).

Wahlverfahren

Mögliche Wahlverfahren

Vollanschluss (Direktanschluss)	Der Kunde schließt einen festen Vertrag mit der Telefongesellschaft (z. B. Telekom, Arcor) und führt sämtliche Telefonate (Orts-, Fern- und Auslandsgespräche) über deren Netz. Die Telefongesellschaft richtet den Anschluss gegen eine einmalige Gebühr ein und berechnet neben den Verbindungspreisen eine monatliche Grundgebühr. Der Kunde kann am Call-by-Call- und am Preselection-Verfahren teilnehmen.
Call by Call (Einzelwahlverfahren	Der Kunde nutzt neben seinem Vollanschluss die Dienste weiterer Telefongesellschaften, sogenannten 010-Anbietern. Er hat so die Möglichkeit, vor jedem Gespräch den günstigsten Anbieter auszuwählen. Dazu wählt er zuerst die Anbieternummer, dann ggf. die Landes- oder Ortsvorwahl und die Rufnummer des Teilnehmers; z. B. 01086-030-2345656 für ein Gespräch nach Berlin über 01086 OneTel (innerhalb Berlins reicht die Eingabe von 01086-2345656). Die meisten Anbieter setzen auf **offenes Call by Call** und rechnen über die T-Com ab. Andere fordern von den Kunden vorher eine Anmeldung. Bei diesem **angemeldeten Call by Call** erhält der Kunde von den 010-Anbieter jeweils extra Rechnungen.
Preselection (Vorauswahlverfahren)	Der Kunde schließt einen festen Vertrag mit einem 010-Anbieter, um dessen günstige Tarife zu nutzen. Er behält weiterhin seinen Vollanschluss bei der Telekom (oder Arcor) und seine Rufnummer. Die Call-by-Call-Vorwahl wird in der Vermittlungsstelle der Telekom umgeschaltet. Ortsgespräche (wenn möglich), Fern- und Auslandsgespräche werden über den 010-Anbieter geführt. Der Anbieter des Vollanschlusses berechnet die Ortsgespräche und die Grundgebühr, die anderen Verbindungsgebühren werden direkt vom 010-Anbieter in Rechnung gestellt. Die Möglichkeit des Call by Call besteht weiterhin.

T-Com (Telekom)
Arcor, Versatel, Tropoly, NetCologne, M"net

Wechselkosten
0,00 bis 50,00 EUR
01013 Tele2
01015 Maestro-Telecom
01024 CallbyCall
01028 Tiscali
01070 Arcor
01080 Telegate
01086 OneTel

Umschaltkosten:
5,10 EUR

Mögliche Taktzeiten

Taktzeiten

Bei den meisten Anbietern beziehen sich die Verbindungspreise auf den **Minutentakt**. Dabei wird der Minutenpreis für jede angefangene Minute fällig. Die Gesprächsdauer wird also immer auf volle Minuten aufgerundet (60/60). Die Gesprächskosten werden üblicherweise auf ganze Cent aufgerundet. Bei sehr kurzen Telefonaten ist die sekundengenaue Abrechnung günstiger. 1/1 + 3 Cent bedeutet, dass das Gespräch im **Sekundentakt** abgerechnet wird und pro Gespräch zusätzlich 3 Cent Verbindungsentgelt berechnet werden. Ein Takt von 30/1 bedeutet, dass die erste Einheit immer 30 Sekunden lang ist, auch wenn nur 5 Sekunden telefoniert wird. Danach geht es im Sekundentakt weiter.

Der Zusatz **ab Einwahl** bedeutet, dass bereits ab der Verbindung mit dem Telefoncomputer der Telefongesellschaft die Gebührenuhr läuft. Insbesondere ist also das Eintippen der eigentlich anzurufenden Nummer und das Klingeln beim Angerufenen kostenpflichtig. Der Zusatz **ab Wählton** heißt, dass man ab der Zeit bezahlt, wo man den Wählton des Telefoncomputers hört. Kommt keine Verbindung zustande, werden in diesem Fall aber die Gebühren storniert.

Orts- und Ferngespräche

Nahzone
(Cityzone)
Fernzone

Für die Deutsche Telekom ist ein **Ortsgespräch** ein Gespräch innerhalb des eigenen Ortes und etwa 20 Kilometer drumherum (**Nahzone**). Die T-Flatrate XXL Local gilt nur für Gespräche innerhalb des eigenen Ortsnetzes. Alle anderen Gespräche gehören zur **Fernzone** und werden mit dem höheren Ferntarif abgerechnet. Die Größe einer Cityregion kann auf der *Homepage http://www.t-com.de/citybereich/single* nachgeschlagen werden.

Bei Call by Call und Preselection gilt nur das eigene Ortsnetz als Ortsgespräch. Ein Telefonat in den Nachbarort mit einer anderen Ortsvorwahl wird deshalb als Ferngespräch abgerechnet. Es gibt Telefongesellschaften, die einen Radius von 20, 50 oder noch mehr Kilometern um das eigentliche Ortsnetz als **Cityzone** schalten. Andere Anbieter schalten eine bestimmte **Vorwahlregion** (etwa alle Orte mit den ersten zwei identischen Ziffern in der Vorwahl) zu einem günstigeren Tarif zusammen.

Beispiel: Berechnung der Verbindungskosten (einschließlich USt.; 60/60-Takt).

Kosten eines Ferngesprächs: 3 Min. 10 Sek., Donnerstag, 17:00 Uhr

Telekom-Tarif T-ISDN:	0,09 EUR · 4 Minuten = 0,36 EUR (Hauptzeit)
Telekom-Tarif Call Time:	0,046 EUR · 4 Minuten = 0,18 EUR (Hauptzeit)
Ins D1-Mobilfunknetz:	0,232 EUR · 4 Minuten = 0,93 EUR
Ins O2- Mobilfunknetz:	0,257 EUR · 4 Minuten = 1,03 EUR
Arcor-Tarif (ISDN):	0,035 EUR · 4 Minuten = 0,14 EUR (Hauptzeit)
Tele2-Tarif (Call by Call):	0,046 EUR · 4 Minuten = 0,18 EUR (Hauptzeit)
OneTel-Tarif (Call by Call):	0,0289 EUR · 4 Minuten = 0,12 EUR (Nebenzeit II)

Möglichkeiten zur Einsparung von Telefonkosten

Eine Hilfe, den Tarifwirrwarr aufzulösen, bieten die Internet-Adressen **billiger-telefonieren.de, teltarif.de, tariftip.de, nice-prizes.de.** In diesen ständig aktualisierten Datenbanken sind die Tarife aller deutscher Telefongesellschaften und zudem sämtliche Mobilfunk- und Servicenummern sowie Tarifzonen im In- und Ausland erfasst. Um den Minutenpreis und die Einwahlnummer des billigsten Anbieters zu ermitteln, muss der Nutzer neben der Tageszeit und der Gesprächsdauer nur eingeben, von welcher Vorwahlzone er telefonieren will.
Auch so genannte **Least-Cost-Router** (LCR) helfen beim Sparen von Telefonkosten und verkürzen auch das Wählen. Die fünfstellige Betreiberkennzahl muss nicht mehr von Hand eingetippt werden, denn der LCR entscheidet selbst über das günstigste Netz und setzt die Vorwahl automatisch hinzu. Bei Netzüberlastung wechselt der LCR automatisch zum nächstgünstigen Anbieter.

Eine Methode, von den meist geringeren Verbindungspreisen *ausländischer Telefongesellschaften* zu profitieren, ist das **Callback** (engl. = Rückruf). Durch einen „Lockanruf" bei einer speziellen (ausländischen) Callback-Rufnummer signalisiert der Benutzer, dass er telefonieren will. Der Computer an der Gegenseite hebt nicht ab. Der Anruf bleibt also bis dahin kostenfrei und dient nur dazu, die eigene Telefonnummer zu übermitteln. Der Computer ruft sofort zurück und schaltet eine Amtsleitung. Sobald das Freizeichen signalisiert wird, kann der Benutzer ganz normal seine Zielnummer eingeben. Somit laufen nun sämtliche Gesprächskosten über den Callback-Anbieter. Das **Callthrough** funktioniert ganz ähnlich, nur dass der ausländische Rechner nicht erst zurückruft, sondern sofort das Amt zur Weiterwahl durchschaltet. Für beide Methoden muss der Handy-Benutzer einen Nutzungsvertrag mit dem Anbieter abschließen.

Aufgaben

1 Welches wichtige Element der zwischenmenschlichen Kommunikation fehlt beim herkömmlichen Telefongespräch? Welche Nachteile könnten sich dadurch ergeben?

2 Buchstabieren Sie nach der Buchstabiertafel Inland (siehe Seite 324) folgende Personennamen:
a) Kraytochswill
b) Tangh Sen Lough
c) Woitziyck.

3 Beschreiben Sie einige Funktionen und Komfortleistungen moderner Telefonanlagen.

4 Schildern Sie den Bedienablauf bei der
a) Speicherung einer Kurzwahlnummer;
b) Programmierung eines Anrufbeantworters.

5 Unterscheiden Sie die Servicenummern
a) 0700
b) 0800
c) 0180
d) 0900 (0190)

6 Wie setzt sich die Telefonnummer für ein Auslandsgespräch zusammen?

7 Begründen Sie den Nutzen
a) einer Telefonkarte bzw. Calling Card;
b) einer Vanity-Nummer;
c) des computergestützten Telefonierens.

8 Beschreiben Sie das Serviceangebot der Telefonkonferenz.

9 Aus welchen Bestandteilen setzen sich die Telefonkosten zusammen?

10 Berechnen Sie die Verbindungskosten (Mo – Fr) für ein
a) Fünf-Minuten-Gespräch um 14:30 Uhr im Citytarif (Nahzone);
b) Fünf-Minuten-Gespräch um 14:30 Uhr (Fernzone);
c) Fünf-Minuten-Gespräch um 18:30 Uhr (Fernzone);
d) Zehn-Minuten-Gespräch um 18:30 Uhr im Citytarif (Nahzone);
e) Zehn-Minuten-Gespräch um 18:30 Uhr (Fernzone).
Hinweis: Legen Sie die Standardtarife der Dt. Telekom zugrunde (s. S. 330)

11 Welche Inhalte können Sie einem Telefonbuch entnehmen?

12 Erklären Sie die Bedeutung folgender Einträge im Kundenverzeichnis eines Telefonbuchs:
a) <235495>
b) 2153-0
c) 2343-145
d) 08 00 9876
e) § 112250
f) + 232334

13 Erläutern Sie einige Möglichkeiten zur Einsparung von Telefonkosten.

4.2 Mobilfunk – immer und überall erreichbar

Mobilfunker weltweit
1999: 200 Mio.
2003: 450 Mio.

Kaum ist der Chef aus dem Haus, um einen Kunden am anderen Ende der Stadt zu besuchen, da kommt ein Anruf gerade dieses Kunden mit der Bitte, den Termin zu verlegen. Zu spät, der Chef fährt vergeblich quer durch die Stadt. Zeit ist vertan, Kosten sind entstanden, die Stimmung ist am Tiefpunkt.

Wichtige Informationen im rechten Augenblick erhalten – das ist besonders für Geschäftsleute und Dienstleistungsbetriebe von existenzieller Bedeutung. Wer kennt nicht die Situation, dass die entscheidende Person nicht erreichbar ist. Sei es, dass sie gerade unterwegs zu einem Kunden ist oder schon in der Besprechung, die die Geschäftsbeziehung vielleicht maßgeblich beeinflusst. Jetzt über die neuesten Informationen zu verfügen, wäre der entscheidende Vorteil.

GSM = *Global System for Mobile Communication*

UMTS = *Universal Mobile Telecommunications System*

DECT = *Digital European Cordless Telephony*

Mitarbeiter müssen heute überall erreichbar sein und jederzeit ortsunabhängig auf notwendige Informationen zugreifen können. Rund 11 Mio. der rund 38 Mio. Beschäftigten sind in ihren Unternehmen mobil eingesetzt. Der **Mobilfunk** ermöglicht den drahtlosen Informationsaustausch über ein Funknetz.

Der Mobilfunk umfasst
- echte *Funktelefone* im GSM- bzw. UMTS-Standard (Funk-, Mobiltelefon, Handys),
- *schnurlose Telefone* im DECT-Standard und
- *Funkrufdienste*.

Funktelefon – dialogfähig und europaweit

Mobilfunknetze – Provider und Service-Provider

Mithilfe des Funktelefons (Mobiltelefon, Handy) können die Mitarbeiter ortsunabhängig (mobil) und europaweit miteinander kommunizieren.

Funknetzbetreiber:
T-Mobile
Vodafone
E-Plus
O2

Zu den wichtigsten Funktelefonnetzbetreibern (Anbietern, **Providern**) gehören
- *T-Mobile* (Tochtergesellschaft der Deutschen Telekom AG) mit dem so genannten **D1-Netz** (mit rund 27,6 Mio. Kunden Marktführer in Deutschland),
- *Vodafone* (Großbritannien) mit dem so genannten **D2-Netz** und rund 27,2 Mio. Kunden in Deutschland (Vodafone ist Weltmarktführer),
- *E-Plus* (Tochtergesellschaft der holländischen KPN) mit dem so genannten **E-Netz** (mit rund 9,6 Mio. Kunden Nummer drei in Deutschland),
- *O2* (MMO2 Tochtergesellschaft der British Telecom) mit dem so genannten **O2-Netz** und rund 8,0 Mio. Kunden in Deutschland.

Service-Provider:
MobilCom
Debitel
Talkline
Drillisch
Cellway
u.a.

Darüber hinaus existieren zahlreiche so genannte **Service-Provider**. Das sind zwischengeschaltete Vertriebsgesellschaften zur Vermarktung von Mobilfunkverträgen. Die Service-Provider kaufen Airtime (d. h. Netzkapazitäten) von den Mobilfunknetzbetreibern, sind in ihrer Tarifgestaltung aber völlig frei. Üblicherweise gibt es im Angebot eines Service-Providers die drei Netze D1, D2 und E-Plus.

GSM ist der weltweit meistgenutzte Übertragungsstandard für die digitale Mobiltelefonie. GSM wird je nach Land bzw. Anbieter mit unterschiedlichen Megahertz-Bandbreiten angeboten. D1 und D2 verwenden den Standard GSM900 (900 MHz), E-Plus und O2 verwenden den Standard GSM1800 (1800 MHz). GSM1900 (1900 MHz) ist der in Nordamerika verwendete Standard (z. B. VoiceStream). Wer mit einem D-Netz-Handy in einem E-Netz telefonieren möchte, benötigt ein so genanntes **Dual-Band-Handy**, das zwischen D- und E-Netz wechseln kann. **Triband-Handys** decken alle GSM-Frequenzen ab und sind damit weltweit einsetzbar.

Funktionsweise des Funktelefons – notwendige Voraussetzungen

Der Schlüssel zum Funktelefonnetz ist die SIM-Chipkarte (Berechtigungskarte), die der Teilnehmer bei den Netzbetreibern oder den Service-Providern erhält und mit der er identifiziert werden kann. Diese Chipkarte enthält sämtliche Daten des Mobilfunkteilnehmers, denn bei GSM-Netzen identifiziert die Karte den Mobilfunkanschluss und nicht das Gerät. Bevor eine Verbindung hergestellt werden kann, muss sich der Teilnehmer im Netz **anmelden**. Dies geschieht durch Einschieben der SIM-Netzkarte in das Mobiltelefon. Die gespeicherten Informationen werden zur nächsten Basisstation gesendet; diese überprüft die Zugangsberechtigung. Nach Eingabe einer **PIN** (persönliche Identifikations-Nummer) wird der Teilnehmer eingebucht; d. h. er ist in einem elektronischen Register erfasst und dadurch für die Mobilfunkvermittlungsstation bei Anrufen jederzeit auffindbar.

SIM
= Subscriber Identification Module

PIN
= Persönliche Identifikations-Nummer

Grundsätzlich kann der Teilnehmer nach Einschieben seiner Netzkarte und Eingabe seiner PIN jedes GSM-Telefon benutzen; heute in Hamburg im Leihwagen, morgen in Düsseldorf am Flughafen. Die Verbindungspreise werden der Kundennummer zugeordnet und in codierter Form an den Betreiber zur Rechnungserstellung übergeben. Auf diese Weise ist der Besitzer einer Netzkarte europaweit über jedes GSM-Telefon erreichbar.

Alle Funktelefon-Teilnehmer sind untereinander erreichbar, können Teilnehmer des normalen (festen) Telefonnetzes erreichen und auch von diesen angerufen werden. Bei einem Anbieterwechsel können Funktelefonteilnehmer ihre alte Handynummer mitnehmen. Diese so genannte **Rufnummernübertragung (MNP)** erleichtert den Wechsel, da die neue Handynummer nicht mehr allen Bekannten und Geschäftspartnern mitgeteilt werden muss. Die Regulierungsbehörde für Telekommunikation und Post (RegTP, Sitz in Bonn) verspricht sich davon mehr Wettbewerb durch die höhere Wechselbereitschaft der Mobiltelefonkunden.

MNP
= Mobile Number Portability

Leistungsmerkmale des Funktelefons

Funktelefongeräte bieten alle **Komfortleistungen** digitaler Telefonanlagen (z. B. Wahlwiederholung, Direktruf, Kurzwahl, Rufumleitung, Makeln, Anklopfen). Mit der **Konferenzschaltung** (kostenpflichtig) lassen sich bis zu fünf weitere Gesprächspartner zusammenführen.

Roaming steht für die Möglichkeit, mit dem eigenen Handy im Ausland mobil zu telefonieren bzw. erreichbar zu sein. Dazu schließen die jeweiligen Netzbetreiber Roaming-Verträge, in denen die Tarife festgelegt werden. Dabei fallen auch für den Angerufenen Verbindungskosten an, da der Anrufer nicht wissen kann, dass sich der Angerufene gerade im Ausland befindet.

engl. to roam = „herumstreunen"

Mithilfe des Kurzmitteilungsdienstes **(SMS)** können Mobilfunknutzer anstelle von Sprache Daten über die Mobilfunknetze übermitteln. Diese Daten werden im Signalisierungskanal übertragen, nicht im Datenkanal. Über die Tastatur des Mobiltelefons lassen sich damit Textnachrichten mit bis zu 160 Zeichen versenden. Solche Funkbriefe sind schnell, funktionieren über unterschiedliche Netze hinweg, kostengünstig und gesichert, d. h. der Absender wird informiert, wenn Übertragungsfehler auftreten. Mit der automatischen Worterkennung (kurz T9) ist die Worteingabe sehr einfach. Für das Wort „Hallo" drückt man also einfach die Zahlen 4-2-5-5-6. Die **T9-Funktion** erkennt an der Ziffernfolge das gewünschte Wort und stellt es dar.

SMS
= Short Message Service
Kosten:
0,09 EUR – 0,19 EUR pro SMS

T9-Funktion

MMS = *Multimedia Message Service Kosten: 0,39 EUR - 1,29 EUR pro MMS*

EMS = *Enhanced Messaging Service*

GPRS = *General Packet Radio Services*

WAP = *Wireless Application Protocol*

i-Mode = *Internetmodus, wird exclusiv im E-Plus Netz angeboten.*

50 KB = *Kilobyte (50 · 1 024 Byte = 51 200 Zeichen*

1 kbit = *Kilobit = 1 000 Bit = 1000 : 8 = 125 Zeichen*

1 Megabit = *1 000 kbit*

PTT = Push to Talk (drücken um zu sprechen

Der multimediale Kurznachrichtendienst **MMS** ermöglicht nicht nur den Versand von Texten, kurzen Melodien und kleinen Bildchen, wie dies mit der SMS-Erweiterung **EMS** möglich ist, sondern auch das Versenden von Fotos, Spielen, Tönen, Musik- und Videoclips. Nachrichtenlänge, Gestaltung und Dateigröße einer MMS sind im Prinzip nicht begrenzt: Mit der **GPRS**-Technologie sind jedoch nur MMS-Mitteilungen mit etwa 40 bis 50 KB je Nachricht möglich. Damit kann umfangreicher Text mit bis zu zwei kleineren Bildern und einer kurzen Tonsequenz versandt werden.

Mit der Einführung von UMTS wird dieses Größenlimit sicherlich deutlich nach oben geschraubt, sodass dann kleinere Videosequenzen (anfangs schwarz-weiß, später in Farbe) möglich werden. Mit **UMTS** kann man im Internet surfen und Bilder, Grafiken und sogar ganze Videoclips mit Geschwindigkeiten von bis zu 2 Megabit pro Sekunde über das Handy hin- und herschicken – das ist bis zu 200-mal schneller als mit GPRS bzw. **WAP** oder **i-Mode** (WAP und i-Mode übertragen nur ausgewählte und unvollständige Internetseiten), die es lediglich auf bis zu 9,6 kbit pro Sekunde bringen. Abgerechnet wird dabei nach dem Volumen der empfangenen bzw. versandten Daten.

Moderne Mobiltelefone verfügen über eine Walkie-Talkie-Funktion, **Push to Talk**, kurz PTT, genannt. Die Teamleiterin drückt auf ihrem Mobiltelefon die PTT-Taste und gleichzeitig bekommen alle Teammitglieder die Nachricht, dass die Teamsitzung eine Stunde später beginnt. Anruf oder SMS sind überflüssig. Die ins Handy gesprochene Nachricht wird in einen Datenstrom umgewandelt, per GPRS oder UMTS an den PTT-Server des Anbieters versendet und von dort an die Empfänger weitergeleitet. Mit einer Nachricht können so gleichzeitig mehrere Empfänger erreicht werden.

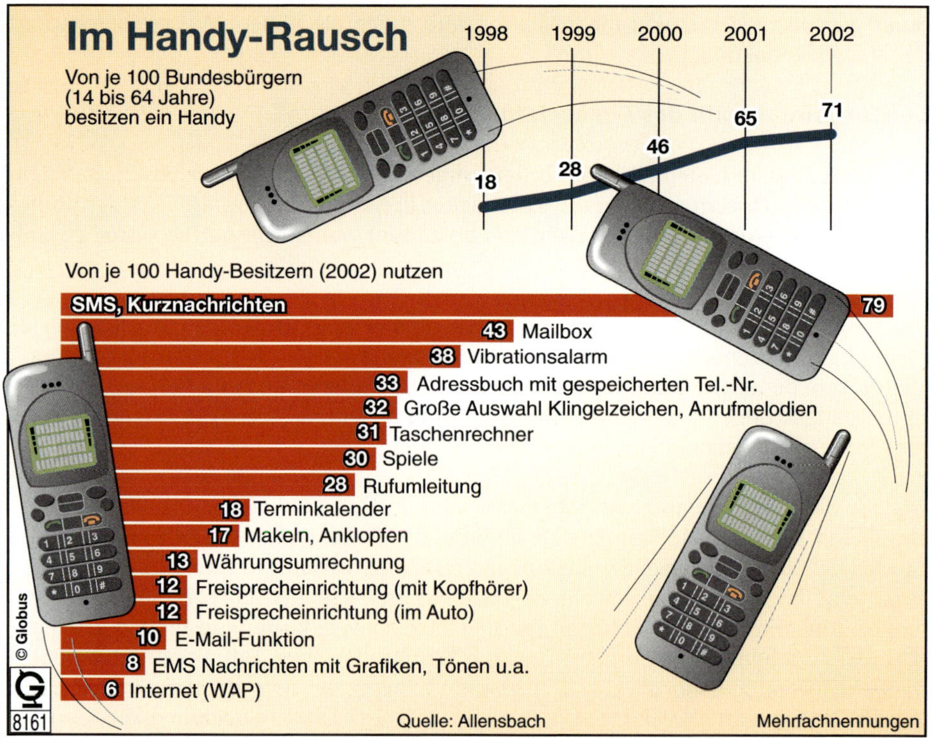

Kosten des Funktelefons

Der **Anschaffungspreis** für ein Handy der neuesten Generation beträgt mit Akku und ohne Mobilfunkvertrag, je nach Ausstattung, bis zu 500,00 EUR. Wer einen **Mobilfunkvertrag** mit einer Laufzeit von mindestens einem Jahr abschließt, muss entweder gar nichts oder nur einen erheblich geringeren Anschaffungspreis bezahlen (z. B. 1,00 EUR). Mit einem Mobilfunkvertrag können mehrere Handys genutzt werden. Da die Provider daran kein Interesse haben, gehen viele Gerätehersteller (z. B. Nokia, Siemens), die ihre Produkte bisher nur über Netz-Provider verkauft haben, dazu über, ihre Geräte selbst zu vermarkten.

Für die Nutzung des Mobiltelefons entstehen folgende Kosten:
- **Bereitstellungspreis** für den Funktelefonanschluss.
- **Monatlicher Grundpreis** für den Funktelefonanschluss
- **Verbindungspreis** für das eigentliche Gespräch als Minutenpreis. Hier kommt es auf die Taktzeit an. Beim 60/1-Sekundentakt wird die erste angefangene Minute voll abgerechnet, danach sekundengenau. Beim 10-Sekundentakt wird direkt im 10-Sekunden-Takt abgerechnet. Zusätzlich gibt es zahlreiche Sondertarife (z. B. LateNight, Weekend, More Talk, More Friends, More Weekend).

Bereitstellungs- und Grundpreis entfallen, wenn ein Anschlussvertrag über weitere 24 Monate abgeschlossen wird. Manche Provider berechnen für bestimmte Geräteklassen einen monatlichen Mindestumsatz (z. B. 5,00 EUR). Viele Provider locken Kunden mit großzügigen Startguthaben (z. B. 50,00 EUR), Freiminuten (z. B. 250 Minuten frei), kostenlosen SMS (z. B. 250 SMS frei) oder indem sie für die ersten sechs Monate den Grundpreis erlassen.

Für Wenigtelefonierer empfiehlt sich eine vorausbezahlte Netzkarte **(Prepaid-Card)**, bei der der Grundpreis entfällt (Xtra von T-Mobile, CallYa von Vodafone). Die Prepaid-Card gibt es in Beträgen von 15,00 EUR, 30,00 EUR und 50,00 EUR. Aufladekarten gibt es in den Servicepunkten der Provider (z. B. T-Punkt der Deutschen Telekom), an Tankstellen und in manchen Filialen der Deutschen Post. Bequemer geht das Aufladen über das Internet (Seite des Providers aufrufen) oder an den Cash & Go-Terminals – dabei genügt die Eingabe der Mobilfunkrufnummer.

Wer den Tarifdschungel der unterschiedlichen Provider und Service-Provider durchschauen will, der sollte sein künftiges Gesprächsverhalten hinsichtlich Gesprächszeitpunkt und -dauer möglichst genau analysieren und dann einen **Tarifrechner** aus dem Internet herunterladen. Der günstigste Tarif kann jedoch mit ungünstigen Kündigungs- und Vertragslaufzeiten verbunden sein. Auch die jeweilige Taktzeit ist zu beachten, denn je kürzer der Zeittakt, um so gerechter ist die in Rechnung gestellte Leistung. Am besten ist eine sekundengenaue Abrechnung.

Mobiltelefonierer können eine Art **Call-by-Call** für Handygespräche nutzen (z. B. bei TeleDiscount). Über die Nummer des Call-by-Call-Anbieters (z. B. 01805/151051) gelangt der Anrufer zu einer Ansage, in dem er aufgefordert wird, die jeweilige Zielrufnummer (inkl. Länderkennung) einzugeben. Der Dienst umgeht die teilweise sehr teuren Tarife für Auslandsgespräche. Durch die hohen Preise für 0180-5 Nummern lohnt sich das Ganze jedoch nur für Prepaid-Handys bei Gesprächen ins Ausland.

Beispiel:
TellyProfi von T-Mobile:

Bereitstellung:
24,95 EUR
Grundpreis:
29,95 EUR
Verbindungspreise pro Minute:
Verbindungspreise pro Minute: (60/1-Sekundentakt)
- *ins Festnetz:*
  - *Hauptzeit: Mo – Do (ganztags) Freitag (0 – 20 Uhr) Fern/Nahgespräch: 0,15 EUR/0,09 EUR*
  - *Wochenende: Fern/Nahgespräch: 0,09 EUR/0,09 EUR*
- *ins Mobilnetz:*
  - *Hauptzeit: Mo – Do (7 – 18 Uhr) D1-Netz: 0,15 EUR D2-Netz: 0,49 EUR*
  - *Nebenzeit D1-Netz: 0,15 EUR D2-Netz: 0,29 EUR*

Suchmaschine: Suchbegriff „Tarifrechner"

Für SMS-Anwender: sms-billiger.de O2online.de

Verhaltensregeln für den mobilen Telefonierer

Kleiner „Knigge" für die mobilen Telefonierer

Absolutes Telefonierverbot sollte in Kinos und Theatern herrschen. Auch in Restaurants gilt: Handy aus. Wozu gibt es die Mailbox? Auch gut: Das Handy „stumm" schalten, wenn ein wichtiger Anruf erwartet wird. Ein vibrierender Akku teilt den Anruf mit. In aller Ruhe kann man dann an einen abgelegenen Ort gehen und sprechen. Niemand fühlt sich gestört.

Telefon-Verbot gilt auch an der Tankstelle. Der Grund: Funken von herunterfallenden Akkus könnten gefährlich werden. Auf diese Gefährdung weisen schon die Bedienungsanleitungen der Handys hin.

Überall dort, wo elektronische Geräte nicht genügend gegen Funkwellen abgeschirmt sind, sollte man nicht telefonieren, da es zu unvorhersehbaren Folgen kommen kann. Daher empfehlen die Hersteller, aus Sicherheitsgründen keine Handys in Chemiewerken oder an Plätzen zu benutzen, wo mit Sprengstoff gearbeitet wird.

Das Gleiche gilt auch für Krankenhäuser und Arztpraxen mit elektronischen Geräten. Die Telefonzwerge können nämlich lebenswichtige Apparate wie Herz-Lungenmaschinen oder Infusionspumpen aus dem Takt bringen.

Auch wenn jemand noch so wichtig ist, im Flugzeug werden alle gebeten, bei Start und Landung elektrische Geräte auszuschalten – auch das Handy. Die elektromagnetischen Wellen, die von den Geräten ausgehen, könnten die Fluginstrumente stören.

SAR = *Spezifische Absorptionsrate (Watt pro Kilogramm Körpergewicht)*

Strahlenschützer rücken Handys zu Leibe

Landauf, landab machen besorgte Bürger gegen Mobilfunkmasten mobil – Proteste werden vor allem aus Süddeutschland gemeldet. In Bayern hat die Splitter-Ökopartei ÖDP nun gar ein Volksbegehren durchgesetzt. Danach sollen Gemeinden selbst bestimmen können, wo Sendemasten errichtet werden.

BERLIN. Nach Ansicht der Experten des Bundesamtes für Strahlenschutz (BfS) richtet sich der Protest jedoch gegen das falsche Objekt. „Die Strahlung eines Handys beim Telefonieren ist wesentlich höher als die eines Sendemasten", sagt der Leiter des BfS-Präsidialamtes, Karl Ammansberger. Und je näher man einem Sendemasten ist, desto weniger strahlt das Handy. [...]

„Ein Nullrisiko ist nicht bewiesen", zudem gebe es einzelne, wissenschaftlich aber bislang nicht erhärtete „Hinweise" auf Gesundheitsschäden, sagt BfS-Biologin Gunde Ziegelberger. Beklagt werden vor allem Stress, Schlafstörungen oder schlicht „Befindlichkeitsstörungen". Erste Ergebnisse der internationalen Interphone-Studie sprechen dafür, dass die Wahrscheinlichkeit eines seltenen gutartigen Hörnerv-Tumors steigt. Die Reflex-Studie zeigte Genschäden bei Zellkulturen, ist aber umstritten.

Klärung sollen rund 50 Projekte im Rahmen des 2003 angelaufenen „Deutschen Mobilfunk Forschungsprogramms" bringen. [...].

Ein erstes Zwischenergebnis war, dass viele Handys in der Praxis – anders als Hersteller behaupten – auch im Normalbetrieb immer wieder auf maximale Sendestärke hochregeln, so das BfS. Bislang ging man davon aus, dass dies nur beim An- und Ausschalten, dem Aufbau einer Verbindung oder dem Wechsel vom Bereich einer Basisstation in den der nächsten etwa beim Autofahren, der Fall ist. Die neuen UMTS-Handys haben dieses Problem nicht. Unklar ist, ob die von manchen beklagten Schlafstörungen mit Mobilfunk-Sendemasten in Verbindung stehen. Für eine „Schlafstudie", müsste der Sendebetrieb ausgesetzt werden.

Der Grenzwert für die Handystrahlung – die so genannte „**Spezifische Absorptionsrate**" (**SAR**) – beträgt in Höhe des Kopfes zwei Watt pro Kilogramm Gewebemasse. Oberhalb dieser Schwelle kann es zur Erwärmung des Gewebes und im Extremfall zu grauem Star kommen. [...]

Quelle: dpa, verschiedene Meldungen vom April, Mai 2001

Schnurloses Telefon – kurze Funkstrecke

DECT = *Digital European Cordless Telecommunications*

GAP = *Generic Access Profile*

Schnurlose Funktelefone im **DECT/GAP-Standard** ermöglichen Gespräche von Mobilteil zu Mobilteil (ähnlich einer Nebenstellenanlage) und sind durch die Sprachverschleierung relativ abhörsicher. Die Basisstation des schnurlosen Telefons befindet sich im Gebäude und ist über ein Kabel ans Telefonnetz angeschlossen. Der Hörer mit Tastatur (bis zu vier Mobilteile sind anschließbar) ist abnehmbar und kann überall hin mitgenommen werden. Die Verbindungsleitung („Schnur") zwischen Basisstation und Handgerät wird durch

eine Funkstrecke ersetzt. Diese hat eine Reichweite von ca. 40 Metern in Gebäuden und ca. 350 Metern im Freien.
So genannte **Dual-Mode-Handys** lassen sich sowohl als schnurloses Telefon als auch als vollwertiges Mobiltelefon nutzen. Dabei wählt sich das Gerät selbsttätig ins Mobilfunknetz ein, wenn der Nutzer zu weit von der Basisstation entfernt ist.

Funkrufdienste – nicht dialogfähig

Zu den Funkrufdiensten zählen das Paging und der Betriebsfunk.
Beim **Paging** (engl. page = Seite) wird dem Funkteilnehmer eine Nachricht gesendet, ohne dass dieser sofort antworten kann. Das Paging ist nicht dialogfähig und somit eine Einwegkommunikation. Für das Paging im Geschäftsbereich sprechen nach Angaben der Betreiber (z. B. E-Message) die Erreichbarkeit in Tiefgaragen und Aufzügen, die niedrigen Kosten, die Schnelligkeit und Zuverlässigkeit, die gesundheitliche Unbedenklichkeit (niedrige Strahlung) und die Möglichkeit des Gruppenrufs (viele Teilnehmer können gleichzeitig erreicht werden). Pager können auch dort eingesetzt werden, wo Handys wegen ihrer Strahlung ausgeschaltet werden müssen (z. B. in sensiblen Bereichen wie Krankenhäusern, Atomkraftwerken).
Der **Betriebsfunk** findet seine Anwender im professionellen Bereich wie Polizei, Sicherheitsdiensten, Taxiunternehmen und Feuerwehr. Der Betriebsfunk wendet die Bündelfunktechnik an, die dem Nutzer ein festes Bündel von Funkkanälen zur Verfügung stellt. Während des Funkkontakts belegt der Anwender einen dieser Kanäle. Ist das Gespräch beendet, wird dieser Kanal wieder frei und kann neu belegt werden. Die Sprechverbindung wird auf Knopfdruck hergestellt („push and talk").Der Profistandard Tetra (Dolphin Telecom) ermöglicht den Gruppenruf und den Direktmodus. Im Direktmodus sind zwei Funkgeräte ohne Funknetz und ohne Leitstelle direkt miteinander verbunden, wobei die Nachrichten verschlüsselt werden können. Für eine festgelegt Monatspauschale können Teilnehmer auch auf Datenbanken im Internet zugreifen.

Anbieter:
*e*Message Wireless Information Europe GmbH*

Kosten:
*e*Cityruf*
– regional 122,70 EUR/Jahr
– national 173,84 EUR/Jahr
– global 752,84 EUR/Jahr
*e*Skyper 126,80 EUR/Jahr*

Aufgaben

1 Inwiefern kann sich ein Unternehmen durch die Nutzung des Mobilfunks Wettbewerbsvorteile verschaffen?

2 Worin unterscheidet sich das Funktelefon vom Paging?

3 Erläutern Sie die Vorteile einer persönlichen, chipkartenbezogenen Rufnummer gegenüber einer standortabhängigen Rufnummer.

4 Erläutern Sie die Funktionsweise eines Funktelefons.

5 Erklären Sie die Begriffe
a) Service-Provider
b) Short Message Service
c) Dual-Band-Handy
d) Roaming
e) Dual-Mode-Handy
f) Prepaid-Card

6 Welche Zusatzleistungen bietet das Funktelefon?

7 Aus welchen Bestandteilen setzen sich die Kosten eines Funktelefons zusammen?

8 Berechnen Sie die Verbindungspreise für die Gespräche aus Aufgabe 10 a) bis e) auf Seit 333 für ein Funktelefon im D1-Netz z. B. TellyProfi.
Vergleichen Sie die Verbindungskosten mit denen im Festnetz.

9 Wie können Sie den günstigsten Mobilfunktarif ermitteln?

10 Worin unterscheiden sich Funktelefon und Schnurlos-Telefon?

11 Erörtern Sie Vor- und Nachteile des Funkrufdienstes.

4.3 Telefax – fix per Fax

Fac simile *(lat.)* *= „mach es ähnlich"*

1855 gelang dem italienischen Physiker Giovanni Caselli die erste Telekopie.

Die Wegbereiter des Fernkopierens waren die Japaner, deren komplizierte Schriftzeichen durch diese Technik am einfachsten zu übermitteln waren. Bei der Krönung des Kaisers Hirohito wurden 1926 alle Krönungsdokumente per Fernkopie übermittelt.

Viele Unterlagen müssen originalgetreu übermittelt werden, und zwar schnell und wirtschaftlich. Der Telefax-Dienst der Telekom bietet die Möglichkeit, mit Fernkopierern Vorlagen über das **Telefonnetz** zu übermitteln. Dabei wird die Vorlage fotoelektronisch in Rasterpunkte zerlegt. Diese werden in elektrische Signale umgewandelt und über das Telefonnetz übertragen. Das Telefax-Gerät des Empfängers kehrt den ganzen Vorgang wieder um. Der Telefax-Dienst wird über das normale Telefonnetz abgewickelt und erfordert eine kleine Anschlussdose, ein Telefon und ein Fernkopiergerät. Damit wird die weltweite Übertragung von Hand- und Maschinenschriften, Grafiken und Bildern möglich.

Fallbeispiel: Frau Maurer, Abteilungsleiterin des Zentral-Einkaufs der Laupheimer Büromöbel AG, blättert in einem Prospekt, in dem ein Telefaxgerät eines bekannten Herstellers angepriesen wird. Dort heißt es u. a. „Eine DIN-A4-Seite in ca. 20 Sekunden – da muss auch der schnellste Eilbote passen"; „Rechnen Sie nur mal die Kosten eines Faxes gegen die üblichen Briefkosten auf!"; „Hilft Fehler und Missverständnisse bei Bestellungen zu vermeiden".

- **Welche Vorteile bietet Telefax gegenüber Briefverkehr und Telefonat?**
- **Zählen Sie einige Tätigkeiten auf, die beim Fernkopieren gegenüber dem herkömmlichen Briefversand entfallen.**

Merkmale und Vorteile des Telefax-Dienstes

Die ansehnlichen Zuwachsraten der Teilnehmer des Telefax-Dienstes basieren auf folgenden Merkmalen:

1979 Einführung des Telefax-Dienstes

Kosten – Telefax-Dienst *(ohne Telefonkosten)*

Verbindungskosten *s. Telefon*

Merkmale des Telefax-Dienstes	Nutzen für den Teilnehmer
Telekommunikations-Dienst zur direkten Übertragung aller kopierfähigen Vorlagen	Keine Probleme bei der Verarbeitung der Daten
Teilnehmer-Identifizierung durch Sendeprotokolle	Fernkopien sind rechtsverbindlich
Absenden der Vorlagen geht so einfach wie Telefonieren. Bedienerloser Sofortausdruck beim Empfänger mit akustischer Signalisierung	Einfache Bedienung durch weitgehende Automatisierung der Faxgeräte
Preiswerte Endgeräte und einfacher Telefonanschluss erschließen weltweite Verbindungen	Geringe Investitionskosten
Hohe Teilnehmerzahl und öffentliches Telefax-Verzeichnis	Viele Geschäftspartner sind direkt erreichbar
In der Regel dezentrale Aufstellung der Faxgeräte	Übertragung direkt an den Arbeitsplatz des Empfängers, hausinterner Postein- und -ausgang entfällt/wird entlastet

Die Übertragungsgeschwindigkeit zwischen Geräten der Gruppen 3 und 4 richtet sich nach dem langsameren Gerät. Die Verbindungsdauer hängt von der Geräteart und dem Inhalt der Vorlage ab (viele Grafikelemente erhöhen die Übertragungszeit). In der Praxis muss zur reinen Übertragungszeit die „Hand-Shake-Zeit" (Zeit, in der Sende- und Empfangsgeräte ihre Leistungsmerkmale abstimmen) hinzugerechnet werden (etwa 6 bis 20 Sekunden).

Fallbeispiel: Mit Faxgeräten der Gruppe 3 lassen sich für 20 Cent in der Nahzone während der Hauptzeit 15 mit Text beschriebene DIN-A4-Seiten übertragen (20 Ct. / 4 Ct./Min. = 5 Minuten; 300 Sekunden: 20 Sekunden pro Seite = 15). In der Nebenzeit können für 20 Cent 40 DIN-A4-Seiten gesendet werden (20 Ct. / 1,5 Ct./Min. = 13,33 Minuten; 800 Sekunden: 20 Sekunden pro Seite = 40).

Übertragungsdauer einer DIN-A4-Seite mit Text:

Gerätegruppe 3
20 – 60 Sekunden

Gerätegruppe 4
5 – 10 Sekunden

■ **Wie viel DIN-A4-Seiten können mit einem Faxgerät der Gruppe 4 für 20 Ct. in der Nahzone zur Haupt- bzw. Nebenzeit übertragen werden?**

Das Faxen ist gegenüber dem Briefverkehr schneller (Übertragung dauert nur Sekunden). Außerdem ist keine Postausgangsbearbeitung notwendig (Falzen, Kuvertieren, Verschließen, Freimachen, Einliefern zum Postamt entfallen). Die schriftliche Kommunikation wird vereinfacht, Unterlagen werden zugestellt, auch wenn die Post oder der Geschäftspartner bereits Büroschluss hat. Missverständnisse, beim Telefonieren immer eine Gefahr, werden vermieden; denn per Fernkopie hat der Empfänger alle Details schwarz auf weiß.

Wie sich beim Faxen unnötige Kosten vermeiden lassen

Experten schätzen, dass bei mehr als 170 Millionen Faxseiten pro Tag unnötig fast 1 Mio. EUR in die Kasse der Telekom fließen, weil aus Wettbewerbsgründen zu teuren Tarifzeiten gefaxt werden muss oder aufwendige grafische Dokumente zu übermitteln sind. Unnötige Kosten lassen sich jedoch vermeiden:

1. Nur in dringenden Fällen zwischen 9 und 18 Uhr faxen, weil in dieser Zeit der teuerste Tarif berechnet wird.
2. Umfangreiche Unterlagen oder weniger wichtige Schreiben vor 9 oder nach 18 Uhr faxen.
3. Speicherfaxgeräte mit der Möglichkeit des zeitversetzten Sendens verwenden.
4. Verzicht auf optische Präsentation zahlt sich aus: Auf große Logos, fette oder gerasterte Schriften, Grafiken, Hilfslinien und Karos sollte verzichtet werden.
5. Häufig ist ein Deckblatt überflüssig. Die wesentlichen Absender- und Empfängerangaben passen auch auf die eigentliche Nachrichtenseite.
6. Vielfaxer sollten zur Kombination von Computer, Modem und Fax-Software greifen. Der Vorteil: Je nach Empfängergerät ist die Faxnachricht schneller übertragen als mit einem normalen Telefax, die Software vereinfacht die zeitgesteuerte und damit kostengünstigere Sendung. Auch können empfangene Faxe auf Normalpapier ausgedruckt werden.

Quelle: BiT

Fax-Mitteilungen – rechtswirksam oder nicht?

```
                          SENDEBERICHT
                      ***********************
                                 :  +49 73 1613894 (09 JUL '03 09:42)

*******************************************************************
*
* DATUM START PARTNER BETRIEBSART ZEIT ERGEBNIS SEITEN ABT  DATEI
*       ZEIT                                    ZAHL   CODE NR
*
* 09JUL 09:41 +49 7551 809222 G3ST  00'44"  OK     01
*
*******************************************************************
```

Beispiel: Mitteilungen, für die keine gesetzliche Formvorschrift eingehalten werden muss, gelten grundsätzlich als rechtswirksam zugegangen.

Dazu gehören Mahnungen, Kündigung eines Arbeitsvertrags, Widersprüche, Verträge, für die keine Schriftform gesetzlich vorgeschrieben ist, Übermittlung von Klageschriften, Rechtsmittel (Berufung, Beschwerde).

Beispiel: Mitteilungen, für die eine gesetzliche Formvorschrift eingehalten werden muss, gelten per Fax nicht als rechtswirksam zugegangen, da die eigenhändige Unterschrift fehlt.

Dies gilt für Bürgschaftserklärungen, Kündigung eines Kreditvertrags durch einen Bevollmächtigten, Antrag auf einen gerichtlichen Mahnbescheid, Steuer-Voranmeldungen, Steuererklärungen.

Gerichtsurteile zum Thema Fax-Mitteilungen

Faxprotokoll ist kein Beweis für den Absender

Ein Sendeprotokoll reicht nicht aus, um nachzuweisen, dass ein Telefax auch tatsächlich den Empfänger erreicht hat. Das Oberlandesgericht München befand, dass Fehler bei der Übertragung innerhalb des Telefonnetzes nicht auszuschließen seien. Der gleichen Auffassung ist das Oberlandesgericht Darmstadt, das in einem Sendebericht keinen Beweis für den Zugang sieht. Durch Manipulationen am Gerät können die Daten des Protokolls, wie Uhrzeit und Datum, verändert werden. Selbst die Empfängerkennung könnte mittels eines zweiten Faxes beliebig manipuliert werden. (AktZ.90170/92)

Fax-Werbung oft immer noch ein unerlaubtes Ärgernis

Akquisition und Werbung per Telefax sind ohne Einverständnis des Empfängers verboten. Gegen unerlaubte Faxpost können Rechtsmittel aufgrund diverser OLG-Urteile eingelegt werden. Beschwerden können gerichtet werden an: Zentrale zur Bekämpfung unlauteren Wettbewerbs e. V., Landgrafenstraße 24 B, 61348 Bad Homburg, Tel. 06172 12150 und Deutscher Direktmarketing-Verband (DDV), Hasengartenstraße 14, 65189 Wiesbaden, Tel. 0611 723372.

Der Bundesbeauftragte für den Datenschutz hat „zehn Grundsätze" aufgestellt:

Grundsätze des Datenschutzes

1. **Der Versender trägt die Verantwortung für die übermittelten Daten.**
2. **Der Versender hat die internen Vorschriften seines Unternehmens oder seiner Behörde für den Fax-Dienst zu beachten.**
3. **Der Versender hat alle Möglichkeiten der Sicherheit, die das Gerät bietet, zu nutzen.**
4. **Der Versender hat sich zu vergewissern, ob der Empfänger wirklich unter der angegebenen Nummer erreichbar ist.**
5. **Der Versender soll den Empfänger bei der Versendung sensiblerer Daten vorher über den Zeitpunkt der Versendung informieren.**
6. **Der Versender soll bei der Versendung sensibler Daten persönlich anwesend sein.**
7. **Der Empfänger soll den Versender bei Unstimmigkeiten sofort informieren.**
8. **Erleichtern Sie sich die Beweisführung durch ein Logo, eine Blattnummerierung und die Journalfunktion.**
9. **Faxübertragungen sind „abhörbar", da sie über das Telefonnetz gesendet werden. Was am Telefon nicht gesagt werden soll, darf auch nicht gefaxt werden.**
10. **Wenn statt des normalen Fax-Gerätes ein Personalcomputer als Sende- und Empfangsgerät benutzt wird, unterliegen personenbezogene Daten dem Bundesdatenschutzgesetz (BDSG).**

Leistungsmerkmale von Faxgeräten

Leistungsmerkmale hochwertiger Telefaxgeräte

Der Wahlvorgang kann bei vielen Telefax-Geräten automatisch **zeitversetzt** erfolgen. Das Gerät setzt sich dann selbsttätig, zum Beispiel während der günstigeren Nachttarife, in Betrieb. Internationale Zeitverschiebungen können auf diese Weise ebenfalls berücksichtigt werden.

Die meisten Telefax-Geräte sind mit einem **Express-Betrieb** (White Line Skipping) ausgestattet. Diese Einrichtung sorgt dafür, dass die Leerzeilen einer Vorlage extrem schnell übersprungen werden. Hochwertige Telefaxautomaten bieten mit dem **Polling** (Fax on demand) die Möglichkeit, eingelegte Vorlagen vom Empfänger auf dessen Kosten abrufen zu lassen. Beim freien Polling kann jeder Inhaber eines Telefax-Anschlusses auf die abrufbereiten Vorlagen zugreifen, während das beim geschützten Polling nur über einen Code (Schlüsselwort) möglich ist.

to poll *(engl) = wählen*

Zur Zeitersparnis im Vorfeld des Sendevorgangs tragen Einrichtungen wie **Rufnummerngeber**, **Kurzwahl** und **Anrufwiederholung** bei. Sollen mehrere Sendungen an einen Empfänger abgeschickt werden, dann ist ein **automatischer Originaleinzug** (Stapeleinzug) vorteilhaft.

Senden bei halbautomatischem Betrieb:
1. *Gerät einschalten*
2. *Vorlage einlegen*
3. *Empfänger anrufen*
4. *Sendetaste drücken*
5. *Nach der Übertragung: Vorlage entnehmen*
6. *Sendeprotokolle entnehmen*

Nach den unterschiedlichen **Aufzeichnungsverfahren** unterscheidet man:
- elektrostatische Verfahren mit Normalpapier und Toner,
- elektrosensitive Verfahren mit Spezialpapier und Schreibnadel,
- thermosensitive Verfahren mit wärmeempfindlichem Spezialpapier,
- den Farbstrahldruck mit Normalpapier und Tinte.

Moderne Faxgeräte arbeiten mit billigem Normalpapier und sind deshalb auch relativ **dokumentenecht**. Wer Thermopapier verwendet, sieht nach einigen Monaten, je nachdem wie stark es dem Tageslicht ausgesetzt war, nur noch Grauschleier auf dem Papier. Deshalb ist es hier erforderlich, von jedem Telefaxbrief, der archiviert werden soll, erst eine Kopie anzufertigen. Rechnet man Materialkosten und Arbeitsaufwand, dann lohnen sich die teureren Faxgeräte mit Laserschreibeinheit.

Faxen mit dem Personalcomputer (PC-Fax)

Briefe werden heute mit Textverarbeitungsprogrammen am PC erstellt. Soll der Brief anschließend per Telefax verschickt werden, dann sollte auch dieser Vorgang vom Computer erledigt werden. Mit einer Faxkarte lassen sich die Möglichkeiten des PCs um die Telefaxfunktion erweitern. Mit Hilfe eines Scanners können auch Dokumente, die nicht im Computer gespeichert sind, vor dem Faxen eingelesen werden.

Modem = **Mod**ulator-**Demod**ulator *(er wandelt analoge Daten in digitale um und umgekehrt)*

Der Vorteil des Computerfaxens liegt in der vereinfachten Handhabung beim Aussenden des Dokuments – direkt vom Arbeitsplatz, wo es erstellt wurde. Hier kann der PC seine Leistungsfähigkeit entfalten. Mit Hilfe von Adress-Datenbanken können Einzelbriefe zu tarifgünstigen Zeiten und Rundschreiben an spezielle Empfängergruppen übertragen werden.

Verfügt auch der Empfänger über einen PC mit Faxkarte oder Faxmodem, dann können Dokumente ohne den Umweg über den Papierausdruck auf elektronischem Weg versandt werden. Der Empfang von Fernkopien ist selbst bei ausgeschaltetem Rechner möglich; durch ein Zusatzgerät („Safer Fax"), das ohne Software und Treiber auskommt und selbst den Drucker zum Faxgerät umfunktionieren kann.

Mobilfax

TAE *= Telekommunikations-Anschlusseinheit*

Funktelefongeräte mit TAE-Buchse lassen sich an tragbare Computer (Laptops) oder Faxgeräte mit eingebautem Modem bzw. PCMCIA-Karte anschließen. So kann man von jedem beliebigem Ort (Hotelzimmer, Messestand, im Haus eines Kunden usw.) aus Telefaxe versenden und empfangen.

PCMCIA *= Personal Computer Memory Consortium International Association*

Zusätzlich lassen sich auf diese Weise Daten übertragen und von einem anderen Computer (mit angeschlossenem Modem) abrufen - ohne vorherige Anmeldung. Damit wird der Zugriff des mobilen Mitarbeiters außerhalb des Unternehmens auf unternehmensinterne Datenbanken und auf Nachrichten in Mailboxen zu jeder Zeit und von jedem Ort aus möglich.

Faxgeräte und die Datenübertragungswege werden immer vielfältiger und produktiver

Altenative Fax-Welten

Vor allem im professionellen Bereich haben sich Faxdokumente durchgesetzt. Das E-Mail-Zeitalter hat daran nicht viel geändert, steuert aber neue Techniken für die Übertragung bei. Denn nicht jedes Faxdokument muss sofort in Papierform vorliegen. Ganz langsam gewinnen auch Farbgeräte an Bedeutung.

[...]

Mit der net@box 500 der gleichnamigen Hildesheimer Firma soll man am Fernsehgerät faxen können. Diese Alternative ist zwar eher für den privaten Bereich gedacht, zeigt aber den anhaltenden Trend zu Multifunktionalität. Laut den Analysten des Marktforschungsinstituts IDC soll der Absatz von Tintenstrahl- und Laser-Multifunktionsgeräten in diesem Jahr um 50 Prozent wachsen. Darauf setzt auch der japanische Hersteller Sharp und präsentiert auf der Cebit erstmals eine Serie multifunktionaler Faxkopierer. Die Copyfax-Geräte können nicht nur kopieren und faxen, sondern auch drucken und scannen. Ein Gerät kopiert bis zu 15 DIN-A4-Blätter mit einer Auflösung von 600 dpi pro Minute, während ein anderes Gerät sogar A3-Kopien herstellt.

Auch Minolta präsentiert Geräte mit Fax-, Druck- und Kopierfunktion. Die Geräte können je nach Modell 25 oder 35 Seiten pro Minute mit 600 dpi bedrucken und bieten als Kopierer Zoom-Möglichkeiten von 25 bis 400 Prozent. Das größte Druckformat ist DIN A3. Im Super-G3-Standard mit 33,6 Kbit/s soll die Übertragung eines Faxes knapp drei Sekunden betragen. [...]

Die meisten Neuvorstellungen auf der Cebit wollen [...] die Kommunikation ausweiten. So präsentiert Bosch beispielsweise Multifunktionsgeräte, die per Internet Faxe übertragen sowie Faxe an E-Mail-Empfänger senden und E-Mails empfangen können. Der Internet-Zugang wird unter anderem über einen Mail-Server realisiert.

„Don't Buy That Fax Server!", fordert jedoch NetMoves im Internet auf und empfiehlt das Outsourcen. Tatsächlich offerieren im Internet viele Provider den Versand und Empfang von Faxdokumenten als E-Mail-Anhang. Dabei gibt es verschiedene Nachteile. Beim Versand muss man meist spezielle Formate statt der Firmen-Briefköpfe verwenden. Außerdem kommt das Fax beim Empfänger meist nie so schnell an wie beim direkten Faxversand. Dazu kommen Sicherheitsprobleme, wenn vertrauliche Informationen übermittelt werden sollen. Nachteilig für den Faxempfang ist, dass man eine spezielle Faxnummer erhält, die keine Verbindung mit den firmeneigenen Nummern hat und meist sogar eine andere Vorwahl aufweist.

Besonders in großen Unternehmen ist der Faxempfang ein Verteilproblem. Langner stellt in Hannover eine Unix-basierte Fax-Server-Software vor,

Fortsetzung des Textes oben: siehe Seite 345

die das automatische Empfangsfax-Routing über Durchwahlnummern unterstützt. So können Faxe direkt an bestimmte Bearbeiter adressiert werden. Der eigentliche Faxempfang erfolgt dann über PC oder Abteilungsdrucker.

Faxe zum richtigen Empfänger routen will auch Servonic mit ixi-FAX-Server. Oft stellen TK-Anlagen nur wenige – etwa drei bis zehn – Einzelrufnummern zur Verfügung, sodass nicht genügend persönliche Faxnummern vergeben werden können. Durch die Programmierung von virtuellen Nebenstellen in der TK-Anlage soll nun in den meisten Fällen trotzdem jeder Mitarbeiter eine Faxnummer erhalten.

Mit einem völlig anderen Fax-Problem beschäftigt sich die Faxscape Europe GmbH. Sie will sicherstellen, dass Faxe revisionssicher archiviert werden. Durch eine Schnittstelle zu Archivierungssystemen soll die Möglichkeit geboten werden, ein- und ausgehende Faxe automatisch zu archivieren und per Web-Browser abzurufen.

Insgesamt zeigt sich, dass aus der Fernkopie ein Kommunikationsmittel geworden ist, das über verschiedene Wege und Techniken übertragen und verteilt wird und in die Organisation stärker eingebunden ist.

Quelle: Handelsblatt vom 16. Februar 2000, S. B 20.

Aufgaben

1 Besorgen Sie sich Prospekte verschiedener Anbieter von Telefax-Geräten und vergleichen Sie deren Leistungsmerkmale.

2 Erklären Sie die Begriffe Express-Betrieb und Polling.

3 Stellen Sie die Tätigkeiten beim Fernkopieren dem konventionellen Postausgang gegenüber.

4 Unter welchen Voraussetzungen lassen sich mit Telefax auch im Posteingang Kosten sparen?

5 Welche Vorteile bietet der Telefax-Dienst gegenüber dem Briefversand?

6 Beschreiben Sie die Einsatzmöglichkeiten von Fernkopierern.

7 Wie lassen sich beim Faxen unnötige Kosten vermeiden?

8 Welche Angaben enthält der Sendebericht?

9 Unter welchen Voraussetzungen gelten Fax-Mitteilungen als
a) rechtswirksam zugegangen,
b) nicht rechtswirksam zugegangen?

10 Gehen Sie auf Datenschutzprobleme ein, die beim Faxen entstehen können.

11 Was ist zu tun, wenn sich die eigene Fax-Rufnummer ändert?

12 a) Unter welchen Voraussetzungen ist ein PC zum Faxen geeignet?
b) Erläutern Sie einige Vorteile des Faxens mit dem PC.

13 Erklären Sie die Begriffe
a) PC-Fax
b) Mobilfax

14 Sie versenden ein Telefax mit zehn DIN-A4-Seiten Umfang von Stuttgart nach Dresden (über 200 km). Berechnen Sie die Verbindungskosten (Telekom, Standard, T-ISDN; s. Seite 330), wenn Sie die zehn Seiten zu folgenden Zeiten versenden:
a) um 15:00 Uhr;
b) um 19:00 Uhr;
c) zeitversetzt um 22:00 Uhr;
d) zeitversetzt um 03:00 Uhr.
e) Vergleichen Sie die jeweiligen Kosten mit dem Briefversand.

Telex *(engl.)* **teleprinter exchange** *= Fernschreibedienst*

1933 Enführung des Telex-Dienstes in Deutschland

Morse *übertrug 1837 erstmals kurze und lange elektrische Impulse (Morsezeichen) per Telegrafendraht.*

4.4 Telex – dialogfähig und immer bereit

In alten Filmen gilt ein laut ratternder Fernschreiber als Symbol für wichtige Nachrichten. Neuigkeiten gehen laut und langsam über den „Ticker".

Der Telex-Dienst ermöglicht es seinen Teilnehmern, untereinander Nachrichten mittels Fernschreibmaschinen über Leitungen des öffentlichen Telexnetzes (Wählverbindungen der Gruppe 2) auszutauschen. Das Telexnetz ist speziell für die Text-Kommunikation geschaffen worden und ist heute Bestandteil des Datennetzes. Die Übertragung der dafür notwendigen Signale erfolgt digital, sodass Daten direkt (ohne vorherige Umwandlung) übermittelt werden können.

Telex wird heute noch überwiegend über spezielle Telexgeräte (Fernschreiber) abgewickelt. Mit entsprechender Software können Telexnachrichten auch vom Arbeitsplatz-PC des Sachbearbeiters aus übertragen werden – ohne dass ein Stück Papier bewegt werden muss.

Die Tatsache, dass alle Telexgeräte (auch mechanische Uraltfernschreiber mit Lochstreifeneinrichtung) weltweit absolut zuverlässig und sicher miteinander kommunizieren können, macht es möglich, dass in einigen weniger entwickelten Ländern die Geschäftspartner überhaupt erreicht werden können.

CCITT *= Comité Consultatif International Télégraphique et Téléphonique (Sitz: Genf)*

Die Zusammenarbeit aller Fernschreibstationen wird durch das weltweit benutzte **Internationale Telegraphenalphabet** Nr. 2 des CCITT erreicht. Der Zeichenvorrat basiert auf dem Lochstreifenschlüssel (5-Kanal-Lochstreifen) und umfasst 54 Zeichen. Die Übertragungsgeschwindigkeit ist durch diese Technik auf 50 bit/s (in etwa 400 Zeichen pro Minute) begrenzt.

Bei Störungen während der Übermittlung weiß der Versender, aufgrund des Sofortausdrucks, auf den Buchstaben genau, in welchem Umfang seine Nachricht angekommen ist. Bei Ausfall des Empfangsgeräts wird dies dem Absender signalisiert und die Übermittlung automatisch verhindert.

Der Absender kann leicht überprüfen, ob er den richtigen Partner an der Leitung hat; denn vor dem eigentlichen Sendevorgang erhält er automatisch die Kennung des Adressaten mitgeteilt, die er mit dem Eintrag im Telexbuch vergleichen kann. Die Kennung am Ende der Nachricht bestätigt die vollständige Übermittlung.

Klass. Telex: *65,19 EUR/Monat 0,06 EUR/Tarifeinheit*

TelexMail: *29 EUR/Monat 0,05 EUR/10 Sek. Europa: 6 Sek. USA: 2,5 Sek. Asien: 1,5 Sek.*

Die Telexnummer besteht aus einer Folge von Ziffern und Buchstaben, die insgesamt als Kennung bezeichnet wird. Sie setzt sich so zusammen:

2	**15490**	**weber**	**d**	**= Kennung**
Kennziffer Netz-kennzahl	Rufnummer	Kurzbezeichnung des Teil-nehmers	Netz-Kennzeichen d steht für das Telexnetz der Telekom	

Aufgaben

1 Welche Möglichkeiten bietet der Telexdienst und das TelexMail der Telekom? Führen Sie eine Internetrecherche durch.

2 Beschreiben Sie den Sicherheitsvorteil des Telexversandes.

3 Welchen Nutzen bringt der Telexdienst dem Unternehmen?

4.5 Datex-P – Datenaustausch im Paket

Oft sind geschäftliche Daten nicht dort weiterzuverarbeiten oder zu speichern, wo sie anfallen. Dann müssen sie „transportiert" werden.

Datex
= Data exchange (engl.) Datenaustausch

Der relativ langsame Verbindungsaufbau (d. h. hohe Wartezeiten) und die langsame Übertragungsgeschwindigkeit des Telefonnetzes führte zur Entwicklung des Datexnetzes, das ausschließlich der Datenübertragung (DFÜ, Datenfernübertragung) dient.

Die Teilnehmer benötigen einen Datex- bzw. ISDN-Anschluss und einen Computer.

Datex-P
gibt es seit 1980

Merkmale von Datex-P
• Daten werden gebündelt als „Datenpakete" vom Computer an die Paketvermittlungseinrichtung übertragen.
• Die Leitung wird nur für die Übertragungsdauer eines „Datenpaketes" genutzt.
• Von einem Anschluss können gleichzeitig mehrere Verbindungen bestehen. Die Leitung wird mehrfach ausgenutzt.
• Es kann gleichzeitig gesendet und empfangen werden (Vollduplex-Betrieb).
• Gebühren fallen nur an, wenn Daten (als „Pakete") übertragen werden; die Gebühren richten sich u. a. nach der Datenmenge und werden vom Angerufenen übernommen.
• Verbindungen mit Teilnehmern in fast allen Ländern möglich.

Entgelt hängt ab von: Verbindungsdauer, Datenmenge, Uhrzeit

Datex-P ist ein Wahlnetz, d. h. die Verbindung wird nach Bedarf aufgebaut.

Datex-P ist die richtige Netzverbindung für spezielle Sicherheitsanwendungen wie Anschaltung von Alarmanlagen und Notrufsystemen. Auch Fernüberwachung und Steuerung von Maschinen lassen sich zuverlässig bewerkstelligen. Im Einzelhandel wird Datex-P für die Abwicklung und Abrechnung der Zahlung mit Kredit- und EC-Karten **(Electronic Cash)** an der Datenkasse eingesetzt. Das System überprüft via Datex-P, ob die Karte gesperrt ist (Sperrdatei-Abfrage) und übermittelt die relativ geringen Datenmengen preiswert und zuverlässig an die Abrechnungszentrale der Kartengesellschaft.

4.6 Mailbox-Service der Telekom – Electronic Mail für jeden

Mailbox
= Elektronisches Postfach

Electronic Mail *(engl.)*
= Elektronische Post

Herr Fox ist im Außendienst der Laupheimer Büromöbel AG tätig. Er ist ständig weltweit auf Tour – sein Büro hat er schon lange nicht mehr gesehen. Trotzdem muss er seinem Vertriebsleiter, Herrn Schröder, in der Laupheimer Zentrale regelmäßig über seine Verkaufsabschlüsse Bericht erstatten; denn nur so können die Aufträge sofort in die Produktion gehen. Auch Herr Fox muss für Mitteilungen (z. B. Lieferungstermine, Routen- und Terminänderungen) ständig erreichbar sein. Telefon- und Rufdienste sind aufgrund der Zeitverschiebungen im fernen Ausland ungeeignet, Briefe sind zu langsam.

■ **Überlegen Sie, welche Mitarbeiter bzw. Abteilungen in Ihrem Ausbildungsbetrieb ähnliche Probleme haben und wie sie gelöst werden.**

Neben zahlreichen unternehmenseigenen („privaten") Mailbox-Systemen gibt es seit 1984 eine öffentliche MailBox der Deutschen Telekom. Dieser MailBox-Service erspart dem Unternehmen die Einrichtung und den Betrieb eigener Mailboxen. Mit MailBox verfügt das Unternehmen über ein **externes Postoffice,** in dem sich beliebig viele Postfächer mit verschiedenen E-Mail-Adressen (z. B. für alle Mitarbeiter) einrichten lassen. Dabei kann das Unternehmen selbstständig Postfächer einrichten oder löschen, Passwörter ändern, die automatische E-Mail-Weiterleitung aktivieren sowie über den MailGate-Service mit allen gängigen E-Mail-Systemen (z. B. Lotus Notes, cc:Mail, MS-Exchange) kommunizieren.

Jeder Nutzer erhält eine eigene Adresse (MailBox), die ihn zusammen mit dem persönlichen Passwort als berechtigten Nutzer ausweist und ihm das Eingeben und Auslesen von Informationen über seinen PC bzw. Laptop ermöglicht. Er benötigt dazu einen Anschluss ans Telefon- oder Datennetz.

Laptop *(engl.) = wörtlich „auf dem Schoß"; kleiner tragbarer Computer*

Wie benutzt man den MailBox-Service?

Zum Senden einer Mitteilung gibt der Absender über sein Telefon und seinen PC (mit Modem bzw. ISDN-Karte) die Zieladresse(n) und den Mitteilungstext in die eigene Mailbox ein. Dies kann auch nachts oder am Wochenende geschehen. Kurze Zeit später liegt die Nachricht in der Mailbox des Empfängers. Der Empfänger erfährt davon bei seinem nächsten Zugang zu seiner Mailbox. Das muss nicht am Arbeitsplatz sein, denn die Mailbox lässt sich auch unterwegs und zu jeder Tages- und Nachtzeit fragen, ob Nachrichten vorliegen.

MailBox-Kosten:
Bereitstellung: *125,00 EUR*
Grundpreis/Monat und pro Mailbox: *3,80 EUR (bei mehr als 250 Mailboxen)*
Taktung: *10 Sekunden*
Übertragungskosten: *0,09 – 0,19 EUR/Mo und MB*

Fallbeispiel: Herr Fox hat ständig einen Laptop bzw. ein Mobiltelefon auf seinen Dienstreisen bei sich. Will er Bestellungen, Aufträge, Terminwünsche usw. an seinen Vertriebsleiter weitergeben, so kann er die Nachricht mit Zieladresse per Handy oder Laptop in seine Mailbox übermitteln. Von da geht sie in die Mailbox seines Chefs, der sie dort jederzeit abrufen kann. Das funktioniert auch umgekehrt, sodass Herr Fox jederzeit unterwegs Nachrichten aus seiner Mailbox abrufen kann. Herr Fox und sein Vertriebsleiter sind damit immer auf dem neuesten Stand.

Kommunikationsdrehscheibe

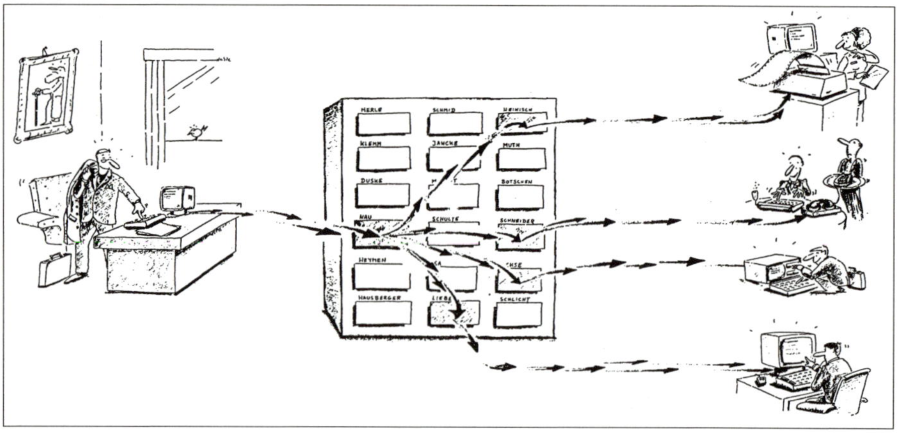

Zusätzlich zur reinen Briefkastenanwendung kann die Mailbox auch als **Nachrichten-Drehscheibe** benutzt werden. Hier wird die Mailbox „eine Waffe gegen den Papierkrieg". Über Verteilerlisten können Dokumente an die Mailboxen vorausbestimmter

Gruppen verteilt werden. Das gilt sowohl auf der Absender- als auch auf der Empfängerseite, wenn z. B. empfangene Sendungen zur Weiterverarbeitung an andere Mitarbeiter weitergeleitet werden müssen. Nach dem Vorbild des „Schwarzen Bretts" können innerhalb der Unternehmung für alle Benutzer oder bestimmte Gruppen aktuelle Nachrichten bereitgehalten werden.

Auch in der innerbetrieblichen Anwendung bringt die Mailbox Kostenersparnisse und Leistungssteigerungen.

Wirtschaftliche Vorteile beim Einsatz von „Electronic Mail"

Kostenrelevante Aspekte
- Verringerung der Bearbeitungszeit
- Einsparung von Transportkosten
- geringerer Abstimmungsaufwand
- rationeller Personaleinsatz
- Reduzierung unproduktiver Tätigkeiten

Leistungsrelevante Aspekte
- Erhöhung der Wettbewerbsfähigkeit
- qualitative Verbesserung
- schnellere Reaktionsfähigkeit
- kürzere Durchlaufzeiten
- aktuellere Informationsversorgung

Aufgaben

1 Welche Möglichkeiten bietet der MailBoxdienst der Telekom?

2 Wie benutzt man den MailBox-Service der Deutschen Telekom?

3 Der Organisationsleiter der Laupheimer Büromöbel AG, Herr Fetzer, erklärt Frau Maurer (Zentraleinkauf) bei einem Gespräch, wie sich die Bearbeitungszeiten bei der Angebotserstellung (im Vertrieb der Produktbereiche) mittels PC-gestützter Bearbeitung und Electronic Mail reduziert haben. Die Angebote werden mit Standardtexten erstellt und mit den jeweils aktuellen Preisangaben und Produktdaten aus der Mailbox ergänzt. Die ständige Abstimmung mit den beteiligten Stellen (Abteilung „Kaufmännische Angelegenheiten" zwecks Einholung spezifischer Kundendaten wie z. B. Bonität, Zentral-Einkauf, Schreibbüro usw.) erübrigt sich und damit fallen aufwendige Transport-, Liege- und Wartezeiten weg. Die zuvor getrennten Vorgänge werden zu einem einzigen Ablauf zusammengeführt; die leichtere Terminverfolgung ist noch ein weiterer Nebeneffekt. Durch diese integrierte Bearbeitung verkürzen sich die Durchlaufzeiten erheblich. Der Bearbeiter wird von unproduktiven Routinearbeiten entlastet, die Qualität der Angebote verbessert sich deutlich.

Vergleich von konventioneller und systemgestützter Angebotserstellung				
konventionell	**Zeit**	**Prozess**	**systemgestützt**	**Zeit**
Entwurf im Vertrieb	1/2 Tag	1	Erstellung im Vertrieb	0,2 Tage
Transport Hauspost	1/2 Tag	2	Electronic Mail	0
Schreibdienst	1/2 Tag	3	Abstimmung im Vertrieb	0,8 Tage
Transport Hauspost	1/2 Tag	4	Electronic Mail	0
Korrektur im Vertrieb	0,2 Tage	5	Abstimmung mit Kaufmann	0,2 Tage
Transport Hauspost	1/2 Tag	6	Electronic Mail	0
Schreibdienst	0,2 Tage	7	Fertigstellung im Vertrieb	0,3 Tage
Transport Hauspost	1/2 Tag	8		
Abstimmung im Vertrieb	0,7 Tage	9		
Transport Hauspost	1/2 Tag	10		
Abstimmung mit Kaufmann	0,2 Tage	11		
Transport Hauspost	1/2 Tag	12		
Fertigstellung im Vertrieb	0,2 Tage	13		
aktive Bearbeitungszeit	**2,5 Tage**			**1,5 Tage**
Transport- und Liegezeit	**3,0 Tage**			**0**
Gesamtdurchlaufzeit	**5,5 Tage**			**1,5 Tage**

Welchen Nutzen bringt das Mailbox-System (hier: intern) in der Einkaufsabteilung?

4.7 Integrierte Kommunikationssysteme

Dienste integrierendes digitales Netz – ISDN

ISDN = *Integrated Services Digital Network; übersetzt: Dienste integrierendes digitales Netz*

In der Zeit *vor ISDN* gab es für jeden Kommunikationsdienst (z. B. Telefon, Telex) ein eigenes Kommunikationsnetz, eigene Anschlüsse und Steckertechniken, eine eigene Rufnummer, spezielle Endgeräte und unterschiedliche Kriterien zur Ermittlung der Nutzungskosten.

Integrierte Kommunikationssysteme führen die Kommunikationstechniken, die bisher in getrennten Netzen abgewickelt wurden (z. B. Telefon-, Daten- und Funknetz), zu einem einheitlichen **Universalnetz**, dem **ISDN** zusammen.

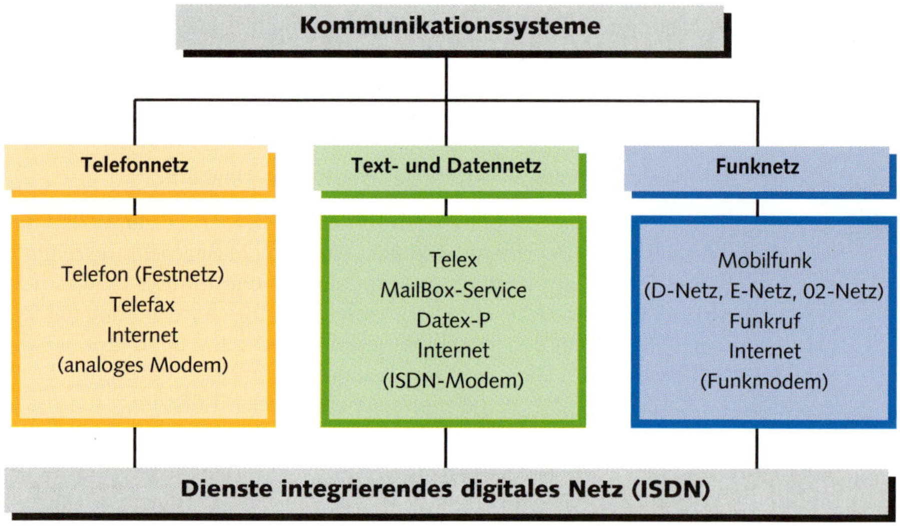

Die Einführung eines europaweiten Standards (Protokoll DSS-1 **Euro-ISDN**) öffnete ISDN für den internationalen Verkehr mit allen EU-Ländern, Japan und den USA.

Die Unterscheidung zwischen Audio, Video, Texten und Daten wird bedeutungslos, da alle Informationen in digitaler Form übertragen werden und erst im Endgerät, dem **Multimedia-PC**, interpretiert und auf entsprechenden Ausgabegeräten dargestellt werden. Auf der Geräteebene wird die Integration der Dienste durch den PC mit **ISDN-Karte** (bzw. Decoder, Modem) und Zusatzsoftware möglich. So genannte aktive ISDN-Karten beanspruchen im Gegensatz zu passiven Karten keine Rechnerkapazität, da sie einen eigenen Prozessor besitzen. Der PC wird damit zu einer multifunktionalen Kommunikationsplattform.

1 Gigabyte (GB) = 1024 Megabyte (MB), 1 MB = 1024 KB

Datenübertragung – noch schneller mit DSL

Modem = *Modulator/ Demodulator (wandelt analoge in digitale Daten um und vv.)*

Durch die Integration von Text-, Audio- und Video-Daten in einem gemeinsamen Netz steigt das Datenvolumen in den Gigabyte-Bereich. Dadurch gewinnt die Geschwindigkeit der Datenübertragung immer mehr an Bedeutung, da damit Kosten- und Leistungsvorteile verbunden sind.

64 kbit = 64 000 Bit = 8 000 Byte = 8 KB

Ein **Modem** an einer analogen Telefonleitung schafft eine Datenübertragungsrate von maximal 56 kbit pro Sekunde. Etwas schneller ist ein digitales ISDN-Modem mit 64 kbit pro Sekunde. Benutzt man die so genannte Kanalbündelung, dann verdoppelt sich die Geschwindigkeit eines ISDN-Modems auf 128 kbit/s.

Das Tempolimit von 56 kbit/s für Analoganschlüsse ist jedoch nicht die wirkliche Grenze der Analogtechnik, da Analogsignale in der Vermittlungsstelle ebenfalls in 64-kbit-ISDN umgesetzt werden – und diese Umsetzer geben die maximale Datenrate vor.

Verwendet man bessere Umsetzer, lassen sich auch deutlich mehr Bits pro Sekunde über ein Kupferkabel jagen. Das Stichwort heißt **DSL**. DSL benötigt zwei Modems, eins in der Vermittlungsstelle des Anbieters und eins beim Kunden. Die DSL-Technik nutzt die Tatsache, dass der herkömmliche analoge Telefonverkehr im Kupferkabel nur Frequenzen bis 4 kHz belegt. Theoretisch jedoch sind auf Kupferleitungen Frequenzen bis 1,1 MHz möglich. Durch Aufsplitten der Bandbreite in unterschiedliche Kanäle, z. B. für Sprach- und Dateninformationen, und die Nutzung der bislang „toten" höheren Frequenzbereiche, puschen heutige DSL-Technologien das Kupferkabel auf Übertragungsraten von bis zu 52 Mbits/s.

DSL = *Digital Subscriber Line*
Bereitstellung: *99,95 EUR*
Monatspreis: *T-DSL 1000: 16,99 EUR* *T-DSL 2000: 19,99 EUR* *T-DSL: 3000: 24,99 EUR*

Gängige DSL-Modems erreichen Übertragungsraten von 1024 kbit/s bzw. 3072 kbit/s Downstream und 128 kbit/s bis 384 kbit/s Upstream. Die am weitesten verbreiteten DSL-Varianten sind **ADSL** und **SDSL**, wobei A für „asymmetrisch" und S für „symmetrisch" steht. Asymmetrisch deswegen, weil der Datenstrom zum ADSL-Nutzer deutlich schneller ist als andersherum. Downstream geht dann schneller als Upstream. Bei symmetrischen Anschlüssen sind „Down- und Upstream" gleich schnell.

Downstream *= Datenfluss vom Netz zum eigenen PC (Empfangen)*

Upstream *= Datenfluss vom eigenen PC zum Netz (Senden)*

Beispiel: Es sollen täglich Daten von einer Kaufhausfiliale an die Zentrale übertragen werden. Das Datenpaket hat einen Umfang von 100 MB. Die Übertragung erfolgt in der Fernzone (Nebenzeit) zu 3 Cent pro Minute.

1 MB = 1 000 KB = 8 000 kbit

Übertragung per digitalem ISDN-Modem mit 64 kbit pro Sekunde
100 MB benötigen 100 MB · 8 000 kbit / 64 kbit/s = 12 500 Sek. = 209 Min
Verbindungskosten pro Tag: 209 Min. · 0,03 EUR pro Min. = 6,27 EUR
Verbindungskosten pro Jahr (200 Arbeitstage) = 200 Tage · 6,27 EUR/Tag = **1.254,00 EUR**

Übertragung per DSL-Modem mit 192 kbit pro Sekunde
100 MB benötigen 100 MB · 8 000 kbit / 192 kbit/s = 4 167 Sek. = 70 Min.
Verbindungskosten pro Tag: 70 Min. · 0,03 EUR pro Min. = 2,10 EUR
Verbindungskosten pro Jahr (200 Arbeitstage) = 200 Tage · 2,10 EUR/Tag = **420,00 EUR**
Einsparung pro Jahr: 834,00 EUR bzw. rund 67 % gegenüber ISDN-Modem

ISDN-Telekommunikationsanlage

Die ISDN-fähige Telekommunikationsanlage (TK-Anlage), das Inhouse-ISDN, eignet sich nicht nur zum **komfortablen Telefonieren** (Komfortleistungen wie Anklopfen, Makeln, Anrufweiterleitung usw.), sondern auch zur **Vernetzung** DV-gestützter Arbeitsplätze.

Die ISDN-TK-Anlage ersetzt dabei keinesfalls das Inhouse-Netzwerk (LAN). Dafür reicht die Übertragungsgeschwindigkeit des ISDN nicht aus. Die Übertragungsrate auf einem LAN (z. B. Ethernet) ist um den Faktor 156 höher als im ISDN. Wenn es darum geht, Arbeitsplätze miteinander zu verbinden, die nur gelegentlich Daten miteinander austauschen, ist die ISDN-TK-Anlage ideal. Diese ISDN-Arbeitsplätze lassen sich mit einer Netzwerkkarte in ein LAN einbinden oder sie bilden ein eigenes Netz, in dem die Teilnehmer über E-Mail oder ISDN-Filetransfer miteinander kommunizieren können.

LAN *= Local Area Network*

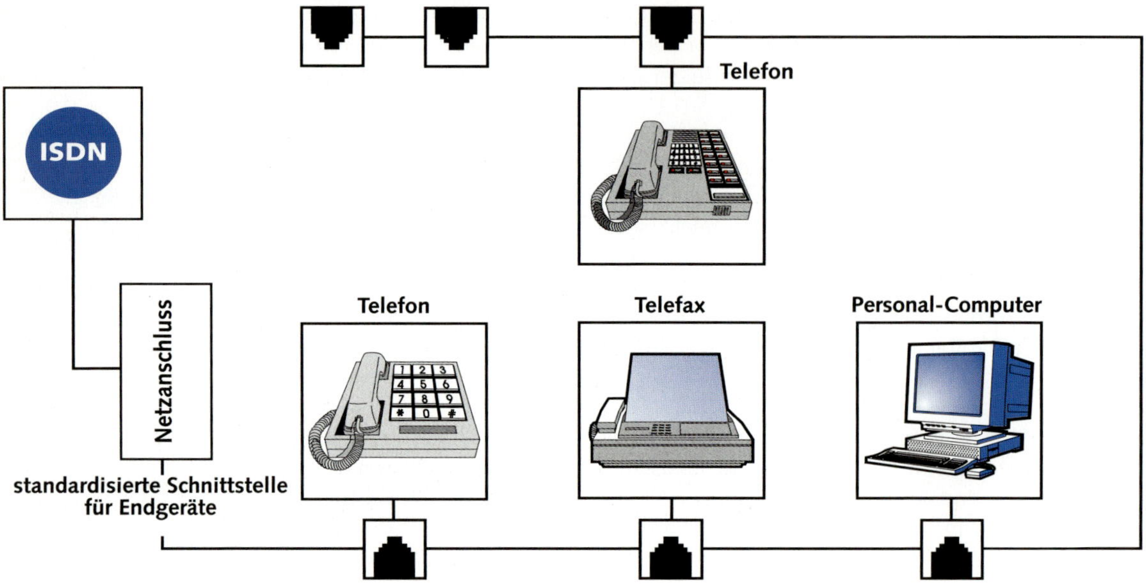

ISDN-Telekommunikationsanlage

Für viele kleine Unternehmen ist die einheitliche Anschlusstechnik im ISDN, mit der Möglichkeit mehrere Geräte anzuschließen, eine wirtschaftlich sehr interessante Lösung. Die **Mehrfachrufnummer** (insgesamt können bis zu 10 Rufnummern vergeben werden) bietet hohe Flexibilität.

Mit einem ISDN-Basisanschluss können zwei separate Leitungen (B-Kanäle) genutzt werden und bis zu **acht Endgeräte** – davon vier Telefone – betrieben werden, z. B. Faxgerät, ISDN-Telefon, PC mit ISDN-Karte, auch analoge Telefone. Eines dieser Geräte kann auch eine kleine TK-Anlage sein, an die wiederum weitere acht Endgeräte (auch acht Telefone) angeschlossen werden können. Jedem dieser Endgeräte kann eine eigene Rufnummer zugeteilt werden. Auf diese Weise ist jedes Gerät direkt anwählbar. Dies kann auch über die Anrufweiterschaltung sichergestellt werden, wenn Anrufe zu einem bestimmten Dienst (z. B. Faxgerät der Fax-Gruppe 4) umgeleitet werden sollen. Die Auswahl der genutzten Leistungsmerkmale (siehe auf Seite 324 ff.) kann für jede Mehrfachrufnummer individuell getroffen werden.

Aufgrund der **Durchwahlfähigkeit** der ISDN-TK-Anlage kann ein sehr hohes Telekommunikationsaufkommen effizient bewältigt werden. Die Weitervermittlung über einen Abfrageplatz („Telefonzentrale") wird eingespart. Bei herkömmlichen analogen Telefonanlagen war die Durchwahl erst ab acht „Amtsleitungen" (Leitungen, mit denen nach außen telefoniert werden kann) möglich.

Multimedia-Kommunikation – Revolution aus der Steckdose

Unter dem Schlagwort **Multimedia** versteht man den wechselseitigen (interaktiven) Informationsaustausch mittels Text, Grafik, Ton (Audio), Stand- und Bewegtbild (Video). Interaktiv bedeutet, dass der Anwender den Programmablauf selbst beeinflussen kann. Damit beinhaltet Multimedia drei Möglichkeiten, die allein oder in ihrer Kombination das Informations- und Kommunikationsverhalten verändern:

- Integration,
- Interaktivität
- Vernetzung.

Multimedia-Endgeräte bzw. Multimedia-Erweiterungspakete für den PC verfügen über eine ISDN-Schnittstelle, eine Videokamera mit Mikrofon/Headset oder Freisprecheinrichtung und unterstützen auch andere Kommunikationssysteme (z. B. Fax, Telefon, Online-Dienste). ISDN bildet die ideale Basis für die Bild- und Bewegtbildkommunikation.

Multimedia-Kommunikation

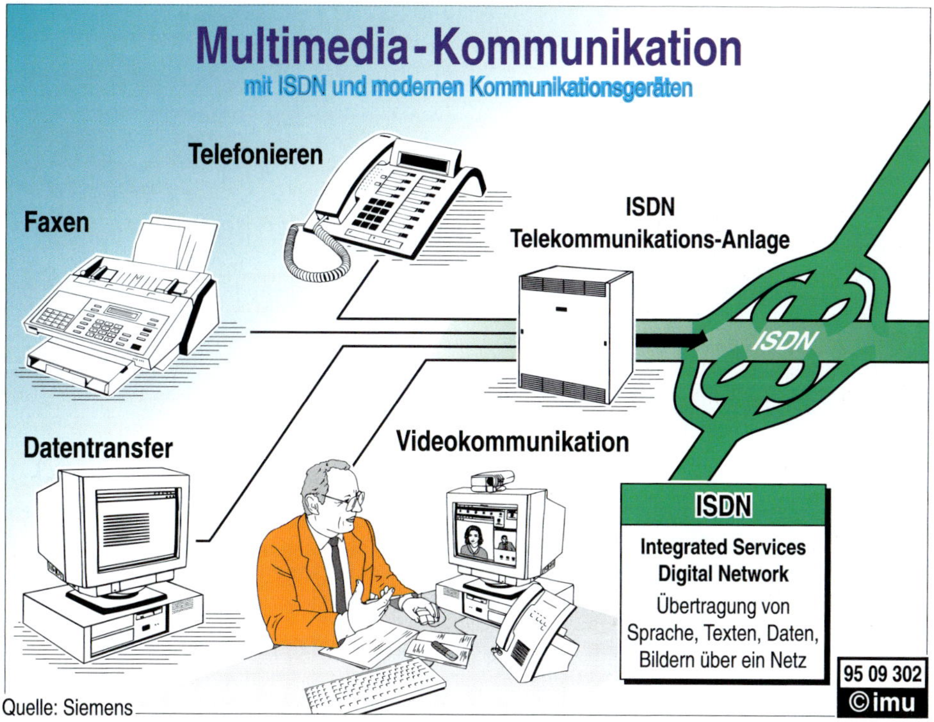

Quelle: Siemens

Videokonferenzsysteme

Videokonferenzen ermöglichen die direkte, gleichzeitige und schnelle Kommunikation zwischen räumlich entfernten Partnern (Zweigstellen, Partnerfirmen, Vertriebsstellen im In- und Ausland).

Je nach betrieblichen Anforderungen werden verschiedene Lösungen der Videokonferenz angeboten:
- Das fest installierte Videokonferenzstudio,
- die rollbare Videokonferenzeinrichtung („Rollabouts"),
- Videokommunikation über den PC (Auftischlösung, Desktop Conferencing).

Studiosysteme sind fest in so genannten Videokonferenzräumen installiert. **Rollabouts** sind mobile Systeme auf Rollwagen oder in Rollschränken. Fest installierte und rollbare Videokonferenzsysteme sind für die gleichzeitige interaktive Kommunikation zwischen mehr als zwei Kommunikationspartnern geeignet. Sie bestehen aus einem Telefon zur Herstellung der Verbindung, einer Videokamera zur Aufnahme, einem großen Fernsehbildschirm zur Wiedergabe, einer Audioeinheit mit Mikrofon und Lautsprecher und der Codec-Einheit. Aufgabe der Codec-Einheit ist es, die Bildsignale zu digitalisieren und für die Übertragung zu kodieren, zu komprimieren und wieder zu decodieren. Immer häufiger werden große Bildwände im HDTV-Format (hochauflösende Bildschirmtechnik) verwendet, die die Gesprächspartner in natürlicher Größe zeigen.

Codec
= **Co***dieren und* **De***codieren*

Bei den Ford Werken in Köln ersetzt die Videokonferenz so manche Flugreise. Die firmeneigenen Studios sind wochenlang im Voraus ausgebucht

Management by Monitor

Die einfachste Form einer Videokonferenz ist die **Auftischlösung (Desktopkonferenz)**, eine Weiterentwicklung des Bildtelefons. Gegenüber einer „echten" Videokonferenz ergeben sich hier zwei Nachteile:

- Es wird vorwiegend nur der Kontakt zwischen zwei Personen unterstützt;
- die Kommunikationspartner sind stark verkleinert am Bildschirm zu sehen.

Dafür sind die Investitionskosten niedrig; denn multimediafähige PCs sind in den meisten Unternehmen bereits vorhanden. Mit einem Erweiterungspaket und einem ISDN-Anschluss können die Kommunikationspartner – direkt vom Schreibtisch (desktop) aus – persönlich miteinander kommunizieren, Daten gemeinsam bearbeiten und austauschen.

Desktopkonferenz: Bedieneroberfläche

Die Aufgabenstellung ist anders als beim echten Videokonferenzsystem. Die Anwender wollen während der Desktopkonferenz interaktiv in Programmen arbeiten, Grafiken und Texte gemeinsam erstellen und abstimmen. Dabei braucht das Anwenderprogramm nur auf einem PC installiert sein. Der jeweilige Partner kann auf diese Anwendung zugreifen und ebenso damit arbeiten **(Application-Sharing)**.

Beispiel: Ein Mitarbeiter in einer Stabsabteilung hat verschiedene Präsentationsgrafiken für einen Vortrag auf seinem PC entwickelt. Nun müssen diese Charts noch mit verschiedenen Kollegen aus den Fachabteilungen abgestimmt und besprochen werden. Mit dem Desktopkonferenzsystem können diese Grafiken auf die Notizblockoberfläche des Programms eingelesen werden. Danach wählt der Mitarbeiter nacheinander alle betreffenden Personen an, zeigt seine Charts und bespricht die Änderungswünsche. Die Gesprächsteilnehmer können (ohne selbst das Programm geladen zu haben) Änderungen vornehmen. Es geht keine Zeit verloren, alle sind sicher, dass die Änderungswünsche unmissverständlich ausgeführt werden.

Die **Snapshot-Funktion** ermöglicht es, Gegenstände vor die Kamera zu halten und aufzunehmen. Der Gesprächspartner sieht dann ein scharfes Standbild, z. B. eine Ideenskizze, ein Maschinenteil, einen Verpackungsentwurf.

Mit PC-Videokommunikationssystemen lassen sich virtuelle (scheinbare) Arbeitsgruppen über große Entfernungen hinweg bilden. Das beschleunigt die Abwicklung von Projekten (z. B. Entwicklung, Design von Produkten) enorm.

Vorteile der Desktop- und Videokonferenz

Einige Vorteile der Desktop- und Videokonferenz

- Wegfall von Reisekosten
- Zeitersparnis durch Wegfall von Reisezeiten
- Reisestress entfällt, Termindruck wird verringert
- unnötiger Verkehr wird vermieden (Umweltaspekt)
- kurze Entscheidungsabläufe durch direkte Klärung und Abstimmung
- schneller Informationsfluss durch simultane Bearbeitungsweise
- höhere Entscheidungsqualität, da Fachleute jederzeit befragt werden können
- bessere Zusammenarbeit; Kontakte sind persönlicher und intensiver
- bessere Besprechungsdisziplin (keine Ablenkung; Konzentration auf das Wesentliche)

Trotz der Vorteile sind Videokonferenzen kein vollständiger Ersatz für herkömmliche Konferenzen. Der für den Erfolg wichtige persönliche Kontakt kann durch Technik nicht ersetzt werden.

Einsparungen bei Videokonferenzen gegenüber Geschäftsreisen in Prozent
Verbindungen von London nach:

	1 Person	2 Personen	3 Personen	5 Personen	10 Personen
Frankfurt	23	54	65	73	79
Edinburgh	23	54	65	73	79
Chicago	23	54	65	73	79
Sidney	23	54	65	73	79

4.8 Internet – Marktplatz der Zukunft

Internet-Technologie im Überblick

Das WWW wurde 1986 von Wissenschaftlern am Genfer Kernforschungszentrum CERN entwickelt

Das Internet ist ein weltweiter Verbund zahlreicher Computer und Computernetzwerke und ermöglicht das Versenden und Empfangen von Nachrichten, Diskussionsforen, Datenbankrecherchen und Datenübertragung. Die Datenübertragung erfolgt systemunabhängig nach den Übertragungsprotokollen **TCP/IP** (TCP= Transmission Control Protocol, wandelt Daten in Pakete um und überprüft fehlerhaft übertragene Daten, IP = Internet Protocol, leitet die Datenpakete zum Ziel). Die heutige Verbreitung erreichte das Internet durch Einführung des Internetdienstes **World Wide Web** (WWW, web). Das Web ermöglicht die Darstellung, Übertragung und Verknüpfung (Links) von Multimedia-Dokumenten (Texte, Grafiken, Töne, Bewegtbilder) auf der Basis der Seitenbeschreibungssprache **HTML** (Hypertext Markup Language).

Das Internet beruht auf dem **Client-Server-Prinzip**. Das bedeutet, dass auf der Anbieterseite ein Server einen bestimmten Dienst bereitstellt und auf der Nutzerseite eine Software installiert ist, die den Rechner des Nutzers zu einem Client macht, der diesen Server nutzen kann. Die in HTML-Form erzeugten Daten werden auf Web-Surfern bereitgestellt.

Provider von engl. to provide = bereitstellen

Für die Bedienung und die Darstellung der Webseiten wird ein Web-**Browser** (ermöglicht das Surfen im Internet, z. B. Netscape Communicator, Internet Explorer) benötigt, ein meist kostenloses Anwendungsprogramm. Transportiert werden die Webinhalte über das Hypertext Transport Protocol (**HTTP**), das die Kommunikation zwischen Web-Servern und Web-Browser ermöglicht. Nach dem Starten des Browsers wird über das Modem oder der ISDN-Karte die Verbindung zum **Internetprovider**, z. B. Direktanbieter (z. B. EuNet, IBM Global Network) oder Online-Dienste (z. B. T-Online, AOL, CompuServe, MSN) aufgebaut. die Startseite (Homepage) des Providers erscheint. Provider stellen, bundesweit verteilt, so genannte Einwahlknoten (**PoP** = Points of Presence) bereit. Die Internetverbindung zwischen zwei Netzwerken erfolgt durch so genannte Router (Schnittstelle zwischen zwei Netzwerken).

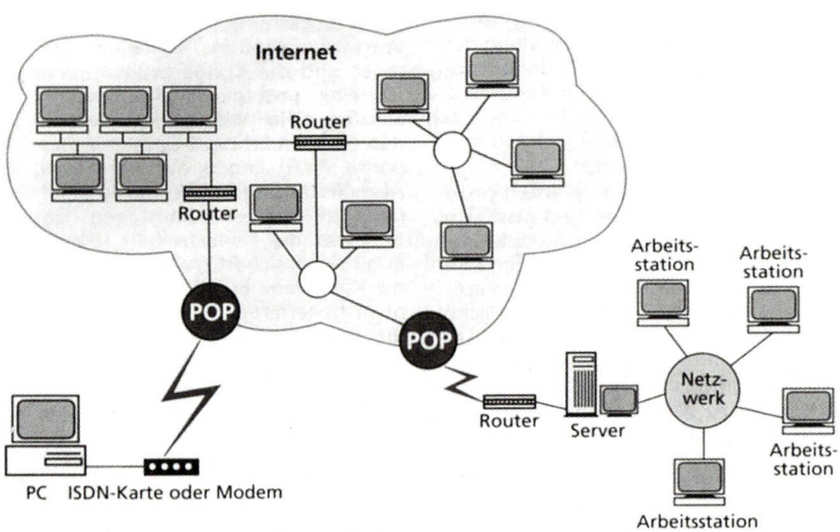

Verbindung zum Internet

Ein PoP ist mit anderen Netzwerken verbunden. Um das Zugangsrecht zu einem PoP zu erhalten, muss mit dem Internetprovider ein Vertrag geschlossen werden. Verbindungsgebühren entstehen dem Internet-Nutzer nur bis zum PoP seines Providers. Von dort aus ist die Reise von Informationsangebot zu Informationsangebot (Fachjargon: Surfen) in der Regel kostenlos.

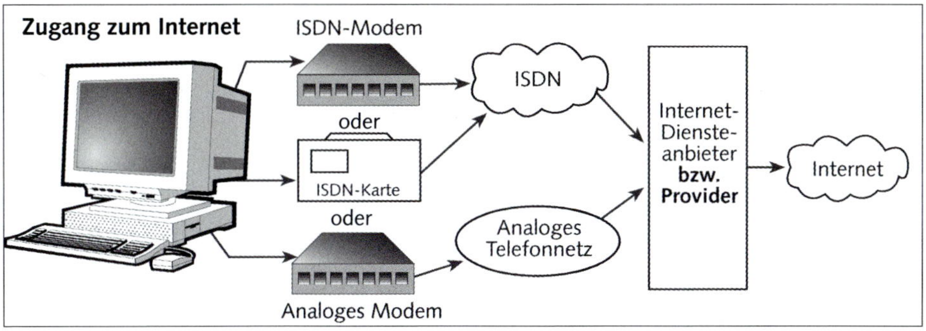

Zum Starten eignen sich auch die individuell einstellbaren **Webportale** (Eingangstor, Haupteingang) von Internet-Suchdiensten (z. B. Yahoo, Lycos, Excite, Google). Nach der Anmeldung kann der Surfer festlegen, aus welchen Bereichen Nachrichten auf seine persönliche Startseite angezeigt werden sollen. Jedes Mal, wenn er sein individuelles Portal aufruft, erscheinen automatisch die gewünschten Nachrichten.
Informationsanbieter benötigen eine eigene Startseite (**Homepage**) mit einer eigenen Internetadresse. Die Namensvergabe wird weltweit vom Domain Name Service (DNS) koordiniert.

Thematische Domains:
com = kommerziell
(gewerbl. Unternehmen)
org = nicht kommerzielle Organisation
edu = Bildungseinrichtung (z.B. Universität)
net = sonstiges Netzwerk ...

Geographische Domains:
de = Deutschland
us = USA
at = Östereich
ch = Schweiz
fr = Frankfreich...

Beispiel: Aufbau einer **Internetadresse** nach dem Adressierungsschema URL (Uniform Resource Locator)

http://www.Karl-Wenz-KG.de/Fil/Bestell.html
(6) (5) (4) (3) (2) (1)

Internetadressen werden von rechts nach links gelesen.
(1) = Dateiname des angewählten Dokuments
(2) = Name des Pfades, unter dem das Dokument gespeichert ist.
(3) = thematisches bzw. geographisches Gebiet (Top Domain)
(4) = Eigentliche Adresse des Rechners/Servers (Domain)
(5) = Name des Internetdienstes (hier: World Wide Web)
(6) = Name des Datenübertragungsprotokolls

Die Domain kann durch weitere Subdomains präzisiert werden. Die Subdomains müssen jeweils durch einen Punkt (dot) getrennt werden. Pfadname bzw. Dateiname müssen nicht eingegeben werden, da sie von der Homepage des Anbieters durch Mausclick auf ein dort hinterlegtes Objekt gefunden werden.

Einstieg ins Internet über:
Onlinedienst: 56 %
Internetanbieter: 17 %
Internet-by-Call: 26 %
Flatrate (Pauschaltarif) 15 %
Arbeitgeber: 36 %
Schule, Uni: 15 %

engl. domain= Gebiet

Internetadresse (URL)

Internetdienste
Nutzung des Internets
Umfrageergebnis:

Informationen über Produkte/Dienstleistungen: 82 %

Senden und Empfangen von E-Mails: 80 %

Schule/Weiterbildung: 44 %

Kaufen/Bestellen von Waren/Dienstleistungen: 38 %

Nutzung von Reiseservices: 36 %

Online-Banking: 35 %

Nutzungsmöglichkeiten des Internet

Überblick über wichtige Internetdienste

World Wide Web (www)	Multimedialer Informationsdienst mit besonders einfacher Bedienung (grafische Benutzeroberfläche): Um die Informationsfülle überschaubar zu machen, haben sich elektronische Suchhilfen etabliert. Dabei werden Themenkataloge (z. B. yahoo, lycos), Suchmaschinen (z. B. exite), Meta-Suchmaschinen verbindet mehrere Suchmaschinen miteinander (z. B. Metacrawler), Besprechungsdienste und Agenten unterschieden.
Electronic Mail (E-Mail)	Elektronischer Postdienst ermöglicht das weltweite Versenden und Empfangen von Nachrichten. Dabei können Dateien als Anhang (Attachment) mitgeschickt werden. Die E-Mail-Adresse enthält zusätzlich zur Domain noch den Benutzer (z. B. Lisa Weckerle) des Rechners. Beispiel für die Syntax: Lisa-Weckerle@Karl-Wenz-KG.de.
Herunterladen von Dateien (Download)	Dateien können über den FTP-Dienst (File Transfer Protocol) von einem Internetrechner auf den eigenen PC kopiert werden.
Direkte Kommunikation (Chat = Wechselgespräch)	Beliebig viele Internetteilnehmer sitzen gleichzeitig vor dem PC und tippen Aussagen und Antworten zu unterschiedlichsten Themen ein. Dieses elektronische Konferenzsystem wird durch den IRC-Dienst möglich (IRC = Internet Relay Chat).
Newsgroups (Gruppe, die Nachrichten austauscht)	Diskussionsgruppen tauschen schriftliche Beiträge zu bestimmten Themenbereichen aus. Die Teilnehmer müssen nicht gleichzeitig vor dem PC sitzen. Newsgroups (bzw. Usenet) sind mit einem schwarzen Brett vergleichbar.

Electronic Mail per Internet

Kooperatives Arbeiten erfordert, dass den Kooperationspartnern die notwendigen Informationen zugänglich gemacht werden. Mit Hilfe der elektronischen Datenübermittlung von PC zu PC **(„Electronic Mail")** lassen sich rechnergestützt bearbeitete und gespeicherte Informationen zu einem beliebigen Zeitpunkt versenden, ohne dass der Empfänger anwesend oder sein Endgerät erreichbar sein muss. Alle eingegangenen Nachrichten werden in eine Eingangsliste eingetragen, die gleichzeitig als „Merkzettel" dient. Der Empfänger kann selbst bestimmen, wann er das Dokument, wiederum rechnergestützt, weiterbearbeitet.

Electronic Mail

Absenden einer E-Mail per Internet

Jeder Internetnutzer hat eine eigene persönliche E-Mail-Adresse. Unter dieser Adresse kann er Post empfangen oder an andere absenden in Sekundenbruchteilen.

Bestandteile einer E-Mail-Adresse:

BerndMueller	**@**	**fh-Heilbronn**	**.**	**de**
Benutzername	At (engl.) = an („Klammeraffe")	Heimatrechner	dot (Punkt)	Top-Level-Domain

Domain (fh-Heilbronn . de)

Senden einer E-Mail

Zuerst muss der Provider (z. B. Internet-Explorer, T-Online, Netscape) geladen werden. Dann wird die E-Mail-Funktion gestartet. Nach Eingabe des eigenen Benutzernamens und des Kenn- bzw. Passworts (dieses wird bei der erstmaligen Einrichtung des E-Mail-Programms festgelegt) öffnet sich das E-Mail-Fenster des Providers.

Die meisten E-Mail-Programme erlauben es, Dateien als **Anhang** (Attachment) mitzuschicken. Das können Dateien aus einer beliebigen Software (z. B. Excel, Word), komprimierte Dateien, Sounds oder Bilder sein. Möglich ist dies durch den **so genannten MIME-Standard,** einem Verfahren, mit dem unterschiedliche Rechner multimediale Inhalte austauschen. Dabei muss der Empfänger über ein E-Mail-Programm verfügen, das diesen Standard unterstützt (z. B. MS-Outlook, Netscape Messenger).

MIME
= Multipurpose Internet Mail Extension

Moderne Mailsoftware ist nicht nur leicht bedienbar, sondern bietet gleichzeitig eine Fülle **zusätzlicher Hilfen.** So lassen sich z. B. eingehende Mails anhand zuvor festgelegter Regeln auf bestimmte Ordner verteilen, unerwünschte Mails abblocken und Adressbücher führen.

Neben den traditionellen E-Mail-Diensten, die meist fest auf einem Computer installiert sind, haben sich mittlerweile **Mailservices** im Web etabliert (z. B. GMX, Hotmail). Sie bieten den Vorteil, dass der Benutzer seine Mails über einen beliebigen mit dem Internet verbundenen Computer versenden und empfangen kann. Damit ist der Nutzer unterwegs unabhängig vom Rechner zu Hause oder am Arbeitsplatz.

Ein **Multimedia-Mailsystem** kann sowohl Texte als auch bewegte oder unbewegte Bilder und Audio-Informationen versenden und empfangen. So kann zum Beispiel ein Text sprachlich kommentiert oder mit einer Videosequenz („Clip") ergänzt werden.

Aufbau eines E-Mail-Fensters eines Providers

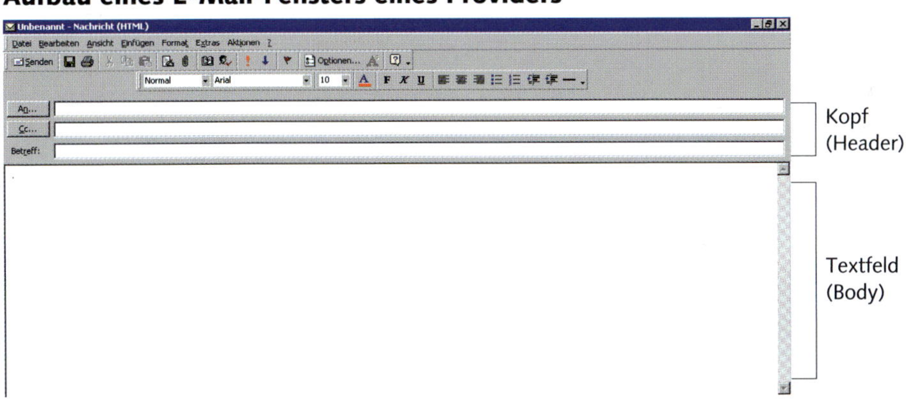

cc
= carbon copy (Kopie an weitere Empfänger)

Bcc
= Adressen „unsichtbarer" Kopien-Empfänger

So handhaben Sie E-Mails effizient

1. Feste Zeiten für die Bearbeitung von E-Mails einhalten. ✓
2. Mails entweder sofort beantworten oder sofort löschen. ✓
3. Posteingang geordnet ablegen. ✓
4. Abwesenheitsassistenten nutzen. ✓
5. CC sparsam verwenden: Nur wer wirklich reagieren soll, bekommt eine Kopie. ✓
6. Vorsicht bei Attachments: Das Herunterladen großer Anhänge raubt Zeit – bedenken Sie das auch, wenn Sie selbst Dateien an Mails anhängen. Bei Mails mit Attachment von unbekannten Absendern gilt: Finger weg! ✓
7. Gegen die Flut von Werbe-Mails helfen Spam-Filter. ✓

Instant Messaging (engl.) = unmittelbare Mitteilung

Instant Messaging – effizienter als E-Mail und Telefon

Instant Messenger (IM) sind Computerprogramme, die die Kommunikation via Internet dramatisch beschleunigen. Anders als E-Mails, die zuweilen lange im Netz unterwegs sind, taucht eine per IM versandte Botschaft sofort auf dem Bildschirm des Empfängers auf – Kommunikation in Echtzeit. Inzwischen können per IM neben den Wortbotschaften auch Dateien, Bilder und Töne übermittelt werden; künftig sollen sogar Videos per IM den Besitzer wechseln. Bereits möglich sind Konferenzschaltungen.

Instant Messenger (IM) sind Computerprogramme, die die Kommunikation via Internet dramatisch beschleunigen. Anders als E-Mails, die zuweilen lange im Netz unterwegs sind, taucht eine per IM versandte Botschaft sofort auf dem Bildschirm des Empfängers auf – Kommunikation in Echtzeit. Inzwischen können per IM neben den Wortbotschaften auch Dateien, Bilder und Töne übermittelt werden; künftig sollen sogar Videos per IM den Besitzer wechseln. Bereits möglich sind Konferenzschaltungen.

Im Grunde ist Instant Messaging nur eine andere Form des Chats am Computer – der Austausch von kurzen Textbotschaften, die sofort auf den Bildschirm des Kommunikationspartners erscheinen. Die Nutzer brauchen dafür auf ihrem Computer ein kleines Programm und müssen sich bei einem zentralen Rechner anmelden. Auf ihrem Bildschirm erscheint dann eine Liste, die anzeigt, welche Kollegen ebenfalls online sind.

In dieser „Buddy List" (Kumpel-Liste) liegt der entscheidende Vorteil gegenüber Telefon und E-Mail: Weil der Anwender sieht, wann ein Kollege an seinem Arbeitsplatz sitzt, kann er ihn ansprechen, wenn er ihn garantiert erreicht – und spart sich ewiges Hinterhertelefonieren oder langes Warten auf eine Antwort-Mail. Instant Messaging verbindet die Vorteile von Telefon und E-Mail.

Die Kommunikation ist so unmittelbar wie am Telefon, aber trotzdem textbasiert.

Dabei wird man gezwungen, sich auf das wirklich Wesentliche zu konzentrieren. Durch Instant Messaging schrumpft der interne E-Mail-Verkehr um 30 bis 40 % und die Zahl der Anrufbeantworter-Nachrichten 10 bis 15 %. Weil die Kommunikation schriftlich läuft, ist zudem die Gefahr von Missverständnissen geringer.

Doch trotz aller Vorteile: Die Sofortkommunikation kann Unternehmen auch ernsthafte Sicherheitsrisiken bescheren. Denn oft erobert die Technik die Firmen durch die Hintertür - Mitarbeiter installieren sich in Eigenregie Programme wie ICQ, AOL Instant Messenger oder den MSN Messenger von Microsoft. Der Haken: Die Software für den Privatgebrauch schickt die Textbotschaften meist unverschlüsselt durch das Intemet, Hacker könnten problemlos mitlesen. Zudem können über Instant Messenger leicht Viren in Untemehmen geschleust werden. Viele Unternehmen setzen auf das Lotus-Programm Sametime, das speziell für den Einsatz in Unternehmen geschrieben ist. Auch das Microsoft-Programm Exchange bietet Instant-Messaging-Funktionen für Unternehmen.

Kürzlich kündigte der US-Medienkonzern AOL Time Wamer an, gemeinsam mit dem Computer-Hersteller Sun eine Profi-Version zu entwickeln.

Quelle: Schubert, Sigrun; Storbeck, Olaf; Revolution in Echtzeit; in Handelsblatt vom 30. Juli 2001

Internet-Telefonie – Alles über einen Draht

VoIP *= Übertragung von Sprache über das Internet-Protokoll*

Für die Telekommunikationsanbieter ist eines klar: die Telefonie wird in Zukunft über die gleichen Netze, über die heute Daten übertragen werden, abgewickelt. Sie testen die **Voice-over-IP-Technologie (VoIP).** Dabei wird die Sprache in kleine Datenpakete zerlegt. Diese Pakete werden mit Empfänger- und Absenderadresse versehen und dann verschickt. Dieses Paketverfahren hat zwar den Nachteil, dass eine gewisse *Verzögerung zwischen dem Absenden und Empfang der Sprache* auftritt, doch überwiegen zweifellos die Vorteile. Alle Kommunikationsvorgänge (Sprache, Daten, Fax usw.) werden über eine einzige Verbindung abgewickelt. In unternehmensinternen und unternehmensexternen (Intra- und Internet) Netzen wird die Sprache quasi *kostenlos transportiert,* sodass sich enorme Sparmöglichkeiten ergeben.

Voraussetzung *Breitbandanschluss (DSL)*

Auf dem Markt werden bereits **IP-Telefone** angeboten, mit denen sich der Kunde (losgelöst vom PC mit Internetzugang) in sein Ortsnetz einwählt. Ein Zentralrechner wandelt dort die Sprachsignale in Datenpakete um und sendet sie an einen Rechner im Ortsnetz des Empfängers. Der wählt das Telefon des Angerufenen an und wandelt die Signale zurück. Ein einminütiges Gespräch in die USA kostet dann nur noch 0,20 EUR (Angaben der Firma Poptel, Berlin). Das Anwählen ist jedoch alles andere als bequem; denn es muss eine 23-stellige Nummer (Zugangsnummer, Kontonummer und Geheimzahl) gewählt werden.

Intranet und Extranet – Folgekonzepte des Internet

Das **Internet** ist die offenste Form der Computervernetzung, wo jeder mit jedem in Verbindung treten kann. Das **Intranet** ist die Anwendung der Internet-Technologie im Inhouse-Bereich, also in unternehmensinternen Netzwerken. Ein Intranet kann völlig isoliert, ohne Verbindung zum Internet, betrieben werden. So genannte Firewalls (Datenfilter) verwehren den Zugriff auf die Daten des Intranets durch nicht autorisierte Internet-Nutzer. Das **Extranet** ist die Verbindung des eigenen hausinternen Netzwerks mit den Netzen von Kunden, Lieferanten oder anderen Konzernteilen. Im Extranet sind also die Intranets ausgewählter Unternehmen unter Verwendung der weltweiten öffentlichen Internet-Infrastruktur miteinander verbunden. Im Extranet wird autorisierten Partnern der Zugriff auf Intranet-Daten durch die Firewall hindurch ermöglicht. Man spricht auch von geschlossenen Benutzergruppen.

Internet, Intranet und Extranet

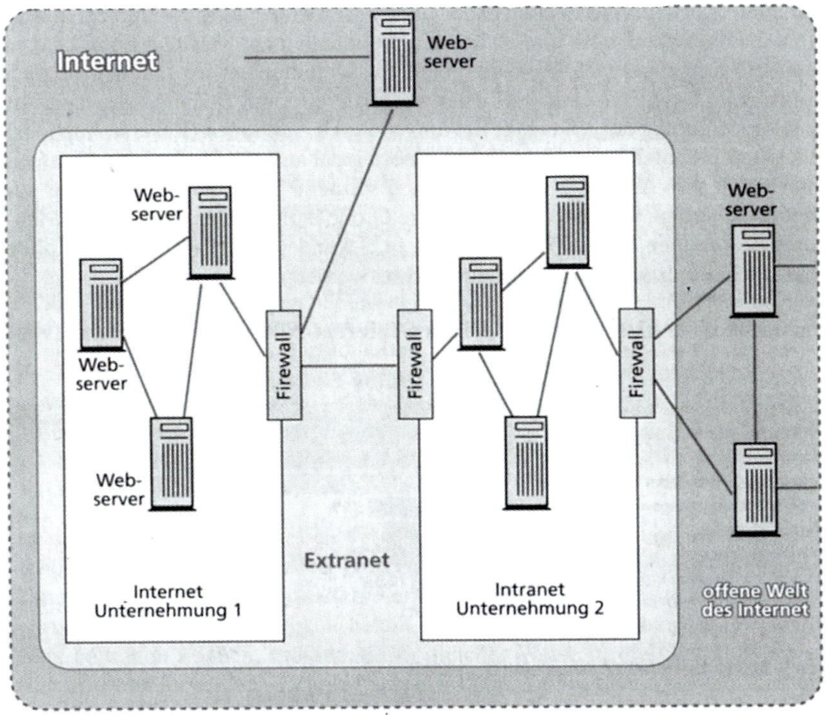

Electronic Business – kommerzielle Nutzung des Internets

Grundsätzlich werden zwei Nutzungsmöglichkeiten des Internets unterschieden: Die Verwendung von Informationen von anderen (Informationsnachfrage) und die Bereitstellung von Informationen für andere (Informationsangebot).

- Bei der **Informationsnachfrage** geht es um die allgemeine Informationsbeschaffung, die gezielte Beschaffung von Produktinformationen, die Anbahnung von Geschäftskontakten und die elektronische Bestellung von Produkten. *Informationsnachfrage*
- Beim **Informationsangebot** ist die Darstellung des eigenen Unternehmens und der Unternehmensprodukte, die Anbahnung von Geschäftskontakten und der Verkauf der eigenen Produkte über das Internet von Interesse. *Informationsangebot*

Immer mehr Unternehmen gehen dazu über, die Internet-Technologie zur papierlosen Abwicklung von Geschäftsprozessen zu nutzen. Der Handel durch und über das Internet, das **E-Business** (Electronic Business), gliedert sich in die Bereiche

E-Business

- **Business to Business** (B2B), dem Geschäftsverkehr zwischen Unternehmen und
- **Business to Consumer** (B2C) **oder E-Commerce**, dem Geschäftsverkehr bzw. dem Handel zwischen Unternehmen und Endverbrauchern.

E-Commerce

Für den Großhandel ist der Business-to-Business-Bereich interessant, da er auf der Beschaffungsseite mit Herstellern, auf der Absatzseite mit Einzelhändlern und Handwerkern, also mit Unternehmen, zusammenarbeitet. Mit diesen Geschäftspartnern können die Geschäftsprozesse auf der Beschaffungs- und Absatzseite mithilfe der Internet-Technologie in Extranets elektronisch abgewickelt werden.

virtueller Marktplatz

Internet-Auktionen

Auf der **Beschaffungsseite** spart der Einkauf von Waren und Büromaterial per Internet Verwaltungskosten und verspricht enorme Preisvorteile. In digitalen Einkaufszentren und auf virtuellen Beschaffungsmärkten, auf denen eine Vielzahl von Lieferanten ihre Angebote abgibt, können die Angebote leicht miteinander verglichen und die günstigsten Anbieter schnell gefunden werden. Die Betreiber von **virtuellen Marktplätzen** stellen dabei einen zentralen Katalog zusammen, in dem mehrere Produkthersteller ihre aktuellen Produktdaten zur Verfügung stellen. Bei besonders umfangreichen Einkäufen sind Ausschreibungen im Internet möglich (so genannte **Internet-Auktionen**). Hier werden Preise und Bedingungen nach Art einer Versteigerung ausgehandelt. Bei umgekehrten Auktionen (Reserve Auctions) stellt der Einkäufer seine Gesuche in eine Datenbank ein, und die Lieferanten unterbreiten ihre Angebote. Zudem können virtuelle Einkaufskooperationen geschmiedet werden, mit denen auch kleinere Großhändler in den Genuss von Mengenrabatt kommen können. Bestellt wird in Sekundenschnelle via E-Mail, ohne dass Geschäfts- bzw. Öffnungszeiten beachtet werden müssen.

Auf der **Absatzseite** eröffnet die eigene Homepage dem Verkauf neue Märkte, auch im Ausland, zu unschlagbar günstigen Kosten. Das eigene Unternehmen lässt sich über die Homepage wesentlich umfassender, aktueller und kostengünstiger präsentieren als auf herkömmlichen Kommunikationswegen. Druck und Versand von aufwendigen Prospekten werden reduziert, da potenzielle Kunden die gewünschten Produkt- und Unternehmensinformationen selbst auf der Homepage abrufen können. Via E-Mail können die Kunden ihre Bestellungen rund um die Uhr sofort abgeben.

Ergebnisse einer Umfrage unter privaten Internet-Nutzern (Deutschland)

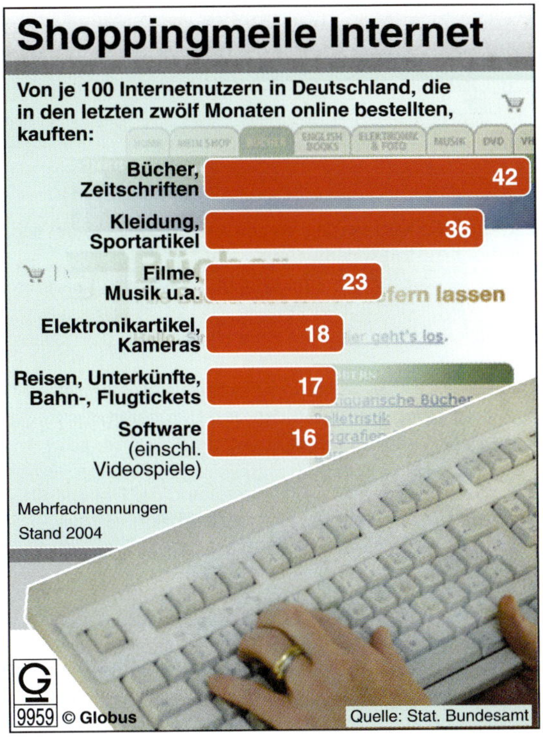

Virtuelle Unternehmen

ERP = Enterprise Resource Planning – Planung des Ressourceneinsatzes

In naher Zukunft werden sich verschiedene Unternehmen entlang einer Wertschöpfungskette zu **virtuellen Unternehmen** vernetzen, wobei jedes beteiligte Unternehmen seine individuellen Kernkompetenzen ausspielen kann und seine wirtschaftliche Unabhängigkeit behält. Damit alle Marktpartner zur Wertschöpfung beitragen können, müssen sie in gleicher Weise in die Geschäftsprozesse (diese beinhalten auch die Zahlungstransaktionen) einbezogen werden. Zukunftsorientierte **ERP-Systeme** (z. B. Supply Chain Management = SCM und Customer Relationsship Management = CRM von SAP) sollen diese konsequent durchdachte Prozessorientierung ermöglichen, wobei das Internet die Infrastruktur für diese neuen Geschäftsmodelle und -prozesse zur Verfügung stellt.

Workflow-Management – interne Fortführung des Internet

Workflow-Management

Das **Workflow-Management** beschreibt ein Organisationskonzept, bei dem die Arbeitsschritte eines Geschäftsprozesses (z. B. Bearbeitung eines Auftrags) über Abteilungsgrenzen hinweg computergestützt geplant, abgewickelt und kontrolliert werden.

Elektronische Akten

E-Business-Anwendungen sollten durch ein internes Workflowsystem fortgeführt werden. Denn die vom Kunden selbst angegebenen Daten stehen direkt zur **maschinellen Weiterverarbeitung** zur Verfügung. Die per E-Mail oder Web-Bestellung eingegangenen oder, wenn sie auf dem Postweg eintreffen, vom Posteingang eingescannten Informationen werden dabei automatisch als **elektronische Akten** zum zuständigen Sachbearbeiter weitergeleitet. Bereits die Zuordnung des geeigneten Sachbearbeiters kann als Regel im Workflow-Management hinterlegt werden.

Da die Daten **ohne Medienbruch** aus dem Internet bzw. Scanner in bestehende Anwendungen integriert werden, sind Falscheingaben bei der Bearbeitung ausgeschlossen. Liege- und Transportzeiten werden minimiert. Informationen müssen nur einmal gespeichert werden (Redundanzfreiheit) und stehen damit allen Mitarbeitern mit entsprechender Berechtigung (Autorisierung) zur Verfügung. Alle Bearbeitungsschritte werden durch Online-Hilfen, die angeben, wie die Tätigkeit auszuführen ist, unterstützt. Durch entsprechende Bearbeitungsprotokolle kann jederzeit der Status der Bearbeitung (wer hat welche Information wann bekommen und weitergeleitet) festgestellt werden. Ebenso können Bearbeitungsdauer und Terminvorgaben überwacht werden. Die Mitarbeiter sind ständig über den Bearbeitungsstand eines Vorgangs auskunftsbereit, werden von

Routinearbeiten entlastet und haben mehr Zeit für hochwertige Dispositionsarbeiten. Dadurch werden die Vorgangsbearbeitung beschleunigt und der Service verbessert (mehr Ordnung – mehr Service – mehr Output).

Webpräsenz Vorteile

Vorteile und Nachteile der Web-Präsenz

Optimierung der Geschäftsabläufe	• Elektronischer Einkauf und Verkauf verringern den Arbeitsaufwand bei der Bestellabwicklung und der Auftragsbearbeitung • Kürzere Durchlaufzeiten bei der Belegbearbeitung durch Reduzierung unproduktiver Transport-, Liege- und Suchzeiten • Rasche Umverteilung von Aufgaben im Falle einer Überlastung oder eines Ausfalls von Mitarbeitern • Verbesserte Kommunikation und Koordination zwischen einzelnen Mitarbeitern in verteilten Arbeitsgruppen, mit Kunden und Lieferanten durch die Internet-Technologie (z. B. Workflow, E-Mail)
Qualitätsverbesserung	• Verbesserte Qualitätssicherung, da der Bearbeitungsstand der Dokumente jederzeit feststellbar ist und Terminvorgaben leicht kontrolliert werden können • Fehlerreduzierung durch Wegfall manueller Mehrfacherfassungen und Verwendung geprüfter Dokumente
Kosteneinsparung	• Zeit sparende Informationsbeschaffung sowohl intern als auch extern (z. B. bei der Lieferantenauswahl) • Wegfall von Hilfstätigkeiten (z. B. Datenerfassung, -archivierung) • Reduzierung der Papier-, Kopier-, Versand-, Personal-, Raum-, Transportkosten (durch Bündelung der Transporte), Lagerkosten durch kleinere Bevorratungsmengen und kleinere Lagerflächen • Geringeres Lagerrisiko aufgrund niedrigerer Vorräte und aktuellerer Sortimente • Leichtere Einarbeitung von Mitarbeitern und deren Stellvertretern • Langfristige Investitionssicherung durch hard- und softwareunabhängige Anwendungen und Integration vorhandener Großrechner
Stärkung der Marktposition durch höheren Servicegrad	• Mehr Marktpräsenz und Kundennähe durch Webportal (Homepage), elektronische Briefkästen und Bestellformulare und Publikation stets aktueller elektronischer Kataloge • Stärkere Kundenbindung durch Rund-um-die-Uhr-Kundenservice und interaktive Kommunikationsmöglichkeiten • Optimale Befriedigung der Kundenwünsche in Echtzeit und Verbesserung der Auskunftsfähigkeit • Erhöhung der Reaktionsgeschwindigkeit und der Flexibilität auf ständig wechselnde Marktverhältnisse • Globale Beschaffungs- und Absatzmärkte auch für kleinere und mittlere Unternehmen, effiziente Erschließung neuer Märkte • Weltweite Vergleichsmöglichkeiten von Preis- und Produktinformationen stärkt die Position gegenüber Lieferanten

Nachteile

Die Web-Präsenz verursacht hohe Kosten für die **ständige Pflege und Aktualisierung** der Daten, wobei der geschäftliche Nutzen aufgrund der **geringen Verbreitung** der zugehörigen Hard- und Software weitgehend in der Zukunft liegt. Viele Internet-Standards und ERP-Systeme sind zudem **noch nicht ausgereift** und bieten beschränkte Möglichkeiten. (siehe auch Abschnitt 7.)

Aufgrund dieser Nachteile nutzen viele Großunternehmen nach wie vor das EDI-Verfahren. Durch den **elektronischen Datenaustausch im EDI-Format** von Computer zu Computer kann der warenbegleitende Geschäftsverkehr (Bestellungen, Lieferscheine, Rechnungen, Zahlungsbelege usw.) vollautomatisch zwischen den Beteiligten (Kunden, Lieferanten, Banken, Spediteuren usw.) abgewickelt werden. Die Übertragung erfolgt z. B. über ISDN oder Datex-P. Branchen- und länderübergreifend wird EDI durch eine Umwandlung firmeninterner DV-Formate in ein international genormtes Format, genannt **EDIFACT**. Die Daten können damit unabhängig von der eingesetzten Hardware und Software und den verwendeten Netzen und Übertragungsdiensten ausgetauscht werden.

EDI
= Electronic Data Interchange (elektronischer Datenaustausch)

EDIFACT
= Electronic Data Interchange For Administration, Commerce and Transport; dieser Standard wird von der UNO und der EU unterstützt und ist herstellerunabhängig.

Kommerzielle **Online-Dienste** (z. B. T-Online, AOL, CompuServe) bieten die Möglichkeit die unterschiedlichsten Informationen an alle Teilnehmer oder an **geschlossene Benutzergruppen** (GBG, closed user groups) zu verteilen. Durch GBG werden vertrauliche firmeninterne Daten vor dem Zugriff der Öffentlichkeit geschützt. Der Anbieter bestimmt dabei, welche Teilnehmer (z. B. Kundengruppen, Filialen, einzelne Außendienstmitarbeiter) die angebotenen Informationen und Antwortseiten nutzen können.

Beispiel: Unternehmen können auf der Beschaffungsseite mit den Lieferanten, auf der Absatzseite mit den Kunden (z. B. ein Croßhändler mit seinen angeschlossenen Handwerksbetrieben) in geschlossenen Benutzergruppen zusammenarbeiten und Informationen austauschen.

E-Business ist in aller Munde und wird gerne als ein Motor für das Wirtschaftswachstum der Zukunft gesehen. Und wie steht es mit dem E-Business in Deutschland? Nach einer Umfrage des Deutschen Industrie- und Handelstages nutzen immerhin 59 Prozent aller Unternehmen neue Informationstechniken. Abhängig von Branche, Unternehmensgröße und Region gibt es jedoch große Unterschiede. Nur wenig aktiv im E-Business-Bereich sind die Bauwirtschaft mit 44 Prozent und Handelsunternehmen mit 50 Prozent sowie kleinere Betriebe und Unternehmen im östlichen Deutschland. – Weit verbreitet ist die eigene Homepage. 59 Prozent der Industrie- und 47 Prozent der Dienstleistungsbetriebe präsentieren sich und ihre Produkte im Netz. In einigen Dienstleistungsbereichen sind es noch viel mehr: in der Nachrichtenübermittlung 92 und im Kreditgewerbe und in der Bildungswirtschaft je 83 Prozent. Noch kaum genutzt wird das Internet für den Handel mit Geschäftskunden (B2B = Business to Business) und Verbrauchern (B2C = Business to Consumer). Nur 16 Prozent der Unternehmen sehen die neuen Informationstechniken als direkten Draht zum Geschäftskunden an und erst elf Prozent, um die Verbraucher direkt zu erreichen.

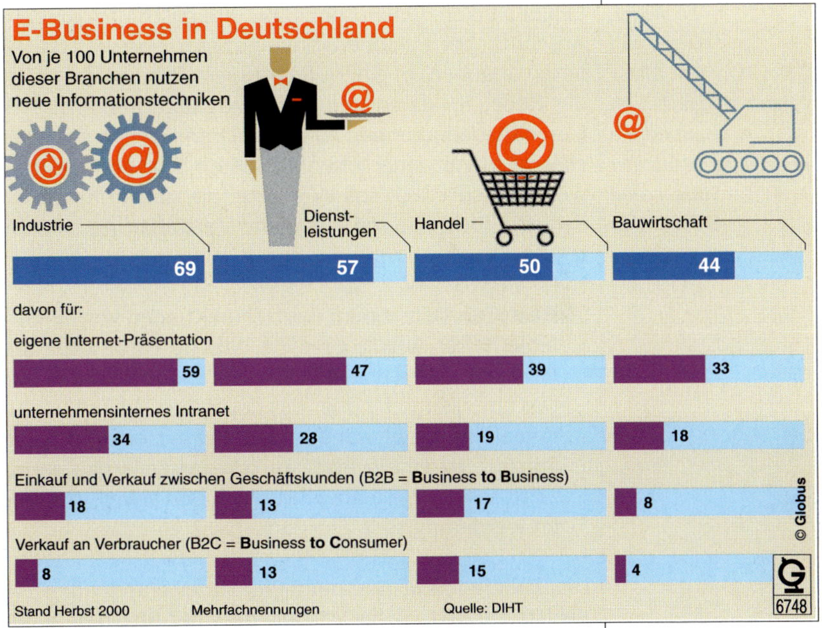

Quelle: Globus

Probleme der Rechtssicherheit und des Datenschutzes

Rechtssicherheit im globalen Netzwerk

Digitale Signatur
= mit einem Signaturschlüssel erzeugtes Siegel zu digitalen Daten („elektronische Unterschrift")

RegTP
= Regulierungsbehörde für Telekommunikation und Post

Die Rechtssicherheit des E-Commerce (elektronischer Handel) innerhalb der EU hat sich mit der *EU-Richtlinie für digitale Signaturen* (vom 30. November 1999) entscheidend verbessert. **Digitale Signaturen** (Unterschrift) werden von Zertifizierungsstellen vergeben, die von der RegTP zugelassen sind. Das Zertifikat ist eine digitale Bescheinigung, die sicherstellt, dass die digitale Unterschrift mithilfe eines öffentlichen Signaturschlüssels einer bestimmten natürlichen Person zugeordnet werden kann (*Signaturgesetz* § 2). Von privaten oder behördlichen Zertifizierungsstellen anerkannte digitale Unterschriften erlangen damit die gleiche Rechtskraft wie handschriftliche Signaturen. Der private Signaturschlüssel befindet sich auf einem Datenträger, der vom Nutzer vertraulich zu behandeln ist (vergleichbar einer Scheckkarte). Der Nutzer bestätigt schriftlich die Übergabe des privaten Signaturschlüssels durch die Zertifizierungsstelle; gleichzeitig muss die Zertifizierungsstelle den öffentlichen Signaturschlüssel (er dient der Identifikation des Schlüsselinhabers) der RegTP übergeben (*Signaturverordnung* § 6). Die digitale Signatur stellt damit sicher, dass E-Mails, Online-Bestellungen usw. nicht von unberechtigten Personen im Namen eines anderen (der dann die Rechnung bezahlen muss) versandt werden können.

OECD
= Organization for Economic Cooperation and Development (diese Handelsorganisation repräsentiert die meisten europäischen Staaten und Nordamerika)

Ein moderner **Verbraucherschutz** benötigt auch allgemein verbindliche Regeln für den elektronischen Handel. Nach § 6 *Teledienstegesetz* (TDG) müssen Diensteanbieter (z. B. Onlinebanken, Onlineshops) für ihre geschäftsmäßigen Angebote ihren Namen und ihre Anschrift, bei Personenvereinigungen Namen und Anschrift des Vertretungsberechtigten angeben. In einem *Richtlinien-Entwurf der OECD* ist von der Pflicht der Anbieter die Rede, in klarer und leicht zugänglicher Weise über ihr Unternehmen und ihre Geschäftsbedingungen zu informieren. Zudem soll gewährleistet werden, dass Verbraucher nicht mit einer unerwünschten Flut von elektronischer Werbepost überschüttet werden. Schließlich soll Werbung, die sich an Kinder wendet, genauer kontrolliert werden. Die Richtlinie soll auch eine Vereinbarung zur Abwicklung von Streitfällen enthalten.

Beispiel: Wird einem deutschen Kunden von einem amerikanischen Online-Shop ein fehlerhafter Anzug geliefert, falsche Farbe oder falsche Größe, dann beginnen die Probleme, die schnell vor Gericht enden können. Doch welches Gericht ist zuständig? Das amerikanische oder das deutsche Gericht? Welches Recht ist gültig, das des Empfänger- oder Lieferlandes? Für kleine Lieferanten kann das „Country-of-Destination-Prinzip" zu einem nicht kalkulierbaren Risiko werden, wenn es Kundenklagen aus zahllosen Ländern abwehren will und jeweils das Recht des Empfängerlandes beachtet werden muss.

Die **Zollerhebung** aus dem grenzüberschreitenden elektronischen Handel ist ein ungeklärter Punkt. Sicher ist nur, dass der Internethandel auf Dauer kein zollfreier Raum sein wird.

Der globale und grenzenlose Charakter des elektronischen Handels erfordert möglichst weltweit abgestimmte Regelungen. Aufgrund der Anonymität der elektronischen Medien und der nahezu unbegrenzten räumlichen Mobilität ist ein Steuerzugriff vor allem gegenüber Steuerausländern schwierig. Nach einer Übereinkunft innerhalb der OECD soll das Aufkommen aus der Verbrauchsbesteuerung **virtueller Güter** (z. B. Software-Produkte, die aus dem Internet heruntergeladen werden) dem Land zufließen, in dem diese verbraucht werden. Virtuelle Güter sollen mehrwertsteuerlich nicht als Waren, sondern als Dienstleistungen angesehen werden.

Datenschutz im Internet

Online-Dienste und auch EDI entwickeln sich zunehmend zu Gefahrenherden, da immer mehr Unternehmen ihren Geschäftspartnern im Wege der Online-Datenübertragung erlauben, über diese öffentlichen Netze auf Vertriebs- und Lagerbestandsdaten zuzugreifen. Die Grenzen zwischen privater, firmeninterner und öffentlicher Kommunikation verschwimmen immer mehr. Eine vertrauliche Kommunikation ist ohne besondere Vorkehrungen jedoch nicht gewährleistet. **Inhaltliche Manipulationen** und unbemerkte Veränderung der Adressierung von Nachrichten sind möglich. Wegen der damit verbundenen Gefahren scheuen viele Unternehmen davor zurück, Daten über öffentliche weltweite Computernetze auszutauschen. Viele Unternehmen geben zu, dass es bereits „Einbrüche" in ihr Computernetz gegeben hat. Die finanziellen Schäden, die **Hacker** weltweit anrichten, gehen in die Millionen.

Hacker
= Person, die sich unbefugt Zugang zu den Daten eines fremden Computers verschafft

Viele Nutzer von Online-Diensten sind sich nicht darüber im Klaren, dass sie bei jedem Gang durch ein elektronisches Kaufhaus bzw. eine elektronische Bibliothek oder beim Telebanking eine elektronische Datenspur hinterlassen. Diese Daten könnten z. B. für die Erstellung von Kundenprofilen und personenbezogene Werbung genutzt werden. Die Weitergabe von Kontonummern, Kundenprofilen oder Adressen ist vom Einzelnen so gut wie nicht kontrollierbar. Nach § 3 *Teledienstedatenschutzgesetz* (TDDSG) ist der Nutzer jedoch vor der Verarbeitung personenbezogener Daten zu unterrichten. Die Auswertung und Weitergabe personenbezogener Daten ist nur mit Einwilligung des Nutzers erlaubt. **Nutzungsprofile** sind nur zulässig, wenn sie anonym oder als Pseudonym verwendet werden (TDDSG § 4).

Pseudonym
= Deckname

In der Praxis wird das **Datenschutzproblem** auf unterschiedliche Art gelöst:
- Firewalls zum Schutz des unternehmensinternen Netzes vor Eindringlingen,
- anonyme Nutzung aller elektronischen Dienstleistungen,
- Datenverschleierung bei der Übertragung,
- kurze Löschungsfristen der gespeicherten Daten,
- Missbrauchskontrolle durch Datenaufsichtsbehörden ohne konkreten Anlass,
- neue Software, die durch die Netze streift, und verbotene Daten aufspürt.

Firewall
= Software, die interne Netzwerke nach außen abschirmt

Im Unterschied zum bislang geltenden deutschen Datenschutzrecht stufen die **EU-Datenschutzrichtlinien** (vom Oktober 1995) bestimmte Daten als besonders sensibel ein. So verbietet sie die Verarbeitung personenbezogener Daten über rassische oder ethnische Herkunft, politische Meinungen, religiöse oder philosophische Überzeugungen, Zugehörigkeit zu Gewerkschaften sowie von Gesundheitsdaten und Daten über das Sexualleben. Schließlich untersagt die EU-Richtlinie auch den Datenexport in Drittländer, deren Datenschutz nicht dem europäischen Standard entspricht. Außerdem verlangt sie „angemessene technische und organisatorische Maßnahmen zum Schutz gegen den unberechtigten Zugang zu personenbezogenen Daten sowie gegen deren unberechtigte Änderung und Weitergabe."

Die rasante Entwicklung des E-Commerce darf jedoch nicht mit strengen gesetzlichen Vorschriften gebremst werden. Angesichts der ständigen Veränderungen sind **freiwillige Vereinbarungen (Selbstverpflichtungen)** der Internetanbieter sinnvoller. Solche Verhaltenskodices sind im Interesse aller E-Commerce-Beteiligten, denn von der Rechtssicherheit hängt das Vertrauen des Internetkunden und damit der Erfolg des elektronischen Handels ab.

Aufgaben

1 Bilden Sie drei **Expertengruppen** A, B und C mit je sechs Mitgliedern. Die Gruppe A befasst sich mit den Fragen a) bis f), die Gruppe B mit g) bis k), die Gruppe C mit l) bis q). Tauschen Sie anschließend Ihre Informationen in sechs Puzzle-Gruppen aus. Die **Puzzle-Gruppen** bestehen aus je einem Mitglied jeder Expertengruppe A, B und C; dieses berichtet jeweils über die Ergebnisse seiner Expertengruppe. Anschließend beantworten zwei Puzzle-Gruppen im Wechsel die Fragen vor der Klasse und stellen sich der Kritik.

Fragen:

a) Erklären Sie den Begriff „integriertes" Kommunikationssystem.
b) Begründen Sie, weshalb das ISDN ein Universalnetz ist.
c) Unterscheiden Sie ISDN, ADSL und SDSL.
d) Beschreiben Sie die Möglichkeiten eines Multimedia-PCs.
e) Beschreiben Sie die Möglichkeiten einer ISDN-TK-Anlage.
f) Erklären Sie das Schlagwort „Multimedia".
g) Beschreiben Sie kurz die verschiedenen Möglichkeiten der Videokonferenz.
h) Weshalb ist die Desktopkonferenz kein „echtes" Videokonferenzsystem?
i) Nennen Sie die wichtigsten Vorteile der Videokonferenz.
j) Beschreiben Sie Möglichkeiten und Vorteile des elektronischen Geschäftsverkehrs.
k) Was versteht man unter einem Online-Dienst?
l) Welche Ausrüstung ist erforderlich, um ins Internet zu gelangen?
m) Erklären Sie die Begriffe World Wide Web, Provider, Client-Server-Prinzip, Forum, Browser.
n) Beschreiben Sie die Schritte, die nötig sind, um ins Internet zu gelangen.
o) Erläutern Sie einige Nutzungsmöglichkeiten (Dienste) des Internets.
p) Sie wollen ein E-Mail per Internet absenden. Beschreiben Sie den Ablauf.
q) Erläutern Sie die Nutzungsmöglichkeiten des Multimedia-Mobilfunks.

2 Der Sanitärgroßhandel Hiller GmbH übermittelt ein Datenpaket von 80 MB pro Tag an seine Filiale. Diese befindet sich in der Fernzone. Vergleichen Sie die Übertragungskosten im Tagtarif pro Tag und pro Jahr (200 Arbeitstage) mittels

a) analogem 56-kbit-Modem,
b) mit einem ISDN-Modem,
c) mit einem DSL-Modem (192 kbit/s).

3 Beurteilen Sie die globalen Netzwerke aus der Sicht der Anbieter und Nutzer bezüglich Rechtssicherheit und Datenschutz. Machen Sie Lösungsvorschläge für das Datenschutzproblem in Netzwerken.
Tipp: Führen Sie hierzu eine Internetrecherche durch.

1 Veranstaltungsarten

Frau Wagner, Sekretärin von Frau Dr. Vogel, Leiterin des Produktbereichs Registraturschränke in der Laupheimer Büromöbel AG, spricht mit ihrer Chefin die in den kommenden Wochen anfallenden Termine durch: Montag, 10:00 Uhr, Montagssitzung; Dienstag, 15:00 Uhr, Besprechung mit Herrn Mack, Qualitätswesen; Ende der Woche Teilnahme an der Konferenz in Friedrichshafen; Anfang nächster Woche wird Frau Dr. Vogel ein Referat anlässlich einer Fortbildungsveranstaltung halten.

Veranstaltungsbeispiele

■ **Wie unterscheiden sich diese Zusammenkünfte?**

In jedem Betrieb finden Zusammenkünfte der verschiedensten Art statt. Besprechungen werden täglich geführt, um Arbeiten zu koordinieren. Treten z. B. nach Durchsicht der Eingangspost Probleme auf, werden die zuständigen Mitarbeiter zu einer kurzen Besprechung oder einem Meeting gebeten.

Bei einer **Besprechung** handelt es sich um einen Gedankenaustausch zwischen zwei und mehreren Personen ohne besondere Formalitäten.

Dienstbesprechung
Postbesprechung

Werden Sitzungen einberufen, müssen bestimmte Formalitäten eingehalten werden. Die Teilnehmer sind über die zu behandelnden Themen frühzeitig zu informieren. Sie haben dann die Möglichkeit, sich schon vor Sitzungsbeginn mit den Themen auseinander zu setzen. Neben regelmäßig stattfindenden Abteilungsleiter-Sitzungen werden Vorstandssitzungen anberaumt, wenn Grundsatzentscheidungen zu treffen sind.

Gemeinderatssitzung

Abteilungsleiter-/ Vorstandssitzung

Sitzungen sind Zusammenkünfte mehrerer Personen, wobei meistens folgende Formalitäten einzuhalten sind: schriftliche oder mündliche Einberufung, Bekanntgabe der Tagesordnung, Bestimmung des Sitzungsleiters.

Tagungsinhalte:
- *Motivation*
- *Information*
- *Entscheidung*
- *Innovation (= Erneuerung)*

Tagungen werden durchgeführt, um einem größeren Teilnehmerkreis Informationen zu vermitteln. Bei Tagungen z. B. der Außendienstmitarbeiter eines Unternehmens werden Erfahrungen ausgetauscht, Schulungen durchgeführt und neue Produkte vorgestellt. Unterhält ein Unternehmen mehrere Tochtergesellschaften, werden die Werksleiter in regelmäßigem Turnus zu Tagungen eingeladen.

Befasst sich ein größerer Teilnehmerkreis über einen längeren Zeitraum mit einem oder mit mehreren Themen, handelt es sich um eine **Tagung**. Die Vorbereitungen sind sehr umfangreich. Formalitäten wie Bekanntgabe des Tagungstermins, des Tagungsortes, der Tagesordnung, der Kostenübernahme usw. müssen eingehalten werden.

Weltklima-Konferenz

Konferenzen finden auf verschiedenen Ebenen statt. Unternehmen laden z. B. alle Leiterinnen und Leiter der Niederlassungen zu einer Konferenz ein, um über eine geplante Neuorganisation zu diskutieren und abzustimmen. Auch auf politischer Ebene werden häufig Konferenzen durchgeführt.

In einer **Konferenz** tauschen renommierte Fachleute zu einem bestimmten Sachgebiet Meinungen und Erfahrungen aus. Durch Referate mit anschließender Diskussion sollen neue Entwicklungen und Zukunftsperspektiven erörtert und nach Lösungsmöglichkeiten gesucht werden.

In der letzten Montagssitzung der Laupheimer Büromöbel AG wurde beschlossen, Frau Lisa Jung, Werbung, zum Weltkongress der Werbewirtschaft, der im Congress Centrum Hamburg stattfindet, zu entsenden.

- **Was veranlasst die Laupheimer Büromöbel AG, Mitarbeiter zu Kongressen zu entsenden?**

Beispiel: hamburger dialog – Der Kommunikationskongress in Hamburg

Bei Kongressen erhalten die Teilnehmer durch Vorträge, Podiumsdiskussionen, Expertenrunden und Workshops gezielte, aktuelle Informationen zu einem bestimmten Thema. Da diese Veranstaltungen meistens einen internationalen Charakter haben, können Vergleiche zwischen den einzelnen Ländern angestellt werden.

Kongresse sind Zusammenkünfte mit internationalem Teilnehmerkreis von Vereinigungen, Verbänden, Gruppen mit fachlicher, wissenschaftlicher oder politischer Ausrichtung. Experten werden zu einem Thema gehört. Anschließend finden Diskussionen und Beratungen statt.

Zwei Sekretärinnen der Laupheimer Büromöbel AG besuchen das Seminar „Organisation, Arbeitstechniken und Kommunikation im Chef-Sekretariat". Für diese zweitägige Veranstaltung werden sie beurlaubt. Die Gebühren dieses Seminars belaufen sich auf 425,00 EUR pro Person. Sie werden vom Unternehmen übernommen.

■ **Äußern Sie sich zum Kosten-/Nutzenaspekt dieser Schulung.**

Spezialseminarbeispiele

- *Lernen und recherchieren im Internet*
- *Kommunikation und Konfliktbewältigung*
- *WebMaster-Fachkraft für das Netz*

In einem **Seminar** werden Mitarbeiterinnen und Mitarbeiter geschult. Durch den rasanten technischen Fortschritt müssen berufliche Kenntnisse und Fähigkeiten ständig auf den neuesten Stand gebracht werden.

Kosten-/Nutzenaspekt

Ein gemeinsames Ziel kann nur erreicht werden, wenn die beteiligten Personen miteinander kommunizieren. Trotz vielfältiger moderner Kommunikationstechnologien wie Telefonkonferenzen und Videokonferenzen kann auf persönliche Kontakte nicht verzichtet werden. In einem Gespräch „unter vier Augen" lassen sich auch die schwierigsten Probleme lösen. Die Kommunikation verläuft reibungsloser, wenn gleichzeitig mehrere Mitarbeiter auf einer Sitzung über den Arbeitsablauf informiert werden. Tauschen auf einer Konferenz Fachleute zu einem bestimmten Thema Meinungen aus, kann davon ausgegangen werden, dass alle unterschiedlichen Aspekte berücksichtigt werden. Wichtige Entscheidungen, z. B. Änderung des Produktionsprogramms, sind dann leichter zu fällen. Die Kosten dieser Veranstaltungen sind sehr unterschiedlich. Jedes Unternehmen muss Mittel dafür bereitstellen, um erfolgreich arbeiten zu können.

Berufsausbildung	– 13 550 Auszubildende in: 45 gewerbl.-techn. Berufen, 8 technischen Assistenzberufen 7 kaufmännischen Berufen – 800 hauptberufliche Ausbilder/Lehrkräfte – 100 Ausbildungsstandorte	**Berufliche Weiterbildung** **Aufwendungen**	– 100 000 Lehrgangsteilnehmer im Jahr – 3 700 Referenten 350 Mio. EUR Bildungsaufwand im Jahr, davon – 200 Mio. EUR für Berufsausbildung – 150 Mio. EUR für Weiterbildung

Überblick in Zahlen Kosten der Aus- und Weiterbildung in einem Großbetrieb
Mitarbeiter: 373 000
Umsatz: 45 Mrd. EUR

2 Das Protokoll

koordinieren = *aufeinander abstimmen*

In der Laupheimer Büromöbel AG finden regelmäßig Sitzungen statt. So treffen sich jeden Montag um 11:00 Uhr alle Abteilungsleiterinnen und Abteilungsleiter, um die anstehenden Aufgaben zu koordinieren. Sie informieren sich gegenseitig und tauschen Erfahrungen und Meinungen aus. Die Sekretärinnen werden abwechselnd als Protokollantinnen eingesetzt.

■ **Welche Aufgaben erfüllt das Protokoll?**

protos = *der erste*
Kolla = *der Leim*

Aus Protokollen kann jede Mitarbeiterin und jeder Mitarbeiter ersehen, welche Probleme anstehen und gelöst werden müssen. Protokolle werden als **Urkunde, Dokument, Arbeitsunterlage, Informationsquelle und Beweismittel** eingesetzt.

2.1 Die Aufgaben des Protokolls

Papyrus = *Beschreibstoff in Rollen-, Blatt- und auch Buchform*

Schon von alters her hat das Protokoll die Bedeutung einer **Urkunde**. Das Wort Protokoll wird aus der altgriechischen Sprache abgeleitet und bedeutet „das vorn Angeleimte". Gemeint ist damit das einer amtlichen Papyrusrolle vorgeleimte Blatt, das Auskunft über die Entstehung und den Verfasser des Papyrus gibt. Mit der Urkunde wird bezeugt, dass das Geschriebene der Wahrheit entspricht.

Das Papyrus Ebers enthält eine medizinische Rezeptsammlung und stammt aus der Zeit um 1500 v. Chr.

Georg von Ebers, deutscher Ägyptologe (1837, † 1898)*

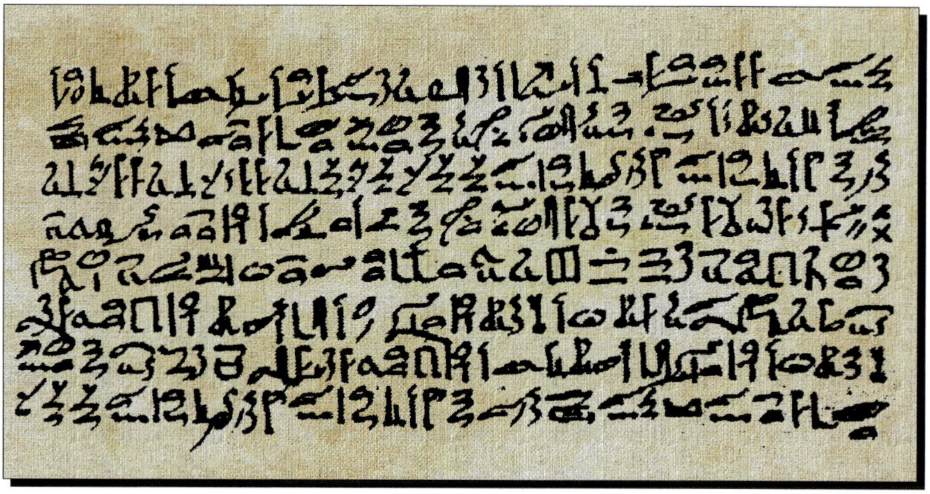

§ 130 AktG
§ 48 GmbHG
§§ 188, 271 – 274 StPO

Ein **Protokoll** ist die Niederschrift öffentlicher oder privater Verhandlungen, die den Verlauf und Inhalt beurkundet und in beweismäßiger Form, oft mit Unterzeichnung durch die Beteiligten, festlegt. Im Gesellschaftsrecht und in der Strafprozessordnung hat das Protokoll die Bedeutung einer Urkunde. Jeder Beschluss der Hauptversammlung einer AG wird durch eine über die Verhandlung notariell aufgenommene Niederschrift beurkundet. Auch bei Versammlungen der GmbH muss bei Satzungsänderungen ein Protokoll angefertigt werden. Die Strafprozessordnung schreibt vor, dass in der Voruntersuchung über jede Untersuchungshandlung ein Protokoll aufgenommen werden muss.

Neben dem urkundlichen Zweck dient das Protokoll

- **als Dokument.**
  d. h. als schriftliche Unterlage, die Informationen enthält. Die Protokolle regelmäßig stattfindender Sitzungen bzw. Konferenzen werden chronologisch aufbewahrt. So kann jederzeit anhand einer geordneten Dokumentation der Ablauf dieser Zusammenkünfte nachvollzogen werden. Unter einer Dokumentation wird das Erfassen, Ordnen und Bereitstellen von Dokumenten zu Informationszwecken verstanden.

chronologisch
= zeitlich geordnet z. B. Firmenchronik, Vereinschronik

- **als Arbeitsunterlage.**
  Jeder Teilnehmer hat die Möglichkeit, sich auf die nächste Sitzung vorzubereiten. Er befasst sich mit den vorhergehenden Protokollen und überprüft, ob er noch weiteres Informationsmaterial zur neu anberaumten Sitzung benötigt.
- **als Informationsquelle.**
  In Großbetrieben finden häufig Sitzungen und Tagungen statt. Über das Ergebnis sind auch Mitarbeiterinnen und Mitarbeiter zu unterrichten, die nicht daran teilnehmen konnten. Sie können dann den Protokollen die für sie wichtigen Informationen entnehmen.
- **als Beweismittel.**
  Das Protokoll stellt eine Rechtsgrundlage dar über
  - Beschlüsse, die gefasst werden und die jeder zu respektieren hat.
  - Entscheidungen, die im Verlaufe der Sitzung getroffen werden.
  - Aufträge, die einzelne Teilnehmer auszuführen haben.
  - Kompetenzen, die eindeutig festlegen, wer für eine Sache zuständig ist. Kein Sitzungsteilnehmer kann sich seiner Verantwortung entziehen.

Kompetenz
= Zuständigkeit

2.2 Protokollarten

In der Laupheimer Büromöbel AG beruft der Vorstand eine Sitzung ein. Ein neues modulares Möbelprogramm, das „Electronic Office System", soll auf den Markt gebracht werden. Frau Drombusch, Vorstandssekretärin, führt das Protokoll.

modular
= bausteinartig

■ **Welche Protokollart ist hier angebracht?**

Die Art des Protokolls hängt davon ab, wie umfangreich die Informationen sein müssen. Neben dem Vollprotokoll (auch wörtliches Protokoll) werden Verlaufsprotokolle, Ergebnisprotokolle bzw. Beschlussprotokolle, Kurzprotokolle und Gedächtnisprotokolle angefertigt.

Vollprotokoll

Das ausführlichste Protokoll ist das **Vollprotokoll**. Wie der Name schon sagt, wird **alles** voll und ganz protokolliert. Es handelt sich um eine wörtliche Niederschrift. Da der gesamte Sitzungsverlauf wiedergegeben wird, sind auch Zwischenrufe und Gefühlsäußerungen wie Beifall oder Gelächter zu protokollieren.

Über Meinungsäußerungen ihrer gewählten Abgeordneten wollen die Bürger genau Bescheid wissen. Hier kann jeder Zwischenruf bedeutungsvoll sein, wenn über wichtige Angelegenheiten debattiert wird. Da jeder Abgeordnete zu seinen Äußerungen stehen muss, besitzt das Vollprotokoll höchste Beweiskraft. Deshalb werden im Deutschen Bundestag **Debatten** wörtlich protokolliert.

Parlamentsstenografen stenografieren eine Bundestagsdebatte

Beispiel eines Vollprotokolls

Protokoll der 62. Sitzung des Deutschen Bundestages

Tagesordnungspunkt 1: Befragung der Bundesregierung (Nutzen und Anwendung der neuen Medien in Deutschland – Chancen in der Informationsgesellschaft)

Bundestagspräsident Norbert Lammert

Vizepräsident Dr. Hermann Otto Solms: Der Kollege Jürgen Koppelin von der F.D.P.-Fraktion möchte ebenfalls eine Frage stellen. – Bitte schön, Herr Koppelin.

Jürgen Koppelin (F.D.P.): Herr Staatssekretär, an diese Diskussion anschließend – Sie haben auch Amerika angesprochen –, darf ich Sie fragen: Teilen Sie meine Auffassung, dass dort viele Unternehmen, die sich mit
(B) den neuen Medien beschäftigen, um es salopp zu sagen: in Garagen gegründet worden sind, dass wir aber in Deutschland das Problem haben, noch nicht einmal eine Genehmigung für den Bau einer Garage zu bekommen?

(Heiterkeit)

Siegmar Mosdorf, Parl. Staatssekretär beim Bundesminister für Wirtschaft und Technologie: Leider verehrter Herr Koppelin, diese alte Bill-Gates-Geschichte, die wir seit zehn Jahren mit uns herumtragen, ist nach wie vor richtig. Deshalb wundert es mich auch, dass Sie nicht schon längst eine Garage gemietet haben, um sich selbstständig zu machen.

Sie haben völlig Recht: Es gibt hier administrative Hemmnisse, die abgebaut werden müssen, denn die jungen Leute fangen nicht in fertigen Fabrikgebäuden, in fraktalen Fabriken an, sondern meist ganz klein mit einem Auftraggeber. Ich finde, wir müssen alles tun, damit sie ihre Chance bekommen. Deshalb wollen wir versuchen, die Rahmenbedingungen genau in diesem Sektor, den ich für sehr beschäftigungsintensiv halte, entsprechend zu verändern.

Allerdings hängt die Beschäftigungswirkung, also der Saldo des Beschäftigungseffektes – Herr Mayer, Sie, Herr Koppelin, und ich haben uns in der Enquete-Kommission über einige Jahre hinweg damit befasst –, sehr stark davon ab, wie schnell wir sind. Wenn andere Länder bei der Unterstützung von Selbstständigkeit schneller sind,
(C) dann entstehen diese Jobs nicht bei uns. Deshalb hat die Bundesregierung – dies will ich einmal hervorheben – in intensiver Zusammenarbeit mit dem Bundesministerium für Bildung und Forschung bereits nach elf Monaten ein Aktionsprogramm vorgelegt, das die Fachwelt positiv bewertet, weil sie weiß, dass die Bundesrepublik auf diesem Sektor tatsächlich Nachholbedarf hat.

Wir wollen alles dazu tun, um zur ersten Adresse zu werden. Dazu gehört auch die Frage, die Sie aufgeworfen haben, Herr Koppelin.

Vizepräsident Dr. Hermann Otto Solms: Eine Zusatzfrage, Herr Koppelin? – Bitte schön.

Jürgen Koppelin (F.D.P.): Herr Staatssekretär, nun wissen wir ja, dass gerade in diesem Bereich vor allem Existenzgründer oft wenig Geld zur Verfügung haben, um Unternehmen zu gründen, und von den Banken teilweise keine Kredite bekommen, weil sie keine Sicherheiten haben. Die Frage an Sie lautet also: Was unternimmt die Bundesregierung und wie viele Mittel hat sie in den nächsten Haushaltsplänen zur Verfügung, um gerade die Gründung dieser Unternehmen zu fördern und anzustoßen?

Siegmar Mosdorf, Parl. Staatssekretär beim Bundesminister für Wirtschaft und Technologie: Dies ist eine sehr wichtige Frage, wobei ich Ihnen, Herr Koppelin, den Hinweis geben möchte, dass sich da etwas verändert hat. Ich registriere sehr aufmerksam und mit großem Interesse, dass mittlerweile viele amerikanische, asiatische und australische Venture Capital Häuser einen Standort in Deutschland suchen, weil es insbesondere in Amerika die Erkenntnis gibt – da gibt es sehr viel breit gestreutes Chancenkapital –, dass man in Europa aufgewachsen ist, dass in Europa auf einmal etwas in Bewegung kommt. Das gilt keineswegs nur für Deutschland. Das können Sie auch in Großbritannien und in einigen anderen europäischen Ländern, zum Beispiel in Dänemark, sehen. Die Skandinavier sind auf diesem Sektor ungeheuer dynamisch.

Das heißt, dass es auf der einen Seite inzwischen erhebliche Anstrengungen von VC-Companies, Venture Capital Companies, gibt, in Deutschland eine Niederlassung zu gründen, um Chancenkapital nach Deutschland zu bringen, weil es hier offensichtlich Möglichkeiten gibt. Auf der anderen Seite besteht jedoch durchaus das Problem, Herr Koppelin, dass die deutschen Banken immer noch zurückhaltend sind.

(…)

Auszug aus dem Plenarprotokoll 14/62

Fallbeispiel:
In einer Besprechung der Personalabteilung über innerbetriebliche Schulungen wurde entschieden, eine Diktierschulung durchzuführen.

Auszug aus einem Protokoll der Besprechung zum Thema „Innerbetriebliche Schulungen"

TOP 1 Diktieren

Verlaufsprotokoll Festgehalten wird der **Verlauf** einer Besprechung oder Sitzung: – wichtige Redebeiträge mit Namensnennung – Beschlüsse – Aufträge – Anweisungen	**TOP 1** Frau Kunz führt an, dass es den Mitarbeiterinnen des Zentralbüros sehr **schwer falle,** fehlerfreie Briefe nach Fonodiktat zu schreiben. Eine große Anzahl der Sachbearbeiterinnen und Sachbearbeiter **diktiere** regelwidrig. Es **lohne** sich auf jeden Fall, eine Diktierschulung durchzuführen. Für das rationelle Diktieren **sei** es wichtig, die Diktierregeln DIN 5009 anzuwenden. Frau Müller erklärt, die Diktierschulung **könne** Herr Weber übernehmen. Er **sei** Experte auf diesem Gebiete, da er bereits solche Kurse bei Privatschulen erfolgreich **durchgeführt habe.** Alle Teilnehmer sind mit dieser Regelung einverstanden. Frau Kunz meint, es **sei erforderlich,** auch die Mitarbeiterinnen des Zentralbüros zu schulen. Erst dann **könne** davon ausgegangen werden, dass Fonobriefe fehlerfreier **übertragen würden.** Sie **beabsichtige,** diese Schulung selbst durchzuführen.
Ergebnisprotokoll Festgehalten werden die Ergebnisse der Besprechung oder Sitzung: – Beschlüsse – Anweisungen – Aufgaben	**TOP 1** Herr Weber führt eine Diktierschulung durch. Frau Kunz übernimmt die Fonodiktat-Einweisung der Mitarbeiterinnen des Zentralbüros.
Kurzprotokoll Festgehalten werden die **Ergebnisse** und die **wichtigsten Argumente,** die zur Entscheidung geführt haben.	**TOP 1** Herr Weber führt eine Diktierschulung durch. Er ist Experte auf diesem Gebiet, da er bereits solche Kurse bei Privatschulen erfolgreich durchgeführt hat. Frau Kunz übernimmt die Fonodiktat-Einweisung der Mitarbeiterinnen des Zentralbüros.

Das ausführlichste Protokoll, das in Betrieben und Verwaltungen angefertigt wird, ist meistens das Verlaufsprotokoll. Neben allen wichtigen Ergebnissen und Beschlüssen werden auch Äußerungen und Diskussionsbeiträge der Teilnehmer protokolliert, wenn sie für die Entscheidungsfindung wichtig sind. Bei regelmäßig stattfindenden Sitzungen dagegen genügt es, ein Ergebnisprotokoll zu erstellen.

Gedächtnisprotokoll

Geschäftliche Besprechungen können auch zwangloser, z. B. in Form eines Arbeitsessens in einem Restaurant, stattfinden. Eine Protokollantin wäre hier fehl am Platze. Deshalb wird sich der Gastgeber im Nachhinein ein Gedächtnisprotokoll anfertigen und darin die wichtigsten Beschlüsse in Stichworten festhalten oder eine Teilnehmerin bzw. ein Teilnehmer erhält den Auftrag, ein kurzes Protokoll zu erstellen.

Arbeitsessen

Aufgaben

CeBIT = Welt-Centrum Büro Information Telekommunikation

1. Erklären Sie den Begriff „Kommunikation".
2. In jedem Betrieb finden unterschiedliche Zusammenkünfte statt. Nennen Sie einige Beispiele.
3. Ihr Ausbildungsbetrieb bietet Ihnen die Möglichkeit, zusammen mit einigen Arbeitskollegen die CeBIT (Messe und Kongress) in Hannover zu besuchen. Begründen Sie diese Entscheidung.
4. Nennen Sie zwei Beispiele, in denen das Protokoll die Funktion einer Urkunde besitzt.
5. Geben Sie weitere Gründe an, warum Protokolle erstellt werden.
6. Die Art des Protokolls hängt davon ab, wie hoch der Informationsgehalt sein muss. Zählen Sie die Ihnen bekannten Protokollarten auf und nennen Sie je ein Beispiel für deren Einsatz.

2.3 Protokollrahmen

Vorschlag eines Protokollrahmens

Laupheimer Büromöbel AG	Name der Firma oder des Vereins
P r o t o k o l l Nr. 27	Das Wort „Protokoll" muss angegeben werden; bei Sitzungsreihen Protokollnummer fortschreiben.
der Sitzung der Geschäftsleitung	Sitzung genau bezeichnen oder Thema nennen
Tag 200.-06-10	Datum
Zeit 10:30 - 11:45 Uhr	Beginn und Ende
Ort Sitzungsraum II	Angabe des Raumes
Anwesend Frau Dr. Haßler Frau Dr. Käufer Herr Mack Herr Manz Frau Uhl Frau Dr. Vogel	In welcher Reihenfolge die Teilnehmer aufgeführt werden, hängt davon ab, ob z. B. hochrangige Gäste eingeladen sind. Meistens werden die Teilnehmer alphabetisch aufgeführt. Bei großer Teilnehmerzahl wird eine separate Anwesenheitsliste geführt.
Abwesend Herr Dr. Hansen (entschuldigt) Herr Tredup (unentschuldigt)	Auch die Teilnehmer, die der Sitzung nicht beiwohnen können, sind zu nennen. Sie sind eventuell an Entscheidungsfindungen beteiligt und müssen über den Stand der Verhandlungen informiert werden.
Vorsitzende Frau Uhl **Protokoll** Frau Koch	Vorsitzende/r und Protokollant/in werden meistens namentlich aufgeführt.
Tagesordnung 1. Geschäftsbericht 200. 2. Stellenausschreibungen 3. Neuorganisation der Werbeabteilung	Die Tagesordnung wird vor Sitzungsbeginn von den Teilnehmern genehmigt. Die Reihenfolge kann nur mit Zustimmung der Sitzungsteilnehmer geändert werden.
TOP 1 .... **TOP 2** .... **TOP 3** .... **Beschluss**	Die erzielten Ergebnisse werden festgehalten. Beschlüsse sind besonders zu kennzeichnen.
Ort, Datum Laupheim, 200.-06-11	Datum der Protokollerstellung
Protokoll **Vorsitz**	Das Protokoll ist von der Vorsitzenden/dem Vorsitzenden und der Protokollantin/dem Protokollanten zu unterschreiben.
Verteiler Teilnehmer Herrn Dr. Hansen Herrn Tredup Frau Regnitz, Friedrichshafen	Hier wird aufgeführt, wer eine Kopie des Protokolls erhält.
Anlagen Geschäftsbericht Organisationsvorschlag	Werden Anlagen beigefügt, müssen sie genau bezeichnet werden.

2.4 Protokollaufnahme und -ausarbeitung

Je gründlicher die Vorbereitung, desto leichter die Protokollaufnahme

Die Auszubildende Evelyn Stark arbeitet seit 6 Wochen im Sekretariat von Frau Dr. Vogel, Produktbereich Registraturschränke. Sie soll in den nächsten Montagssitzungen das Protokoll führen, da die Chefsekretärin, Frau Wagner, ihren Jahresurlaub antritt.

■ **Wie würden Sie sich auf diese Aufgabe vorbereiten?**

Die Protokollaufnahme und -ausarbeitung erfolgt in drei Arbeitsschritten:

1. Vorbereitung auf die Sitzung
2. Verhalten während der Sitzung
3. Tätigkeit nach der Sitzung

Wird nach diesem Konzept gearbeitet, können Protokolle problemlos aufgenommen und erstellt werden.

Tipps zur Vorbereitung:
- *Tagesordnung studieren*
- *Informationen beschaffen und Sitzungsunterlagen durcharbeiten*
- *vorherige Protokolle durchlesen*
- *Kürzungen für Fachausdrücke sammeln*
- *Sitzplan erstellen*

Vorbereitung auf die Sitzung

Die Protokollaufnahme muss gründlich vorbereitet werden. Detailkenntnisse über die Themen, die in der Sitzung behandelt werden, sind unerlässlich, z. B.:
- Wie lautet die Tagesordnung?
- Sind meine Informationen dazu ausreichend?
- Welche Fachausdrücke habe ich zu erwarten?
- Wie kürze ich diese Fachausdrücke?
- Müssen bereitgestellte Sitzungsunterlagen durchgearbeitet werden?
- Wer nimmt an der Sitzung teil?
- Wird ein Sitzplan erstellt?
- Habe ich auf Besonderheiten (schnelles Reden, undeutliche Aussprache) einzelner Teilnehmer zu achten?

Verhalten während der Sitzung

Zuhören – verbunden mit einer guten Aufnahmetechnik – erleichtern die Protokollaufnahme erheblich. Gute Stenografiekenntnisse sind dabei eine große Hilfe. Sie können aber auch dazu verleiten, alles mitzuschreiben, anstatt den Sitzungsverlauf konzentriert zu verfolgen und nur das Wesentlichste zu notieren. Sätze wie

Während der Sitzung konzentriert zuhören

- Ich stelle den Antrag ...
- Darüber sollten wir abstimmen.
- Fassen wir zusammen:
- Es wird folgender Beschluss gefasst:

weisen darauf hin, dass nun den Redebeiträgen besonders aufmerksam gefolgt werden muss.

Zur Stenogrammaufnahme oder zur Mitschrift eignet sich am besten ein durchnummerierter A4-Block. Das rechte Drittel des Blattes wird für Hinweise, besondere Vermerke und Nachschübe reserviert.

durchnummerierten DIN A4-Block verwenden

Eine klar strukturierte Aufnahme erleichtert die Ausarbeitung. Deshalb beginnt jeder Tagesordnungspunkt mit einer neuen Seite. Schon während der Protokollaufnahme sollten **Anträge, Aufträge** und **Beschlüsse** besonders gekennzeichnet werden. Dazu eignen sich Farbstifte oder Textmarker. Beschlüsse müssen wörtlich aufgeschrieben und sollten den Teilnehmern zur Kontrolle vorgelesen werden. Unstimmigkeiten sind am rechten Rand zu vermerken und nach dem betreffenden Redebeitrag zu klären, spätestens jedoch am Ende der Sitzung. Der Umfang der aufzunehmenden Beiträge richtet sich nach der Art des Protokolls. Bei einem Verlaufsprotokoll wird auch der Weg angegeben, der zu den Ergebnissen geführt hat.

Aufnahme klar strukturieren

Anträge, Aufträge und Beschlüsse besonders kennzeichnen

An die Protokollantin werden hohe Anforderungen gestellt. Neben guter Sachkenntnis muss sie in der Lage sein, über einen langen Zeitraum konzentriert zuzuhören und gleichzeitig das Wesentliche aus den Redebeiträgen herauszufiltern. Ein ruhiger Sitzungsverlauf und ein diszipliniertes Verhalten aller Sitzungsteilnehmer erleichtern die Protokollaufnahme.
Verfügt die Protokollantin über genügend Berufserfahrung, erkennt sie die Zusammenhänge und kann Informationen rasch erfassen. Doch auch hier gilt das geflügelte Wort „Übung macht den Meister!".

Tätigkeit nach der Sitzung

Zunächst wird meistens ein Protokoll-Entwurf angefertigt. Hierzu kann das rechte Drittel des Notizblocks verwendet werden. Generell empfiehlt sich folgende Arbeitsweise:

nach der Sitzung Protokoll-Entwurf anfertigen

- Der Protokoll-Entwurf wird sofort nach Sitzungsende in Angriff genommen. Der Ablauf ist noch frisch im Gedächtnis. Dadurch wird die Ausarbeitung wesentlich erleichtert.
- Die Aufzeichnungen zu den einzelnen Tagesordnungspunkten werden überprüft, ob sie **sachlich, wichtig** und **informativ** sind.

Aufzeichnungen überprüfen

> Angela Gerdes: „Ich werde ständig von unseren Außendienstmitarbeitern darauf angesprochen, dass wir nicht genügend Möbel im Programm haben, die auf die Bedürfnisse der Kunden zugeschnitten sind, die mit unterschiedlichen Bürokommunikationsgeräten arbeiten. Hier sehe ich gute Marktchancen für ein modulares Möbelprogramm."

sachlich informieren

– Im Ergebnisprotokoll steht:

```
Frau Gerdes sieht gute Marktchancen für ein modulares Möbelprogramm.
```

– Bestehen Unsicherheiten, ob einzelne Beiträge aufzunehmen sind oder weggelassen werden können, wird der Vorsitzende um Rat gebeten.

neutral berichten

subjektiv *= parteiisch, unsachlich*

– Taktlose Aussagen und subjektive Bemerkungen der Protokollantin dürfen nicht in die Ausarbeitung einfließen. Äußert ein Teilnehmer wütend seine Meinung und gerät er dabei auch in seiner Wortwahl außer Kontrolle, wird dies im Protokoll nicht wiedergegeben.

Formatierungsmöglichkeiten nutzen
– Fettdruck
– Kursiv
– Unterstreichen

– Je übersichtlicher ein Protokoll gestaltet und geschrieben wird, umso schneller kann der Inhalt erfasst werden. Die meisten Formatierungsmöglichkeiten bieten Textverarbeitungsprogramme.

– Zur Arbeitserleichterung werden die Kopien der Teilnehmer, die Aufträge erhalten, an den entsprechenden Textstellen markiert.

– Die Protokoll-Reinschrift unterschreiben die/der Vorsitzende und die Protokollantin/der Protokollant.

chronologisch *= zeitlich geordnet*

– Das Protokoll wird vervielfältigt und verteilt. Die Protokolloriginale sind chronologisch aufzubewahren.

– Alle Termine und Aufträge müssen überwacht werden.

Beispiel eines Ergebnisprotokolls der Laupheimer Büromöbel AG

Laupheimer Büromöbel AG

P r o t o k o l l

über die Besprechung der Planung eines **Tages der offenen Tür**

Tag	200.-02-10
Zeit	09:30 - 10:30 Uhr
Ort	Sitzungsraum I
Anwesend	Herr Fetzer, Organisation Frau Jung, Werbung Herr Manz, Produktbereich Schreibtische Frau Dr. Vogel, Produktbereich Registraturschränke
Tagesordnung	**1. Terminfestlegung** **2. Aktionsprogramm** **3. Werbung**

Top 1 Der **Tag der offenen Tür** wird am Sonntag, 21. Mai 200. stattfinden.
Das Haus soll von 10:00 bis 17:00 Uhr geöffnet sein.

Top 2 Das Aktionsprogramm umfasst eine **Multimediashow**, ein Musikprogramm und eine **Tombola**. Herr Fetzer übernimmt die Organisation.

Top 3 Frau Jung arbeitet ein Werbekonzept aus und unterbreitet Vorschläge für die Bewirtung.

Laupheim, 200.-02-12

Lod	*Fetzer*
Protokoll	Vorsitz

Verteiler
Teilnehmer
Frau Regnitz, Friedrichshafen

Aufgaben

1 Sie erhalten den Auftrag, für eine regelmäßig stattfindende Sitzung in Ihrem Ausbildungsbetrieb einen Protokollrahmen als Formular zu entwerfen.

2 Sie wollen sich auf die bevorstehende Protokollaufnahme gründlich vorbereiten. Berichten Sie, was Sie dabei zu beachten haben.

3 Eine rationelle Arbeitstechnik ist eine der Voraussetzungen, die das Protokollieren erleichtern. Geben Sie hierzu einige Beispiele.

4 Gute Kurzschriftkenntnisse können dazu verleiten, „alles mitzuschreiben". Nehmen Sie zu dieser Aussage Stellung.

5 Nennen Sie Beispiele, wie Sie ein Protokoll übersichtlich gestalten und schreiben können.

2.5 Sprachliche und stilistische Gestaltung

In einem Protokoll der Laupheimer Büromöbel AG ist zu lesen:

„Bei Nichteinhaltung des Dienstweges wird um Überprüfung gebeten, welche Gründe zur Rechtfertigung von den Betreffenden angegeben werden."

■ Äußern Sie sich zu dieser Formulierung.

Alle Regeln des modernen Briefstils treffen auch für das Protokoll zu. Es soll **sachlich**, **informativ** und **gut formuliert** sein. Folgende Punkte sind zu beachten:

Keine
- **Hauptwörterei**
  - *Sorge tragen*
  - *Nichteinhaltung*
- **Modewörter**
  - *genau*
  - *vor Ort*
- **Füllwörter**
  - *praktisch*
  - *an und für sich*

– Viele **Hauptwörter** können durch **einfache, ausdrucksvolle Verben** ersetzt werden.

Frau Müller **trägt** für die Bewirtung der Gäste **Sorge**.	Frau Müller sorgt für die Bewirtung der Gäste.

– **Mode-** und **Füllwörter** verlängern einen Text unnötig.

Dieses Hotel ist für unsere Tagung **genau** richtig.	Dieses Hotel eignet sich für unsere Tagung.
Diesem Vorschlag kann **praktisch** zugestimmt werden.	Diesem Vorschlag wird zugestimmt.

– Das Protokoll wird im **Präsens** geschrieben, da die Protokollantin das Wichtigste notiert, während gesprochen wird.

Wichtige Redebeiträge des Verlaufsprotokolls:
- *indirekte Rede*
- *Konjunktiv*

– Wichtige Redebeiträge des Verlaufsprotokolls werden in **indirekter Rede im Konjunktiv** wiedergegeben. Dadurch wird gewährleistet, dass der Protokollant neutral berichtet. Auf abwechslungsreiche Einleitungswörter soll geachtet werden (meinen, erwidern, äußern, berichten usw.).

Konjunktiv I
wird vom **Präsens** *(Gegenwart) des Verbs abgeleitet.*
Formbildung:
Präsensstamm + e
Beispiel: fallen **falle**

Konjunktiv II
wird vom **Imperfekt** *(Vergangenheit) des Verbs abgeleitet.*
Formbildung:
Imperfektstamm + e
Beispiel: fiel **fiele**

Indikativ (Wirklichkeitsform) direkte Rede	**Konjunktiv (Möglichkeitsform) indirekte Rede**
Herr Tetzel: „Die Eingangsrechnungen treffen bei uns ständig mit so großer Verzögerung ein, dass wir keinerlei Skontoabzugsmöglichkeiten nutzen können."	Herr Tetzel erklärt, die Eingangsrechnungen träfen mit so großer Verzögerung ein, dass keinerlei Skontoabzug mehr vorgenommen werden könne.
Frau Werner: „Für dieses Projekt **müssen** wir mindestens 10.000,00 EUR bereitstellen."	Frau Werner meint, für dieses Projekt **müssten** wir 10.000,00 EUR bereitstellen. oder Frau Werner meint, es sei erforder- lich, für dieses Projekt min- destens 10.000,00 EUR bereitzustel-

Bei der steigenden Informationsflut müssen Sachverhalte so formuliert werden, dass sie schnell erfasst werden können.

Die Protokollauszüge der Stadt Ulm aus dem Jahre 1825 und 1919 machen deutlich, wie sich unsere Sprache gewandelt hat.

Die Anteilsache des Kaufmanns Kleemann und Cons. gegen den Dach- und Hufschmied Zimmermann wurde dahin verglichen, dass Zimmermann sein Dach durch den Zimmermeister Scheiblein etwas niederer mache und Kleemann und Cons. die Kosten zahlen.

Der Königl. Oberleutnant erhielt die Bitte des Johannes Müller um Minderjährigkeitsdispensation zum Beweis und zur Anzeige mit, was Müller Vermögen habe …

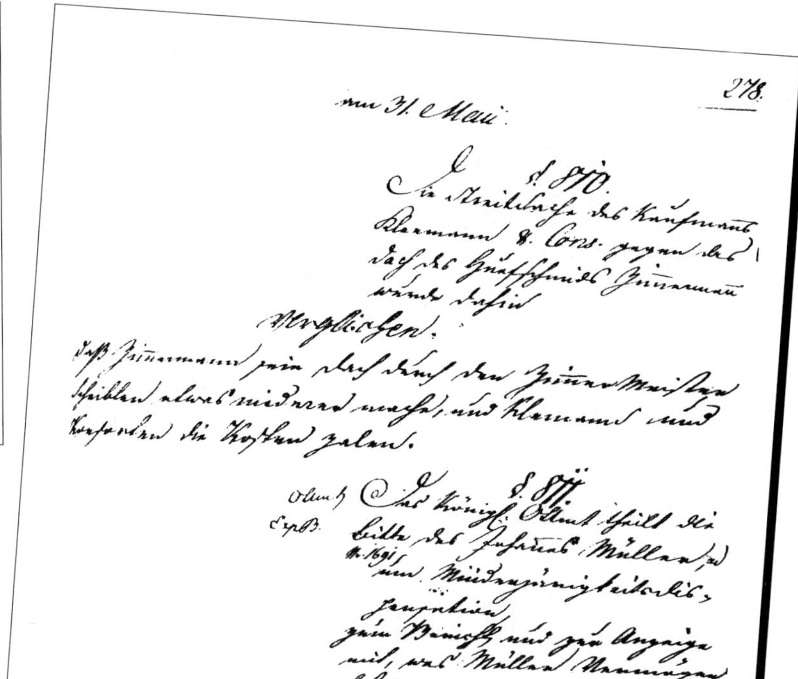

Den 27. Februar 1919.

… 1. Juni 1919 in Aussicht genommen wird, falls die Ministerialabteilung damit einverstanden ist.

Dieser Antrag wird vom Gemeinderat durch einstimmigen

Beschluss

genehmigt.

Der Ministerialabteilung soll Protokollauszug vorgelegt werden.

2. Oeffentlich.

§ 172.

Zur Kenntnis des Gemeinderates wird gebracht der Erlass des K. Gewerbeoberschulrats vom 20. August 1918 No. 2116 betr. Uebertragung einer Gewerbeoberlehrerstelle an der hiesigen Gewerbeschule an den Hilfslehrer Diplom-Ingenieur Wilhelm Müller an der Gewerbeschule in Esslingen mit Wirkung vom 13. August v. Js. an. Seine Bezüge betragen 2800 M Gehalt, 320 M Wohnungsgeld und 1100 M Teuerungszulage.

§ 173.

Mitgeteilt wird der Erlass des K. Gewerbeoberschulrats vom 11. Juni 1918 No. 1250, wonach der Beschluss der bürgerlichen Kollegien vom 25. April 1918 § 287 betr. Einbeziehung des Werkstattunterrichts der Gewerbeschule in den Pflichtunterricht derselben genehmigt wird. ...

Gesprächsauszug

Fortbildungsangebote

Tabellenkalkulation

Inhalt: *Vor- und Nachkalkulation mit Kostenüber- und -unterdeckung, Betriebsabrechnung, Deckungsbeitragsrechnung, Umsatz- und Erfolgsplanung und ähnliche Probleme lassen sich mit „LOTUS 1-2-3", „MS-EXCEL" und „Symphony" schnell, bequem und aktuell realisieren.*

xtverarbeitung

halt: *Texte entverfen, korrigieren, aktualisieren, aus Textbausteinen zusammensetzen, selektieren, speichern und jederzeit abrufen; Serienbriefe in beliebiger Zahl erstellen, nachträglich mit vielfältigen Formatbefehlen auf Bildschirm und Drucker ausgeben.*

Grundlagen der tenverarbeitung

halt: *Aufbau und Funktionsweise eines DV-Systems: Zentraleinheit und Peripherie, Hardware, Software, Betriebssystem …*

Am Montag um 15:00 Uhr lädt Herr Tredup (Personalpolitik) Frau Eva Müller, Personalwesen, Herrn Fritz Tetzel, Rechnungswesen, Frau Ellen Regnitz, Personalwesen in Friedrichshafen und Herrn Ralf Roy, Export, zu einer Sitzung über innerbetriebliche Schulungen ein. Allen Teilnehmern ist die Tagesordnung bekannt. Das Protokoll führt Frau Koch.

Herr Tredup	Guten Morgen, Frau Müller, guten Morgen, meine Herren. Ich hoffe, Sie hatten ein schönes Wochenende. Das Wetter war ja herrlich. Sie wissen, dass ich Sie zu dieser Sitzung geladen habe, um unsere Fortbildungsveranstaltungen zu koordinieren und zu besprechen. Leider ist Frau Regnitz erkrankt. Beginnen wir mit dem ersten Tagesordnungspunkt. Herr Tetzel, Sie haben das Wort!
Herr Tetzel	Die bisherige Praxis der Schulungen in EDV verläuft so, dass wir Mitarbeiterinnen und Mitarbeiter ausschließlich an externen Lehrgängen teilnehmen lassen. Vielleicht wäre es sinnvoller, einige dieser Kurse in unserem Hause in eigener Regie durchzuführen. Unser neuer Mitarbeiter, Herr Oberdorf, hat eine Menge Erfahrungen auf dem Gebiete der Erwachsenenbildung in seiner bisherigen Tätigkeit gesammelt. Er ist der geeignete Mann, um Kurse in Tabellenkalkulation und in Textverarbeitung durchzuführen.
Herr Tredup	Gegen eine Schulung in unserem Hause habe ich grundsätzlich nichts einzuwenden, wenn sich dies ohne großen Aufwand organisieren lässt. Aber ich bezweifele, ob Herr Oberdorf die erforderliche Qualifikation mitbringt.
Herr Tetzel	So ein Blödsinn! Sehen Sie sich doch seine dienstlichen Beurteilungen an!
Herr Tredup	Regen Sie sich nicht auf! Herr Oberdorf soll zunächst ein Konzept für diese Kurse vorlegen.
Herr Tetzel	Ich werde Herrn Oberdorf beauftragen, ein Konzept zu erarbeiten.
Herr Tredup	Kommen wir zu TOP 2: Weiterbildung in Fremdsprachen. Herr Roy, Sie sind der Meinung, dass wir Mitarbeiterinnen und Mitarbeitern der Exportabteilung die Möglichkeit bieten sollten, Fremdsprachenkurse zu besuchen.
Herr Roy	Ich bin der Meinung, dass wir unbedingt Kurse in Französisch und Spanisch anbieten sollten. Wir könnten sicher Referenten finden, die solche Kurse in unserem Hause durchführen und auf unsere Belange ausrichten könnten.
Herr Tredup	Ich schlage vor, dass Sie in den nächsten 14 Tagen feststellen, wie viele Mitarbeiter Sprachkurse besuchen wollen. Wir werden uns dann in der nächsten Sitzung darüber unterhalten, was wir nun endgültig anbieten. Kommen wir nun zum Thema "Lehrgänge für Auszubildende". Frau Müller, bitte.
Frau Müller	Ich habe bereits einen Vorschlag ausgearbeitet. Dabei habe ich für unsere kaufmännischen Auszubildenden folgende Kurse vorgesehen: Zunächst sollten Azubi's mit Realschulabschluss einen Einführungskurs in die Datenverarbeitung besuchen. Das könnte Herr Oberdorf übernehmen. Dann schlage ich vor, unsere Auszubildenden an dem Seminar "Telefon und Besucherempfang - die Visitenkarte des Unternehmens" teilnehmen zu lassen. Das Kursprogramm des Instituts habe ich vorliegen.
Herr Tredup	Ich werde mich mit Ihrem Vorschlag nochmals befassen. Sobald ich alle Programme vorliegen habe, werden wir uns noch einmal zusammensetzen und endgültig abstimmen, was wir anbieten. Haben Sie sonst noch ein Problem, das wir besprechen sollten? Keine Wortmeldung. Dann schließe ich die Sitzung. Ich wünsche Ihnen allen eine gute Arbeitswoche.

Beispiel eines Verlaufsprotokolls der Laupheimer Büromöbel AG

Laupheimer Büromöbel AG

Protokoll Nr. 25

der Sitzung über innerbetriebliche Schulungen

Tag	{Datum einsetzen}
Zeit	15:00 - 16:00 Uhr
Ort	Sitzungsraum I
Anwesend	Frau Müller Herr Roy Herr Tetzel Herr Tredup
Abwesend	Frau Regnitz (entschuldigt)
Vorsitzender	Herr Tredup
Protokollantin	Frau Koch
Tagesordnung	1. Computerkurse 2. Fremdsprachenkurse 3. Kurse für Auszubildende

TOP 1
Herr Tetzel erklärt, dass es angebracht sei, in Zukunft EDV-Schulungen in unserem Hause in eigener Regie durchzuführen. Herr Oberdorf sei in der Lage, Kurse in Tabellenkalkulation und in Textverarbeitung durchzuführen. Herr Tredup bittet Herrn Tetzel, von Herrn Oberdorf ein Konzept ausarbeiten zu lassen.

TOP 2
Herr Roy weist darauf hin, dass Mitarbeiterinnen und Mitarbeitern ermöglicht werden solle, Sprachkurse in Französisch und Spanisch in unserem Hause zu besuchen. Herr Tredup beauftragt Herrn Roy, innerhalb von 14 Tagen festzustellen, wie viel Personen an diesen Kursen interessiert seien.

TOP 3
Frau Müller teilt mit, dass sie für die kaufmännischen Auszubildenden einen Einführungskurs in die Datenverarbeitung und das Seminar „Telefon und Besucherempfang, die Visitenkarte des Unternehmens" vorgesehen habe.

Beschluss
Herr Tredup wird einen neuen Sitzungstermin anberaumen, wenn alle Konzepte vorliegen.

Laupheim, {Datum einsetzen}

Koch — Tredup

Protokoll — Vorsitz

Verteiler
Teilnehmer
Frau Regnitz

Aufgaben

1 Sie werden beauftragt, ein Verlaufsprotokoll aufzunehmen. Zur Arbeitserleichterung notieren Sie sich Einleitungswörter (meinen, sagen usw.).

2 Fertigen Sie das Ergebnisprotokoll über das Gespräch auf Seite 384 an.

3 Nehmen Sie Stellung zur Sprache des Protokolls aus dem Jahre 1919.

3 Sitzungen und Tagungen

In der Vorstandssitzung der Laupheimer Büromöbel AG wird Ende Februar beschlossen, im Herbst eine Tagung mit Produktpräsentation in einem attraktiven Hotel durchzuführen. Das Thema der Tagung lautet: "Ergonomie und Design" – mit Laupheimer Möbeln mehr Arbeitsfreude im Büro". Das neue "Electronic Office System" soll vorgestellt werden. Fachreferate und ein Rahmenprogramm sind eingeplant. Zu dieser Veranstaltung werden Vertreter aus dem In- und Ausland eingeladen. Sämtliche Kosten trägt das Unternehmen. Mit den Vorbereitungen und der Leitung beauftragt Frau Dr. Haßler Herrn Max Fetzer, Organisation.

■ **Überlegen Sie, welche Aufgaben auf Herrn Fetzer zukommen.**

3.1 Vorbereitung von Sitzungen und Tagungen

Vgl. Kapitel Ablauforganisation Seite 203 ff.

Nationalfeiertage einiger europäischer Länder

Belgien: 21. 07.
Dänemark: 05. 06.
Frankreich: 14. 07.
Griechenland: 28. 10.
Luxemburg: 23. 06.
Österreich: 26. 10.

Terminabsprachen

Ein Tagungstermin muss sehr frühzeitig festgelegt werden, damit er möglichst von allen Teilnehmern akzeptiert werden kann. Dabei sind folgende Punkte zu berücksichtigen:

- Ferienordnungen der Bundesländer und der Länder, aus denen die Teilnehmer anreisen
- regionale und überregionale gesetzliche Feiertage
- andere wichtige Veranstaltungen wie internationale Messen, Ausstellungen oder außergewöhnliche Sportveranstaltungen am Tagungsort
- gesetzliche oder satzungsgebundene Einladungsfristen sowie interne Termine

Terminplanung am PC

Die Festlegung und Überwachung von Terminen wird heute auch mit dem PC durchgeführt. Mit der entsprechenden Software, z. B. Termindateien und Time-Manager, kann die Terminverwaltung rationell erledigt werden.

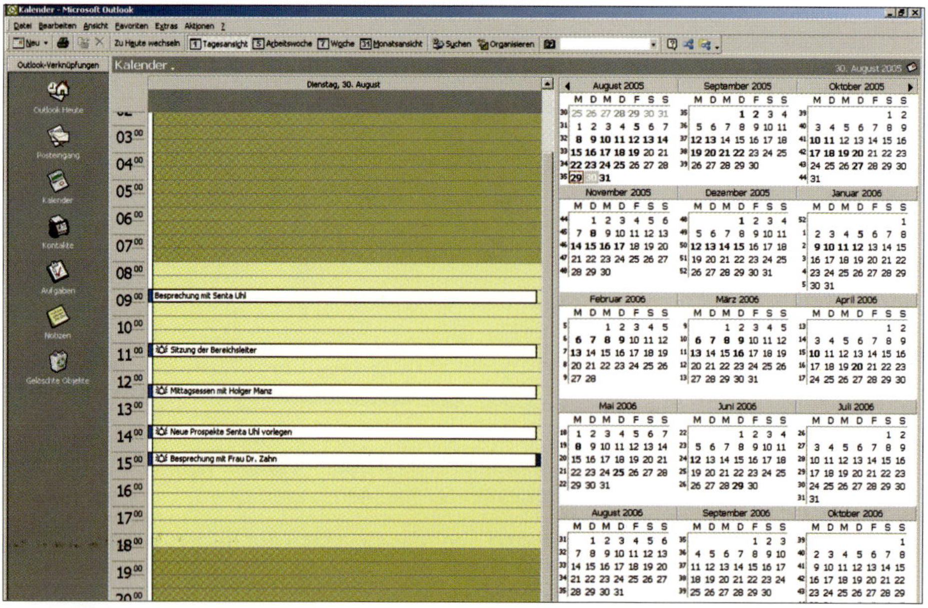

Raumfrage und Unterbringung

Verfügt ein Betrieb über geeignete Räume, werden Tagungen häufig innerbetrieblich durchgeführt. Trotzdem werden geschäftliche Zusammenkünfte bevorzugt außerhalb des Betriebes veranstaltet, um den Teilnehmern die Möglichkeit zu bieten, in entspannter Atmosphäre Informationen aufzunehmen.

Welches Hotel eignet sich für eine Tagung?

Die erforderlichen Räume können bei Tagungs- und Kongresszentren angemietet werden. Viele Hotels sind mit Tagungsräumen ausgestattet. Kongressorganisationen haben sich darauf spezialisiert, Hotels mit dem gewünschten Ambiente zu vermitteln.

Ambiente
= Stimmung, Umwelt

Für auswärtige Gäste müssen rechtzeitig Hotelzimmer reserviert werden. Eine gute Unterkunft trägt wesentlich zum Gelingen einer Tagung bei. Deshalb wird häufig in ruhig gelegenen Häusern getagt und übernachtet.

Aus einem Hotelprospekt:
In unseren Hotels wird Ihnen bei der Planung und Durchführung von Konferenzen größte Beachtung geschenkt. Wir bieten zeitgemäße Tagungsorganisation; professionelles Konferenzmanagement, modernste Technik und erstklassigen Service.
Unser Team freut sich darauf, Sie mit unserer „Konferenz-Check-Liste" individuell zu beraten.
Für ausführliche Informationen senden wir Ihnen gern unsere ausführliche aktuelle Konferenzübersicht zu.

Kostenübernahme

Die Kostenübernahme bei Veranstaltungen wird sehr unterschiedlich geregelt. Wenn zu Tagungen mit Produktpräsentation über die Presse eingeladen wird, tragen die Gäste die Kosten selbst. Viele Tagungen haben den Charakter von Fortbildungsveranstaltungen, deren Kosten meistens die Betriebe übernehmen.

Referenten

Um die Tagungsteilnehmer vielseitig zu informieren, werden Fachleute eingeladen, über bestimmte Themen zu referieren. Dabei ist Folgendes zu beachten:
- Die Zustimmung des Referenten muss frühzeitig eingeholt werden.
- Über das Honorar, die Übernahme der Reise- und Unterbringungskosten werden Absprachen getroffen (schriftliche Bestätigung).
- Der Referent wird gebeten, mitzuteilen, welche technischen Geräte er während seines Vortrages einsetzt.
- Um den Tagungsteilnehmern schriftliche Unterlagen bereitzustellen, erstellt der Referent evtl. ein kurzes Manuskript seines Vortrages.

Soll eine Tagung erfolgreich verlaufen, muss auch überlegt werden, wer als Ersatzreferent infrage kommt, falls unvorhergesehene Umstände (z. B. Erkrankung des Referenten) eintreten.

Voreinladung

Um den Teilnehmern Gelegenheit zu geben, sich rechtzeitig auf den Tagungstermin einzustellen, wird häufig eine Voreinladung versandt. Bei mehrtägigen Veranstaltungen kann dies auch über die Presse, z. B. Inserate in Fachzeitschriften, geschehen.

Fallbeispiel:
Die Laupheimer Büromöbel AG verschickt auch eine Voreinladung, die folgende Punkte enthält:

Termin	Tagung am 15. Oktober 200.
	Sehr geehrte. ...,
	am 15. Oktober 200. laden wir Sie zu der Tagung
Thema	„Ergonomie und Design - mit Laupheimer Möbeln mehr Arbeitsfreude im Büro"
	nach Ulm ein. Neben Fachreferaten haben wir auch eine Produktpräsentation vorgesehen.
Bitte um Teilnahmebestätigung	Bitte notieren Sie sich diesen Termin. Wenn Sie ihn nicht wahrnehmen können - was uns sehr Leid täte - rufen Sie uns bitte an.

In einer Teilnehmerliste werden alle Namen mit Anschrift und Telefon-Nummer festgehalten. Zusagen und Absagen sind schriftlich zu vermerken.

Rahmenprogramm

Eine Tagung endet häufig mit einem Rahmenprogramm. Nach getaner Arbeit sollen die Teilnehmer in einer angenehmen Atmosphäre Gelegenheit zum zwanglosen Gespräch erhalten. Dazu werden Künstler aus Film, Funk, Fernsehen und Theater engagiert, Bankette mit Ball veranstaltet. Werden die Ehepartner der Tagungsteilnehmer eingeladen, wird für sie ein spezielles Programm während der Tagungszeiten zusammengestellt (Stadtführungen, Museumsbesuche, Ausflüge). Zur Gestaltung von Rahmenprogrammen können ebenfalls Kongressorganisationen eingeschaltet werden.

Aufgaben

1 Ihr Ausbildungsbetrieb plant, Ende Oktober eine zweitägige Tagung mit Produktpräsentation durchzuführen, an der auch Teilnehmer aus Frankreich, Dänemark, Belgien, Luxemburg und Griechenland teilnehmen werden.
Erstellen Sie eine Checkliste zur Terminfestlegung.

2 Sie schlagen vor, für diese Tagung eine Voreinladung zu versenden. Begründen Sie Ihre Meinung.

3 Zu dieser Tagung werden auch die Ehepartner der Teilnehmer eingeladen. Machen Sie Vorschläge zur Gestaltung des Rahmenprogramms für die Begleitpersonen.

4 Auch einige Referenten werden zu dieser Tagung geladen. Erstellen Sie eine Checkliste hierzu.

Tagungsprogramm

Das Tagungsprogramm mit der genauen Tagesordnung wird drei bis vier Wochen vor Tagungsbeginn mit einem offiziellen Einladungsschreiben allen Teilnehmern zugesandt. Es unterrichtet über den zeitlichen und inhaltlichen Ablauf einer Tagung.

P R O G R A M M

der Tagung

„Ergonomie und Design – mit Laupheimer Möbeln mehr Arbeitsfreude im Büro"

am 15. Oktober 200.
im Hotel Diplomat in Ulm

10:00 Uhr	*Begrüßung* Senta Uhl Kaufmännische Direktorin
10:15 – 11:00 Uhr	*Produktinformation* Holger Manz Leitung Produktbereich Schreibtische
11:00 – 11:30 Uhr	*Kaffeepause*
11:30 – 12:30 Uhr	*Produktpräsentation* „Electronic Office System" im Orchideenzimmer Holger Manz
12:30 – 14:00 Uhr	*Mittagessen* im Hotel
14:00 – 15:00 Uhr	*„Arbeitsphysiologische und ergonomische Anforderungen an den Arbeitsplatz"* Dr. Reinhold Merz Universität Frankfurt
15:00 – 15:30 Uhr	*Kaffeepause*
15:30 – 16:30 Uhr	*„Verkaufsstrategien zur Umsatzsteigerung"* Dr. Anne Kaiser Anderson Consulting
16:30 – 17:00 Uhr	*Diskussion mit Manöverkritik*
20:00 Uhr	*Gemeinsames Abendessen* im Hotel

Ein Büro gestern

und heute

Treten nach Versand des Tagungsprogramms Änderungen ein, werden diese den Teilnehmern vor Beginn der Tagung bekannt gegeben. Wird den Teilnehmern eine Voreinladung gesandt, kann das Tagungsprogramm auch erst bei Tagungsbeginn überreicht werden.

Einladung

Das offizielle Einladungsschreiben enthält wichtige Informationen. Die Teilnehmer werden darüber unterrichtet, wann und zu welcher Uhrzeit die Tagung beginnt und endet (Tagungsprogramm beilegen). Über die Tagungsstätte werden die Teilnehmer durch Prospekte, Stadtpläne/Lagepläne informiert. Außerdem muss angegeben werden, mit welchen Verkehrsmitteln die Tagungsstätte zu erreichen ist (Hinweis auf Parkmöglichkeiten!). Die Teilnehmer müssen wissen, wer die Kosten der Anreise, Unterkunft und Verpflegung trägt. Findet ein festliches Rahmenprogamm statt, darf der Hinweis auf formelle Kleidung nicht fehlen.

Checkliste Einladung

Termin ➧ **Tagung am 15. Oktober 200.**

Sehr geehrte. ...,

wir freuen uns, Sie zur Tagung mit Produktpräsentation

Thema ➧ **„Ergonomie und Design -**
mit Laupheimer Möbeln mehr Arbeitsfreude im Büro"

einzuladen.

Beginn/Ende ➧ *Tagungsstätte* ➧ *Prospekt/Lageplan* ➧ Die Tagung beginnt um 10:00 Uhr und endet gegen 22:00 Uhr. Sie findet im Hotel Diplomat in Ulm statt. Einen Lageplan und einen Hotelprospekt erhalten Sie mit diesem Schreiben.

Tagungsprogramm ➧ Den genauen Ablauf entnehmen Sie bitte dem beigefügten Tagungsprogramm.

Parkmöglichkeiten ➧ *Verkehrsverbindungen* ➧ Wenn Sie mit dem Pkw anreisen, parken Sie Ihren Wagen auf dem hoteleigenen Parkplatz. Falls Sie mit der Bahn fahren, erreichen Sie das Hotel mit der Straßenbahn-Linie Nr. 8 (Station Friedrichsau).

Unterkunft ➧ *Antwortkarte* ➧ Ihre Zimmerwünsche kreuzen Sie bitte auf der beiliegenden Antwortkarte an und senden uns diese so bald wie möglich zurück.

Kostenübernahme ➧ Alle Kosten der Tagung einschließlich Fahrtkosten, die Sie bitte in der üblichen Form abrechnen, tragen wir.

Teilnehmerliste ➧ Eine Teilnehmerliste ist beigefügt.

evtl. besondere ➧ *Kleidung* ➧ Wir wünschen Ihnen einen angenehmen Aufenthalt und hoffen, dass Sie viele Anregungen mit nach Hause nehmen.

evtl. Hinweis auf ➧ *mitzubringende* ➧ *Unterlagen* ➧ Mit freundlichen Grüßen

Bei mehrtägigen Veranstaltungen erleichtert eine vorbereitete Antwortkarte die Organisation erheblich. Die Teilnehmer melden sich verbindlich an und geben besondere Wünsche bekannt.

Einladungsschreiben sollen den Teilnehmern ca. vier Wochen vor Beginn der Tagung zugesandt werden.

Fallbeispiel:
Im vergangenen Jahr lud die Laupheimer Büromöbel AG bereits zu einer Tagung mit Produktpräsentation ein. Eine Referentin wollte ihren Vortrag mit Power Point darbieten. Leider war dies nicht möglich, da der LCD-Projektor plötzlich ausfiel. Eine Ersatz-Projektionslampe konnte nicht sofort beschafft werden.

- **Machen Sie Vorschläge, wie eine solche Panne zu vermeiden ist.**

Tagungsraum

Die technische Ausstattung eines Tagungsraumes muss sorgfältig geplant werden. Sie hängt ab von der Art der Präsentation. Tageslichtprojektor, Diaprojektor oder Videoanlage sind übliche optische Medien. Zum Sammeln und zur Visualisierung von Diskussionsbeiträgen dienen Flipchart, Pinnwände, Moderatorenkoffer und elektronische Tafeln. Was auf der Schreibfläche notiert wird, kann mit einem Tastendruck sofort als A4-Kopie erstellt werden. Der Computer als Präsentationshilfe gewinnt immer mehr an Bedeutung. Mit entsprechender Software können computeranimierte Grafiken, Tabellen und Schaubilder gezeigt werden. Um das Computerbild auf eine Leinwand zu projizieren, wird ein LCD-Projektor oder ein Beamer benötigt. Mit einem Touch-Monitor mit integrierter Vorschau-Funktion können alle vorhandenen elektronischen Medien gesteuert werden.

Auch an Büromaterial wie Schreibpapier, Umschläge, Schere, Tesafilm, Klebstoff muss gedacht werden. Die Ausstattung des Raumes überprüft ein damit beauftragter Mitarbeiter. Er wird sich von der Funktionsfähigkeit aller technischen Geräte (Checkliste anfertigen) selbst überzeugen und er muss in der Lage sein, auftretende Mängel rasch zu beheben bzw. beheben zu lassen.

Dezenter Blumenschmuck, Kaffee und Tee in Thermoskannen und Erfrischungsgetränke sollten so auf die Tische platziert werden, dass sich die Teilnehmer selbst bedienen können, ohne die anderen zu stören.

Zubehör

FlipChart-Blocks

Marker und Stifte

Folienschreiber

Laserpointer/ Zeigestab

Magnete

Ersatzbirnen

Ein moderner Tagungsraum:
- *höhenverschiebbare weiße Tafelflächen*
- *Projektionsfläche für Overheadprojektor*
- *Großbild-Rückprojektion für Film und Dia*
- *elektrisch betriebene Projektionsleinwand*
- *Stellfächer für Monitore*
- *Schrankelemente für Audio-/Videogeräte*
- *elektron. Steuerpult*
- *Faltwand*
- *Tisch mit Fach für Folien*
- *Tische und Stühle in U-Anordnung*

Tischformen

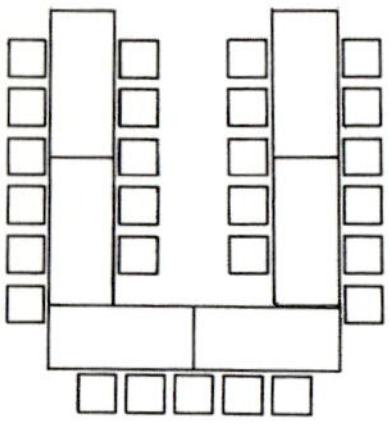

U-Form

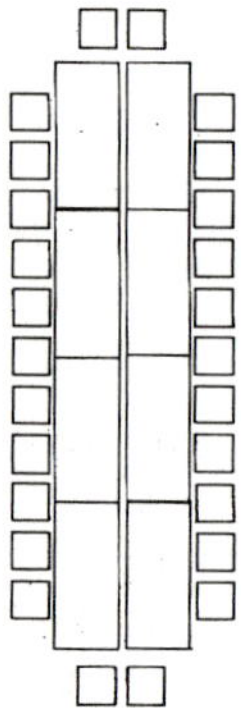

Block-Form

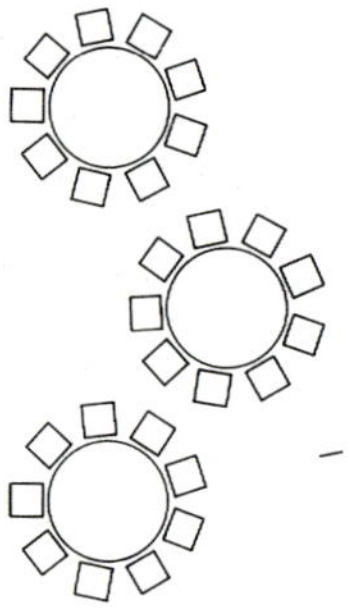

Runde Tische

Sitzordnung

Eine gut durchdachte Sitzordnung fördert die Kommunikation und dient gleichzeitig der Kontaktpflege. Bei großen Veranstaltungen wird ein Sitzplan am Eingang des Sitzungsraumes angebracht, damit den Teilnehmern umständliches Suchen erspart bleibt. Namens-Tischkarten müssen so angefertigt werden, dass sie von beiden Tischseiten eingesehen werden können.

Bei der Bestuhlung des Raumes ist darauf zu achten, dass jeder Teilnehmer dem Vortrag des Referenten ohne Schwierigkeiten folgen kann. Dazu eignen sich die U-Form, die Block-Form und die runde Tischform.

Arbeitsunterlagen

Jeder Teilnehmer erhält zu Beginn der Sitzung Arbeitsunterlagen, u. a.

- das Tagungsprogramm und die Teilnehmerliste
- Prospekte (Hotelprospekt, Veranstaltungskalender, Prospekte der neuen Produkte)
- Kurzreferate
- Schreibpapier und Schreibstifte
- Telefon-Notizzettel
- Formulare zur Abrechnung der Reisekosten

Damit die Tagung reibungslos verläuft, treffen sich alle beteiligten Mitarbeiter kurz vor Tagungsbeginn zu einer letzten Lagebesprechung. Alle Punkte der erstellten Checklisten werden überprüft.

Presse

Tagungen sind ein willkommener Anlass, eine breitere Öffentlichkeit zu informieren. Deshalb werden Pressevertreter eingeladen. Da diese viele Termine wahrzunehmen haben, muss die Einladung frühzeitig erfolgen. Eine Pressemappe mit allen wichtigen Informationen, Prospekten, Fotos liegt dem Einladungsschreiben bei. Mit der Betreuung des Pressevertreters wird ein Mitarbeiter beauftragt. Folgende Aufgaben kommen auf ihn zu:

- telefonisch an den Tagungstermin erinnern
- Parkplatz reservieren lassen
- geeigneten Sitzplatz im Tagungsraum bereitstellen
- über den Verlauf der Tagung informieren
- Fragen beantworten
- hochrangige Gäste vorstellen
- neue Produkte präsentieren

Vertretung im Betrieb

Nehmen an der Tagung mehrere leitende Mitarbeiter teil, muss ein Vertretungsplan erstellt werden. Ein Exemplar erhält die Telefonzentrale. Sie wird auch darüber informiert, unter welcher Telefonnummer in Notfällen die Mitarbeiter zu erreichen sind.

3.2 Durchführung der Tagung

Mit dem **Empfang** und der **Betreuung** der Gäste wird ein Mitarbeiter beauftragt. Er sorgt dafür, dass die Gäste ihre Garderobe ablegen können, begrüßt die Teilnehmer und macht sie eventuell miteinander bekannt. Im Tagungsraum – neben der Eingangstür – befindet sich ein Empfangstisch mit Informationsmaterial, um den Teilnehmern die gewünschten Auskünfte geben zu können. Auch an eine Hausapotheke sollte gedacht werden, um bei gesundheitlichen Beschwerden rasche Hilfe zu leisten.

Die **offizielle Eröffnung** der Tagung übernimmt der Tagungsleiter. Eventuelle Änderungen des organisatorischen Ablaufs bzw. der Tagesordnung gibt er bekannt. Er stellt die eingeladenen Referenten vor und bedankt sich nach Beendigung des Vortrags für deren Ausführungen.

Wird die Tagung protokolliert, muss für diese Aufgabe ein Mitarbeiter beauftragt werden. In einem **Ergebnisprotokoll** wird das Wesentliche der Veranstaltung festgehalten.

3.3 Nachbereitung der Tagung

Alle an der Tagung beteiligten Mitarbeiter kommentieren in einer **Manöverkritik** den Tagungsverlauf. Hier fließen auch Anregungen und Beanstandungen der Teilnehmer ein. Sind während der Tagung Mängel aufgetreten, wird darüber diskutiert, wie diese in Zukunft abgestellt werden können.

Die Hotelrechnung, Honorare der eingeladenen Referenten bzw. Künstler sowie die Reisekostenabrechnungen der Teilnehmer werden überprüft und zur Zahlung angewiesen. Der Tagungsleiter dankt den Referenten bzw. eingeladenen Künstlern schriftlich für deren Bereitschaft, an der Veranstaltung mitzuwirken. Alle Kosten der Tagung werden zusammengestellt.

Laupheimer Büromöbel AG

Tagung „Ergonomie und Design" -
mit Laupheimer Möbeln mehr Arbeitsfreude im Büro"
am 15. Okt. 200.
im Hotel „Diplomat" in Ulm

Teilnehmerzahl: 28 Personen

Übernachtungskosten	1.540,00 EUR
Verpflegung	1.425,00 EUR
Raummiete	315,00 EUR
Reisekosten	2.119,00 EUR
Honorare	1.375,00 EUR
Sonstige Kosten	375,00 EUR
Kosten der Tagung insgesamt	7.149,00 EUR

Preisbeispiel eines Hotels

Übernachtungspreise außerhalb von Seminaren:
EZ: 75,00 EUR
DZ: 150,00 EUR

Übernachtungspreise für Seminarteilnehmer:
EZ: 70,00 EUR
DZ: 125,00 EUR
Frühstücksbuffet
10,00 EUR pro Person

Für Ihr Seminarbudget:
- *Bereitstellungskosten für den Raum*
- *Flipchart und Papier*
- *Overheadprojektor*
- *Kaffeepause mit Kaffee, Tee und Joghurt*
- *Kaffeepause am Nachmittag mit Kaffee, Tee und Gebäck*

Tagespauschale
50,00 EUR
Tagespauschale mit Halbpension
75,00 EUR
Tagespauschale mit Vollpension
90,00 EUR

Presseberichte

Die erschienenen Presseberichte werden zu Dokumentationszwecken aufbewahrt. Interessierte Teilnehmer erhalten eine Kopie.

Beispiel eines Presseberichts

Alle erschienenen Presseberichte werden gesammelt und ausgewertet. Sie geben Auskunft darüber,
- *ob den Lesern ein positives oder negatives Bild des Betriebes vermittelt wurde.*
- *ob die Berichterstattung das Interesse der Leser an neuen Produkten weckt (Anfragen erhalten?).*

„Ergonomie und Design – mit Laupheimer Möbeln mehr Arbeitsfreude im Büro“

Tagung der Laupheimer Büromöbel AG in Ulm

Unter dem Motto „Ergonomie und Design – mit Laupheimer Möbeln mehr Arbeitsfreude im Büro“ präsentierte die Laupheimer Büromöbel AG Gästen aus dem In- und Ausland das neu entwickelte „Elektronic-Office-System“. Computer – Textverarbeitungsgeräte – Telekommunikationsausstattungen definieren ein neues, eigenständiges Anforderungsprofil in den kommenden Jahren. Die zentralen Einheiten des Systems sind die Kabelkanäle, an die wiederum alle anderen Elemente exakt angebaut werden können (Modularität). Arbeitsplätze können so leicht erweitert und umgestellt werden, sodass alle organisatorischen Veränderungen ohne Aufwand nachvollzogen werden können (Flexibilität). Im Laupheimer Elektronic-Office-System addiert sich eine Summe von Vorteilen aus der ergonomischen Formgebung. Da wird unabhängig von den physischen Dimensionen des Benutzers ein Höchstmaß an Bedienerkomfort erreicht. Das neue System stößt auf großes Interesse und die Laupheimer Büromöbel AG erwartet eine beachtliche Umsatzsteigerung.

Aufgaben

1 Entwerfen Sie eine Antwortkarte für die Tagung „Ergonomie und Design - mit Laupheimer Möbeln mehr Arbeitsfreude im Büro".

2 Nennen Sie alle Punkte, die ein Einladungsschreiben enthalten soll.

3 In Ihrem Ausbildungsbetrieb findet die Fortbildungsveranstaltung „Kommunikationstraining" statt. Der Referent wird Filme und Dias zeigen. Zu führende Gespräche der Teilnehmer wird er aufzeichnen. Erstellen Sie eine Checkliste zur Gestaltung des Tagungsraumes.

4 Nehmen Sie Stellung zur folgenden Aussage: „Es ist am einfachsten, wenn sich die Teilnehmer ihren Sitzplatz selbst aussuchen."

5 Ihr Ausbildungsbetrieb beabsichtigt, die Außendienstmitarbeiter zu einer Tagung einzuladen. Sie werden beauftragt, die Teilnehmer zu betreuen. Erstellen Sie hierzu eine Checkliste.

6 Erklären Sie den Begriff „Manöverkritik".

7 Ein großes Unternehmen lädt alle kaufmännischen Auszubildenden zu einer eintägigen Veranstaltung, die im firmeneigenen Ausbildungszentrum stattfindet, ein. Termin: 200.-04-03, Zeit: 09:30 Uhr - 16:30 Uhr. Ein gemeinsames Mittagessen (1 1/2 Stunden) und eine Kaffeepause (1/2 Stunde) sind eingeplant. Die Tagung leitet die Ausbildungsleiterin, Frau Schöllhammer. Folgende einstündige Referate sind vorgesehen:
Jugend- und Auszubildendenvertretung und Betriebsrat (Referent: Herr Arnold Ruoff, Betriebsrat), Bildschirmarbeitsplatz und Ergonomie (Referentin: Frau Dr. Evelyne Koch), Was kann ich zu einem guten Betriebsklima beitragen? (Referentin: Dipl.-Psychologin Anna Schneider).
Die Veranstaltung endet mit einer Abschlussdiskussion.

Erstellen Sie das interne Einladungsschreiben und das Programm dieser Veranstaltung.

4 Geschäftsreisen

Frau Dr. Renate Vogel, Leiterin des Produktbereichs Registraturschränke in der Laupheimer Büromöbel AG, wird zusammen mit einigen Mitarbeiterinnen und Mitarbeitern zur ORGATEC nach Köln reisen. In der nächsten Woche hat sie einen Termin in Paris wahrzunehmen, um mit einem französischen Geschäftspartner über Möglichkeiten zu diskutieren, das neue Electronic-Office-System auf einer Bürofachausstellung in Paris vorzustellen. Im Mai fliegt sie zusammen mit einer Delegation nach Tokio, um mit japanischen Geschäftspartnern zu verhandeln.

■ **Was muss bei der Planung von Geschäftsreisen beachtet werden?**

Geschäftsreise
= *Reise eines Unternehmers*

Dienstreise
= *Reise eines Arbeitnehmers*

Geschäftsreisen müssen gründlich **vorbereitet** werden. Dabei fallen folgende Tätigkeiten an:
- Beschaffung und Auswertung von Informationsmaterial
- Reiseantrag stellen und evtl. Reisekostenvorschuss beantragen
- Festlegung des Reisetermins und der Reiseroute
- Auswahl des günstigsten Verkehrsmittels
- Buchungen und Reservierungen
- Besonderheiten bei Reisen in das Ausland beachten

Die **Durchführung** von Geschäftsreisen erleichtern
- Reisepläne und
- Reiseunterlagen.

Eine **Nachbereitung** von Geschäftsreisen beinhaltet das Erstellen und Auswerten von
- Reiseberichten und
- die Abrechnung der Reisekosten.

„47 % aller Reisen sind Kurzreisen – weit überwiegend Städtereisen – mit einer Dauer von zwei bis vier Tagen. Dazu gehört das Wochenende in Paris oder Rom ebenso wie die Stippvisite in München oder Hamburg. Die restlichen 53 % sind Urlaubsreisen. Sie dauern fünf Tage und länger und dienen vor allem der Entspannung und Erholung. Rein geschäftlichen Charakter haben ca. ein Viertel aller Reisen. Vornehmlich gingen die Reisen im Inland nach Frankfurt und Berlin, im Ausland stand Zürich an der Spitze."

Checkliste Reisevorbereitung
- *Reiseziel*
- *Reisezeit*
- *Verkehrsmittel*
- *Buchungen*
- *Hotelreservierung*
- *Mietwagen*
- *Besuchstermine*
- *Werbegeschenke*
- *Vorschuss*
- *Devisen*
- *Visum erforderlich?*
- *Gültiger Reisepass*
- *Reiseunterlagen*
- *Reiseplan*
- *Abwesenheitsregelung im Betrieb*

4.1 Geschäftsreise vorbereiten

Beschaffung und Auswertung von Informationsmaterial

Reisebüros unterhalten eigene Abteilungen zur Organisation von Geschäftsreisen

Große Unternehmen unterhalten eigene Reiseabteilungen. Die dort beschäftigten Mitarbeiter übernehmen alle organisatorischen Aufgaben, die bei der Durchführung einer Geschäftsreise anfallen. In kleineren Unternehmen wird diese Tätigkeit von den Reisenden selbst oder von einer Sekretärin übernommen. Sie verfügt über aktuelles Informationsmaterial, um rasch Auskünfte über verschiedene Reisemöglichkeiten zu geben.

Firmen-Reisedienste sind kompetente Ansprechpartner für

Geschäftsreisen

Kongressreisen

Incentives
= Erlebnisreisen, um Mitarbeiter zu motivieren

Reiseinfos im Internet
geschaeftsreise.de
bahn.de
flug-info.de
hotel.de

Pkw	Bahn	Flugzeug	Übernachtungen
– Autoatlas – Landkarten – Entfernungs-tabellen – Straßenkarten – Stadtpläne – ADAC-Infos – Mietwagen-Verzeichnisse – Reisesoftware – Vertrags-werkstätten-verzeichnis Internet: mietwagen.de hertz.de	– Kursbuch – Fahrpläne – Städte-verbindungen – Elektronische Fahrplan-auskunft auf CD-ROM – Auskunft über T-Online und Internet Internet: bahn.de **DB-Infobroschüren** **Telefonnummern** – Bahn & Auto – Taxi – Gepäckträger-Service	– Flugpläne verschiedener Airlines – Elektronische Flugauskunft auf CD-ROM – Verbindungen zum Flughafen – Reise- und Länderinfos des Auswärtigen Amtes – Impfvorsorge – Taschenflug-pläne Internet: flug-info.de auswaertiges-amt.de	– Hotelführer in Buchform – Elektronische Hotelführer auf CD-ROM – Stadtpläne mit markiertem Wegweiser – Hotels aus der Reisedatei Internet: hotel.de varta-guide.de

Eine **Reisekartei** bzw. eine **Reisedatei,** sortiert nach Ländern und Städten, erleichtert das Organisieren von Geschäftsreisen. Sie enthält Informationen über bereits durchgeführte Reisen der Mitarbeiter, z. B. die günstigste Anreisemöglichkeit, Adressen, Lage und Preise bereits bekannter und bewährter Hotels, wichtige Kontaktpersonen an bereits besuchten Orten, Lokale, die sich für Geschäftsessen eignen (Ruhetage vermerken) und alle Besonderheiten, die bei Auslandsreisen zu beachten sind.

Reisetermine, Reiseroute und Besprechungstermine

Die Reisetermine und Besprechungstermine sollten so gelegt werden, dass die Reise möglichst stressfrei verläuft. Deshalb ist es wichtig, zwischen mehreren Besprechungen genügend Zeit einzuplanen. Bei Überseereisen muss dem Reisenden Gelegenheit gegeben werden, sich zu akklimatisieren. Die Reiseroute muss sehr sorgfältig ausgewählt werden. Es ist zu empfehlen, mehrere Varianten auszuarbeiten bzw. online erstellen zu lassen. In Hauptreisezeiten erweist sich bei Pkw-Fahrten eine Alternativ-Reiseroute als

4.2 Verkehrsmittel

Herr Müller, Mitarbeiter in der Werbeabteilung der Laupheimer Büromöbel AG, wird beauftragt, sich um die Gestaltung des Standes auf der ORGATEC in Köln zu kümmern. Er überlegt, ob er die Reise mit dem Pkw, der Bahn oder mit dem Flieger antreten soll. Deshalb prüft er, wie viel Zeit er für die Strecke (= 480 km) benötigt.

Pkw	Flugzeug	Bahn
Fahrzeit ca. 4 Stunden	Flugzeit ca. 1,25 Stunden	Reisezeit 3 bis 3,5 Stunden

- Welches Verkehrsmittel würden Sie auswählen?

*Die **Wahl** des **Verkehrsmittels** hängt von folgenden Faktoren ab:*

- *Reiseziel (Inland oder Ausland)*
- *Reisezeit (Witterungsverhältnisse im Herbst/Winter)*
- *Personenzahl*
- *Gepäck*
- *wahrzunehmenden Terminen*
- *Umweltbelastung*
- *gesundheitliche Verfassung*

Die reine Flugzeit für die Reise von Laupheim nach Köln beträgt zwar nur 1 $^1/_4$ Stunden, für die Pkw- oder Bahnfahrt zum Flughafen nach Stuttgart und die Eincheckzeit müssen ca. 2 Stunden hinzugerechnet werden. Die Fahrt vom Flughafen zur Zieladresse nimmt häufig viel Zeit in Anspruch.

Bei der Entscheidung für ein Verkehrsmittel stehen an erster Stelle die Reisedauer und die Kosten. Die Wahl hängt ferner ab vom Reiseziel, der Reisezeit, der Anzahl der Reisenden, der Mitnahme von umfangreichem Gepäck und den wahrzunehmenden Terminen. Auch die gesundheitliche Verfassung des Reisenden muss bei der Auswahl des Verkehrsmittels berücksichtigt werden.

Jeder Reisende ist aber auch mitverantwortlich für die Belastungen, denen wir selbst, die Natur und die Umwelt durch den rapide wachsenden Verkehr ausgesetzt sind.

Bahnreisen

Geschäftsreisen innerhalb der Bundesrepublik Deutschland werden auf mittleren Entfernungen häufig mit der Bahn durchgeführt. Die täglichen Staumeldungen auf deutschen Autobahnen übertreffen bei Weitem Zugverspätungen und verpasste Anschlüsse. Mit immer neuen Angeboten versucht die Deutsche Bahn AG Kunden zu gewinnen. Auch Service und Komfort werden laufend erweitert. Aktuelle Informationen dazu können den Informationsbroschüren der Bahn entnommen oder unter www.bahn.de abgerufen werden. Reisegepäck kann direkt zu Hause abgeholt und an der Zieladresse zugestellt werden. Wartezeit kann in DB-Lounges, die mit Laptop-Arbeitsplätzen, Konferenzräumen und moderner Bürokommunikation ausgestattet sind, sinnvoll genutzt werden.

Serviceangebote:

KurierGepäck
Reisegepäck wird zu Hause abgeholt und an die Zieladresse gebracht.

GepäckträgerService
Bei Vorbuchung steht der Gepäckträger bei Ankunft bereit.

Bahn & Auto: Auf Wunsch steht ein Mietwagen am Bahnhof bereit.
Park & Rail: Für Fahrgäste, die mehr als 100 km unterwegs sind, stehen Parkplätze zum reduzierten Tagespreis bereit.
Park + Ride: An über 3 000 kleineren Bahnhöfen stehen für Reisende im Nahverkehr Parkplätze zur Verfügung.
Service Point/Service Team: Hier können Reisende Briefe hinterlegen, Sendungen von Kurierdiensten deponieren lassen, Faxe schicken und vieles mehr. In rund 90 Bahnhöfen ist der Service Point die zentrale Anlaufstelle für Reisende.

Weitere Züge der Deutschen Bahn AG

Nachtzüge (NZ)
verkehren zwischen
Berlin – Bonn
Berlin – München
Bonn – Kopenhagen
Dresden – Bonn
Hamburg – München
Hamburg – Stuttgart
Stuttgart / München – Kopenhagen
Stuttgart – Stralsund
München – Stralsund

ICE mit Neigetechnik
verbindet Berlin mit München über Leipzig und Dresden mit Frankfurt im 2-Stunden-Takt

Reiseinfos im Internet
geschaeftsreisen.de
bahn.de
flug-info.de
hotel.de

Züge und Strecken

InterCityExpress (ICE)	fährt täglich im 1-Stunden-Takt in die großen Zentren in Deutschland, der Schweiz und in Österreich.
ICE-Sprinter	verbindet Frankfurt am Main und München sowie Frankfurt am Main und Berlin in rund 3 1/2 Stunden.
InterCity (IC)	erreicht im 1- oder 2-Stunden-Takt alle größeren Städte.
EuroCity (EC)	verbindet Deutschland mit den Großstädten der europäischen Nachbarländer.
InterRegio (IR)	fährt im 2-Stunden-Takt in größere und mittlere Städte Deutschlands sowie in benachbarte ausländische Regionen.
CityNightLine (CNL)	Nachtverbindungen mit Doppelstockwagen und Ruhesesselwagen u. a. zwischen der Schweiz, Österreich und Deutschland.
Thalys	6-mal täglich verkehrt der moderne Hochgeschwindigkeitszug zwischen Köln-Hauptbahnhof und Brüssel Midi/Zuid sowie zwischen Köln und Paris-Nord.
Eurostar	Verbindung zwischen Paris und Brüssel durch den Eurotunnel mit Großbritannien.
Cisalpino	verkehrt täglich zwischen Stuttgart, Zürich, dem Tessin und Mailand.
RegionalExpress	bindet die Region an das Fernverkehrsnetz und die S-Bahn an.
ReginalBahn	Grundangebot der Deutschen Bahn im Nahverkehr.
StadtExpress	schnelle Verbindungen in die Stadtzentren.
Autoreisezüge	fahren je nach Saison von 16 Abfahrtsorten in Deutschland zu über 20 Zielen im Inland und im europäischen Ausland.

Die Deutsche Bahn bietet Geschäftsreisenden eine breite Palette von **Vergünstigungen** an. Mit dem jährlichen Erwerb einer **BahnCard** reduziert sich der Fahrpreis. Das **Firmen-Abonnement** wird von Unternehmen und Organisationen genutzt. Es handelt sich hierbei um ein rabattiertes Wertkontingent sowie Ausstellungs-, Abrechnungs- und Monitoringtool in einem. Der Bahnkunde stellt die Fahrscheine und Zuschläge selbst aus, bis das Kontingent aufgebraucht ist.

Mit einem **Großkunden-Rabatt (GKR)** erhalten Firmenmitarbeiter Ermäßigungen auf den normalen Fahrpreis, wenn der jährliche Reiseumsatz bei der Bahn eine Mindesthöhe beträgt. Sie erhalten den Rabatt über ihre Kundennummer gleich beim Kauf der jeweiligen Fahrscheine.

Das Key Account Ticket (KAT) gewährt GKR-Kunden Ermäßigungen bei Reisen nach Belgien, Dänemark, Luxemburg, Niederlande, Österreich und Polen sowie der Schweiz. Weitere aktuelle Angebote zur Fahrpreisreduzierung können dem neuen Firmenkundenportal der Bahn unter **www.bahn.de/bahn.corporate** entnommen werden. Hierbei handelt es sich um einen Rundum-Service für die Organisation von Geschäftsreisen im Internet.

Buchungen und Reservierungen

Für alle Reisen in Fernverkehrszügen (ICE, IC/EC, IR, D) sollte der gewünschte Platz reserviert werden. Die Platzbuchung ist ab 3 Monate (international 2 Monate) vor Reiseantritt und bis kurz vor Abfahrt des Zuges möglich. Bahn-corporate-online-Kunden können Fahrkarten direkt am eigenen PC buchen und ausdrucken.

Pkw-Reisen

Bei mehreren anzufahrenden Zwischenzielen und umfangreichem Gepäck reisen Geschäftsleute innerhalb Deutschlands häufig mit dem Pkw, obwohl in Ferienzeiten und bei ungünstiger Witterung Staus in Kauf genommen werden müssen. Eine Checkliste, in der alle in Frage kommenden Papiere, Dokumente und Unterlagen aufgeführt sind, kann sehr nützlich sein.

Carnet de Passages
Grenzdokument zur Ein- und Ausfuhr von Kraftfahrzeugen

Welche Dokumente und Unterlagen benötigen Sie für Ihre Autoreise?

- ❑ Auslandsrechtsschutz
- ❑ Auslandsschutzbrief
- ❑ Autokarten
- ❑ Carnet de Passages
- ❑ Führerschein
- ❑ Internationale Versicherungskarte
- ❑ Kraftfahrzeugschein
- ❑ Kurz-Vollkaskoversicherung
- ❑ Personalausweis
- ❑ Reiseführer
- ❑ Reisepass
- ❑ Reiseplan
- ❑ Stadtpläne
- ❑ Straßenkarten
- ❑ Telefonverzeichnis
- ❑ Tourenplan
- ❑ Verzeichnis der Notfalldienste
- ❑ Verzeichnis der Pannenhilfen
- ❑ Verzeichnis der Vertragswerkstätten
- ❑ Vollmacht zur Benutzung des Firmenwagens

PC-Programme erstellen ausführliche Routenpläne für Deutschland und Europa. Der **ADAC** stellt seinen Mitgliedern Tourenpakete zusammen, die aktuelle Straßenkarten mit eingezeichnetem Routenvorschlag, Merkblätter über Fährverbindungen, Alpentunnel, Mautgebühren, Autoverladungen, Einreisebestimmungen und Zoll- und Verkehrsvorschriften enthalten.

Flugreisen

Bequemes Reisen über längere Strecken offerieren die Luftfahrtgesellschaften. Sie bieten Geschäftsreisenden eine breite Palette an Serviceleistungen an, u. a.
- Betreuung am Flughafen und im Flugzeug (Business Class)
- Hotelreservierungen und Mietwagen am Zielort
- Informationen über Reiseländer
- Service- und Abwicklungsprogramme, die auf die Bedürfnisse von Geschäftsreisenden zugeschnitten sind

Alle Luftfahrtgesellschaften bieten Vielfliegern Prämienflüge, günstige Spezial-Angebote und Rabatte an (Miles & More-Programm der Lufthansa). Da Flüge **online,** über ein **Reisebüro** oder **direkt** bei einer **Fluggesellschaft** gebucht werden können, stehen alle aktuellen Informationen zur Verfügung.

Das im Flugpreis enthaltene Freigepäck beträgt meistens in der Economy Class 20 kg, in der Business Class 30 kg, in der First Class 40 kg. Wartezeiten können Reisende in **Business Lounges** überbrücken, wo sie ungestört arbeiten können. Die neue Business-Class der Lufthansa ist auf Langstreckenflügen mit einem 10,4-Zoll-Bildschirm, Audio, Video, dem FlyNet (das Breitband-Internet an Bord), einem PC-Anschluss, vergrößertem Arbeitstisch sowie einem Staufach für Laptop und Arbeitsunterlagen ausgestattet. **Airport-Busse** übernehmen den Transfer zum Flughafen.

Checkliste *zum Kauf eines Flugtickets:*

- *Name und Anschrift des Reisenden*
- *Flugtag und Flugdaten (z. B. Flugunterbrechungen)*
- *Reiseziel*
- **Klasse**
  First Class
  Business Class
  Economy Class
- **Sonderwünsche**
  Verpflegung
  Sitzplatz

Die Lufthansa bietet das **Vorabend Check-In** auf den Flughäfen Augsburg, Bremen, Berlin-Tegel, Dresden, Düsseldorf, Frankfurt, Hamburg, Hof-Plauen, Köln, Leipzig, München, Münster, Nürnberg und Stuttgart an. Reisende der First oder Business Class oder Inhaber der Senator bzw. Frequent Traveller Karte, die nur mit Handgepäck fliegen, haben die Möglichkeit, per **Telefon** oder **Fax** einzuchecken.

Alle wichtigen Reiseunterlagen sollten kopiert und im Koffer aufbewahrt werden, um bei Diebstahl schnell reagieren zu können (Telefonnummer zum Sperren gestohlener Kreditkarten!).

4.3 Besonderheiten bei Reisen in das Ausland

Frau Dr. Haßler wird zusammen mit drei weiteren Mitarbeitern der Laupheimer Büromöbel AG Ende Mai nach Tokio fliegen, um mit japanischen Geschäftspartnern zu verhandeln, die sehr daran interessiert sind, das neue Electronic-Office-System zu übernehmen.

■ **Was müssen Sie bei der Planung einer Auslandsreise beachten?**

Visabeschaffung, Impfungen und Zeitverschiebung

Die meisten Staaten begnügen sich bei einem mehrwöchigen Aufenthalt mit einem gültigen Reisepass. Wird zur Einreise ein Visum benötigt (z. B. Indien, China), muss dieses rechtzeitig über ein Reisebüro oder die diplomatische Vertretung beantragt werden. Informationen über vorgeschriebene bzw. zu empfehlende **Impfungen** oder medikamentale Prophylaxen erteilen die staatlichen Gesundheitsämter, die Impfberatungsstellen der Universitätskliniken, Apotheken und Reisebüros. Leichtsinn hat schon mancher Reisende mit gesundheitlichen Folgeschäden bezahlt.

Ein **Jet Lag** *kann gemildert werden durch:*

- *festgelegte Essens- und Ruhezeiten*
- *kleine gymnastische Übungen*
- *Vitamine*

Bei einer Geschäftsreise nach Asien oder nach Australien muss eine **Zeitverschiebung** von 10 – 12 Stunden in Kauf genommen werden. Dieser neue Zeitrhythmus kann gesundheitliche Probleme mit sich bringen. Speziell ausgebildete Mitarbeiter der Fluggesellschaften geben den Passagieren Ratschläge für die Reise: wann sie essen und wann sie besser schlafen sollten und wann kleine gymnastische Übungen angesagt sind.

Beispiele einiger Zeitzonen der Welt sowie deren Standardabweichungen von der Greenwich Mean Time.

Sommer-/Winterzeit
In vielen Staaten werden diese Standardabweichungen im Laufe eines Jahres vorübergehend um eine Stunde verändert.

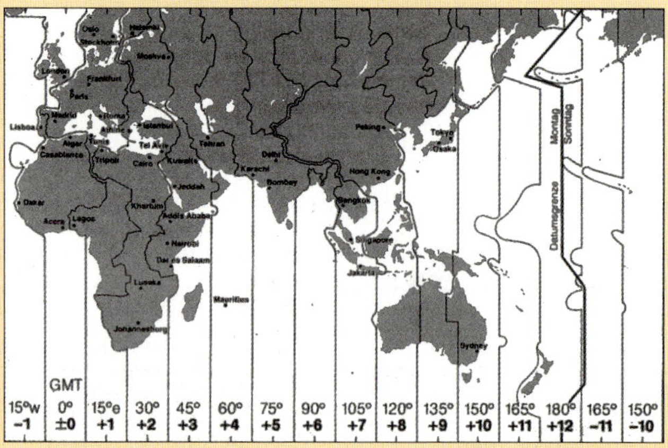

Ausländische Zahlungsmittel

Die Devisenbestimmungen des Reiselandes müssen genau beachtet werden, um Schwierigkeiten beim Grenzübertritt zu vermeiden. Als Zahlungsmittel kommen Reiseschecks (Traveller-Schecks), Euroschecks, die allerdings zunehmend an Bedeutung verlieren, und Kreditkarten infrage. Devisen werden nur in kleinen Summen, wenn überhaupt möglich, mitgeführt.

Ausländische Sitten und Gebräuche

Fallbeispiel:
Die Laupheimer Delegation wird von einem japanischen Unternehmer zu einem festlichen Abendessen eingeladen. Frau Dr. Haßler überreicht beim Eintreffen der Dame des Hauses einen großen Blumenstrauß und als Gastgeschenk einen wertvollen Bildband. Aus der Reaktion der Japaner erkennt sie, dass sie diese deutsche Sitte besser unterlassen hätte.

- Wie hätten Sie sich in dieser Situation verhalten?

IHK-Tipps:
oberstes Gebot:

Höflichkeit und Geduld

kein schnelles „auf den Punkt kommen"

vor einem Geschäftsabschluss sind mehr Vorgespräche als in Deutschland nötig

Gespräche äußerst gründlich vorbereiten

mangelnde Vorbereitung wird mit mangelndem Interesse gleichgesetzt

Um die Menschen eines anderen Landes zu verstehen, sind Informationen über deren Kultur unerlässlich. Deshalb hat die Deutsche Industrie- und Handelskammer in Japan Ratschläge für die Anbahnung von Geschäften herausgegeben. Auch dem „Knigge International" können wertvolle Informationen entnommen werden. Er empfiehlt, bei Einladungen in Japan Folgendes zu beachten:

- Dem Gastgeber nie den Rücken zukehren.
- Die Schuhe vor dem Betreten der Wohnung ausziehen und mit der Spitze zur Wohnungstür abstellen.
- Beim Sitzen auf dem Boden nicht die Beine weit von sich strecken, denn das ist beleidigend.
- Die bescheidensten Plätze sind die, die der Tür am nächsten sind.
- Blumen nie in einer Anzahl von 4 oder 9 oder wesentlich mehr überreichen, denn das bringt Unglück.
- Die Geschenke erst beim Verlassen der Wohnung überreichen.
- Geschenke in rotem oder weißem Papier verpacken (schwarz-weißes Papier bringt Unglück!).
- Wenn der Gastgeber das Zimmer verlässt, wird erwartet, dass die Gäste ruhig, aber ohne viel Aufschub die gastliche Stätte verlassen.

4.4 Durchführung von Geschäftsreisen

Reisepläne und Reiseunterlagen

Herr Holger Manz, Leiter des Produktbereichs Schreibtische in der Laupheimer Büromöbel AG, wird im April eine dreitägige Dienstreise nach Spanien unternehmen. Er führt geschäftliche Besprechungen in Madrid und in Barcelona.

■ **Überlegen Sie, wie Sie mithelfen können, dass diese Dienstreise erfolgreich verläuft.**

Reisepläne und sorgfältig zusammengestellte **Reiseunterlagen** tragen wesentlich zum Gelingen einer Dienstreise bei.

Der Reiseplan gibt Auskunft über Abreise- und Ankunftstermine, Anschriften der gebuchten Hotels mit Angabe der Telefonnummern, Faxnummern, E-Mail-Adressen, den wahrzunehmenden Terminen mit Namen und Anschrift der Gesprächspartner und den jeweils benötigten Dokumenten.

Alle Reiseunterlagen wie Besprechungsunterlagen, Prospekte, Preislisten, Fahrscheine, Reservierungsbestätigungen werden in einer **Reisemappe** geordnet. Arbeiten Reisende mit Laptops, wird der Reiseplan gespeichert und kann jederzeit eingesehen werden.

Verteiler Reiseplan

Original in die Reisemappe

Kopien für

- *Brieftasche*
- *Sekretariat*
- *Familie*
- *Vertretung*

Reiseplan

Tagesdatum	200.-04-10
Zug/Flug/Mietwagen	Flug LH 5836 Stuttgart ab 10:55 Uhr Madrid an 13:25 Uhr *Zeitverschiebung 1 Stunde*
Meeting	18:00 Uhr mit Dr. Claus Weber Cámara de Comercio Alemana para España Avda. Pio XII 26 – 28 Tel. 0034 91 3597010 **Verträge mitnehmen**
Vortrag	20:00 Uhr Cámara de Comercio Alemana para España **blaue Vortragsmappe**
Übernachtung	Hotel Santo Domingo Plaza Santo Domingo 13 Tel. 0034 91 4201569 Fax: 4200564

4.5 Auswerten der Reiseberichte

Frau Dr. Haßler hat nach Rückkehr aus Japan einen Reisebericht verfasst. Zum Besuch der Firma Jakashiti in Tokio äußert sie sich u. a. wie folgt:

> „Jakashiti ist einer der bedeutendsten Büromöbelhersteller Japans. Das Unternehmen beschäftigt zurzeit 470 Mitarbeiter. Der Umsatz betrug im letzten Jahr 47 Millionen EUR. Das Herstellungsprogramm umfasst Büromöbel der mittleren und gehobenen Preisklasse. Jakashiti zeigte großes Interessse an unserem modularen Möbelprogramm. Im Verlaufe eines Abendessens, zu dem der kaufmännische Direktor, Herr Tobisha, seine deutschen Gäste einlud, wurde lebhaft über eine Lizenzvergabe des modularen Programms diskutiert. Herr Tobisha bittet, ihm so bald wie möglich einen Vertragsentwurf zu übersenden. ..."

Reiseberichte informieren über den Verlauf der Reise und dienen als Unterlage zur weiteren Bearbeitung

■ **Aus welchem Grunde werden Reiseberichte angefertigt?**

Die geknüpften Kontakte müssen gepflegt werden, wenn Aussicht besteht, dass geschäftliche Beziehungen zustande kommen. Deshalb werden Reiseberichte erstellt. Alle betroffenen Stellen des Betriebes erhalten eine Kopie des Reiseberichts. Er informiert u. a. über den Gesprächsverlauf und die Wünsche des Geschäftspartners, die nach Möglichkeit so rasch wie möglich zu erfüllen sind (Angebot, Prospekte usw.).

4.6 Abrechnung der Reisekosten

Frau Susanne Schröder, Sekretärin in der Laupheimer Büromöbel AG, reist dienstlich mit ihrem Privat-Pkw zu einer Bürofachausstellung nach Stuttgart (98 km). Die Reise beginnt um 07:00 Uhr und endet um 21:00 Uhr. An Nebenkosten fallen an: Parkgebühren 10,00 EUR, Eintrittskarte 15,00 EUR.

■ **Welchen Betrag erstattet ihr die Laupheimer Büromöbel AG?**

Reisekosten werden erstattet bzw. steuerlich anerkannt, wenn es sich um eine Geschäftsreise oder um eine Dienstreise handelt. Darunter fallen:

a) **Fahrtkosten**
   - öffentliche Verkehrsmittel nach Beleg
   - Pkw-Fahrten 0,30 EUR pro km (für Mitreisende 0,02 EUR pro km und Person)
   - Zusatzkosten wie Parkgebühren, Garagenmiete, Mautgebühren (Belege beifügen)

b) **Verpflegungsmehraufwand**
   richtet sich nach der Dauer der Abwesenheit und nach Ländergruppen bei Auslandsreisen und kann nur noch pauschal geltend gemacht werden

c) **Übernachtungskosten**
   meistens Belegabrechnung, sonst nur Pauschalvergütung durch Arbeitgeber von 20,00 EUR in Deutschland. Sind Kosten für das Frühstück in der Hotelrechnung enthalten, wird die Pauschale um 4,50 EUR bei Inlandsübernachtung, um 20 % der Verpflegungspauschale bei Auslandsübernachtung gekürzt. Wird das Frühstück in der Rechnung aufgeführt, ist die Pauschale um diesen Betrag zu kürzen.

d) **Nebenkosten**
   Telefon, Eintrittskarten, Versichern des Reisegepäcks, Gepäckaufbewahrung, Taxi

Verpflegungsmehraufwendungen:

Abwesenheit
unter bis mind. 8 Std. *6,00 EUR*
mind. 14 Std. *12,00 EUR*
mind. 24 Std. *24,00 EUR*

Zur Erstattung der Reisekosten muss ein entsprechendes Formular ausgefüllt werden (Reisekosten-Abrechnung).

Formular Reisekosten-Abrechnung (Auszug)

Reisekosten-Abrechnung Beleg Nr. 1

Name: Susanne Schröder Kostenstelle: 4591

Abfahrt am: 200.-05-10, 07:00 Uhr, Rückkehr am 200.-05-10, 21:00 Uhr

Besuchte Orte Stuttgart

Reisezweck (besuchte Kunden, Lieferanten) Besuch der Büroausstellung

Tag:	Montag	Dienstag	Mittwoch	Donnerstag	Freitag	Samstag	Sonntag	Brutto-Betrag €	Vorst. %	Vorsteuer-Betrag €	Netto-Betrag €
Datum:		05-10									
Stunden:		14									
1. Fahrkosten											
Eisenbahn											
Flugzeug											
Eigenes Kfz. 196 km à € 0,30 Kennzeichen								58,80			
Firmenwagen, Betriebsstoffe Kennzeichen											
2. Verpflegungsaufwand											
Tagesspesen nach Pauschsätzen (siehe Rückseiten)								12,00			
4. Nebenkosten											
Telefon, Telegramme, Porti											
Straßenbahn, Bus, Taxi											
Parkgebühren								10,00			
Autoreparaturen											
sonst. Nebenkosten								15,00			
Vorstehenden Brutto-Betrag erhalten								95,80			

Aufgaben

1 Nach Ihrer Ausbildung werden Sie als Sekretärin einer Abteilungsleiterin übernommen. Zu Ihren Aufgaben zählt auch das Vorbereiten von Dienstreisen. Berichten Sie, welches Informationsmaterial Sie dazu benötigen.

2 Ende November hat Ihre Chefin einen Termin in Hamburg wahrzunehmen. Sie überlegt, ob sie mit dem Flugzeug oder mit der Bahn reisen soll und bittet Sie um Ihren Rat.

3 Ihre Chefin wird in Hamburg übernachten. Berichten Sie, wie Sie ein passendes Hotel ausfindig machen.

4 Im März des folgenden Jahres wird Ihre Chefin geschäftliche Besprechungen in San Francisco führen. Schildern Sie, wie Sie mithelfen können, diese Reise vorzubereiten.

5 Ex-Bundespräsident Dr. Richard von Weizsäcker sagte: „Es bedarf der humanen Feinfühligkeit, um zueinander zu kommen." Nehmen Sie Stellung zu diesem Zitat.

6 Ihre Chefin besucht die ORGATEC (Bahnfahrt) in Köln. Sie sollen diese Dienstreise abrechnen. Abreise um 06:00 Uhr, Rückkehr um 23:30 Uhr. Fahrtkosten: 170,00 EUR, Nebenkosten: Taxifahrten 28,00 EUR, Einladung eines Kunden zum Mittagessen 45,00 EUR, Eintrittskarte 10,00 EUR.

AKTION

Kommunikation im Sekretariat

A

Die Laupheimer Büromöbel AG hat die neue Schreibtischserie flexodesk entwickelt. Dabei handelt es sich um ein multifunktionales Baukastensystem, das eine individuelle Arbeitsplatzgestaltung erlaubt und das sich bei Bedarf immer wieder variieren lässt. Kernstück ist ein in jeden Arbeitsplatz integrierbares Stehpult. Diese neue Serie soll auf einer Tagung mit Produktpräsentation werbewirksam vorgestellt werden. Eingeladen werden alle Außendienstmitarbeiter. In einer Besprechung, die heute um 10:30 bis 11:15 Uhr im Kleinen Sitzungssaal stattfindet, sollen folgende Tagesordnungspunkte behandelt werden:

1. Thema der Tagung, Teilnehmer/innen, Termin, Ort
2. Referate
3. Programm und Rahmenprogramm

Aufgabe

Die Vorbereitung des Rollenspiels:

Informieren Sie sich über die Teilnehmer der Besprechung anhand der Rollenspielkarten. Legen Sie anschließend die Rollenverteilung fest. Denken Sie an Namensschilder, Tischordnung usw. Wenn Sie eine Rolle übernommen haben, dann notieren Sie Ihre Argumente. Sind Sie Beobachter des Rollenspiels, dann schreiben Sie ein Ergebnisprotokoll. Berücksichtigen Sie bei der Durchführung des Rollenspiels folgende Hinweise:
- Frau Uhl leitet, eröffnet und beendet die Sitzung.
- Sie stellt die Anwesenheit der Teilnehmer fest. Herr Ralph Roy, Export, befindet sich auf einer Dienstreise. Frau Mäser, Verkaufsbüro Leipzig, hat Urlaub.
- Sie ruft die Tagesordnungspunkte auf.

Rollenkarte

Frau Uhl
Kaufmännische Leiterin

Sie informiert darüber, dass die neue Serie flexodesk, ein integrierbares Stehpult, produktionsreif ist. Jetzt muss eine wirksame Werbekampagne gestartet werden. Sie schlägt vor, zunächst eine Tagung mit Produktpräsentation zu veranstalten, um alle Vertreter und die Presse zu informieren. Über das Thema dieser Tagung wird noch abgestimmt. Sie teilt mit, dass sie mit Herrn Manz und Herrn Fetzer, der die Organisation dieser Veranstaltung übernimmt, schon über einige Programmpunkte gesprochen hat. Sie meint, dass die Gäste auch einen unvergesslichen Abend verbringen sollten. Deshalb muss das Rahmenprogramm attraktiv gestaltet werden. Die nächste Sitzung soll in 6 Wochen stattfinden.

AKTION

Rollenkarte

Holger Manz
Produktbereich Schreibtische

Herr Manz teilt mit, dass die Tagung im Hotel „Panorama" in Leipzig stattfinden soll. Frau Mäser, Leiterin des Verkaufsbüros Leipzig, die heute nicht anwesend sein kann, da sie einen zweiwöchigen Urlaub angetreten hat, sandte Herrn Manz einige Prospekte über das Hotel und die Stadt Leipzig, die dieser den Teilnehmern zur Ansicht übergibt. Das Hotel bietet viel Komfort und im angeschlossenen Kongresszentrum kann ein passender Raum gemietet werden, um die neue Serie werbewirksam zu präsentieren. Er berichtet, dass Außendienstmitarbeiter/innen aus Schweden, Dänemark, Finnland, Norwegen, der Schweiz und Italien eingeladen werden sollen. Die Laupheimer Büromöbel AG übernimmt sämtliche Kosten. Es sollen auch Referenten eingeladen werden, die in Fachvorträgen auf die ergonomischen Vorteile dieser neuen Serie eingehen. Als Termin schlägt Herr Manz den … vor. Er bittet Herrn Fetzer zu prüfen, ob dieser Termin in Ordnung geht und fordert ihn auf, über Programmvorschläge, die dieser bereits ausgearbeitet hat, zu berichten.

Rollenkarte

Max Fetzer
Organisation

Er teilt mit, dass Frau Uhl als Tagungsleiterin der Veranstaltung die Tagung eröffnet. Da die Teilnehmer schon am Vortag anreisen, beginnt die Tagung um 09:00 Uhr. Anschließend wird die Serie von Herrn Manz in ca. 50 Minuten detailliert vorgestellt. Daran schließt sich eine Besichtigung der flexodesk an. Hierzu wird auch die Presse eingeladen. Herr Fetzer bittet Frau Jung, eine attraktive Pressemappe zusammenzustellen. Professor Dr. Erhard Koch, Arbeitswissenschaftler, spricht zum Thema „Anthropometrie und Gesundheit". Nach seinem ca. 40 Minuten dauerndem Referat schließt sich eine Aussprache an. Herr Professor Koch bittet, einen Filmprojektor im Tagungsraum aufzustellen, da er einen kurzen Film zeigen wird. Herr Falk Holler, Unternehmensberater, spricht zum Thema „Die zwei Schwerpunkte eines Verkaufsgespräches – gezielte Argumentation und geschickter Abbau von Einwänden". Er wird mit Video-Aufnahmen arbeiten. Dauer: ca. 2 Stunden. Herr Fetzer bittet Frau Jung, ihre Überlegungen für ein attraktives Rahmenprogramm mitzuteilen.

Rollenkarte

Lisa Jung
Werbung

Frau Jung schlägt vor, die Tagung mit einem festlichen Abendessen und einer Tanzdarbietung im Hotel zu beenden. Dazu soll eine Flamenco-Tänzerin eingeladen werden, die sie auf einer ähnlichen Veranstaltung kennen gelernt hat. Sie berichtet, dass ihr deren Vorstellung sehr gut gefallen habe und reicht eine Kritik der Berliner Presse weiter, die über einen Auftritt der Flamenco-Künstlerin „La Mona" berichtet. Sie bittet die Anwesenden, ihr noch weitere Vorschläge für ein attraktives Rahmenprogramm zu übermitteln.

Aufgaben

1. Schreiben Sie das Ergebnisprotokoll.
2. Herr Fetzer bittet Sie, zunächst eine allgemeine Checkliste zu erstellen, in der alle Tätigkeiten, die im Zusammenhang mit der Tagung anfallen, aufgeführt sind.
3. Um bei der Vorbereitung der Tagung nicht in Zeitnot zu geraten, soll ein Ablaufplan erstellt werden. Sortieren Sie die Tätigkeiten, die Sie in der Checkliste zusammengestellt haben, zeitlich korrekt in das folgende Schema ein:
   Langfristig (ca. 2 bis 3 Monate vorher)
   Mittelfristig (ca. 2 bis 4 Wochen vorher)
   Kurzfristig (ca. 1 Woche bis 1 Tag vorher)
   Schlagen Sie außerdem das Thema der Tagung vor.

B

Herr Holger Manz hat sich mit den Referenten telefonisch in Verbindung gesetzt und die Besprechungsergebnisse in der folgenden Aktennotiz festgehalten:

Laupheimer Büromöbel AG
HAUSMITTEILUNG

Von: Holger Manz
An: Frau Uhl
Frau Jung
Herrn Fetzer
Datum: 200.-11-10

Betrifft: Tagung am ...

Mit den Referenten wurde Folgendes vereinbart:

Professor Dr. Erhard Koch, Arbeitswissenschaftler an der Uni Bonn
Anschrift: Adenauer Allee 63, 53113 Bonn, Tel. 0228 363468
spricht am Vormittag zum Thema „Anthropometrie und Gesundheit" - mehr Bewegung am Arbeitsplatz; Herr Professor Koch zeigt außerdem einen kurzen Film.
Benötigte Zeit: ca. 90 Minuten. Vereinbartes Honorar: 600,00 EUR

Herr Falk Holler, Unternehmensberater
Alsterufer 25, 20354 Hamburg, Tel. 040 361482
spricht am Nachmittag zum Thema „Die zwei Schwerpunkte eines Verkaufsgespräches - gezielte Argumentation und geschickter Abbau von Einwänden".
Er wird mit Video-Aufnahmen arbeiten.
Benötigte Zeit: ca. 2 Stunden
Vereinbartes Honorar: 1.250,00 EUR

Die Fahrt- und eventuelle Übernachtungskosten übernimmt die Laupheimer Büromöbel AG. Das Tagungsprogramm mit den genauen Terminen wird beiden Referenten rechtzeitig übersandt.

Aufgabe

Formulieren Sie ein Schreiben an die Referenten als Schemabrief und bestätigen Sie die telefonischen Vereinbarungen.

AKTION

C

Zur Tagung werden Außendienstmitarbeiter auch aus Italien, Dänemark, Schweden, Finnland, Schweiz und Norwegen eingeladen. Herr Fetzer möchte sichergehen, dass möglichst alle Außendienstmitarbeiter den Tagungstermin wahrnehmen.

Aufgabe

Entwerfen Sie eine kurze, informative Voreinladung, die Sie als FAX an alle Außendienstmitarbeiter senden.

D

Die Laupheimer Büromöbel AG möchte auch der breiten Öffentlichkeit die Gelegenheit geben, flexodesk kennen zu lernen. Deshalb soll im Anschluss an die Tagung flexodesk im Kongresszentrum einen Tag lang von 10:00 bis 17:00 Uhr ausgestellt werden.

Aufgabe

Laden Sie die Öffentlichkeit mit einer Zeitungsanzeige (12 x 12 cm) ein. Informieren Sie wann, wo und zu welcher Uhrzeit flexodesk besichtigt werden kann. Weisen Sie außerdem auf die Vorteile der Serie hin:

flexodesk
- erfüllt alle ergonomischen Anforderungen an einen Steharbeitsplatz
- integriert den Steharbeitsplatz am Schreibtisch
- ist universell einsetzbar
- lässt sich auch nachträglich leicht auf jedem Schreibtisch installieren
- ist mehrfach ausgezeichnet für Design, Qualität und Funktionalität

Nutzen Sie Zeichen-, Absatz- und Grafikfunktionen, um die Anzeige attraktiv zu gestalten.

E

Die Tagung soll auch dazu beitragen, die Kunden noch enger an das Unternehmen zu binden. Deshalb wird versucht, die Teilnehmer nicht nur zu informieren, sondern auch zu unterhalten. „Wenn einer tagt, dann soll er auch etwas erleben." Die Inhalte einer Tagung bleiben stärker im Gedächtnis, wenn auch das Rahmenprogramm stimmt.

Aufgaben

1. Machen Sie Vorschläge, wie der Abend im Anschluss an das festliche Abendessen gestaltet werden kann. Informieren Sie sich auch über die Kosten dieser Veranstaltungen. Berücksichtigen Sie dabei die Anzahl der Teilnehmer.
2. Entscheiden Sie sich für ein Rahmenprogramm, das die Tagung im besprochenen Sinne abrundet. Die Kosten dafür sollten 1.200,00 EUR nicht übersteigen.

F

Das Hotel Panorama unterbreitet die folgenden Vorschläge für das Mittagsmenü und das Abendmenü:

AKTION

MITTAGSMENÜ

Menü 1

Grüne Spargelsuppe mit Lachsklößchen

◆

Spanferkelkotelette mit rotem Zwiebelkonfit
Portweinsauce
Feine Erbsen
Butterspätzle

◆

Haselnusskrokant-Eisbombe
mit Rumfrüchten

Menü 2

Champignonbrühe mit Kerbelklößchen

◆

Perlhuhnbrust
in Basilikumrahmsoße
Brokkoli mit Pinienkernen
Kartoffelrösti

◆

Exotischer Fruchtsalat

ABENDMENÜ

Menü 1

Hausgebeizter Fjordlachs
Senfdillsauce, Toast und Butter

◆

Wildentenkraftbrühe

◆

Lammrückenfilet in der Kräuterkruste
Junge geformte Gemüse, Butterreis

◆

Mango-Sorbet

Menü 2

Melonenschiffchen und Parma-Schinken

◆

Klare Steinpilzsuppe

◆

Piccata vom Kalbsfilet, Austernpilze und
Schnecken, Zuckerschoten in Kerbelbutter,
Überbackene Sahnekartoffeln

◆

Marmorierte Schokoladenmousse
auf Eierlikörschaum

Aufgabe

Entscheiden Sie sich für die geeigneten Menüs. Eine Tagungsteilnehmerin ist Türkin.

G

Herr Anton Schmid, Produktbereich Schreibtische, plant Ende November eine Reise zu einer Verkaufsausstellung nach Leipzig. Er überlegt, mit welchem Verkehrsmittel er reisen soll. Er bittet Sie, ihm bei der Entscheidungsfindung zu helfen.

Aufgaben

1. Diskutieren Sie in der Gruppe die Vor- und Nachteile einer Reise mit dem Pkw, der Bahn und dem Flugzeug. Fertigen Sie über Ihre Ergebnisse eine Tabelle an.
2. Erkundigen Sie sich, mit welchen Kosten zu rechnen ist, wenn Herr Schmid die Dienstreise von Ulm nach Leipzig und zurück mit dem Pkw; der Bahn (1. Klasse); dem Flugzeug (Stuttgart – Leipzig-Halle) antritt.

H

Da immer häufiger Mitarbeiter der Laupheimer Büromöbel AG regelmäßig Dienstreisen zum Verkaufsbüro in Leipzig unternehmen, sollten die wichtigsten Verkehrsverbindungen zwischen Ulm und Leipzig sofort parat sein.

Aufgaben

1. Besorgen Sie sich entsprechendes Informationsmaterial (ADAC, Routenvorschläge aus Softwareprogrammen, Flugpläne, Städteverbindungen der Deutschen Bahn AG) oder suchen Sie diese Informationen im Internet und fertigen Sie eine Übersicht über Zug- und Flugverbindungen sowie Routenvorschläge mit dem Pkw an.
2. Informieren Sie sich bei der Deutschen Bahn AG über Sondertarife für Geschäftsreisende.

AKTION

I

Herr Ralf Roy, Exportabteilung, wird Ende Oktober eine Dienstreise nach Madrid antreten, um sich dort nach geeigneten Räumlichkeiten für ein Verkaufsbüro umzusehen. Auf diese Reise möchte sich Herr Roy gut vorbereiten.

Aufgaben

1. Erstellen Sie eine allgemeine Checkliste, in der alle erforderlichen Reiseunterlagen für eine einwöchige Flugreise nach Madrid aufgeführt sind.
2. Sammeln Sie Informationen, die Auskunft über den korrekten Umgang mit ausländischen Partnern geben und besorgen Sie sich entsprechende Unterlagen.
3. Suchen Sie die Informationen heraus, die Herrn Roy den Umgang mit den Partnern in Madrid erleichtern.
4. Herr Roy bittet Sie, sich darüber zu informieren, welche Devisenbestimmungen er für die Reise nach Madrid beachten muss.
5. Da in Zukunft häufig Flugreisen nach Madrid durchgeführt werden, bittet Sie Herr Roy, sich bei der LUFTHANSA und der spanischen Fluggesellschaft IBERIA zu erkundigen, welche Vergünstigungen für Vielflieger angeboten werden.

J

Herr Fetzer, Organisator der Tagung, die am (Termin auswählen) stattfindet, hat eine Dienstreise nach Leipzig unternommen, um mit der Hotelleitung Einzelheiten der Tagung zu besprechen. Er übergibt Ihnen die folgende Aufstellung mit Belegen:

Aufgabe

Fertigen Sie für Herrn Fetzer die Reisekostenabrechnung an. Die Laupheimer Büromöbel AG erstattet folgende Beträge für den Verpflegungsmehraufwand bei mehrtägigen Dienstreisen.

- Abwesenheit mindestens 24 Stunden 24,00 EUR
- Abwesenheit mindestens 14 Stunden 12,00 EUR
- Abwesenheit mindestens 8 Stunden 6,00 EUR

```
- Abfahrt in Laupheim am 10. Dezember mit dem Privat-Pkw um 06:00 Uhr (16 km)
- Ankunft in Ulm Hbf um 06:30 Uhr
- Abfahrt in Ulm Hbf um 06:51 mit ICE 694
- Ankunft in Leipzig Hbf um 13:07 Uhr
- Rückfahrkarte Ulm - Leipzig EUR 306,78 (1. Klasse)
- Taxifahrt zum Hotel EUR 7,80
- eine Übernachtung im Hotel „Panorama" EUR 80,00 ohne Frühstück
- 4 Taxifahrten vom Hotel „Panorama" zum Verkaufsbüro in Leipzig à EUR
4,00
- Einladung zum Abendessen am 10. Dez. im Hotel „Panorama" EUR 175,20
- Einladung zum Mittagessen am 11. Dez. im Hotel „Panorama" EUR 135,10
- Taxifahrt am 11. Dez. um 15:00 Uhr Hotel - Hbf Leizpig EUR 7,80
- Abfahrt Hbf Leipzig um 15:42 Uhr mit IC 805
- Ankunft in Ulm um 22:23 Uhr
- Abfahrt in Ulm um 22:30 Uhr mit Privat-Pkw nach Laupheim (16 km)
- Parkgebühren EUR 7,00
```

1 Die Einführung neuer Kommunikationstechniken

1.1 Das Projekt

Die Projektplanung – Die wichtigste Vorarbeit

> Vor einigen Jahren ließ ein multinationaler Konzern eine spezielle Telefonleitung für Gespräche in das Ausland einrichten. Diese Dienstleistung funktionierte nach der Einrichtung zur vollen Zufriedenheit der Kunden.
>
> Durch einen kleinen Fehler im Computerprogramm für die Abrechnung wurden aber die über diese Telefonleitung geführten Gespräche dem Konzern nicht berechnet. Als der Irrtum nach fünf Jahren aufkam, waren Gebühren von siebzehntausend Dollar aufgelaufen. Der Konzern weigerte sich – mit Erfolg – die Gebühren nachträglich zu begleichen.

Wer nicht genau plant, muss später viel Lehrgeld bezahlen.

Das Beispiel macht deutlich, dass ein Projekt sehr sorgfältig geplant und mit einem beträchtlichen Planungsaufwand gerechnet werden muss. Geplante DV-Projekte greifen in der Regel tief in die Organisation von Arbeitsabläufen ein. Damit stellt sich nicht nur die Frage, ob althergebrachte Arbeitsabläufe nun mit Hilfe der DV besser, schneller und reibungsloser erledigt werden können, sondern es stellt sich auch die Frage nach dem Sinn des Arbeitsablaufes selbst. Ein Arbeitsablauf berührt oft auch verschiedene Abteilungen und Gruppen, die unterschiedliche Ziele haben.

Planungsaufwand

Arbeitsabläufe

Der Projektleiter – Er trägt die volle Verantwortung

In einem Unternehmen kann ein Projekt mit seiner Aufgabenvielfalt und den damit verbundenen Verantwortungsbereichen nicht von einer Person alleine durchgeführt *projektbezogene Gruppen*

werden. Der Arbeitsaufwand wäre viel zu groß. Deshalb bildet man einzelne, projektbezogene Gruppen, denen fachlich kompetente Mitarbeiterinnen oder Mitarbeiter angehören.

Projektgruppenleiter

Projektmanager

Jede Projektgruppe benötigt einen Projektgruppenleiter, der die Gruppe führt, Termine und Aufgaben koordiniert und den Projektfortschritt überwacht. Benötigt ein Projekt mehrere projektbezogene Gruppen, wird diesen ein Projektleiter (Projektmanager) übergeordnet. Er übernimmt für alle Gruppen eine zentrale Rolle an den Schnittstellen zwischen der Geschäftsleitung, der DV- und Organisationsabteilung, der Finanzabteilung, den Benutzern und den Kunden. Um dieser schwierigen, jedoch auch reizvollen Aufgabe gewachsen zu sein, benötigt der Projektleiter eine ganze Reihe persönlicher und fachlicher Eigenschaften, wie z. B. Führungseigenschaften, Menschenkenntnisse, Entscheidungsfähigkeit, Zähigkeit, Ausdauer und Kreativität.

Die Schulung – Zeigen, wie es funktioniert

Schulungsplan und Adressatenkreis festlegen

In einem Schulungsplan werden die Schulungstage terminiert und der Adressatenkreis festgelegt. Nach der Teilnahme an einem Grundkurs muss dem Anwender Zeit gegeben werden, damit er sich, an seinem Lerntempo orientierend, mit den neuen Kommunikationstechniken oder Programmen vertraut machen kann. Nach einer angemessenen Frist sollen Aufbaukurse angeboten werden, die jeweils auf spezielle Anwendungsgebiete der einzelnen Abteilungen ausgerichtet sind.

Die Einführung – Jetzt kann es richtig losgehen

Zugriffsberechtigungen

Vor der endgültigen Einführung sollte eine Informationsveranstaltung über die neuen Kommunikationstechniken oder Programme stattfinden. Hierzu werden alle Mitarbeiterinnen und Mitarbeiter eingeladen, die die neuen Techniken bzw. Programme an ihrem Arbeitsplatz in Zukunft einsetzen. Zum Schluss wird noch ein Projektabschlussbericht erstellt. Er dokumentiert alle wesentlichen Phasen der Projektrealisierung.

Externe Berater – Die Spezialisten für Beratungsleistungen

umfangreiche Projekte

Coachingleistung

Bei sehr umfangreichen oder schwierigen Projekten wird oftmals ein auf dem Spezialgebiet erfahrener externer Berater oder eine externe Firma zur Projektgruppe hinzugezogen, damit anstehende Probleme kurzfristig gelöst werden können. Diese Beratungsleistung, auch Coachingleistung (engl.: coachen = trainieren, betreuen) genannt, ist meist wirtschaftlicher, da hochspezialisierte Fachkräfte mit ihrem reichen Erfahrungsschatz die aufgetretenen Probleme oft schneller lösen können. Diese Experten sind nicht betriebsblind und kennen ähnliche Probleme und deren Lösungen von anderen Unternehmen.

1.2 Der Datenschutz

Überlebenszeiten nach einem Super-GAU

Super GAU

Am 6. Mai um 13:21 Uhr kam es wegen eines Schaltausfalls in einer Umspannstation zu einem 0,4 Sekunden langen Spannungsabfall im 110-Kilovolt-Netz. Der führte dazu, dass der Wirbelschichtblock des Heizkraftwerkes und ein Flusskraftwerk automatisch abschalteten.
Die Folgen: Ampelanlagen fielen aus, der Verkehr brach zusammen und verschiedene Unternehmen meldeten Systemabstürze und Datenverluste.

Unser Wirtschaftssystem braucht eine sichere Informationsverarbeitung heute ebenso wie Erdöl oder Elektrizität. Computer steuern Werkzeugmaschinen, Fertigungsstraßen und ganze Produktionsbereiche. Warenwirtschaftssysteme verringern den Erfassungsaufwand und Fehler beim Kassiervorgang (Scanning), beschleunigen den Verkauf, reduzieren Lagerbestände durch geringere Kapitalbindung und erhöhen die Warenpräsenz, d. h. den Servicegrad gegenüber den Kunden.

Wirtschaftssystem braucht eine sichere Informationsverarbeitung

Die vorübergehende Störung von DV-Anwendungen, wie Fertigungssteuerung, SPS (speicherprogrammierbare Steuerung), Warenwirtschaftssysteme und Hochregallager, können ungeheure Verluste und schlimmstenfalls auch den wirtschaftlichen Kollaps der betroffenen Unternehmen bedeuten. Händler, Lieferanten, Banken, Versicherungen, Krankenkassen sind heute durch verzweigte Informationssysteme vernetzt. Staatliche Behörden verwalten die Bürger in riesigen Datenbanken.

ungeheure Verluste

Sicherheitsstudien stellten fest, dass der so genannte Überlebenszeitraum für Unternehmen nach Ausfall der internen Datenverarbeitung für 20 Prozent aller Unternehmen bis zu zwölf Stunden beträgt, für 48 Prozent liegt er zwischen zwei und fünf Tagen. Doch die zunehmende Durchdringung mit DV-Systemen und die Qualität des Netzverbundes verkürzen diese Zeitspannen immer stärker. Just-in-time-Strukturen verkleinern heute die Überlebenschancen drastisch.

Sicherheitsstudien

Just-in-time-Strukturen

Die größte Abhängigkeit von der Datenverarbeitung entsteht überall da, wo konventionelle Verfahren völlig abgeschafft wurden, sodass im Notfall auch nicht hilfsweise auf sie zurückgegriffen werden kann, z. B. elektronischer Zahlungsverkehr zwischen Banken bzw. Banken und Großkunden.

Abhängigkeit durch konventionelle Verfahren

Durch die Abhängigkeit und das Zusammenspiel von Life-lines (Lebensadern) entsteht die Notwendigkeit einer generellen gesellschaftlichen Stabilität und Funktionssicherheit. Als Life-lines gelten alle zentralen Ver- und Entsorgungslinien wie Strom, Wasser, Gas, Kanalisation, Straße, Schiene und Datennetz (Datenautobahnen). Nur die störungsfreie Bereitstellung von Basisleistungen, d. h. die ständige Verfügbarkeit von Elektrizität, Telefonleitungen und Netzknoten verhindern heute das Zusammenbrechen der Weltwirtschaft. Denn ohne DV geht an den internationalen Börsen und auf den Weltmärkten nichts mehr.

Life-lines

störungsfreie Bereitstellung von Basisleistungen

Bereits heute können sich technische Pannen, Blitzeinschläge, Terror- und Sabotageakte in Sekundenschnelle, gleich umkippenden Dominosteinen, zu einem digitalen Flächenbrand ausweiten – bis hin zum Zusammenbruch mehrerer lebenswichtiger Versorgungsleitungen und der angeschlossenen Endgeräte. Seitdem sich Strom-, Daten-, ISDN- und die TV-Kabelnetze kreuz und quer durch die Länder und Kontinente schlängeln, wächst das Risikopotential drastisch.

digitaler Flächenbrand

Grundstrukturen des Datenschutzes

Die Geschichte der Datenschutzgesetzgebung begann in Deutschland in Hessen. Das Bundesland Hessen erließ 1970 als erster Staat der Welt ein allgemein angelegtes Datenschutzgesetz (entsprechend der Länderkompetenz für die öffentliche Verwaltung des Landes) und bestellte den ersten Datenschutzbeauftragten, der die Einhaltung der Gesetze überwachen sollte.

Geschichte der Datenschutzgesetzgebung

Die anderen Bundesländer folgten in kurzen Abständen. Nach zäher Arbeit gelang dem Bundesparlament im Jahre 1977 schließlich ein umfassendes Gesetz. Es stellt ein System von Datenschutzregeln für die Bundesbehörden und die gesamte Wirtschaft auf, das an erkennbare und lokalisierbare Datenverarbeitungsprozesse anknüpfte mit dem Ziel,

Geburtsstunde des BDSG (1977)

einen Missbrauch bei der personenbezogenen Datenverarbeitung zu verhindern. Es war die Geburtsstunde des ersten Bundesdatenschutzgesetzes (BDSG 77 vom 27. Januar 1977). Im novellierten Bundesdatenschutzgesetz (BDSG 90 vom 20. Dezember 1990) wurde der Persönlichkeitsschutz umfassender geregelt.

verfassungsmäßig verankerter Persönlichkeitsschutz

Jede Form der Verarbeitung personenbezogener Daten ist grundsätzlich ein Eingriff in den verfassungsmäßig verankerten Persönlichkeitsschutz. Jeder Eingriff bedarf der Legitimation (Genehmigung) entweder durch eine Rechtsvorschrift oder durch die (freiwillige) Zustimmung des Betroffenen.

Datenschutz

Der Datenschutz umfasst die Wechselbeziehungen zwischen Bürger und Staat und diejenigen zwischen Privatpersonen (z. B. Arbeitnehmer und Arbeitgeber, Versicherer und Versicherten, Bank und Bankkunde, Arzt und Patient, Schule und Schüler).

Kontrollinstanzen in Staat und Wirtschaft

Kontrollinstanzen in Staat und Wirtschaft müssen dafür sorgen, dass der Datenschutz auch eingehalten wird. In den Unternehmen sind dies die betrieblichen Datenschutzbeauftragten, die von den staatlichen Aufsichtsbehörden beraten werden (Bundesbeauftragter für den Datenschutz, Länderdatenschutzbeauftragte, BDSG 90: §§ 21, 24, 26; LDSG 91 Ba-Wü: §§ 22 – 28).

freiheitlich demokratisches Gemeinwesen

Der Datenschutz gehört zu den grundlegenden Funktionsbedingungen eines auf die Handlungs- und Mitwirkungsfähigkeit seiner Bürgerinnen und Bürger begründeten freiheitlich demokratischen Gemeinwesens. Jede Person hat das Recht, grundsätzlich selbst über Preisgabe und Verwendung seiner persönlichen Daten zu bestimmen, d. h. jeder Bürger hat ein informationelles Selbstbestimmungsrecht.

Aufgabe des Datenschutzes

Aufgabe des Datenschutzes ist es, einerseits die Informationsbedürfnisse zu befriedigen und zu kanalisieren und andererseits den Freiheitsbereich des einzelnen Bürgers zu schützen.

Grundrechte

Spannungsfeld

Grundrechte sind entstanden als Abwehrrechte des Einzelnen gegenüber dem Staat, gegenüber der öffentlichen Gewalt. Das Spannungsfeld zwischen den verschiedenen Informationsbedürfnissen und dem Freiheitsbereich des Einzelnen muss in einem demokratischen und sozialen Rechtsstaat durch verfassungsrechtliche Vorgaben gelöst werden.

Aufgaben

1 Ihr Betrieb möchte im Internet mit einer eigenen Homepage vertreten sein. Auf dieser Homepage möchte sich das Unternehmen präsentieren, für seine Waren werben und Electronic-Shopping anbieten.
Stellen Sie eine Projektgruppe zusammen und wählen Sie einen Projektleiter. In der Projektgruppe soll dann der Projektplan ausgearbeitet werden. Aus ihm soll das Projektziel, die beteiligten Abteilungen, der Schulungs- und Terminplan hervorgehen.

2 Stellen Sie fest, welche Datenschutz- und Sicherungsmaßnahmen vorgesehen sind
a) in Ihrer Schule;
b) in Ihrem Betrieb.

3 Notieren Sie sich die Maßnahmen und überprüfen Sie diese auf Vollständigkeit. Beschreiben Sie die Grundstrukturen des Datenschutzes in der Bundesrepublik Deutschland.

2 Einsatz der Datenverarbeitung

2.1 Abwicklung der Arbeitsvorgänge – früher und heute

Früher, in der Antike

Als im Jahre 490 v. Chr. ein Kurier die Nachricht vom Sieg der Griechen über die Perser nach Marathon, einer kleinen Stadt nördlich von Athen, brachte, war der Sieg bereits Stunden vorüber und der Schlachtenlärm schon längst verstummt.

Heute, im Kommunikationszeitalter

Heute, im Kommunikationszeitalter, erreichen Informationen über die weltumspannenden Netze (Internet) in atemberaubenden Geschwindigkeiten viele Empfänger und liefern die Grundlage für individuelle und sachgerechte Entscheidungen am Arbeitsplatz. Der Datenaustausch erfolgt über Leitungssysteme und/oder Satelliten.

Alle Arbeitsgänge, die mit Hilfe der DV abgewickelt werden sollen, müssen dahingehend geprüft werden, ob sie bestimmte Kriterien erfüllen. Lässt sich auch nur eine Frage mit „Ja" beantworten, lohnt sich der Einsatz eines automatisierten DV-Verfahrens, das zunächst als Projekt sorgfältig geplant werden muss.

Kriterien	**Beispiele**
Wiederholt sich die Arbeit häufig?	Angebote, Lieferscheine, Rechnungen erstellen, Briefe schreiben, Lohn- und Gehaltsabrechnungen durchführen, Belege buchen
Lässt sich die Arbeit schematisieren?	Serienbriefe erstellen (gleiche Texte mit verschiedenen Adressen), Einheitliche Formulare mit Schreib-, Druck-, Markierungs- oder Stempelfeldern
Werden gleichartige Belege oder Schriftstücke verwendet?	Vordrucke für Angebote, Lieferscheine, Rechnungen, Überweisungsträger
Fallen große Datenmengen an?	Datenbank mit Kunden-, Lieferanten-, Personal-, Artikeltabellen
Sind Bearbeitungszeiten lang?	Anfrage ➪ Angebot ➪ Bestellungsbearbeitung ➪ Fertigung ➪ Lagerung ➪ Auslieferung ➪ Rechnung

2.2 Neue Technologien – höhere Qualifikationen am Arbeitsplatz

Neue Technologien erfordern ein Umdenken und Umlernen

Neue Technologien erfordern ein Umdenken und Umlernen in den Betrieben. Die Büroarbeitsplätze von Managern, Sachbearbeiterinnen und Sekretärinnen verlangen ein hohes Fachwissen, Eigeninitiative, Kreativität und die Bereitschaft der stetigen Fort- und Weiterbildung.

Wie wirken sich die neuen Systeme auf die Anzahl der Arbeitsplätze im Büro aus?

Bei der Einführung neuer Techniken und der Integration neuer Kommunikationsmittel im Büro müssen viele Gesichtspunkte berücksichtigt werden: Einzelinteressen, Machtansprüche, menschliche Irrtümer und Fehlverhalten. Arbeitsplätze dürfen durch neue Technologien nicht wegrationalisiert werden, sondern die Mitarbeiterin und der Mitarbeiter muss geschult und mit der neuen Technik vertraut gemacht werden.

Wirtschaftlichkeitsberechnungen und Kosten-/ Nutzenanalyse

Die Wirtschaftlichkeitsberechnungen und die Kosten-/Nutzenanalyse der Organisatoren zeigen, dass die neue Bürotechnik aufwendig und teuer ist und sich deshalb betriebswirtschaftlich lohnen muss. Zusammenhänge zwischen Arbeitslosigkeit und Büroautomation sind schwer belegbar.

verlangt wird eine höhere Qualifikation

Natürlich greift die Entwicklung tief in das Berufs- und Privatleben vieler Menschen ein: Alte, meist auf körperlicher Kraft oder Geschicklichkeit beruhende Berufe werden langsam durch computergesteuerte oder -unterstützte Arbeitsplätze verdrängt. Daher verlangt das Büro der Zukunft von den Mitarbeitern eine höhere Qualifikation. Berufe mit geringer Qualifikation haben kaum noch eine Überlebenschance. Fest steht jedoch, dass die moderne Technik eher von jüngeren Berufstätigen als von älteren akzeptiert wird.

Bundesanstalt für Arbeit

Nach Erkenntnissen der Bundesanstalt für Arbeit hat sich beispielsweise in den letzten Jahren die Zahl der Arbeitsplätze für Frauen im Dienstleistungsbereich stärker erhöht als Arbeitsplätze in der Industrie verloren gingen. Die Ursache: Der Einsatz der Mikroelektronik – so eine Studie des Forschungsministeriums. Qualifizierte Frauen finden in allen Bereichen der modernen Bürotechnologie eine Beschäftigung. Um sich in der Vielfalt der Berufsbezeichnungen auf dem Gebiet der DV zurechtzufinden, bietet die Bundesanstalt für Arbeit Orientierungshilfen an. Frauen mit mittlerem Bildungsabschluss können sich z. B. in einer dreijährigen Ausbildung zur DV-Kauffrau ausbilden lassen.

2.3 Die Hardwareausstattung – für die Zukunft planen

Entscheidung: Integration ist angesagt

Wer heute vor der Entscheidung steht, welche Hardware angeschafft werden soll, muss bestimmte Beschaffungskriterien berücksichtigen. Vergegenwärtigt er sich das platzraubende Nebeneinander von Einzelfunktionsgeräten, wie z. B. Schreibmaschine, Kopierer, Telefaxgerät, Telefon, Anrufbeantworter, Rechen- und Zeichenmaschine und Computer, so liegt der Gedanke nahe, möglichst alle Funktionen in einem Gerät zu integrieren.

Multimedia-PC

Computer-Konferenz

Heute erobert der Multimedia-PC den Arbeitsplatz und übernimmt eine Vielzahl von Kommunikationsaufgaben. Man nutzt ihn zum Faxen, für E-Mails und die weltweiten Mailboxdienste, für Internet-Recherchen, für Datenbankzugriffe und für geschäftliches (oder auch persönliches) Video-Conferencing. Computer-Konferenz-Systeme erschließen neue Anwendungsfelder auf internationalen Gebieten. Ein Laserdrucker mit integriertem Telefaxgerät vervollständigt den Arbeitsplatz.

Leasing

ersetzen

Altgeräte

Bürocomputer-Leasing entlastet die Bilanz und hilft dem Anwender, mit der rasanten technischen Entwicklung leichter Schritt zu halten. Der Anwender hat kein Finanzierungsproblem, weil die Leasingraten in der Regel Betriebsausgaben und deshalb steuermindernd sind. Außerdem kann er nach Auslaufen des Leasingvertrages das alte Computersystem durch ein technisch neues ersetzen. Deshalb dürfen zukünftige Erweiterungen der Hardware nicht durch einen zu engen Leasingvertrag blockiert werden. Was aber tun mit den Altgeräten? Beim Leasing überträgt man die Hardwarealtlasten an das Leasingunternehmen, wodurch das Problem allerdings nur verschoben wird. Leasing schont demnach nicht nur das Eigenkapital des Unternehmers.

Das Mulitmediakonzept beabsichtigt möglichst unterschiedliche Informationen aus verschiedenen Medien (Text, Ton, Bild) zu integrieren. Hierzu werden Daten aus unterschiedlichen Quellen (CD-Player, Videorecorder, digitale Video- und Fotokameras, Mikrofon) in den Computer übertragen und digitalisiert gespeichert. Mit speziellen Bild- und Videobearbeitungsprogrammen können die digitalisierten Daten bearbeitet und z. B. als Animationen oder Videoclips wiedergegeben werden.

2.4 Die Software – Kriterien für die Auswahl

Bewältigung organisatorischer Probleme

Wer heute einen PC und eine für seine betrieblichen Aufgaben geeignete Software zur besseren Bewältigung seiner organisatorischen Probleme sucht, findet ein reichhaltiges Angebot in der fast unübersehbaren Produktpalette der Softwareanbieter. Um Anwendern den Einstieg in die DV zu erleichtern, sollte heute eine grafische Benutzeroberfläche eingesetzt werden, z. B. Windows NT, Windows 2000, Windows XP oder X-Windows bei Linux.

- *Systemsoftware* – Die Systemsoftware umfasst die Systemprogramme (Betriebssysteme, wie z. B. DOS, Windows XP, Linux/Unix). Diese Programme sind für den Betrieb bzw. die Steuerung eines Computers unerlässlich. Sie lösen jedoch nicht die speziellen Aufgabenstellungen der Anwender.
- *Iindividuelle Software* – Die betriebsindividuelle Software ist ein nach Maß entwickeltes und gefertigtes Programm, das alle speziellen Wünsche des Anwenders berücksichtigt.
- *Standardsoftware* – Die Standardsoftware wird für ein spezielles Anwendungsgebiet geschrieben, z. B. Finanzbuchhaltung, Lohn- und Gehaltsabrechnung, Warenwirtschaftssysteme. Diese Programme können von vielen verschiedenen Anwendern eingesetzt werden.
- *Branchensoftware* – Die Branchensoftware ist eine erprobte und kundengerechte Branchenlösung („Software von der Stange"), z. B. Bäckerei, Reisebüro, Installations-, Dachdecker-, Sanitär- oder KFZ-Handwerk.
- *Tools* – Die Tools zeichnen sich durch eine benutzerfreundliche Dialogfähigkeit aus, die den Anwender ohne Programmierkenntnisse zu einer individuellen Lösung seiner betrieblichen Aufgaben führt, z. B. Tabellenkalkulation, Datenbanksysteme, Zeichen- und Textverarbeitungsprogramme.
- *Office-Pakete* – Die integrierten Pakete, allgemein unter dem Namen Office-Paket (Büro-Paket) bekannt, verwalten unter einer durchgängigen, dem Windows-Standard angepassten Benutzeroberfläche, verschiedene Programmtools, wie z. B. Textverarbeitung, Tabellenkalkulation, Datenbanksystem, Terminkalender, Zeichen- und Präsentationsprogramm Outlook, Exchange.

Handbuch learning by doing

Am Büroarbeitsplatz ist meistens kein Platz für das Handbuch oder es liegt irgendwo bei einem Kollegen. Befindet sich dieser aber gerade bei einer wichtigen Besprechung und darf nicht gestört werden, ist guter Rat teuer. Hinzu kommt, dass viele Handbücher dickleibig, schwer, unhandlich, oft schwer verständlich geschrieben sind.

Handbücher und Schulungsunterlagen sollten so geschrieben sein, dass sich der Anwender in kleinen Lernschritten (learning by doing) in die Software einarbeiten kann. Eine übersichtliche und anschauliche Gestaltung, basierend auf einem überzeugenden pädagogischen Konzept, wird hier verlangt. Viele Anwender schätzen die Funktionstaste F1, die Hilfe-Funktion. Das elektronische Online-Handbuch erweist sich bei vielen Programmen als ausgezeichneter Ratgeber. Er gibt bereitwillig Auskunft, ohne dass die Kollegin schon wieder schmunzelt, wenn man im dicken Handbuch verzweifelt nach der Lösung sucht.

Hilfe-Funktion

Leistung muss teuer bezahlt werden

Leistung muss oft teuer erkauft werden. Der Anwender muss für jeden Arbeitsplatz eine Lizenz erwerben. Doch die Software wird ständig weiterentwickelt. Dies bedeutet für den Anwender, dass er neue Programmversionen installieren muss (updating). Auch hier fallen ständig neue Kosten an (z. B. Software- und Schulungskosten), möchte der Anwender auf dem neuesten Stand bleiben.

2.5 E-Mail – die elektronische Post für die schnelle Kommunikation

gelbe Post
E-Mail

Im Gegensatz zu der „gelben Post", die sehr vielen Einschränkungen unterworfen ist, unterliegt die elektronische Post (E-Mail) fast keinen Einschränkungen. Ein auf dem Arbeitsplatz-PC erstelltes Angebot kann, unabhängig von der Tageszeit, als Attach (Anhang) in einem E-Mail direkt an einen Empfänger oder gleichzeitig auch an mehrere versendet werden. Der Empfänger kann diese Nachricht sofort entgegennehmen und ggf. umgehend darauf antworten. Die Entfernung, die zwischen dem Absender und dem Empfänger liegt, spielt keine Rolle und hat in Bezug auf die Geschwindigkeit und die Gebühren keinen nennenswerten Einfluss. Man zahlt immer nur die Telefongebühren bis zu seinem Einwahlknoten. Eine E-Mail von Karlsruhe nach New York kostet genauso viel wie innerhalb von Karlsruhe.

Einwahlknoten

E-Mail versendet computererzeugte Nachrichten

Damit sind aber die Möglichkeiten einer E-Mail noch nicht ausgeschöpft. Eine E-Mail kann jede beliebige computererzeugte Nachricht versenden. Bevor man eine E-Mail abschickt, hat man die Möglichkeit, die Nachricht mit weiteren Details wie Tabellen, Grafiken, Bilder, Klänge oder Videos (Mediendateien) zu ergänzen.

An:
Tragen Sie hier den oder die Empfängeradressen ein

Cc ...:
Carbon copy (Durchschlag) Tragen Sie hier die Empfänger ein, die einen Durchschlag der Nachricht bekommen

Betreff:
Hier tragen Sie den Betreff (wie in einem normalen Brief) ein

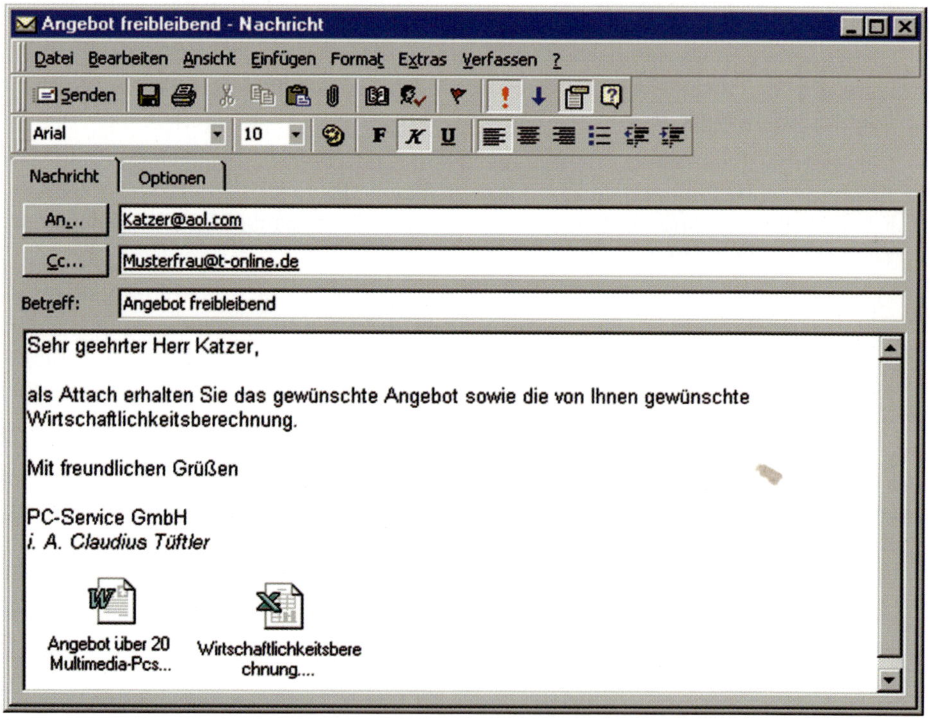

Mit E-Mail können Nachrichten an beliebige Empfänger gesendet werden, solange diese an dem elektronischen Postsystem oder an einem anderen Postsystem, das damit verbunden werden kann, angeschlossen ist. Damit hat man die Möglichkeit, direkt von seinem Arbeitsplatz mit anderen Menschen im Büro, in einem Land oder der ganzen Welt Informationen auszutauschen (weltweite Kommunikation auf der Datenautobahn). Über Schnittstellen können Verbindungen mit anderen elektronischen Postsystemen hergestellt und somit auch andere Kommunikationsformen genutzt werden, wie z. B. Fax.

Wer mit Menschen an vielen Orten leicht kommunizieren kann, hat möglicherweise bald mit einem nicht mehr überschaubaren Nachrichtenberg zu kämpfen. Ohne Hilfe kann man mit diesen Informationsmengen nicht fertig werden.

Deshalb verfügen alle E-Mailprogramme über Ordner-, Such- und Sortierfunktionen.
Diese Funktionen helfen Ihnen, die großen Informationsmengen schnell zu organisieren und nach Bedarf wieder aufzurufen.

2.6 Die Vernetzung – das Büro hängt am Draht der Welt

Werden zwei Rechner (PCs) durch ein Kabel miteinander verbunden, sodass sie Daten austauschen können, kann man bereits von einem Computer-Netzwerk sprechen.

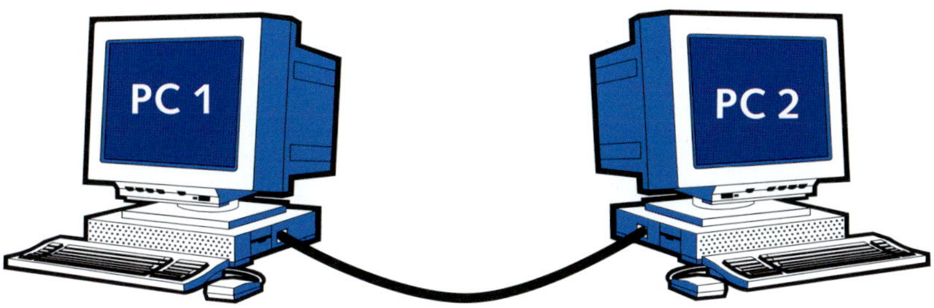

Zwei PCs – zusammengeschlossen mit einem Kabel – bilden ein kleines Netzwerk

Auch das Internet kann man als Netzwerk bezeichnen: Es ist wohl der größte Zusammenschluss von Systemen, den es auf der Erde gibt.

Das Peer-to-Peer-Netz – Die Demokratie unter PCs

Peer-to-Peer-Netzwerk

Ein Peer-to-Peer-Netzwerk ist ein Netzwerkverbund mit gleichrangigen Netzwerkcomputern (PCs). Eine hierarchische Struktur gibt es nicht. Alle Anwender haben von ihren Arbeitsplätzen aus einen gleichberechtigten Zugriff auf alle Programme, Datenbestände und peripheren Geräte. In einem Peer-to-Peer-Netz kann jeder PC sowohl die Serverfunktion (Anbieten von Programmen, Daten und Ressourcen) als auch die Clientfunktion (Zugreifen auf Server-Daten oder -Ressourcen) übernehmen.

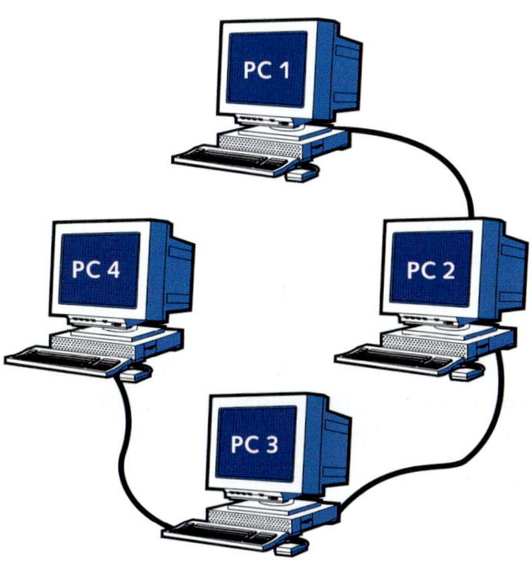

Da alle Computer gleichberechtigt sind, entlehnte man aus dem Mutterland der Demokratie den Namen, der für Gleichberechtigung steht: Peers. Fortan nannte man solche Netze „Peer-to-Peer-Netze": Netze, bei denen die Kommunikation zwischen PCs auf gleicher Stufe erfolgt.

Peers

Nachteil

Ein großer Nachteil der Peer-to-Peer-Netze sind die ungenügenden Sicherheitsmechanismen, der mangelnde Datenschutz, die schlecht zu überwachende (zentrale) Datensicherung, der erhöhte Wartungsaufwand. Es besteht die Möglichkeit, die PCs weiterhin wie gewohnte Einplatz-PCs mit individueller Software einsetzen zu können.

Fritz sucht sich Daten auf Carolas PC

Beispiel: Der gesamte Datenverkehr läuft von einem PC nicht erst über einen zentralen Server und von diesem wieder zu einem anderen PC. Wenn Fritz der Carola eine Idee für ein Marketingkonzept schicken möchte, geht das Textdokument direkt auf ihre lokale Festplatte und nicht erst in ein Verzeichnis auf dem Server. Wenn Carola dann später das Dokument nicht mehr findet, kann Fritz sogar auf Carolas Festplatte nachsehen, ob diese Datei (oder eine andere) wirklich nicht mehr vorhanden ist. Dazu muss er nicht einmal von seinem Stuhl aufstehen. Er könnte dies auch tun, wenn Carola nicht damit einverstanden wäre. Wenn Fritz auch noch Carolas Platte nach geheimen Firmendaten oder privaten Briefen durchsuchen würde, wäre dies ein ernsthafter Verstoß gegen die Datenschutzbestimmungen.

Das Client/Server-Netz – Das professionelle Netz

Local Area Network

Die Client/Server-Architektur ist ein professionelles Netzwerk, das sowohl auf der Hardwareseite als auch für den Anwender hierarchisch strukturiert aufgebaut ist. Der Datenaustausch erfolgt stets über einen zentralen Rechner (Server) zwischen den PCs (Clients) in einem räumlich begrenzten Bereich, z. B. innerhalb einer Firma oder einer Behörde.

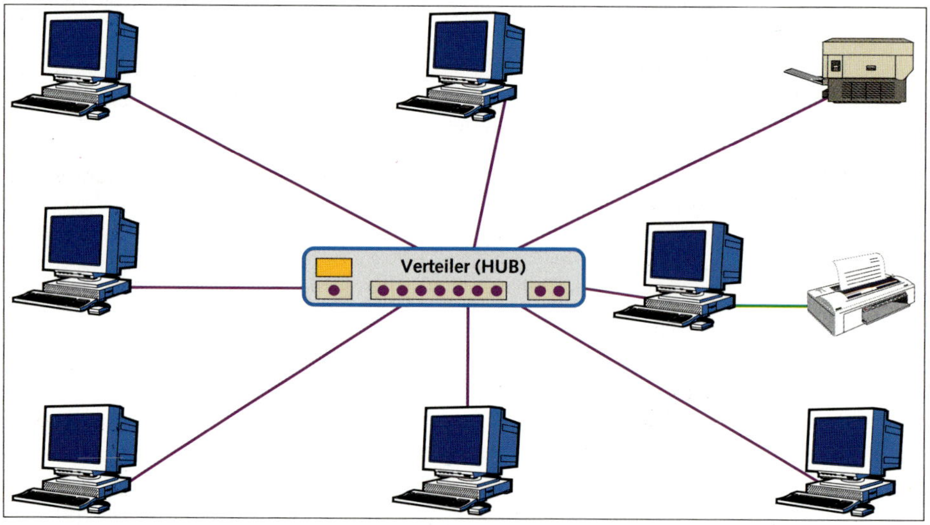

Der Server, auch Fileserver genannt, ist eine Netzwerkstation. Er überwacht das Netz, speichert zentral die Programme und Daten, bietet den Clients seine Dienste an und stellt Ressourcen zur Verfügung. Der Client ist der Arbeitsplatzrechner im Netzwerk. Er nimmt die Dienste eines Servers in Anspruch.

Der Netzwerkverwalter (Administrator) vergibt jedem Client (Anwender) bestimmte Zugriffsrechte. Der Administrator ist die Person mit der höchsten Zugangsberechtigung im Netzwerk. Er richtet die Zugriffsrechte für die Anwender ein und ist für die Netzverwaltung verantwortlich. Als Server bietet der PC seine Festplatten-, CD-ROM- und Streamer-Laufwerke und die angeschlossenen Drucker als Ressourcen anderen PCs (Clients) im Netzwerkumfeld an.

Vom LAN zum WAN – Die Auffahrt zum Daten-Superhighway

Bei der Rechnervernetzung innerhalb von Gebäuden werden lokale Netze (LAN = Local Area Network) eingesetzt. Müssen Daten über weite Entfernungen übertragen werden, koppelt man lokale Netze über Weitverkehrsnetze. Diese Weitverkehrsnetze bezeichnet man als WAN (Wide Area Network). Bei solchen Kopplungen ist der Anwender auf das öffentliche Übertragungsnetz der Telekom (ISDN) angewiesen. Die Datenautobahnen auf dem weltumspannenden Rechnergeflecht Internet oder Compunet reichen von gewöhnlichen Telefonleitungen über Standleitungen bis zu Satellitenverbindungen. Welchen Weg ein einzelnes Datenpaket nimmt, lässt sich praktisch nicht vorhersagen, da die Datenweichen (Router genannt) automatisch den optimalen Weg zwischen den verbundenen Rechnern ermitteln.

LAN

WAN
ISDN
Internet
Compunet

Aufgaben

1 Diskutieren Sie, weshalb neue Technologien am Arbeitsplatz heute von den Angestellten höhere Qualifikationen erfordern. Notieren Sie sich wichtige Qualifikationsmerkmale.

2 In Ihrem Büro sollen die Einzelfunktionsgeräte (Schreibmaschine, Zeichenmaschine, Telefaxgerät, usw. durch neue Kommunikationsgeräte ersetzt werden. Holen Sie sich beim Fachhandel und der Deutschen Telekom AG Prospektmaterial, sodass Sie in einer Projektplanung konkrete Vorschläge unterbreiten können.

3 Nennen Sie wichtige Kriterien, die bei der Auswahl von Software die Entscheidung beeinflussen können.

4 Wie muss ein Arbeitsvorgang gestaltet sein, damit er mithilfe der DV abgewickelt werden kann? Untersuchen Sie hierzu z. B. Arbeitsvorgänge im Einkauf, Verkauf, Lager und der Finanzbuchhaltung.

5 Wenn Sie in der Schule einen Zugang zum Internet haben, rufen Sie einmal folgende Angebote ab:
a) Die kostenlose, aktuelle bundesweite Telefonauskunft
b) Auskunft zu Bahnverbindungen
c) Wetterbericht des deutschen Wetterdienstes
d) Reise-Informationen
e) DPA-Kurznachrichten
f) WDR-Computerclub
g) ZDF-Wirtschaftsmagazin
h) Bertelsmann-Universallexikon
i) Deutsches Spieleforum

6 Ihr DV-Lehrer hat bestimmt eine E-Mail-Adresse. Starten Sie das E-Mail-System an Ihrer Schule und schicken Sie ihm eine Nachricht.

7 Erkundigen Sie sich, welches Netz in Ihrer Schule bzw. Firma eingesetzt wird. Über welche Sicherheitsmaßnahmen verfügt dieses Netz?

3 Wechselwirkungen zwischen Datenverarbeitungseinsatz und betrieblicher Organisation

3.1 Auswirkungen auf die vorhandene Aufbauorganisation

Abteilungsbildung – Die Abteilung „Organisation und DV"

Planungs- und Umstellungsarbeiten

Die Einführung neuer Kommunikationstechniken oder neuer Programme wird durch Planungs- und Umstellungsarbeiten gekennzeichnet. In dieser Phase kann das vorhandene DV-System nur mit Einschränkung genutzt werden. Nach Abschluss dieser Phase leistet das DV-System wieder produktive Arbeit und erfüllt die Aufgaben eines Dienstleistungsbereichs im Unternehmen, wobei die Arbeitsabläufe auftragsgebunden, entsprechend ihren technischen Möglichkeiten durchzuführen sind. Die bisherigen Dienstleistungsaufgaben, z. B. Schreibdienste, Telefonzentrale, Post und Versand sollten möglichst automatisiert werden.

keine Stabstelle

Service-Funktion

Da DV-Systeme und Programme nicht nur zur Lösung von Aufgaben innerhalb einer einzigen Abteilung eingesetzt werden, muss die DV-Abteilung in die bestehende Organisationsstruktur eingegliedert werden. Sinnvoll ist es, die DV-Abteilung direkt der Unternehmensführung zu unterstellen. Eine DV-Abteilung soll jedoch keine eigenständige Stabsstelle sein, die nur beratende und empfehlende Funktionen ausüben darf. Vielmehr muss die DV-Abteilung neben der Wartung und Pflege der Hard- und Software auch eine Service-Funktion (Benutzerservice), die ihre Dienstleistungen für alle Abteilungen und Bereiche des Unternehmens anbieten, übernehmen. Durch die Zusammenfassung beider Bereiche kann diese Abteilung sowohl organisatorische und beratende als auch Dienstleistungsaufgaben für andere Abteilungen und Unternehmensbereiche durchführen.

fehlende Kontrolle

Unter Umständen kann sich die Zusammenlegung beider Bereiche nachteilig auf das Unternehmen auswirken, da eine ausreichende Kontrolle und Überwachung der Datenverarbeitungsaufgaben fehlt. Durch die fehlende Kontrolle könnte die Datenverarbeitung leicht ungerechtfertigt aufgebläht werden und möglicherweise Aufgaben übernehmen, die wirtschaftlich nicht in ihren Kompetenzbereich gehören. Aus diesem Grund kann hier eine zusätzliche Instanz der Datenverarbeitung vorgesehen werden: Die Kontrolle der Datenverarbeitung durch einen Revisor oder durch einen Datenschutzbeauftragten, wie dies auch im BDSG bzw. entsprechend im jeweils geltenden LDSG geregelt ist.

Anforderungs-befugnisse

Kosten

Durch ihre Stabs- und Dienstleistungsaufgaben besitzt die Abteilung „Organisation und DV" keine direkten Anordnungsbefugnisse an andere Abteilungen. Dies zeigt sich besonders darin, dass jede Abteilung, für die die DV-Abteilung Arbeiten durchführt, auch anteilmäßig mit den Kosten der Datenverarbeitung belastet wird.

Rechenzentrum

Der zentrale Charakter der Verarbeitung fehlt

Seitdem in Unternehmen immer mehr PCs eingesetzt werden, verschwindet die Stelle „Rechenzentrum" im Organigramm. Die Bezeichnung „Rechenzentrum" ist auch deshalb nicht mehr gerechtfertigt, weil der zentrale Charakter der Verarbeitung fehlt. Die verschiedenen Aufgaben (z. B. Schriftverkehr) werden jeweils direkt, d. h. dezentral, in den einzelnen Abteilungen (an den Client-Arbeitsplätzen) gelöst. Die großen Datenbestände, wie z. B. Kunden-, Lieferanten- und Artikeldaten werden jedoch in zentralen Rechnern (Servern) gespeichert und verwaltet, sodass jeder Anwender von seinem Arbeitsplatz aus bequem auf diese Daten zugreifen kann, falls er dazu berechtigt ist.

3.2 Auswirkungen auf die Arbeitsabläufe

Bereitstellung der Daten

Die Daten können in einem Unternehmen auf verschiedene Arten erfasst und bereitgestellt werden:

- Die Originaldaten werden direkt vom Beleg in den Rechner eingelesen, z. B. Markierungsbeleg, Lichtgriffel, Scanner
- Die Daten werden über die Tastatur direkt in das DV-System eingegeben.
- Zur Weiterverarbeitung können die Daten von Massenspeichern direkt abgerufen werden.

Engpass für die Datenverarbeitung

Da die Datenerfassung oft einen Engpass für die Datenverarbeitung darstellt, sind Rationalisierungsmaßnahmen an dieser Stelle besonders wichtig (z. B. maschinengerechte Formulare, vollständig ausgefüllte und gut lesbare Belege).

Datenflussplan

Mit Hilfe des Datenflussplans wird der Organisationsablauf, der zur Lösung einer bestimmten Aufgabe führt, grafisch dargestellt. Hierzu gehören beispielsweise Überlegungen, in welcher Form die Eingabe der Daten erfolgen soll und in welcher Form die Ausgabe der Zieldaten gewünscht wird. Desweiteren lässt sich im Datenflussplan erkennen, welche Geräte für die Eingabe, Ausgabe und die externe Speicherung eingesetzt werden.

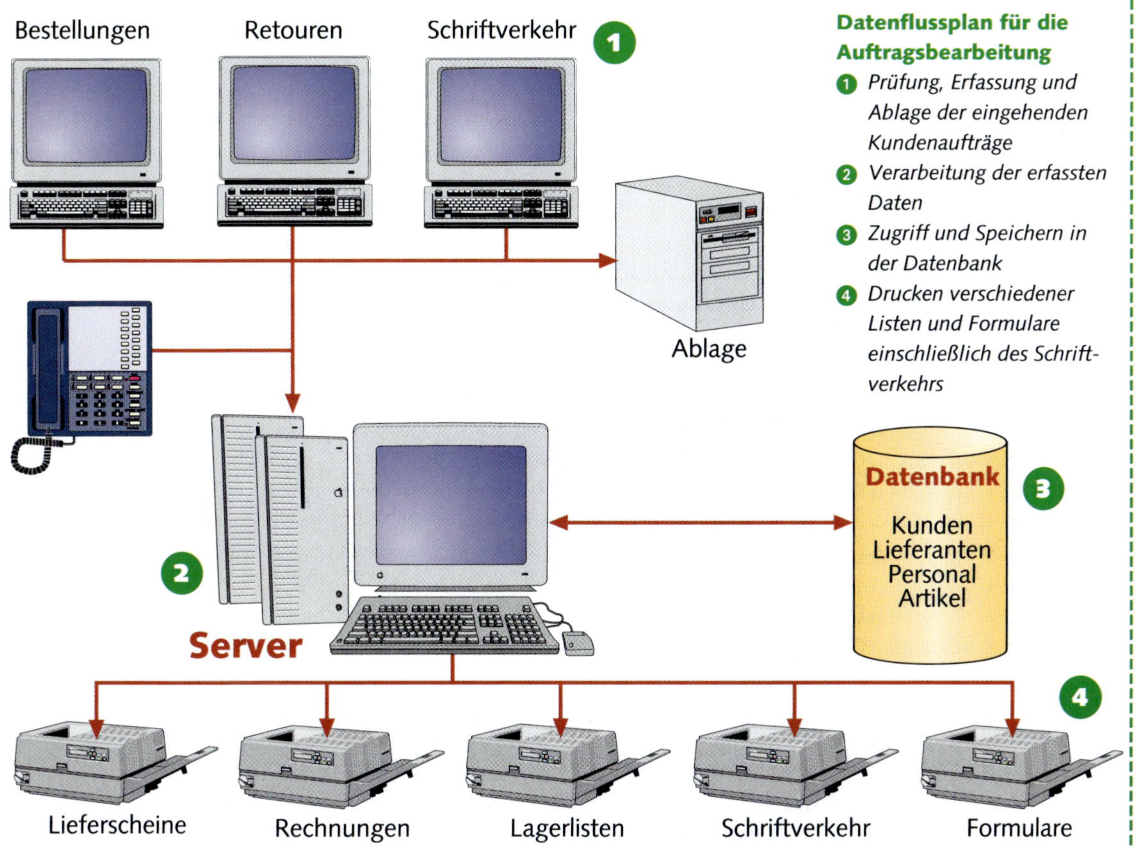

Datenflussplan für die Auftragsbearbeitung

1. *Prüfung, Erfassung und Ablage der eingehenden Kundenaufträge*
2. *Verarbeitung der erfassten Daten*
3. *Zugriff und Speichern in der Datenbank*
4. *Drucken verschiedener Listen und Formulare einschließlich des Schriftverkehrs*

3.3 Formularwesen

Herkömmliche Arbeitstechnik automatisierte Datenverarbeitung

Bei der herkömmlichen Arbeitstechnik konnten manche Unzulänglichkeiten bei der Formulargestaltung durch die am Arbeitsablauf beteiligten Menschen ausgeglichen oder überbrückt werden. Die automatisierte Datenverarbeitung verlangt jedoch eindeutige und klar strukturierte Formulare, die bei der Datenerfassung oder -ausgabe nicht zu Missverständnissen führen. Beispielsweise kann die Länge eines Erfassungsfeldes bei automatisierten Verfahren nicht beliebig vergrößert werden, um zusätzliche Informationen erfassen zu können.

Absprachen mit allen beteiligten Stellen

Aus diesem Grund sind Absprachen mit allen beteiligten Stellen notwendig. Die Formulargestaltung und Formularänderung erfolgt meist aufgrund von Anregungen der entsprechenden Fachabteilung. Deshalb müssen Muster und Korrekturabzüge neuer Formulare den betroffenen Fachabteilungen und der DV-Abteilung zur Begutachtung und Genehmigung vorgelegt werden.

Lagerhaltung der Formulare

Die Lagerhaltung der Formulare sollte überwacht und ein außergewöhnlicher Verbrauch der Lagerverwaltung mitgeteilt werden. Es ist zweckmäßig, neben dem Hauptlager in den Abteilungen, in denen gedruckt wird, ein kleines Handlager zu führen. Das Handlager ist regelmäßig auf den Sollbestand aufzufüllen, damit der Arbeitsablauf durch fehlende Formulare nicht unterbrochen wird.

Gestaltung DV-gerechter Formulare

Heute werden viele Formulare nicht mehr in großen Auflagen gedruckt, sondern das Formular wird direkt mithilfe moderner Tools (z. B. Textverarbeitung, Tabellenkalkulation, Datenbanksystem), fertig ausgefüllt auf weißem Papier ausgedruckt. Damit entfallen Druck- und Lagerkosten. Bei der Gestaltung DV-gerechter Formulare sollten folgende Grundsätze befolgt werden:

Die DV-Abteilung beauftragte ein Team, sich Gedanken über die Gestaltung und Anforderungen der DV-Formulare zu machen. Die Gruppe hat hierzu folgende Grundsätze ausgearbeitet:

- Die Formulare müssen maschinengerecht gestaltet sein, damit die Druckpositionen und der Zeilenvorschub beim Bedrucken der Formulare stimmen.
- Die einzelnen Formulare müssen logisch aufgebaut sein. Deshalb ist es sinnvoll, dass man das Layout der Formulare in Bereiche einteilt (z. B. Stammdaten, Bewegungsdaten).
- Im Unternehmen sollten keine Mehrzweckformulare verwendet werden, da dies zu Irrläufern führt.
- Klare Texte auf den Formularen erleichtern die Bearbeitung, Abkürzungen und Zuordnungen müssen eindeutig und leicht verständlich sein.
- Auf dem Formular muss eindeutig der Aussteller und Empfänger festgestellt werden können.
- Jedes Formular erhält einen Formularnummernschlüssel, damit es leicht nachbestellt und zugeordnet werden kann.
- Der Aufbau eines Erfassungsbeleges muss weitgehend mit dem Aufbau der Erfassungsmaske übereinstimmen (Reihenfolge der Datenfelder).
- Auf Formularen sollte beim Drucken das Datum erscheinen, um einen alten von einem neuen Ausdruck unterscheiden zu können.
- Sensitive, geheime Daten (z. B. Gehaltsdaten) sollten auf dem Ausdruck für Dritte nicht lesbar sein.

3.4 Raum- und Arbeitsplatzgestaltung

Ergonomie – Standards am Arbeitsplatz

Mit dem Einzug des Computers in den Büros steigt gleichzeitig die Belastung für jeden, der damit arbeiten muss. Obwohl mit den Rechnern viele Arbeiten automatisiert und einfacher gelöst werden können, wird der Arbeitsplatz immer mehr zur Ursache für körperliche Beschwerden und Krankheiten.

Ursache für körperliche Beschwerden und Krankheiten

Heute verbringen etwa 50 Prozent aller Erwerbstätigen in der Bundesrepublik die meiste Zeit des Tages im Büro. Mit steigender Tendenz sitzt ein Großteil davon vor einem Bildschirm, wobei die meisten Bildschirmarbeitsplätze den derzeitigen ergonomischen Anforderungen noch nicht entsprechen.

Die sitzende Bürotätigkeit nimmt zu

Die wichtigste Grundvoraussetzung für menschengerechtes und effektives Arbeiten ist ein ergonomisch gestalteter Arbeitsplatz. Dazu zählt nicht nur ein ausreichend großer Schreibtisch und ein sitzgerechter Stuhl, sondern auch eine ermüdungs- und blendfreie Beleuchtung, eine erträgliche Geräuschkulisse, ein angenehmes Raumklima und keine Geruchsbelästigungen durch Klimaanlagen, Kunststoffböden oder -möbel.

ergonomisch gestalteter Arbeitsplatz

Um ungestört am Bildschirm arbeiten zu können, darf der Arbeitsplatz nicht zu hell sein. Viele Beleuchtungen (Leuchtstoffröhren oder Lampen) erzeugen ein kaltes oder grelles Licht. Sie sind deshalb häufig die Ursache von störenden Reflexionen (Spiegelungen) auf dem Bildschirm. Der Benutzer nimmt deshalb oft unwillkürlich eine schlechte Körperhaltung ein, damit er eine bessere Sicht auf den Monitor hat.

ergonomisch störende Reflexionen

Da weiße Wände im Rücken des Anwenders ebenfalls Spiegelungen auf der Bildschirmoberfläche erzeugen, werden von Berufsgenossenschaften Wände und Möbel empfohlen, die einen mittleren Reflexionsfaktor aufweisen, z. B. die Farbe beige. So kann man einen zu hohen Kontrastsprung zwischen der Umgebung und dem Monitor vermeiden.

Berufsgenossenschaft

Der beste Abstand zwischen Benutzer und Monitor liegt zwischen 50 und 70 cm. Ist der Monitor oder die Schrift zu klein, verringert der Anwender unbemerkt den Abstand. Dies kann zu Kopfschmerzen, brennenden oder tränenden Augen führen. In solchen Fällen sollte sich der Anwender eine adaptierte (angepasste) Sehhilfe vom Augenarzt, eine „Bildschirmbrille" verschreiben lassen. Hinzu kommen als Folge einer erzwungenen Körperhaltung: schmerzhafte Verspannungen im Nacken- und Schulterbereich, im Rücken und in den Armgelenken.

Monitorabstand zwischen 50 – 70 cm

schlechte Körperhaltung

Benutzeroberflächen bilden die Schnittstellen zwischen dem Anwender und dem Programm. Die Bedienerführung der Programme wird immer mehr vereinheitlicht, damit der Anwender beim Einsatz verschiedener Softwareprodukte nicht jedesmal umdenken und umlernen muss. Diese Softwareergonomie richtet sich z. B. nach dem „Windows-Standard". Auf diese Weise kann der Anwender die einzelnen Programmfunktionen einheitlich mit den Funktionstasten, Tastenkombinationen oder mit der Maus steuern.

Benutzeroberfläche

Richtlinien – Sie legen die Arbeitsbedingungen fest

Das stetig wachsende Umweltbewusstsein fordert von der Industrie vermehrt strahlungsarme Energiesparer. Im Monitor wandelt eine komplizierte Technik die kostbare Energie aus der Steckdose nicht nur in Bilder auf dem Monitor um. Was nämlich nicht als Licht nach vorne die Bildschirmröhre verlässt, teilt sich der Umgebung als Abwärme und Strahlung mit, schleudert Staubpartikel und Mikroorganismen in Richtung Auge und reizt die Schleim- und Bindehaut.

wachsendes Umweltbewusstsein

Standard

Ergonomie

Um die Sicherheit, die Ergonomie und den Energieverbrauch von Monitoren zu regeln, haben deutsche, europäische und internationale Organisationen eine ganze Reihe von Standards geschaffen. Monitore namhafter Firmen erfüllen diese Standards nicht immer, sondern übertreffen bzw. unterbieten sie zum Teil deutlich. Plaketten auf der Monitorrückwand weisen darauf hin. Der Duden definiert die Ergonomie als die „Wissenschaft von der besten wechselseitigen Anpassung zwischen den Menschen und seinen Arbeitsbedingungen (seinem Arbeitsumfeld)".

Umfeld des Arbeitsplatzes

Das bedeutet, dass ein Büro nicht nur aus Möbeln (Schreibtisch, Stuhl und Schrank) und technischen Geräten (Telefon, Schreibmaschine, PC, Kopierer, Tischrechenmaschine) besteht. Vielmehr wirkt sich auch das Umfeld des Arbeitsplatzes auf das Wohlbefinden der Arbeitnehmer aus.

- **Licht** (natürliches oder künstliches)
- **Akustik** (Lärm durch Büromaschinen, Straßenlärm, Publikumsverkehr)
- **Klima** (Frischluft durch Fenster oder Klimaanlage)
- **Farbe** (beruhigende oder schreiende, nervöse Farbtöne)
- **Bodenbelag** (Natur- oder Kunststoffbelag, elekrostatische Aufladungen)
- **Anordnung der Möbel** (Einzelbüro, Großraumbüro)
- **Pflanzen** (zur Verbesserung des Raumklimas)

MPR II Zeichen

Die schwedische Regierung hat 1987 das Institut Nationaler Rat für Messtechnik und Prüfung **(MPR)** damit beauftragt, Messmethoden zu entwickeln. Das Institut wurde inzwischen umbenannt in Swedish Board für Technical Accreditation (Swedac). 1988 wurden die ersten Messmethoden (MPR I) vorgestellt, die kurz danach überarbeitet wurden, weil sich die Nachfrage nach strahlungsarmen Monitoren erhöhte und der technische Fortschritt eine bessere Abschirmung erlaubte. 1990 wurde MPR 90 (MPR II) veröffentlicht.

TCO-1, TCO-2
TCO 99

TCO ist die Bezeichnung der schwedischen Gewerkschaftsorganisation der Angestellten, die Empfehlungen für professionelle Bildschirmarbeitsplätze herausgibt. Diese enthalten nicht nur die erforderlichen Grenzwerte für elektrische Abstrahlungen, sondern auch Anforderungen für die Ergonomie und die Stromsparfunktion. Mit TCO 99 wurden die Vorgaben zusätzlich um die Aspekte der Umweltverträglichkeit der Produkte (Recyclingfähigkeit) und des Produktionsprozesses (umweltfreundliche Produktion) erweitert.

TÜV

ISO

Weitere Richtlinien stellte der **TÜV** Rheinland für die Bildqualität auf, bei der der zulässige Zeichenkontrast das Verhältnis drei zu eins (Vordergrund zu Hintergrund bei schwarzem Zeichen auf weißem Grund) nicht unterschreiten darf. Weltweit werden die Minimalanforderungen für ergonomische Bildschirme in den **ISO**-Normen (International Organization for Standardization) geregelt.

EU-Richtlinien

Die im Mai 1990 vom Rat der Europäischen Union (EU) verabschiedeten Richtlinien enthalten detaillierte Empfehlungen zur Einrichtung eines Arbeitsplatzes nach den derzeitigen ergonomischen Erkenntnissen. Seit dem 01.01.1997 sind die neuen EU-Bildschirm-Richtlinien in Kraft.

Intelligentes Powermanagement – PCs mit Energiesparfunktion

Um die Energie-Ressourcen der Welt zu schonen und zugleich deren Belastung durch Schadstoffemissionen (CO_2-Ausstoß bei der Energiegewinnung) zu vermindern und um Energiekosten zu senken, werden von der Industrie PCs hergestellt, die während inaktiver Arbeitspausen automatisch den Energiebedarf absenken. *Energiekosten senken*

PCs mit einer Energiesparfunktion verfügen über ein spezielles motherboard mit intelligentem Powermanagement, das während Arbeitspausen den Stromverbrauch von Prozessor und Festplatte herunterfährt und gleichzeitig den Monitor in einen sparsamen Schlafmodus versetzt. Keine Angst: Alle Daten bleiben während der Sparphase gesichert und zugriffsaktiv. *Power-Management* *sparsamer Schlafmodus*

Die „grüne Hardware" kommt ohne die Energy-Star-Plakette der US-Umweltbehörde ebensowenig aus wie ohne den Blauen Engel vom Bundesumweltamt. *Blauer Engel*

Aufgaben

1 Stellen Sie fest, ob es in Ihrem Betrieb eine Organisations- und DV-Abteilung gibt. Inwieweit übernimmt diese Abteilung innerhalb Ihres Betriebs die Funktion eines „Benutzerservices"?

2 Prüfen Sie in Ihrem Betrieb, mit welchen Geräten und in welchen Abteilungen Daten erfasst werden. Versuchen Sie den Fluss dieser Daten von der Eingabe über die Verarbeitung bis hin zur Ausgabe grafisch darzustellen.

3 Überlegen Sie, welche Formulare in Ihrem Betrieb unübersichtlich, überflüssig oder veraltet sind. Unterbreiten Sie konstruktive Vorschläge, indem Sie alte Formulare überarbeiten oder durch einen neuen Formularentwurf ersetzen.

4 Prüfen Sie Ihren Arbeitsplatz an der Schule und in Ihrem Betrieb, ob er den ergonomischen Anforderungen entspricht. Erstellen Sie hierzu eine Checkliste, in der Sie durch Ankreuzen oder verbale Ergänzungen die Schwachstellen beschreiben.

5 Welche Richtlinien und Empfehlungen für Bildschirmarbeitsplätze sind Ihnen bekannt und welche Plaketten finden Sie auf Ihren Monitoren in der Schule, in Ihrem Betrieb oder auf Ihrem Bildschirm zu Hause?

6 Ein Bildschirm, der eine automatische Energiesparfunktion besitzt, schaltet den Monitor an einem Arbeitsplatz im Durchschnitt 2 Stunden am Tag aus. Bei Vollbetrieb verbraucht der Monitor 150 Watt, im Standby-Betrieb nur 7 Watt. Wie viel Stromkosten spart der Betrieb bei 240 Arbeitstagen im Jahr, wenn 250 Bildschirme im Einsatz sind und die Kilowattstunde Strom 8 Cents kostet?

Stichwortverzeichnis

Bildquellenverzeichnis

Bachmeier Werner
Bensch Peter
Canon Deutschland GmbH
Cartoon-Caricature-Contor
Deutsche Post AG
Deutscher Bundestag/Achim Melde
Deutscher Instituts-Verlag GmbH
Erich Schmidt Verlag GmbH & Co.
Firma Herford
Firma Terminic
Firma Ultradex
Ford-Werke AG
Globus Infografik GmbH
HAN-Bürogeräte GmbH & Co. KG
Hoechst AG
IBM
Keystone Pressedienst GmbH
Kieser Archiv
Kieser Verlag, Fotograf
Leitz Louis
Project Photos GmbH & Co. KG
SANYO GmbH
Seifert Michael
Siemens AG
Stielow GmbH & Co. KG
Süddeutscher Verlag
Ziegler, Direkt Marketing GmbH
Zippel GmbH & Co. KG

Leider ist es uns nicht gelungen, zu allen Abbildungen die Inhaber der Bildrechte zu ermitteln. Sollte jemand hiervon betroffen sein, bitten wir ihn, sich zu melden.